近代湖南城市现代化进程研究（1840—1949）

黄　琴　王继平◎主编

湘潭大学出版社

目录

CONTENTS

第一章　长沙城市现代化的历史进程

长沙作为湖南省会城市，一直是湖南政治、经济、文化中心，作为中国的一个有机部分，长沙经历了整个中国同样的命运，现代化经历了曲折坎坷的过程。从鸦片战争、洋务运动、维新运动、清末新政到辛亥革命、国民党主政，长沙从守旧排外到勇敢面对，从自然经济到资本主义经济萌芽发展，从湖南政治文化中心到政治经济文化现代城市功能的增强，从农业城市到工业化城市的转型，长沙无疑是湖南发展最快的城市，在城建、交通、医疗、体育、教育等方面取得了令人瞩目的成就，对它的现代化进程进行研究自然意义重大。

第一节　19 世纪上半叶长沙商品经济的发展概况

长沙位于湖南省东部，湘江下游，处于丘陵与洞庭湖冲积平原过渡地带和湘浏盆地。清康熙三年（1664 年）两湖分治，长沙为湖南省治。长沙城则处于湘江和浏阳河交汇的河谷阶地，四周是山势较高的山区。长沙东有临湘山，南有妙高峰，西接岳麓山，北临浏阳河。长沙城屹立在湘江之滨，地处要塞，千里湘江蜿蜒北行，自南而北贯穿全境。“控湖湘之上游，吐纳洞庭，依附衡岳，荆豫唇齿，黔粤咽喉，保障东南，故称重镇。”①

长沙市在古代隶属长沙县境内，长沙县自置县以来，境域范围几经变迁。隋文帝开皇九年（589 年），长沙县辖今长沙市、长沙市郊区、望城区及宁乡市东南部部分地区。隋炀帝大业三年（607 年），浏阳、醴陵两县并入长沙县。唐高祖武德四年（621 年），划出县东南部分地区复置醴陵县。中宗景龙二年（708 年），划出县东部分地区复置浏阳县。五代后汉隐帝乾祐三年（950 年），

① （光绪）《善化县志》卷 3《疆域》。

划县东南部分地区置龙喜县。宋太祖乾德元年（963 年），撤龙喜县置常丰县，开宝六年（973 年），常丰县并入长沙县。太宗太平兴国二年（977 年），划县西北部分地并入宁乡县。哲宗元符元年（1098 年），划出县东南部部分地区置善化县。1912 年，善化县并入长沙县。长沙县辖今长沙市、长沙郊区、望城区及湘潭、株洲两县西北部部分地区。1933 年，划出长沙县城及城郊东屯渡、落刀嘴、湖迹渡、徐家湾、杨家山、峨嵋岭、石马铺、新开铺、猴子石、河西廖家垸、黄土坝、纺纱厂等地入长沙市。1934 年，又划出捞刀河口、新河码头、河西岳麓山下谭家湾、何家湖、彭家园等地入长沙市。1939 年，长沙市并入长沙县。1942 年，复置长沙市。①

自西汉长沙王吴芮起，长沙开始筑土为城。明洪武五年（1372 年），守御指挥使邱广拓宽城址，并改建砖石城，历为省内第一大城。清初湖南建省后，定长沙为湖南省会。湖南的最高军政长官湖南巡抚及其所辖的布政、按察两使都驻节长沙，布政使司的派出机构长宝道治所也设于长沙，此时，长沙充分发挥了作为全省军政中心的重要作用。但是在漫长的古代，以迄近代初期，长沙主要是政治地位和军事战略地位重要，在明末及清前期，经济上和商业贸易上反而不如其南的湘潭繁华。

一、农业生产

明清时期商品经济的发展水平，根本上取决于农业生产的商品化程度。因为明清时期中国的产业结构，其重心全在农业。这里所谓的农业商品化，主要是指农产品的市场化，即农产品的生产更多是用来作为商品，而不是自己使用。

湖南是一个农业大省，气候潮湿，多雨水，适合种植水稻，所以湖南主要的粮食作物是稻谷。其他的农作物均称之为杂粮，像小麦、大豆、高粱、小米、大麦、花生、玉米、甜薯、甘蔗等。长沙位于湖南中南部，种植的粮食作物自然也是稻谷，自春秋战国时期，长沙地区经济发展就有很高的水平，一直是南部商品交换贸易中心的粮食生产基地。到了明清时期，由于湖南大兴水利，所以粮食产量很高，并逐年上升，余粮也越来越多，为粮食商品化程度的提高提供了可能。

湖南流传很广的一句谚语：“两湖熟，天下足；湖南熟，湖广足”，这充

① 湖南省长沙县编撰委员会编：《长沙县志》，生活·读书·新知三联书店 1995 年版，第 48 页。

分说明湖南农业经济的发达。这个谚语于明代中叶最初出现，直到近代湖南的粮食生产水平都位于全国首位，粮食生产和贸易在全国均占重要的地位，在近代历史时期更为明显。随着粮食特别是谷米商品化的发展，湖南境内逐步形成了一批繁盛的谷米集散市场，俗称米市。早期湖南米市，主要有三个：湘潭的易俗河，长沙的靖港，汉寿的沧港。近代后期，湖南米市主要转移到长沙、湘潭。民国时期，长沙米业迅速发达，一跃而为中国四大米市之一。

乾隆十年（1745 年）长沙县粮食亩产量为 1.98 石[①]，乾隆十一年（1746 年）长沙、善化、浏阳三县亩产为 1.97 石[②]。据张人价《湖南之米谷》统计，近代后期湖南米市转移到长沙后，长沙常年运销谷米几十万石。到 20 世纪 30 年代中期，长沙城内，有经营米业的粮行 34 家，堆栈 60 余家，机器米厂 96 家，另外有碓户 155 家，达到全盛。

长沙除了粮食作物外，还生产大量的经济作物，如木棉、蓝靛、苎麻、芝麻、茶、桐油、烟草等，另外水果的种植种类也很多，有长沙橘、板栗、柚子等。长沙开埠之后，由于国际市场的需求，茶叶的贸易地位迅速攀升，超过了米和盐，成为重要商品。经济作物的广泛种植，为长沙农业经济结构的变动尤其是农业生产的专业化创造了契机，并由此推动了长沙农业的商品化进程。

长沙府在嘉庆年间多种麻，每年丰收之季"苏杭大贾云集"，收购麻匹，为"数十年前所未有也"。清代湖南所产的棉花，成为当时全国性的商品，同时也开始部分取代明代以来江南棉布市场的地位。长沙府巴陵县，"多吴客，在长沙、湘潭、益阳者，来鹿角市之。鹿角、孙坞、童桥皆有庄，庄皆吴客，蚕期收之，饭而止，岁会钱可二十万缗，盖巴陵之布盛矣"。[③]

二、手工业

与农业并列的商品经济便是手工业。鸦片战争之前，传统的手工作坊和家庭手工业非常发达，由于手工业者和商人在封建制度统治下地位很低，常常受到打击和限制。因此，长沙城还是以自然经济和半自然经济为主体，城市的手工作坊和手工业都是以家庭为单位和生产场所进行简单的操作，城市平民的住房往往又兼作手工作坊和店面，"清人的手工作坊，是前店后坊，后院制作产

---

① 《长沙县志》卷 10，嘉庆十五年刊本，第 65 页。

② 《长沙府志》卷 23，乾隆十二年刊本，第 78—85 页。

③ 《清泉县志》卷 6《食货志》，乾隆二十八年刊本。

品，前面店铺出卖，工匠住宅即设在作坊后院。所以清人作坊、商铺，也就是其从业人员的住所，作坊集中的地方，就是该业人员的居住地。”①

由于湖南大量种植苎麻、葛麻，所以出产夏布及葛布的州县数量很多，而且麻纺织业也比较发达，颇有盛名的有长沙府署之浏阳、宁乡二县。史载：“苎布，一名夏布，……世称浏产最佳，其宝浏土所出货高而少。”②

农村家庭手工业门类多、从业人数多。有同治《长沙县志》载：“学习艺事者惟取日用常需之具……沿门鬻技，工价日数十钱。”光绪《善化县志》载：艺事“惟习日用常需之业，以鬻其技，而资事畜。古者织纴皆女红，今则男工，各有专习，以世其家”，“乡村习坊绩者众”。③ 又有记载：“巴陵之产有名者布。初，邑之山中多作小布……长沙有小布行，以此。其后，二、三都及冷铺，三港咀产棉，而一都人工作布，绝精匀，谓之都布，二、三都谓之三都布。男妇童稚皆纺之，布少粗而多。吴客在长沙、益阳、湘潭者来鹿角市之。”④ 湖南的棉纺织业，原为家庭手工业，遍于广大城乡，产品丰富。产地以岳州、平江、常德、益阳、长沙等地为最著。所产布匹，幅门较窄，质地粗疏，但经磨耐用，通称大布，岳州所产，或称都布、小布。昔时远销四川、贵州、云南以至江、浙、闽、粤等省，很是发达。

另外，长沙也是茶和桐油的产区，因此长沙的制茶叶和桐油业也颇繁荣，但到近代中后期才真正发展起来。近代后期长沙商业繁盛，百货荟萃，“每年集中于此的桐油约9万担，约三成销于本省各地，其余或直接或转口运销汉口等地。”⑤

三、商业

商周时期长沙地区就有了较大规模的商品交换，并开始使用货币。“长沙，楚之粟也”。唐代每年都有大批税米运往京都，有“三秦之人待此而饱，三军之众待此而强”的美名。另外长沙的陶瓷业也很发达，长沙是中国—世界陶瓷之路的起点，晚唐长沙窑首创釉下彩工艺，产品远销十多个国家。五代时长沙茶叶贸易盛极一时。宋代出现了“长沙十万户，游女似京都”的繁华

---

① 冯尔康、常建华：《清人社会生活》，天津人民出版社1990年版，第202页。

② 《浏阳县志》卷7《物产志》，同治十二年刊本。

③ （嘉庆）《长沙县志》卷14《风俗》。

④ （光绪）《巴陵县志》卷7。

⑤ 李石峰编述：《湖南之桐油与桐油业》，湖南经济调查所1935年版，第45—52页。

市景。明代长沙府提出“聚四方之财，供一方之利”的战略，耗巨资开河通商，蔚为壮观，长沙成为中国四大茶市之一。到清代长沙又成为中国四大米市之首，清末成为中国五大陶都之一。四大名绣之一的湘绣，八大菜系之一的湘菜，更为长沙商贸平添几分文化色彩。[①]

康熙、雍正年间，长沙人“安土重迁，为商贾者殊少”，商业贸易还不发达，到了乾隆年间，随着外地商人的纷纷到来，长沙的商业开始发展。那时，虽说长沙的商贸比不上作为湖南经济中心的湘潭繁荣，但它毕竟是湖南的省会城市，人口众多，在衣食住行方面需求量比较大，而它还有着自己的土特产和手工产品，所以贸易也算繁忙，同治年间“秋冬之交，淮商载盐而来，载米而去；其贩卖皮币玉玩好，列肆盈厘，则皆江苏、山陕、豫章、粤省之客商。……北客西陕，其货毡皮之属，南客苏杭，其货绫罗古玩之属，繁华垄断，由南关内至皋署前，及上下坡子街为盛”。[②] 这一时期在沿湘江一带形成了一条以货运、堆栈、商业为主的商业带，还形成了许多专业的商业街市，其中米市尤为突出。当时湘米年输出量在500万石左右，江浙一带皆“仰食于湘”。沿湘江一线的街市，粮行米栈云集，汇集有60多处，“仓库柽比，米袋塞途”。[③] 除米市之外，鸦片战争之前的长沙城还是长沙府所属各州、县及湖南其他府土特产和手工业品的主要集散地，沿河形成了许多条繁华的商业街市如福星街、西长街、太平街、福胜街等。

据不完全统计，长沙在乾隆、嘉庆、道光三朝，仅保留下来的商业种类就有：碾米业、刻字业、京刀业、衬补业、戥秤业、成衣业、靴鞋业、棕绳业、烧酒业、制糖业（乾隆朝）；制香业、丝线业、棕绳业、制糖业（嘉庆朝）；鞋帽业、明瓦业、角合花簪业、木业、裱糊业、圆炭业（道光朝）等二十余家工商业行会行规。到清末咸丰、同治、光绪年间，长沙保存下来的工商业行会及行规，增加到刻字业、窑货业（咸丰朝）；靴鞋业、锡器业、鞭炮蚊烟业、棕绳业、面粉业、生药业（同治朝）；干湿靴鞋业、碓石业、糠坊业、瓷业、鱼虾业、漆业、白铁业、药店业、绸布业、竹木业、烟袋业、雄店业、锯行业、铜业、刻字业、砚业、纸札业、大小木业、泥行业、木号业、西货业、毡毯业、扇业、盐号业（光绪朝）等三十余个。[④] 我们姑且作一个较为保守的

---

① 梁小进、杨锡贵：《长沙历史风云》，湖南文艺出版社1997年版，前言，第9页。

② （同治）《长沙县志》卷11。

③ 张人价编述：《湖南之谷米》，湖南省经济调查所1936年版，第39页。

④ 王继平：《论清代湖南的手工业和商业行会》，《中国社会经济史研究》1988年第3期。

估计：以行业平均有店铺二十余家计算，那么晚清时长沙的传统手工业和商业店铺总数就达两千余家。

长沙会馆也很发达，清末光绪年间，共建有十二个会馆，全部是外省十四个省区的地方商人所建。① 行会数量的增加，充分说明了长沙社会分工之精细，商业之繁荣。当然，我们也可看出，外地商人带动了长沙的商业发展。光绪年间的会馆都是外省区商人所建立。其实，长沙很早就已经形成了“五方杂处”的局面。商业的繁荣，主要来自全国各地的商贾、船主和海员，或客居长沙，或短期停留，形成各种旅湘商帮。各类旅社和同乡会也应运而生，如清末建于老商业街太平街的江苏会馆、江南会馆，还有清末建于坡子街的上元会馆、陕西会馆等等。

清朝咸同年代，大批外省客商进入长沙从事贩运贸易，带动了许多新兴行业的产生，城内商业店铺激增。如苏州帮、南京帮在大西门正街开设协泰祥、聚锦祥绸缎店，开长沙绸布业之先；江西人在坡子街开设余太华银楼，是长沙金银首饰业的开端。这一时期，外地人在长沙开设的著名店铺还有安徽人经营的詹颜墨店、福建人经营的赖德隆烟丝店、江苏人经营的马明德堂酱肘店等。这一时期沿河的商业店铺林立，逐渐由城西河边向城内零星扩散，致使后来城区商业中心逐渐向东南位移。

第二节　长沙现代化的发展阶段

一、长沙现代化发展的萌芽时期（1840—1903 年）

鸦片战争后，西方列强用武力打开了中国的大门，中国从此沦为半殖民地半封建社会。伴随着西方对中国进行原料掠夺和资本输出，中国也开始了缓慢的现代化过程。

虽然倡导洋务和兴办近代企业的第一人是湖南人曾国藩，湖南也出现了一批睁眼看世界的先进人士魏源、郭嵩焘、曾纪泽等，但一直到维新变法，长沙也没有创办一家新式企业，现代化进程缓慢。导致这种状况的原因自然是与湖南人保守的思想和他们对现代化的抵制分不开的。如光绪十六年（1890 年），

① （光绪）《善化县志》卷 15《会馆》。

湖广总督张之洞奏请架设湘鄂电报线路，拟将荆州商局电线由长沙市过江，接抵长沙后延至湘潭。澧州、长沙等地绅民“始终坚执（电线）为洋人安设，谓电设立后，必引洋人入湘”①，一怒之下将沿线电报干线全数拆毁，导致工程被迫中止，从而推迟了长沙第一条电报线路的架设，其时全国“除湖南一省外，其余十九省遍行设有电线”，湖南成为全国最后架设电线的省份。②

虽说这种发展趋势有点缓慢，但变化仍然是可以看见的。经济领域发生了若干变化，社会政治及阶级关系也出现了新的因素，社会矛盾进一步激化，思想文化领域也开始朝着新的方向演进。上海、汉口相继开埠，广州商务大部分北移，湘潭转口贸易业务也逐渐移到长沙，致使长沙钱庄增多，机器碾米业兴起，大米及苏广货流向改变，湘潭的交通中心地位遂被长沙所取代。以前的繁荣，尤其是进出口贸易的转运受到打击，湘潭的工商业处于下行的状态，其恢复和发展，尚有赖于自身的传统工商业的复苏。以种植作物为主的传统农业，也开始向商品化的转变，长沙粮食的商品化程度逐渐提高，其中又以湘潭之易俗河、长沙之靖港为最大。

外国进口的棉纱、棉布等商品自汉口经民船运载来长沙，再销往各地；湖南的大米、茶叶、鞭炮等则从长沙源源不断运往汉口，转口出洋。一时间，湘江河道、洞庭湖面商船往来如梭，呈现出前所未有的繁荣景象。其实，长沙是湖南最主要的茶叶转口城市，航路两岸有许多收购茶叶的口岸。长沙红茶转口的线路主要是从汉口转运，打开销往东南的通道，实行与浙盐互贸，以便从江浙沿海出口。据《湖南省志·农林水利志·农业》记载，光绪年间湘茶每年运汉口外销100余万担。

太平天国战争期间，虽然长沙一度沦为两军激烈争夺的战场，但因为长沙未被太平军攻下，而且太平军不久就直下武昌，顺流而下定都南京，所以战争对长沙的经济破坏远不及江南。

太平天国运动后，由于清政府鼓励生产，想要恢复经济，长沙的手工业得到了很好的发展，并且开始出现西洋商品。如光绪十五年（1889年），长沙人罗福庭曾在西牌楼开设福记制镜作坊，采用锡箔工艺制镜。手工业的行业分工和行业内部的分工也进一步细密，并逐步向专业化方向发展。然而，当19世

① 刘泱泱：《湖南通史·近代卷》，湖南出版社1994年版，第294页。

② 湖南省志编纂委员会：《湖南省志》第1卷《湖南近百年大事纪述》，湖南人民出版社1979年版，第151页。

纪中叶，以大机器生产为主的工业化在中国兴起，并成为城市发展新的主要推动力时，长沙由于僻处内地，与世界和中国新经济中心联系甚少，因而经济变动缓慢，工业化起步晚，发展水平低，对城市发展的影响不大。作为近代生产力标志的大机器生产也迟迟没有在近代初期的长沙出现。总的来说，开埠以前长沙的近代工业发展还比较缓慢。

太平天国运动后因湘军崛起导致湖南绅权大张，湖南传统社会中之保守排外倾向更为明显，因此湖南被外国侵略者视为中国“大陆腹地中一座紧闭的城堡，因而也是一个无与匹敌的、特别引人注意的省份。中国的保守主义，以及对于所有外国事务的反感，都在这个省集中起来了”①。长沙也因此被称为“铁门之城”，一个“拒绝文化洗礼”② 的地方。几次国内外战争都没能使长沙人民擦亮眼睛，认清时局。直到甲午战争，在湘军惨败和民族危机更加严重的刺激下，长沙人民才开始醒悟，一改往日守旧的面目，积极参与政治运动，成为维新运动时期最为活跃的一个省份。“无论是物质文化、制度文化还是心理文化，都发生了前所未有的变迁，这种变迁，是湖湘文化走向近代化的另一个更为重要的标志。”③ 维新运动期间，“省城长沙成为维新运动的中心”④，光绪二十四年（1898 年）七月，湖南保卫局设立，长沙开始办工业、兴学堂、开学会、办报刊。光绪二十七年（1901 年），清政府为挽救其腐朽统治又宣布施行新政，开始提倡发展工矿企业、修筑铁路、兴办新式学堂、鼓励出国留学等。这一切，都在客观上促进了长沙城市发生深刻的变化。但维新运动旋即因慈禧太后发动政变而告失败，八月二十一日，在湖南主持变法的陈宝箴及黄遵宪等 40 余人被革职。湖南的南学会和保卫局等都被拆除，湖南保卫局被裁撤归并湖南保甲总局。

甲午战后，长沙才出现真正的近代矿工业。在陈宝箴、谭嗣同等一批开明官绅的积极倡导和大力推动之下，长沙掀起了一股创办近代工商业的热潮。长沙最早的近代工业当为创办于光绪二十一年（1895 年）的湘裕炼矿公司与和

① ［英］马歇尔·布朗荷：《中国内地传道团亚当·多尔瓦和其他传教士在湖南的开拓工作》，转引自［美］周锡瑞著，杨慎之译：《改良与革命》，中华书局 1982 年版，第 39 页。

② 《湖南历史资料》1958 年第 4 期，第 38 页。

③ 周秋光：《论湖湘文化的近代化开端及其标志》，《湖南师范大学社会科学学报》1989 年第 5 期。

④ ［美］费正清编，中国社会科学院历史研究编译室译：《剑桥中国晚清史（1800—1911）》上卷，中国社会科学出版社 1993 年版，第 352 页。

丰火柴公司，这也是湖南最早的近代资本主义企业。光绪二十二年（1896年），地方士绅王先谦等人在陈宝箴支持下集议自筹资金，发起创办了湖南第一个近代机械工业企业——宝善成制造公司①。

戊戌前后，长沙近代工业除上述几家之外，还出现了不少民营小厂，如1898年陈万利开办的生产石印机的机器厂、1900年姜华林开办的裕湘机器厂等。近代的邮政、电报、交通也在这一时期出现，1895—1911年间，湖南陆续创办了183家近代企业，包括矿山、工厂、铁路和轮船公司，总投资额达1982.3万元②，其中大部分在长沙。

长沙近代工矿业虽然起步较迟，发展也颇为缓慢，且还有时开时闭的情形，但这毕竟是近代化的开端，对城市的近代化具有不可低估的作用与影响。

二、长沙现代化的加速发展时期（1904—1926年）

长沙作为湖南的政治、文化、思想中心，一直以来都是列强梦寐以求的通商口岸。1898年岳州开埠之后，英国侵略者企图再开长沙，扬言："必须首开长沙，次办常德、湘潭口岸，各处口岸开放，庶几湖南人民足以醒悟，不至再行滋闹情事。"③ 加上日本人乘势胁迫，长沙终于1903年决定开放，1905年7月正式开启。长沙开埠，意味着封闭状态的结束，与西方文化直接接触的开始，给长沙的现代化发展带来了希望。西方优秀文化和近代化工业的引进，使长沙很快便走上了现代化发展的道路。

外国资本主义侵略我国的方式就是商品输出和资本输出。因此开埠之后，长沙与外国资本主义国家间便是商业和金融业的来往。长沙开埠以后，从1904年到1924年，短短的20年间，外国商团在长沙开设的洋行由最初的17家激增至75家。④ 长沙开埠首先受到影响的就是长沙的手工业，以自然经济为基础的长沙经济，受到冲击开始瓦解。开埠之前，长沙最突出的手工业是纺织业，"湖南的棉纺织业，原为家庭手工业，遍于广大城乡，产品丰富。产地以岳州、长沙等地为最著。所产布匹，幅门较窄，质地粗疏，但经磨耐用，通

---

① 汪敬虞编：《中国近代工业史资料·第2辑（1895—1914）》下册，科学出版社1957年版，第724—725页。

② 傅志明：《清末湖南资本主义的发展与辛亥革命》，《求索》1983年第3期。

③ 张朋园：《湖南现代化的早期进展（1860—1916）》，岳麓书社2002年版，第118页。

④ 刘泱泱：《近代湖南社会变迁》，湖南人民出版社1998年版，第115页。

称大布"[①]，远销四川、贵州、云南以至江浙、闽粤等省。但开埠之后，随着洋布、洋纱等大量输入，此时所受冲击也最为严重，"岳、常、澧等处，织布之户，近来全系用洋纱，……目下欲求一匹真土纱都布，几如披沙拣金"[②]，其原因就是"进口棉布之幅门较阔，品质亦细，为原大布所不及"[③]。这种冲击，虽然破坏了传统以家庭为生产单位的自然经济，却促进了工矿业的发展。

长沙城市发展演变的一个重要因素就是对外交通方式的变化。每一次交通方式的重大改变，都会为城市带来"突变"，之后则是一段突飞猛进的发展时期。开埠后，长沙的船舶进出数量剧增，汽船不断进出，其"波浪前进，雄姿万般，溯江顺流，进退自如，非木船舢板可比"[④]。四十年前胡林翼见洋船奔驰于长江，为之惊异不已。铁路的出现标志着长沙开始了全面的现代化进程，1910 年粤汉铁路长沙—株洲段建成，同年长沙—岳州段开工建设，使长沙的现代化获得了发展的必要条件。

从工商经济的发展看，从 19 世纪末开始，长沙是全省近代工业的发轫之地和最为集中之地，20 世纪初开埠后，又渐渐成为外贸进口的分配中心，并逐步发展成为全省最大的商业城市和经济中心。湖南最初一批近代工厂，最早的轮船公司、邮电通讯，新兴的电灯、电话、公路、银行等等，都首先出现并主要集中在长沙。粗略统计，1895—1911 年间，湖南境内共兴办近代工厂企业 11 个，其中在长沙的 8 个，均是省内同类行业中最早的企业。至 1919 年"五四"时期，全省共有近代工厂 26 家，其中在长沙的 20 家。到了 1934 年，长沙市共有使用机器的工厂企业 122 家、手工业作坊工场 549 家、商业性店铺 14424 家，较省内其他城市处于绝对优势和遥遥领先的地位。其中工厂企业尤其如此。长沙市区商业和手工业店铺原有一定基础，在近代后期也稍有发展。据记载，1916 年，长沙市区共有营业性工商店铺 4912 家，至 1933 年，增至 13764 家。[⑤]

辛亥革命胜利，清朝灭亡，民国建立，袁世凯窃取革命成果，军阀混战到大革命的胜利一系列的战争没有能够阻止国内压抑已久的资本主义经济要素的

① 刘泱泱：《近代湖南社会变迁》，湖南人民出版社 1998 年版，第 97 页。

② 夏立士：《光绪二十九年岳州口华洋贸易情形略论》，《湖南历史评论》1988 年第 1 辑，第 122 页。

③ 实业部国际贸易局：《中国实业志·湖南省》，湖南省国际贸易局 1935 年版，第 46 页。

④ 《胡文忠公遗集 4》，华文影印本 1965 年版，第 231 页。

⑤ 《长沙市志》第 5 卷，湖南人民出版社 1997 年版，第 259 页。

发展，而是给国内资本主义经济的发展带来了机遇。辛亥湖南光复后，湖南当局采取了一定的措施来促进民族资本主义的发展，谭延闿就曾表达了“希冀洞庭以内月发起无数公司，洞庭以外日发起无数公司”① 的殷切希望。同时，出于挽回利权、抵御外来资本渗透及商品倾销的爱国热忱，长沙的有志之士也掀起了一股振兴实业的热潮，“自从辛亥革命以来，发起工厂企业得到很大的动力，几乎每天都有新公司注册。其最大的目的是尽可能使湖南在工业上不仅不依赖外国，而且不依赖其他省份。”②

尤其是1914—1918年第一次世界大战期间，西方列强为了争夺新的殖民地而打得不可开交，给中国创造了一个难得的发展机会。湖南拥有比较丰富的矿产资源，开埠以来长沙工矿业发展一直比较快，加上第一次世界大战国际市场上对矿产的需求量很大，尤为突出的是对锑的需求，因此湖南炼锑业的发展较快，成立了很多矿业公司，最为典型的企业是华昌公司。但是欧战之后，国际市场对锑的需求下降，锑的价格陡落，华昌炼锑公司亏损百万余元，于1920年倒闭。民国年间，长沙商业获得了进一步的发展，据1922年1月5日《大公报》调查，在商会注册的行业达95个，比晚清增加了13个，店铺达3342户。③

同时，长沙多了很多现代商业，比如坡子街聚集了大量钱庄、扇店、金银首饰店等。南正街则是南货店、刀剪店和茶庄等杂货商店的集中之所。而八角亭一带此时则成为那些具有现代气派的百货店聚集之区。1924年长沙开始拆除城墙，修筑环城马路，1931年全线贯通。新式城市正在建设中，形成新的商业中心。

三、长沙现代化的曲折发展时期（1927—1949年）

这一时期，中国现代化发展的总体特征是：在阶级斗争和民族斗争极为尖锐复杂的历史环境下艰难地进行。

国民政府统治前期，是中国现代化事业有所发展的十年（1927—1937）。如从外国人手中夺回了“关税主权”，设立了国家银行，统一货币发行权，发行了“法币”，进行了国民经济建设运动，推动了工业、商业及整个经济领域

---

① 《长沙日报》，1912年12月12日。

② 汪敬虞编：《中国近代工业史资料·第2辑（1895—1914）》下册，科学出版社1957年版，第849页。

③ 《大公报》，1922年1月5日。

近代化的进程。但官僚资本的形成和垄断又在一定程度上排挤了民营工业的发展。同时，国民政府对日本侵略的退让，对共产党和工农群众的血腥屠杀等都影响了民主制度的正常发展。抗战期间，中国现代化的进程被打断，原有的工业在日本军国主义的大举侵略下遭到严酷摧残。抗战胜利后，美国垄断资本与四大家族官僚资本相结合，又把中国现代化事业推入绝境。1928 年大革命胜利后，长沙在很长一段时间内得到了极大的发展。国民党统治时期湖南建置变迁，1933 年设长沙市为省辖市，政府对长沙的建设投入更大，新的建设工程都是朝着现代化模式进行。

随着新式城市主干道的建成，其两侧迅速形成了新的商业中心。1924 年长沙开始拆除城墙，修筑环城马路，1931 年全线贯通。1929 年 2 月，长沙第一条柏油马路——中山路开工，1930 年 2 月竣工。此后又相继建成黄兴路、蔡锷路、中正路（今解放路）、湘雅路、北大马路、麓山路等主干道。[①] 中山路建成通车后，迅速成为长沙市一个新的商业繁华区，尤其是国货陈列馆的建成，将中山路、北正街也连成一片，成为繁华的商业中心。

到 1933 年，长沙商店增至 12484 家，平均每千户居民拥有商店 31.5 家，这在全国也是处于领先地位的。至 1934 年（长沙开埠 30 年），全市有各类商店 14424 户，并在南门口、道门口、东头街、小吴门、水风井、先锋厅、通泰门等 7 处设有专业菜市场。文娱场所也一度兴起，当时长沙城有电影院 6 家、京剧院 2 家、湘剧院 7 家、话剧院 3 家、花圃店 16 家，这些文娱场所均分布于商业繁华区，如小西门、又一村、西牌楼、中山路、坡子街、太平街、兴汉门、福星街等处。至抗日战争前夕，长沙商业进入全盛时期。[②] 虽然长沙在抗战初期经历了短暂的战时繁荣，但旋即遭到 1938 年 11 月 13 日的“文夕大火”和 1939 年 9 月至 1944 年 8 月四次“长沙会战”的毁灭性打击，沦陷后又遭日本殖民统治的残酷破坏，战后的长沙被称为“二战中破坏最为严重的四座城市之一”，几乎处处瓦砾，惨不忍睹，城市近代化进程遭受严重挫折。

1937 年全民族抗战爆发，上海、南京等地战事吃紧，当地商人急于将存货脱手变现，长沙百货等行商人趁机大量转运这些低价货品至长沙。上海、汉口相继沦陷之后，物资奇缺，物价飞涨，各省客商都云集长沙采购。且沪宁等地沦陷后，长沙地处后方，各沦陷区人员、物资大量后撤，长沙成为主要的终

① 郑佳明：《长沙百年》，湖南文艺出版社 1999 年版，第 59 页。

② 黄纲正、周英：《长沙旧影》，人民美术出版社 2001 年版，第 32 页。

点和中转站之一。另外，沪宁江浙等地工商户大量进入湖南，长沙市人口从1934 年的 38 万人猛增至 50 余万人[①]，工商业人口大量增加，长沙商业呈现出一片空前的战时性繁荣。

此时大量企业的迁入和大量人口的增加，也促进了长沙工业尤其是轻纺、卷烟和皮革业等手工业的发展。据统计，1943 年长沙卷烟厂达 56 家，整个手工卷烟工人数达到万人以上，日产卷烟达 40 箱（每箱 100 条）。[②] 同时，随着外地近代工业企业的大量迁入，数量众多的工程技术人员和熟练的技术人员也一并来湘。1938 年迁湘技工有 148 人，占迁入大后方技术工人总数 1793 人的 8. 25%；1939 年迁湘技工 2561 人，占内迁技工 11413 人的 22. 44%；1940 年迁湘技工 2777 人，占内迁技工总数 12164 人的 22. 83%；还有 1419 位科技专家来湘。[③] 这些人的到来，壮大了长沙工人队伍和知识分子队伍，改善了其结构，为促进长沙近代工业的发展和科技水平的提高发挥了很大作用。

同时，此时长沙城市文化也体现出一种战时性繁荣，抗战爆发后，华北和沿海的一些大中专学校南迁湖南，如清华大学、北京大学、南开大学南迁长沙，合组国立长沙临时大学（半年后迁昆明，改为西南联合大学）。随之流入了大批的文教人员，这在客观上促进了长沙教育事业的繁荣兴旺，迄至 1945 年抗战胜利时，湖南全省有小学校 32089 所，学生 216. 8 万人，仅次于四川；中等学校 394 所，学生 119597 人，仅次于四川、广东；高等学校 4 所，学生 2300 余人。[④]

抗战初期长沙虽呈现出诡异的繁荣景象，但其基础毕竟是十分脆弱的。如工厂数目虽众多，但多为民营小厂，且设备简陋，资金少，手工作坊比重大。抗战胜利之后，饱受战乱流离之苦的人民陆续回到长沙，家园已是满目疮痍、一片废墟。长沙人民投入战后重建中去，再加上此时湖南当局亦采取了一些扶持生产的措施，长沙出现了一个相对和短暂的和平环境，长沙经济一度复苏，进入了缓慢恢复时期。国民政府行政院制定《收复城镇营造计划》，内政部指定长沙为“破坏最烈而本身恢复能力有限之城市”，按“示范城市”早日复兴。[⑤] 这一时期，因为战争迁往各地的工矿企业都相继迁返长沙，除极少数另

① 林增平、范忠程：《湖南近现代史》，湖南师范大学出版社 1991 年版，第 570 页。
② 《长沙市志》第 7 卷，湖南人民出版社 1999 年版，第 4 页。
③ 宋斐夫：《湖南通史 · 现代卷》，湖南出版社 1994 年版，第 424 页。
④ 宋斐夫：《湖南通史 · 现代卷》，湖南出版社 1994 年版，第 446 页。
⑤ 长沙市志编纂委员会编：《长沙市志》第 5 卷，湖南人民出版社 1997 年版，第 159 页。

觅新址外，大部分在原址重新投产开业。此时长沙商业也有所恢复，主要是因为抗战结束之后，上海等地生产得以恢复，产品价格开始回落，供应也较为充足，商户还可以以赊销方式从厂家获得货源，因此开业者日增。

抗战胜利后长沙工商业刚刚呈现复苏迹象，经济形势刚刚有所好转，内战旋即爆发，湖南是国民党军队兵源和粮食的重要补给地，他们在长沙地区征兵、征粮、征税，各种苛捐杂税多如牛毛，致使通货膨胀，普通民众购买力迅速下降，各商户不堪捐税重负，企业破产倒闭也时有所闻。① 如长沙的传统优势产业手工业，至1949年8月长沙和平解放前夕，针织业开业仅46户，开机323部，工人仅540人；织布业仅存65家，还有部分是半歇业状态。② 1947年长沙市倒闭的公司、商号就有30余家，据长沙商会公布的数字，到1949年，先后有绸布、百货、南货、旅馆和合作社等32个行业共1023户倒闭，自动停业和半停业的商社尚未统计在内③，市场一片冷落萧条景象。

第三节　长沙政治现代化的初步发展

甲午战争之后，严重的民族危机使湘人产生了广泛的求变自强心理。在这一背景下发生的维新运动，开启了长沙乃至湖南政治现代化的进程。

一、1895—1898年的维新运动

维新运动时期，湖南是最有生气的省份之一。在湖南开明巡抚陈宝箴的提倡和支持下，长沙的维新运动取得了令人瞩目的成绩。《湘学》《湘学报》的创办，南学会、保卫局、时务学堂的建立，实业建设的开展等，推进了长沙政治现代化的进程。

1. 开民智

长沙以守旧著称，要打破长沙绅民狭隘的智识境界和陈腐的思维观念，必须想办法开启民智，增强民众支持变革和参与变革的积极性。维新运动期间，一些开明官员和士绅是这次运动的最有力支持者和参与者，而报刊、学堂、学

① 郑佳明：《长沙百年》，湖南文艺出版社1999年版，第153页。

② 长沙市志编纂委员会编：《长沙市志》第7卷，湖南人民出版社1997年版，第4页。

③ 陈先枢、黄启昌：《长沙经贸史记》，湖南文艺出版社1997年版，第207页。

会的诞生，如《湘学新报》、《湘报》、南学会、时务学堂等，则对宣传维新、开启民智起到了很好的作用。

其中，《湘学新报》专刊“讲求中西有用诸学，争自濯磨”，① 该报不仅选刊一些有关的奏疏、文牍、章程、消息及其他维新报刊的重要文章，还广泛介绍外国历史、地理、社会风情、工艺制造、商业政策、国际公法、国际交往、条约制度、银行公债、货币金融、政治制度等方面的知识，而且采用“问答”的形式，向读者详细讲解各种新学。其方式新颖，很能吸引读者，仅在长沙的销量就有“千数百份”②，增强了民众对西方国家的认识，提高了他们参与政治的热情。《湘学新报》在对绅民“开智”方面，有首创之功。

《湘报》是为了弥补、巩固和扩大《湘学新报》而设立，任务在于“专以开风气、拓见闻为主”，③ 使“一人而兼百人千人之智力，不出户庭，而得五洲大地之规模，不程时日而收延年惜阴之大效，凡官焉者，商焉者，农工焉者，但能读书识字，即可触类旁通”。④ 它不仅登录一般官绅的文章，而且随时刊登官方文告、公牍来增进官民之间的沟通，进一步扩大了《湘报》的社会影响力。1898 年《湘报》出版第 116 号后宣告暂时停刊，同年复刊，改为商办。《湘报》内容丰富，议论精闳，气势不凡，成为国内维新变法的主要舆论阵地，对长沙市民解放思想和新政的宣传都起到了举足轻重的功效。

南学会也成立于长沙，会址设巡抚部院孝廉堂，南学会成立的目的是“专以开浚知识，恢张能力，拓充公益为主义”。⑤ 他们创办《湘学新报》和《湘报》的目的就在于能够有西方式的政治参与，他们的理想在南学会得到了实验。南学会看似讲学，实为议院，以讲学为名。梁启超任会长，讲学内容分学术、政教、天文、舆地 4 门功课。每逢星期日集会讲学，分别由皮锡瑞、黄遵宪、谭嗣同、邹代钧主讲，讲义刊载于《湘报》。

来南学会听讲者经遴选入学，“每州每县皆必有会员三人至十人之数”，膺选者必“好义爱国”。⑥ “由于举办讲论尚属首次，令人耳目一新，人争往睹，所以学会原备听讲凭单，远不能满足需求。乃至不少人不得不托亲求友，

① 《湘学新报例言》，载《湘学新报》第 1 册，1897 年 4 月 22 日。
② 谭嗣同：《与唐绂丞书》，《谭嗣同全集》（上），中华书局 1981 年版，第 262 页。
③ 《湘报馆章程》，《湘报》第 27 号，第 213—214 页。
④ 唐才常：《湘报序》，《湘报》第 1 号，第 1 页。
⑤ 《南学会章程》，《湘报类纂》，丁上，章程。
⑥ 翦伯赞等著，中国史学会编辑：《戊戌变法》（一），上海人民出版社 1957 年版，第 300 页。

多方辗转，方可得到。”① 南学会的演讲包括学术、政教、舆地、天文诸方面，听讲者经过半年训练，表现优异者，留为“省议员”，其他也可回乡组织“州县议会”。② 听讲过程中，会员要积极发问，自由表达个人意见，还可以质问省政，也可提出建议。南学会中的问难和《湘报》中的问答都是一种政治参与。南学会的宣讲灌输了人民参与政治的责任感，提高了人民的政治认识程度，有着非凡的意义，如果能进一步发展定能有所作为。可由于新政的夭折，南学会也被迫终止，实在是令人惋惜。但是南学会的成立是湖南人民参与政治的开始，极大程度地改变了湘人的保守思想，起到了开启民智、宣传新政的作用。

2. 保卫局

1898 年，湖南的保卫总局由官、绅、商在长沙创立。长沙府城内设总局一所，城中分设东、南、西、北 4 个分所，每所辖小分局 6 所，共设小分局 30 所。保卫总局设议事绅商 10 人，总办、会办大员各一人；分局设局长、副局长各一人；小分局设理事委员、理事委绅各一人，设巡查长一人，巡查吏二人，巡查十四名，小分局共设巡查共 240 人。保卫总局是长沙实行警察制度的开始。③

保卫局相当于今天的警察局，湖南的保卫局是黄遵宪以上海租界的巡捕为模型创建的，后改为保卫局，功能得到了扩大，不仅要维持社会治安，同时也是本省军事力量的基础。之前，中国是城乡合治体制，一直没有专门机构对城市事务进行管理，乱时城市秩序由驻防绿营、八旗维持，平时则由保甲、团练负责。绿营兵既是国家正规军队，平常又兼平治道路等职责，④ 这实际上混淆了兵政和内政的职能，“在漫长的封建社会里，中国这种行政与司法、军队与警察合为一体的体制，同农业时代的中国政治、经济适应而一直延续下来。”⑤ 到了清末，由于八旗和绿营的腐败，保甲、团练又有名无实，对城市的管理困难重重，城市长期处于失控状态。“以省城内外户口繁盛，盗贼滋多，痞徒滋

① 皮锡瑞：《师伏堂未刊日记》，光绪二十四年二月初六日，《湖南历史资料》1958 年第 4 期，第 100 页。

② 翦伯赞等著，中国史学会编辑：《戊戌变法》（一），上海人民出版社 1957 年版，第 301 页。

③ 刘苏华、李长林选编：《湖南近现代社会事件选编》，湖南师范大学出版社 2013 年版，第 60—61 页。

④ 龚书铎、史革新：《中国社会通史 · 晚清卷》，山西教育出版社 1996 年版，第 430—431 页。

⑤ 何一民：《近代中国城市发展与社会变迁》，科学出版社 2004 年版，第 259 页。

事，不无扰民。上年窃盗案多至百起，破获无几，而保甲、团防局力不足以弹压，事亦随而废弛，非扫除更张之，不足以挽积习而卫民生”，[①]一个专业有力的城市管理体制亟待建立。在这种情况下，光绪二十四年（1898 年）七月湖南保卫局应运而生。

保卫局的职能是“去民害，卫民生，拾非违，索罪犯”[②]，具体职责是：(1) 对杀人放火、聚众斗殴、奸淫盗窃的罪犯执行逮捕；(2) 帮助迷路行人，老幼妇残及受到意外伤害者；(3) 负责各管区内的人口、户籍及居民生活；(4) 禁止“聚众结社、刊刻淫言、煽惑人心”的活动；(5) 管理街市的治安、商贩及交通秩序。[③]当时保卫局除了缉捕罪犯等职能外，还有编查户口和管理街道等职责。清光绪二十四年七月二十一日（1898 年 9 月 9 日），《湘报》第 147 号公布的《保卫总局清理街道章程》14 条，就规定保卫局有权管理省城各街道的交通、卫生及其有关事项。如“渣滓弃物”“溃烂朽坏各种食物”都是“最易生病”的不卫生之物，禁止“发卖”，并应由其本户“自行搬运”“清扫”；而“所有积淤不流之水亦最易生病”，则由保卫局雇用夫役并约同邻近住户共同疏通；其他垃圾则规定每户居民按规定时间清扫出门，保卫局雇用清道夫“立时陆续运送出城”[④]。此外，保卫局还有一定的司法审判和调解职能，“或于地方有所损害或于人民有碍平安者，经人告发亦准由理事委员传问”，“凡地方人民或因口角、斗殴滋事申诉到局者，准由理事委员劝解和释。”[⑤]正是这些规定，使我们认为保卫局兼有市政职责，具有初期市政府的雏形。

保护局仿效的是资本主义国家的警察制度，目的是保证维新变法有一个安定的社会环境，尽管含有防卫和镇压民众的意义，但对保卫民族资本主义的发展也起了积极作用。随着维新运动的失败，保卫局没有逃脱和南学会一样的命运，“湖南省城新设南学会、保卫局等名目，迹近植党，应即一并裁撤。”[⑥]清政府严令湖南销毁一切保卫章程，恢复保甲局，一仍保甲旧制，兴办保甲团

① 《臬辕批示》，《湘报》第 3 号。
② 《湖南保卫局章程》，《湘报》第 7 号。
③ 《湖南保卫局章程》，《湘报》第 7 号。
④ 《保卫总局清理街道章程》，《湘报》第 147 号。
⑤ 《湖南保卫局章程》，《湘报》第 7 号。
⑥ 朱寿朋：《光绪朝东华录》，中华书局 1984 年版，第 4216 页。

练。[1] 湖南保卫局被裁撤归并湖南保甲总局。

湖南保卫局是我国近代城市管理体制变革的最初尝试，引入警察制度，实施分区管理，都是前所未有的，为中国城市管理体制的探索迈出了艰辛而重要的第一步，具有重要现代意义。

3．教育改革的初试

古代的科举制度“锢智慧、滋游手、坏心术”，“长人虚骄，昏人神智”[2]，“把读书人都读愚了”[3]，所以维新期间，有识之士呼吁废除时文，变革科举。谭嗣同、唐才常、樊锥、王先谦这些维新运动中的主力都提倡废除科举，并纷纷指出科举的弊端。王先谦在他的《科举论》中指出：“今之世，沧海内则一统，合环球为列国。然而设科校艺，怀仍前政，用时文取士而罔识变通，殆未抉其弊也”。他倡导废除时文，“专欲啬其精神，优其日力，多读有用之书”。[4] 他的要求变革科举取士制度的思想在长沙士绅中有一定代表性。他率先在自己主持的岳麓书院改革课程，增加“时务”“条约”“算学”“译学”“格致致用”等课程，又下令岳麓书院购阅当时在上海出版的维新派的重要报纸《时务报》，这一系列的改革创新成为湖南书院变革之倡，对长沙“开智育才”思潮产生了明显的推动作用。陈宝箴为培养新军骨干，改长沙求贤书院为武备学堂，同年八月，“戊戌变法”失败，武备学堂随之撤销。光绪二十一年（1895 年）六月，欧阳中鹄、唐才常等于浏阳县创办算学社。其成员刘铎（长沙县籍）编辑的《古今算学丛书》在上海出版上百种，为当时国内数学名著。光绪二十二年（1896 年），欧阳中鹄、唐才常等扩大算学社为算学格致馆，招青年学生入学。

近代长沙新式教育的兴起始于 1897 年新政时期所创办的长沙时务学堂，这是湖南旧式书院向近代化学堂转变的肇始。时务学堂于 1896 年筹备，次年正式发布《时务学堂招考示》并宣布成立。时务学堂的创办得到了陈宝箴、黄遵宪等开明官僚和谭嗣同、唐才常等维新人士的重视和支持，熊希龄任校长，聘请梁启超为中文总教习，李维格为西文总教习，韩文举、叶觉迈、欧榘甲等为中文分教习，许应垣为算学教习，办学宗旨为培育“经世救国”人才，

① 湖南省地方志编纂委员会编：《湖南省志》第 1 卷《湖南近百年大事纪述》，湖南人民出版社 1999 年版，第 156 页。

② 翦伯赞等著，中国史学会编辑：《戊戌变法》（三），上海人民出版社 1957 年版，第 63 页。

③ 杨子玉：《工程致富演绎》，《湘报》第 85 号，第 763 页。

④ 王先谦：《科举论》（上），《虚受堂文集》卷 1，《史料丛刊》正编 681 号，第 42—43 页。

“用可用之士气，开未开之明智。”[①] 梁启超亲自制定《时务学堂学约》，他以“中西并重”为原则，对学堂的教育目的、教学内容、教学方法等进行了明确规划，大力宣传维新变法思想和西方资产阶级社会人文学说。

学堂采用中西文兼学的方式授课，开设“普通学”和“专门学”，前者包括经学、诸子学、公理学；后者则包括公法、掌故、格算、西文等。在教学方法上，时务学堂兼取学堂与书院二者之长，兼学西文者，“用学堂之法教之”，专精中学不学西文者，“用书院之法行之。”采用学习与思考相结合，以自学为主，辅以互相讨论与老师引导的教育方法，较之旧式书院、学堂在强制灌输基础上要求学生死记硬背的教育方式，更易于使学生解放思想，培养独立思维。谭嗣同、熊希龄等创办时务学堂，培养“学通中外、体用兼赅”的新人才，得到陈宝箴支持，委派熊希龄为学堂总理。光绪二十三年（1897 年）八月二十八日学堂举行第一次入学考试，录取蔡锷等 40 人，时务学堂第二次招考录取 55 人，第三次招录 108 人。

受时务学堂的影响，湖南各府、州、县纷纷要求将其书院改为学堂，或改革书院课程，有的干脆直接成立新式学堂。时务学堂培养了大批人才，有的成为维新运动的中坚分子，有的成为资产阶级革命运动的骨干力量，对湖南教育的近代化起了关键作用。但是同样在戊戌政变发生后，时务学堂被迫停办，改为求实书院。1902 年，又改为湖南大学堂，为湖南办大学之始。

我们应该看到，时务学堂毕竟在变革科举制度、改革传统教育方式、培育新型人才方面做出了不少开创性贡献，使教育与世界接轨，逐步进入现代化行列。

二、长沙开埠和 1905—1911 年立宪运动

新政失败后，在巡抚俞廉三与保守派士绅的共同压制下，长沙停止了一切维新活动。西方列强此时也加强了对清政府的控制，1900 年八国联军攻占北京，在内外的压力下，慈禧太后不得不同意变科举、兴学校，逐步进行政治改革。1905 年，清政府定下九年预备立宪进程。预备立宪就是要做好立宪前的一切准备：在各省建立地方性议会、建立新式管制、调查户口、改革财政、设立新式学堂、司法独立以及派遣留学生等。此时，长沙已于 1904 年被迫开埠，

① 《湖南时务学堂缘起》，翦伯赞等著，中国史学会编辑：《戊戌变法》（四），上海人民出版社 1957 年版，第 492 页。

工商业得到了较快的发展，随着政府立宪运动的开展，长沙也开始了政治改革。

1. 宪政机构的设立

1906年，清政府下令行宪政。第二年开始筹设咨议局及资政院，并准备设立各府州县议事会。这是封建统治者首次正式授予人民参与政治权利的表示，也是中国人政治参与的真正起点。① 诏令一下，国内外的资产阶级立宪派以极大的热情掀起了一场规模宏大的立宪运动。湖南的立宪派以长沙为中心，开会演说，通电请愿，集会选举，组织政团，为立宪揭旗呐喊，搞得沸沸扬扬，格外热闹。1907年，立宪派在长沙成立"宪政公会"，湖南士绅熊范舆上书请开国会，30余名官绅在长沙又联名呈递《湖南全体人民民选议院请愿书》。随后，清政府于1907年9月在中央首先设立资政院，各省设立咨议局。1908年12月，湖南巡抚岑春煊在长沙设立咨议局筹备处，接着又在长沙设立选举调查研究所，协助筹办处工作，研究调查选举之法。但是这个咨议局并不是什么立法机构，只是起过渡形式的议事局，议案生效与否没有法律保障。立宪派发起三次国会请愿，使原定的9年预备立宪期限改为5年。这一斗争，云集长沙的湖南立宪派发起得最早而又坚持到了最后。

立宪派相继成立了宪友会、宪政实进会和辛亥俱乐部，以为日后竞选国会议席、参与政府权力的分配做准备。宪友会和辛亥俱乐部都在长沙建立了它们的湖南支部。1911年7月上旬，谭延闿等受宪友会总部的派遣，先后从北京回到长沙，邀集咨议局副议长陈炳焕及绅、商、学各界重要人士，组织了宪友会湖南支部，谭延闿被推选为总干事。由辛亥俱乐部派到湖南组织支部的罗杰，回到长沙后，即邀同粟戡时、李达璋、周广询、常治、杨宗实等6人为发起人，获得绅、商、学界一部分人士的响应，于7月10日举行成立大会，选举黄忠浩为支部长，李达章、俞峻为副支部长。

咨议局的设立在政治上不得不说是一个重大突破，虽说其中的许多条例有很多弊端，比如其中一条有关选举人和被选举人拥有财产的规定："在本省地方有五千元以上之营业资本或不动产者；寄籍本省年满25岁之男子或寄居地方有一万以上之营业资本或不动产者。"② 财产条件苛刻，另外，妇女没有选举和被选举权利。严格按照以上条件，最后得咨议局议员选民为10万人。其

① 张朋园：《湖南现代化的早期进展（1860—1916）》，岳麓书社2002年版，第148页。

② 《宪政编查馆会奏各省咨议局章程》，《政治官报》，光绪三十四年六月二十六日。

中长沙府选举人总数为37727人，分配议员数30人，所余选举人零数977人，补配议员数1人，最后确定议员数31人，是湖南议员人数最多的一个府，占了整个省议员总数的近三分之一。

从财产限制这一条，我们可以想象，选民和议员必须符合功名或财富其中一个条件，所以他们的性格是既保守又进取的。这样的双重性格使“他们的表现是半新半旧的，有改革之心，但唯恐变动太快，尤其恐惧激烈的变动”。[①]咨议局于宣统元年（1909年）九月初一召开第一届会议，这次会议进行了50天，第二次咨议局会议在宣统二年（1910年）召开。两次讨论的议案性质和内容差别不大，对经济的发展和社会问题较为重视，而在政治方面只提到了政务、司法和地方建设，期间在很多问题上督抚和咨议局相持不下，只能提交到资政院复议。由于设咨议局和资政院都是国内首次尝试，所以很多问题不能得到很好的解决，比如由湖南财政赤字问题引起的发行地方公债一案上，督抚和咨议局不和，资政局又处理不当，致使双方闹得不可开交。但这是中国人民向当权者要求权利的空前行动，有着非凡的进步意义。

2. 新式学校的创建

清朝末年在中国从事的现代化努力中，教育改革最具成效。1862年西方教育在中国萌芽，北京同文馆、上海方言馆先后设立，各地相继出现了新式学堂。但是到了清政府决定立宪时期，新式的教育制度方正式建立，1905年科举制度被废，1906年设学部，1908年旧书院改为新学堂，大中小学、职业学校受到重视。

湖南巡抚赵尔巽不顾王先谦的反对，于1903年把原先的高等学堂移设到岳麓书院，之前的高等学堂改名为农工商矿实业学堂。高等学堂增设教室、自修室、寝室、理化实验室、机械室等，开设的课程除了修身、经学，又添加了新的课程，有国文、历史、英文、地理、代数、几何、三角、动物、生物、化学、法政、图书、体操等，门类齐全，现代化学科占课程的大半。还聘请翰林院编修俞诰庆主持，自此湖南便有了高等教育。这个学校完全属于现代化的学校，开设课程的几乎都是现代化的内容，而且办学方式也是模仿西方模式，具有很强的现代化特征。其他学院在经过改革分别走上了不同的教学模式，城南书院改为师范馆，求忠书院改为忠裔学堂，后发展为忠裔中学堂。从1903年

① 张朋园：《湖南现代化的早期进展（1860—1916）》，岳麓书社2002年版，第154页。

至辛亥革命时，长沙先后创设了官办的湖南医学堂、官立政法学堂、优级师范学堂、高等实业学堂、高等巡警学堂等；另外还有私立的景贤法政学堂，商办的高等铁路学堂，以及由美国雅礼会创办的雅礼大学堂。

学前教育。光绪三十一年（1905 年）由巡抚端方批办湖南官立蒙养院，光绪三十三年（1907 年）朱剑凡创周氏家塾（后称周南女校）附设幼稚生组，因战争故，两处均于宣统三年（1911 年）停办。1912 年，官立蒙养院恢复，更名第一女子师范学校附属幼稚园，私立幼幼小学亦附设幼稚生一组。1934 年，先后在周南、衡粹、楚怡、湘雅、育英等 12 所私立中小学设幼稚园（组）。1938 年“文夕大火”，各园停办。1946 年至 1949 年上半年，私立成智、益湘、幼幼、启智、一成、心心和小雅 7 所幼稚国先后创建或恢复。民国时期，私立幼儿园达 18 所。[①]

初等教育方面。1900 年长沙县明耻小学堂创办，成为长沙最早的近代小学。1902 年长沙县小学堂和善化县小学堂分别在长沙城内的荷花池和小瀛洲开办。同年冬，官立半日学堂在长沙开办。1905 年端方大兴小学教育，半年之内设立小学 83 所，其中长沙及其附近先后设立的省会小学堂达 40 所。学堂初设，一些留学日本的归国人士积极主张仿效日本，兴办小学堂。于是，周南、修业、楚怡、幼幼等学堂次第建立。光绪三十年（1904 年），长沙开埠后，外资和教会也相继创办信义、雅各、圣公会等初等男学堂。[②]

如此“遐迩闻风，颇深观感”，湖南小学自此有了根基。[③] 与此同时，私立学校也在长沙纷纷创立，比较著名的有楚怡、周南（小学部）等。长沙士绅王先谦，以一己之力出资 12250 两白银，在长沙兴办简易初级小学堂达 18 所，尤为可贵。另外还有信义、雅各、圣公会等教会小学堂。小学为义务教育，课程有修身、读经、国文、算术、历史、地理、格致、体操、手工、图画、唱歌等[④]，也是中西结合的教学内容。

1912 年，长沙、善化两县合并，首任知事姜济寰致力教育，按省规定，改“学堂”为“学校”。姜在任两年，县内兴起办学热潮。1925 年调查，长沙 95 所小学中有 64 所系创建于 1915 年以前，占当时学校总数的 56.31%。1935 年，省教育厅根据国民政府规定，在长沙市开设城市、乡村两个义务教

---

① 长沙市志编纂委员会编：《长沙市志》第 12 卷，湖南出版社 1996 年版，第 26 页。

② 长沙市志编纂委员会编：《长沙市志》第 12 卷，湖南出版社 1996 年版，第 27 页。

③ 端方：《建设初级小学片》，光绪三十一年六月，《端忠敏公奏稿》卷 5。

④ 经济学会编：《湖南全省财政说明书·岁出·教育》。

育实验区（1938 年合为一个区），以为各县实施短期义务教育的模范，旋以日本侵略军犯湘而停办。1939 年开始实施国民教育制度，全市所属内外 8 个区各设中心国民学校 1—3 所，大部分保没有国民学校，多为一保一校，或一保两校，也有数保联办一校的。推行国民教育逾 9 年，至 1949 年上半年，长沙市区小学由 1925 年的 95 所增至 173 所。是年，市区有学龄儿童 4.7 万人，在籍小学生 2.4 万人，入学率为 51.06%。

中等师范教育。1903 年湖南师范馆创立，这是湖南师范教育的开始。[①] 同年，省城又创办了一所速成师范性质的蒙师讲习所。明德中学堂也在这一年开设速成师范班，是为私人创办师范教育的开始。[②] 1905 年，长沙著名士绅朱剑凡在周氏家塾开办师范班和附属小学堂。长沙师范学校，光绪三十二年（1906 年）由原长沙县创建。民国时期，为全省唯一的一所县办中等师范学校。1949 年 11 月，由县办改为省属。值得一提的是创立于 1904 年的私立修业农学堂农艺师资科与私立衡粹女子职业学堂艺术师资科，都是长沙最早的职业教育师资培养学堂。湖南省第一女子师范学校，1912 年，增设第一女子师范学堂于古稻田，朱剑凡为首任校长。1950 年并入长沙师范学校。[③]

职业技术教育。1902 年创办的农务工艺学堂，是近代长沙也是湖南第一所职业技术学堂。1905 年，时任湘抚端方觉得工农合校，不伦不类，将该校划分为工务和农务两个学堂。农务学堂与原农务试验场合并为湖南官立中等农业学堂，工艺学堂则改为艺徒学堂，即为长沙官立技工学校之始。[④] 此外，还有一些私立或外资背景的实业学堂，如黄国厚等创办的私立明耻女子职业学堂、陈润霖创办的私立楚怡初等工业学堂。至辛亥革命前，长沙先后创办的官立、私立、外资和教会背景的中等实业学堂达 10 所，涵盖工业、农业、商业、交通、建筑等专业，初步形成了中等职业技术教育的系列。

普通中学教育。从 1903 年私立明德学堂、经正学堂和 1904 年官办长沙府中学开办以来，到 1909 年，长沙有公私立中学堂达 13 所：长沙府中学堂、私立明德、修业、周南、广益、育才、经正、隐储及外资创办的雅礼中学堂以及时设长沙的湖南中、南、西三路所设 3 所公学相宁乡公学（名为公学实为私立性质）。还有外国教会创办的福湘女子中学（1914 年美国长老会创办）、圣

① 长沙教育志编纂委员会：《长沙教育志》，湖南教育出版社 1992 年版。

② 湖南省地方志编纂委员会编：《湖南省志》第 17 卷《教育志》，湖南教育出版社 1989 年版。

③ 长沙市志编纂委员会编：《长沙市志》第 12 卷，湖南出版社 1996 年版，第 93 页。

④ 湖南省地方志编纂委员会编：《湖南省志》第 17 卷《教育志》，湖南教育出版社 1989 年版。

雅各中学和丽文中学（1922 年意大利天主教会创办）。民国时期，长沙公办中学很少，而私立中学却大量兴办。1925 年，长沙有中学 35 所，其中私立有 32 所。1934 年，全市有中学 32 所，其中公办中学仅 4 所（省办 2 所，县办 1 所，湖南大学附设 1 所）。1949 年下半年，全地区有公办中学 2 所，私立中学 43 所，共 45 所（含长沙县 8 所）。

湖南巡抚赵尔巽于长沙城举办半日学堂所，招收家贫不能延师就读的子弟入学，树贫民启蒙教育之先例。童淡村、黄同源等在长沙县清泰乡创办明耻女子职业学堂，后改名衡粹女子职业学堂，分设艺术、缝纫、刺绣三科。实业家梁焕奎从湖南矿务局拨借基金银 16000 余两，在长沙创办湖南实业学校，培养采冶、化验、机械方面的专业人才。①

再加上对外开放和西方势力的渗入，西方现代的科学技术和文化知识开始较大规模地传入湘江流域，而长沙社会经济的日益现代化，也对现代化科学文化知识产生了巨大的需求，各种以传播现代知识文化为目的的新式文化教育机构应运而生，日益发展。最初在长沙传播现代科学技术文化知识的是一批外国传教士和商人，他们开办了多所教会学校，如长沙的雅礼大学、湘福女中等等，并出版各种报刊，直接传播西方的科学知识文化。

总之，在晚清教育改革的热潮中，一个多门类、多层次的近代教育体系，在长沙逐步形成了。尽管长沙的开埠、湖南的改变晚于沿海省市，但正如端方奏清廷称，湖南“官立民立学校，鼓舞兴奋，群材并骛，其内容之精神，均不后于各行省”。②

3. 司法和警政

1905 年清政府开始司法改革，预备立宪期间司法独立为预定目标之一。湖南于宣统二年（1910 年）开始筹备。首先是对监狱的改革，1902 年赵尔巽就对监狱设备进行改良并给予犯人职业训练等，在湖南 11 个府州设监犯职业训练所，39 个州县犯人集中训练，收容量为 355 名，其中长沙的职业训练所有 200 名。到了 1905 年，监狱得到了进一步的改革，监狱中的“黑暗、闭塞、不通空气”有了更大的改进。但这些改革还没有达到西方式的司法革新，直到 1909 年，改按察使司为提法使司，成为司法的起点。提法司下设民刑、典

① 长沙市志编纂委员会编：《长沙市志》第 12 卷，湖南出版社 1996 年版，第 95—99 页。

② 端方：《建设初级小学片》，光绪三十一年六月，《端忠敏公奏稿》卷 5。

狱及总务三科，多少已有专业化的精神。[①] 1910 年设立各级审判厅及监察厅，省城设高等厅、府州设地方厅、州县设初级厅，这是制度革新的起初。但是司法改革也面临着很多困难，其中司法人才的缺乏和财源不足是最难解决的问题。1910 年没能像预定的那样开展，直到清朝灭亡，湖南仅有省城的高等审检厅，长沙府的地方审检厅以及长沙、善化二县合办的初级审检厅。[②] 民国以后，司法在北洋政府统治下没有什么进展，面临的困难与清政府一样，除了长沙厅外，增添了一个常德厅。

第一个具有警察制度性质的是维新时期在长沙成立的保卫局。由于新政的失败和被裁撤，改为传统的保甲团练。到了 1902 年，清政府迫于形势不得不再度颁布警察章程。巡抚俞廉三在 1903 年将保甲局改名为警务局，他在长沙城内外划分地区，设立大小警察局，但只把原先的亲军后营改为警务营，实是换汤不换药的做法，依然是传统的保甲团练。后在赵尔巽及端方的领导下警察制度才得到了真正的发展，赵将警察制度推及各州县，特派员留日学习警务，端方设立了警察学校，以日本习警务毕业回国的学生担任教习。[③] 他们培养出警察人员 120 人，到了宣统元年（1909 年），共有 700 名警察毕业。

光绪三十三年（1907 年）五月，清政府颁定直省管制，改按察使为提法使，并增设巡警、劝业道，警察制度进一步得到肯定。[④] 湖南的警务所于 1908 年设立于长沙。民国以后，警察制度没有太大的进步，只在 1915 年改水师为水警，从此有了水警。从警察制度的发展过程也可以看出湖南近代现代化进程的起伏不定。

至 1912 年，湖南再次设立警政制度。此时及其以后，就省会长沙而言，“辛亥反正，全省警政，悉归民政司，旋改内务司。而前清巡警道之警务公所，随改为省会警察厅，是为省会警察厅之始。长沙关道所管之巡捕局，亦改为商埠警察署。并就省城内外各区段，划为东西南北及外南外北商埠七大区，以巡警总监辖之。巡警总监旋改为警察厅长，警察也改组武装。”[⑤] 1912 年 3 月，“民政司将警务公所改为警察厅，省城内外各区段，改为二十六警署。……林（支宇）君接事后呈请民政司于城内改设八署。……民国二年四月，

① 经济学会编：《湖南全省财政说明书》，岁出，司法。

② 《政府公报》第 179 号，民国元年十月二十七日。

③ 《东方杂志》第 2 卷，第 12 期。

④ 《政治官报》，光绪三十四年二月二十三日。

⑤ 史龙犹：《湖南二十年来之警政》，《湖南大公报廿周年纪念特刊》，1935 年。

又呈请都督府将大小西门一带所设之巡捕局改设商埠警察署。”[①] 至此，省会长沙城内与通商口岸警政事务已经归于一体。“民国十六年以后，全省警务，统由民政厅掌管。为维持地方计即将警察预算，逐年增加。于是陆警由长沙市公安局改为省会公安局，并添设外东一署。值班岗士，亦由三班增为四班。”[②]民国初期的警政主要职责与清末湖南保卫局的职责极其相似，除保卫外，另有“交通卫生及内外勤务”[③]，俨然是一个全方位的市政管理服务机构。

4. 近代市政与公共设施的建立

清代初期，长沙城区的基本框架是“南门到北门，七里容三分”[④]，到了晚清时期仍保持明清前中期的基本框架和格局，其城区范围没有再扩大，即东始今建湘路，南到今城南路、西湖路，西到今沿江大道，北以今湘春路为界，面积为4.5平方公里。到1894年，在长沙七公里的城墙上仍设城门9座，其中东有2门，即小吴门、浏阳门；西有4门，即小西门、大西门、潮宗门、通货门；北有2门，即北门、新开门；南仅1门，即正南门。其中九门中有四门朝西，即朝向湘江，表明湘江对长沙的重大意义。城内有正街150余条东西向或南北向的大小街巷，构成了整个城市的骨架，七大街路路通向长沙府，并与小街和巷道相连，构成了形如蛛网、四通八达的街巷风貌。

虽然在民国前期，现代化的市政建设已经开始萌芽，但还远不成熟。在清末，警政制度在长沙最早设立，但真正意义上的市政行政机构却出现较晚。到了民国初期，真正意义上的现代化市政制度、市政机关才在长沙出现。到了1934年，长沙市政府成立，才终于具备了现代化城市市制建制。

1920年6月，谭延闿第三次督湘，首先改良长沙市政管理，并效仿北京、广州先进的市政管理体系，首次设立长沙市政厅，把商埠马路工程处并入其中。长沙市政厅隶属省长公属，统辖省会市政，着手经营市政建设，标志着长沙的市政建设开始有了一个专门的机构进行规划和管理。1921年2月，拟定《长沙市政计划书》，提出改造旧城区，开发新市区，辟建工业区、商业区、文教区及住宅区，兴办道路、桥梁、给水、排水、电灯、电话、电车和园林绿化等设想。但由于政治制度的腐败和经济实力的制约，近代长沙的市政建设始

① 钟彪：《湖南警政之经过与今后之整顿方法》，《湖南大公报十周年纪念特刊》，1925年。

② 史龙犹：《湖南二十年来之警政》，《湖南大公报廿周年纪念特刊》，1935年。

③ 钟彪：《湖南警政之经过与今后之整顿方法》，《湖南大公报十周年纪念特刊》，1925年。

④ 湖南省地方志编纂委员会编：《湖南省志》第12卷《建设志·城乡建设》，湖南出版社1997年版。

终未能走上科学快速发展的轨道。

长沙第一项市政工程就是拆除城墙。城墙在农业时代所具有的多重功能，到了工业时代已经逐渐丧失，并已成为城市发展的障碍。随着城市现代化的发展，人口越来越集中于城市，人口增多，建筑密度大，拆除城墙到了近代刻不容缓，清末时就曾有人建议在城墙处修筑环城马路。到了20世纪20年代，便有了拆除城墙之议，1923年长沙市政公所下设的马路工程处成立，长沙古城墙终被拆除。

市政工程主要是修筑环城马路和沿河马路。随着人口的增多、近代交通需求的加大以及现代化交通工具的出现，城市的道路建设逐渐提上日程。环城马路分二期工程进行施工，分别命名为兴汉路、湘春路、经武路、东站路、天心路和城南路。南门到西湖码头为西湖路。此后，马路的修筑因战乱而断续进行，直到1935年才完全竣工。建成后的环城马路分人行道和车马道，两侧设人字式边沟，车马道下设横沟排水。路面修建以碎石为主，提高了道路的承重能力。整个城市风貌有了很大的改观，是城市现代化的体现。

另外，公共设施如电灯、邮政、电话和电报等开始建设。1896年，长沙至武昌电报线路竣工，湘境电线架设公里，是省内第一条有线电报线路。后设官督商办长沙电报分局于南正街，是湘省第一所电报通信枢纽。1897年湖南宝善成机器制造公司在又一村装机设厂，长沙开始有了电灯照明；1899年长沙邮政分局成立，信件的传递由1896年之数千件增为1933年之50余万件。1905年湖南巡抚衙门第一架电话开通。这些近代公用设施促进了长沙的经济、交通和文化交流，产生了积极的影响，标志着长沙开始迈向现代化城市的行列。

其他还有给排水设施建设、市区环境卫生建设都逐渐走向了现代化。

从全国范围来看，作为内陆省会城市的长沙市政的现代化的初步发展，自然不能与上海、南京、广州等地的市政改革及规划建设相比，但是，作为长沙城市现代化的第一步，其对后来长沙城市的发展有重要意义和影响。

三、政治风气的转变

1911年11月22日，长沙解放，谭延闿主湘。谭延闿虽具有较多的封建性和妥协性，但还是坚持反清，支持共和。事变之后，谭延闿“竭力维持秩序，保全治安”，使新政权迅速走上了有利于资本主义经济与政治发展的“开明专政”轨道。

民国初年，长沙建置发生了很大变化。1912 年，善化县入长沙县，并入长沙府。次年废长沙府。湖南分为 4 道，长沙初属长宝道，后改湘江道，辖原长沙、宝庆二府，共 16 县，道治设长沙。1916 年湖南建置再次调整，全省分 3 道，湘江道改辖 27 县，治长沙。1922 年道制撤销，改为省、县两级。同年，长沙县置长沙市（仅管市政），省辖市、县同治，亦为省会。

袁世凯盗取革命果实之后，扭曲“三民主义”之精神，剥夺人民争取到的民主自由，便有了“二次革命”，湖南从宣布独立到撤销独立仅半个月时间。袁世凯于 1913 年 10 月派汤芗铭进驻长沙，进行血腥的统治和镇压。随着护国运动的胜利，1916 年 5 月 29 日湖南宣布独立，汤芗铭也被驱逐出长沙。北洋军阀统治后，政权交替频繁，政治黑暗，各地起义不断，各地共产党小组出现，国民党领导的北伐军于 1926 年 8 月 12 日抵达长沙，长沙进入了全面战争状态。

进入 20 世纪 30 年代以后，湘省政局相对稳定，长沙经济有所增长，文教事业也获得较大发展。同时，行政建置也发生了一些变化。1933 年 8 月长沙市经过多年的筹备正式设立（由何元文担任长沙市第一任市长），仍为省直辖市和省会，长沙作为湖南政治中心的地位更加巩固。

1936 年 5 月，国民政府行政院颁布《行政督察区专员公署暂行条例》，正式在国民党统治区各省划分行政督察区，设置行政督察专员公署。1937 年 12 月，湖南开始普遍实施该条例，当时全省划为 9 个行政督察区，以专员兼任驻在地县长。今长沙市及所辖县属第一行政督察区，专员驻浏阳县。行政督察专员公署是省府的派出机构，以代行省府职权，对所辖市、县政务进行督察。这一制度一直存在到 1949 年国民党在湖南的统治结束时才废除。

第四节　长沙经济的现代化

长沙的经济现代化启动晚、建设快，甲午战争后才有了新的经济因素，主要的建设就是大机器的生产和现代化工厂的建立。1904 年开埠之后，西方资本主义的经济产物在长沙传播开来，现代化的商铺和金融机构出现在长沙，新的交通方式、医疗卫生和建筑模式纷纷建立，人民的生产生活和娱乐生活也逐渐丰富起来，尤其是长沙人民的思想观念得到了彻底的转变，长沙的经济得到了前所未有的发展。但是不断发生的战争却没有给长沙一个好的发展环境，国共战争时期经济甚至停止了发展。“要想富，先修路”，道路交通对一个地方的经济发展有着极为重要的影响。近代交通事业的发展对长沙经济的发展起到了举足轻重的推动作用，使长沙与外界紧密地连接在一起，促进了地区间信息文化的交流。

一、近代交通事业的发展

近代交通的发展给长沙的经济现代化提供了必要条件，在推动城市现代化进程中起到了至关重要的作用。传统的交通方式中，陆地运输靠马车或人力，水路运输主要是木船或铁船，这些落后、效率低的交通方式严重阻碍了城市的发展和进步。在中国近代社会急剧转型的时期，交通运输方式的改变与进步是历史发展的必然。

首先是航运业的发展。传统的内河航运已不能适应商品贸易的飞速发展，近代内河航运呼之欲出。近代内河航运与传统内河航运的主要区别是采用机器发动的轮船作为航运工具。光绪二十三年（1897 年）在长沙成立的“鄂湘善后轮船局”乃湖南近代河运业发端的标志。

19 世纪中期以后，就已有外轮进入长沙，而湖南水运又无湍流礁石之险，故多有“醵资集股，倡议行轮”之议。首倡者便是有“洋务理论家”之称的郭嵩焘。但郭的提议遭到了守旧派的诋毁，未能如愿。甲午战争失败后，长沙维新派代表人物谭嗣同再次呼吁发展内河航运。在维新变法思潮鼓励下，熊希龄、蒋德钧开始筹办湖南行轮事宜，并得到了湖南巡抚陈宝箴的大力支持。1897 年 8 月，鄂湘善后轮船局租用官轮，在湖南内河试航成功。1898 年“百日维新”开始后，鄂湘善后轮船局改名为两湖善后轮船局。每逢船行日期，《湘报》预先刊登广告，客货两运，盛极一时。官督绅办的鄂湘善后轮船局开办不久，长沙民营轮船业也开始发展。光绪二十六年（1900 年），安化茶商梁啸岚租赁小火轮 4 艘，开辟了长沙至株洲、长沙至靖港的短途航线，客货兼营，以客运为主，成为湖南民营轮船业的开始。1901 年又有袁斯美等人开辟了长沙至湘潭、长沙至岳阳、长沙至湘阴等航线。1903 年，长沙开埠已成定局，正在江苏泰兴任知县的长沙士绅龙璋看准这一利航运发展的时机，招集商股，在江苏购置火轮 4 艘，开回长沙港金家码头，成立了开济轮船公司。1904 年长沙开埠后，该公司又添置了两艘轮船，沟通了湘江与洞庭湖区的航路，还在长沙、湘潭、湘阴、岳州、汉口等港建立了码头、堆栈，开拓了货运商务，这表现出湖南民族资本主义船运业的重大进展。

继轮运业的勃兴之后，长沙近代交通发展的重要标志是铁路和公路的问世。

粤汉铁路——1905 年，清政府从美国手中收回粤汉铁路的筑路权，在修筑长沙至株洲一段后，因资金匮缺，原已计划的武昌至长沙段迟迟没有动工。1909 年 8 月，湖南境内路段正式开工，先修筑长沙至株洲段干线。到 1911 年 1 月长株段建成通车，约长 50 公里。同时，长沙至岳阳段也开工。1918 年 9 月长沙经岳阳直达武昌的武长段竣工，全长 480 余公里，与长株段接轨通车。因时局动荡，株洲以南至广东韶关一段迟迟未能修通，接着对长株段进行了全面修缮，两段于 1920 年对接，武株线在湘境约长 250 公里，22 个车站，年运量约 50 万吨。1920 年开始营业，收入 15 万余元，支出 22 万余元，亏损 6 万余元；1921 年又亏损 2 万余元；到 1922 年扭亏为盈，获利 26 万余元；1923 年再亏 7 万余元。[①] 铁路开始营运的初期虽然亏损较大，但对长沙经贸的发展起了很大的促进作用。从此，长沙批发商从京津、沪汉、江浙等地区采购的工业品及洋货，可由铁路运抵长沙，同时也加速了长沙地区农副产品的输出。

1936 年，粤汉铁路全线通车，具有重大的政治、经济和军事意义。长沙经广州口岸进出口的商品日益增多，生猪和粮食成为长沙外销的大宗商品。粤汉铁路全线通车当年，正值湖南粮食丰收，长沙粮食市场进入鼎盛时期，加上浙赣铁路、湘桂铁路的开通和外省籍客商到长沙设庄开店者日益增多，交通逐渐在长沙经济中居举足轻重的地位。

长潭公路——1913 年春，湖南都督谭延闿为军事运输目的设立湖南军路局，主持修建长沙至湘潭的公路，开中国按汽车通行标准修筑公路的先河。当年就在原驿道上改建成长沙至大托铺一段。因时局动荡，工程时作时辍，1920 年 6 月谭延闿第三次督湘，才又继续修筑，至 1921 年 11 月全线竣工通车，总计全路 50 公里，完成路基土石 56.6 万立方米，铺砂 3.4825 万立方米，修成大小桥梁 31 座，涵洞 86 座，车岸码头 1 处，驳岸 5 处，全线耗资 90 万元。尽管这条仅 50 公里的公路从开工到竣工，四兴三辍，历时 9 年，并且“由于财政和技术的局限，线型不尽合理，标准较低。然开中国正规公路建设的先河，对后世影响很大”[②]，但它也是中国第一条标准汽车公路，在我国公路史

① 宋斐夫：《湖南通史·现代卷》，湖南出版社 1994 年版，第 16 页。

② 湖南省地方志编纂委员会编：《湖南省志》第 10 卷《交通志·公路》，湖南出版社 1997 年版，第 87—88 页。

上占有重要的地位。长潭公路竣工的当年，湘鄂人士何又伊、盛康生等人创办了湖南省第一家汽车运输公司——龙骧长潭长途汽车公司，拥有大小客车10辆，开湖南公路运输经营之始。

1929年何键主湘，成立公路局，取代了民办的汽车公司，在长沙设长宝、长宁段管理处，1930年以后各路段的管理处逐年增加。1934年建成的长（沙）平（江）公路，翻越箬埠岭采用“天桥”方案设计，属国内首创，同年10月湘赣公路通车。1935年8月湘黔公路、湘桂公路通车。到1935年全省公路共完成2000余公里。到1937年1月最后完成长达695公里的湘川公路。至此，省内4条主要公路干线全线通车，以省会长沙为中心的全省公路交通网已基本形成。[①]

大托铺机场——1926年8月，省政府建设厅厅长邓寿荃组织劳工在今长沙郊区塘家湾生产队与牛角塘之间修建机场。当时，此机场仅是一条长方形的土坪，没有航空设施，当年9月，北伐的国民革命军飞行队在此机场开始起降飞机。此为大托铺机场的雏形。1927年大革命失败后，乡民复垦机场为田。直到1952年，中国人民解放军空军在长沙市五一广场中心以南、大托铺火车站东北修建新的大托铺机场，于1954年竣工。

二、近代工矿业的兴起

长沙出现真正意义上的近代工矿业是在19世纪90年代后期，即甲午战后，尤其是维新期间，在陈宝箴、谭嗣同等一批开明士绅的积极倡导和大力推动之下，长沙掀起了一股创办近代工商业的热潮。

长沙最早的近代工业当为创办于1895年的湘裕炼矿公司与和丰火柴公司，这也是湖南最早的近代资本主义企业。湘裕炼矿公司“售于各国之锑，均称佳妙”，因而销量甚好，自光绪二十五年（1899年）至光绪二十八年（1902年）共产锑4794吨，“获利甚厚”[②]，且“价亦渐增”[③]。善记和丰火柴股份公司时有工人1000余人，采用半手工半机械操作，年产火柴1万箱左右，除销本省外，还销滇、黔诸省，这是湖南最早的近代工厂。[④] 火柴厂颇具规模，发

---

① 宋斐夫：《湖南通史·现代卷》，湖南出版社1994年版，第281—283页。

② 《本省纪闻》，《长沙日报》，戊申年（1908年）九月十三日。

③ 王铭忠：《湖南农工商情形记略》，《商务官报》第15期，光绪三十二年七月二十五日。

④ 湖南省志编纂委员会：《湖南省志》第一卷《湖南近百年大事纪述》，湖南人民出版社1979年版，第146页。

展到1919年，该厂曾两度增资，工人多达3000人。①

地方士绅王先谦等人在陈宝箴的支持下集议自筹资金，发起创办了湖南第一个近代机械工业企业——宝善成制造公司。② 该公司自1897年开始发电，在抚署附近（今又一村）设一小规模发电厂，送电至附近学堂、饭馆和沿街商店，这是湖南最早的电力工业。湖广总督张之洞在一份奏折中对该公司大加赞赏："湖南诸绅现已设立宝善（成）公司，集有各股，筹议各种机器制造土货之法，规模颇盛。似此……气象日新，必愈推愈广。"③

戊戌前后，长沙近代工业除上述几家之外，还出现了不少民营小厂。如光绪二十四年（1898年）陈万利开办的生产石印机的机器厂、1900年姜华林开办的裕湘机器厂等。1895—1911年间，湖南陆续创办了183家近代企业，包括矿山、工厂、铁路和轮船公司，总投资额达1982.3万元，④ 其中大部分在长沙。

表1－1　戊戌前后长沙主要近代工矿企业

企业名称	创办年份	创办者	资料来源
湘裕炼矿公司	1895	张祖同、朱恩缙	《中国近代工业史资料》
和丰火柴公司	1895	陈宝箴、张祖同、刘国泰、杨巩	《湖南近百年大事纪述》
宝善成制造公司	1896	王先谦、朱昌琳、熊希龄等	《湖南近百年大事纪述》
鄂湘善后轮船局	1898	王先谦、张祖同、汤聘珍、熊希龄、蒋德钧等	《湖南绅士请办内河小火轮船禀稿》
湖南化学制造公司	1898	张本奎、萧仲祁、王国柱等	《湖南近百年大事纪述》
湘利黔毛巾织造厂	1903	禹之谟	刘泱泱《湖南通史·近代卷》
湖南矿务公司	1903	王先谦之阜湘公司与黄忠浩之沅丰公司合并而成	《湖南近百年大事纪述》

1896年，陈宝箴在长沙设矿务总局，刘镇为总办。

湖南近代机器棉纺企业湖南第一纱厂，1912年在长沙筹建，1917年建成。

① 《湖南历史资料》1960年第1期，第43页。

② 汪敬虞编：《中国近代工业史资料·第2辑（1895—1914）》下册，科学出版社1957年版，第724—725页。

③ 熊希龄：《上陈中丞书》，《湘报》第112号，第1058页。

④ 傅志明：《清末湖南资本主义的发展与辛亥革命》，《求索》1983年第3期。

之后，工厂产纱锭 4 万，锅炉 3 座，550 千瓦发电机 3 部，25 马力和 60 马力电动机 260 余台，到 1912 年初具规模，简单投产；由于日、美等帝国主义大量倾销他们高速发展的纺织工业品，使第一纺纱厂产品销售受到沉重打击，加上军阀战争影响，1924 年纱厂停办。浏阳夏布 1918 年通过长、岳两海关出口达 4853 担，价值近百万关平两，但之后产销均趋衰落，1920 年为 2161 担，1921 年下降到 804 担，1922 年降到 397 担，1923 年仅 209 担，呈直线下降之势。[①] 另外，长沙的丝光染纱厂、蜡业、麓山玻璃厂、面粉厂、和丰火柴厂等都因原料被外商控制，加上兵灾、滥票影响，濒临绝境。

长沙近代工矿业虽然起步较迟，发展也颇为缓慢，且还有时开时闭的情形，但这毕竟是近代化的开端，对城市的近代化具有不可低估的作用与影响。

到 20 世纪初长沙辟为商埠后，体现大机器生产方式的近代工业才进入了一个新的阶段，开办了不少管办、官商合办的工商企业，主要有造纸、火柴、印刷、造币、冶炼、玻璃、面粉、兵工等行业。1898 年长沙第一家铅活字印刷厂成立；1912 年建造了湖南第一纱厂；1928 年创办了湖南民生工厂，1932 年 10 月改名为湖南机械厂；1932 年，省政府以锌块为军用重要原料为由，与国民府军政部兵工署签订了合同建立湖南省炼锌厂，这是我国第一座近代化的炼锌厂。另外新型工业还有玻璃公司，先后成立三家，分别是设于长沙的 1906 年麓山玻璃公司、1915 年楚南玻璃公司和设于湘潭的湘潭玻璃厂。长沙的近代工业还有 1906 年的化妆品厂、1912 年的造纸厂、1916 年的面粉厂等。

20 世纪 30 年代长沙经济又出现了一批颇有名气和成就的工矿企业，如湖南省炼锌厂、湖南机械厂等。湖南炼锌厂是我国第一座近代化的炼锌厂，结束了我国 1000 多年来的土法炼锌历史，也打破了洋锌一统天下的局面。20 世纪 30 年代兴起的长沙近代工业门类主要有织造、火柴、印刷、造币、冶炼、玻璃、面粉、兵工等，工人约 2.5 万，至 1934 年长沙已有纺织、机械、印刷、火柴、电器、皮革等 24 个行业，122 家工厂，年产值 1708 银圆，占当年湖南省工业总产值的 41%，[②] 奠定了湖南近代工业发展的基础。

抗日战争爆发后，很多沿海及沦陷区城市的企业、工厂内迁，进一步推动了长沙城市的现代化。1938—1940 年，上海、汉口等地迁湘现代工厂累计分别达 118、122 和 121 家，使湖南工厂总数仅次于四川，居全国第二位，长沙

---

① 宋斐夫：《湖南通史·现代卷》，湖南出版社 1994 年版，第 14 页。

② 郑佳明：《长沙百年》，湖南文艺出版社 1999 年版，第 65 页。

遂成为大后方商品流通的前沿地带。大批企业迁湘不仅给湖南带来了大批富有先进技术和经验的技术人才，而且带来了先进的生产方式和管理方法，促进了湖南近代工业的发展。[①] 据调查，此时长沙地区有大小工厂 133 家，平均每厂只有工人 36 名。又据 1943 年统计数字，当时长沙组织完善的厂家有 56 家，整个手工卷烟工人达万人以上，仅华昌一家使用机器，其他都依赖手工。[②] 其次在抗战期间，国民政府加重对工商业者的剥削，通货膨胀非常严重，至 1944 年 6 月，日军尚未攻陷长沙，城内已有半数以上的企业生产无以为继，被迫停产。

抗战结束之后，之前长沙迁往各地的工厂又重返长沙，如 1938 年和 1939 年由长沙迁往益阳和衡阳的长沙炼锌厂于 1946 年迁回旧址复业；1938 年迁往桂林，后又迁往重庆的利华橡胶厂（即内迁之上海工商业橡胶厂）也迁回长沙原址投产。此时还创立了一些新的企业，如在长沙水陆洲创立的长沙天伦造纸厂等等，这些都使长沙工业出现了一丝复苏的迹象。

三、商业贸易

1. 对外贸易的发展

长沙开埠后情况发生了根本变化，外国商品通过岳州和长沙两个商埠直接向湘省大量涌进，省内的土货商品通过口岸直接向外流出，商品交换十分便捷。岳州、长沙两个口岸城市对外贸易额快速、持续增长，很快就打破了以湘潭、常德两大商业城市为中心的经济格局，新的经济网络渠道和新的经济中心很快就已形成。长沙一跃成为湘省的贸易、金融、商业中心，辐射全省，举足轻重。

外商涌入，仅英、美、德、日等国外商在大西门一带即设有洋行 17 家。洋货充斥市场，经营范围极其广泛。输入的商品以纺织品、五金制品、搪瓷制品、电器材料、化工产品、煤油为大宗，还有鸦片、海味、白糖、药材等，均由长沙销往省内各城乡市场，同时各国洋行在长沙市收购桐油、茶叶、猪鬃、头发、皮毛、棕皮等农副产品和矿产品。专门为外商办事的买办商和承销部分洋货的苏广洋货号日增。长沙成为全省商业之冠，在湘省对外贸易中，长沙竟

---

① 陈先枢、黄启昌：《长沙经贸史记》，湖南文艺出版社 1997 年版，第 169—176、185—208 页。

② 汪敬虞编：《中国近代工业史资料 · 第 2 辑（1895—1914）》上册，科学出版社 1957 年版，第 274 页。

占了70%以上，成为名副其实的新的经济中心。

1904年7月，长沙开埠，次年春，长沙关税务司夏立士呈报上年长沙口洋货贸易情况，除进口货物外，“出口土货，半年中估值关平银六十一万四千五百两，矿砂与米约占一半”，“牛皮、莲子次之，爆竹又次之”，“茶叶一项，系湘省出产大宗”，“棉花一项，由本关报出口者八百七十余担，大半系运往东洋，制成洋纱，仍来本省销售”，“五金矿中，黑白铅俱多”。[①] 另外根据美国驻长沙领事詹森1919年的调查报告，长沙1918年进口的货物有：各种提袋、槟榔、海参、纽扣、香烟、钟表、染料、电气材料与配件、面粉、玻璃灯件、机器、火柴木料、铜锭、铁条、铁钉、金属丝、铁轨、铁片、铅块、白铅、锡条、针、机油、石油、胡椒、布匹、花边、钻子、缎面、麻纱、绒布、手帕、面巾、棉线、呢料、羽纱、檀香木、海藻、苏打、红糖、白糖、精炼糖、糖果、木料、伞及其他，凡50余种，总价值10250953元，其中价值超过100万元者，依次为铜、铁、铅、锡等金属材料和制品（包括铁轨、铁钉等），棉布和糖类，其次为石油、香烟、呢绒等。在长沙出口的本省货物则有：砒素、竹笋、绿豆、黄豆、蚕豆、锑锭、锑砂、铅砂、钢条、锡条、茶油、桐油、纸、碱、莲实、茶叶、猪鬃、米谷、煤、蛋类、羽绒、棕、麻、爆竹烟花、夏布、头发、牛皮、猪油、药材、烟叶、伞及其他，合计近40种，总价值12813352元，其中价值超过100万元者依次为煤、锑、铅、锡等矿产品和夏布。米谷缺统计数字。其他纸、牛皮、竹笋、莲子等亦为出口大宗。[②]

岳州和长沙相继开埠，但长沙的出进口贸易额增长速度远超过岳州，下表是1900年到1919年两地的对外贸易情况统计：

表1－2　1900—1919长沙、岳州对外贸易统计（单位：关平两）

年份	进口			出口			进出口贸易总值
	长沙	岳州	合计	长沙	岳州	合计	
1900		136704	136704		7123	7132	143827
1901		377376	377376		23133	23133	400509
1902		899359	899359		330856	330856	1230215

① 夏立士：《光绪三十年华洋贸易情形论略》，《间通商各关华洋贸易总册》。

② 《美驻长沙领事詹森1919年报告书》。

续表

年份	进口			出口			进出口贸易总值
	长沙	岳州	合计	长沙	岳州	合计	
1903		2116660	2116660		1356581	1356581	3473241
1904	2203119	1263737	3466856	614398	898816	1513211	4980067
1905	4273956	173102	4447058	1621874	316956	1938830	6385888
1906	3997974	404133	4402107	1293835	432955	1636790	6038897
1907	5003269	536216	5539530	2288864	817894	3106758	8646288
1908	5306007	547431	5853438	3934285	2396486	6330771	12184209
1909	5667406	1306561	6973967	4890387	1709352	6599739	13573706
1910	6973920	1135899	8109819	6116110	805970	6922080	15031899
1911	8119620	1999645	10119265	9570735	1456325	11027060	21146325
1912	11667484	3794796	15462280	10370884	2490471	2861355	28323635
1913	15000237	3284016	18248253	8719525	3635050	12354575	30638828
1914	14761489	2911593	17673082	9809073	2077973	11887046	29560128
1915	13705658	5173816	18876074	12883676	1930251	14813927	33690001
1916	12894909	5592519	18487428	15761316	2385980	18147296	36634724
1917	12253105	5251827	17504932	15239123	2222704	17461826	34966758
1918	12231417	4671867	16903284	10740446	5610415	16350861	33254145
1919	15281305	6376632	21657298	9729963	4212102	13942067	35599995

光绪三十年（1904 年），长沙海关仅开关半年，出口土货估值关平银 614500 两，矿砂与米约占一半，矿砂 2 万担，米 13.3 万石，牛皮、莲子次之，爆竹又次之，茶叶一项系湘省出产大宗，棉花一项由本关报出口者 870 多担。①

表 1－3　1904—1911 年长沙洋纱、洋布进口统计

年份	洋纱进口		洋布进口
	担	值关平两	关平两
1904	3445	84786	794938
1905	4434	115913	1236682
1906	4289	110372	926194
1907	7793	194975	2076924
1908	5252	136582	2082103

① 夏立士：《光绪三十年通商各关华洋贸易论略》。

续表

年份	洋纱进口		洋布进口
	担	值关平两	关平两
1909	12749	323152	2471454
1910	21783	549119	2151961
1911	32696	825862	2879162

资料来源：刘世超《湖南海关之贸易》，第二章，第17页。

1905年入口货物总额共485331关平两，均以长沙为集散市场，其商埠雏形于此时形成。至光绪末年，粤汉铁路湘鄂段修成，长沙之商埠地位更显重要。湖南省对外贸易的70%集中于长沙。“以前之岳州及湘潭，至此日形衰落，长沙渐为货物进出口之总汇”，[①] 商业、金融业和近代轻纺业也集中于此。

长沙成为湖南新的经济中心，也标志着长沙经济开始进入现代化。近代中国的经济现代化是在西方列强的外来压力下被迫卷入世界现代化大潮的，中国的经济现代化是外源的迟发展型现代化。构成一个国家经济现代化有两个层面，即工业化和市场化，而在中国经济现代化进程中，1927—1936年的南京国民政府时期是一个重要的发展阶段，这个时期中国经济大发展曾被称为中国经济发展的第二个“黄金时期”，它既有对前一个“黄金时期”（1913—1926年）经济发展的沿袭，又有一些变革和发展。1912—1937年这两个“黄金时期”的长沙对外贸易，无论是从其总额来看，还是从其进出口货物来看，都具有明显的畸形性：严重依赖世界市场，发展很不稳定、波动较大。

表1-4　1912—1931年长沙对外贸易情况：（单位：关平两）

年份	进口值	出口值
	长沙	长沙
1912	11667484	10370884
1913	15000237	8719525
1914	14761489	9809073
1915	13705658	12883676
1916	12894909	15761316
1917	12253105	15239123
1918	12231417	10740446
1919	15281305	9729963

① 朱羲农、朱宝训编纂：《湖南实业志》（一），湖南人民出版社2008年版，第253—254页。

续表

年份	进口值	出口值
	长沙	长沙
1920	15929430	17044046
1921	18286318	11259226
1922	16870340	13185915
1923	17521734	15729983
1924	21683311	16019057
1925	16949821	16064407
1926	22851402	15397104
1927	9144049	13979969
1928	22274272	16490778
1929	24299409	13776432
1930	23848092	13098457
1931	25827985	10612803

资料来源：李玉《长沙近代化的启动》，湖南教育出版社2000年版，第196页。

但此后的1922—1931年，湖南对外贸易的形势不容乐观，无论是出口贸易还是进口贸易，都呈衰退之状。综观1932—1937年湖南直接进出口贸易值，最明显的特征就是进口远远超过出口，主要因为资本主义各国发生经济危机，国际市场萧条，锑品、桐油等主要出口商品出口额均趋下降；加之1931年、1935年湖南两次遭受特大洪涝灾害，经济萎缩，出口贸易进入低潮。

1936年后，资本主义经济复苏，购销转旺。1936年1月1日，南京国民政府军事委员会在长沙成立锑业管理处，并在汉口设立国外贸易事务所，统筹湖南锑品的购销和出口。锑品成为第一个由政府主管经营的出口商品，湖南出口贸易始见好转。虽然出口值占直接外贸总值的比例没有改变，但出口总值有所上升。1937年，全民族抗战爆发，长江被封锁，外商撤离，业务停顿。

抗战时期，国民政府制定了一系列的法规，成立了一些专门机构，对进出口贸易和国内商业实施统制。在进口贸易方面，国民政府采取直接统制的办法，主要是禁止进口或限额进口等；间接统制则是指对进口商品课以重税或对某些必需品进口减免关税。但到太平洋战争爆发前后，由于日军对大后方实行封锁，中国取得外援越来越困难，国民政府不得不放松对进口物资的统制。在出口贸易方面，国民政府的总方针是鼓励大量出口贸易，以换取武器等物资，平衡物价，防止外汇短缺，稳定国内的金融市场。政府统制出口贸易的方法也有两种：一是商人负责，政府加以控管；二是由政府组织的各种机构或公司来经营出口业务。战时外销物资主要是两大类：一是特矿产品；二是重要的土特产品。矿产品主要是锑的出口，土特产就是茶叶、桐油、猪鬃、生丝和羊毛等。这两类物资是战时国民政府对苏美等国实行易货贸易的主要物资。为了军需民用，国民政府对各物资的需要加大，进口量明显增大，如粮食、棉花与棉纱、钢铁及五金材料、机器及工具、交通器材及配件、通信器材及配件、水泥、汽油、柴油、润滑油、医药用品、化学原料、农药、食盐、酒精等①，对以前禁运的蚕丝织品、呢料、印刷用纸、普通食品等，也一概放松。② 随着抗战的深入，后方物资供应越来越紧张，国民政府被迫放松了对进口货物的限制。

2. 商铺的繁荣

清同治六年（1867 年），长沙有牙行 95 家，包括粮食行、茶麻行、鱼行、靛行、纸行、盐行、铁行、木炭行、煤炭行、帽行、牛行、石灰行、枯饼行等 10 多个行业，有粮食、土果、饼货、钉铁、鱼花、姜瓜等店摊 186 户及典当铺 10 家。③ 光绪年间（1875—1908 年），绸布店、京广杂货店、玉器店、美容店、风味店、南货店、饭店、客栈等商业行业渐增。1883 年长沙城著名面食馆甘长顺面馆开业。1885 年李合盛面馆在长沙城黄道街（今黄兴南路）开业，被誉为长沙“百年清真餐馆”。1890 年从南京、广州引进西纹皮制造工艺，长沙城开始出现西法制革业。1895 年民营中西药房在坡子街开业，为长沙第一家西药店。

长沙开埠前，物资集散全赖水运，市场发轫于沿河一带，牙行、商铺起初都设在沿江的草潮门、大西门、小西门及城南江边一带，以后逐步向城内延伸，从太平街、药王街到八角亭、司门口、东牌楼、南正街、坡子街、臬后街连成一块。同行业中的较大商户设置比较集中，便于商品交流和顾客挑选比较。如草潮门一带的两行米厂、大西门的油盐花纱号、太平街的鞭炮土布庄、八角亭的绸布店、走马楼的衣庄、白马巷的皮货、南阳街的书局、华龙池的油鞋店、老照壁的雨伞店、仓后街的木器店、通铺街的铜器店、藩城堤的荒货铺等，百货、匹头批发号则多设在臬后街一带。

---

① 中国人民政治协商会议湖南省委员会文史委员会编，田伏隆主编：《湖南近 150 年史事日志（1840—1990）》，中国文史出版社 1993 年版，第 194 页。

② 李平生：《烽火映方舟——抗战时期大后方经济》，广西师范大学出版社 1995 年版，第 224—225 页。

③ （同治）《长沙县志》卷 8，第 44—48 页。

长沙开埠后，大量洋货涌入长沙市场，经营洋货的店铺开始增多。尤其经营苏广洋货者居多，苏浙商人多到长沙开店，以布店为多，当时长沙绸布业除经营洋竹布、洋官纱、泰西缎等外货外，尚经营国产丝绸。绸布点大户颇多，陆续开张者近50家。其他如仓库业亦迅速发展，沿河一带仓库如雨后春笋般建立起来。商品现代化特征越来越明显。据记载，1916年，长沙市区共有营业性工商店铺4912家，至1933年，增至13764家。

表1－5　近代长沙工商店铺发展状况统计　　（单位：家）

行业类别	1916年	1933年
食品	281	2214
文具	17	355
药品	184	367
奢侈品	171	1128
服装	43	2028
农矿	621	1156
洋货	127	233
金融	130	164
工艺	2121	3344
电灯公司	2	3
洋行	10	11
汽船	8	14
旅馆	476	449
书店	33	70
影剧院	19	19
餐馆	74	90
杂业	595	2209
共计	4912	13764

资料来源：《支那省别全志·第10卷·湖南省》，日本：东亚同文会1898年版，第31—32页。

由上表可知，近代长沙市工商业店铺，既有传统行业的延伸，如食品业、文具业、各类杂货业；又有新兴行业的发展，如洋货洋行、多种工艺、电灯、汽船，以及新式书店、影剧院等；还有不少传统行业中，逐步增添了近代因素，如药品业中就有了中药、西药之分，服装业中也出现了西服店、呢绒店。这些新兴行业和近代因素的发展，无疑是长沙城市近代化演变的一个标志。

同时，外国洋行和公司也纷纷在长沙建立。1904年长沙开埠初期，已有外国洋行17家。销售的洋货主要是日常生活用品，当时一家洋行三井洋行，其在长沙销售的洋货就有：机器类，有纺织、染色、滤水、轮船、耕田、印书、电器、德律风、电车、电灯、消火等各机器及铁路需用器具。杂货类，有米、面粉、豆、小麦、豆饼、棉花、棉纱、棉巾、丝、洋火、木材、火油、人参、纸张、珊瑚、颜料、纸烟，皮革，……以及各色海产。甚至还出售军火、新式快枪，兵舰，以及银铁铜铅等矿产。[①] 此后，外商来长沙者不断增加，到1924年长沙已有洋行75家，计日商36家，英商24家，德商10家，法商5家。次年增至88家，1926年增至91家。新加入的国家有意大利、瑞士、葡萄牙、瑞典、丹麦、挪威等国。当时自灵官渡到草潮门一带，外国洋行商栈盘踞于此。洋行经营品种繁多，除日用百货、布匹、杂货外，还经营石油、化工、染料、香烟等商品。其中长沙的石油市场完全被垄断。外国洋行和公司的商业活动，对长沙社会经济起到了很大的分解作用，它破坏了自给自足自然经济的基础，破坏了城市手工业和农村家庭手工业，但在客观上促进了长沙城乡商品经济的发展，给民族主义工商业的发展提供了某些条件和可能。

表1-6　外国洋行一览表

洋行名称	所属国家	位置	洋行名称	所属国家	位置
安利英洋行	英国	灵官渡	宝汇洋行	法国	灵官渡
开利洋行	德国	灵官渡	南正大洋油股票油公司	美国	学宫门外
宝汇洋行	法国	灵官渡	戴生昌汽船公司	日本	小西门
太古洋行	英国	太平门外	大石洋行	日本	小西门
汽巴洋行	瑞士	金线街	盐川洋行	日本	小西门
保险公司	荷兰	金线街	日丰洋行	日本	太平门外

长沙的商业在第一次世界大战之后开始由盛转衰。1922年2月，99个行业的商店，由原来的4903户减为3259户，减少约34%。其中，米坊由635户降到175户，百货业由267户减到136户。抗日战争时期，长沙市工商经济更是遭到严重破坏，仅商业损失即达5441.75亿元。

抗战胜利后，长沙商业开始复苏。1946年6月，开张商店达6879家，成立各种同业公会90个，商业呈现出复苏景象。[②] 其时，美国商品乘机大量涌入，美国的布匹、面粉、肥皂、车辆乃至牙膏、牙刷等商品在长沙大肆倾销，

① 《长沙日报》宣统元年三月初一，第1393号，藏于湖南师范大学历史文化学院古籍阅览室。

② 陈先枢、黄启昌：《长沙经贸史记》，湖南文艺出版社1997年版，第206页。

正如当时长沙报纸所记载："无货不'美'，有'美'皆备。"[①] 美国商品的大量涌入，一方面促进了长沙商品市场的繁荣，但在另一方面也打击了原本就比较脆弱的长沙民族工业。

不久内战爆发，国民党政府厉行搜刮，工商户处境维艰。至1949年，先后有绸布、百货、南货、旅馆等32个行业的1023家店铺纷纷倒闭。[②]

3. 近代金融业的发展

近代长沙金融业伴随着商品经济的发展而产生和成长。明末清初，长沙即已出现了经营兑换银两、钱币的钱摊。至鸦片战争前夕，长沙的金融业有高利贷信用、货币兑换业、典当、票号、钱庄，其中尤以典当业最为兴盛，多至36家。1840年以来，资本主义经济、金融势力的入侵和民族工商业的微弱发展，客观上刺激了半封建半殖民性的民族金融业的兴起，票号由盛转衰，钱庄崛起。咸同以后，长沙钱庄已形成粗放经营存、放、汇等金融业务的钱业，已隐现近代金融市场的雏形。光绪年间，陈宝箴推行新政，振兴实业，发行官票，革除钱业和商业滥发市票、滥铸铅丝银之弊，在长沙设立了具有早期银行特征的阜南官钱局，湖南官方开始发行票币。光绪二十九年（1903年）湖南官钱局建立，成为当时地方的金融中枢。

清末民初，民族工商业缓慢发展，新式银行的兴起，标志着近代长沙金融市场的正式形成。宣统元年（1909年），大清银行长沙分行成立，这是湖南第一家银行。辛亥革命后，大清银行被停业整顿，湘督谭延闿将湖南官钱局改组为湖南银行，并在长沙附设湖南储蓄银行。之后湖南实业银行、宝兴矿业银行、裕商银行等相继在长沙成立，交通银行、中国银行也先后在长沙设立支行和分行。1918年，湖南银行因滥发票币和遭军阀溃军抢劫而倒闭，累及储蓄、实业等银行相继停业，典当、票号遭受重大打击。此后几年因政局纷扰，兵连祸结，百业萧条，长沙已无地方银行。1927年武汉国民政府颁布《集中现金条例》时，长沙仅剩上海银行一家。直到1929年鲁涤平主持湖南政务，才决定成立湖南省银行，额定资本200万元，于次年1月15日在长沙藩正街正式开业。湖南省银行的成立，相对稳定了湖南的金融市场，沪、汉等地商业银行陆续来长沙设立分支机构，银行业又趋复苏，钱庄亦日渐兴旺。到1933年，长沙已有银行9家、钱庄86家，出现了银行与钱庄并存的局面。1935年11月

① 陈先枢、黄启昌：《长沙经贸史记》，湖南文艺出版社1997年版，第206页。

② 湖南省地方志编纂委员会编：《湖南省志》第13卷《贸易志·商业》，湖南出版社1997年版。

民国政府实施法币政策，将纸币发行权收归中央银行，湖南省银行只发行辅币券。同一年，省会银行业同业工会成立。至此，以中央银行和湖南省银行为中心的金融体系基本形成。①

4. 手工业的兴旺和衰落

长沙出名的两大手工业为纺织业和湘绣业。

（1）纺织业。明清时期，湖南的粮食逐渐商品化，同时湖南经济作物的种植面积也不断扩大，政府鼓励种植棉、麻和桑，规定“不种桑者出绢一匹，不种棉、麻者需出棉布、麻布各一匹。后又规定多种者不征税”②。据明万历《湖广通志·方产》载，长沙府之长沙、善化县出绫。又据《大明会典》卷三十七记载，长沙府田粮自景泰七年（1456 年）始，每岁以二十万石折征棉布二十万匹，一半解京库交纳，一半存留本司、府备用。可见，明代长沙地区棉布产量是比较高的，棉纺业已开始向商品化生产转化。到清代，大批的吴客（江苏一带的商人）纷纷来长沙收购布匹，将“苏花”（太仓棉）等原料和资金分贷给织布者，收购制成品。其后长沙商人也加入了这种“包买商”的行列，“布归横塘、新墙，客惟衡州、长沙人矣。”由于江苏及长沙商人商业收购活动的促动，有些巴陵人干脆把纺织工场开到长沙。据浏阳县训导吴敏树记载：“长沙有巴陵小布行，以此其后二三都及冷铺、三角嘴诸处产棉，而一都人工作布，绝精匀，谓之都布。二三都谓之三都布，男妇童稚皆纺绩。”③ 据光绪《善化县志》载：清中叶艺事“惟习日常需之业，以鬻其技，而资事畜。古者织纴皆女红，今则男工，名有专习，以世其家”。又云：“省会工刺绣者多，乡村习纺绩者众。”同治《长沙县志》也载：他们“沿门鬻技，工价日数十钱”，世传其业，纺织缝纫已成为男子擅长的专门行业。

到了清末，受西方洋纱、洋布的影响，长沙的棉纺织工业受到了极大的打击。棉布的销量急速下降，人们对洋纱、洋布的需求大增，导致这一手工业走向了衰落。这主要是因为洋布、洋纱纹路细密美观，价格又便宜，为了扩大市场，洋布、纱的价格不断下降。据《中国近代手工业史资料》记载，如 1872 年的价格以 100 计的话，那么进口棉、纱价格指数 1890 年为 75.6，在近二十

① 陈先枢、黄启昌：《长沙经贸史记》，湖南文艺出版社 1997 年版。

② 《续文献通考·田赋·二》，转引自陈先枢、黄启昌：《长沙经贸史记》，湖南文艺出版社 1997 年版，第 110 页。

③ 吴敏树：《畔湖文集·巴陵土产说》。转引自陈先枢、黄启昌：《长沙经贸史记》，湖南文艺出版社 1997 年版，第 111 页。

年中，其价格不仅没涨，反而降了 24.4；进口棉布的价格指数 1890 年为 76.6，也下降了 23.4。[①] 进口洋货正是在这种物美价廉的双重优势下得到了不少中国人的认可。但是由于湖南地处内陆，洋布传入湖南的时间稍晚。甲午战争之后，洋纱、洋布才真正冲击到湖南的棉纺织手工业，洋纱、洋布纷纷流入市场，长沙开埠后，输入量更大，对传统布料的冲击也更大。如城陵矶由于“洋纱一宗，尤为畅销”，从而导致“本地所产之棉花，其价日贱，且无有问津者”，并预测“将来日盛一日，必遍省皆是”。[②] 另载：“岳、常、澧等处织布之户，近来全系用洋纱。”其结果是“目下欲求一匹真土纱都布，几如披沙拣金”。[③] 由此可见洋纱、洋布的输入对传统布料的冲击力有多大。

（2）湘绣业。湖南的湘绣闻名中外，有着很长的发展历史。到清代时期，刺绣在湖南民间已较为普遍。作为湖南省会的长沙是湘绣业发展的主要城市，主要产区为长沙东乡的袁家坪、沙坪以及西乡的渔湾市、湴湾市、三叉矶等地，有“省会之区，妇女工刺绣者多，事纺绩者少，大家巨族，率以细棉相侈尚”之说。[④] 但此时期的刺绣还停留在家庭副业或女红技艺阶段，产品主要供自给性消费，或作为礼品馈赠亲友，或被征购作为朝廷贡物以及官僚绅商的奢侈品。湖南刺绣作为商品生产发展繁荣，并以“湘绣”之名享誉中外，当在 19 世纪中叶之后。

1898 年，湘阴人吴莲仙在长沙红牌楼正式开设“吴彩霞绣房”，招收雇工和学徒，这是湖南第一家湘绣作坊，“湘绣”由此得名。1899 年，善化县绣工魏氏在长沙八角亭开设“锦石秀馆”，成为湖南第二家湘绣作坊。[⑤] 在他们的带动下，湘绣日益发展，从业人数日众，技术也日趋成熟精湛。全省绣业工人约达 2.5 万人，绣品年产量增加到 3 万件以上。[⑥]

20 世纪初，著名画家杨世焯从宁乡来长沙为湘绣描绘画稿，并在湴湾市、贡院东街开设画馆。杨世焯及其画友融国画于湘绣之中，绣工运用阴阳混合、面真写实的工艺，使湘绣不仅是绘画的再现，且具有绘画难以表现的艺术手

---

① 彭泽益主编：彭泽益：《中国近代手工业史资料（1840—1949）》第 2 卷，三联书店 1957 年版，第 199 页。

② 《城陵矶近況》，《湖南官报》第 409 号，1903 年 6 月 20 日。

③ 《光绪二十九年岳州口华洋贸易情形略论》，《湖南历史资料》第 1 辑，湖南人民出版社 1979 年版，第 122 页。

④ （嘉庆）《长沙县志》卷 14《风俗》，嘉庆十五年刻本。

⑤ 刘云波：《论近代湖南的几种外销型手工业》，《湘潭大学学报》2005 年第 5 期。

⑥ 李湘树：《湘绣史话》，轻工业出版社 1988 年版，第 26—28 页。

法。湘绣遂逐渐自成体系，名声大噪。1910 年后湘绣多次参加国内外博览会展销，多次荣获大奖，享誉国内外。

另据统计，1933—1937 年间，全省新开设的绣庄共 16 家，其中长沙有绣庄 11 家。长沙市及其附近的绣业工人达 1.5 万人，绣品年产量增加到 3 万件以上，约一半外销。[①] 可惜的是，1937 年全民族抗战爆发后，湘绣生产受到极大破坏，抗战结束后虽有短暂复兴，但好景不长。至 1949 年湖南和平解放前夕，长沙仅存绣庄 25 家，城乡绣工仅 1200 多人[②]。

长沙手工业以纺织和刺绣最为著名，除此之外还有陶瓷业和矿冶业。

5. 邮政、电信业的发展

湖南的通信业具有悠久的历史。早在春秋时期，就有“楚子以驲（通信专用车马）至于罗汭（今湘阴县境）”的记载。战国时，贯穿湘境南北的湖广驿道已具雏形。楚屈原《离骚》曰“朝发轫于苍梧兮”，苍梧，即今永州零陵一带。秦始皇统一中国后，在全国修筑驰道，“其时，湖广永州府零陵县有驰道”，“车同轨”，“书同文”，促进了邮驿通信的发展。

湖南正式设邮驿是在东汉建武年间（25—56 年），桂阳郡（今郴州地区及广东英德以北一带）设有邮驿；南北朝时，今临武一带设有武安驿。唐代，设有长沙驿、巴陵洞庭驿、湘阴白沙驿、耒阳方田驿、郴州栖凤驿等，形成由鄂经湘入粤的南北驿递干线通道。元代驿站分陆站和水站，今湖南辖区的湖广行中书省辖陆站 100 个，水站 73 个。明清时期，湖南省内设驿已普及各府、州、县。

明代永乐年间（1403—1424 年），国内民间私营通信机构“民信局”首先在江、浙沿海一带兴起。清末，湖南省内岳州（今岳阳）、长沙、常德、津市、湘潭、宝庆（今邵阳）、益阳等主要城镇设有曾森昌、全泰盛、李永隆等民信局 10 多家。[③] 清光绪二十五年（1899 年）岳州辟为商埠，在城陵矶设立岳州海关，根据大清邮政《关于各通商口岸之海关税务司兼邮政司》的有关规定，全省第一个海关兼管邮政的岳州邮界及岳州邮政总局成立，辖岳州、长沙、常德、湘潭 4 个湖南开办最早的邮政分局。光绪三十年（1904 年），岳

① 李湘树：《湘绣史话》，轻工业出版社 1988 年版，第 76—77 页。

② 湖南省地方志编纂委员会编：《湖南省志》第 9 卷《工业矿业志·轻工业》，湖南出版社 1997 年版，第 108—109 页。

③ 湖南省地方志编纂委员会编：《湖南省志》第 11 卷《邮电志》，湖南出版社 1995 年版，第 2 页。

州、长沙两邮界，统属于岳州、长沙两海关税务司。同年，长沙辟为商埠，日本在长沙建领事馆，并于光绪三十二年（1906年）在长沙太平门设二等邮便局。宣统二年（1910年），长沙邮界、岳州邮界（邮政总局设常德）均改为副邮界，由汉口邮界管辖。翌年，邮政脱离海关，自成管理体系，岳州副邮界改为常德副邮界。1913年，常德副邮界取消，归并于长沙副邮界。翌年，全国实行以行政省划分邮区，湖南自此成为独立的邮区，直到中华人民共和国成立。

湖南近代邮政管理大权多被洋人掌握，1927年湖南收回了中华邮政管理权，由中国政府自主任命第一位中国籍邮务长施宗岳管理湖南邮政。此后，省内邮政发展较快，1928年，长沙至宝庆公路建成，8月，湖南开辟由长沙经湘潭、湘乡、永丰（今双峰）至宝庆的全省第一条委办汽车邮路。1931年，湖南利用英国、日本等国轮船公司的轮船，开辟长沙至省内主要城镇和鄂、川、苏等省的委办轮船邮路。1936年，全省邮政总路程24272公里，其中，汽车邮路2527公里，轮船邮路2159公里，铁道邮路696公里。①

清政府于清光绪二十三年（1897年）在长沙创办湖南近代电信，设电报分局，开始收发电报。光绪三十一年（1905年），湖南巡抚端方令在长沙安装市内电话，供各文武衙门专用。宣统二年（1910年），扩充市话装机容量，对外开放营业。1913年，长沙建成1000门共电式市内电话局。翌年，开通湘潭至长沙的省内第一条长途电话线。1916年，始建部办无线电台。1928年始建省办无线电台。1933年开始利用电线、电报线路开办长途电话。翌年，交通部组织以南京为中心的苏、浙、皖、湘、鄂、赣、冀、鲁、豫电话网，并架设长沙至汉口第一条省际铜线电话线路。

1937年，全民族抗战爆发后，国民政府军政机关和华北、华东工商业与居民纷纷内迁来湘，湖南邮电通信网络相应地发展起来。是年，九省长途干线工程全面竣工，并在衡阳至汉口、衡阳至广州铜线线路上首次开通单路载波电路。翌年，在长沙至汉口线路开通全国第一条3路载波电路。1940年，省办长途线路覆盖全省大部分地区。

1944年，日军侵占湖南大片土地，全省邮电通信网络多遭破坏。翌年，抗日战争胜利，受战争破坏的邮电设施开始恢复，但很缓慢，继而内战又起，

① 湖南省地方志编纂委员会编：《湖南省志》第11卷《邮电志》，湖南出版社1995年版，第3页。

通货膨胀，湖南邮电事业陷入空前的困境。1949 年 4 月，针对国民党政权行将崩溃而采取的掠夺和全面破坏邮电设施的图谋，长沙邮电员工在中共地下党组织的领导下，开展“护局保产、迎解放”的斗争。

1949 年 8 月，长沙和平解放，湖南邮电部门按照不打乱原来的企业机构，迅速恢复与发展生产、支援前线的方针，积极恢复遭到战争破坏的邮电通信设施，设法沟通待解放区的邮路。是年 11 月底，全部开通至粤、桂、川、黔等省区的邮路。

6. 医疗卫生事业的缓慢发展

湖南医学开始于清朝光绪二十七年（1901 年），由湖南士绅张祖同发起，经湖南巡抚赵尔巽同意，在长沙的同善堂开办一个类似传习所的中医班，但因为主持不得方而无结果，之后张祖同又请求下一任巡抚俞廉三筹款创设医学教育机构，在开办湖南大学之时增添医学堂。学课以中医为主，附以生理、解剖、卫生诸科，同时设有理化、算术。[①] 1913 年，湖南内务司长萧仲祁奉都督谭延闿之命与外交司长粟戡时、雅礼会执事颜福庆，协同湖南省政府与雅礼会合办高等专门医科学校。学校建成之后，于 1914 年成立预科，五年后成立本科，十余年间毕业本科学生五十余人。

湖南医院有湘雅医院、仁术医院、湖南公医院、湖南肺痨疗养院、长沙市防疫医院等，均设在省会城市长沙。湖南的防疫开始于 1914 年，夏秋之际湘水盛涨，天气奇热，疫病大作，死亡人数奇多，政府于是着手防疫，设隔离所，以后再遇到疫情发生，由公安机关召集各界士绅董事成立防疫委员会，检查疫病，注射防疫针，临时急救……所需经费也临时筹划。防治医疗所使疫情得到很好的控制，并逐渐减轻。这是近代医疗卫生事业上的一个创举，既防止了疫情的扩散，又大大减少了死亡人数，人民的健康生活质量有了质的飞跃。

西医于 1898 年传入湖南，首先是美国公使田贝派美国长老会传教士罗感恩在常德市东门外五铺街开设诊所。此外，西药也有不少传入湖南，最早是随着传教士在湖南开设教堂、医院等机构而传入的。如 1902 年，美国传教士在城区创办普济医院，西医、西药开始传入岳阳。而在岳长开埠后，不少西药直接输入，且在湖南出现了经营西药的药房。较大的如设在长沙的岩威大药房，它经营品种有“清快丸、清心丹、千金丹、人丹、五淋丸、白带丸、月经丸、

① 长沙市志编纂委员会编：《长沙市志》第 12 卷《卫生》，湖南出版社 1996 年版，第 547 页。

拔毒丸、疟疾丸、痢疾丸等”，还有“点眼水、健胃散、臭虫药、祛疾散、美颜水等”。此外他们还把一些日常生活用品如“香皂、香油、香水、牙粉”等作为“妙药”来销售。① 西医、西药的传入大大提高了国人的生活质量，有助于延长寿命，长期以来因医疗技术落后而难以医治的疾病得到了很好的救治，生活卫生方面也有了很大的提高。如牙粉的输入有利于人们形成刷牙的习惯，有利于维护身体健康。

1934 年 1 月，省政府决定于民政厅设立湖南卫生试验处。湖南卫生试验处于 1934 年 7 月成立，设于长沙西牌楼二十五号，下辖有各县卫生医院、乡村卫生所、湖南产院、湖南传染病院、湖南卫生试验所、各公立医院及疗养院、卫生科等。

7. 科学技术的普遍应用

第一次鸦片战争之后，中国人方意识到我们在科学技术方面远落后于西方资本主义国家，一些有远见的官绅像林则徐、魏源等便提出向西方学习科学技术，魏源的“师夷长技以制夷”更是影响深远。此议最初遭到了守旧派的反对，他们认为那些都是“奇技淫巧”，不足以让我们这个泱泱大国学习，因此科学技术虽然有传入国内，但是并不被普遍使用。但是随着形势的发展，到了 19 世纪 60 年代洋务运动的兴起，科技的传播开始广泛，尤其是枪炮、火药、机械制造等工业更是引进了西方先进技术。

在大机器生产方面，1912 年，省都督府在长沙兴汉门外建立湖南金工厂，制造兵器；1918 年，成批制造手枪、步枪和机关枪，试制黑油动力机械；1919 年，长沙张佳记机器厂研制小型卷扬机；1932 年，湖南金工厂改名湖南机械厂，试制出蒸汽泵、水泵等 20 多种产品。

科学技术的应用给人民的生活带来了便利。以电灯为例，自民国纪元前五年湖南电灯公司创办于长沙以来，电灯的使用人数不断增多。在长沙，1898 年开灯共 800 多盏。到 1935 年，“全市表灯用户一万零三百户，包灯用户八百余户，电力用户一百四十余户”，且“近因市区日益发展，用户增加甚速，原有设备难敷应用”。② 近代器用正是因其具有传统器用难以比拟的优越性，所以它们传入后能迅速得到人们认可，发展较快。同时开设的近代学堂，大都增设了近代自然科学学科，自然、地理、化学、物理、数学等学科出现在大小学

① 《长沙日报副张》，己酉年三四月合订本，藏于湖南师范大学历史文化学院古籍资料室。

② 《湖南电灯公司（长沙）》，《实业杂志》第 209 号，湖南实业杂志社 1935 年，。

堂之中，为科技人才的培养打下了基础。

晚清丁取忠创长沙数学学派，所编《自芙堂算学丛书》集中国传统数学之精华，并收有外国数学著作，被国外列为近代东方科学大事。近代长沙的冶炼技术在全国居先进行列，清末长沙在国内第一次采用西法提炼纯锑，“成色在世界著名之英京廓克逊之前”；民国时期又是长沙第一次成功采用西式“横罐炼锌法”炼锌，打破了洋锌垄断中国市场的局面。①

第五节　长沙社会文化的现代化

政治、经济和文化是一个整体，经济是社会发展的基础，政治是经济的集中体现，文化是经济、政治的反映。一定的经济与政治决定一定的文化，一定的文化又反作用于一定的政治与经济，并产生重大影响。所以文化受政治与经济的制约，同时又体现政治与经济的发展并反作用于政治与经济。因此，在论述城市现代化中，文化的现代化与政治、经济的现代化应放在同等重要的位置。清朝末期，随着物质、经济等各方面现代化的启动，人们的社会文化生活也发生了翻天覆地的变化。人是物质、经济变化的体现者，同时城市的现代化对城市的人民分布也有很大的影响。

一、社会结构的变迁

人口集中是城市化的首要标志，人口是城市社会的主体，城市人口数量不仅决定着城市的规模和等级，而且也是城市化的主要尺度，人口增长是城市早期现代化的一大要素。长沙自从开埠之后，城市人口不断增长，城市化水平也不断提高，其原因主要是商品经济的发展和市民生活水平的提高吸引了一批农村闲置人员进城务工，工矿业的发展对农村劳动力的需求大大加强。19 世纪末长沙城市人口只有 10 万，民国初年接近 18 万，为全省人口最多的城市。1931 年城市人口已近 40 万。长沙开埠后，进入城区定居的外国侨民数量也逐渐增多，大部分是商人，还有传教士、学校及其他人员。到 1924 年前后，在长沙的外国人已经有 869 人，1930 年 481 人，1932 年 588 人，1933 年 533 人，

① 梁小进、杨锡贵：《长沙历史风云》，湖南文艺出版社 1997 年版，前言，第 9 页。

1935 年 622 人。[①] 外国侨民的增长意味着长沙加快了现代化步伐。

表 1 - 7　长沙市区人口变迁表（1915—1932 年）

年月	人口数	资料来源
1915	229537	《美国驻长沙领事詹森 1919 年报告书》
1916	117882	张朋园《中国现代化的区域研究·湖南省》
1919	220000	《美国驻长沙领事詹森 1919 年报告书》
1922	250000	中华续行委办会调查特委会：《中华归主》
1924	292400	清水八百一《在长沙帝国领事馆管辖区域内事情》
1929. 2	345926	傅角今：《湖南地理志》
1931. 5	383414	傅角今：《湖南地理志》
1931. 12	385514	实业部国际贸易局：《中国实业志·湖南省》
1932. 12	337534	实业部国际贸易局：《中国实业志·湖南省》

资料来源：刘泱泱《近代湖南社会变迁》湖南人民出版社 2000 年版，第 359—361 页。

长沙开埠、人口的增长和新知识的传入、西式教育的开设，使长沙人民的思想有了很大的转变，逐渐构成了由工商业者、新式知识分子、士绅、工人等阶层组成的近代市民社会体系。新的市民社会逐渐摆脱了传统乡族社会的束缚，主要特征是与近代资本主义生产关系联系密切，体现出近代社会结构中最先出现的现代化。市民从传统意义上的“乡民”逐渐转变为近代意义上的“市民”，市民的形成，也是长沙城市早期现代化的主要标志之一。

当然，人口增长过快也产生了很多负面影响，给社会带来了很多难以解决的问题。长沙人口增长过快，人口层次复杂，但当时工业并不十分发达，致使就业岗位不足，导致了失业增加、住房紧张、治安恶化、物价上涨等社会问题，尤其娼赌毒问题特别严重，又引发了一些其他社会问题，如贪污、盗窃、诈骗、奸情等问题，同时还出现了游民激增、拐卖人口等现象，这些都极大地阻碍了长沙的现代化进程。

长沙城市人口不仅表现出数量多、在区域中居首位的突出特点，而且在人口构成上，外来人口、消费型人口占了城市人口的很大部分，这就决定了长沙的消费性。长沙一直是以政治功能为主的城市，大批贵族、官僚、军队以及地主大量涌入长沙，使得长沙的城市结构中消费性人口居多。大量官僚地主等非农业人口的聚集，改变了长沙的人口结构，使长沙社会形成一个具有很强消费实力的城市富裕阶层。

① 刘泱泱：《近代湖南社会变迁》，湖南人民出版社 1998 年版，第 120 页。

二、文化生活

1. 饮食

“人类饮食状况，一般受自然环境、生产发展、交通状况、政局变化等因素的制约。”① 湖南农业经济历来比较发达，尤以盛产水稻著称。在生产力水平较低和相对闭塞的自然经济条件下，人们的饮食比较简朴。粮食以大米为主，肉食以猪肉为主。大多数农户包括贫困农户都豢养猪、牛、狗等牲畜和鸡、鸭、鹅等家禽，少数富裕农家还有自己的鱼塘。但是肉类以及蛋品只有城乡少数富豪人才能经常享用，贫困家庭以蔬菜为主，饮料主要是茶和酒两大类。近代以来，随着社会生产的发展，交通和市场的兴旺，特别是由于西俗东渐和国家政局的变化，湘人饮食状况也逐步发生了某些改变。

晚清时期，长沙的饮食大多还是传统的有着中国特色的食品，比如著名的粉面馆有甘长顺、杨裕兴等面馆，和记、杨春和、半雅亭等粉店；著名的包子店，有长沙德园的包子；著名的糕饼，有长沙九如斋的法饼、怡丰斋的香麻饼。清末，长沙与外地的生意往来开始多起来，外地商人纷纷来长沙做买卖，舶来品逐渐增多，如江浙的苏酒、绍兴酒，山西的汾酒，浙江金华的火腿，浙闽的鱼翅、海参、墨鱼，两广的食糖，江西的药材，关东的人参、鹿茸等等，长沙的饮食种类慢慢多起来。清末，西洋食品已经传入长沙。1898 年 5 月 31 日，皮锡瑞在日记中记载：“赴公度廉访席。……席属番菜，无大味，洋酒亦不醉人。”② 说明当时长沙已经出现了经营西餐的餐馆，但是这种饮食只有在上层社会才能见得到。开埠后，西餐、西菜和西式蛋糕、面点、奶油、饼干等也逐渐为平常人所常见。随着留日、留欧美学生增多和民主革命运动的兴起，吃西餐成了学生和革命志士的时尚。一些开明官绅、知识青年也竞相仿效。西式糕点、啤酒、汽水、咖啡、香槟酒、白兰地酒、冰激凌等成为长沙官绅的常用食品。

随着这些消费品的出现，西式食品加工业也逐步兴起，长沙城镇餐馆酒类和食堂也迅速发展。由于湘军的崛起，清朝咸丰年间，长沙就有了大型的专营酒席的餐馆。同治、光绪年间湘军陆续裁撤后，将士拥资归湘，挥霍应酬，促进了餐馆酒楼业的大发展，当时长沙就先后出现了式宴堂、菜香圃、菜根香等

① 刘泱泱：《近代湖南社会变迁》，湖南人民出版社 1998 年版，第 326 页。

② 皮锡瑞：《师伏堂日记》，稿本。

10 家餐馆。清末民初，工商业进一步发展，各派政治势力风起云涌，餐馆酒楼业发展更加迅速，挹爽楼、天然台、天乐居、曲园、玉楼东、奇珍阁等相继开业。[①] 饮食业呈现一片繁荣景象。

1928 年到 1949 年，由于社会发展不稳定，经济的发展与破坏使长沙的饮食业也受到了影响。抗日战争时期，由于大量沿海沿江地区工厂、技术人员和各种人员内迁，长沙的饮食业极其繁荣，但好景不长，经历了“文夕大火”和四次“长沙会战”，长沙城受到了严重的破坏，许多酒楼、餐馆被毁，加上人员的大批转移，使长沙的饮食业达到前所未有的低迷。四年内战，战事波及全国各地，长沙的餐饮业一直处于低落萧条的状态。

2. 服饰

服饰是人类社会生活的基本要素之一，也是人类文明的一个标志。影响服饰变迁的因素，包括地理气候、经济发展、意识形态、政治变幻和民族交往等诸多方面。近代以后社会经济的较迅速发展以及西方文化的冲击，特别是由于历次思想解放、政治革命运动的推动，中国服饰出现了前所未有的显著变化，呈现中西并存、新旧混杂、满汉融合的基本态势。晚清时期，洋纱、洋布、洋绸大量输入，西装开始出现，不缠足运动兴起，部分留学生和维新派人物、革命志士开始“断发易服”。民国期间服饰得到了更大的发展，男剪辫、女放足，西装在大中城市知识青年和银行、机关职员中成为时髦，中山装、学生装创制并迅速普及，旗袍在全国妇女中流行，部分妇女剪发、烫发等等，出现了中国服饰史上的繁荣局面。[②] 湖南是在戊戌维新开始才发生改变的，经过辛亥革命、民初服饰改革和五四运动，以长沙为首的湖南各地服饰发生了前所未有的重大变化。

3. 女子放足

1898 年 4 月，湖南不缠足总会在长沙小东街成立。总会章程规定：“入会人所生女子不得缠足”，凡所生男孩则“不得娶缠足之女”。[③] 并要求不缠足之女所著鞋袜，“与男装同式……不可独为诡异。”[④] 长沙县清泰都、尊阳都妇女许黄萱祐等百余人响应唐才常于《湘报》发表的《戒缠足说》，放绑松足。随

---

① 湖南省地方志编纂委员会编：《湖南省志》第 13 卷《贸易志・商业》，湖南出版社 1995 年版。

② 刘泱泱：《近代湖南社会变迁》，湖南人民出版社 1998 年版，第 341—342 页。

③ 《湖南不缠足会简明章程》，《湘报》第 30 号。

④ 《湖南不缠足会简明章程》，《湘报》第 30 号。

后，长沙南阳街李复泰鞋铺响应不缠足运动，生产不缠足云头方式女鞋。辛亥革命后，国民政府多次颁布告示："示令放足"或"劝禁缠足"。"1910 年，长沙府对城内缠足妇女进行登记造册，并申令在一年内如不放足，处以罚款，并禁止鞋店产销弓鞋，违者议罚。"① 不缠足妇女迅速增多，形成风气。女子放足是近代女子社会地位提高的表现，女子在家庭和社会中的作用增强，这也是社会现代化的一个重要的标志。民国期间女子放足取得了很大的成就，新生女婴均不再缠足，女子缠足者均得到释放。到 1949 年新中国成立，青年女子再无缠足之说，女子的社会地位空前的提高。

4. *男子剪辫*

清末民主革命派把"去辫易服"作为反清的重要举措，"欲除满清之藩篱，必去满洲之形状，举此累恶浊烦恼之物，一朝而除去之，而后彼之政治面目乃可得而尽革也。"② "革命，革命，剪掉辫子反朝廷。"③ 到了民初，民主共和体制得以建立，体现封建等级制和民族压迫的传统服制自然成了改革的主要对象，如谭延闿军政府成立后就规定"以剃发、放足、禁烟事为首要推行之政治"。④

在长沙，剪辫子是光复后最早形成的一种风气，大家认为不剪辫子就是甘心做满奴和亡国奴的显明标志。湖南都督府明令剪辫，宣布"凡军民人等，所有辫发，限三日内一律剪去，否则由军警干涉之"。⑤ 之后不久，民国政府在全国发布《剪辫通令》，令"凡未去辫者，于令到之日，限二十日，一律剪除净尽，有不遵者，以违法论"。⑥ 剪辫很快成为广泛群众性的行动。民国后期，全省"男性发型一般为西式、平头、光头三类，留辫者几乎绝迹"。⑦ 新式的学生帽、军警帽、博士帽、拿破仑帽等相继出现，各种便帽、草帽以至西式毡帽等得到了更广的流行。但还是有些遗老和顽固派，"就把辫子盘在头顶上，用帽子遮盖起来，或者索性把头发全部留起来，改作道士装，借以逃过这

① 袁汉坤主编：《长沙市志》第 2 卷，湖南出版社 1995 年版，第 114 页。

② 《野获一夕话》，《浙江潮》第 2 期，1903 年 3 月。转引自严昌洪：《中国近代社会风俗史》，浙江人民出版社 1992 年版，第 187 页。

③ 程英编：《中国近代反帝反封建历史歌谣选》，中华书局 1962 年版，第 547 页。

④ 粟戡时等：《湖南反正追记》，湖南人民出版社 1981 年版，第 23 页。

⑤ 粟戡时等：《湖南反正追记》，湖南人民出版社 1981 年版，第 23 页。

⑥ 岳庆平：《中华民国习俗史》，人民出版社 1994 年版，第 62 页。

⑦ 宋斐夫：《湖南通史·现代卷》，湖南出版社 1994 年版，第 603 页。

一关。"[①] 随着剪辫的普遍化，理发业也有了迅猛的发展，"旧时的剃头铺纷纷兴建铺面，更换招牌，增聘帮伙，开辟码头，以揽生意。"一些铺面宽敞、装饰华丽的理发店如俨然阁、四怡堂、镜容阁、凌长发、文星阁、三好等理发店纷纷出现。据载，1912 年"长沙市大大小小的理发店共有 300 余家，从业人员 700 余人。"[②] 到了民国后期，全省男子的剪辫工程基本结束。

5. 西服的出现与中山装、学生装的创制

1904 年长沙开埠后，来湘的外国人和外地商民络绎不绝，学校、洋行和机关中穿西服的人渐渐增多，不过真正在一定阶层成为时尚并由国家规定为服制之一是在民国成立以后。1912 年 10 月 3 日，北洋政府颁布《服制条例》，规定："男子礼服分大礼服、常礼服二种。大礼服采用西洋式大礼服。常礼服又分二种，一种用西服，一种用袍褂，女子礼服用褂裙"。[③] 随着穿西服者增多，西服制作业逐渐兴起。不过由于西服造价不菲，所以能消费得起的人不多，大多数人还是穿着传统风格的服饰。

学生装、中山装其实也是参照西方及日本服饰加以改制而成，可谓中国化的西装。学生装形制比较简单，孙中山早年喜欢穿这种服装，民国成立后，成为青少年学生的常服。光绪年间，新式学堂创立，尤其是女学堂的创立，一些新式的学生服装出现，如为适合女学生做操需要而专门设计的新款操衣。曾国藩的孙女曾宝荪回忆她 1904 年在长沙读书时，"每日有体操，并定制操衣，每日四点钟放学后，便操瑞典柔软操十分钟，我们因有操衣穿，也很发生兴趣。"[④] 同时女校还提倡女子简服，声称女子不需要穿戴过多首饰，并发起女子崇俭会。

到民国时期，中山装成为男性服饰的主流。因为是孙中山创制，因此而得名。具有中国特色的中山装很快在全国流行开来，也成为湖南城乡男性的主要服装样式。中山装是典型的中西文化相结合的产物，具有很强的现代化因素，直到当代仍有很多男性穿着，可见中山装影响之深远。到新中国成立，男士的服装没有太大的变化，多是西装和中山装，还有一些老人着长袍马褂，劳动者多着对襟衣。

---

① 陶菊隐：《长沙辛亥光复后的片段见闻》，《湖南文史资料选辑》第 2 辑，湖南人民出版社 1981 年版，第 91 页。

② 傅冠群主编：《湖南社会大观》，上海书店出版社 2000 年版，第 130 页。

③ 邓子琴：《中国风俗史》，巴蜀书社 1987 年版，第 346 页。

④ 曾宝荪、曾纪芬：《曾宝荪回忆录》，岳麓书社 1986 年版，第 18 页。

6. 旗袍的普及

旗袍既漂亮又高贵大方，在清代一直都只是满族妇女的基本服装，汉族女子不着旗袍。清代后期，旗袍方为汉族中的贵妇所仿用。到辛亥革命胜利推翻清王朝建立民国后，提倡“五族共和”，宣扬民族平等，随着时间的推移，人们的种族观念、民族隔阂逐渐淡薄。同时，随着封建专制政体的解体和民主自由思想的宣传，人们在服饰方面也有了更多自由的选择。“五四”运动后，旗袍开始在汉族妇女中流行，到了20世纪30年代，风行全国，成为女性的主要服装。在这个过程中，旗袍的造型、款式也发生了明显的变革，旗袍原来袍身宽大、线条平直、下长到足，如男式袍服，呈直筒状，领、袖、襟、裾都有宽阔的花边。至20世纪20年代，吸收欧美服装讲求合体和曲线美的优点，旗袍开始发生了明显的变化和改良。开始是袖口缩小、绲边变窄，逐渐缩短长度、收紧腰身。经过多次变革，已经大大脱离了旗袍原来的形式，变成一种具有独特风格的妇女服装。由于旗袍制作经济，穿着便利，经过改良，又具有适体美观的突出优点，因而获得广大妇女的普遍欢迎。20世纪30年代，“旗袍短裤在青年妇女中逐渐流行”①，太太小姐们四季穿着旗袍，并脚穿高跟皮鞋。这一时期，女子烫发也逐渐流行起来，但是遭到了政府的阻拦，政府发出禁令：“闻蒋委员长以妇女散发或烫发，不特不美观，抑且有害健康，已手谕行营拟定禁令，禁止全国妇女散发或烫发，……又湘省新运动促进会，鉴于市民生活，日尚奢侈，即烫发一项，动辄耗洋三四元不等，至少亦须五角以上，尤以妇女为甚，……拟将建议省府，饬由各当地公安局，实行取缔理发店所用烫发器具，并严厉禁止党员、公务员、教职员及人民团体办事人员暨学生等烫发。”②

民国时期，女子追逐时尚潮流的景象可以说是近代社会现代化的一种突出体现，烫发染发更是女子追求美的自由的表现之一。旗袍到了当代仍十分被青年女子所喜爱，在国际上享有盛誉，是中国传统服饰文化的代表，也深受外国女子欢迎，具有很强的中国特色。

7. 电影在长沙的发展

清光绪三十一年（1905年），长沙始有电影放映，其时市内青石桥（今解

① 《沅江县志》，中国文史出版社1991年版，第569页。

② 《禁止妇女烫发》，《实业杂志》第201号，湖南实业杂志社1935年编。

放路）宜新浴室放映无声黑白短片，内容是一个美国矿工与一女郎调侃的事。此后，东茅街学仕馆、福星街黄氏宗祠、小西门水府庙等处都放过电影。因放映的多为欧美黑白无声新闻片，观众很难看惯，且票价昂贵，故电影在当时并不普及。

民国初年，国外无声黑白故事片传入长沙，如汉口百昌电影公司在长沙育婴街新剧场放映《火车上成亲》等故事片，颇能吸引观众。商界人士见此有利可图，争相开办电影院。1914 年至 1925 年，长沙有青年会电影院（四人塘）、百合电影院（西牌楼）等 8 家，其中有代表性的是青年会电影院。该院利用教堂作放映厅，银幕和座椅较为统一，以放映宣传宗教的影片为主，间或放映无声故事片，如《珠宝案》等。为使观众看懂影片，由懂外语的易怀僧用中文在幕侧讲解影片内容，很受观众欢迎。在这段时间，比较正规的电影院应首推 1925 年开业的百合电影院。该院可坐 800 名观众，场内外设施比较完备，院容整洁，文明服务，生意好于其他影院。1929 年 6 月，该院放映孙中山安葬仪式《奉安大典》，轰动长沙。1931 年 6 月 26 日，首映美国黑白有声片《花团锦簇》，同年 8 月又放映国产有声故事片《虞美人》。从此有声片取代无声片，内容易看易懂，观众增多，电影逐步得到普及和推广。1925 年至 1930 年，长沙市出现有较正规的观众厅和放映设备及正式的放映机构和规章制度的电影院有远东、美西斯、民乐、世界、乐天等 15 家。

1930 年至 1949 年，长沙市有民众、银宫、银星、国泰、泰山、国际电影院等 20 余家。后由于战乱或经营不善，多数停业，至长沙和平解放前夕尚存 8 家，共有座位约 1 万个。新中国成立初期，长沙市军事管制委员会接管了官办的电影院，同时设立了中南影片发行公司长沙办事处，管理影片的发行，影片不再由片商垄断。①

民国时期，看电影成了城市常见的娱乐活动。电影虽说起初被人们评价为“光怪陆离”，但仍使人们竞相观看，成为人们娱乐生活重要的方式之一。在一些游艺会、同乐会等活动中，电影往往必不可少。据载，长沙暑期学校“在该校讲演厅举行第一次同乐会，并闻备有国乐诙谐、合奏、独奏、独唱、双簧、留声机、电影、电棒种种娱乐云”。② 由于电影院票价昂贵，普通百姓

① 李斌恺总编，长沙市志编纂委员会编：《长沙市志》第 13 卷《文化事业》，湖南出版社 1996 年版，第 84 页。

② 《暑期学校之同乐会》，（湖南）《大公报》，1922 年 7 月 20 日。

很少能看得起，因此露天电影的放映成为普通人们的期待。

8. 现代建筑的出现

城市的建筑也开始走向现代化的模式。以前房屋建筑是木构架、砖木结构的平房和二三层楼房，这些建筑不需要严格测算地基的承受能力。长沙开埠之后，城市中开始兴起西式建筑的热潮。首先是洋人在长沙建造的教堂、洋行、海关、领事馆等机构场所采用西式建筑风格建造。1911 年岳长两埠洋行有 22 家，到 1924 年，仅在长沙的外国商店、公司和洋行就有 70 多家。另外还有医院、学校、育婴堂、福音堂都是按照西式风格建造。新式建筑在结构、布局、形式、装饰装修和施工技术上都有较大的变化，对施工技术和能力的要求不断增高，泥木作坊不再适应这种建筑模式，大多的设计、材料都来自国外，采用英制尺码按蓝图施工。

受其影响，长沙本地居民的建筑也有了一定的变化，仿西式的建筑逐渐增多。一些门面、酒店、旅馆采用西式风格建造来吸引顾客。一些政府大楼也纷纷效仿，1913 年湖南首次采用西方建筑形式兴建的省咨议会大楼，也是外国洋行打样间设计。1920 年，长沙市政厅设立第四股主管工程测绘。1925 年建成的长沙教育会大楼，1926 年建成的湖南大学教学楼、图书馆等都采用西式建筑风格。这些新式建筑的建成，进一步推动了长沙的现代化。

1928 年到 1949 年，西式建筑和中西结合式建筑越来越流行。在长沙，学校、工厂、政府机构、商店、旅馆等大多采取西式建筑风格。如 1931 年 8 月，明德中学建一座四层混凝土框架结构的教学楼——乐诚堂，根据地质结构采用木桩条石基础，打入木桩 936 根，这是混凝土框架结构的建筑物首次应用。1933 年建成的国货陈列馆最具代表性，完全是钢筋水泥结构，“馆分八层，高十三丈有奇，占地三百余方……”[①]，但也只有一些有钱的富人住宅采用西式建筑，建设中西结合的楼房和庭院式洋房，大多数的老百姓还是住着传统的中国式建筑。

① 贴安：《近代湖南之建筑——商业》，《实业杂志》第 201 号，湖南实业杂志 1935 年版。

第二章　铁路与株洲城市现代化进程

铁路对于株洲现代化进程的影响有着十分重要的意义。20 世纪初期，株萍铁路和粤汉铁路相继建成通车，株洲成为两条铁路的交汇点。抗日战争时期又在此基础上向西展开修筑湘黔铁路，株洲遂成为中国南方重要的交通枢纽。铁路交通对株洲城市的兴起有着巨大推动作用，铁路枢纽地位带来了运输业的迅猛发展，促使株洲迅速发展成为货运中心和商品集散地，促进了株洲工商业近代化的起步、发展及繁荣，使得株洲的城市建设、人口数量和结构发生了巨大的变化。

第一节　株洲铁路的现代化

铁路是现代化的产物，铁路的发展又能推进现代化的进程，尤其是对株洲这一铁路枢纽城市而言，更是意义非凡。从 1825 年诞生之日至今，在不到 200 年的时间里，铁路已经发展成为有着巨大影响力的交通工具，对经济社会发展产生了巨大影响，其自身的现代化程度也步入了崭新的阶段。19 世纪末 20 世纪初，株洲交通事业开始向现代运输方式演进，拉动了株洲的现代化进程。1936 年 9 月至 1938 年 12 月，随着粤汉铁路和浙赣铁路的通车以及湘黔铁路至蓝田[①]段的开通，株萍铁路就并入了全国铁路交通大动脉网络，至此株洲成了粤汉、浙赣、湘黔三条铁路干线的交汇点，打破了株洲历史上以水运为主的交通运输格局，铁路成为主要运输工具。20 世纪 30 年代的中后期，国民政

① 湖南省涟源市曾叫蓝田县。1952 年 8 月，因湖南蓝田县与陕西蓝田县重名，所以改湖南蓝田县为涟源县，因其地处涟水上源而得名。1987 年 6 月，国务院批准撤销涟源县，设立涟源市，行政区划不变。本书其他地方出现“蓝田”均指涟源，不再另注。

府曾筹划“工业株洲”，要把株洲建成东方的“鲁尔区”[①]，他们之所以选择株洲，也是看中了株洲得天独厚的铁路交通优势。

一、古代交通向现代交通的演进

株洲古代交通，水路以湘江为主干，有洣水、渌水两大支流贯通全境，舟楫称便；陆路自秦开湘赣驿道，经历代经营，治乱更迭，兴废相间，至清乾隆年间形成以湘赣驿道为主干，各县以县治为中心，向四周辐射的县大道连接乡道，并辅之桥渡，形成纵横交错的网络。至清光绪年间，全境通航河道约600公里，沿河集镇码头共100座，有桥907座，设渡223处。[②] 古代运输方式，主要依靠人力。水路木帆船顺风扬帆，凭借风力，而逆风逆水和竹木排筏，则全靠人力撑篙、摇橹和拉纤。陆路运输，南部山区，则主要靠人力挑抬；北部丘陵地带多为肩挑背负或推独轮车。攸县、茶陵一带，例食粤盐，三县农民利用农闲时，翻越崇山峻岭经桂东、汝城去广东仁化、乐昌挑盐，每担80—100市斤，往返逾两旬，人数少则数百，多则上千，结伙而行，难以言喻其跋涉之苦。在封建社会束缚下，官府很少过问交通建设事业，修路、架桥、设渡等，多为乐善好施之士倡修。这样以水运为主导，驿道、县大道为网络，构成株洲辖境古代交通的格局。

19世纪末至20世纪初，株洲的交通事业开始艰难曲折地向现代运输方式演进。清光绪二十四年（1898年），鄂湘善后轮船局首开长沙至株洲客轮班。同年，萍醴铁路获准修筑，光绪二十九年（1903年）通车至醴陵，光绪三十一年（1905年）冬延至株洲，大批煤炭由株洲中转直运武汉。此后株洲开始繁荣。清宣统元年（1909年）粤汉铁路株洲至长沙段兴工修建，宣统三年（1911年）通车长沙，1918年通至武昌，1936年全线贯通[③]。至此，株洲的交通格局发生了重大转变，铁路成为主要的运输方式。

二、近代铁路交通网络初建

在社会发展和社会时局的影响下，株洲铁路网络以科学技术的发展为依

① 株洲市地方志编纂委员会编：《株洲简志》，湖南人民出版社2000年版，第126页。

② 株洲市地方志编纂委员会编：《株洲市志》第3册《交通邮电》，湖南出版社1994年版，第1页。

③ 株洲市地方志编纂委员会编：《株洲市志》第3册《交通邮电》，湖南出版社1994年版，第2页。

托，在株洲这座腹地城市从无到有地发展起来。株洲铁路兴建于光绪二十九年（1903 年），新中国成立前株洲境内的主要铁路线路主要有三条，还有应工业发展需要而建设的厂矿专用线路，由此形成了“株洲四站”，为车站群工商业的发展提供基本条件，株洲近代的铁路网络开始初具雏形。

1. 粤汉线

粤汉铁路的修筑经历了一番波折。光绪二十三年（1897 年），清政府决定修筑粤汉线。次年三月，督办铁路大臣盛宣怀电托驻美公使伍廷芳与美国合兴公司谈判，签订《粤汉铁路借款合同》15 款，借款 400 万英镑，年息 5 厘，该公司除获筑路权外，还享有该路余利五分之一，并给予沿线采矿权、铁路管理权和修筑支线权。工期三年，耗时两载，尚未竣工，公司以原估价太低为借口，要求改约。盛宣怀复派伍廷芳于光绪二十六年（1900 年）六月十七日在华盛顿再签《粤汉铁路借款续约》26 款，将借款改为 4000 万美元，工期由 3 年延至 5 年，并给予该公司开办同铁路有关的火轮、渡船、栈房及其他机器厂等特权，以路产作为抵押，50 年后才能赎回。《续约》订立不久，合兴公司又违约，于是激起湘、鄂、粤三省商士绅民公愤，纷纷揭露谴责盛宣怀谋图私利而出卖国家主权的卑劣行径，力主废约，收回路权，由三省自办。最后，粤汉铁路采用广东商办、湖南官督商办、湖北官办三种方式筑路。

粤汉铁路株洲境内筑成计 71 公里，分两段：株洲至长沙 55 公里，由湖南铁路公司集股承筑，于宣统元年（1909 年）七月十一日开工，宣统二年十二月十九日（1911 年 1 月 19 日）通车；株洲境内 13. 34 公里。1918 年 9 月，武昌至长沙段筑成，与株长段接轨，称湘鄂段。株洲至韶关段长 455. 74 公里（株洲境内 57. 76 公里），分 7 个总施工段，雷溪市至株洲为第七总段，下设 4 个分段。第一分段株洲至渌口长 17 公里，路基早在 1912 年由湘路公司筑成，仅试车一次即停用，因废弃多年，路基低于洪水位，常被水淹。1933 年 12 月开工，次年 6 月铺轨，8 月行驶工程车。渌水至朱亭分别由第二、第三、第四分段负责施工，1934 年 1 月相继开工，1936 年 5 月路基竣工，同年 10 月株洲至朱亭通车。1936 年 4 月 28 日株韶段接轨，同年 9 月 1 日粤汉全线正式通车，从筹办到运营，历经整整 40 年。①

① 株洲市地方志编纂委员会编：《株洲市志》第 3 册《交通邮电》，湖南出版社 1994 年版，第 13 页。

2. 浙赣线

浙赣铁路东起杭州，经江西鹰潭，西止株洲，全长计 947 公里（株洲境内 56 公里），东与沪杭、杭甬两线相连，西与京广、湘黔两线衔接，是沟通华东地区的大动脉。

光绪二十四年（1898 年），清政府决定修建萍（乡）醴（陵）铁路，次年 8 月开工，光绪二十九年（1903 年）六月二十八日竣工。光绪三十一年（1905 年）延至株洲，成为湖南省第一条铁路。萍乡煤矿总办张赞宸与督办铁路大臣盛宣怀商议从萍乡至醴陵修筑一条铁路，运萍煤供汉阳铁厂炼铁之需。二月，盛宣怀会同湖广总督张之洞上奏清廷，拟用官款兴建萍醴铁路获准。光绪二十五年（1899 年）二月盛宣怀委派湖南候补道薛鸿年负责筹划筑路事宜，九月正式委任为萍醴铁路总办。该线采取边勘测、边购地、边施工的办法，于光绪二十五年（1899 年）八月初四开工，次年因义和团运动停工。光绪二十七年（1901 年）三月，盛宣怀委派知府詹天佑随同美国工程师李治办理萍醴铁路工程，同年六月复工，光绪二十九年（1903 年）竣工，七月初一正式通车。萍煤由醴陵转水路运往汉阳，因渌江滩多水浅，运输艰难，决定将铁路延伸至株洲。光绪三十一年（1905 年）十一月十六日，醴陵至株洲段通车，改称为萍潭铁路，长 98.76 公里，总耗白银 298.4 万两。1912 年由湖南交通司接管，改为株萍铁路，以运输煤炭为主。1937 年 9 月并入浙赣铁路。设车站 9 个，株洲境内 5 个，站房 2713 平方米；月台 5 座，3790 平方米①。尽管当时设备简陋，装备落后，但它终究是一种现代交通工具，改变了传统运输方式，对后来的信息交流、经济发展都发挥了重要的作用。民国时期，军阀割据混战不止，管理混乱，物价飞涨，盈少亏多，特别是湘鄂路，民国三年至二十四年（1914—1935 年）22 年中竟有 16 年亏损。

省境铁路建设始于清光绪二十五年（1899 年），至辛亥革命成功，十余年间建成连接湘赣两省的株萍路和粤汉路长（沙）株（洲）段，通车里程 140 余公里，其中湘境约 111 公里。1912 年萍株路由省交通司管辖，改名为株萍铁路。1927 年张静江出秉浙政，倡议建造杭江铁路。1930 年 2 月动工，自东至西分四段建造，即：杭州—金华—玉山—南昌—萍乡。1937 年 9 月，筑至萍乡与株萍路接轨。自此，杭州至株洲 1004 公里全线贯通，定名为浙赣铁路。

① 株洲市地方志编纂委员会编：《株洲市志》第 3 册《交通邮电》，湖南出版社 1994 年版，第 16 页。

浙赣线直通并与南浔、淮南、京沪、陇海等铁路线相衔接。

3. 湘黔线

湘黔铁路东起京广铁路的田心站，经湘潭、娄底、怀化至贵定，与黔桂铁路接轨入贵阳。全长902公里，株洲境内9.5公里，设车站1个。

1936年1月，铁道部与德国西门子洋行谈判，借款3900万元，一部分用于整理平汉铁路，大部分用于筑湘黔铁路，于1936年1月22日订立草案，分6年交清，年息6厘。经行政院审议，改为湘黔铁路材料款3000万，4年交足，还款期为10年，利息改为周息6厘，以路产为抵押。同年11月28日签字，12月5日经行政院批准。与此同时，在国内以津浦铁路债票及第三期建设公债1700万元作抵押，向中央、中国、交通3家银行借用国币2200万元，月息8厘，于1936年4月29日签订合同。铁道部于6月29日批准株湘段概算，计73.5公里，840.7万元，10月1日开工。根据“先通后备”的原则，采取修一段通一段的办法，于1937年7月初株洲至湘潭通车。[①] 1939年1月通车至蓝田（今涟源）。1940年，粤汉铁路局将田心至湘潭线路并入粤汉路，改称为湘潭支线，投入运营。

自从浙赣、粤汉、湘黔、湘桂铁路修筑通车后，株洲便成了南方铁路的交通中心，为株洲城市现代化的发展提供了动力。

4. 专用铁路线路

境内除主要线路外，还有专用线路，应厂矿及铁路内部需求而生。铁路专用线分厂矿专用线和铁路内部的段管线。民国时，株洲境内仅有十一兵工厂（现为南方动力机械公司）、田心机厂（现为株洲电力机车厂）、粤汉铁路株洲车房和浙赣铁路株洲机务段4条专用线[②]，主要是为工厂输运物资、生产资料，如煤炭等资源，极大地促进生产发展。由于使用专用线路运输减少了受外界条件限制的因素，使铁路线路更好地为生产服务。

1937年十一兵工厂筹建，委托浙赣铁路局修建从五里墩车站的专用线，长1.5公里，为境内第一条厂矿专用线，依托当地的自然资源优势，由此形成了主要运用于促进工业发展的专用线路。专用线路的形成解决了工业发展的需

① 株洲市地方志编纂委员会编：《株洲市志》第3册《交通邮电》，湖南出版社1994年版，第18页。

② 株洲市地方志编纂委员会编：《株洲市志》第3册《交通邮电》，湖南出版社1994年版，第21页。

求，极大地促进了工业的发展，同时为商业的进一步发展奠定了基础。

铁路内部管线多于新中国成立后修建，在此不再赘述。

5. 株洲火车站

株洲车站地处京广铁路正线，距离湖南省会长沙约五十公里，东连浙赣，西接湘桂、湘黔，南通两广（广东、广西），北达首都，交通方便，有蜘网中心之称。株洲历来就是湖南的一个军事要点和物资的集散地。因此，这里自从成了江南铁路枢纽后，在军事上、经济上的作用就更加突出了。

光绪三十一年（1905 年）十一月十六日株萍铁路通车时，株洲建成了第一个火车站，为便于萍乡之煤转经水路运往武汉，站址设在湘江的东岸，后来改为株洲南站，抗日战争后称西站。清宣统二年十二月（1911 年），粤汉铁路长株段通车时，株洲建成第二个火车站，称粤汉铁路株洲北站，站址设今行包房处。株萍路株洲车站与粤汉路株洲站相距 1.5 公里，互不连接，1913 年 5 月才修建一条联络路，互相通车。①

1928 年 11 月，铁道部令株萍路并入粤汉路湘鄂段统一管理，株洲北站成为联运枢纽。1936 年，株洲北站改称株洲车站，原株萍路株洲南站改为岔道站，湘鄂、株萍两段列车经过岔道站直通。1937 年 9 月，株萍铁路并入浙赣铁路，新建株洲总站地址在南岳岭下面，亦称株洲北站，与粤汉路株洲车站平面相对，并在株洲总站以东 1.98 公里处修建株洲车站。至此，株洲先后设有 4 个车站，即粤汉路株洲站、浙赣路株洲总站、东站、南站。

1949 年前，株洲 4 个车站设备简陋，浙赣路株洲北站建站 12 年只有 4 股道，站房面积 150 平方米，有月台 1 座，在站场中部架设钢架天桥 1 座，供旅客和搬运货物横跨粤汉线之用。1949 年 9 月，株洲 4 站合并，统称株洲车站，属于衡阳铁路局管辖。合并后，原粤汉铁路株洲站办理客货业务；原株洲南站改为货房，办理整车货运；原株洲总站改为运转室，办理行车业务；原株洲东站于 1950 年 11 月 1 日撤销。在第一个五年计划期间，在株洲枢纽建设前期，进行了一系列的扩建和改造。株洲车站的建立为以后车站商业群的形成和发展提供了契机。

① 株洲市地方志编纂委员会编：《株洲市志》第 3 册《交通邮电》，湖南出版社 1994 年版，第 28 页。

三、铁路交通的曲折发展

中国近代史是一部抗争史、反对外来侵略的历史。株洲这座城市在这个大的历史环境下也不可避免地发生了巨大的变化。铁路对株洲意义重大，株洲铁路在近代过程中应时局的变动而呈阶段性的发展态势。战争对铁路交通事业的发展影响重大，由时局变动，拟将 1951 年前铁路的发展分为三个阶段，即初兴到发展阶段、衰落时期和恢复发展时期。

1. 初兴到发展阶段：1840 年至 1937 年 7 月

中国自 19 世纪 40 年代鸦片战争开始后一直战火不断，伴随着西方资本主义的侵入，中国的现代化启动并缓慢发展。一个个不平等条约的签订，中国的口岸城镇纷纷被迫开为商埠，在西方资本主义政治、经济、思想文化以及观念的影响之下，中国开始由封建制度向资本主义制度转型，由农耕生产方式缓慢向大机器生产方式转变。铁路也是近代的产物，这一时期株洲铁路总体上呈发展的态势。继株萍铁路通车后，粤汉铁路于 1936 年 9 月 1 日全线通车。湘黔铁路于 1937 年 7 月通车湘潭，次年 12 月通车蓝田。至此，株洲成为粤汉、浙赣、湘黔三条铁路的交汇处，有铁路正线 136. 5 公里，车站 16 个，东通杭州、上海，西达蓝田，南连广州，北接武汉、北平，遂为我国南方铁路要冲。株洲、渌口随着商贾云集，大宗农副产品、日用百货、建材等物资在此地集散，也成为繁华集镇。这一时期是株洲铁路的初兴与发展阶段。铁路的相继建成沟通了株洲与周边地区的联系，这种效应反过来又促进了铁路交通进一步向前发展，所以说这个时期也是株洲各个行业发展的兴盛时期，由此也可以佐证铁路对于株洲的重要意义。

2. 波折期：1937 年 8 月至 1949 年 7 月

战争在一定程度上阻碍了株洲铁路事业的发展。1937 年 7 月 7 日“卢沟桥事变”后，日寇飞机时常轰炸，粤汉铁路、浙赣路均遭到不同程度的毁坏。株洲交通要道受过数百次的轰炸，铁道两旁到处是弹坑和瓦砾。1943 年日寇侵入湖南，株洲于 1944 年 6 月沦陷。株洲人民四散逃离，有的离乡背井逃到柳州、都匀、独山一带，铁路沿线和株洲站遭受了彻底的破坏。因此，这个时期是株洲铁路的衰落时期。

日本侵略军发动太平洋战争后，为打通大陆交通线，在 1944 年夏，向平汉、粤汉两路沿线发动大规模进攻。“七七”事变后，日本侵略军的飞机不断轰炸境内铁路。据 1937 年 10 月 10 日《湘乡民报》报道：10 月 8 日一天内，敌机 6 批 30 多架次，先后对阳三石车站、白石港铁桥、渌口车站等处大肆轰炸，投弹近百枚，铁路被毁，炸死炸伤工人 18 人，村民数十人。[①] 1938 年 10 月武汉失守后奉命拆轨，境内仅留湘潭至株洲、株洲至曲江基本维持通车，主要承担军运任务。[②] 国民政府交通部在《十五年来交通之状况》一书中写道："粤汉之曲江湘潭段，湘桂之衡阳柳州段，始终维持后方运输，虽在各种材料缺乏，设备不全且时受敌机或大炮威胁种种困难情形之下，经多方设法补救，及在职员工勤奋努力，各项运输尚能勉强为应付，军运出力尤多，有极大贡献。" 1944 年 6 月，日本侵略军进逼湘中腹地，为防备之需，境内铁路被迫全部拆毁，株洲铁路的发展遭受到重创，抗日战争后方草草修复。1949 年 7 月，白崇禧部队在溃逃之前，大肆对铁路线路进行破坏，铁路工人展开了护路保车斗争。

战争对于城市发展的打击是毁灭性的，铁路的毁坏也迟滞了株洲经济发展进程。这一时期，株洲铁路发展遭受到毁灭性的冲击，依赖铁路而发展的株洲各业均受到不同程度的打击，经济萧条、货运量下降，工商业也受到不小的损失，不少行会、商号外迁，迟滞了城市现代化进程。

3. 恢复和发展时期：1949 年 8 月后

新中国成立后，万象更新，各项事业得到了良好的发展环境。1949 年 8 月 23 日衡阳铁路管理局于株洲成立，开始抢修铁路线路，恢复交通运输，由于两次战争的破坏，元气大伤，线路质量低下，行车设施残缺不全。到 1949 年 9 月、11 月，株洲至长沙、衡阳、萍乡才相继建成通车。在政治局势平稳时期，铁路运输是经济发展的策动力；在动荡时期，是经济发展的强心剂。在此之后，株洲铁路事业呈上升的发展趋势，无论铁路事业还是工商业、城市建设、人口发展等都取得了长足的发展。主要的发展时期则是体现在新中国成立后期。

城市现代化是一个复合的有机体，现象也复杂多样，不同时期、不同环境、不同条件下往往有不同的表象，近代株洲的城市现代化进程是在以铁路为

① 株洲市地方志编纂委员会编：《株洲市志》第 3 册《交通邮电》，湖南出版社 1994 年版，第 16 页。

② 株洲市地方志编纂委员会编：《株洲市志》第 3 册《交通邮电》，湖南出版社 1994 年版，第 8 页。

标志的近代化及其所赋予的工商业因素下开启的，株洲地区独具特色的区位特征和特定的城市启动因素决定了此期间株洲的城市现代化进程。近代铁路网路的初步建成，打破了传统的运输方式，开启了现代化的步伐。铁路网路的初建、车站群的形成、专用铁路线路的发展等等，为后来工商业以及城市规划、城市人口的发展提供了必要的物质基础。同时，铁路交通事业的发展，加快了株洲与境内外地区的交流与发展，扩大了株洲人口的流动、物资的流动、信息和文化的流动等等，由此可见铁路对株洲的发展意义重大。

第二节　铁路对株洲工业现代化的影响

对近代中国铁路与工商业发展关系的关注由来已久，早在民国时期就有人根据美国早期的发展经验加以论述。李毓芳以美国佘山郡的发展为例，指出："工商业为国家之根本，而铁道又为发展工商业之先务"，工业发展以来以降低原料成本扩大商品销路。中国幅员辽阔，原料丰富，工业不发达的关键在于缺少四通八达的铁路。他认为铁路在五个方面对商业发展非常有利，即铁路发达有利于各地产业的勃兴，进而扩大商业范围；铁路运价低廉，可以扩大各种货物的销售范围；销售范围扩大可以带来更多的商品需求，促进专门经营；相对而言，铁路运输比较安全，适应变化，危险性小；铁路运输速度快，货物运达迅速，有利于资本周转。①

一、铁路对工业现代化的推进作用

株洲赖铁路交通优势而兴工业，凭工业优势而兴建城市，工业和城市的振兴又促进交通事业发展，三者之间形成良性循环。工业化和城市化相互促进、相互制约体现在两个方面：其一，工业化为城市化提供了必需的物质技术条件，对推动城市化的起步及发展具有深远意义；其二，城市化进程使城市具有城郊外部经济效益的凝聚力和市场的吸引力，进而吸收资金、技术和劳动力等因素向城市中心聚集，工业化的实现又必须要以资本、技术、人口和劳动力等要素集中到一定程度为前提，故城市化对于工业化的进一步发展和最终实现具

① 李毓芳：《论铁路与工商业之关系》，《国民经济世文编》（"交通、宗教、道德" 分册），台北文海出版社 1996 年影印版，第 4974—4979 页。

有极大推动力。铁路在这两者中起桥梁作用，铁路在推动工业发展的同时，又使工业在城市现代化进程中发挥着举足轻重的作用。

铁路在推动株洲工业现代化进程中的影响主要体现在运输业上。生产活动是人类社会的基本活动，包括生产、分配、交换和消费这四个方面，都与交通运输关系密切。就经济层面而言，交通运输具有通过交通联系促进各地经济贸易发展的功能，开拓广阔且未开发地区，可以说，交通运输是经济发展的先行官、社会进步的助推器。在众多的交通运输方式中，铁路交通尤其重要，它能够快速地促进货物交流、加速商品的流通、优化经济布局和繁荣商品市场，从而快速地推动社会的进步和生产力的发展，就加快工业化和现代化的发展进程而言，可以说铁路是一个国家经济发展的命脉。

株洲市交通便利、资源丰富，具备发展工业得天独厚的优越条件。20 世纪 30 年代，随着粤汉、浙赣铁路通车，株洲的交通优势日益显现。优越的交通运输条件，吸引了大批政府要员、有识之士和实业家。国民政府曾筹划“工业株洲”，想将株洲建成东方的“鲁尔区”。1936 年，国家资源委员会拟在株洲镇筹建钢铁、铸钢、汽车、化工、电工、兵工、机车工厂等为主体的株洲工业区。是年，国民政府铁道部、军政部以及永利久大化学工业公司、中国汽车工业总公司等，相继在田心、董家塅、贺家土、操坪等地选址投资建厂。可是好景不长，“卢沟桥事变”后国民政府军事委员会铁道运输司令部与铁道部在株洲镇联合设立江南调度总所，株洲镇成为抗战初期江南铁路运输的指挥中心。1938 年，株洲机厂、国民政府第十一兵工厂以及永利碱厂已初具雏形。中国汽车制造公司选定报亭子为厂址建设中国汽车制造总工厂，设想建成“株洲汽车城”。① 1937 年，由中国汽车制造公司与株洲机厂合作，在操坪设立发电厂，并已经开始发电。1938 年永利久大化学工业公司在贺家土征地，筹建水泥、玻璃、硫酸亚和炼焦厂，设想建立“株洲化工城”。由于铁路通车，多家工厂建设工作同时开始，出现了卫门口、田心两个新的集镇，并形成了以株洲南站为中心、以粤汉铁路为纽带长达 14 公里的带状工业区，建区面积约为 100 平方公里，这是株洲继 1000 多年前作为建宁县城后进入的又一个兴盛发展时期。

后因日军向南侵略，株洲镇屡屡遭受日机轰炸，各厂基建被迫中辍。沦陷前夕，各厂均迁海南、广州等地。抗日战争胜利后，株洲机厂、十一兵工厂曾

① 株洲市地方志编纂委员会：《株洲市志》第 4 册《工业》，湖南出版社 1994 年版，第 1 页。

一度重建，因国民政府穷于内战，无力顾及，未能全面开工投产。1948 年 1 月 12 日，国民政府《中央日报》社论《再论工业区的湖南》慨叹："株洲工业区的倡始，虽远在十年以前，而由于战乱的影响，使田园仍在荒芜，计划仍在纸上。"1949 年国民党军溃逃之前，强令二厂拆迁，主要设备悉数被搬走。工业设施仅残存株洲机厂、十一兵工厂的躯壳，汽车制造厂的两栋厂房骨架，永利公司的 1 个码头、1 个仓库和 1 座水塔。还有 1 家 30 多人的五金厂、1 家 10 多人的纽扣厂和数家手工作坊，工业固定资产 3.6 万元，年工业总产值 58 万元。①

铁路运输业的发展和商业的繁荣为株洲工业的兴起提供了良好的原料供应、产品销售和便利的运输条件。进入民国以后，因交通便利，外地手工业者来株洲城镇开设工厂或雇工，使从事手工业者增多，工业取得了较大的发展。这种繁荣景象持续到抗战中期，株洲遭到日军的轰炸与侵占，后商人大多逃离，手工业也遭受重挫。20 世纪 30 年代，粤汉、浙赣铁路相继建成通车，湘黔铁路也加紧铺设，地处铁路枢纽的株洲工业建设迅速铺开。1936 年，国民政府铁道部决定由新路建设委员在株洲筹建株洲机车厂，铁道部拨开办经费 4.5 万元，另由银行团借款 75 万元作国内用款，由英庚款委员会借 15 万英镑作为团购国外机器材料费用。② 是年 5 月，成立了以程孝刚为处长的株洲机厂筹备处，并选定株洲田心塅为厂址，由此"拉开株洲现代机械工业序幕"。至 1938 年春，已经建成了 2 万多平方米的厂房，200 多台机器设备安装在炉管、机车、车辆、动力和铸下等 6 处。③ 然而，1939 年以后因日机轰炸，株洲机车厂的建设与生产曾一度中断。抗战结束后不久即开始重建，1948 年完成建筑面积 42480 平方米，厂内永久性铁路 6.73 公里，安装机器设备 843 台，颇具生产规模。1936 年 5 月，永利久大化学公司在株洲董家塅、贺家土一带征购数万亩地皮，翌年兴建起水泥、玻璃、硫酸亚、焦炭四个分厂。④ 同年，国民政府军政部、资源委员会也派员至株洲选址兴建第十一兵工厂、汽车制造厂。⑤

① 株洲市地方志编纂委员会：《株洲市志》第 4 册《工业》，湖南出版社 1994 年版，第 661 页。
② 株洲市地方志编纂委员会：《株洲市志》第 4 册《工业》，湖南出版社 1994 年版，第 53 页。
③ 言旭：《株洲机车车辆下厂》，《株洲文史》1983 年第 3 期。
④ 朱庆来等：《株洲市的形成及发展概况》，《株洲文史》1983 年第 4 期。
⑤ 株洲市地方志编纂委员会：《株洲市志》第 2 册《建设环保》，湖南出版社 1995 年版，第 231—232 页。

光绪三十一年（1905 年），由于株萍铁路通车，境内各地陆续购进脚踏弹花机、圆盘印刷机、缝纫机、手摇压面机等小型机械设备。次年从日本引进瓷业生产用的脚踏辘轳。[①] 1915 年，醴陵县谢国财开办谢义盛机械修理店。随后，醴陵石门口煤矿建立机械修理房。醴陵县、茶陵县两县建有私营造船厂近 30 家，从业者约 300 人。1930 年，攸县苏维埃政府在漕泊开办苏维埃兵工厂，制造梭镖、大刀、雷火枪和土炮，并兼修枪支。1936 年 8 月，创建株洲机厂（株洲电力机车场的前身）筹备处，拉开株洲现代机械工业化进程的序幕，在此过程中铁路起了至关重要的作用。同年 11 月，兴建国民政府第十一兵工厂。1946 年，中共地下党员李文彩、任中衍等人以私人名义，邀集资方任大张、施龙等人在醴陵合办中国电瓷厂（后改名中华窑业厂）。国民党全面内战，株洲工业日益衰落。株洲机厂直至中华人民共和国成立前夕，仅修理了 5 台蒸汽机和两辆货车及小批量配件。至于地方机械工业仅有王兴记五金厂，其资金约 200 元。1949 年 8 月 6 日，株洲机厂改名株洲铁路工厂。国民政府第十一兵工厂改名株洲兵工厂，1951 年改名为国营三三一厂。株洲的手工业得到恢复和发展，但是留下的厂房数量不多，资金规模也很小。

由于铁路线路的陆续建成以及投入使用，相关的产业也有了进一步的发展。1936 年国民政府铁道部决定由新路建设委员会在株洲镇筹建株洲机厂，将粤汉铁路管理局原拟在广州筹建西村机厂所购的英国厂房钢梁、机器及起重设备全部拨交株洲机厂使用。5 月，委以程孝刚为处长、茅以新为副处长的株洲机厂筹备处成立，并选定株洲田心镇为厂址。1949 年 1 月至 5 月承修平汉铁路（北平至汉口）蒸汽机 5 台。铁路网络的建立促进了铁路运输设备的生产、株洲机厂的建立发展，但就在这时，解放战争迅速推进，国民党白崇禧部强令将全部机器拆除，装车 11 列，计划运走，在中共地下党的多方努力下，列车全部直运广州保存完好。1949 年，株洲机厂改名为株洲铁路工厂。[②]

二、铁路运输业对工业发展的影响

交通运输、市场集散是各类产品进入流通领域的基本途径，而铁路是商品流通最重要的工具之一。铁路现代化是一个动态发展的过程，近代工业的大量生产、分配和流通是建立在拥有近代化交通特别是铁路运输基础上的，铁路交

① 株洲市地方志编纂委员会：《株洲市志》第 4 册《工业》，湖南出版社 1994 年版，第 47 页。
② 株洲市地方志编纂委员会：《株洲市志》第 4 册《工业》，湖南出版社 1994 年版，第 53 页。

通可以使各地工业所需的原料及产品以更大数量、更快速度进行更稳定、有效的流动，从而刺激工业的持续发展，有了铁路大批量、长距离的运输能力，较大规模的物资交易及商业贸易也成为可能。[①] 株洲铁路交通运输事业可分为货物运输和客运运输。

在铁路出现之前，水路一直是株洲境内主要的运输手段。铁路运输的优势是水路无法比拟的：水路运输容易受季节的影响，而铁路运输受季节变化的影响小；铁路运输和水利运输虽然都使用蒸汽发动机，但是铁路运输的速度比水路运输要快；铁路的铺设还少受自然河道的限制，因此修建城际的铁路时，相对距离比水路要短；相较于水路运输，铁路运输在某种程度上也降低了运费。而作为陆路交通运输的马车运输，其运量受很大的限制，花费的时间也较长，运输的成本很高，并且它还受到道路条件、大气条件等因素的制约，在缓慢地行进速度和崎岖不平的运途中可能还会加速农产品的腐败变质，进一步致使运费成本提高，而铁路运输则能够实现长距离、大运量、全天候的连续作业。

光绪十七年（1891 年），湖广总督张之洞设立汉阳铁厂，所需之煤完全依靠萍乡煤矿供应，急需解决运输问题。1898 年 3 月，张之洞、盛宣怀奏准清政府修筑萍潭（株萍）铁路。1906 年 1 月株萍铁路全线通车，萍煤遂由铁路运到株洲再经水路运往汉阳。株萍路修竣不久，粤汉铁路也于 1909 年开始了紧锣密鼓的施工。1911 年 1 月长株段首先竣工，1918 年向北延筑至武昌的粤汉路北段（亦称湘鄂路）也开始通车。这不仅使萍乡的煤焦、湖南醴陵的瓷器、茶陵的茶叶消除了交通的梗阻得以大量外运，而且极大地促进了湘、鄂、赣三省瓷业、茶业、冶炼与煤矿业的发展，使湘鄂赣省际的经济交流大大增加。由此，负担货物转运的株洲在铁路运输业的发展中迅速崛起，商品集散的功能增强，市场渐趋繁荣并迅速发展成为湘中地区粮食、瓷器、煤炭等农矿产品的集散地与贸易中心。至 1935 年，拖延几年的粤汉、浙赣铁路终于全线竣工相继通车，湘黔铁路亦以株洲为起点开始动工。作为三条铁路交会点的株洲一跃成为中国南方铁路的重要枢纽，运输业得到更大的发展，也为工商业的发展提供了巨大的空间。

运输业的迅猛发展主要是依赖境内的萍煤和木材等丰富的资源。萍煤需在株洲火车站卸车而由水路转运，在木业兴旺的同时株洲货物搬运业也日渐兴盛

---

① 谷中原：《交通社会学》，民族书版社 2002 年版，第 91 页。

起来。清末民初株萍、长株路在株洲分别设站，两站共有堆栈7间，既是仓库又是货场，无专用装卸线和货物站台装卸，全靠人力。1909年株洲成立箩行，并公布条规十则。其时，“有箩夫103人，境内客商、铺户之各种货物上岸下河（湘江）均归箩行挑送，东至自关铺”①。后来为萍煤下河、株洲南站设堆煤场约2万平方米，有一股道直达湘江边。这时期株洲开始出现数家煤炭货栈，除转输萍煤外亦向长沙、湘潭、醴陵等地代销。1946年，宾佩芳在株洲湘江大码头开设宾泰顺煤行不久，郭友德也在建宁港口经营利泰煤栈，两家专营民用煤炭。20世纪50年代初，私营煤商已有11家。② 铁路把交通优势和工业优势转化为流通优势。

三、货物运输的发展

株洲是通闽、粤、吴和楚的要津，四方商贾往来云集之地，一直是湘潭县的商业重镇。鸦片战争爆发后，清廷被迫开放五口通商，商品的输入、输出增多。外国商品通过广州流入株洲境内城乡，境内土特产品开始向国内乃至国外输出。货物运输的起伏、时局的动荡、铁路的兴衰，三者有密切的联系，铁路运输与其他交通运输相比，在许多方面都占有优势，这也是株洲运输业迅速发展的重要原因。

1．煤炭的运输

煤炭是株洲境内主要的自然资源之一。清末民国时期，境内各站有堆栈厂间，既是仓库又是货场，没有专门用于装卸货物的站台，装卸全靠人力抬扛，在新中国成立以前运送货物以整车运输为主，运量主要集中在株萍铁路，以煤运为主，兼运其他货物。1913年4月，粤汉路与株萍路签订联运合同，经交通部核准于5月10日施行。1914年1月，与商界订约每日运煤280吨，除1对混合列车外，开行6对煤车。两路联运促进了株萍路运量增长，1916年，运量比联运前增长了37.6%。株萍路并入湘鄂段后，于1920年3月又以湘路公司名义与株萍路签订联运合同，在原有客货列车基础上，增开长沙至安源混

① 株洲市地方志编纂委员会：《株洲市志》第9册《经济管理》，湖南出版社1997年版，第241—242页。

② 株洲市地方志编纂委员会：《株洲市志》第6册《商业》，中国商业出版社1995年版，第363页。

合列车1对，当年联运货物7286吨。1924年达4.4万吨，增长5倍。[①] 粤汉铁路在全线通车后，株洲境内运量达10万吨，但抗战开始运量下降，1938年为6.9万吨。该线在抗战期间，主要是承担军运任务，民用货物发送为粮食和农副土特产品，到达主要有食盐、粮食、棉纱、煤油、火柴等日用品。

株萍路自通车至1938年的34年中，共完成货运量2024万吨，其中运煤1626万吨，占80.3%。在此期间，运量最高的1916年达到121.6万吨。此后，由于军阀混战，铁路运输受到干扰，株萍路曾一度分割成赣、湘两省管理，社会动荡不安，加上军阀政府残酷镇压安源路矿工人，致使煤矿和铁路运输逐年下降。1933年降至最低点，运量只有12.17万吨。1939年4月，南昌沦陷，株萍段自毁，6月中断运输。抗战胜利后铁路运输缓慢恢复，1948年株萍段仅开2对煤车和1对混合列车，煤炭运量仅6.15万吨，只达到战前运量的27.3%。[②] 具体来说，湖南铁路发展初期，货运量小，以低运价招徕。抗日战争爆发，内迁运输和军事运输繁忙，运量突增。萍株路的煤炭运量占货运总量的99%以上。

光绪二十九年（1903年），萍醴铁路通车时，专运萍乡煤焦至醴陵转水运，无运量统计数据。光绪三十四年（1908年）三月，萍株铁路改由邮传部管辖，始有货运量统计，该年共运送货物达22.6万余吨。其中特种货（汉冶萍公司煤焦）22.39万余吨，通常货物只2052.7吨。1912年萍矿发生停工事件，该年只运送货物19.4万余吨，其中特种货物18.5万余吨。[③] 1933年，中央政府用"返还"的"中英庚款"，建筑株韶段中的株洲至乐昌间的铁路，于1936年4月竣工，长株萍路以1916年完成的运量为最多，当年运送旅客37.3万人，运输货物65.1万吨，湘鄂路以1935年完成的运量最多，当年运送旅客103.85万人，运输货物58.83万吨。[④]

2. 货物的分类运输

清末，萍株铁路将货物分为特种和通常两大类（见表2-1）。特种系煤炭

---

① 株洲市地方志编纂委员会：《株洲市志》第3册《交通邮电》，湖南出版社1996年版，第51页。

② 株洲市地方志编纂委员会：《株洲市志》第3册《交通邮电》，湖南出版社1996年版，第51页。

③ 湖南省地方志编纂委员会：《湖南省志》第10卷《交通志·铁路》，中国铁道出版社1995年版，第202页。

④ 湖南省地方志编纂委员会：《湖南省志》第10卷《交通志·铁路》，中国铁道出版社1995年版，第4页。

及矿用物资，通常货物分为五等。通常各等货运量很少，1912 年后才逐渐增大。1913 年该路运送通常货物 1.59 万余吨，1916 年统计货物发运以达 12.2 万吨，1917 年通常货物发运量高达 21.25 万吨，成倍增长。粤汉铁路湘鄂段通车前，湘米经水路运汉口，转京汉铁路运至北京以抵湘省解款。自 1921 年起，湘米逐步经湘鄂、京汉铁路联运至北京。湘省所产羽绒、纸伞、桐油、鸡蛋等经铁路运至汉口、转水运至上海，并出口国外。萍乡煤运至武昌后，利用回下车装淮盐入湘。1936 年 4 月粤汉全线通车后，除湘米运粤，济粤米荒外，湘省的桐油、茶叶、锑矿品、钨砂等，亦由铁路运往广州出口，大量粤盐亦由铁路运输入湘。1937 年 7 月至 12 月，粤汉路湖南省境内运送商货 4.55 万吨，其中运往广州 2.52 万吨，占 55.38%。1940 年 7 至 12 月运送商货 11.25 万吨，其中运往曲江（韶关）、乐昌等地 5.33 万吨，占 47.38%①。

表 2－1　株萍铁路历年货运量

年份	特种货物（吨）	通常货物（吨）	共计（吨）	日均货物列车（次）
1908	223986.64	2052.71	226039.36 *	5.8
1909	461538.58	3672.34	465210.92	7.6
1910	511032.20	4034.61	515066.81	8.9
1911	435294.98	5080.93	440375.91	9.6
1912	185258.02	9662.10	194920.12	6.0
1913	463633.04	15925.32	479585.35 *	9.3
1914	494957.93	15679.86	510637.80 *	10.5
1915	585635.20	31974.12	617609.93 *	10.4
1916	536966.57	122368.86	659335.43	10.8
1917	330420.24	212561.93	542982.61	8.8
1918	353718.80	25167.60	378886.39	5.2
1919	446585.45	133144.15	579729.60	9.5
1920	388925.65	68073.16	457048.82 *	12.4
1921	367361.77	47400.71	414762.98	11.7

资料来源：湖南省地方志编纂委员会编《湖南省志》第 10 卷《交通志·铁路》，中国铁道出版社 1995 年出版，第 203 页。

说明：日均货物列车含客货混合列车；原资料年份分类数与其计数不符的，以符号（*）表示。

① 湖南省地方志编纂委员会：《湖南省志》第 10 卷《交通志·铁路》，中国铁道出版社 1995 年版，第 213 页。

株萍铁路建成通车后，随即在株洲设立汉冶萍公司转运局，负责督运煤焦及矿用物资等特种货物，并兼运其他五等品类的通常货物。因此，清末时株萍铁路主要以煤炭特种货物为大宗商品，而通常各等货运量很少。在清末民初的十余年中，萍煤是大宗货物，大多数年份的运量在 60 万—100 万吨之间。1927 年后煤炭和其他物资的运量有所下降（见表 2 – 2）。

表 2 – 2　1905—1938 年株萍铁路货运统计表（单位：万吨）

年份	煤炭	其他	合计	年份	煤炭	其他	合计
1905	30. 86		30. 80	1922	84. 22	21. 05	105. 27
1906	34. 32	8. 70	43. 02	1923	70. 07	17. 51	87. 58
1907	41. 68	10. 42	52. 10	1924	67. 09	16. 77	83. 86
1908	32. 00	8. 00	40. 00	1925	40. 98	10. 24	51. 22
1909	53. 97	13. 49	67. 46	1926	60. 57	15. 14	75. 71
1910	62. 60	15. 65	78. 25	1927	14. 66	3. 66	18. 32
1911	62. 43	15. 60	78. 03	1928	13. 50	3. 37	16. 87
1912	20. 43	5. 11	25. 54	1929	18. 63	4. 65	23. 28
1913	71. 09	17. 27	88. 36	1930	11. 76	2. 94	14. 70
1914	79. 55	19. 88	99. 43	1931	13. 05	3. 26	16. 31
1915	94. 13	23. 53	117. 66	1932	15. 36	3. 84	19. 20
1916	97. 31	24. 32	121. 63	1933	10. 22	2. 55	12. 77
1917	94. 82	23. 70	118. 52	1934	18. 16	4. 54	22. 70
1918	72. 83	18. 20	91. 03	1935	20. 68	5. 17	25. 85
1919	83. 47	20. 86	104. 33	1936	22. 53	5. 63	28. 16
1920	86. 15	21. 38	107. 53	1937	20. 85	5. 21	26. 06
1921	81. 20	20. 30	105. 50	1938	24. 88	6. 22	31. 30

资料来源：株洲市地方志委员会编《株洲市志・交通邮电》，湖南出版社 1996 年出版，第 52 页。

据相关资料统计：1905 年至 1933 年的 28 年间，汉冶萍公司所需煤焦总计由萍乡经株萍铁路发运 1508 万吨，其中由铁路先运至株洲再经水路转运武汉达 642 万吨。[①] 1908 年萍株铁路公司改归邮传部管辖后，始有全面而详细的

① 株洲市地方志编纂委员会：《株洲市志》第 3 册《交通邮电》，湖南出版社 1996 年版，第 254 页。

货运量统计，当年即运货 22.6 万余吨。“其中特种货 22.39 万余吨，通常货物只 2052.7 吨。”[①] 之后，每年经株洲由铁路转水运的煤焦一般在 30 万吨以上。1917 年达到最高转运量为 57.9 万吨。[②] 自 1919 年即粤汉铁路湘鄂段通车后的次年起，煤炭山萍乡装车自达武汉每日运 600 余吨，占产量的一半，余下仍由株洲装船运汉，除了由株洲转运之外，随着粤汉路长株段的完竣通车，1913 年株萍路开始与之开展联运并以整车自运。

四、旅客运输的发展

铁路运输除了货运的迅速、便捷之外，还具有安全、舒适的特点。多数铁路客运在速度和舒适方面往往比最好的马车运输还要舒适，所以乘火车的旅客都感到它比乘公共马车更安全、更稳、更舒服。这些都是富裕的旅行者所考虑的重要因素，也是制造业者和商人们为减少其高昂的存货成本而考虑的重要因素。

株洲客运的发展依赖于铁路而兴盛。光绪二十九年（1903 年）七月，株萍铁路萍乡至醴陵段通车，专以运输萍矿生产煤焦为主，通常客货车被拒运。光绪三十一年（1905 年）十一月六日，醴陵至株洲段通车，始有兼办存货之举，运送旅客和货物。光绪三十四年（1908 年）计运送旅客 22.1 万人，其中，一等单厢 485 人，二等车厢 606 人，三等车厢 22 万人。1913 年 5 月 10 日，株萍铁路与粤汉铁路长株段开办客运联运，长沙新河站与萍乡安源站每日开行客货混合列车 2 对，当年共运送旅客 42.1 万人，其中株萍路运送旅客 36.3 万人，长株段运送旅客 5.8 万人。宣统三年（1911 年）二月粤汉铁路通车，长沙新河站至株洲间每日开行客货混合列车两对。[③] 1937 年 7 月，全民族抗战开始，难民的疏运、军队的调移使省内铁路客运量增大。1938 年 10 月，武汉、广州相继沦陷，粤汉铁路仅剩株洲至曲江（韶关）一段维持通车。当年运送旅客 352.3 万人，其中军队 49.3 万人。1941 年运送旅客 385.1 万人，

---

① 湖南省地方志编纂委员会：《湖南省志》第 10 卷《交通志·铁路》，中国铁道出版社 1995 年版，第 202 页。

② 株洲市地方志编纂委员会：《株洲市志》第 3 册《交通邮电》，湖南出版社 1996 年版，第 254 页。

③ 湖南省地方志编纂委员会：《湖南省志》第 10 卷《交通志·铁路》，中国铁道出版社 1995 年版，第 167 页。

其中军队 67.2 万人。[①] 除货运外，粤汉路历年的载客人数也有可观业绩（见表 2 –3）。

表 2 –3　粤汉路历年载客人数表（单位：人）

年别	一等	二等	三等	四等	共计
1913	193	760	57350		58303
1914	643	2285	205009		208537
1915	608	2573	157278		160459
1916	498	2426	172905		176829
1917	596	2756	101438		104790
1918			27291		27291
1919	15		96798		96813
1920			101595		101595
1921	821	416	363685		364922
1922	1516	638	418798	112345	533296
1923	870	630	365980	212911	580391
1924	302	243	460402	320314	781261
1925	114	192	260152	118237	378695

资料来源：湖南省地方志编纂委员会编《湖南省志》第十卷《交通志·铁路》，中国铁道出版社 1995 年出版，第 169 页。

株萍路虽从未正式开行旅客列车，运送旅客均为客货混合列车，但从它 1908 年开办旅客运输业务起，当年即载客 220989 人，以后历年维持在 20 万至 35 万人之间，客源相对稳定，1916 年客流量曾达到最高，有 373429 人（见表 2 –4）。粤汉路北段则在 1913 年开始运输往来株洲、长沙之间的旅客，每年客运量为 10 万余人。20 世纪 20 年代后铁路延至武昌，遂载客人数倍增，1924 年竟达 78 万人之多。30 年代后，粤汉路株洲段的客流有了较大增长。（表 2 –3、2 –4 中粤汉、株萍两路的历年载客量并不完全都从株洲上下火车，这一时期铁路沿线设客运站不多，株洲站作为二等站其客流量及运输人数应占有相当大的份额。）

---

① 湖南省地方志编纂委员会《湖南省志》第 10 卷《交通志·铁路》，中国铁道出版社 1995 年出版，第 167 页。

表 2－4　株萍路历年载客人数（单位：人）

年份	一等	二等	三等	共计
1908	485	606	219898	220989
1909	346	694	208117	209157
1910	177	587	238378	239142
1911	223	647	241398	242278
1912	100	396	230407	250903
1913	561	2622	359931	363124
1914			331790	331790
1915	557	3241	343176	346974
1916	353	2432	370645	373429
1917	496	2867	319060	322423
1918	1	15	128720	128736
1919	21	1	331492	331514
1920		3	287187	287190
1921			224232	224232

资料来源：湖南省地方志编纂委员会编《湖南省志》第十卷《交通志·铁路》，中国铁道出版社1995年出版，第168页。

说明：该线未正式开行旅客列车，运送旅客均为客货混合列车。

第三节　铁路对株洲商业现代化进程的推进

株洲历来是个农村小集镇，它的经济发展主要依赖农村。但与其他小集镇不同的是，它是木材码头、交通重镇，因而它的工商业比较繁荣。株洲市位于湖南省东部，东邻江西省，西依湘潭市，北毗长沙市，南接衡阳市，同长沙、湘潭两市构成“三足鼎立”之势，自然条件优越、资源丰富、交通方便，为株洲商业发展提供了独特的自然环境和物资条件。铁路的出现，增加了商品和原料的输入输出量，加快了商品的流通，扩大了各种货物的销售范围，便利了商业的资本周转。因此，在铁路通车后的一段时间里，株洲工商业发展迅速，工厂和商铺的数量不断增加，株洲当时也因此逐渐发展成主要的商业中心。商业依附于城市的发展，而城市的发展也以商业为条件，商品经济活跃起来后，就会带动该地区金融、工业、交通运输以及城市公用事业的发展，从而推动城市的现代化进程。

一、铁路网络的形成为自然资源优势转化为商业优势提供可能

丰富的资源、便利的交通使得商业行会的形成与发展成为可能，为铁路发展提供物质基础。铁路发展有利于初级产品外销，从而大大推进了商业现代化步伐。株洲市商业具有雄厚的物质基础和广阔的发展前途，株洲境内自然资源丰富，矿产有煤、铁、钨、铅、锌、锡、铀、钼、铜、锑、金、银、铌、钽、稀土、萤石、石膏、硅石土、高岭土、石灰石等40种，已初步查明的矿产资源有39种，其中煤炭储量1亿多吨，铁矿石1.5亿多吨，高岭土2000多万吨，矿产资源潜在经济价值大，开发利用前景甚好。株洲市是湖南重要的农副产品生产基地，有水稻、玉米、高粱、大豆、茶油、花生、棉花、芝麻、烤烟、水果、茶叶、生姜、白花、大蒜、柰李、红辣椒等，并有黄檗、牛膝、鸡爪黄连、田三七、黄花等中草药1580种。[①]

清道光二十五年（1845年），株洲境内农村市场以墟场交易为主，集镇市场则以日用生活品换取农产品和工业原料为主。辟有建宁、白石港、霞湾三大码头，逆江而南，商船直达郴州，转道骑田岭经北江船运而至广州。湘东南各县之煤炭、矿砂、木材、楠竹、茶叶、稻米、茶油、枯饼、石灰、瓷器、鞭炮、生猪、禽蛋、土纸、干椒等亦多经株洲转输外销，批发贸易与中介贸易发展，商品集散活跃。清咸丰五年（1855年），设厘卡局，开征商业税。清同治元年（1862年）设船局，株洲商船直达汉口。

1. 铁路为资源优势转化提供了载体

清光绪三十一年（1905年）十一月十六日株萍铁路通车，萍乡之煤炭由火车运至株洲，再由水路直达汉口。商船往来于湘鄂之间，沟通株洲与商业中心城市汉口的直接联系，水运商业码头增至12个。清宣统二年十二月十九日（1911年1月19日），株洲至长沙猴子石铁路通车，打通了与长沙的直接联系。同时湘黔铁路开工，株洲成为路矿要冲，商贩行旅络绎不绝，除农副产品的输出贸易外，京广百货、布匹、瓷器、中西药材、煤炭、燃料、铁器、烟草、土纸等商品贸易也相继发展。1917年，株洲已有各种代客买卖货物的牙行24家，成为“通闽粤吴楚，客商云集之区”。与此同时，外国商人向株洲渗透，发展洋行代理商业，掠夺原料，倾销洋货，贩卖毒品，鸦片烟馆、妓院

① 株洲市地方志编纂委员会编：《株洲简志》，湖南人民出版社2000年版，第2页。

亦应运而生，有烟馆、妓馆20余家。[①]

随着铁路和现代工业的兴起，株洲商业随之进一步发展。铁路通车使商业中心转移，产品运输增多，地区影响扩大。明清两代，中、小商业店铺多集中在县境湘江、渌水沿岸的小集镇，以江西、福建等省商人开办商店较多。清咸丰至光绪年间（1851—1908年），境内输出货物以谷米为大宗，其次是瓷器、茶叶和生猪，再次为鞭炮、夏布、煤炭、茶油。株萍铁路通车后，渌口商品集散量减少，煤炭、谷米、杂货多由火车直运株洲镇。境内所产红茶，由三门、渌口等地私商收购，经过制作加工，输往武汉、广州，转销国外。1912年，每年从渌口直输武汉的谷米为20万担，瓷器20多万担，生猪4000余头。1918年，南北军阀混战，商业冷落，有的商店被毁，有的停业外迁，县境商户减少。1921—1936年，谷米较民国初年又逊一筹。粤汉铁路通车后，集镇货物输出量明显增加。1940—1942年，瓷器多销往四川，生猪运往韶关、桂林、郴州等地销售。

株洲镇商业资本有了较大的发展，以木材经营规模最大。大木材商人唐春和以株洲镇为基地，承办平汉、陇海、粤汉、湘黔、浙赣铁路的枕木，在湘潭、长沙、耒阳、柳州、徐州、武昌、南京等地设立木材加工场或营业处，为株洲首富。株洲“永安药材号”经营的批发业务，主顾遍及湘潭、衡山、长沙、浏阳等地。[②] 抗日战争期间，株洲镇食盐、烟类、火柴实行战时专卖制，桐油、茶叶、猪鬃、锑品实行贸易专制。1938年10月7日，日军飞机轰炸株洲镇，25户屠商歇业。

抗日战争胜利后，国民政府废除战时专卖制，实行自由贸易。美国乘隙而入，向株洲镇倾销面粉、肥皂、布匹、香烟、玻璃牙刷、玻璃裤带等商品，阻碍了民族商业的发展。同时，国民政府发动内战，滥发纸币，通货恶性膨胀、市场极度紊乱，不少店铺破产倒闭，市场每况愈下。

1949年8月，株洲和平解放，在中国共产党和人民政府的领导下，根据中共中央“公私兼顾、劳资两利、城乡互助、内外交流”的政策，从是年9月起，先后创建国营贸易、百货、粮食、煤炭、石油等商业公司。经过两次调整公私商业的关系，发展了私营商业和城乡物资交流。随着铁路的恢复，株洲有商业351户，从业人员1134人，经营规模并不大，以农产品为主，有粮食、

① 株洲市地方志编纂委员会编：《株洲市志》第6册《商业》，湖南出版社1994年版，第1页。

② 株洲市地方志编纂委员会编：《株洲市志》第6册《商业》，湖南出版社1994年版，第3页。

竹木、南货、百货、中西药材、钟表、饮食、服务行业、旅店等行业，其中粮食行 38 户，竹木行 28 户，蛋品行 5 户，南货 20 户，百货 16 户，烟丝 20 户，屠宰 25 户，布匹 11 户，胪陈 22 户，国药 16 户，西药 5 户，书纸 13 户，钟表照相 10 户，铁锅 6 户，饮食 5 户，理发 14 户，其他 97 户。另有沿街叫卖的小商、菜贩 209 户。[①]

2. 工厂商铺数量的增加

在较短的时间内，依靠优越的地理位置、铁路枢纽与铁路运输业的发展，株洲商业实现了从无到有、由小到大的快速扩张。铁路运输业的增长，促使转运商业、货栈业随之兴起，各种相关行业相继起步，株洲迅速成为周边各地物资的重要集散地，从而为近代工业的起步提供了丰富的原料和良好的运销环境。

随着株萍、长株铁路先后通车，原设汉口、长沙、湘潭等地的各洋行辟株洲为集散地，商品集散增多，由此株洲出现了经纪、货栈等业，并在民国以后获得较大发展。醴陵商人开始直接收购夏布经株洲转运外销，外埠客商也纷纷前来收购，“清末盛时年销三四十万匹，值五六十万元。”[②] 1912 年以后，太古公司、美孚公司开始在株洲等市镇建立火油库栈，批发零售洋油。[③]

随着商业的发展，株洲在清末开始出现同业公会，进入民国后又成立起商会。至 1917 年，株洲注册牙行有 50 户，其中粮食、杂货、土果、竹木、船泊等牙行颇有实力。1920 年以后，日、英等国洋行通过株洲的牙行及其他商店出售英丹士林布、细羽绩、大细缎等洋货。日本货花色多，价格低，在株洲市场上占有优势。[④] 1926 年株洲相继成立屠业、蛋业同业公会。1928 年，汉口英商和记商行设庄于长沙，在株洲收购蛋品、生猪，蛋行增至 30 多家，年运销量达 3 万余件（每件 800—1000 个）。同时，株洲人经营的 6 家猪行也从湘潭、湘乡、邵阳等地收购生猪运销武汉。[⑤] 1935 年前后，粤汉、浙赣铁路相继

---

① 株洲市地方志编纂委员会编：《株洲市志》第 6 册《商业》，湖南出版社 1994 年版，第 4 页。

② 株洲市地方志编纂委员会编：《株洲市志》第 4 册《工业》，湖南出版社 1994 年版，第 521 页。

③ 株洲市地方志编纂委员会编：《株洲市志》第 6 册《商业》，中国商业出版社 1995 年版，第 373 页。

④ 株洲市地方志编纂委员会编：《株洲市志》第 7 册《对外经济贸易》，湖南出版社 1996 年版，第 75 页。

⑤ 株洲市地方志编纂委员会编：《株洲市志》第 6 册《商业》，中国商业出版社 1995 年版，第 219 页。

通车，湘黔铁路也开始动工，株洲市场日益兴盛，通过株洲集散的主要商品除生猪、鸡蛋外，还有粮食、木材。1937 年全民族抗战爆发后，生猪、蛋品北运受阻，株洲商人遂依托粤汉路南段南下开辟广东、香港的运销渠道。1938 年因抗战局势急转直下，株洲屠业公会会馆又遭日机炸毁，大部分屠商疏散歇业，一些蛋商、鱼商也因战火而停业。抗战胜利后，铁路交通得到修复，商品交流渐多，但因国民政府滥发纸币导致恶性通货膨胀，市场很不稳定。随着全国的解放，社会渐趋安定，生产生活亦走上正轨，株洲的商品市场有了较大发展。

铁路的修建也给株洲的食杂果品、百货、五金等行业带来许多商机。清末民初，株洲经营食杂果品的行业有南货、水果等，以南货业为主，其经营范围包括糖、茶、烟、酒、罐头、副食、干果、干菜、炒货、蜜饯及调味品，有经营商店 10 家，8 家个人独资，2 家合股经营。水果业则以小摊贩为主，坐商 3 家①。20 至 30 年代，由于人口增加等因素，株洲南货业发展较快。1926 年，株洲成立了南货业同业公会。至民国中期南货商号有 16 家，规模较大的有复恒祥、瑞兴斋、易宏发、凯旋等 6 家。② 他们有的附设糖作斋或酒作槽坊，聘请技师和雇工制作糕点、糖果、酒等，产销一体，亦兼营对小商小贩的批发。此外，百货五金、文化用品业也在株洲兴起。清宣统年间，株洲老街有新棉布店。民国时期，多家布店陆续开业，较有名气的有唐茂棉布店、德茂和油盐布匹号。1938 年以后，江西商贾也在株洲开设了志新昌、协丰长、刘合盛、悦康、美大、福记、力生等 7 家绸布店。1949 年 2 月，株洲有棉布业 13 户，其中郭立成经营的福裕布店几乎控制了株洲棉布业市场。③ 1912 年至 1917 年，曹怡泰、晏兴盛、熊新泰百货店先后开张，经营日用器皿、衣帽、香蜡以及毛笔、纸张等，有资本 2000—3000 银圆。1949 年初，株洲的百货业发展到 26 户，书纸业 13 户。④ 1921 年，杨玉斌在株洲首设阳义兴五金号。抗战胜利后，株洲又有 8 家五金商户开业，货源多来自长沙、湘潭，经营品种有洋钉、玻

---

① 株洲市地方志编纂委员会编：《株洲市志》第 6 册《商业》，中国商业出版社 1995 年版，第 296 页。

② 株洲市地方志编纂委员会编：《株洲市志》第 6 册《商业》，中国商业出版社 1995 年版，第 260 页。

③ 株洲市地方志编纂委员会编：《株洲市志》第 6 册《商业》，中国商业出版社 1995 年版，第 310 页。

④ 株洲市地方志编纂委员会编：《株洲市志》第 6 册《商业》，中国商业出版社 1995 年版，第 316 页。

璃、锁等。至解放初，株洲已“有五金业 9 户，电料业 1 户”[①]。

二、铁路优势为株洲市场发展提供了得天独厚的条件

由于株洲的陆路交通不便，所以商业发展缓慢。便利的铁路交通网络的铺设，为株洲扩大省际贸易打开了通道，促进了境内市场的繁荣和发展，从而推动株洲商业发展的步伐，市区市场和郊区市场齐发展，促进了株洲市区和地方市场的繁荣和发展。

铁路运输加速了农副产品的流通和贸易，使得区域内商品市场得以建立和发展。株洲历来是通闽、粤、吴、楚的水陆要道，南北客商往来云集之地，为湘潭县的商业重镇。清顺治七年（1650 年），修建了商业码头。商品集散，多赖湘江水运。咸丰五年（1855 年），设卡局征收商业税。同治元年（1862 年）设立舡局，箩行码头工有 103 人。客商、店铺、行号各色物件行囊，上岸下河，均归箩行挑送。光绪三十一年（1905 年），株洲至萍乡铁路通车，安源煤炭由此转水运至汉口，商品集散增加，市场渐趋繁荣。1917 年，株洲有粮食、杂货、枯饼、土果、竹木、船泊等牙行 24 家。1935 年后，粤汉、浙赣铁路相继通车，湘黔铁路开始动工，株洲市场日益兴盛。通过株洲镇集散的主要商品为粮食、木料、生猪、鸡蛋。1944 年 6 月，日军侵占株洲，商人大多逃离，市场萧条。抗日战争胜利后，交通修复，商品交流渐多，但人民购买力低下，通货恶性膨胀，市场很不稳定。[②]

境内市场大都立足于地区内的自然资源优势和铁路网络优势而设立，铁路的开通打破了地域的限制，使长距离、大范围的流通成为可能。地方市场以铁路为依托，致力于地区内经济发展，纷纷成立极具地方特色的市场经营。由于资源丰富，使土特产品成为市场上主要的流通产品，并突破了原有的市场格局，物产在更为广阔的范围流通。从鸦片战争后，因外资侵入，城镇成为洋行、买办倾销“洋货”、掠夺农副土特产品和工业原料的场所。抗日战争时期，境内大部分县城均被日军侵占，日货充斥市场。抗日战争胜利后，美国资本趁隙而入，洋行、买办和官僚资本相互勾结，垄断市场，导致恶性通货膨胀，民族商业遭受摧残，渐渐沦为半殖民地半封建市场。

---

① 株洲市地方志编纂委员会编：《株洲市志》第 6 册《商业》，中国商业出版社 1995 年版，第 331 页。

② 株洲市地方志编纂委员会编：《株洲市志》第 6 册《商业》，中国商业出版社 1995 年版，第 104 页。

1. 醴陵市场

在地方市场中，醴陵市场发展的较为迅速，主要得益于便捷的铁路交通运输，铁路的修筑使得醴陵市场各行各业都得到了大发展。清光绪二十五年(1899 年)，萍醴铁路动工修筑，东起萍乡县城南，与安源至萍乡路段相连，西至醴陵阳三石，长 40 公里。光绪二十九年（1903 年）竣工通车，光绪三十一年（1905 年）修至株洲，统称萍潭铁路，境内长 33.35 公里。宣统二年(1910 年)，邮传部奏请改名为株萍铁路。[①] 浙赣铁路在醴陵境内设有醴陵站，设在阳三石，距离城市中心 3 公里。民国时期，站内有 3 股道，每回接发列车 4 对，上下旅客 200 人次，货运每月装车 1—2 个车皮。

醴陵市场西临株洲县，东接江西萍乡市，南连攸县，北邻浏阳市，以夏布、瓷器、烟花、鞭炮交易著称，是历史悠久的商品市场。清光绪三十一年(1905 年)，株萍铁路通车，瓷器、夏布、鞭炮、茶叶、烟煤等的外销和日用工业品的输入量也随之增加，市场日趋兴旺。宣统元年（1909 年），设立商会，各商户无论大小皆呈报具册，商会代征苛税、派捐、公议价格、调解纠纷，成为商团行帮的上层组织。此时，市区商业分本（本地）、西（江西）二帮，除红茶、夏布、土瓷、豆腐行业属本帮外，药材、南货、糕饼、豆类、杂货、银楼、布匹、钱庄、典当行业均属于西帮。

1918 年，南北军阀混战，北军败退时，纵火焚渌江桥，南北两岸商店几乎全部烧毁，商业损失惨重。粤汉铁路通车，茶攸醴公路相继建成后，商业发展加快。1941 年，城区有商业行业 12 个，店铺 341 家，资金 91.7 万元，全年营业额为 583.8 万元。以资本、营业额论，油盐花纱业（46 家）占商界首位；绸布业（58 家）次之；土细瓷业（100 家）居第三位。[②] 在抗日战争中，江西景德镇瓷器销售受阻，醴陵成为后方的重要瓷业基地，生产迅速发展，带动了商业的繁荣。1943 年，城区有商业行业 59 个，商店 1174 家，从业人员 7137 人。[③] 醴陵商业历来以县城为中心，1943 年，有商业铺面近千个。东城以旅社服务业为主，西城以花炮业为主，南城以漂染、纺织、针织、湘绣业为主，北城以瓷业和瓷业配套服务行业为主，绸布、百货、南货、药材等多集中于中心

① 湖南省醴陵市志编纂委员会编：《醴陵市志》，湖南出版社 1995 年版，第 280 页。

② 株洲市地方志编纂委员会编：《株洲市志》第 6 册《商业》，湖南出版社 1994 年版，第 112 页。

③ 株洲市地方志编纂委员会编：《株洲市志》第 6 册《商业》，湖南出版社 1994 年版，第 112 页。

区。南门外之阳三石，为铁路车站所在地，是全市商品输入、输出的咽喉。农村的渌口、泗汾、白兔潭、王仙、神福港、姚家坝等集镇商业相应兴起，城乡市场商品交流畅通活跃。1944 年 6 月 5 日沦陷，日本侵略军屠城 12 天，烧毁房屋 736 所，市中心成为一片焦土，阳三石也摧毁过半，商业损失 812.4 亿元。日本投降后，商民陆续回城，搭盖临时茅屋店铺，恢复营业，惟资金短缺，合资经营者十之八九。其后，更因民国政府苛捐杂税繁多，通货膨胀，市场凋零。解放前夕，不少商店停业、歇业、抽走资金，较大的商号几乎全部关闭。1949 年 7 月醴陵解放。8 月下旬，湘潭贸易小组进入醴陵，9 月设县贸易公司，积极宣传工商政策，组织城乡物资交流，稳定市场物价，经济趋于稳定。1951 年，商业有 41 个行业，1732 家，5081 人，相继建立了国营贸易、百货、花纱布、盐业、食品、粮油、专卖、石油、煤建、瓷器等 10 个县属专业公司。国营商业掌握了主要商品的批发业务，对市场的主导作用加强。

2. 攸县市场

攸县位于湖南省东部，东连江西莲花县、萍乡市；北毗醴陵市；南通茶陵县、安仁县；西接株洲县、衡东县。山区盛产木材；平原盛产稻谷、麻棉；丘陵盛产油茶、辣椒。地下资源丰富，交通方便，“五小”工业久负盛名，为商品市场发展提供了有利条件。清同治年间，县城已形成了东长清街、南朝阳街、西永宁街、北朝天街、中央十字街等商业集市。1913 年 3 月攸县商会成立，商会由同业工会会员组成，有会董 24 人，会员 462 人①。1930—1934 年，攸县、茶陵、攸耒公路相继建成通车，北接株萍铁路，南与粤汉铁路相连，闽粤输入内地的货物，有的假道攸县、茶陵公路在攸城中转，攸县市场日趋繁荣。1943 年，县城已拥有店铺 524 家，从业人员 1009 人，经营粮、油、棉、麻及土杂货的经济牙行 24 家。1944 年 5 月 5 日，攸县被日本侵略军占领，6 日早晨又被国民党军队飞机轰炸，日本侵略军纵火烧城，共烧毁商业铺房 400 余栋，损毁商业固定资产 160 万银圆，商业界有 100 余人惨遭杀害，攸县成为废墟。

抗日战争胜利后，街道虽然渐次恢复，但由于通货膨胀，物价一日数涨，加上国民政府苛捐杂税，商店纷纷倒闭，街道冷落，市面萧条。1948 年，县

① 株洲市地方志编纂委员会编：《株洲市志》第 6 册《商业》，湖南出版社 1994 年版，第 113 页。

城商业 362 户，比 1931 年的 524 户减少 30.9%。[①]

3. 株洲县市场

随着铁路相继通车、湘黔铁路开始动工，株洲市场日益兴盛，通过株洲镇集散的主要商品为粮食、木料、生猪、鸡蛋等。1936 年，国民政府开始规划在株洲镇建设工厂，同年 9 月 1 日，粤汉铁路全线通车。1937 年全民族抗战开始，不少工商户内迁株洲镇，各地营造商和建设工人汇集株洲镇，从火车站到建宁街以及沿建宁港入湘江口一带成为铺店相比的闹市区，董家缎卫门口、田心东门成为商业集中之地。[②]

株洲县境内，湘江沿岸，有五个著名的古镇，构成株洲县五大集镇市场。五大集镇为渌口镇、朱亭镇、金田镇、三门镇、雷打石镇，在这五大集镇中，得益于铁路而日益兴盛发展的城镇市场有渌口镇市场和朱亭镇市场。

渌口镇市场。渌口镇在抗战胜利之前是以水路来推动商业发展的，街市的建造随着渌江伸展开来。在清末，昭陵至渌口为一个水运总埠头，共有大小船只 130 余条，载重 2100 多吨。[③]《醴陵县志》载："（渌口）为本县之门户，水运出入之孔道，凡属县产货物，外来商品，鲜有不从此经过者。"可见当时水运的兴盛。依托地域资源优势，渌口镇的出口商品，多为谷米、瓷器、茶叶、生猪、鞭炮、夏布、煤炭、茶油。随着铁路的发展，在抗日战争后期，铁路通车，水运锐减，商业交易渐迁株洲，渌口市场开始衰落。中华人民共和国成立之初，渌口市场居民总数为 1195 户，人楼 6165 人，仅有工商户 336 家，从业人员 629 人，固定资产 1561 万元，流动资金 11.29 万元。1949 年后，渌口属醴陵。[④]

朱亭镇市场。朱亭镇亦为商业古镇，位于湘潭、衡东、攸县与株洲县接壤之处，陆有铁路，水有湘江，交通便利，自古为商贾云集之地。唐时即有了街市，经营旅寓、杂货、木炭等业；至清，朱亭已发展成四街，即新街、老坊、正街、港街。客籍商人甚多，最多时 14 个省之客商云集此地，以江西客商为

① 攸县志编撰委员会编：《攸县志》，中国文史出版社 1990 年版，第 299 页。

② 株洲市地方志编纂委员会编：《株洲市志》第 6 册《商业》，湖南出版社 1994 年版，第 104 页。

③ 株洲市地方志编纂委员会编：《株洲市志》第 6 册《商业》，湖南出版社 1994 年版，第 146 页。

④ 株洲市地方志编纂委员会编：《株洲市志》第 6 册《商业》，中国商业出版社 1995 年版，第 114 页。

最，清末多达50余家，建有会馆万寿宫，与本籍工商户分别治事。抗战前，朱亭商业虽不似前清繁荣，但在全镇920户居民中，仍有139户，150余人从事工商各业。抗战时期，朱亭市场几经兴衰。1949年，全镇共有524户，1807人，其中各业商户261家，占总户数的二分之一，从业人数207人，流动资金4.9万元，固定资产1.7万元，主要从事粮油、南货、土布、百货、柴炭、板木、书纸等行业，每年谷米交易1.5万石，枯饼8000担，木炭3万担，菜油2000担。

三、铁路的兴建和兴盛为车站商业群的形成提供了必备条件

自18世纪60年代以来，随着英国工业革命的开始，世界上第一条铁路在英国诞生，翻开了世界运输史上崭新的一页，之后修建了许多大型火车站促使城市快速发展，同时还形成了以火车站为中心的城市次中心区域。火车站周围聚集了大量新兴起的工商企业，是工商业群体的主要活动场所，也渐成为贸易活跃的地区。因铁路交通体系的建立，城市功能也发生了变化。火车站的建设加强了城市和车站地区与外界的物资流、人流和信息流，便利城市的工业、商业等产业的发展，更易于吸引优秀的人才，对区域经济发展产生了极大的影响。铁路运输业的发展，使得许多车站成为大的货物集散地，车站周围及其附近形成新的市集，商行、货栈、仓库、煤栈、客寓纷纷建立，营业范围也有所扩大。

民国年间，株洲火车站到徐家桥一带，从事个体劳动的小商小贩较多。他们在街头巷尾摆设地摊叫卖；或肩挑手提，走乡串里，沿街叫卖；经营方式灵活。其特点是本小利薄，受官府和私营商业资本剥削，终日辛劳也难以养家糊口，是城市贫民的组成部分。1949年夏，大批国民党溃军退入湖南，散兵游勇麇集株洲，强买强卖、敲诈勒索，小商小贩不堪其苦，破产甚多，1949年8月仅存209人。1949年9月，人民政府接管株洲，小商小贩政治经济地位提高，有的参军参政，有的参加国营商业，从事小商小贩活动者减少。但也有一批从国民党军队回乡的士兵和低级军官及其他失业人员补充到小商小贩的行列。[①] 晚清、民国年间，饮食服务比较发达，株洲火车站及老街一带素有“五步有饭店”“十步有客栈”之谓。1949年春夏之交，大批店铺外迁。到1949

① 株洲市地方志编纂委员会编：《株洲市志》第6册《商业》，湖南出版社1994年版，第33、115页。

年 11 月，株洲有私营饮食业 5 户，钟表照相业 10 户，理发业 14 户，客栈 35 户，共 64 户。①

四、铁路事业的曲折发展对商业发展的影响

株洲铁路事业在时局的影响下呈曲折式的发展态势，赖铁路而兴的商业也不可避免呈现出曲折的发展形态。株洲商业的兴衰发展趋势与铁路的曲折发展形势大致相似，可以分为四个时期，即民国以前、民国商业的起步、商业的极盛时期、商业的衰落时期。

1. 民国以前的商业

三国时，株洲是建宁县城，商业发达，后毁于战火。唐代株洲商业又有较大发展，唐大历四年（769 年），诗人杜甫游株洲时，曾写下反映商业发展状况的诗《遣遇》。宋代酿酒、饮食、旅店业繁荣，酒税岁入 20 万缗。宋孝宗隆兴元年（1163 年），奏斩秦桧的名臣胡铨曾饮宿于株洲客店胡氏园。元末株洲为朱元璋、陈友谅屠杀战场，商业在“血洗”中十室九空。明代南北商品交流发展，株洲商业又呈兴盛之势。清顺治五年（1648 年），明将马进忠与诸胤锡大战于株洲，商业又遭战祸。清顺治七年（1650 年），江西商人在株洲修建商业码头，商业又有发展，木材、茶叶、稻米、肉、蛋、瓷器、鞭炮、夏布、土纸等贸易居湘潭集镇商业之首，粮食贸易仅次于易俗河米市。清康熙十三年（1674 年），吴三桂与清兵会战于株洲，株洲商业再度逆害于战火。②

2. 民国商业的起步

株洲原来只有商业和手工业，是一个消费市镇。近郊以及浏阳西乡的部分农村，原属醴陵的姚家坝；篾织街一带，原属于长沙的龙头铺、交通铺、马鞍山一带；河西一直到中路铺的农村，这些地区的谷米、生猪、农副产品都运来株洲销售，农民的生活物资以及生产资料，亦仰于株洲，因而株洲的商业和手工业一直是繁荣的。株萍铁路通车后，萍乡煤矿在株洲采购坑木。粤汉和浙赣铁路修筑通车，在株洲大批采购枕木。株洲木业更加繁荣了，有码头一直到新市半边河都泊着木排，有南京、常州等地木材商人在株洲收购枕木。由于铁路的修建，新街（建宁街）一带的米店，则以贩卖为主，白天收进农村土车白

---

① 株洲市地方志编纂委员会编：《株洲市志》第 6 册《商业》，湖南出版社 1994 年版，第 62 页。

② 株洲市地方志编纂委员会编：《株洲市志》第 6 册《商业》，湖南出版社 1994 年版，第 1 页。

米，晚上待株萍乡车到，株萍小贩涌来一买而空。民国以来的株洲商业的起步与发展主要是依托自身的资源优势和水路优势，铁路的强大推动力还只是初显端倪。

3．商业的极盛时期

株洲商业的极盛时期体现在粤汉铁路通车后。1936 年，湖南大丰收，粮食多了，谷贱如泥。而广州则进口价值昂贵的西贡大米。此时，株洲铁道运输司令部专拨运粮列车，因而株洲谷米销粤汉业务就扩大发展了。湘米销粤汉可获暴利，因此官僚资产阶级趋利而来。[①] 临战前，株洲田心机厂、董家塅兵工厂、荷花塅汽车制造总厂、贺家土永利化学工业公司等相继在株洲建厂，全国各地营造厂商云集株洲，各行各业商店林立，已形成一个株洲的卫星集市。此时，一条堤升街，不到一年就形成了完整的街道，旅社业务最为发达。人口已经在十万以上了，由一个不到一万人的市镇，短时期发展到如此程度。同时，上海、南京等地的官商，纷纷来到株洲购地皮。此时株洲的发展前途全国瞩目，铁路优势展现出强大的推动力。卢沟桥事件和淞沪战争爆发后，北方难民纷纷南来，株洲难民云集。在民族灾难到来之时，由于人口剧增，株洲的商业和手工业出现了畸形的繁荣，各商店的资金越来越雄厚。这个时期株洲的商业和手工业，是历史上的全盛时期。[②]

4．商业的衰落时期

动荡的时局以及战争对铁路的破坏是导致株洲商业衰落的主要原因。由于抗日战火迅速烧向南方，株洲作为交通枢纽，日军战机天天轰炸，而且是轮番轰炸，无论昼夜。堤升街被夷为平地，建宁街和正街也被炸得七零八落，株洲的炸弹坑洞，不计其数。富商巨贾，都携带资金去他处投资。木业因战争阻隔，木材不能成排外运。同时由于浙赣铁路和粤汉铁路北段同时被破坏，枕木不再在株洲采购，它的业务已经没有了。株洲赖以繁荣的交通和木材集散，现在都失去了原有的繁荣，株洲的商业也因此而没落。在抗日战争中期，株洲已失去了它的交通重要性。1945 年日寇投降，经过八年的离难，株洲留下了破败的惨象。从正街北望，满目疮痍，建宁街全部被焚毁，正街房屋有的被炸

---

① 中国人民政治协商会议湖南省株洲市委员会文史资料研究委员会：《株洲文史资料》第 3 辑，中国人民政治协商会议湖南省株洲市委员会文史资料研究委员会 1983 年版，第 95 页。

② 中国人民政治协商会议湖南省株洲市委员会文史资料研究委员会：《株洲文史资料》第 3 辑，中国人民政治协商会议湖南省株洲市委员会文史资料研究委员会 1983 年版，第 96 页。

毁，有的被日寇拆去当作火柴。铁路交通事业缓慢恢复。历经八年浩劫的株洲开始复苏，株洲运输商行在不断地发展。爱群运输行，白手起家，而成为拥有巨额资金的株洲一家最大的运输商行。①

株洲商业经过了发展和繁荣时期，也经历了长期衰落和极其不景气的时期，直到解放后，它的商业才得到真正且永久的发展。

第四节　铁路对城市规划与人口、街市的影响

便利的交通运输条件，为城市的发展、人口的扩展和流动、街市的发展提供了必要的前提。随着铁路事业的发展，株洲这个小镇逐渐嗅到了现代化的气息，并且将现代元素融入城市发展中。铁路的发展使城市的发展方向沿着铁路线扩张；人口的流动规模扩大，数量也呈现出增长态势；街市的发展，现代建筑和艺术也在株洲出现，打破了传统的建筑模式和设计式样，出现了现代元素。

一、铁路网络对城市规划的影响

三国时株洲曾是吴建宁县治，唐太宗贞观元年（627 年）将建宁县并入湘潭县，此后，株洲为湘潭县地。1934 年设株洲镇（乡级）。随着粤汉铁路、浙赣、湘赣 3 条铁路的建成通车，株洲镇便成为中国南方铁路要冲。交通优势促进了城镇建设，铁路交通对城市规划产生了一定的影响，铁路网络的初建也对房地产事业、城市建设都产生了一定的影响。

1. 房地产事业开始发展

明末清初，株萍、粤汉铁路的修筑，与湘江联网形成交通优势，株洲房地产业开始发展。1936 年，交通部、军政部分别在田心和董家塅筹建工厂，房地产业出现发展热潮，全镇居民达万余户，房屋 18548 间，人烟稠密，为湘潭县集镇之冠。1944 年至次年春、夏，日本侵略军进犯株洲，公私房屋被毁 12983 间，仅存的 5565 间也残破不堪。1945 年，日军投降，镇区居民大多在原址重建家园。至 1949 年，被日寇毁为瓦砾的建宁街、堤升街、荣兴街、巷

① 中国人民政治协商会议湖南省株洲市委员会文史资料研究委员会：《株洲文史资料》第 3 辑，中国人民政治协商会议湖南省株洲市委员会文史资料研究委员会 1983 年版，第 98 页。

口街均得到了恢复，镇、厂区占地面积11170亩，房屋建筑面积16.74万平方米，人均居住面积4.33平方米，房屋结构大部分是木架篾织墙体，杉皮小青瓦屋面。[①] 以株洲的私有房产为例，可以看出1943年经过株洲境内铁路事业的发展，私有房产也呈现出了较为兴盛的景象（见表2－5），但是由于战争的破坏又不同程度地受到了损毁，无论是发展还是损毁都与株洲的铁路发展历程密切相关。

表2－5　1943年株洲镇私有房产情况统计

类别	房屋数（栋）	面积（平方米）	所占比例（%）
大商贾	32	8011	10
富商	133	15561	19.25
小商	186	21762	26.92
手工业者	125	14625	18
平民劳动者	214	20877	25.83
总计	690	80836	

资料来源：株洲市志地方志编纂委员会编《株洲市志》，湖南出版1994年版，第165页。

在卢沟桥事件之后，由于株洲的铁路枢纽作用，在战争中也首当其冲成为日军破坏的目标。1944年6月，日本侵略军飞机轰炸株洲，镇区很多的私房被炸毁，有的仅存残垣断壁，虽然后来进行了复建，但至1949年8月，株洲镇私房仍只有449栋、58466平方米，比1943年减少241栋、22370平方米。至此，株洲的房地产事业发展遭受重创。直到中华人民共和国成立后，随着人民生活水平的提高，私房建筑获得了长足的发展，房屋栋数和占地面积明显增加。

2. 城市建筑、设计和技术的进步

株洲境内建筑活动起源甚早。醴陵市八步桥和茶陵秩堂乡晓塘村古城堡遗址中出土的东周晚期和战国时期的筒瓦，证明2000多年前已有砖瓦房屋建筑。攸县网岭发掘的东汉墓，青砖砌筑墓室，其营造技术较高。

鸦片战争以后，西方建筑挤入株洲，西洋风格的立面造型、屋顶坡陡、开设天窗等，突破传统格调，开阔了建筑工匠的眼界，为株洲建筑注入了新的建筑风格和技术。施工工艺一反传统方法，开始采用水泥、钢筋、玻璃等新型建筑材料。清光绪二十四年（1898年）修筑株萍铁路，一批拥有较先进施工技

① 株洲市地方志编纂委员会编：《株洲市志》第3册《交通邮电》，湖南出版社1994年版，第153页。

术的建筑队伍，被招至株洲。据一些老人回忆：转运局局长的小洋房，红砖、洋瓦精美异常，一时传为新闻，参观的人络绎不绝。[①] 民国一般建筑房屋，结构较为简陋，多为土筑、土砖建造的土木结构。建筑从业人员，均为个体工匠，分为泥、木、铁、雕刻、石、锯、漆等工种，他们自找雇主，上门做工，按日计报酬，大多是父子、师徒联合作业。较大的建筑工程，以包工师徒为主，临时组合班子来建承房屋。

20 世纪 30 年代，粤汉、浙赣铁路，相继建成全线通车，湘黔铁路也加紧铺设。地处铁路枢纽的株洲镇，亟待开发建设。1936 年，国民政府交通部、军政部派员至株洲选址，建设株洲机厂、株洲兵工厂。随后永利久大化学公司、国民政府资源委员会汽车制造厂也来株洲选址建厂。1936 年 11 月，株洲兵工厂在上海招标建厂，1937 年，株洲机厂在长沙招标建厂。先后被招来株洲镇承包工程的营造厂达 30 余家，万人以上，给株洲的建筑业和现代建筑造成了巨大的影响。如株洲机厂主场房——机器场，为一座连续三跨、21 个柱间、全钢结构的单层工业厂房，建筑面积 7795 平方米，为湖南近代工业建筑佼佼者[②]。由英国提供设计蓝图及钢柱、梁、屋架等构件。株洲镇的建筑业伴随工业建设，经历 1936 年初建、1939 年拆迁和 1946 年复建，株洲镇的建筑业经过了短期的兴旺后，时起时落，但无论就建筑工人人数，还是建筑工程的规模而言，这一时期仍是株洲历史上建筑业较为兴盛时期之一。1949 年湘潭县总工会在株洲建立办事处，领导建设工人改组旧泥木工会，建立建筑工会。

在建筑设计上，清末株洲传统房屋建筑为木构架房屋，有掌墨师在木板上设计起样（设计图），一般工匠按照其设计图形建造房屋。铁路交通的发展，增大了省际以及国际之间的交流。同时，由于株洲铁路网络的形成，其工商业的发展需要建立厂房、房屋，也促进了株洲建筑设计事业的发展。1936 年至 1937 年，英国和上海建明设计事务所分别承担株洲机厂、株洲兵工厂房屋建筑设计。1937 年建成的株洲机厂机器场采用全钢结构，柱子为双排“工”字钢，屋顶为轻钢架。全部钢构件从英国运到现场拼装，铁路在这其中发挥了重要的作用。在 1946 年，株洲机厂复建，设立株洲机厂筹备处，下设建筑组。1948 年建成的办公室楼，呈一字形平面布置，两端略有突出，白色的外墙没

① 株洲市地方志编纂委员会编：《株洲市志》第 2 册《城市建设》，湖南出版社 1994 年版，第 231 页。

② 株洲市地方志编纂委员会编：《株洲市志》第 3 册《交通邮电》，湖南出版社 1994 年版，第 232 页。

有檐口线角，也没有基座花纹，方窗与深色的窗间墙形成水平线，显得舒展轻松，厚实的雨篷处理得简洁，但又有分量，是一座现代派的设计作品。①

3. 城市结构的变迁

运输业和工商业不断发展，使株洲形成了明显的人流与物流聚集效应。工业繁荣对雇佣工人的需求量增大，周围的失业农民纷纷涌入城市或为工商业企业的雇佣工人。因此，株洲城市人口增加，商人、行会、同业工会、工人阶级也逐渐形成。社会结构的改变从城市空间格局的变化中可以窥见一斑。铁路通行前，同大多数传统城市一样，株洲的工商业中心在城内，铁路开通后，商业迅速兴起，形成了新的市区。1945 年，株洲镇的发展趋势是由湘江沿岸向粤汉铁路和浙赣铁路附近靠拢，这也是新式的交通工具对城市结构的影响。

二、铁路对人口结构的影响

交通运输条件对人口分布具有一定的影响。人口是城市社会的主体，是城市化的首要标志，城市人口数量不仅决定着城市的规模和等级，而且也是城市化的主要尺度，人口增长是城市早期现代化的一个重大要素。株洲自从开埠之后，城市人口不断增长，城市化水平也不断提高，原因主要是商品经济的发展和市民生活的提高吸引了一批农村闲置人员进城务工；铁路的开通运营使得工矿业得到了迅速的发展，工矿业的发展对农村劳动力的需求大大加强。人口素质属于人口中城市现代化的指标，由于人口的流动，人口素质受教育水平、人口结构、重视教育投入的影响显著提高。

1. 人口流动量加大

由于铁路运输业的发展和工商业的日渐兴起，株洲吸引了大量的外来务工人员，人口的不断增长，移民的大量涌入，造成了区域内人口结构的变迁，出现了人口的兴旺时期。外来移民为境内提供大量廉价、不同层次的劳动力，促进了区域内多种自然资源的开发和农工商业的协调发展，对城市经济的增长起到积极作用。株洲铁路运输业和工商业的不断发展，使株洲形成了明显的人流与物流聚集效应，职业种类日益丰富，就业需求量激增，工业日渐繁荣，街市也不断扩张。铁路未开通前，株洲居民多从事农业，铁路修通后，随着铁路运

① 株洲市地方志编纂委员会编：《株洲市志》第 3 册《交通邮电》，湖南出版社 1994 年版，第 246 页。

转业的发展，铁路工人、搬运工人和转运商人大量出现，显然与铁路有直接相关，纺织工人、炼焦工人和银钱业者等，同样是依托铁路产生而衍生的职业。铁路对株洲人口的区域分布和社区分布，也产生了重要影响。

同时，人口的流量也受战争的影响。抗日战争初期，过往旅客增多，株洲的商旅业发展兴旺，旅馆增加到 35 家，铺位 300 多个，从业人员 100 余人。株洲镇沦陷后，旅社、客栈全部停业。抗战胜利后，相继有 51 户开业。1946 年开业的武陵公寓有 2 层砖木结构楼房，房内有时钟装饰，楼后有一花园，专宿过往军官和权势者，与中华旅社、新世界旅社三足鼎立，为当时株洲最好的旅社。

19 世纪末铁路筹建之前，株洲仅有数十户居民，多以务农为主业。铁路的修筑招来了最初的一批外来农民和工人，株洲的人口流量随着铁路的开通运营逐渐增大。1905 年，萍株铁路通达株洲后，来往商民渐多，除省内长沙、醴陵等地人外，许多江西商人也随之而至，一些商人开始定居于此。1910 年，萍煤设立株洲转运局，招农民 600 人，从事卸车、转运、下河装船等工作。1916 年，萍煤外运平均日达 2300 吨，转运局工人曾达 2000 余人。[①] 民初长株、湘鄂铁路通车后，株洲的区位优势日益明显，一时商贾往来，新行业不断出现。本地人已难以适应需求，于是流动人口激增，固定人口也开始逐年增长。1913 年，株洲居民达到 130 多户；1917 年增至 600 户、3400 余人。20 世纪 30 年代初，由于株韶铁路的修建以及粤汉路、浙赣路全线贯通，株洲人口增长较快；1936 年株洲人口达到约 3 万人。1937 年全民族抗战序幕揭开后，株洲因处南方铁路枢纽，顿时聚集起大量从华东、华北等地后撤的机关要员、商人和难民，增至 10 万人左右。[②] 然而，战火很快在 1938 年蔓延开来，铁路运输被迫中断，以致拆轨南运。株洲工商业遂在动荡不靖的时局里日见萧条，人口也很快趋于停滞，并呈急剧下降趋势，人们纷纷躲避战乱而四处疏散。抗战结束后，株洲市局面有所恢复，人口亦有增长，但始终未能达到抗战初期的水平。直到 1949 年解放时，株洲人口也只有 7600 余人。不久，因开始工业建设并设市，人口数量才逐步回升。

---

① 株洲市地方志编纂委员会编：《株洲市志》第 3 册《交通邮电》，湖南出版社 1996 年版，第 185 页。

② 叶炳晋：《旧株洲工商业的盛衰》。中国人民政治协商会议湖南省株洲市委员会文史资料研究委员会：《株洲文史资料》第 3 辑，中国人民政治协商会议湖南省株洲市委员会文史资料研究委员会 1983 年版。

值得注意的是铁路对人民生活习惯也间接产生了影响。铁路没有修建营运时，由于交通的不便，人们的活动范围往往局限在一个很小的范围内。铁路等陆路交通工具的发展改变了人们的生活习惯，打破了传统的生活方式，人们开始接触到外面的世界。民间旅行老、弱、病、妇多乘坐人力独轮车（又叫江西车），少数豪绅官宦乘坐轿或者骑马。株萍铁路、粤汉铁路相继通车后，沿途旅行的人们便可以乘坐火车，出行方便、快捷促进了人员的往来与交流。①

2. 人口数量的变化

从第一次鸦片战争开始，清政府逐渐走向没落，外国列强先后染指中国内政，内战迭起。这一时期人口发展也十分缓慢。由于战争的爆发，加之是江南的铁路运输中心，所以株洲难民人数增多，人口的流量相对增大。由于人口流量的增大，境内的人口数量也随之受到影响，随着铁路而较快发展的工商业也是如此。以攸县为例，其陆路交通不变，所以商业发展较迟。1930—1934 年，三条公路通车，特别是粤汉铁路通车，为攸县人口的发展提供了契机。从下表 2－6 可以看出，攸县人口从 1933 年至 1935 年增加了 41033 人。②

表 2－6　1871—1948 年间攸县人口数量变化

年份	户数（万户）	口数（人）	备注
1871	47203	226702	
1917		391746	
1920	69377	372742	
1932		323479	
1933		323417	
1935	59471	364450	
1939	70006	362038	
1940	69206	377748	
1941	72443	380917	每户 5 人
1942	72577	380774	每户 5 人
1947	65354	325845	每户 5 人
1948	65542	315803	每户 4. 8 人

资料来源：湖南省攸县地方志编纂委员会编《攸县志》，湖南出版社 2002 年版，第 137 页。

1911 年，孙中山领导辛亥革命，推翻了中国历史上最后一个封建王朝，

① 株洲县志编纂委员会编：《株洲县志》，湖南出版社 1995 年版，第 457 页。

② 攸县地方志编纂委员会编：《攸县志》，湖南出版社 2002 年版，第 37 页。

建立中华民国。1912 年，据民国内务部户口统计，湖南总户数为 576.75 万户，总人口数为 2761067 万人。到 1927 年，全省总人数已经增加到 3150 万人，17 年间共增 388.45 万人。1951 年前株洲归属于湘潭县管辖，当时，湘潭县有户数 14.95 万，人口数 89.65 万人（男性 44.13 万人，女性 45.51 万人）。1947 年，株洲地区各县市人口总数达到 195.07 万人，户数有 25.87 万户（见表2－7）。

表 2－7　1947 年株洲地区各县市人口总数

县（市）名	户数（万户）	人口数（万人）	男（万人）	女（万人）
醴陵县	7.53	53.78	28.02	25.76
攸县	6.54	32.70	16.76	15.94
茶陵县	4.89	20.82	10.30	10.52
酃县	1.96	8.12	4.13	3.99

资料来源：湖南地方志编纂委员会编《湖南省志》二十三卷《人口志》，湖南人民出版社 1999 年版，第 33 页。

三、铁路对街市扩张的影响

由于铁路运输业的发展和工商业的日渐兴起，集聚起众多的商品物资，从而株洲市面日益繁盛，街市也逐渐扩张。

清末，株洲集镇只有一条 800 多米长的麻石街道，房屋也多是低矮的砖木结构的平房，而且街道狭窄。1898 年株萍铁路开始修建，一批拥有先进技术的建筑队伍被招至株洲，由此，西洋建筑也开始在株洲出现。如转运局局长的小洋房，红砖、洋瓦精美异常。株洲铁路通车后，株洲设立汉冶萍公司转运局，“南站后和湾圹一带由荒野之地而兴旺发达了，有客栈、旅馆、油盐店、南货店、面食店、肉店、药店、糕点作坊；兴仁巷有茶馆、快活岭有娼妓，有何义甫鸦片烟馆”，“数千工人的生活和消费，就带来这一地区的繁荣”。[①] 至民国初年，栗树街渐成格局，不久又毗邻粤汉路形成了新街、堤升街等。而株洲原有的正街和南湖圹一带，更趋繁华热闹，有电话电报营业处、邮政所、乡公所等机关，还有木商公所、织篾业工场等商业场所，成为株洲的政治和经济中心。30 年代中后期修通董家塅至湘江边的沙石马路，即株董路。此时株洲

① 中国人民政治协商会议湖南省株洲市委员会文史资料研究委员会：《株洲文史资料》第 3 辑，中国人民政治协商会议湖南省株洲市委员会文史资料研究委员会 1983 年版，第 103 页。

街市有了进一步发展，但在日军的轰炸和侵占下遭到很大程度的破坏。1949年，主要街道有中正街、建宁街和株董路，总长6.3公里。[①] 这个时期街市的发展更加倾向于考虑铁路运输的因素，在铁路沿线区域商品贸易较为活跃，人口流量较大，街市出现繁荣景象。

回顾株洲城市现代化的发展历程可以看出，铁路交通积极推动了株洲现代化，城市化进程对城市规划也产生了积极影响。今日之株洲仍是近代城市的延伸与扩大，或者还基本保持着近代城市的面貌，或者还遗留近代城市的各种痕迹。因此，必须对株洲的过去对株洲近代城市化的影响给予更多的关注，它对现今的城市发展进步无疑具有重大意义。

在20世纪上半叶，株洲由一个小集市迅速成长为有一定规模的城市，铁路无疑是个巨大的助推器。株洲境内有丰富的自然资源，但是传统意义上的运输工具由于运量和运力有限，很难带动运输事业的发展，工商业的发展受到限制，进而也限制了人口的发展和流动的数量、城市规划的发展。正是铁路的修建和兴盛，把株洲推向了中心城市的位置，株洲的现代化进程迅速发展。此外，由于铁路的修建，商业中心和城市建设都发生了转移，改变了传统的城市格局和空间布局。株洲城市街道的最初形态正是以株萍、粤汉两条铁路的车站为中心，分为东西两部向四周延展而形成的，并由此聚集起大量人口。在关注株洲城市现代化进程的同时，还要看到时局背景对城市现代化进程的影响。株洲城市化进程受时局的影响而波动，在国内时局平稳时期，株洲的现代化进程平稳发展，工商业兴旺发达，人口数量平稳增长、街市扩展生意兴隆。但在抗日战争时期，各项事业发展受挫，虽人口数量猛增，但呈现出畸形的发展态势，直到新中国成立之后株洲的经济开始真正的发展。铁路相继建成通车，促进了株洲的开通与边远地区开发，密切了株洲与其他不同区域间的经济联系，为农副产品、工业原料运往城、镇、港口及工业品运往农村，提供了交通运输便利，使商品流量大增，大大提升了株洲作为江南最大交通运输枢纽的效应。

国家大力倡导“两型城市”的建设，长株潭三城是品字形相距百里的方位结构，在国内比武汉三镇优越，在两型社会的建设中株洲处于重要的地位。铁路的优势和优越的地理位置使得株洲拥有巨大的发展空间和发展潜力，铁路

① 株洲市地方志编纂委员会编：《株洲市志》第2册《建设·环保》，湖南出版社1995年版，第67页。

的修建、铁路枢纽地位的确立极大地促进了株洲境内各项事业的发展，并且随着铁路的曲折发展呈现出波动的发展趋势，最终具有交通功能型特征的城市株洲兴起了，株洲的现代化进程被大大推进。

第三章　湘潭城市现代化的艰难发展

湘潭历史悠久，文化繁荣。南宋元符元年（1098 年），湘潭县治定于今市区城正街（又称老县城），从此这里就逐步发展为湘潭最为繁华的街区。到明末，湘潭街市十余里，码头十余处，南北东西万商云集谋生，肩挑背荷齐聚此地淘金，各地货物琳琅满目，湘潭成为湖南商业中心、经济重镇，时人谓之“小南京”。

第一节　19 世纪下半叶湘潭商品经济发展与现代因素的萌生

一、19 世纪下半叶城市变迁的历史背景

清代是湘潭封建社会发展的巅峰，它超越长沙，成为江南经济重镇、省内经济中心。在中国沦为半殖民地半封建社会之前，湘潭诸业繁荣发达的表现有六个方面：其一是社会富庶，生活水平较高，被称之“湖外壮县”，“财赋甲列县，民庶繁殖，官于此者，恒欣然乐饶。民间为之语曰：不贪不滥，一年三万……城外沿湘十余里，皆商贾列肆及转移执事者，肩摩履错，无虑数十万人，其土著农田之合巨亿计。孔子所谓庶哉，富矣之邦欤。”① 其二是商业发展领先于省内其他州县。明末以后三百多年里，湘潭一直是全国药材重要集散地，国内各省和印度、缅甸等国进口药材大部分在湘潭集散。到乾隆年间，十总、十一总河正两街②，药材堆积，车担不通，年销售额约白银 800 万两。湘

① 陈嘉榆、王闿运等修纂：（光绪）《湘潭县志》卷 6《赋役》。

② 当时湘潭城区道路布局基本分成河街、正街、后街，都平行于湘江修建。

潭还逐渐发展为全国生猪生产和仔猪繁殖重要基地。商贸之繁，仅今易俗河一地，当时“白帆云集，街市三重，工商十万。山西、山东、河南、陕西、甘肃、江苏、江西、福建、广东、广西、湖北、安徽等省商人来潭经商，建立会馆”①。其三是传统交通邮政比较发达。湘潭地处湘江下游，全市有通航河流6条，湘江干流由南至北，贯穿全境，河运便利，在水运占重要地位的古代，湘潭的交通运输确称发达。另外，湘潭作为京城及长沙通往西南、岭南的门户，陆路交通和邮政也比较便利。其四是工业和手工业历史悠久。明代中期，湘莲名气广布粤、鄂、赣、皖、黔、陕等数十省，清代时又兴起了以手工作坊和工场为主的制酱、糕点、冶炼、造纸、制陶、印刷等行业。其五是湘潭不仅商贸甲于省内，它也是湖南早期金融中心，钱业非常发达，当铺、票号、钱庄颇多，数量和规模都执湖南牛耳。其六是湘潭文风炽盛、科第称盛。据《湘潭县志》记载，当时湘潭“书院恢宏，全县举人参加清朝历届会试，共中进士80余人，列湖南诸县之前茅。县城张文炳一家，30余人有著述。龟头刘氏，一家4位翰林。辰山周氏，一门13位女诗人。”②

从乾隆年间至道光年间，湘潭的社会经济发展一直呈现上升趋势。乾隆年间，时任湘潭知县秦鏷在《重修县城记》说：“潭邻衡岳，带湘水，上控两粤，下通江汉，邮传自航，往来如织，号称巨邑。”③嘉庆十三年（1808年），四川人谢攀云调任湘潭知县，在其所作《潭州漫兴》诗中不无自豪地说：“绝胜湖山教管领，被人称作小诸侯。”可见当时湘潭民庶和乐，湘潭知县成为官场艳羡的肥缺，有“小诸侯”谑称。直至道光年间，虽然整个封建帝国已不可逆转地走向没落，湘潭城外却是舟船络绎、千帆竞发，被誉为“药都”“米市”。此外，湘潭还拥有一批知名于外的交易市场，如苏广杂货、茶叶、槟榔等就蜚声遐迩。可以说，车、船、脚、牙④、食及无数行商组成的浩荡商队，共同托起了湘潭昔日的金粉繁华，湘潭街市得以“人肩摩，夫担争，行者不遑趾，居者不暇餐”，“富饶为湖南第一”⑤，城内富商大贾“竞相奢靡，酒馆娼寮，充溢里巷，笙歌达旦，车马塞途”⑥。民谚将其冠为“金湘潭”，可见其

---

① 湘潭县地方志编纂委员会编：《湘潭县志》卷1《概述》，湖南出版社1995年版，第2页。
② 湘潭县地方志编纂委员会编：《湘潭县志》卷1《概述》，湖南出版社1995年版，第2页。
③ 陈嘉榆、王闿运等修纂：（光绪）《湘潭县志》卷3《事纪》。
④ 市场中为买卖双方介绍交易、评定商品质量、价格的居间行商。
⑤ 陈嘉榆、王闿运等修纂：（光绪）《湘潭县志》卷6《赋役》。
⑥ 尹铁凡：《湘潭经济史略》，湖南人民出版社2003年版，第146页。

经济发展、财税富足、巨室辐辏。此时的湘潭，正是贸易名重天下，民丰物阜，“金湘潭”如日中天，煊赫一时。

在明清数百年的封建时代里，湘潭以长沙府下属县而超越长沙成为湖南经济中心，这一历史现象是殊为罕见的。曾有人戏言湘潭数个世纪的昌盛是窑湾（湘潭湘江岸边）一块巨石所造之福。今依旧立于江边的望衡亭有一段碑文如是记载：湘潭都市之盛甲于东南，实赖石嘴垴巨石壁立，嵯峨拔峙于江头，障湘水而东之，帆樯千万鳞集水曲，所由致也。先人刻于亭上的这段话看似是为湘潭的繁盛寻找了一种神奇的自然原因，内含的却是根源于一个时代的社会原因。封建时代的自然经济和低级生产力发展水平，造成了地区间贸易的运载依赖于陆路上的马车和水路上的木帆，后者无疑居于主导地位，江河自古便成为中国各地间的经济纽带，繁荣的城市也多为水运节点。湘潭恰得此天地之利，它坐落在湘江水道上下游交接地带，湘江在此恰好弯成一个 C 字形，无论水深水浅，帆船舢板四季通航，沿江 20 几里均为天然深水码头。如此得天独厚的水运条件在整个湘江流域也属罕见，比之咫尺相隔的政治、文化中心的长沙，可谓占尽优势，湘潭也因此获得了络绎不绝的南北贸易机会。

在清代，朝廷实行海禁，广州成为对外贸易唯一口岸，为湘潭经济地位的进一步稳固锦上添花。海禁和一口通商促使广州与湘潭间的转口贸易商路完全形成。曾于 1859 年到湘潭等地考察的容闳在其《西学东渐记》中对此做了记载：“凡外国运来货物，至广东上岸后，必先集湘潭，由湘潭分运内地；又非独进口货为然，中国丝茶之运往外国者，必先在湘潭装箱，然后再运广州放洋。故湘潭及与广州间，商务异常繁盛，交通皆以陆，劳动工人肩货往来于南风岭者，不下十万人。”①

当时的湘潭，“杨梅洲至小东门岸，帆樯檥集，连二十里，廛市日增，蔚为都会，天下第一壮县也”②。传统社会的生产方式得不到解放，湘潭便将山河依旧、灯火楼台、酣梦不醒，小农经济条件下堆砌起来的繁华也将继续滋养着这方土地。

二、鸦片战争后湘潭城市变迁的若干体现

历史是人类通过复兴与衰落永远前进的过程。就在湘潭依然沉浸在康乾盛

① 容闳：《西学东渐记》，湖南人民出版社 1981 年版，第 46 页。

② 陈嘉榆、王闿运等修纂：（光绪）《湘潭县志》卷 11《货殖》。

世鼎盛余波之中时，西方列强不期而至，以猛烈的枪炮与发达的科技开始无情攻击中国的田园美梦了。在西方殖民国家的强大攻势下，湘潭与国内其他城市一样，逐渐被卷入殖民主义的漩涡，开始了其由盛转衰的痛苦历程。与这一衰败进程相携而来的，是欧风美雨孵化下现代化因素逐步展露苗头。这一衰败与革新的奇特结合，是伴随着鸦片战争与和约的签订、洋务运动和维新变法的开展而产生的。

鸦片战争爆发于十九世纪中叶。当历史进入十九世纪中叶时，清王朝已基本耗尽了它建国数百年来积聚的国势，开始了中国历代王朝的治乱循环之道。不期而至的鸦片战争中清王朝屈辱战败，被迫签署《南京条约》。从此，中国被卷入了世界资本主义洪流，迈入了今人划分的世界历史的近现代阶段。湘潭这个显赫一时的江南经济重镇也如过顶之日，开始落入西山，在凄风苦雨中蹒跚着被拖进了近代社会门槛，一面承受着家国遭难的悲苦，一面沐浴着现代文明的初辉，开始了其沉沦与新生的漫长过程。

1. 商贸重镇地位的动摇

鸦片战争与《南京条约》对湘潭的影响巨大而直接。条约规定，中国必须开放广州、厦门、福州、宁波、上海五个通商口岸。五口通商后，沿袭百年的广州一口通商和“行商制度”被终结，海禁大开，广州商务多北移上海，广州—湘潭商路南端的广州市作为中外贸易中心的地位逐步被上海取代，由此祸及商路北端的湘潭，东南沿海丝茶不再以湘潭为集散、装箱和转运基地，云、贵物资也改经广西梧州海运至香港再转上海，繁荣了一百多年的广州越五岭经湘潭至内地的传统商路失去垄断地位，湘潭中外贸易转运中心地位随之动摇。多少年来艰难跋涉在五岭三湘间的成千上万的脚夫、挑夫、纤夫、走贩纷纷加入失业大军，这条昔日繁华喧嚣的商道从此渐渐沉寂。谭嗣同分析说：“从前海禁方严，番舶无埠，南洋、五岭之珍产，必道吾埠，然后施及各省。维时湘潭帆樯鳞萃，繁盛甲于东南，相传有‘小江南’之目。厥后轮船、租界曼延沿边，商旅就彼轻捷，厌此艰滞，而吾湘口岸，始日衰耗。”①

第一次鸦片战争硝烟散去不久，第二次鸦片战争爆发，清政府又一次接受和约。1858 年，临近湖南的汉口、九江相继开埠，中国外贸口岸迅速增加为 34 个。汉口开埠直接冲击了摇摇欲坠中的湘潭贸易重镇地位，北五省②货物也

① 谭嗣同著，蔡尚思、方行同编：《谭嗣同全集》，中华书局 1981 年版，第 424 页。

② 指山西、山东、河南、陕西、甘肃五省。

多改道汉口顺长江外运出海。汉口还逐步发展为湖南省对外贸易最主要的转口地，湖南的茶叶、鞭炮等源源不断运往汉口，转口出洋，外国进口的棉布、棉纱等商品也经汉口转载至湖南，一时间，汉口到湖南的商船往来如梭，坐落在长沙南边的湘潭在这种商业贸易的繁荣大势前却货物日少，商务进一步衰落。

《湘潭县志》对此有一句精辟描述：五口开，汉口、九江建夷馆，县市遂衰。[①] 近人还曾评价说："轮船传入中国后，往返于广州、上海和汉口（之间）的定期航班，削弱了湘潭的重要性，从此，湘潭就开始衰落了。"[②]

2. 经济领域现代化新生

"商品生产和发达的商品流通即贸易，是资本主义产生的历史前提。"[③] 湘潭的现代化首先从经济领域开始，经济领域的现代化则肇始于商业化。虽然多口通商和商路转移给湘潭的商贸地位造成致命性打击，继续稳坐省内经济中心交椅的天时地利正日趋丧失，然而湘潭在数百年间积淀的深厚的商业氛围、坚实的商业根基、庞大的商业群体，加之湘军兴起的这一罕见历史契机，却让它得以在未来数十年里仍然作为国内物资集散的传统市场和省内贸易重镇继续发展。

这一时期湘潭的发展已经具备了过去千百年发展史上所不具备的一些新因素。一方面，传统的自然经济继续存在并缓慢发展，势力依然强大。另一方面，西方列强的入侵改变了湘潭自身发展的轨迹，它既加速了某些领域的衰败[④]，又极大地冲击了专制统治秩序，迫使统治者的专制政策出现松动，促使一些现代因素初步渗入湘潭这片古老的土地。就像亨廷顿所言："鸦片战争给中国带来了第一道变革的微弱曙光。"[⑤] 这一时段，经济作物和粮食作物的商品化趋势得到加强，土货贸易完全垄断的形势遭遇挑战，逐渐向土洋并存转

① 陈嘉榆、王闿运等修纂：（光绪）《湘潭县志》卷11《货殖》。

② 《海关贸易报告》，1910年，第145页。见［美］周锡瑞（J. W. Esherick）著、杨慎之译：《改良与革命·辛亥革命在两湖》，中华书局1982年版，第7页。

③ ［德］马克思：《资本论》第1卷，中共中央马克思恩格斯列宁斯大林著作编译局译，人民出版社1975年版，第167页。

④ 以家庭手工业一行为例，海禁未开之时，湘潭民间妇女春事蚕桑，夏续苎麻，冬织土布，布市场生意红火、场面兴隆。战后，因洋布大举入侵，土布销路逐步断绝，湘潭的妇女们多改习缝纫、刺绣、机织等业，传统土布业便渐趋衰微了。

⑤ ［美］塞缪尔·亨廷顿著，李盛平、杨玉生等译：《变革社会中的政治秩序》，华夏出版社1988年版，第151页。

变。如苏广货业[①]，五口通商前主要经营苏、浙、粤等省各种地方物产，全省各州县都从湘潭批发，五口通商后，湘潭苏广业部分商家开风气之先，开始从广州、汉口、上海等地购进洋货，转销省内长沙、衡阳、邵阳等地。一时之内，洋货源源输入，渐渐后来居上，市面上广货铺与洋货号开始并存竞争，各类西式商品出现在了寻常市民家。

商品化趋势深入推进最显著体现在药材、大米、茶叶三大传统领域。作为长期的药都米市，虽面临着外力冲击和社会动乱，湘潭的药市和米市生意依然相当兴旺，在国内举足轻重。鸦片战争后，湘潭药市在原有雄厚基础上继续发展，四方宾客汇集、货源充盈，两广及东南亚和印度等地药材，依然翻越南岭顺江入潭；川黔所产药材也顺长江东下经洞庭溯湘江而上湘潭；北方药材依然经汉水转运湘潭，各种普通药材、名贵药材荟萃在此、应有尽有，交易异常火爆，一时民间有“药不到湘潭不齐，药不到湘潭不灵”之说。至 1849 年，药材购销银两“岁可达八百万”[②]，药业成为湘潭的重要经济支柱。

米市贸易也毫不逊色。湘潭本就是省内著名米市，湘军兴起后，受兵源构成影响，湖南成为湘军军粮最主要供应地，而湖南的粮食集散地又主要位于湘潭，巨大的军粮需求促使湘江沿河粮仓鳞萃、米店栉比，江中千艘云集、百谷出进，年贸易额数百万石，与隔河相望的后起之秀长沙米市互为辉映，进一步诠释着“湖广熟、天下足”的民谚。湘潭米市此时已然成为托起湘潭市面繁华依旧的经济支柱，也极大地拉动了域内其他商品市场继续发展。

在茶叶贸易方面，“海禁开后，红茶[③]为大”，茶叶贸易一跃而成为湘潭支柱产业之一。咸丰、同治年间，受太平天国攻占江南、长江航运受阻的影响，湘潭成为茶叶集散地，红茶交易“率五六十日，而贸买千万”[④]。湘潭、湘乡两地出现一批红茶富商，湘乡商人刘麟郊[⑤]即为一例。咸丰年间，当曾国藩所率湘军在江汉间与太平军搏杀时，刘麟郊则在开辟着另一个战场——与洋人争

① 苏广货业即百货业。清代时湖南的百货商品除麻线、纱带、布巾等少数手工业品自给外，绝大部分都依靠从苏、粤、沪等地输入，例如苏州的绸缎、花边、草席、饰品；扬州的香粉、胭脂、座钟；南京的缎带；杭州的扇子；广东的牙刷、筷子、玉器、镜子等；上海的镜箱、首饰盒等，这些商品统称苏广杂货。清咸丰、同治年间，广货都由韶关转运达湘潭，长沙商人均从湘潭批发进货。

② 尹铁凡：《湘潭经济史略》，湖南人民出版社 2003 年版，第 153 页。

③ 同治年间《巴陵县志》记载：道光二十三年，与外洋通商后，广人每携重金来制红茶，土人颇享其利，日晒者色微红，故名红茶。巴陵即今湖南岳阳。

④ 尹铁凡：《湘潭经济史略》，湖南人民出版社 2003 年版，第 152 页。

⑤ 今双峰三塘铺镇胜云村人。

利的“商战”。在战火纷飞中，刘麟郊在湘潭、汉口间苦心经营，数年之后即累积巨财。[①] 刘还慧眼识才，邀请朱紫桂共事。朱青胜于蓝，他以湘潭为基地，将经营规模不断扩大，后被人们誉为湘乡地区与曾国藩齐名的富豪之家。[②] 仅十多年，他就赚回外商白银百余万两，成为近现代史上著名湘商和省内首批商业资本家。

商业化的深入与商业资本的积聚，正在酝酿着民族资本主义的新生。

咸丰年间，曾国藩等将领带着数十万湘籍士兵驰骋南北，镇压反清起义，为湖南带来了巨大的军用需求，刺激了省内许多州县在冶炼、锻造、制造等手工行业的勃兴。湘潭境内，造船、冶铁等作坊回应刺激，纷纷扩大规模，加大供应。

以苏钢生产为例，“湘潭产钢，名曰苏钢，形式不同，质地较优。该业兴起于1736—1795年，由芜湖陶盛传授来湘。湘潭炼钢技术趋向成熟，湘潭县人黄聚泰所办‘聚泰钢坊’生产的‘苏钢’驰名南北。至咸丰时，湘潭之苏钢坊，计有40余家。所产之钢，销于湖北、湖南、河南、陕西、山西、山东、天津、汉口、奉天（辽宁）、吉林等地，殊见畅旺，亦为湘潭苏钢业之黄金时代。”[③]

与苏钢发展情形相似还有猪鬃[④]、槟榔等产业。猪鬃加工业方面，1859年起，湘潭商贩开始在湘潭与广州间跑起运输，将本地猪鬃运往广州，销往西方市场。光绪初年，湘潭出现专门收购行、加工行，并维持收购价与广州大致持平，省内各地及周边各省商贩更乐意将猪鬃转运湘潭，湘潭猪鬃作坊飞速发展，到十九世纪八十年代时，作坊已增加到30多家，多集中在壶山、雨湖一

① 其巨额财富的证明之一是光绪年间他的子孙建有著名的大庄园体仁堂，建筑面积16000平方米，共有房屋365间，规模宏大可见一斑。

② 朱紫桂一家因营茶致富，故当时民间所传：湘乡县有两大财主，一是曾氏兄弟“打开南京发洋财”，是第一富户；一是朱氏兄弟，则是靠赚取外国人的钱发家的。朱氏兄弟致富后，广置房屋、田产，于光绪至民国年间先后修建筱山堂、璜璧堂、文甲堂、石璧堂、扶稼堂、东明堂、沙田朱氏宗祠及五公祠等八大建筑，置田万余亩，并投资经营矿业、航运业和种植业等。

③ 实业部国际贸易局编：《中国实业志·湖南省》第七编，第349—350页。转引自祝慈寿：《中国近代工业史》，重庆出版社1989年版，第123页。另据《中国实业志》记载：迨光绪年间，亦受洋钢进口影响，贸易渐渐缩小，钢坊相继停闭。至1909年，只余6家，且所出之货，销路滞迟，营业奄奄不振。由此可见苏钢此时的勃兴实赖军情刺激。

④ 湘潭与汉口、天津、上海、重庆并称五大猪鬃市场。湘潭在省内开设猪鬃作坊最早，制作精良，所以本省芷江、邵阳、茶陵、津市、宁乡、益阳等地及桂、川、滇、鄂、赣一带的毛货多运到湘潭集散，广东、上海等地商人也驻守湘潭收购，湘潭因此成为猪鬃集散主要市场之一。

带，年产猪鬃四十吨左右。

今日已是声名显赫的湘潭槟榔业，早在乾隆年间就已形成[①]。历经百年艰辛发展，一代代湘潭商人努力钻研、培育品牌、开拓市场，将小槟榔做成大产业，到咸丰、同治年间湘潭槟榔业已趋于极盛，行店林立，岁交易额在二百万元以上[②]。灯芯糕[③]的制造也是这一时期手工业兴旺的体现。1879 年，衡阳黄正大、周维四等人来潭研制“灯芯糕”成功，成为流传至今的湘潭特产。

湘乡手工业资本主义生产关系也蓬勃生长。1875 年辜松光置木质织布机 10 架，在县城南正街开设织布机坊。虞唐涌口罗敬庄在县城开设罗日升印刷纸庄，木板印刷礼品盒、楹联、礼帖以及县署考试卷等，后发展为木刻活版印刷，业务遍于娄底、衡山、湘潭县。1894 年，黄顺成印刷纸庄和仁和顺染坊开业。这些厂坊成为湘乡资本主义性质生产机构发展之端。[④]

军需对手工业的刺激促进了湘潭经济进一步商业化，投资商业和钱庄、票号的人显著增多。但也需看到，湘军的辉煌为湘潭带来的不仅有积极面，同时也有将领归乡后暮气深沉、挥霍煊赫、奢靡颓废的消极面，一定程度上造成了湘潭此后现代化进程的步履维艰。

3. 现代工矿业的萌芽

太平天国运动被彻底镇压后，湘军遣散，国内一度出现安定局面，风雨飘摇的清王朝拉开了洋务运动的改良序幕。洋务运动的兴起为古老的中国带来了新式工矿业和崭新的思想文化。沿海开风气之先，率先引进西方先进技术，创办各类新式军用、民用工业，开始了中国最早的现代化尝试。

工业是现代化的先导，马克思曾指出：“近代以来工业已经成为城市经济

---

① 关于槟榔行业的兴起，一说清乾隆四十四年（1779 年）湘潭大疫，百姓多患鼓胀病。县令白璟（广东人）谙医理，明药性，便将药用槟榔分给患者嚼食之，病疫居然消失。自此，湘潭人嚼槟榔逐渐成为习惯。一说宋代，湖南有一官人被贬至海南万宁，经常漫步于槟榔林中，饮酒消愁，感叹人生。有一天官人在林中偶遇槟榔仙子所化身的美貌女子，并与之相亲相爱，两人互赠槟榔果为海誓山盟之物。后来，官人带着有孕的妻子回湖南，且将槟榔果赠予亲朋好友。当时湘潭、长沙一带大闹瘟疫，凡吃了槟榔果者无一染病。于是求果者日众，槟榔仙子大展神威，终保一方平安。后来百姓表奏朝廷，官人不但官复原职且加升三级。数年之后，槟榔仙子所生贵子喜中状元，封官晋爵，世代富贵相传。由此相传槟榔果是神果，不仅能防病治病，而且成了婚宴喜庆，升官发财的吉祥之物。

② 陈嘉榆、王闿运等修纂：(光绪)《湘潭县志》卷 11《货殖》。

③ 灯芯糕是湘潭的传统副食特产。它不仅形似灯芯，洁白柔润，味道甜辣，弯转成圈而不断，且可用火点燃，散发纯净的玉桂香味。打开一盒从第一根开始接连不断到烧最后一根，不多不少整整 24 个小时。

④ 湘乡县志编纂委员会编：《湘乡县志》，湖南出版社 1993 年版，第 336—338 页。

活动的中枢和心脏，离开它，单纯意义上的商贸城市是很有局限性的。”[①] 不幸的是，在洋务运动大潮汹涌之际，深处内陆的湘潭却作壁上观，依旧沉睡在往昔商业的繁华里，浑然不觉外界已是天翻地覆。湘潭累积的巨大商业资本本来为推进工业化创造了良好条件，但思想上的保守和绅权势力的强大[②]，终究还是遏制了新生事物的萌生，富足的商业资本和湘军集团敛聚的可观财富没有实现向以机械化为特征的现代化大生产转变，在十九世纪六十年代的洋务运动中湘潭竟无一厂一矿新设，令人痛惜地错过了第一次现代化机遇。

湘潭的情形，大体反映了湖南全省形势。当湘阴的郭嵩焘因出使英、法“夷邦”被讽刺为“未能事人，焉能事鬼，何必去父母之邦?”时[③]，湘乡周岳山等人雇佣300多人在今湘乡坪花乡齐星岭、椰树嘴建土炉100余座，计划开采铁矿，也遭到了附近周、谭两族头面人物以保护祖坟、维持风水为名出面阻拦，且携4000多族人放火烧厂，周岳山等3人以“出卖祖宗，毁坏祖坟龙脉”罪名被缉县衙究治。[④] 沉闷的局面一直维持了30年之久，直到十九世纪九十年代甲午战争中日本打败中国，给了矜骄自傲的湖南人致命一击，从此这“铁门之城”的官民才清醒过来，跟上了时代步伐，积极投入维新运动，湘潭的现代民族工矿业由此发轫。

工矿业分为工业和矿业。工业在现代化过程中的意义自不待言，矿业在这一过程中也同样举足轻重。矿业包括采矿和冶炼，采矿业的发展是工业原料、燃料的唯一来源，冶炼业本身就属于工业组成部分，湘潭的工业现代化正是从这里起步。湘潭境内煤炭资源比较丰富，且多为烟煤，储量多，开采较易。明嘉靖年间，县境谭家山一带采煤业就已兴旺。清康熙年间和乾隆年间，今韶山

① ［德］马克思：《资本论》第3卷，中共中央马克思恩格斯列宁斯大林著作编译局译，人民出版社1975年版，第371页。

② 绅权势力在近代中国迅速发展，以湖南尤甚。究其原因，除某些共同因素外，特别与湘军的兴起及其影响有极大的关系。由于湖南尤其是今湘潭地区作为湘军的故乡，湘军将才、兵源的基地，因领兵、筹饷等而致通显者，成批涌现，居各省之冠；以军功而保荐各类虚衔者，更比比皆是。今天湘潭境内，城区及县域一带因军功保举者多达302人，湘乡境内保举游击以上武职人员更是高达2490人（该数据见《湖南通史》近代卷279—280页）。大批的湘军将士返乡成为地方豪绅，在巨大的荣誉环绕下不思变迁，滋长顽固守旧习气，造成了地区内的暮气沉沉、拒绝革新。

③ 王闿运著，马积高主编：《湘绮楼日记》，光绪二年三月初三日条，岳麓书社1997年版，第459—460页。

④ 湘乡县志编纂委员会编：《湘乡县志》，湖南出版社1993年版，第317页。

银田、湘潭县杨嘉桥一带开始采煤。[①] 1894年春，湖南省矿物总局成立，在全省范围内“延矿师派员绅分途履勘，都计百有余处，择尤开采者二十余处”[②]，是年冬，省矿物总局拨付官银82204两，设立湘潭小花石煤矿采煤[③]，年产5500吨左右，成为湘潭第一个官办工矿厂。该矿存在时间较短[④]，但它无疑宣告了保守的湘潭在工业化大势面前不得不选择迎接挑战，古老的莲乡从此缓慢跟上了时代步伐，迈出了现代化的第一步。其后20年间，湘潭建煤矿公司12个，产地16处。

小花石煤矿开办同一年，王时雍在朱亭（今株洲县朱亭镇，下同）开办金矿。[⑤] 1894年，湘潭张本奎与湘乡萧仲祁、王国柱创办湖南化学制造公司，用土法提炼樟脑，成为湖南化学工业的第一株萌芽。张本奎等人是在求贤书院读书时，学习了相关化工知识，掌握了蒸熬樟脑的技术。“樟脑用途甚多，而行销外国尤广，从前台湾岁产约洋七百万元，自台湾为日本侵占后，不惟出口货物亏一巨宗，即内地必需之处，受制居奇，大为民庶之不便”，“湖南向多樟脑树，郴、永、辰、澧为尤富”，具有蒸熬樟脑的优越条件，于是他们三人“邀集股本银一万两，设立湖南化学制造公司，采用土法蒸熬樟脑”。[⑥] 湖南化学制造公司规模不大，技术也比较落后，但它宣告了湖南化学工业的开端，也是湘潭境内最早的新式工厂之一。此外还有1897年建立的萧汉记机器厂，以修配轮用机件为主，兼制面粉机和救火机；同年建立的张仁美冶工铸造厂，以及湘乡杨家滩（今属娄底涟源市）一带新建天宝珍公司和福禄公司，雇工开采龙山锑矿，成为湘乡资本主义企业的起步。以上虽是寥寥数厂、几个小业主、几十名工人、不多的简易新式机械，但它们在晚清便顺应社会需要与时代大势而出现，真正开了湘潭乃至湖南机械工业的先河。

---

① 湘潭县地方志编纂委员会编：《湘潭县志》卷20《工业建筑业》，湖南出版社1995年版，第451页。

② 刘镇：《湘矿捃要》，光绪三十二年刊本。见杨世骥：《辛亥革命前后湖南史事》，湖南人民出版社1958年版，第40页。

③ 今株洲华石煤矿。

④ 小花石煤矿开办后，因技术落后等原因，并未营业很久。光绪二十六年（1900年），该厂关停。

⑤ 湖南省株洲县志编纂委员会编：《株洲县志·大事记》，湖南出版社1995年版，第8页。

⑥ 湖南省志编纂委员会编：《湖南省志》第1卷《湖南近百年大事纪述》，湖南人民出版社1979年版，第176页。

4. 公共服务领域现代化发轫

甲午战争的惨败还催生了湘潭的新式交通航运业。新式交通航运业首先诞生在内行航运领域。所谓新式航运，其区别于传统航运之处主要在于开始采用机器发动的轮船作为航运工具。

甲午战争后中日签订《马关条约》，不久清政府被迫颁布《内港行船章程》，承认外国轮船往来中国内港的权利[①]。消息传出，全国反对声浪立刻高涨。在维新派人士谭嗣同等倡导下，湖南有志维新的进步绅士蒋德钧[②]、熊希龄等人前往湖北，上呈《上湖广总督请办湖南内河轮船公呈》，恳请总督张之洞发展湖南内河航运，以与洋人竞争。经过交涉与磋商，最后成立了“鄂湘善后轮船局”，并于1898年4月28日开始开放长沙、湘潭、常德、岳州、沙市、汉口等6处航运。该局分省设立南北局，南局公董由蒋德钧担任。为适应航运所需，湘潭十二总还新设了一个码头，称为“招商码头”。经过购办燃料、选拔船员、制定票据后，湘潭新式轮船运输业正式起步。

1898年6月，百日维新开始，鄂湘善后轮船局改名为两湖轮船局。每逢船行日期，《湘报》预先刊登广告，客货两运，盛极一时。应该承认，晚清时期湘江轮运的勃兴对于支持湘潭、长沙等地生产发展，繁荣省内商品经济，保障本省经济权益，打击帝国主义侵略野心等都起到了不可磨灭的历史作用。

我国的传统邮政是驿站，深处禁宫的君主们在漫长的封建时代依靠发达的驿站维系幅员辽阔的国家。直至1866年，西方邮政传入中国，传统邮政才宣告逐步退出历史舞台。而湖南接触新式邮政就更晚，第一家新式邮政设立已是1894年。湖南最早几家新式邮政首建于长沙、岳阳、湘潭、衡阳等地。

1899年11月29日，湘潭邮政支局成立，属岳州邮政局（后改属长沙）

---

① 《中外旧约章汇编》里记载：中国内港，嗣后均准特在口岸注册之华、洋各项轮船，任便按照后列之章往来，专作内港贸易。见王铁崖编：《中外旧约章汇编》第1册，生活·读书·新知三联书店1957年版，第786页。

② 蒋德钧（1852—1937年），字少穆，湘乡人，湘军将领蒋凝学之孙。1882年任龙安知府。维新运动期间参与筹办湖南时务学堂、兴办内河轮船等新政，后任《湘报》督办。1902年参加创办阜湘矿务总公司，任绅董。次年，阜湘、沅丰两公司合并为湖南全省矿务总公司，负责制订章程，并任南路总理。曾为争回水口山矿权和粤汉铁路路权奔走。辛亥革命前夕与道员吴耀金赴各县清乡、镇压革命群众，辛亥革命后避居北京。蒋德钧被誉为“新政巨子”，他敏锐地认识到了湖南内河航运的重要地位和作用，甚至帝国主义国家对此觊觎良久，心怀不轨。蒋德钧在其《上湖广总督请办湖南内河轮船公呈》中提出：湖南内河航运是“时势使然，不可遏抑”，“大局攸关，不仅一隅之利”。（见蒋德钧：《求实斋类稿》卷五）。

管辖。邮局的成立，代替了延续千百年的传统驿站，崭新的邮政运输网络开始在潭城土地上延伸。湘潭邮局为树立形象扩大市场，采取了一系列保证服务质量之举，例如城区设邮筒 12 个，每日开筒收信 5 次，以方便百姓；每日发交湘潭到长沙轮船带运邮件 4 次，加快潭长邮件运输速度等。[①] 良好的服务质量为邮局争取了业务，但总体上这一新生事物发展极缓，业务拓展、技术建设、设施完善、人才培养引进等各方面都进展不速，这种现象延续到清朝灭亡也未得到根本改观。

电报和无线电通信是人类十八世纪末至十九世纪后期的伟大发明。这种新式的通信方式这一时期在湘潭初现。早在 1890 年，张之洞就提出两湖中隔重湖，公文政令交通往来遇恶劣天气阻滞，一耽误就是十天半月，极不方便。加之此时列强正妄图染指内地电报业务，侵夺中国电信主权，于是奏请清廷架设湘鄂电报线路，将荆州商局电线由沙市过江，接至湖南湘潭。由于地方绅民阻止，工程被中止，湘潭也被迫停止自身通讯现代化步伐，在通信设施建设上更拉开了与沿海的距离。直到 1894 年，湘潭终于建立了第一家电报子局，支线连接湘潭至长沙，形式为官督商办[②]，办公场所设立在城内黎家祠堂，使用莫尔斯机开办政治、军事、商务电报和新闻业务。它的开通成为湘潭电信行业建设的起步。

电报业在我国的起源与发展历经曲折，就其艰难状而言全国皆然。据盛宣怀后来回忆："创行之始，人皆视为畏途，即身任其事者，成败利钝亦绝无把握，若非不辞劳怨，不避疑谤，惨淡经营，焉有今日！成既如此之难，守亦不能不尽其力。中国商务可以与外人争衡者甚少，当此商战之际，尤宜保此已成之局为之倡。统计电报商线纵横数万里，设局百数十处，均属商款商办，即有借用官项者，业经陆续清还，有案可考。"[③] 深处内陆的湘潭能赶在十九世纪

① 这些措施还包括：本埠邮件投递由日出一班改为日出三班，湘潭至湘乡、宝庆（今邵阳，下同）等处逐日邮班相继改为昼夜兼程快班，加快湘乡以上邮件运转速度等。

② 清政府首先是从军事上、政治上迫切需要设电线，恰好洋务运动民用工业企业从十九世纪七十年代中期起，大力筹办和很快发展起来，为了市场竞胜达到分洋商之利的目的，商务信息灵通是关键，于是架设和利用电线电报，也成了发展工商业的迫切需要了，成了中国历史的必然和时代的要求。盛宣怀在其所拟《电报局招股章程》中说："中国兴造电线，固以传递军报为第一要务，而其本则尤在厚利商民，力图久计。"既是为商而设，自然应该商办。因此湘潭的电报业一发端采取了官督商办形式，明确其主要目的是传递商务信息（盛宣怀拟《电报局招商章程》，光绪七年，转引自夏东元：《盛宣怀传》，四川人民出版社 1988 年版，第 77—79 页，上海图书馆藏盛宣怀档案资料）。

③ 盛宣怀：《电线设立情形》，光绪二十八年。转引自夏东元：《盛宣怀传》，四川人民出版社 1988 年版，第 91 页，上海图书馆藏盛宣怀档案资料。

末期创办出民族电信业，虽然初始目的是政治上以资控制，商业上也未必就带来了显见的促推效益，但对其艰苦历程和开创意义需予以充分肯定。

5. 政治新象对现代化的助推

十九世纪晚期的戊戌维新是中国走向现代化的一次大推动。这场自上而下由政治权力强行推进的现代化运动在湖南历史上刻下了深深印痕。在这一短暂时期里，湖南在政治领域出现了一些新象，并直接作用于湘潭和全省现代化进程。

政治的新象主要来自1894年的人事调动。是年，中日战争结束，酣睡正浓的湖南人被当头棒喝，猛然惊醒。这一年，陈宝箴调任主政湖南。走马上任后，陈宝箴与前任学政江标、继任学政徐仁铸、按察使黄遵宪等一起推行新政，刷新湖南风气。他们思想开放、锐意改革、通力合作、倡办新政、行动果敢。舆论对这一新的领导集团予以高度赞扬："湘省风气之开，较他省犹神且速，为中国一大转机。抑非长官导之于先，士亦各抒忠义以奉其上，官绅一体，上下一气，之有以致此乎。"①

新政进展中，在社会团体建设方面湖南新设了南学会、保卫局、时务学堂等，传播新思想、新文化，以开民智、造新人。谭嗣同、唐才常等创办《湘报》，组建不缠足会、延年会，革除旧弊，移风易俗。他们还在政治领域倡导民权、提出地方自治，大胆抨击旧政、力推维新。全省的革新事业因此如火如荼，与实业建设合成为一股现代化运动滚滚洪流，将湖南推到了现代化浪潮的顶尖。虽然这些影响颇大的事件基本发生在长沙，但湘潭作为省内重地，特别是省城近邻，也很快成为民智民风最早革新之地，在上文所言的新式工矿业、交通航运业、邮政电信业兴办和新思想、新观念传播方面都走在省内前茅，较早地迎来了现代化的第一缕曙光，也为湖南博得"治称天下最"② 的桂冠出了一份大力。

6. 文教领域现代化初现

从教育方面着手革新，学习西方的新式科技文化，这在维新时期已是有识之士的共识。湘潭走在了中国教育现代化的前列。早在维新之前的1890年，

① 《芷江时务学局公启》，《湘报》第105号。转引自刘泱泱主编：《湖南通史·近代卷》，湖南出版社1994年版，第346页。

② 《前四品京堂湖南学政江君传》，湖南省哲学社会科学研究所编：《唐才常集》，中华书局1980年版，第195页。

湘乡士绅许时遂、黄光达等十人[①]考虑本地学子求学不便，在知县严鸣琦支持下，发起集资筹建东山书院。严鸣琦批词："许时遂等筹建讲舍，作育人才，具见文教昌明……本县首捐银百两，以为之倡，其所请札饬诸绅经营其事，仰候分别照会。"[②] 1895 年，书院建设尚未动工，清政府在甲午战争中一败涂地，民族危机空前严重。许时遂等人痛感建立旧式书院，培养崇儒通经的旧式人才已于事无补，必须培养能够"兴国而强兵，足民而丰财"的实才。于是他们在十二月初六直接上书陈宝箴，表明对欧美教育的认识和效仿的决心。在这篇闪烁着先行者智慧的文章里，他们指出："考西国之兴，凡课士、训农、通商、考工与陆军水师无不入学堂读书……中国反蹈常习……往往受制于洋人。然则欲兴国而强兵，足民而丰财，非劝学以育才……拟以东山精舍……分科造士，为算学、格致、方言、商务四斋，教之以实事，程之以实功……自然业精于勤，足以养成实材。"[③] 陈宝箴收其禀文后当日便批复同意。东山精舍得以成立，成为湖南最早的新式学校。

精舍教育有三个特点：首先精舍是甲午战后救亡图存的产物，因此它本着实事求是的精神，突破传统书院的陈规陋习。二是精舍教学内容是战后有识之士所呼吁的新学、实学，完全打破了传统读经模式。三是精舍教育目的也脱离了传统科举仕进轨道，转向培养专精一技的实用人才。[④] 1898 年，戊戌变法失

---

① 这十人分别是许时遂、黄光达、陈膺福、王晓棠、蔡中銮、庾亿、潘学海、许襄云、杨容熙、彭国霖。

② 冯象钦、刘欣森总编：《湖南教育史 1840—1949》第 2 卷，岳麓书社 2002 年版，第 111 页。

③ 在该篇上书中，许时遂等人指出：陶冶良才，其本莫先于学；而欲废除积习，亦宜量为变通。考西国之兴，凡课士、训农、通商、考工与陆军水师无不入学堂读书，共明其理，习见其器，而躬亲其事。彼一切取成于学，男女五岁不入学者即罪其父母。人专一艺而能致用，是其纵横海上。因非船坚炮厉也。今各国学校，美为极盛，德法英次之，俄又次之。其制分初学、中学、上学。初学期满乃升中学，务循序而渐进。人无废学，地无弃材，既富且强，良在如此。即日本，数小岛耳，通国学校乃多至三万一千余所，力行西法，遂启维新。存实有即存其才，故能勃然以兴，屡耀其武。而中国反蹈常习，故务虚文而不求实学，未尝讲明事理，往往受制于洋人。然则欲兴国而强兵，足民而丰财，非劝学以育才，岂有他哉！举人等会议深思，拟以东山精舍，仿湖北自强学堂成法，分科造士，为算学、格致、方言、商务四斋，教之以实事，程之以实功。庶几风气大开，矫其空陋，专习所学，自然业精于勤，足以养成实材。惟事以虑始为难，谋以筑室力戒，将冀功以时集，必自上台主持。为此，禀恳大人批准，行县行学，转饬士绅即照所议章程及时兴办，循国义理之学，辅以泰西富强之术，则道器一贯，人材自蒸蒸日上，必有魁奇俊杰出其中，足以得其要领而驭之。举人等感念时艰，不胜祷祝，谨以章程呈览，伏祈批示，以便遵行。（见《光绪二十一年十二月初六日禀文》，《湘乡教育志》下卷，"附"，第 1—9 页。）

④ 冯象钦、刘欣森总编：《湖南教育史 1840—1949》第 2 卷，岳麓书社 2002 年版，第 113 页。

败，举国上下盛行复古之风，东山精舍无以为继，于是自行停办。虽然其办学时间仅有短暂三年，但是精舍的创办为后世留下了宝贵的精神财富，在湘乡、湘潭，乃至湖南的教育史上都有着重要的开创意义。它在传统的教育领域开创一代新风，为培养新式青年人才做出了有益探索。诚如民国教育部所编《第一次中国教育年鉴》所说，东山精舍是甲午战后湖南建立的带有救亡图存性质的新式学校。在湖南维新运动期间，若言传统书院向近代的改革则应以东山精舍为最先。①

在东山精舍授课计划中，有几门是关于新式数学的课程，如代数、几何、微积分。而在晚清现代数学研究领域，湘潭无疑闪烁着现代科学的耀眼光芒，湘乡的曾纪鸿便是当时一流科学家。曾纪鸿是曾国藩次子，其父去世后他被清廷赏举人、任兵部武选司郎官。但是他对仕途兴趣不浓，倒是酷爱数学、天文、地理等自然科学。终其短暂一生，皆是苦心钻研于数学。曾纪鸿早年协助其师丁取忠②纂辑《粟布演草》，25 岁就独立完成《对数详解》5 卷，又与同是丁取忠学生的左潜、黄宗宪合作撰成《圆率考真图解》。曾纪鸿生于西学初来的洋务运动时期，主张学习西方。他鉴于中国的数学已渐近失传，而三百年来西方国家反能推阐古法，翻陈出新，因此他努力学习外语，细心研究西方代数，在《圆率考真图解》中就依据西方数学家尤拉的方法，并加以改进，删繁就简，计算出圆周率值到 100 位的数码，这是一个了不起的成就。曾纪鸿曾校对李善兰的《算书》，对其中的错误多加纠正，还预言数千年后地球运行岁差与绕太阳运行的自转速率都能够推算出来，并已演算成帙。由此可见，曾纪

① 冯象钦、刘欣森总编：《湖南教育史 1840—1949》第 2 卷，岳麓书社 2002 年版，第 116 页。

② 丁取忠，长沙人，字肃存，号果臣，又号云梧。丁取忠自小喜欢读书，但不喜经书而偏爱算学，其最突出的数学研究成果是《白芙堂算学丛书》。道光十七年（1837 年），丁取忠入长沙城南书院，与精研算学舆地的新化人邹汉勋、精于代数的表弟李锡藩同学，志趣相同，常常一起通宵达旦切磋数学。一次，丁取忠从朋友处得到一本首尾残缺、著者不明的算学书，书中讲解弧度与弦矢互求的方法，但文辞隐奥难懂，又无具体算例。于是他详细演筹了若干算例，1851 年将其结论修订刻印问世，这就是他的第一部数学专著《数学拾遗》，书中提出了三元一次不等式方程组整数解的新方法。第二年，他在别人协助下完成《舆地经纬度里表》，运用三角知识，以魏源《海国图志》为依据，推算出各地到北京的距离和所处方位。咸丰十年（1860 年），丁取忠应湖北巡抚胡林翼邀请，到武昌校改各类图书。这时他年已半百，仍是一介生员，但依然专注数学，不思仕进。同治四年（1865 年），丁取忠又至上海曾国藩开设的江南制造局，参与翻译西文科学著作。十多年后他返回湖南长沙，居住在城北的古荷花池精舍。此时他甘于淡泊，不求闻达，把主要精力用于培养学生、刊印算学著作上，聚集黄宗宪、左潜、曾纪鸿等一批学生，孜孜从事数学书籍的整理编辑和刻印工作。在长期从事数学研究过程中，丁取忠与当时国内著名数学家李善兰、吴嘉善、邹伯奇等都有联系，和来华的外国传教士也有过交往，一起讨论数学问题。

鸿实属我国历史上最杰出的数学家之一。除了曾纪鸿在近代数学科研领域的突出成就外，另有湘潭县黄远植著有《数学札记》、蔡秉钧著有《数根简括明便日新表》、湘乡王宗文著有《算法通》、彭聘术著有《算法九章解》、周广询著有《算术入门》等。[①] 这些先进人士孜孜不倦投身现代数学研究注解，点亮了近代湘潭追求科学和真理的前行道路。

7．具备新思想人物诞生

鸦片战争以前，湘潭作为整个封建王国的一部分，又深处内陆，饱浸宋明理学，对世界的认识与国内其他地方大同小异，对西方的了解仅限于所谓华夷有别，夷人若远来朝拜，天朝自以圣德抚慰，若惧怕路途遥远，天朝恩泽照拂不及，就只好任它自生自灭了。

在两次鸦片战争、太平天国起义和洋务运动的连续冲击下，中国已被强行纳入现代世界秩序，再加上甲午战争湘勇溃不成军对湖南的巨大精神打击，十九世纪后半期的湘潭终于趋向苏醒。凭借地理中心区位优势和商贸来往频繁优势，湘潭在接受新思想、新技术方面占据省内有利地位，在变革的大时代中最早投入到观念革新中，动摇着僵化腐朽的封建传统，涌现出了一批省内最先投身学习、发展新事物的先进人物。他们钦羡西洋器械之精、科技之强、文化之倡，大胆提出并践行学习西方，谋求富强，展现了湘潭土地上跳动着的时代脉搏。

在这批走在时代前列的人物中，蒋德钧最为突出。他被誉为新政巨子，在湘潭兴办现代化航运业务方面功不可没。蒋德钧除筹办湘潭和湖南全省新式航运外，1897 年，他还参与筹办时务学堂。时务学堂的新设对于宣传维新思想，培养维新人才发挥了积极作用，自此后，“湖南民智骤开，士气大昌，各州县府私立学校纷纷并起，学会尤盛。人人皆能言政治之公理，以爱国相砥砺，以救亡为己任，其英俊沉毅之才，遍地皆是……自是以往，虽守旧者日事遏抑，然而野火烧不尽，春风吹又生，湖南智士之志，不可夺也。”[②] 1898 年，蒋德钧又担任《湘报》督办。《湘报》已具有近代报纸的性质，它除报道各地维新运动动态外，还发表大量政论，猛烈抨击封建制度，热情宣传民权、平等学说，明确提出开议院、申民权等变法维新主张。它的宣传鼓动有声有色，其激

① 康咏秋：《湘潭文化史话》，湖南人民出版社 2003 年版，第 230 页。

② 梁启超：《戊戌政变记》附录二《湖南广东情形》，中华书局 1954 年版。

烈程度超过《时务报》《知新报》等其他维新报刊[①]。

蒋德钧之外，另有梁焕奎、张通典等著名新政人物以及此时已然崭露头角的周诒柯、易宗夔、朱德裳、胡元倓等较早接受新思想的人士。梁焕奎是近代著名实业家。梁焕奎认为："国家富源在尽地利，而地利在开矿采矿。"[②] 十九世纪末他便投身新政，致力于发展湖南矿业。1896 年任湖南矿务局文案，不久升任提调，负责全省矿冶开采事务。1899 年他又筹集资金接办益阳板溪锑矿，将其改组为久通公司[③]。张通典是湘乡人，1894 年入陈宝箴幕府辅佐，参与创设湖南矿务总局。张通典积极支持、参赞陈宝箴诸多新政措施，如参与创办保卫局、时务学堂、南学会和宣传维新派主张的《湘报》等，为湖南新政推行和各领域现代化进展出力不少。[④] 周诒柯是湘潭县列家桥人，戊戌变法高潮时结识了梁启超、黄兴、蔡锷等人，受变法维新思想影响，赴日本留学。易宗夔是湘潭县郭家桥人，其维新主张比较激进，可谓现代政治民主的得力倡导者。1894 年，他在《湘报》上发表《中国宜以弱为强说》，主张伸民权。他认为，中国的祸患在于"君权太重，民权不伸"，所以宜仿行英、德君民共主之法，"利之所在，听民自主之；害之所在，听民自去之"，"民权与君权两重"，"一切制度悉从泰西"。文章发表后震动朝野，成为湖南全面宣扬西化第

---

① 《湘报》每日出版一大张，1898 年 3 月 7 日创刊，同年 10 月 10 日终刊。报馆董事是蒋德钧、王铭忠、梁启超、李维格、谭嗣同、邹代钧、唐才常、熊希龄，撰述是戴德诚、梁启超、樊锥、何来保、谭嗣同、唐才常，西文翻译李维格，总理兼总校刘善涵、王兆元等。《湘报》以"开风气，拓风闻"为主旨，内容分 8 类：论说奏疏、电旨、公牍、本省新政、各省新政、各国时事、杂事、商务。湖南省府的文告公犊除特别机密的外，随时发往《湘报》刊刻，体现了当时湖南一定程度的政治公开性。"本省新政"栏中对湖南维新时期的大事逐日反映，时务学堂的规章课程，湖南各学会的活动启事，南学会的讲演问答都有记载；"各省新政"栏中则对全国维新运动的发展情况，如保国会的成立，京师大学堂的创办……，都加以详细报道。此外，还刊登政学新书的纪实摘要、长沙印售的新书目录、商品广告和每日物价表等。

② 湘潭县地方志编纂委员会编：《湘潭县志》卷 35《人物》，湖南出版社 1995 年版，第 832 页。

③ 二十世纪初，梁焕奎继续致力于实业救国事业。为探索图强之道，梁焕奎于 1901 年率领杨昌济、陈天华、刘揆一等 200 多名湖湘学子东渡日本求学，以寻求救国良方。1904 年，他集结湘中名流谭延闿、陆鸿逵、魏肇文以及湘潭籍胡元倓、黄笃恭、梁焕彝等人呼吁募捐，建立湖南图书馆兼教育博物馆。1906 年，在同乡、挚友杨度鼎力协助下，筹措巨款购买了法国的蒸馏炼锑法专利权，在长沙建立了数十座冶炼炉。1908 年，他发起成立华昌炼铁股份有限公司，自任董事长，员工多达数万人，在湖南实业历史上写下了浓墨重彩的一笔。

④ 张通典后来站到了革命派一边。二十世纪初，张通典去上海，与人发起召开中国国会；唐才常的自立军起义失败后，他曾出面庇护反清革命党人。宣统三年（1911 年）春天，他前往广州，加入同盟会，参与共谋反清起义；后又潜往江浙，协助革命党人光复苏州。辛亥革命成功后，他曾任临时大总统孙中山的总统府秘书，兼南京临时政府内务司司长。

一人，也成为中国宣扬资产阶级民主第一人。湖广总督张之洞斥之为“匪人邪士，倡为乱阶”，“十分悖谬”。[①] 朱德裳[②]是湘潭九华人，1894 年，他在长沙参加南学会，同年又参加唐才常的自立军，与易宗夔等主张剪发、易服、放脚，倡行新政、办新学、男女读书平等，因而遭到王先谦、叶德辉、蔡与循等为首的旧势力反对。朱、易等撰印《湘潭县人士驱逐叶德辉檄》，反对顽固派，因而流传“一（易）槽（曹）猪（朱）吃黄（王）菜（蔡）叶”的民谣。胡元倓是湘潭县朱亭人，变法那年留学日本，与黄兴交好，后来立志以教育人才作为振兴民族之途，创办了今已享誉三湘的名校——明德学堂（即今长沙明德中学），成为我国近代教育史上的功臣名人。

较早觉醒的先进人物加速并在一定程度上创造着湘潭的现代化历史。他们开风气之先和敢于冲破封建纲常牢笼的无畏及智慧是后人永远的精神财富。不能回避的是，十九世纪晚期的湘潭，笼罩天地、钳制人心的依然是封建伦常教义，纵然有服膺现代化思想文化、政治科技的觉醒者，有现代化因素的苗头破土，终究也只能称之为星星之火，远未至点亮湘潭上空的地步。然而，新生事物的生命总是脆弱却蓬勃的。伴随着民族危难的步步加深和生存压力的渐趋沉重，湘潭人终将走向觉醒，用更恢宏的手笔来来书写故土现代化的百年大业。

总之，十九世纪下半叶，在连续的内外矛盾冲击下，衰老的中国迈出了脱胎换骨的第一步。湘潭在国家“千年未有之大变局”背景下迎来了西方的崭新文明，初尝了现代文明造福民众的甘甜。但是在这一时期里，政治主宰力量

---

① 湘潭县地方志编纂委员会编：《湘潭县志》卷 35《人物》，湖南出版社 1995 年版，第 836 页。易宗夔后来专习法律。光绪二十九年（1903 年），选送日本学习法政，未几返国。归国后，正值清廷下令开办学堂，湘潭改宾兴堂为学务办公所，他与黎承福等任董事，倡办新学，并与胡元倓等创湘潭中学堂，先后在明德学堂、湖南高等学堂、清华高等学堂执教。1909 年冬，被选为资政院议员。1912 年任法典编纂会纂修。民国成立后，任中国国民党政事部干事。1913 年被选为众议院议员，旋被选为宪法起草委员。国会解散（1914 年）后，携眷回湘，经营实业。1916 年第一次恢复国会时，仍任众议院议员。1922 年第二次恢复国会时，再任众议院议员。1923 年 3 月，任北京政府国务院法制局局长。1924 年 5 月免职。著有《新世说》及《湖海楼诗文集》。

② 朱德裳于光绪二十九年（1903 年）官费留日，与杨昌济、陈天华、易宗夔等 34 人东渡。朱习警政，在东京与黄兴、宋教仁、蔡锷等友善，参加同盟会，著《中国魂》，用通俗流畅的文字，揭露清政府卖国殃民的罪恶和帝国主义侵略的血腥事实，主张革命以推翻清朝统治。三十二年（1906 年）回国，主办湖南警政学堂。宣统二年（1910 年）升民政部郎中。民国元年（1912 年）任交通部佥事。袁世凯以权谋窃取大总统，危害民国，仇亮办《民主报》宣扬民主，朱任主笔，发表《论社会主义》一文，舆论大哗，被视为“巨怪”。1917 年罢职居京，深知时不可用，于是闭门学佛，不问世事。晚年回乡著述，著《续湘军志》，该书起自左宗棠总督陕甘，止于俄国归还伊犁，详述西征战绩，褒美左宗棠凛然用兵新疆，保全祖国领土完整的爱国主义精神。

在专制秩序延续千年的中国社会依然能够有力地左右社会与人民的选择。十九世纪晚期的中国政治领域现代化没有实质建树，成为阻碍这一阶段现代化进程强大而顽固的力量。无论是洋务运动还是维新运动，均由上而下以政治强力推动，现代化取得的成就来自清廷统治集团，最后的惨败也源于统治集团。器变道不变的守旧思想始终束缚着致力于推进现代化的先进人物们的思想意识。政治上不能与时俱进，清王朝的走向现代化终将是海市蜃楼。

第二节　20 世纪初叶湘潭的衰落与现代化的艰难前行

1899 年，湘江北端的岳阳（时称岳州）开埠通商，帝国主义得陇望蜀，离岳阳最近的江城长沙成为列强觊觎的下一个目标。此时，历史即将跨入一个新的世纪，前路展现给中国和湖南的却依旧是无边的黑暗。维新变法的惨烈失败扼杀了湖南人革新的美好热情，此后几年间，三湘各地一片沉闷。1900 年，八国联军大举入侵，皇太后挟皇帝仓皇出逃。战争结束后，清政府被迫签署屈辱至极的《辛丑条约》，标志着中国的完全半殖民化，清朝政权也完全沦为帝国主义侵略中国的工具。在此大背景下，湖南亦无能力继续反抗殖民者的进驻。1902 年，英国逼迫清政府接受《中英续议通商条约》，正式提出开放长沙为通商口岸的要求。

吊诡之处在于，殖民罪恶的加剧却也在充当着改造湖南、改变湘潭的不自觉的工具。面对着风起云涌的反抗斗争和政权存亡的千钧重担，腐朽的统治者为求自保，也不得不洗心革面，谨慎引入西政、西法、西学，发展新工业、新交通，开办矿业，建立新式学堂，鼓励留学。这些措施，恰恰适应了社会化大生产的要求，为湖南的现代化进程起了推波助澜的作用。

一、长沙开埠与湘潭被辟寄港地

岳阳开埠后，殖民者叫嚣：“如就此止步，那将是极大的错误。我们何其需要打开长沙和湘潭……这样便可打开整个湖南。于是它巨大的资源便可易于获得。”① 因此，在岳阳开埠仅两个月时，英国便通过江汉关税务司马士向清政府提出“再开长沙”的要求。1902 年，中英政府谈判新的通商条约，因庚

① 刘泱泱：《近代湖南社会变迁》，湖南人民出版社 1998 年版，第 103 页。

子国变惨遭痛创的清廷此时无力再进行任何抵抗，9月5日，双方正式签订《中英续议通商行船条约》，条约规定：中国允愿将下列地方开为通商口岸，与江宁、天津各条约所开之口岸无异，即湖南之长沙、四川之万县、安徽之安庆、广东之惠州及江门。[①] 继英国之后日本接至，1903年10月9日《中日通商行船续约》签订，规定长沙将在条约换文6个月以内开埠。1904年，长沙正式开埠。

帝国主义是欲壑难填的。湘江下游岳长相继开埠后，咫尺相邻的湘潭理所当然成为列强阴谋夺取的又一目标。事实上，岳长开埠前，英、日就已将湘潭开埠列入计划。1891年，英传教士格列菲兹·约翰就已向英政府指出湘潭是“实行开放的理想之地”[②]。日本则在1895年首倡此议，当年正值和约谈判之际，日本利用战争优势要求清廷将湘潭作为与北京、重庆等并列口岸开埠，以便货轮“从长江驶进洞庭湖，溯入湘江，以至湘潭县”[③]。幸好李鸿章表示：湘潭“士民向来最恨外人，万一开口，易滋事端，地方官实难保护”[④]，这才遏制了日本的野心。1894年，英国驻华公使窦纳乐正式向清政府提出“确定南宁、湘潭为条约口岸”[⑤]，总理衙门立即书函陈宝箴拿主意。由于王闿运等名绅及湘潭人民强烈反对，陈宝箴上呈清廷表示湘潭不可开埠，不料总理衙门未能体会到湘地民气之烈，又复函陈宝箴：“国家安危大计，此时全赖英人排解。湘人素忠义，务当仰体，许以通商，可不划租界，不夺民利益，但当安静，实为两利。”[⑥] 陈宝箴无奈，与众人一协商，觉得岳阳在省境边沿，让洋人进驻也干系不大，便使一招用岳阳换湘潭的移花接木计，并对上解释：“湖南人情，本均难通商，因虞时局关系重大，必不可已，则岳州近鄂，较湘潭稍便措手，故前上一电密陈，以岳易潭之议。惟此议若云出自湘省官绅，岳州士民必以袒湘（潭）薄岳（州）为疑，转觉费手。既仍事在必行，应恳钧署径

---

① 王铁崖编：《中外旧约章汇编》第2册，生活·读书·新知三联书店1959年版，第107页。

② 格列菲兹·约翰：《华北捷报》，1891年10月9日。参见［美］周锡瑞（J. W. Esherick）著，杨慎之译：《改良与革命·辛亥革命在两湖》，中华书局1982年版，第40页。

③ 朱寿朋编：《光绪朝东华录》（四），中华书局1984年版，第3562页。

④ 李鸿章：《中日议和纪略》，《拟商》。转引自李玉：《长沙的近代化启动》，湖南教育出版社2000年版，第145页。

⑤ 翁同龢：《翁文恭公日记》第36卷，商务印书馆1925年版，第130页。

⑥ 《收湖广总督电》，光绪二十四年一月七日，《总理衙门档》，转引自张朋园：《湖南现代化的早期进展1860—1916》，岳麓书社2002年版，第117页。

自以英人请往岳州通商为言。"① 陈宝箴恐惧青史间留骂名，可谓煞费苦心。可惜，英国人固然绅士，却没能替陈宝箴设身处地想一番，竟说岳阳开埠是分内之局，湘潭开与不开都不影响岳阳，不久日本人也旧话重提。帝国主义一再要求开放湘潭，张之洞与盛宣怀等一商议，觉得"至湘潭设栈，各国效尤，则是不开之开，更多一事，不如准其开湘潭而删去长沙，免于省防有碍"②，但西方人鱼和熊掌都要。省当局束手无策之下，直接建议湘潭"不如自开商埠，犹足顾主权而防流弊也"③，清廷一听，也觉得"中外通商口岸已逐渐增添，内地亦终难闭拒，实属时势使然"，于 1905 年 8 月 25 日批准湘潭开埠。④ 政府的软弱引起了湘潭士民群起反抗，隐然酝酿民变，清廷最终未敢贸然开埠，便依据《内河行轮章程》允许外轮自由驶入湘潭，将其辟为"寄港地"。

二、商贸中心地位的终结

长沙开埠后，"地方日臻繁盛，商贾辐辏，帆船络绎"，尤其是小西门一带，"自设立新关以来，每日闭城门必较各城门约迟三四点钟"⑤，汽船会社、太古公司、怡和公司、轮船招商局相继设立轮埠、开辟航线。1908 至 1909 年，巡抚岑春蓂在绅商朱昌琳等支持下，筹资 190200 余两，将长沙城外碧浪湖开浚通江，使之成为船舶避风湖港，进一步改善了长沙的泊船条件。在政治中心与交通便地的共同作用下，长沙迅速崛起为湖南的商贸中心、经济中心，自开埠至 1911 年的清末最后八年里，长沙海关进出口贸易额高达 99340861 海关两，海关税收高达 1190052 海关两。⑥ 省内农副产品、工矿产品交易纷纷向

① 《收湘抚电》，光绪二十四年二月五日，《总理衙门档》，转引自张朋园：《湖南现代化的早期进展 1860—1916》，岳麓书社 2002 年版，第 118 页。

② 《致上海吕大臣、盛大臣，江宁刘制台》，［清］张之洞著，苑书义、孙华峰、李秉新主编：《张之洞全集》第 11 册，卷 250，电牍 81，河北人民出版社 1998 年版，第 8779 页。

③ 端方：《端忠敏公奏稿》卷 5，台北文海出版社 1967 年版，第 5 页。端方为时任湖南巡抚。

④ 朱寿朋编：《光绪朝东华续录》卷 195，上海集成图书公司 1909 年版。

⑤ 《本省纪闻》，《长沙日报》，戊申（1908 年）年九月十九日，转引自李玉：《长沙的近代化启动》，湖南教育出版社 2000 年版，第 208 页。

⑥ 数据来自李玉：《长沙的近代化启动》，湖南教育出版社 2000 年版，第 196 页。

长沙集中，一时内长沙由过去“无船停泊”发展为“千艘云集”①。湘潭虽被辟为寄港地，同样对洋人敞开怀抱，商贸规模却日渐萎缩，最终不得不将商贸桂冠与区域经济中心地位的荣耀让与长沙。

传统的谷米巨市首先北移。长沙先行一步通商，占据先机，加之机器碾米业兴起和大米产量的增加，湘潭米市在竞争中败北，往年成群米商往来采运之势消失，长沙米市成为全国四大米市之首。米市的转移只不过是开湘潭转运贸易衰败之端，1905 年，湘潭境内的株萍铁路修成，不取道城区，湘江上游各县物产渐渐转移到株洲集散，城区市场愈显冷清，卸下桂冠已是势所必然。被辟寄港地后，列强势力深入境内，湘潭直接遭遇外国商品冲击，民族工业、手工业、运输业陷入困境，凭靠这些行业生存的工人大批破产失业。例如曾名动南北的苏钢，在光绪年间因洋钢输入，苏钢市场逐渐被洋钢垄断。1909 年，钢坊减至 6 家。② 昔日江航如织、脚夫十万、街市喧嗔、繁盛富庶的“金湘潭”，渐渐宣告了一段历史的永远终结。从此，湘潭再也未能重拾区域商贸与经济中心桂冠，经济社会各方面发展均持续落后于近邻长沙。

三、经济与公共服务领域现代化成就

1. 工矿业现代化的发展

进入二十世纪后，历史风云变幻无常，民族危机进一步加剧，省内岳阳、长沙相继开埠，这一系列事件造成了湘潭在经济发展领域出现衰势的同时，也步履艰难而又势所必然地继续行走在推进现代化的道路上。随着清朝各项政策的解冻、清末新政的大举推进和西方文明的日渐渗入，越来越多的湘潭人跟上了时代步伐，接受了西方的新式文明和技术，投身实业，发展工业。湘潭的新式工矿业进一步发展，一批新的符合现代化生产趋势的工矿机构陆续建立。

在清末最后十年间湘潭新建的工矿企业中，首推 1894 年创办的湘利黔织布局。湘利黔织布局是湖南机械纺织工业的肇始，创办人是近代著名革命志

---

① 两词富含特定历史意义。雍正四年，湖南巡抚王国栋在一份奏疏中对紧邻的长、潭两城的商务状况作了对比：“（臣）自浙江赴湖南任，道经长沙所属之湘潭县，见千艘云集，四方商贾辐辏……而长沙省会之区，府城又逼临湘江，乃环顾江面，无船停泊。”（见王国栋《请濬长沙北门旧河疏》。贺长龄编《皇朝经世文编》卷 117，《史料丛刊》正编 731 号，第 4145 页。）转自《长沙的近代化启动》，第 190—191 页。

② 湘潭县地方志编纂委员会编：《湘潭县志》卷 20《工业建筑业》，湖南出版社 1995 年版，第 460 页。

士、湘乡人禹之谟[①]。织布厂位于湘潭城区西昌会馆，厂名定为“湘利黔”是有含义的。黔指一般平民，意指有利普通民众。该厂规模很小，工人不足十人，设备比较简陋，有的工作机件是由禹之谟自己设计制成的。厂内生产毛巾和布匹，其产品经过漂白、印花、熨烫、包装等程序后，与进口的毛巾货色相差无几，可谓物美价廉，深受消费者欢迎。由于厂小，产量有限，其产品常常供不应求。

在禹之谟兴办实业的示范效应下，几年间湘潭城区相继创办了四家新式机坊工厂，湘潭得以成为清末湖南省内纺织工业中心。[②] 这四家机纺工业厂家分别是豫丰昌、永和祥、赵孚盛、韩德顺。光绪末年，豫丰昌、永和祥两个织机坊开业，年产织染布 11300 匹，产值 2.4 万元，行销广东、江西，本省衡阳、邵阳、安仁等地，1909 至 1910 年，赵孚盛、韩德顺两家机坊开业，年产布 1 万匹左右。[③]

蒋德钧兴办了以采矿为主的民营企业，地址在豹子坑（今属娄底），有雇工 1200 多人。当时报纸有一则关于蒋所领公司采矿的特别记载：湘乡乌云山产煤极旺，向由民团自行开采，窿口数十，历办无异。南路矿务总公司[④]艳其利，亦于其间另开一窿，久之乃援矿律数里内不准他人探挖之条，禁阻先开各窿，不许采挖。各窿主以开探在先，公司何得干预？南路总办蒋少牧所派毛姓、王姓，藉势恐吓，厂屋自焚，以民间烧毁报。于是两面均禀抚宪，各执一词，是非莫辨[⑤]。这则报道突出反映了时人办实业、开工矿的一种热情。

除了以上机器纺织业和新式矿业以外，湘潭在开办新式工矿业方面还有若

---

① 此前，禹之谟曾在长沙与谭嗣同、唐才常等人从事变法维新活动，1900 年自立军遭破坏以后，他开始走上民主革命道路。10 月，他“愤事不成，拂衣东渡”，“屈身躬纺织之业”（《晚清企业纪事》，第 145—146 页），到东京千代田等工厂实习，掌握机器操作和维修技术。1902 年，禹之谟携带所购铁木混合织机回国，于同年夏自筹资金在安庆办起阜湘毛巾厂。因为从事革命活动被清政府追查，他便关厂潜回家乡，继续办厂。后禹之谟认为湘潭只是一个纯粹的商业地区，不能在政治上有所发展，便与好友曹亚伯商定迁厂至长沙，办厂的第二年，该厂就从湘潭迁移到了长沙北门。

② 当时湖南全省新式纺织工厂总共才四家，因此湘潭集中了全省的新式机坊业生产。

③ 湘潭县地方志编纂委员会编：《湘潭县志》卷 20《工业建筑业》，湖南出版社 1995 年版，第 463 页。

④ 1902 年湖南成立全省矿务总公司，由绅商出面承办，官府参股资助。全省的矿产，除新化锑矿、常宁铅矿、平江金矿由 1895 年成立的官矿局试办外，其余都归矿务总公司经理。总公司沿袭官矿局南路、西路、中路划分的设置。

⑤ 《时报》，1906 年 1 月 31 日，见中国科学院经济研究所：《中国近代经济史参考资料汇刊》第二种《中国近代工业史资料・第二辑（1895—1914）》上册，科学出版社 1957 年版，第 545 页。

干建树。具体情况见下表3－1：

表3－1 十九世纪晚期湘潭新式工矿业发展情况表

创办人	创办时间	厂矿生产情况	地点	备注
	1904年	杨梅洲船厂，制造小火轮		
王亮珊等	1906年	湖南瓷业公司	十五 总正街	
谭长生	1908年	冶炼锑矿 受梁焕奎委托，有人字炉24座， 反射烘砂炉15座，反射提纯炉15座。 是湘潭冶炼有色金属的开始。	城区 东坪镇	
黎景高	1909年	湘潭电灯公司	城区	商办性质 注册资本15万（银） 元，并未装机发电
崔氏	1909年	杨梅洲开设锅炉修理厂 将冷作技术带入湘潭	杨梅洲	
洪汝浑	1911年	命名为恒豫公司 开采铅锌矿	朱亭西冲	今属株洲县

资料来源：以上数据来自《湘潭县志》《株洲县志》《中国近代工业史资料》《中国近代经济史参考资料丛刊》等资料。

2. 交通业现代化的进步

湘潭的现代化进程并非工矿业一枝独秀。与工矿业齐头并进、共同引领现代化的还有新式交通航运业。清末最后十年里，湘潭新式交通发展有所建树，较大地提升了城市现代化档次。新式交通的显著成就是境内萍潭铁路①的修建。

铁路是一个国家或地区文明开化程度最重要的标志之一。中国人并非一开始就愿意“破坏地气风水”来建造代表现代文明的铁路，是西方人“输送文明”唤醒了国人对文明的追求。1891年，德国人赖伦率领一队技师在长江沿岸各省寻找矿藏资源，他们在湖北大冶发现了铁矿，这一发现给当时的湘潭县株洲镇和株洲东隅的萍乡煤矿带来了一系列变化。随后由张之洞等兴建的汉阳铸铁厂所需煤炭主要仰仗萍乡煤矿供给，铁路的铺设成了当务之急。1898年3月，张之洞、盛宣怀奏请清政府修筑萍（乡）潭（湘潭）铁路。经过两年筹

① 该段铁路实际上是连接今天的株洲至萍乡。因当时株洲属于湘潭辖镇，故该路也称萍潭铁路。

备，1900 年大批筑路民工开赴工地，1903 年萍潭铁路萍醴段，即安源至醴陵的 90 里铁路筑成，1906 年由醴陵至株洲段又告完工，解决了汉阳铁厂的燃料问题。此时，姚家坝火车站也于上年 12 月建设完毕，成为当时湘潭境内最早的火车站。萍潭铁路修建旨在运煤，造价不高，故其设备较简陋，但萍潭铁路的修建是湘潭交通史上破天荒的事件。从此，江西省以及湘东数县货物主要向株洲镇集中，株洲迅速崛起为湘潭最大的集镇。湘潭的交通史也由此翻开了新的一页。

湘潭境内另一条铁路——粤汉铁路长株段动工于宣统年间。粤汉铁路是京广铁路南段，即武昌至广州线路的别称。1909 年 8 月，粤汉铁路湖南段筑路工程开工。工程从昭山分两段施工：一段是南下 20 公里至株洲，一段是北上 30 公里到长沙。粤汉铁路长株段全长不过五六十公里，但是约费时一年零五个月才宣告竣工，其中的官商矛盾、中外利益冲突不言而喻。该段铁路的与众不同在于，与国内其他铁路相比，该路是中国铁路网中唯一的以官督商办方式修建的铁路。①

新式航运业比铁路早走一步，其进展与来自《内河航行章程》的压力有莫大关系。《章程》颁布后，列强名正言顺开始攫取湘潭内河航运权。1894 年，太古、怡和轮船公司在十二总、十三总设立办事处，建造码头、库房，开展运输业务。两年后，湖南汽船会社和邮船会社轮船公司也开辟通往湘潭的业务。外轮基本垄断了湘潭航运业。太古专航湘潭至汉口、常德、长沙等地，日清开航湘潭至汉口、沙市、常德。“他们把大量的鸦片和军火运进，毒害人民，帮助投靠他们的统治集团奴役人民，同时以低价购进大米、矿砂、湘绣等土特产，运到国外销售，获取暴利。”② 西方势力的渗入给有志于民族航运业的人士造成了巨大压力，促使湘潭民族航运业发奋追赶。先是 1894 年“翔鸥”号开通河口、易俗河、马家河至株洲间的航线，而后“起凤”号开通湘

① 1905 年，清政府收回粤汉铁路路权，决定“自办”。粤汉铁路湖南段长达 580 公里，当时，仅剩下长沙至株洲 50 公里没修通。这一段如何“自办”？据《中国铁路史》记载，当时为此发生了一场激烈的争执，商人要求“商办”，而商绅则要求“官督绅办”，争执难定。1906 年 5 月，湖南总商会协理陈文玮等人认为“绅办久无成效”，便联络省内各界人士开会提议商办铁路，与会者 1000 余人均赞成这个建议，并当即认股 200 余万银圆，作为修路基金。1907 年 3 月，官督商办湖南铁路公司成立，委派袁树勋为主持总理，余肇康为坐办总理，负责管理全路资金使用。公司采取“商民认缴的优股；房捐股；职工薪水股；米捐；盐斤加价；衡阳、零陵、邵阳增销淮盐厘金；随粮带证的地方租股”七种集股和征捐方法募集资金共 1173 万银圆，将之作为修路专用资金。

② 李会刚：《湖南工业经济发展历史及展望》，湖南人民出版社 1987 年版，第 95 页。

潭至汉口的长途航线。1903 年，龙璋创办开济轮船公司，在江苏购买火轮四艘，雇用技术人员 11 人，开通长沙至湘潭等航线。1909 年，刘春和、罗春林两家置办“安江”“快利”两艘小型轮船，承运湘潭、株洲、朱亭之间的客货运输业务。[①]

虽然此时湘潭的新式民族民营航运看似雨后春笋，实则处境极端艰难，始终面对着帝国主义强大的资本与科技实力逼压，以及封建主义的桎梏与剥削，其发展依然处在困境当中，本质上还是具有资本少、规模小、设备简陋等弱点。

3. 生产生活新科技运用

作为世界潮流的现代化浪潮必定要渗入至社会各行各业。清末，湘潭工矿、交通之外的诸多领域也无一不在追随时代发展步伐，仰承现代科学进步的恩泽，迎来了西方先进理念和技术的降临。

1909 年，湘潭成立农会[②]，同时，写作《湘潭县志校勘记初编》的史地学家吴昭麟在城东柏荫塘创立了农业试验场，采用西方现代农业科学技术培植农作物，以争取产量的提高。农业科技化是国家现代化不可或缺的重要范畴，农会的组建是推进农业科技运用、振兴传统农业必不可少的重要步骤，它有助于“推广农业知识”，“辅导农民改进耕作方法，并协助农民克服困难。”[③] 当然，时代的局限并未让农业得到真正飞跃，动荡的政局和摇摇欲坠的政权让社会无力扶持农业发展、提高农民生活水平。湘潭的农村依然是自然经济的汪洋大海和传统耕作的日复一日，农业、农村、农民的状况并未出现质变的可能。

1911 年，三门（今属株洲，下同）萧丽生运用硅砂、石灰石和方解石进行化学实验熔制玻璃，是年便获得成功，随后在长沙创办麓山玻璃制造公司。该公司职工多为湘潭人，在长期的经营中为湘潭玻璃工业兴起培养了一批技术人才，成为湘潭工业科技史上的骄人篇章。[④] 另据县志载，光绪末年，一种非常先进的新能源——石油，首次进入湘潭人的消费生活。1907 年，美、英商人相继在城区设立火油（即石油）公司销售分支机构，向官绅、富商和娱乐场所销售煤油，用于美孚灯、马灯、煤气灯照明。这成为湘潭境内燃料使用的

---

① 湖南省株洲县志编纂委员会编：《株洲县志》第 14 篇，湖南出版社 1995 年版，第 294 页。

② 农会不是政治团体，只作为一种农业技术组织。

③ 张朋园：《湖南现代化的早期进展 1860—1916》，岳麓书社 2002 年版，第 331 页。

④ 湘潭市地方志编纂委员会编：《湘潭市志》第九册（上）《科学技术篇》，中国文史出版社 1997 年版，第 328 页。

现代化之端。

4．邮电业现代化的成果

湘潭的现代邮政和电信事业都起步于十九世纪末的维新时期。自1894年湘潭邮政支局成立后，交往的增多和商务的需求刺激了湘潭邮政事业的继续发展。这一阶段湘潭邮政事业的发展主要体现在以下四个方面：其一是1894年邮政支局正式开办国内汇兑业务。其二是1902年渌口新设邮政代办所，归属湘潭管辖。[①] 其三是1903年，湘潭至湘乡的邮路正式开班，是年4月4日湘乡县城设立的湘乡邮局成为湘乡最早的邮政机构。湘乡县内除在县城设立邮局外，还在其属地永丰、潭市等地设立分局，扩大了新式邮政的覆盖面。其四是1910年又设朱亭、三门两家代办支局和淦田信柜，次年钓陵、马家河、白关铺三家代办支局与姚家坝信柜设立。以上邮局及其下属机构的工作主要涉及信函、印刷品、新闻纸等函件业务，以及揽收和投寄包裹。1909年湘潭邮局还开办保险包裹业务，保险费的收取标准为寄发物品价值的1%。[②]

设邮以后，根据水陆交通运输环境和业务变化，邮件传递方式不断做出调整。譬如，在铁路、公路没有修筑好以前，或水陆交通被阻时，邮局就靠步班邮路运邮。当时主要步班干线邮路有三条，分别是潭乡邮班（湘潭—湘乡）、潭宝（湘潭—邵阳）快班以及潭衡（湘潭—衡阳）快班。[③] 1911年，邮局利用航行于湘潭至长沙间固定班期的华商轮船，开行了潭长间轮船邮路。[④]

这一时期内，湘潭邮局还有一事可载入地方邮政史册，即光绪末年上级邮政部门来潭进行首次工作检查。清政府创办邮政后，设立了巡察司事，专职巡查，简称巡员。1894年12月，岳州邮政总局派巡员徐昆到长、潭等邮局视

① 据《株洲县志》记载，渌口于1903年设立湘潭邮局代办邮政支局。（见《株洲县志》297页。）

② 湘潭县地方志编纂委员会编：《湘潭县志》卷22《邮电》，湖南出版社1995年版，第515页。

③ 邮路详情如下：（1）湘潭至宝庆快班，全程175公里。1910年改为昼夜兼程快班，成为全省主要步班干线邮路之一。该邮路于1928年潭宝公路通车并运邮后撤销。（2）湘潭至衡阳快班，全程128公里。1928年10月改用人力独轮车运邮。1931年1月撤销步班，利用潭衡路汽车运邮。（3）湘潭至湘乡邮班，全程45公里。开通时段为大清邮政时期。此外，湘潭境内还有一些短途邮路，用于市属地境的邮政业务。除上述步班邮路外，另有轮运邮路。

④ 湘潭市地方志编纂委员会编：《湘潭市志》第3册（下）《邮电篇》，中国文史出版社1997年版，第646页。

察，这是湘潭邮局史上第一次接受上级局工作检查。① 此举一定程度上显示出湘潭邮局发展和建设的正规化、制度化。令人惋惜的是，现代邮政事业主权一直被帝国主义控制的海关掌控，从诞生伊始，它的每一步发展便铭刻着殖民主义的屈辱烙印。

除邮政外，电信也是城市现代化必不可少的通信网络。自1894年有线电报线路铺设至湘潭后，1911年，电报线路延伸至湘乡，是年农历十一月，湘乡设电报营业处。与邮政不同的是，湘潭电信业自创办后，其业务监督检查全然无章可循，以致独家经营却亏损严重。这一现象一直持续到民国时期才有所改观。

关于邮电机构的业务监督检查情况，《湘潭县志》中记载：大清邮政设立巡员监督。电信衙门习气严重，不重视业务监督检查。②

5. 医卫业现代化的曙光

1894年，美国基督教传教士林戈（中文名凌霄志）一行来潭传教。此行目的，林戈准备采用行医发药、创办医院等办法，一边救人济世，一边传播教义。他们在观湘门租赁一栋房子开办诊所，这成为湘潭西医内科的起始，也标志着西方医学首播湘潭。③ 1902年林戈在十二总购地建屋，后又在王家菜园、黎家大塘一带大量购地，筹建医院。几经周折，至1907年3月医院最终建成。当时医院共有病床29张，在病房楼上设有一简陋手术室。几个月里，医院收治病人32人，门诊总数为799人。④ 因其属于美国长老会创办，时人称其"美国长老会湘潭医院"。它的成立意味着西医自此在湘潭这片古老的土地上生根开花。

诊所和医院的发端拉开了湘潭医卫现代化的序幕。西医内科出现不久，1894年，美国医师杜克来潭行医，湘潭诞生西医外科，内外科的健全标志着湘潭的现代医卫行业走向系统化。1905年，另一位美国医师范登堡在潭成功

① 湘潭市地方志编纂委员会编：《湘潭市志》第3册（下）《邮电篇》，中国文史出版社1997年版，第683页。

② 湘潭县地方志编纂委员会编：《湘潭县志》卷22《邮电》，湖南出版社1995年版，第525页。

③ 由于林戈的行医方式和医疗理论与中医截然不同，湘潭老百姓最初半信半疑。据说后来多亏城内有个守旧尊孔的老绅士许先生的媳妇在病入膏肓、多方求医无效之下，许家抱着死马当作活马医的态度，请与凌霄志同行的一女医师杜特律诊治。打针吃药几天后，媳妇的病治愈了，许家十分感激不说，西医名声也一时鹊起。

④ 湖南日报报业集团主办：《大众卫生报》，2001年10月16日刊。

完成一例臀部Ⅱ度烧伤手术和一例膀胱取石手术。1910 年，范登堡又完成一例足部溃疡切除术和一例骨结核病人手术。[①] 范登堡的手术成功宣告湘潭在清末达到了现代医疗和手术水准。1910 年，湘潭医院设立女病室，为妇产科病人的及时治疗敞开了大门。据载该医院曾为一妇女摘除一个 16.55 公斤的肿瘤。[②]

6. 政治领域现代化成就

工矿、交通与医疗等领域的现代化在清末进展尚属可观，这些成就的取得固然有不一样的具体原因，但其背后也都存在一个共同的起因，即历史上所称的“清末新政”。清末新政是清王朝进行的最后一次现代化尝试，也是封建君主专制向资产阶级君主立宪迈出的最重要一步。诚如亨廷顿所言：“君主被迫实行现代化并企图改变他的社会，这是因为他担心若不如此，别人将会取而代之。”[③] 在这次改革中，政权岌岌可危的大清朝廷被迫推出连篇累牍的新政举措，进行了政策上的显著变革，部分新政譬如地方自治、官制改革、立宪政治、废除科举、大兴实业等，日后都成为推进中国现代化的动力，加速了中国政治制度现代化的进程，把中国政治的改革再次推向了一个更新更高的阶段。正是清末新政在政治上为湘潭的现代化破除了一些束缚、注入了一些活力，现代政治规范和运行框架才在湘潭得以逐渐建立并发展。

地方自治是政治体制现代化的重要内容。随着甲午战争后民族资本主义的发展壮大，民族资产阶级逐步扩大了自身政治诉求，在立宪与革命两条道路上均展开了对清政府的攻势。1900 年，兴中会机关刊物《中国旬报》刊文指出：“欲救中国之亡，宜行分治”，这种办法“乃本于封建主义，参以泰西地方自治之制，统古今而酌筹之，为救时之良策。”[④] 因此，清末地方自治运动既可说是清政府借以消弭革命运动、维系专制统治的一大自救措施，也算是新兴资产阶级反对封建专制统治、实现西方民主的政治革新目标之一。这一极具鼓动

① 湘潭县地方志编纂委员会编：《湘潭县志》卷 30《卫生体育》，湖南出版社 1995 年版，第 723 页。

② 湘潭县地方志编纂委员会编：《湘潭县志》卷 30《卫生体育》，湖南出版社 1995 年版，第 724 页。

③ ［美］塞缪尔·亨廷顿著，李盛平、杨玉生等译：《变革社会中的政治秩序》，华夏出版社 1988 年版，第 152 页。

④ 陆伯周：《论总统决非外夺》，《中国旬报》第 4 期。见马小泉：《国家与社会 清末地方自治与宪政改革》，河南大学出版社 2001 年版，第 40 页。

性的政治思潮于1907年便在湘潭获得了回应。1907年，湘潭县人宾玉瓒等创办地方自治研究会，而此时还并非中央政府正式推行自治的计划时间。按清政府的设计，1908年也不过是颁布自治章程，然后才会温和地推进自治运动。[①]可惜国人对自治的向往已急不可耐，等不到按部就班由中央领导渐进式改革便自行动手了。

清廷于1908年颁行相关政策后，按照统一部署，湘乡于当年成立了县选举事务调查所及县自治筹办公所，开始了地方自治的新实践。

清末新政所推动的政治现代化并不局限于自治运动。地方行政管理功能的改革和完善、人民政治权利与自由的扩张也是具体表现。

1909年5月，湘潭新设巡警总局。众所周知，在此之前，中国并无真正的警察，通常做法是由府、县行政长官兼管社会治安事宜，在府、县衙门内设巡守、捕快等，负责辖区治安、搜捕犯人。直至清末，中国才有了真正意义上的现代警察制度。追溯起来，这一制度还源自帝国主义在《辛丑条约》中提出的无理要求。《辛丑条约》规定中国不得在距离天津租界20公里内驻军，对清政府造成了强大的心理威胁，这一强权行径逼使清政府不得不借用西方警制，催生了中国的警察制度。[②] 1905年10月8日，清廷设巡警部，统管全国警察事务。湘潭于同年奉令设立县级警局后，另在局内创设消防队，配备14名消防工作人员。

民众组建社会团体是权利扩张与政治自由的象征。清末几年，由于政府对经济的控制力趋于减弱，转而开始扶植民族资产阶级发展工商业，在这一有利

① 1908年，清廷宪政编查馆拟定预备立宪《逐年筹备事宜清单》，对地方自治的具体实施步骤作了统筹规划。规定如下：第一年（1908年）颁布城镇乡地方自治章程；第二年筹办城镇乡地方自治，设立自治研究所，颁布厅州县地方自治章程；第三年至第五年，筹办、续办城镇乡地方自治和厅州县地方自治；第六年城镇乡地方自治一律成立；第七年厅州县地方自治一律成立。（《宪政编查馆资政院会奏宪法大纲暨议院法选举法要领及逐年筹备事宜折》，《清末筹备立宪档案史料》上册，第61—67页。见马小泉：《国家与社会 清末地方自治与宪政改革》，河南大学出版社2001年版，第136页。）

② 天津是京城门户，清军如不能在此驻守，西方列强随时可兵临京城，这是清政府不愿甚至害怕看到的。况且，此时的满朝文武大员也没有一人敢不带一兵一卒前去接收八国联军野蛮占领的天津。后来，清廷把这个棘手难题交给了袁世凯。袁世凯对西方军警制度有一定了解。在接收天津前，他从自己的军队中选拔3000名士兵，进行了短期警察训练，然后让他们脱下军装，换上警察制服，称之为“中国警察”。接收天津城时，袁世凯命令地方官员率领这3000名警察长驱直入。史载当时八国联军哑口无言，因为袁世凯派来是警察，和《条约》毫无冲突。更神奇的是，警察入驻后，天津社会一扫混乱，治安为各省之冠，连西方人都表示惊叹。于是慈禧太后接受了这一新制度，下了一道谕旨要求全国效仿袁世凯建立警察制度。

形势下工商业人士敏锐把握机会，建立了一个具有保护自身权益性质的新式商人组织——商会。1907 年，湘乡商务分会成立（次年改名县商会）。1909 年，湘潭县商会成立。商会的诞生是商人这一“四民”之末阶层与民族资产阶级这一新兴阶层在政治与法律地位上空前提高的证明。商会之外，另有工会的建立成为湘潭政治史上又一个里程碑式的现代化标志。工会的成立是伴随着资本主义生产关系的发展、工人阶级政治意识的萌发而催生的。1905 年 5 月 18 日，湘潭锡箔业工人发起罢工①，成为湘潭工运史上第一次工人运动。罢工持续数日，后因县政当局高压强制，罢工结束，工人要求的工资上涨未能实现②，但这种崭新的斗争方式揭开了工人运动的序幕。1911 年 6 月，湘潭县人郭少衡等筹建工会，次年正式成立，葛天岳为首任会长。湘潭从此诞生了工会组织。

7. 文教领域现代化新成就

维新变法时期，清王朝已经着手开始了新式教育改革。湘潭当时虽然走在了湖南新式教育发展之先，但其实规模很小，社会影响也不大，远未达到开化风气、造育新人的地步。更重要的是，此时科举制度的强大势力依然禁锢着国人的精神，变器不变道的观念依旧盘踞人心。在十九世纪晚期连续的内外重创下，清政府认识到了革新思想观念、造就新式人才的重要意义。新政中，清廷连续颁布谕旨下令兴办新式学校、推行西方学制、培养新学人才，兴学育才成为清末新政的一项重要内容。新式文教事业在这种大背景下蓬勃发展，其取得的显著成就集中体现在两大方面：一是科举制度的废除，二是各类新式教育的创办。另外，此时期还出现了正规学制的创立以及各级教育行政管理机构的设立，这也是教育破旧立新、走向现代化的重要象征。

---

① 锡箔业是江西商人在湘潭开办的经营行业，其雇工基本上是湘潭本地人。因为店主拒不按照经营业绩发放工资，数百工人起来罢工，要求店主涨工资。罢工最后失败。此次罢工中工人们虽然不曾提出响亮的政治宣言，但是工人阶级经济意识的唤醒与阶级觉悟的萌生，为这一阶级的解放和生活方式与意识形态的革命打开了闸门，必将引领着他们踏上追求政治权利和经济待遇的康庄大道。

② 湘潭县地方志编纂委员会编：《湘潭县志》卷 2《大事记》，湖南出版社 1995 年版，第 15 页。

湘潭科举制度废除与全国面临的形势大同小异。[①] 1904 年，日俄战争爆发，日本“意外”获胜促使国内立宪活动顺势勃兴，与同时活跃的革命思潮一起撼动着清王朝的专制统治。面对此紧迫形势[②]，1905 年 9 月，袁世凯、赵尔巽、张之洞、岑春煊、端方等封疆大臣会衔上奏《奏请废科举折》，指出“强邻环伺，岂能我待，科举不停，学校不广。而欲推广学校，必自先停科举始”，迫于危局，光绪帝即日便下诏，“着即自丙午科为始，所有乡会试一律停止，各省岁科考试亦即停止。”[③] 自隋朝以来施行了 1300 年之久的科举制度在中国寿终正寝，湘潭从此也废止科举，迎来了新学堂、新教育发展和培养新型知识分子的全新时代。

科举废除后，清政府建立学部，中国历史上首次出现了现代的、正规的、独立的和专业的中央教育行政机构建制。随后，各省设提学司，各厅州县设劝学所，建立起从中央到地方统一的教育行政系统。1905 年湘潭正式成立劝学

① 当时全国面临的形势是：清政府颁布新政上谕后，1894 年，刘坤一、张之洞会衔上呈《筹议变通政治人才为先折》，史称“江楚会奏”，主要是奏呈朝廷四大变法要务：设文武学堂、酌改文科、停罢武科、奖励游学。是年 8 月，清政府颁发上谕，明定自次年开始乡会试及岁科试策论以中国政治史事及各国政治艺学命题，不准用八股程式，并停止武生童考试及武科乡会试。至此，八股取士正式废除，但科举考试仍在沿用。1904 年，张百熙、荣庆、张之洞上呈《奏请递减科举注重学堂片》，指出“为凡科举之所讲习者，学堂无不优为，学堂之所兼通者，科举皆所未备，是则取材于科举，不如取材于学堂”，建议递减科举取士名额以学堂生员补充。

② 为什么说形势紧迫呢？日俄战争中日本的胜利为立宪派提供了一次操纵舆论、抨击专制的绝佳契机。日俄战争爆发后，实力弱小的立宪派敏锐感觉到此战可能使国人的思想发生有利于政治改革的变化，可谓倍加关切。他们认为这次战争将使国人“悟世界政治之趋势，参军国之内情，而触一般社会之噩梦，则日俄之战不可谓非中国之幸。”（侯宜杰：《20 世纪初中国政治改革风潮 清末立宪运动史》，人民出版社 1993 年版，第 41 页。）清廷和守旧派则认为日本实行君主立宪是“以权与民”，士兵必然“各顾其命”；而俄国则君主掌权，军队令行禁止，因此必然是俄胜日败。历时一年多的日俄战争以日本大获全胜告终。立宪派借此立即做足文章，宣传说这场战争不是军队强弱的较量，而是政治制度优劣的竞争，是立宪胜于专制的证明。本来中国完全没有立宪传统，多数国人之前并不关心“立宪”“公民权利”等，此次日本竟打败强大的俄国，以具体直观的事例告诉国人立宪可以强国、救亡，加之立宪派的特意宣传，人们的思想观念发生了相当大的变化，原本影响不大的立宪活动因此迅速扩大势力，许多守旧人士纷纷转入立宪阵营，“上自勋戚大臣，下逮校舍学子，靡不曰立宪立宪，一唱百和，异口同声。”《东方杂志》《时报》《大公报》等连篇累牍地进行立宪宣传，一时之间，立宪的声浪响彻全国，“乃如万顷洪涛，奔流倒注，一发而莫之或遏”，（侯宜杰：《20 世纪初中国政治改革风潮 清末立宪运动史》，人民出版社 1993 年版，第 45 页。）“立宪”二字成了士大夫的口头禅，因此说此时形势对坚持专制政体的当权集团不利。

③ 《会奏立停科举推广学校折暨上谕立停科举以广学校》，陈元晖主编，璩鑫圭、唐良炎编：《中国近代教育史资料汇编 学制演变》，上海教育出版社 1990 年版，第 530—533 页。

所，建立起湘潭的新式教育行政管理机构。[①]

在新型教育行政管理机构出现在湘潭之前，新型学制先行诞生。1903 年，张之洞入京主持制定新学制。次年初，清廷批准《奏定学堂章程》，时称“癸卯学制”。这是中国教育史上第一个正式颁布且在全国实行的学制，从此结束了几千年来教育无章程、学校无体系的状态，奠定了我国现代学制的第一块基石。[②] 中央颁行新学制后，湘潭开始在各类学堂中推行该制，形成了一种公立和私立相配套、各级学校相衔接、各式教育相共存的符合时代潮流和国际大势的教育格局。

清末湘潭新式教育发展的另一重点是新型学堂的创办。在幼儿教育方面，1905 年，龚氏女学堂设蒙养班，为湘潭幼儿教育之始。三年后，湘乡也出现幼儿教育机构，即当年在城区东岳殿创办的蒙养学堂。在小学堂教育发展上，1902 年昭潭书院、龙潭书院（今株洲境内）改为高等小学堂，成为湘潭最早的新式小学。1904 年，东山书院改为高等小学堂，这所学校后来成为毛泽东、陈赓、谭政、萧三等的母校。1905 年春，湘潭县人龚述恂、左龙珠夫妇在城区龚氏祠创办女子学堂。[③] 至 1911 年，全县小学发展到 139 所，在校小学生达 4818 人。[④] 在中等教育方面，1894 年 6 月，王国栋、谢鼎镛等在陶公祠创办湘潭县学堂，次年更名为湘潭县中学堂[⑤]，王国栋任监督（即校长），成为湘潭第一所公立中学，学制五年，也是省内各府各县创办中学的开端。同年，美国长老会在潭创办益智学堂，后增办高中，为湘潭最早的完全中学。1904 年，湘乡东皋书院改为湘乡中学堂，成为湘乡新式中等教育的开端。

---

① 湘潭县地方志编纂委员会编：《湘潭县志》卷 2《大事记》，湖南出版社 1995 年版，第 15 页。

② “癸卯学制”包括学务纲要、学堂管理通则、考试章程、奖励章程等共 22 件。对从初级教育到高等教育等各类学堂，从普通教育、师范教育到职业技术教育，从教员任用到学校管理，从办学宗旨、培养目标、入学条件、学习年限、课程设置、教学方法到仪器设备、校舍建筑、考试奖励等各个方面，均作了细致具体的规定。按其要求，学校体系纵向分为三段七级，分别为初等教育段（蒙养院、初等小学堂和高等小学堂）、中等教育段（中学堂）、高等教育段（高等学堂或大学预科、分科大学、通儒院）。规定初等小学堂学制 5 年，高等小学堂 5 年，中学堂 5 年，高等学堂（大学预科）3 年，大学堂 3 至 4 年。此外，还有最高等级的通儒院，学制也为 5 年。在横向方面，中学堂分普通学堂、实业学堂和师范学堂。该学制一直沿用到 1911 年清朝覆灭止。

③ 方志上有文字记载的其他著名小学有：1903 年，石潭周氏创办族立养正初等小学堂。1904 年省学务处派蒋德钧、彭子善到湘乡，与曾广江等在荷花池创办寻常（初等）小学堂。1908 年，美国长老会创办光道女子教会小学堂。

④ 湘潭县地方志编纂委员会编：《湘潭县志》卷 28《教育》，湖南出版社 1995 年版，第 659 页。

⑤ 今湘潭市第一中学前身。

在职业教育方面，湘潭创办了不少职校以适应新式教育改革的要求和兴办实业的需要。1906 年，湘乡县立涟滨中等工业学堂创立，为境内最早的初等职业技术学校。[①] 与后来创办的其他职校一样，职业学校都重视培养学生职业技术，有利于毕业生的就业谋生。

师范教育是解决师资问题、保障教育事业长远发展的关键所在。湘潭师范教育始于 1906 年，是年东皋书院改办出湘乡简易师范学校，开师范教育先河。1908 年，几位留日归来的师范生在昭潭高等小学堂开办小学师范讲习所，课程设置为修身、教育、中国文学、历史、地理、算术、格致、图画、体操九门。

除了各类学校的不断创办外，学校课程设置和课间文体活动也更加趋向国际化，有力地推动着施教、受教双方身心发展与现代化。1894 年，湘潭的学校开始出现体操课，乒乓球、田径和篮球西方现代体育项目分别于 1904、1905 和 1910 年传入湘潭[②]，成为教育现代化中引人注目的成果。

从以上新式学校设立和教育制度建设成就来看，无怪乎历史学家陈旭麓称："晚清新政中最富积极意义而有极大社会影响的内容当推教育改革。"[③] 可以说，湘潭教育现代化的成果是比较显著的。固然这一时期的学费寻常家庭难以承受，穷人子弟入学者更属罕见，教育内容抄袭西方倾向也比较明显，乡村教育远未改观，但是，湘潭的新式教育依然有如流星划破夜空，撕开了封建网罗的一道口子，为黑暗中奋斗前进的人照出了一丝光明，也为人民思想观念和生活方式的日趋现代化创造了有利条件。

教育现代化是人的现代化实现的基础，有助于推动人的现代化。教育现代化之外，清末湘潭文化事业的发展还体现在各种民众化的文化形式的产生上，这些领域与教育一起共同促推了民众思想和生活方式的改变，丰富了老百姓的业余生活，提升了人民的生活品位。

在这一新领域中，最引人瞩目的是电影的传入。电影被誉为人类历史上横空出世的"缪斯女神"，它诞生于 1895 年 12 月 28 日的巴黎，次年便携带着它

---

① 见于方志记载的其他职校包括：宣统二年（1910 年）七月，龚述恂、黄远劭等在湘潭城区塔公祠创私立保姆学堂，八月，郭省吾、王子青、王镜堂等在城区亭子塘创立县立蚕业讲习所。1911 年，李辅元、郭文治等创立文明实业女子学堂于文庙东侧。

② 湘潭县地方志编纂委员会编：《湘潭县志》30《卫生体育》，湖南出版社 1995 年版，第 735 页。

③ 陈旭麓：《近代中国社会的新陈代谢》，上海人民出版社 1992 年版，第 246 页。

的魔力跋山涉水来到中国。据说，“电影传入中国之初，人们对它的态度十分冷淡”，“兴趣不及（放焰火）等传统娱乐活动。”[1] 但是不久人们即改变看法，对这一西方舶来品产生了浓厚的兴趣。“中国人之所以对电影着迷，重要原因不仅在于娱乐，而且在于自鸦片战争以后，人们日益对外国事物感兴趣。而电影则能将外国人的生活、景物、事件活生生地展现出来。”[2] 1905 年，这一轰动全球的文艺形式姗姗入潭，美国天主教传教士高伯兰从长沙携带无声电影放映机和《欧战大观》《法奥两皇之御容》等黑白无声影片，在湘潭天主教会放映，一种代表新都市文化的娱乐生活方式——看电影，走进了湘潭人的日常生活。次年，日本水野梅晓来潭短期放映电影，这些成为湘潭最早的电影放映活动[3]，这一时期也是中国电影史上的所谓史前时期[4]。作为舶来品，它的传入，一方面是与资本主义对外扩张相伴而行的，另一方面无疑也是先进文化自然传播的天性使然。

随着国门洞开，不仅有电影的传入，国人还发现了西方另一文化形式——图书馆，它比老祖宗留下的藏书办法更为先进。有人甚至认为，中国之所以文化不普及，古老的封闭式藏书难逃罪责。1894 年，清政府颁行《学堂章程》，首次在官方文件中使用了从日本引进的“图书馆”一词，这在中国文化史富有开创意义。中国自古官方藏书楼虽多，如白鹿洞书院、岳麓书院等，然而这些大雅之堂自古只有骚人墨客能登临，白衣秀士连边也沾不上，更不提借阅之望。就在这破天荒的同一年，湘潭县学堂建立了一个学校图书室，这是湘潭的首家学校图书室，与京师大学堂藏书楼兴建于同一年。到 1910 年 10 月，湘潭城区创建了一家县立图书馆，与京师图书馆创办于同一年，这也是湖南省内最早的一家县级图书馆。[5] 建馆后，已废书院的多数藏书逐步转移至此收藏，但总体上该图书馆藏书并不丰富。不过就其历史意义而言，显然它足以标志着湘潭图书事业已经由传统的藏书楼形式到现代的图书馆形式的革命性转变。

此外，西方的广告业这时也出现在湘潭街头。民初，湘潭的商家开始重视霓虹灯广告和在报刊上刊登广告，湘潭百姓的新式文化享受进一步丰富。1900

---

① 闵杰：《近代中国社会文化变迁录》，浙江人民出版社 1998 年版，第 27 页。

② 闵杰：《近代中国社会文化变迁录》，浙江人民出版社 1998 年版，第 29 页。

③ 湘潭县地方志编纂委员会编：《湘潭县志》卷 32《报刊 广播 影视》，湖南出版社 1995 年版，第 762—763 页。

④ 郦苏元、胡菊彬：《中国无声电影史》，中国电影出版社 1996 年版，第 15 页。

⑤ 湘潭县地方志编纂委员会编：《湘潭县志》卷 2《大事记》，湖南出版社 1995 年版，第 15 页。

年湘潭成立三元科班，收学徒训练湘剧艺术[①]，1910 年城区民众自发组织了业余湘剧组织——如意堂[②]，戏曲的继续普及进一步丰富了人民群众的业余文化生活，改善着人们的精神面貌。

内忧外患的持续加重给当权者造成了严峻的生存危机。特别是庚子国变以及由此引发的“天下臣民”的离心让清廷实际掌权者慈禧太后对国破之耻刻骨铭心，返京后即着手刷新大政以图重拾尊严。最高统治者的变革意志与社会求变求新、学习西方的强大取向产生融汇，推动了大清王朝最后十年中国现代化加速发展。湘潭在此时期取得了工业、交通、教育、科技、文化等各领域的不小成就，特别是交通、工矿和教育得到较快发展，使湘潭现代化建设初显规模。但这一时期的现代化仍然是跛脚的现代化，一方面是硬的技术层面现代化大步推进，另一方面软的制度层面的革命却依旧属于禁区不容擅动，仅仅迈出了极小的一步。政治利益集团的保守和追逐私利使其必然成为全局利益的反动者，浩浩荡荡的现代化大潮会无情将他们涤荡出局，并继续势不可当的在中国大地蔓延。

第三节　北洋政府时期湘潭现代化的艰难历程

清政府对西方现代文化、政治、科技的学习和引进并没有为垂死的专制政权开出再生良方，慈禧离世不过三年，身后千疮百孔的大清朝便跟着一命归西。

1911 年 10 月 10 日湖北武昌起义爆发，依据起义前两湖革命党人有关约定[③]，湖南成为首先响应起义的省份，并较早脱离清朝实现独立。但是，湖南革命党人缺乏政治经验，没有采取强有力的镇压反革命措施，反而组织了纯粹

---

① 中国戏曲志编委会编：《中国戏曲志・湖南卷》，文化艺术出版社 1990 年版，第 400 页。

② 湘潭县地方志编纂委员会编：《湘潭县志》卷 2《大事记》，湖南出版社 1995 年版，第 15 页。

③ 起义前，两湖革命党人相约：中国革命以两湖为主动。如湖北首先起义，则湖南即日响应；湖南首先起义，则湖北即日响应。两湖同时举义当然更好。（参见杨玉如《辛亥革命先著记》，科学出版社 1957 年版，第 35 页。）可是，武昌炮响之时，湖南巡抚余诚格当天就得到消息。为防止新军起义，余诚格下令收缴了新军的子弹，并将其调离长沙，另调受革命影响较小的巡防营入防。湖南革命党人三天后才得知武昌首义的消息，因此未能及时响应，但是经过多次组织发动，革命党人焦达峰、陈作新等还是在 10 月 22 日领导起义并取得了成功，光复长沙，成立湖南军政府，焦达峰、陈作新出任正副都督。

的由旧官僚和立宪派参加的参议院，使之掌握了军政府的实权。10 月 31 日，参议院议长、立宪派首领谭延闿策动新军中的反动军人梅馨等发动政变，谋害了焦达峰和陈作新，谭延闿自任湖南军政府都督，旧官僚余屏垣则成为湘潭新政府的首任行政长官。胜利的果实脱离革命党人之手。

此后的国内外形势可以共用一个词形容：战乱。光复之初，本是人心思治，然而国内军阀纷争、战火弥漫。湘潭地处湖南这一冲要省份的中部地带，南北交战的动荡在境内来回拉锯，时言“南军北军满湘潭”。北洋政府末期，湖南又成为“大革命最发达的地区之一”，战争始终影随着这一时期的湖南。政局方面的情形也令人悲观，仅民国初期的八九年间，湖南都督就先后九易其人，更替的频率为全国各省所仅见。任职最长也只有两年多，任职不到一年者达四人，省内建设的条件可想而知。因此，乱世乱局极大地破坏了新社会建设环境和人民的安定愿景。放眼国际，民国之初中国便不幸遇上了帝国主义交恶的第一次世界大战。万幸之处在于，欧美列强在一战中暂时无暇东顾，让中国在长期的外强高压下得以松懈一时，为自身建设赢得了一段难得的宝贵时间。但是好景不长，一战后帝国主义马上便卷土重来，对华侵略变本加厉。

总体而言，虽然辛亥革命没有取得彻底胜利，但是新政权、新制度、新意识形态的确立却给湖南人的精神世界造成了巨大冲击，一定程度上唤起了人们建设新社会的热情，提高了资产阶级的政治经济地位，坚定了他们兴办实业、发展民族资本主义的信心。加之革命后金融、教育的显著发展和政治上新政府对实业救国的鼓动，一批人才和公司脱颖而出，湘潭乃至湖南都形成了一股投身现代化、推进地方实业建设的潮流。同时，政局不稳和战乱连绵又严重破坏了湘潭的经济和社会建设秩序，摧残并延缓了湘潭的现代化进程，造成了部分行业的衰退与经济的凋敝。

一、经济领域的破坏与建设消长不一

1. 手工业与商贸业的起伏

辛亥革命后，中央政府权威扫地，天灾人祸不绝如缕。反动政府与军阀拉丁掠财、苛征滥索，帝国主义无孔不入、残酷掠夺，湘潭昔日聚集的雄厚财富逐渐被兵火侵吞。不久，长潭公路、潭宝公路、粤汉铁路等相继通车，汉口、长沙、衡阳等城市的商贸地位继续上升，湘潭的商贸地位则进一步下降，传统的发达行业如手工业、商贸等一落千丈。据记载，驰名南北的苏钢从宣统年间的6家至1912年衰落为仅剩3家，年产销150至200吨。[①] 酿酒与制酱也趋于冷落，曾经辉煌至极的湘潭米市、药市全部衰退，米市年交易额下降到不足百万担，药材行也是屯仓待卖、难以为继，百年荣耀全成过往。

在一些行业不可避免走向衰微之际，也有一些行业维持甚至加速了发展步伐，甚至还有部分新兴行业出现。手工纺织业在辛亥革命后就有了较大的发展，不过这一时期织造的布匹，买卖上完全受市场支配，如销路畅则出布多，否则即减少，因此作息无常。但总体上看，湘潭的纺织业还处在省内领先地位。湘潭酱业虽然冷落，但是实力雄厚的酱坊还是艰难维持了规模。1915年，吴恒泰“绿凤牌”酱油在美国旧金山举办的巴拿马国际商品赛会上获四等奖，国民政府农商部部长周自齐颁发荣誉奖词。此后湘潭酱油名声远播国内外，成为外商来潭回国必带的珍品。[②] 湘潭针织业始于1915年，当时各处开设很少，在1926年前后生意已是非常发达，湘乡、宝庆、衡州、蓝田等地均来湘潭购货，经营此业的有10余家，每年营业额可达数十万元。[③] 1924年春，曾氏兄弟在城区开设万湘源湘绣工场，有职工40人，为湘潭境内湘绣工场的开端。[④]

就整体水平来说，民初湘潭并没有取得手工业、商贸的重新辉煌。虽然个别行业有所发展，但在军阀恶政之下，苛捐杂税、金融紊乱，以及军需繁重都是经济社会发展的拦路虎。政府搜刮民膏，富者贫困，贫者流离，社会困窘。据《大公报》记载，民初时湘潭“异常萧条，商贾停贸，百工辍业，居民闭户，行旅不全，乃至大道通衢，竟无丁壮足迹，一种荒凉寂寞之状，令人目不忍睹。”[⑤]

2. 经济领域现代化的建设

谭延闿主政湖南期间，对经济与工业建设的重视是毋庸置疑的。在他的十年治理下，湘潭工矿业建设虽历尽战乱，仍异军突起、成绩斐然，民族资本主义得到了较为充分的发展。这一时期，湘潭比较著名的工矿公司有1913年创

① 湘潭县地方志编纂委员会编：《湘潭县志》卷20《工业建筑业》，湖南出版社1995年版，第460页。

② 湘潭县地方志编纂委员会编：《湘潭县志》卷20《工业建筑业》，湖南出版社1995年版，第469页。

③ 李会刚：《湖南工业经济发展历史及展望》，湖南人民出版社1987年版，第129—130页。

④ 湘潭县地方志编纂委员会编：《湘潭县志》卷20《工业建筑业》，湖南出版社1995年版，第464页。

⑤ 《大公报》，1917年10月11日。见尹铁凡：《湘潭经济史略》，湖南人民出版社2003年版，第209页。

办的唯一石膏矿业公司、1914 年创办的裕甡矿业公司、1915 年的富有煤矿公司及 1918 年的大明电灯公司。

湘潭河东滴水埠、五里堆至向家塘一带，蕴藏着大量的石膏矿。1912 年，湘乡人舒百瑶在滴水埠发现石膏矿苗。舒百瑶是个知识分子，具有采矿知识，便组织人力进行勘探，查明了地下的石膏矿藏。1913 年滴水埠诞生了湘潭第一家膏盐矿公司——唯一石膏矿业公司，舒自任经理。[①] 1915 年时改为唯一膏盐矿公司，公司基本情况是：矿区面积 5100 公亩（1 公亩合 100 平方米）；公司备有熬盐炉 2 座，孔明车数架；公司职员 26 人，矿工约 260 人，临时雇用采膏工人约 500 人；公司资本约 8 万元。采挖基本技术是：采矿前先凿三口竖井，距离约 1.2 丈，一口作排水之用，深十余丈，其余两口用于供工人上下提取物品急用，深四五十丈，采挖到与膏层接触时，横向开采，遇见岩块时就是盐层了。[②] 到 1925 年，唯一公司年产膏盐 4 万余担，熬盐 7000 余担。

1928 年，精益膏盐有限公司在文昌阁对河阳雀巷开业，创办人是唯一膏盐矿股东之一的章简臣。章眼见采矿有利可图，于是邀集几个股东另行办厂，地址就在唯一公司附近。精益公司矿区面积 2442 公亩、职员 16 人、工人 450 名、资本总额 8 万元。开采方法大致与唯一公司相同，生产能力上，产膏年份可产膏矿 1000 多吨，产盐年份可熬盐 400 吨左右。[③] 这以后，膏盐矿公司便如雨后春笋般涌现，有谦顾、天济、光华、乾益、大华、开源、永安、永正、正中、永中、众生、务本、三吉、同济、同心、七德、永利、快利、复兴、惟新、均益、顺利、森济、德安、合益、同益、义源、自合等，开采地域从滴水埠、五里堆、板塘铺直至向家塘和株洲白石港一带。[④] 众多膏盐公司源源不断生产膏盐、熬制食盐，为社会和人民做出了一定贡献。特别是抗战期间，这种贡献体现得更加明显。

1914 年，浙江人卢成章（又名卢志学）在湘潭鹤岭开设裕甡矿业公司，成为湘潭又一家著名新式工厂，也是地方史上著名的民办矿厂。这一公司的创办为湘潭日后挣得了“中国锰都”的莫大荣耀，可见其地位不一般。公司成

---

① 中国人民政治协商会议湘潭市板塘区委员会文史资料研究委员会编：《板塘文史资料》第 3 辑，中国人民政治协商会议湘潭市板塘区委员会 1989 年版，第 4 页。

② 李会刚：《湖南工业经济发展历史及展望》，湖南人民出版社 1987 年版，第 165 页。

③ 李会刚：《湖南工业经济发展历史及展望》，湖南人民出版社 1987 年版，第 166 页。

④ 中国人民政治协商会议湘潭市板塘区委员会文史资料研究委员会编：《板塘文史资料》第 3 辑，中国人民政治协商会议湘潭市板塘区委员会 1989 年版，第 45 页。

立不久后第一次世界大战爆发，因锰矿是炼钢的重要原料，国际市场锰砂价格大幅攀升，供不应求，公司一时获利极厚。当时公司职员有50余人，工人1000多名，年产锰3万吨以上。[①] 在此情况下，裕甡公司于1916年扩大规模，先后在杨霞冲、肖家湾、黄公塘、付仙峰、清水塘等处采锰，次年又将业务扩大到湘潭之外。

表3－2　民国前期裕甡矿业公司产量表

年份	产量（吨）	年份	产量（吨）
1915	10.000	1921	11.135
1916	21.000	1922	7.677
1917	30.000	1923	28.013
1918	19.595	1924	25.000
1919	3.487	1925	30.000
1920	7.532	1926	30.000

资料来源：张朋园著《湖南现代化的早期进展1860—1916》，岳麓书社2002年版，第299—300页。

许多人跟风设厂，鹤岭一带聚集了峰青、华一、均济、洽合、天成、金鑫、宝兴、振湘、全福堂、兴记、宝安、志复等10多家公司，从业者近三千人。湘潭锰砂扬名中外，畅销不衰。但因密度过大，各处矿区纠纷陡增，省建设厅几度派员调查调解，各公司间纠纷始终无法彻底解决，1927年，建设厅将引起纠纷的各矿公司矿权统统注销。1929年8月设立锰矿局，将所有前经注销的矿区、呈请开采的矿区以及未经呈请的矿区统收公办。[②] 裕甡公司至被省府收管前的1928年止，共采锰砂22.84万吨，外销日本14万吨。[③]

谭家山盛产煤炭。1915年，甘玉昆在谭家山购地两千亩开办富有煤矿公司开采烟煤。公司雇佣工人600多人，年产原煤7.2万吨。1918年到1926年，俊发、惠元、昭潭及日商维善、中吉、大丰公司也在谭家山采煤，用火力发电，用电力抽水送风。[④] 至国民政府初期，湘潭县境内的煤矿公司共有14家。

① 湘潭市地方志编纂委员会编：《湘潭市志》第3册（上）《冶金工业篇》，中国文史出版社1997年版，第131页。

② 李会刚：《湖南工业经济发展历史及展望》，湖南人民出版社1987年版，第123—124页。

③ 湘潭县地方志编纂委员会编：《湘潭县志》卷20《工业建筑业》，湖南出版社1995年版，第453页。

④ 湘潭县地方志编纂委员会编：《湘潭县志》卷20《工业建筑业》，湖南出版社1995年版，第451页。

除了以上几家大型工矿外，民初湘潭还涌现了许多小型厂矿。例如1912年建立的杨福盛船厂。① 当时湘潭共出现造船厂30多家，造船工人达700多名。② 1916年，天福公司申请开发龙家塘龙胆石山岭附近铅矿。此外，在第一次世界大战期间，由于帝国主义对军需原料的大量需求，刺激了湖南矿业的迅速发展，轮船运输随之业务猛增，围绕矿山机械和轮船机件而建立的机器修配厂相应增加。适应这一需求，1914年，王顺泰、袁新发两家锅炉修理厂在湘潭先后开业。③

工厂和矿厂的纷纷建立烘托出民国初年湘潭现代化建设欣欣向荣的场面，电力工业的发展更映衬出这座城市的时代气息。1917年，吴作霖呈请政府开办电厂，但仅修建部分厂房和少数电杆便告终。同年，长沙人黄雁九由沪回潭，出资向吴作霖购买了营业权。1918年7月，黄雁九、郭又生、周汉春等人筹资续办吴作霖呈办的电厂，成立湘潭大明电灯公司，选址在十八总由义巷④，宣告湘潭从此告别依靠煤油照明的历史，进入了生产和使用电能的时代。此后几年，陆续有湘乡新明电灯公司⑤、谭家山东茅塘俊发煤矿公司电厂创办⑥。

纵观上述公司厂矿的接连创办，显而易见在民国初期内乱不已的时局下，受实业救国思潮影响，湘潭人执着于家乡现代化的决心和热情。在岁无宁日的背景下，锰、铅、石膏、煤等采矿工业和电力工业却取得了不凡成就。至1929年，湘潭共有各类工场、工厂、矿厂518家。其中，城区479家，从业人员3902人。⑦ 但是，在资本主义生产关系迅猛发展的同时，血淋淋的阶级剥削和压迫也迅速在这些厂矿中变得愈加残酷。资本家为获得尽可能多的利

① 杨福盛船厂建于杨梅洲上，用于制造小火轮和汽划。全厂有各类工人60多名，造船技术独步湖南。1918年该厂制造出“新鸿发”轮，载重98吨，客位500多个，成为当时全省最大的客货轮之一。

② 湘潭县地方志编纂委员会编：《湘潭县志》卷20《工业建筑业》，湖南出版社1995年版，第460页。

③ 李会刚：《湖南工业经济发展历史及展望》，湖南人民出版社1987年版，第132页。

④ 公司系股份有限公司性质，初期集股25万元，次年安装150千瓦单相交流60周波发电机和蒸汽机一套，7月正式发电营业。

⑤ 1925年4月，湘乡绅商万子敬等28人发起，在县城平政桥创办湘乡新明电灯公司，装有30千瓦发电机1台和42马力柴油机1台，同年9月发电营业，年发电量4.32万千瓦时。

⑥ 1918年，谭家山东茅塘俊发煤矿公司自办了一个小发电厂，成为湘潭自办电厂的第一家公司。

⑦ 湘潭县地方志编纂委员会编：《湘潭县志》卷20《工业建筑业》，湖南出版社1995年版，第446页。

润，常常对工人进行惨无人道的压榨。以膏盐矿为例，湘潭膏盐矿开采技术异常落后，工作条件异常恶劣，工人上下矿井全靠古老的绞车——在一根绳子上绑着一根横木，人骑马式地坐在横木上，一手抓住绳子，一手举着火把，由上面的人慢慢往下放绳。人在洞壁上东碰西撞，常是头破血流的还在其次，关键是绳子不能保证安全，只要绳子被扯断，工人便被摔得粉身碎骨而且死得毫无价值。矿工在井下长年累月一丝不挂、满身污垢、骨瘦如柴。因石膏矿层薄，工人在洞内作业永远是趴地爬行姿态，经常被矿岩的锐角刮得体无完肤。井下不能洗漱，也没有床铺①。所有这些还只是工作条件方面的恶劣，在政治、经济权利上工人所遭受的苦难同样惨无人道。有人称膏盐公司这家地下作业的公司为“人间地狱”，可谓名副其实地道出了现代化历史上资本家对工人的血腥掠夺。

银行是现代经济的枢纽，在国民经济正常运转中扮演着举足轻重的作用，它产生与发展的每一步都和国民经济的兴衰有着千丝万缕的瓜葛。中国的现代化起步迟缓，现代银行的出现自然迟滞，直到 1897 年通商银行建立才标志着中国开始拥有自己的银行，但由于此后国家现代化事业进展缓速，银行发展也一直步履蹒跚。从湘潭来看，现代银行产生已经到了民国初年。

民国建立，资本主义的发展获得了因运而起的优势，现代金融业在民初的宽松环境下快速成长。1912 年，湘潭储蓄银行成立，为湘潭最早一家私营商业银行，也是近代以来湘潭第一家新式银行，代表金融业在湘潭诞生。储蓄银行是按照西方资本主义金融模式建立起来的民族私营资本银行，储蓄是它的基础金融业务，争取外界存款是其经营者的头等大事。1918 年 12 月，因时局动荡储蓄银行被迫停业，两年后复业，改称东方储蓄银行，1922 年最终倒闭。②

1912 年 4 月，湖南银行成立，总部设在长沙，不久湘潭支行在潭成立。此时的湖南银行与其湘潭支行是军阀统治的产物，其业务包括发行货币、代行金库。作为谭延闿、汤芗铭、张敬尧等在任时的金融工具，他们滥发纸币，谋

① 以上文字来自湘潭膏盐矿地下党支部成员廖仁杰、唐福田、阳桂和、李绍清、许友生、周伯其、胡宜芳等，膏盐矿工人赵良、周述初，膏盐矿股东屈秉生的回忆。见中国人民政治协商会议湘潭市板塘区委员会文史资料研究委员会编：《板塘文史资料》第 3 辑，中国人民政治协商会议湘潭市板塘区委员会文史资料研究委员会 1989 年版，第 7—8 页。

② 湘潭县地方志编纂委员会编：《湘潭县志》卷 26《金融保险》，湖南出版社 1995 年版，第 608 页。

取私利，在一定程度上导致了地区金融紊乱、货币贬值。该支行在1916年停业[①]，两年后，省行因被抢劫也倒闭[②]。1920年3月张敬尧督办的臭名昭著的裕湘银行在潭设立汇兑处，主任张笃庆，处址选在风筝街，该处业务除发行票币外，还代理省库、办理贴现与买卖金银，是年“驱张运动”爆发，支行也人去楼空。[③]

与省立银行一起发展的还有国有银行，最典型的是交通银行和中国银行。交行是原清朝邮传部奏准设立的，民初交通部1914年3月颁布《交通银行则例》，规定交行经营轮船、铁路、邮政、电讯的收支，同时承担发行钞票、分理国家金库、国内外汇兑业务，因而具有国家银行性质。1913年，交行湘潭支行成立，负责经营粤汉、株萍铁路及电报、储运等建设资金的调拨、结算、监督及其他银行业务，1919年银行关闭。[④] 中国银行成立于1913年[⑤]，根据财政部1913年4月新订《中国银行则例》，中行享有代理国库、经理和募集公债、特准发行钞票、铸造银币等权力，虽无央行之名，但已具备央行之实。[⑥]1917年，中行长沙分行在潭设支店，发行货币、经营存贷业务，1926年关闭。[⑦] 两家大型国有银行相继在潭开设业务而又历时短暂即行关闭，北洋政府的腐败无能罪责难逃。由于北洋政府财政始终困难，举债加税都远水不解近渴，于是频频向两行贷款。国库的空虚又削掉了政府的还债能力，两行只好疯狂印制纸币抛售，造成库存现金不断缩减，既丧失了民众信用，又严重破坏了地区金融秩序，最后被迫关门停业。

保险是为应付自然灾害或意外事故所造成的生命财产损失而采用的一种社会互助性质的经济补偿方法，是社会保障体制的重要组成部分与基础安全阀

---

① 湘潭县地方志编纂委员会编：《湘潭县志》卷26《金融保险》，湖南出版社1995年版，第608页。

② 姜宏业：《中国地方银行史》，湖南出版社1991年版，第170页。

③ 湘潭市地方志编纂委员会编：《湘潭市志》第5册《金融篇》，中国文史出版社1997年版，第841页。

④ 湘潭县地方志编纂委员会编：《湘潭县志》卷26《金融保险》，湖南出版社1995年版，第608页。

⑤ 民国建立不久，原大清银行部分股东上书北京政府建议将大清银行改组为中国银行，承担中央银行职能。这一建议得到北京政府批准，1912年2月5日在上海大清银行旧址正式开业。北京政府定该行总行于北京，作为事实上的中央银行。

⑥ 钟思远、刘基荣：《民国私营银行史（1911—1949）》，四川大学出版1999年版，第92页。

⑦ 湘潭市地方志编纂委员会编：《湘潭市志》第5册《金融篇》，中国文史出版社1997年版，第846页。

门。这一行业无疑也是资本主义经济高度发达的产物，所以保险公司最早产生于欧洲，而中国具有现代意义的保险业产生于十九世纪中后期。在西方保险公司的大举入侵下，清政府草拟了《保险业章程草案》《海船法草案》和《商律草案》，对保险法规以及涉及的商法、海法两大法系都进行了制订法规的探索，而且内容比较周全。可见清政府在开放门户时，对保险法规的制订给予了一定重视。[①] 外国保险业打入湖南市场始于1911年，英国太古公司最早进驻，在省会设立办事机构。1915年，太古公司在潭设业务接洽处，办理火灾保险业务，成为湘潭现代保险业产生的标志。[②] 民国初年，民族资本创办的保险诞生，先施等保险公司在湖南许多城市开办业务。1917年，金星水火兼人寿保险公司[③]在十三总设立分局，办理水火人寿保险。次年，驻湘的联泰、联保、先施水火保险有限公司均来潭设立业务代理处。到1926年，湘潭城区共有保险机构6家。[④] 但与外国保险公司相比，由于近代中国市场经济异常落后，先天决定了中国民族保险业具有规模小、资金少、经营窄、发展缓等缺陷，它的发展始终未能摆脱外商保险同行的羁绊。况且民族保险业的生死兴衰都控制在官府手中，管理衙门化也限制了保险业的发展。民族资本创办的保险公司始终实力不济，业务远不如竞争对手强劲。

二、公共服务领域现代化的建设

1. 交通建设

世道变迁利弊皆至。乱世破坏了部分领域的发展契机，军事纷争、政权迭

① 中国保险学会、中国保险史编审委员会编：《中国保险史》，中国金融出版社1998年版，第60页。

② 湘潭县地方志编纂委员会编：《湘潭县志》卷26《金融保险》，湖南出版社1995年版，第600页。

③ 金星人寿保险公司于1914年4月2日成立，由内阁总理唐绍仪辞职下野后联合伍廷芳等发起集资100万元创办。总公司设上海，唐绍仪任总董，开办多种人寿保险。公司凭借其政治资本，由农商部饬令全国各省加以保护和推广，在直隶、奉天、吉林、安徽、四川、山东、湖南、湖北、广东、广西等地设立分公司。次年5月又创办金星水火保险公司，开展水火险业务。1920年两家合并为金星水火人寿保险公司，简称“金星保险公司”。主席唐绍仪，副主席卢信，水火险总理欧阳荣之，沪局总司理欧镜堂，人寿险总董王正廷，总理易次乾。由于各级军警保驾，业务曾经煊赫一时，但终因外行，不善经营管理，至1929年8月23日退出上海保险同业公会，遂行停业。1931年开始清理寿险债务，拖了很长一个时期，影响较差。（以上见洪葭管主编，《上海金融志》编纂委员会编：《上海金融志》，上海社会科学院出版社2003年版，第236页。）

④ 湘潭县地方志编纂委员会编：《湘潭县志》卷26《金融保险》，湖南出版社1995年版，第621页。

易的时局却又孕育了交通发展的动力。清廷垮台后，以袁世凯为首的北洋军阀与国民党影响所及的新军阀之间迅速展开相互对战，湖南沦为战火纷飞之地，政局始终动荡不安。在此背景下，省内各地难以有计划地致力于交通建设。[①]但主政湖南的谭延闿深知乱世中巩固政权、调控军队和交通建设之间的紧密联系，于是民国初期省内部分城市，如湘潭、长沙等地，竟然取得了交通建设的喜人成绩。

1913 年春，谭延闿下令成立军路局，委派都督府参谋长江俊为局长，负责制定修筑自长沙经湘潭、衡阳直达湘粤边界与广东省大路相衔接的军路计划。[②] 此时袁世凯的北洋政府正加紧排除异己，力图用武力统一全国，南北对峙日趋紧张。正是这种复杂背景刺激了湘潭的交通建设加速推进，产生了公路这一新生事物，成为民国前期交通现代化的主要标志。湖南军路局主持公路修建事宜后，在国内首次按通行汽车标准开始修建长沙至湘潭的公路。由于军阀混战、硝烟四起，50 公里长的长潭公路几度停工，历时数载，直到 1921 年秋

---

① 此时的交通建设管理权属比较混乱。据《湖南公路史》记载，1912 年时，湖南都督府曾设有交通、实业等司，并规定交通司管辖全省帆船、轮船、道路、铁路、电讯电话等事务。司内设有路政等科，路政科下设庶务、技术、调查三股，各股职掌如下：庶务股，负责道路之法规及经营事项；技术股，负责路线选定、开设新道、改设旧道、设置桥梁、开凿沟渠暗渠等事项；调查股，负责旧路良否、道路卫生、地形及土质之调查、道路所经之城市、村镇及宿驿名称之调查、户口多寡及出产种类之调查。与此同时，实业司之下亦设土木工程局，1912 年曾提出倡议性之《湖南土木工程局拟办各项工程说帖》，旋又编拟《湖南土木工程局工程细则》，二者均涉及道路方面。说明中华民国成立之初，已开始着眼于道路方面之建设，但也反映了当时百端待举，一切均在草创阶段，事权未能统一之现象。为此，交通司曾以“路政统一”为由，要求撤销土木工程局。1912 年 4 月出版之《湖南交通报》第一期刊载的《交通司宣布路政统一理由书说》一文中，曾指责实业司：今我省实业司独持异议，假请设土木工程局为名……妄想破坏路政，攫夺路权，以遂其越俎代庖之谋，奸言乱政，莫此为甚。说明当时论争激烈的情况。（以上见湖南省交通厅《湖南公路史》第 1 册《近代公路》，人民交通出版社 1988 年版，第 43 页。）

② 关于该路开工前的具体规划，即修筑军路的选线和宽度，据载：根据当时以都督府名义公布的《购地章程》第四条规定：军路之设，为陆军出发便利起见，不能照官路修复。官路原系官尺一丈五尺，军路加宽应定为官尺二丈四尺，除规复原有之丈尺外，余则分别公私地段办理。这可以说是湖南公路最早的规划。（以上见湖南省交通厅《湖南公路史》第 1 册《近代公路》，人民交通出版社 1988 年版，第 44 页。）

天才宣告竣工通车①，而此时全国公路已达1000公里左右②。

长潭路成为湘潭境内第一条公路。因是首创，其落后性异常明显。公路全线多沿旧驿道改建，技术标准较低，但该路的通车实属湖南和湘潭现代交通史上一件划时代的大事。1921年10月1日第一次试车后，长沙《大公报》曾刊载一篇吕云荪的《长潭汽车试行记》，从中我们得知时人发出的感叹是"以风驰电掣之车，驶于平坦大道之上，直飘飘乎欲仙矣"，足见80多年前人们对前所未有的崭新事物的奇特感受，而事实上该路比照今日着实难称平坦。长潭公路全线共完成路基土石方566000立方米，路面铺砂34825立方米，大小桥梁31座，涵洞86座，全部工费约90万元。湘潭公路由此发轫，也开创了全省公路建设的全新历史阶段。③

长潭路建成后，湘潭又修建了历时六年、三易机构才宣告完成的（湘）潭宝（庆）公路。潭宝路的兴建始于1921年。为筹募修路资金，湖南华洋筹赈会向美国华北救灾协会请求赈济，以受灾名义募得赈款60万元，随后在湘潭成立华洋筹赈会工赈事务所，用"以工代赈"方式，将这笔赈款用于兴修湘潭至宝庆的公路。该路分为湘潭至湘乡、湘乡至宝庆两段。1924年湘潭至湘乡公路竣工，长41.9公里。随后移交湖南省当局接管，省长赵恒惕任命叶开鑫为省路会办主任，继续办理潭宝路未完工程。全路至1928年完全竣工，全长172.82公里，路面宽度为7.5米，建桥梁234座，总造价140万元。湘潭第二条公路正式建成，也因此成为国内公路交通比较发达的城市之一。1927年4月，为庆祝潭宝路的修建，时人为之建碑立亭。该碑现仍屹立于今320国道湘潭段砂子岭，亭内立有"湖南华洋互赈会创修潭宝汽车路纪事碑"，由曾

① 1913年军路局成立，当年就在原驿道上改建成长沙至大托铺一段。同年，继任督军汤芗铭下令停修。1916年谭延闿第二次督湘，促成复工，公路修至了湘潭易家湾段；9月傅良佐督湘，因军阀混战再次停修；1918年恢复修建，因经费困难，进度缓慢。1919年4月张敬尧上台，撤销军路局，改设路政科，修建朝阳桥、暮云桥，不久又因经费拮据停工。1920年6月谭延闿第三次督湘，又继续修筑，至1921年11月全线竣工通车。50公里的公路从开工到竣工，四起三落，命途多舛。

② 龚学遂所著《中国公路事业之过去、现在与将来》一文指出："至于公路之建筑，则以民国二年之长沙湘潭公路为最早，自此以后，年有兴筑，迄民国十一年通车里程计有一千一百八十五公里。"这一记载详见于1943年4月《交通建设》第一卷第四期，转引自以上见湖南省交通厅《湖南公路史》第1册《近代公路》，人民交通出版社1988年版，第48页。

③ 在公路的管理方面，长潭公路建成后，由省内务司下属"管理长潭省路事务所"负责养护公路。当时尚无正式的养路费收入和固定养路工人，养路费来源于由一家叫作龙骧长潭长途汽车公司的机构每月缴纳的租金240元；出现线路损毁时，由养路事务所临时雇工修理。1921年后，出现了养路工班房，开始配备养路工人。

任国务总理兼财长、湖南华洋互赈会理事熊希龄撰文，湖南华洋互赈会干事方永元书丹。[①]

在迭遭兵锋战火蹂躏的民国初年，湘潭的公路里程增长虽不多，但在某些方面却反映了当时公路建设和管理摸索前进的轨迹。如工程发包及管理方法，潭宝路“保路委员会”派员驻路收“车捐”以支付养路费等办法，虽是较原始的现代公路管理雏形，却为此后的公路建设与维护打下了一定基础。

2．现代运输业的破土而生

伴随着公路交通的显著发展，湘潭现代运输业从无到有逐渐发展起来。汽车运输是变人力、兽力运输为机械运输的一场革命。1922 年，何又伊、盛廉生等组建“龙骧长途汽车公司”，于同年 8 月开始营业，成为全省出现的第一家商办汽车运输公司。该公司是由湘、鄂两省人士合资经营创办的汽运公司[②]，于 8 月 2 日正式营业。龙骧公司在长沙设立总站，湘潭易家湾和城区设车站。公司共有营运客车 10 辆，“车身初为铁壳、玻璃窗、漆布座垫，后以铁壳过重，改用铁皮车厢”[③]，“乘客平均每天约 200 人，平均每日营业收入 100 余元。但因车辆不敷，无论何时何地，无不乘客拥挤。”[④] 可见当时客运业务的发展情形。因此，自 1924 年起龙骧公司又继续招股增资，扩大经营，客

① 《碑亭记》及《碑亭附记》记载：1913 年至 1921 年间，湖南省长兼督军、湘军总司令谭延闿为便于调遣军队，用省方收入节余款九十万银圆，历时九年修建了长（沙）（湘）潭军路。后仍“佥以工事最重要莫如筑路”乃决定修筑潭宝公路，作为长潭公路延伸。“议决以所受美国助赈合中金五十六万八千余元专筑此路。由湘政府担任收购筑路地址，并就会中另立潭宝路工委员部，公推华洋干事经理其事，华方被推者为曾约农、袁家普，外人被推者为饶伯师、任修本、韩理生、戈德白、胡美、夏义可、邓榷亘、包惠尔、范尔心。其工程师技师由经理人合商后聘，总工程师卫陆森。”“于壬戌（1922 年）五月十日开始工作至甲子（1924 年）五月，自湘潭至湘乡县一段长八十里……完全竣工，自湘乡县城至永丰一段长一百里土方工程一律告成，约支出土方实三十万元，桥梁实十六万元，铺砂实六万元……”潭宝公路历时五年建成，建成后“交通便利、商业发展，有益于能安民生尔。”（1993 年 10 月湘潭市人民政府公布该碑亭为市级文物保护单位。）

② 当时，盛廉生居住在汉口，曾与汉口利通汽车公司洽商过合作经营长潭客运之事。利通公司在 1921 年 9 月从汉口运来两辆四人座汽车，试驶于长潭公路，效果比较令人满意。于是，龙骧公司与利通公司签订《湘、鄂合办草约》，并在长沙设立筹备处，在汉口设立驻汉办事处，分别筹集资金。1922 年 1 月，湖南集资 20700 元，湖北集资 31600 元，后又由两方再次招股 15300 元，共达 67000 元，从事经营。

③ 《龙骧公司长潭汽车路初察记》，原载《道路月刊》1924 年 6 卷 1 号。见周宏凯主编《湖南公路运输史》第 1 册《近代公路交通》，人民交通出版社 1988 年版，第 15 页。

④ 《龙骧公司长潭汽车路营业调查记》，原载《道路月刊》1922 年 10 月 3 卷 2 号。见周宏凯主编《湖南公路运输史》第 1 册《近代公路交通》，人民交通出版社 1988 年版，第 15 页。

车增至 18 辆。虽然业务发展较快，“每月营业收入多时达五千余元，少亦两千数百元不等”[①]，但公司后来仍然宣布亏损。省政府以此为由，四年后将这一具有里程碑意义的商办客运公司收归“官督民办”。龙骧公司自 1922 年 8 月 2 日开业至 1927 年 3 月 28 日易主，共经营汽车运输业务四年有余。虽然惨淡收尾，但它终归是湘潭第一家商办汽车运输公司，在湖南交通运输史上具有开风气之先的意义。[②]

潭宝路（湘）潭（湘）乡段完工后，一批湘绅申请创办私人运输公司。[③]叶开鑫因眼见龙骧公司似乎财源广进，便电告内务司：此路试办之初，不宜租归商办，务祈即赐决定。湖南当局于是决定由“湘西善后督办兼省路会办叶开鑫氏试办长途汽车营业”[④]。1925 年，叶开鑫在湘乡组建潭宝长途汽车公司，经营湘潭至湘乡客货运输，并委任欧阳镜寰为汽车事务所座办，黄钟岳为事务所主任。公司在湘乡云门寺建立事务所，并设置了湘潭车站（站长为周寿龄）、湘乡车站（站长为黄钟岳）和云湖桥查票所，湖南第一家官办运输公司和第一批官办运输汽车站长诞生。该公司培养了湖南省首批汽车技术工人。初办时，在汽车驾驶和修理方面，公司“聘请美国人费尔特任工程师，并带来两个白俄司机，还从上海等地请来十个驾驶人和修理工担负驾、修工作，在湘

① 《长沙大公报》，1924 年 12 月 25 日。见周宏凯主编《湖南公路运输史》第 1 册《近代公路交通》，人民交通出版社 1988 年版，第 19 页。

② 究其亏损原因，既有外因，但更是内在素质不足所致。外因是地方军阀、官僚贪得无厌地勒索，内因则是公司内部管理不善。如 1923 年 1 月以前“营业状况（收支），均无账目可稽”，“当事人缺乏汽车知识，对机车之好坏，价值之贵贱，不知品评，受人愚弄。”（《龙骧公司董事会向第一次股东大会的报告》，原载《道路月刊》1924 年 10 卷 3 号，见周宏凯主编《湖南公路运输史》第 1 册《近代公路交通》，人民交通出版社 1988 年版，第 15 页。）如此素质，公司经营自然难以盈利。1926 年 8 月，湖南省政府电令建设厅长邓寿荃以“龙骧公司历年以来，不唯保护路身极为腐败，且于路政统一，窒碍甚多，应行与该公司废约。”龙骧公司召开股东会议后，被迫“将站屋、车辆、机件、什物、器具及租约押金、修理垫款等，作价 90877.40 元，开具清单，请求政府照数付给”。但省政府答复是“各处站屋给洋 7000 元，适用车辆机件给洋 1 万元，租路押金给洋 5000 元”（《整理湖南道路计划》，原载《实业杂志》1927 年 6 月第 116 号。见周宏凯主编《湖南公路运输史》第 1 册《近代公路交通》，人民交通出版社 1988 年版，第 16 页。），并决定于 1927 年 3 月 28 日予以接收，改为湘中路局“官督民办”后，自 4 月 1 日起重新营业。第一家运输公司到此宣告退出历史舞台。

③ 商绅盛东深等人联名请求当局批准筹设“利湘潭宝长途汽车股份有限公司”，承办潭乡段汽车运输业务。吴曜等也组织“潭宝路鸿飞汽车公司”，申请办理潭宝路汽车客、货运输。

④ 周宏凯主编：《湖南公路运输史》第 1 册《近代公路交通》，人民交通出版社 1988 年版，第 17 页。

乡设立汽车修理厂”[①]，后又在湘乡创办司机训练班、修理培训班[②]，培养了湖南省第一批专业驾修技工。

虽然潭宝公司的业务具有垄断地位，但其经营时间比龙骧更短，次年2月即被湘中路局接管。据时人考察，设备、技术、服务、票价等缺陷是其衰微之因。[③] 虽然该公司经营业绩不尽人意，经营时间非常短暂，但它培养了最早一批运输人才，其业务经营积累的经验也为运输业继续发展提供了借鉴。龙骧、潭宝两公司相继被接管后，湘中路局在运输管理上吸取两公司教训，加强了运输管理工作。[④]

伴随着公路和汽运的出现，汽车站随之诞生。湘潭境内汽车站始建于1921年。[⑤] 1927年潭宝公路起点处修建窑湾汽车站，是全省站屋规模比较宏大的车站。窑湾汽车站俗称湘潭老汽车站，修建的目的在于使潭宝、长潭两条主要公路接通。汽车站主体建筑为碉堡式楼房，占地2860平方米。该站建筑

---

① 《陈力耕回忆》，原载《湖南公路史资料汇编》第56辑。见周宏凯主编《湖南公路运输史》第1册《近代公路交通》，人民交通出版社1988年版，第17页。

② 因从上海等地聘请的外来司机和修车师傅要价过高，欧阳镜寰与费尔特协商后，把他们全部辞退，改由费尔特带来的两个俄国司机负责开车，另在湘乡开办司机训练班、修理训练班，第一批学员有陈力耕、欧阳镜明、周宗华、欧阳竟成、钟宝璜、童伯鄂等，费尔特亲自授课。培训月余后，便能担负公路的驾驶和修理工作。这些人成为湖南公路运输业培训出来的第一批专业驾修技工，但受条件所限，这一技术培训机构对汽车的修理、保养没有发挥很大的作用。

③ 据《湖南公路运输史》第1册《近代公路交通》记载，湘潭至湘乡之间，水路不能直达，汽车运输业务本应较长潭线为佳，但因经营不当，设备简陋，业务每况愈下，反而不如长潭线。根据1925年8月《道路月刊》第十四卷2号所载《潭宝长途汽车视察情况》，其所以业务不佳，大致有以下几方面的因素：其一车辆设备差。客车以旧式货车改装，四周围白布以遮风雨，车行时风吹布开，乘车极为痛苦。其二车站设置地点不当。车站距市中心较远，旅客非具特别情形者，多不愿远道来站搭车。其三车辆技术状况极差。该路前后共有汽车8辆，能行驶的仅有特别客车两辆、普通客车1辆，座位有限。车内拥挤不堪，且车不按时到达，无一定班期，经常搭不上车，旅客丧失搭车信心。其四服务质量太差。车站服务人员多聘用旧式商人，只图赢利，毫无服务精神。其五票价过高，超过了一般人民的生活水平。其六中途无车站设置。中途上下的旅客，亦按起、讫站票价收费，致中途旅客多不愿搭车。基于上述原因，潭宝汽车公司开业未及一年，营业亏损。见该书第17—18页。

④ 在业务管理方面湘潭、湘乡新设两汽车车务所，在湘潭和湘乡还设置易家湾、湘潭东、湘潭西、湘乡、虞塘、永丰等7个车站。两所各“设所长一人，机械工程师、会计、事务员、文牍、材料管理员、庶务兼管售票、路医各一人，雇员以两人为限。大站每站设站长一人，暂兼售票、稽查二人；小站设售票员1人、稽查1人”，各站站长督率稽查管理本站售票、行李及一切事务，稽查旅客上下人数及搭载行李、货物重量，管理验票、收票事宜。见周宏凯主编《湖南公路运输史》第1册《近代公路交通》，人民交通出版社1988年版，第27页。

⑤ 1921年9月，长潭公路建好后，省公路局在城区河东盐码头附近设湘潭汽车站。1924年，潭宝路潭乡段通车后，改称汽车东站。

设计合理、风格独特、质量较高，是我国第一个砖和钢筋混凝土结构的现代汽车站，同时也是我国最早一批汽车站的代表。到1930年止，在湘潭、湘乡境内计有易家湾、湘潭东、湘潭西、下摄司、易俗河、云湖桥、湘乡、虞塘、永丰、青树坪、廉桥、老龙潭等十余处车站。

公路运输取得发展的同时，水路运输继续发展。1913年8月，湘潭县人杨绍英在十四总开设楚利轮航公司，购置“鸿发”轮，开航于湘潭至长沙间。1921年时，湘潭共有7家轮船公司，35艘大小轮船，4家外商公司。①

3. 现代邮政电信业的飞跃

辛亥革命后不久，大清邮政招牌换成了中华邮政，中国的邮政业务开始迅速发展。此时的邮政大权依然操纵在帝国主义手中，当时邮政总办是法国人帛黎，他对革命采取“临时中立”态度，并在邮票上加印“临时中立”字样，经临时政府外交部、交通部联合抗议后，又加印了“中华民国”四个字，成为“中华民国临时中立”的怪邮票，并在长沙等地出售。② 但诚如常言道“祸兮福所倚”，邮政主权被操控在他人之手，受“帝国主义所控制而享有种种特权”，反而使民初邮政“历经北洋军阀统治时期的连年混战而能迅速发展，扭亏为盈”③。

1913年1月，北洋政府宣布全部撤销国内驿站，延续千年的传统邮驿至此彻底宣告尘封于历史。④ 湘潭邮政随着中华邮政的发展步伐也加速前进，废止了一切驿站，湘潭支局升为湘潭邮政局，机构级别、业务范围与业务水平均

---

① 在交通发展突飞猛进的今天，这座造型别致、保存良好的古老车站已经定格在了全省甚至全国公路发展的历史记忆里。车站现为湖南省级文物保护单位。站房建筑直径15米，中间是5米的圆形天井，边上为8间扇形房间。站房有三楼，一楼建了2米宽的廊檐以便乘客候车。第二、三层楼板及楼顶全部用青砖砌成，然后加涂混凝土。窑湾汽车站坐落于湘江边，该地地势偏低，周围的建筑饱受洪水之灾，但汽车站从没被淹没过。这与当初修建过程中的科学施工是分不开的。据说车站主体建筑由省公路局总工程师周凤九设计，在设计时，他反复计算与测量了水位。建筑人员用土方堆了一个直径约45米、高达5米的台基，周围用麻石砌了护坡，碉堡式圆形站房就建在台基的中央，所以洪水泛滥之时车站总能确保无恙。

② 邮电史编辑室编：《中国近代邮电史》，人民邮电出版社1984年版，第91页。

③ 邮电史编辑室编：《中国近代邮电史》，人民邮电出版社1984年版，第99页。

④ 我国邮驿制度起源于奴隶社会时代，盛行于封建社会。邮驿是历代封建王朝的御用工具，在镇压人民起义、维系专制君权方面发挥了独特的功效。同时这套制度也是我国进入正规化、组织化通信工作的象征，在我国邮政通信史上占有重要的地位。它为促进中国社会的进步、文明的创造和交流、民族间地区间的紧密联系做出了重要的贡献。对于这一历时数千年的传统邮驿制度的地位我们应该予以辩证看待。

获不同程度的提高扩大。1914 年，按照邮局业务量和营业收入的标准考查，湘潭邮局由原来三等甲级晋升为二等乙级。同年，随着中华邮政加入万国邮联[①]，湘潭邮政局业务突增，先是增办港澳及国际信函业务，后又开办兑换国际回信券业务。1921 年后，为适应商务往来需要，邮局还增办商务传单、货样、贸易契、盲人文件等业务。1923 年，邮局增加保价信函业务。[②]

1920 年时，湘潭城区投递邮路增加至六条，邮网密度进一步增大，并增设镇村邮路，将城乡邮递结合起来。随着湘潭境内汽车、火车运输的发展，邮路相继开辟，传递邮件时间明显缩短。这一时期新开通的汽车、火车邮路多达五条，连接湘潭到长沙、永丰、衡阳、宝庆等地。[③] 邮局业务的迅速开展和业绩迅速提升，再一次促成了湘潭邮局的级别上升。1929 年，湘潭邮局由二乙晋升二甲。

在制度建设上，民国邮政继续推行巡员制度。电报、电话分设报务领班和话务领班，负责业务管理和监督检查，邮政系统制定了统一的规章制度，对人事管理、邮件处理、公物管理、报表格式、业务范围、采购供应等都做了严格规定。

民初湘潭电信业务也飞速发展。电报子局改为电报局，建为三等。1912 年，长潭电报线路从湘乡延升到永丰、宝庆。1914 年，省电话局将长沙的 100 门磁石式交换机一台分给湘潭，设电话分局于十六总，办理湘潭城区电话业务。同时架通长潭长途电话线路，成为湘潭长话之始，也是湖南省内最早、国内第二的长途电话线路。后由于商民对所装电话缴纳月租后挂发长途又要另外计次收费不满，省电话局决定撤销磁石式交换机，停办城区业务，仅剩分机用于长话需求。[④] 1928 年，湘乡县政府设立电信室。同年，湘潭县政府在建设科也设电话组，有技士、技师、公役人员共 19 人。[⑤]

---

① 1874 年 9 月 15 日，在瑞士首都伯尔尼召开了 22 国邮政代表会议，于同年 10 月签署了邮政总公约，成立了“邮政总联盟”，后改称万国邮政联盟。直至 1914 年 3 月，中国才正式加入该组织。

② 湘潭县地方志编纂委员会编：《湘潭县志》卷 22《邮电》，湖南出版社 1995 年版，第 515 页。

③ 这五条邮路分别是：湘潭至长沙快班，1920 年开通，全程 51 公里；湘潭至永丰快班，民国初年开通，全程 90 公里；湘潭至株洲、衡阳邮船班，1920 年开通。1919 年时，湘潭邮局奉令购买木帆船一艘用于邮运事宜，次年 1 月 20 日该邮船首航，船挂邮旗，四名水手身着邮政号衣，开行于湘潭城区至株洲间和湘潭至衡阳；易家湾邮政代办所铁路邮运，1918 年开通。利用粤汉铁路火车运输收发进出口邮件；湘潭至宝庆公路邮运，1928 年开通。1928 年 8 月 13 日，湘潭邮局利用潭宝路的便利开通了公路客班车带运邮件业务，这成为省内首条汽车邮路。

④ 湘潭县地方志编纂委员会编：《湘潭县志》卷 22《邮电》，湖南出版社 1995 年版，第 520 页。

⑤ 湘潭县地方志编纂委员会编：《湘潭县志》卷 22《邮电》，湖南出版社 1995 年版，第 524 页。

农村开始出现电话。1914 年 3 月，湘乡农村首先由私人投资架设杨家滩至茅塘铺、永丰至青树坪电话线路各 1 条，成为湘乡境内最早出现的农村电话线路。1928 年，湘乡县政府在县境兴建电话线路，是年 9 月架通湘乡至杨家滩城乡线路 80 杆程公里。①

在民国初年的动荡环境下，湘潭电信业在城乡同时获得发展来之不易，电线向着四方延伸的过程，也是湘潭与外地联系进一步密切、交往进一步便利的过程。更重要的是，电信以及交通的迅速发展为日后国民政府选址湘潭作为新兴工业基地，重点发展电力工业和重工业提供了决策依据。

4．现代医卫事业继续发展

湘潭医卫事业在北洋政府时期继续发展，美国人办的湘潭医院发展尤为明显。随着湘潭人民对西医的种种疑虑和偏见的逐渐消除，到医院看病的人逐渐多起来，湘潭医院业务有所拓展。1918 年医院先后建起了正规的独立女病房和男病房。当年的门诊和住院病人都有增长，产科病人尤为突出，比先年增长 5 倍。至北洋政府末期时止，接受过培训的中国医师、护士人数也已增加。其间，湘潭发生了先后两次大水灾，灾后霍乱肆虐，湘潭医院病人爆满，医生全力以赴用西医注射方式抢救病人，其医技水准经受住了此次灾难的考验，医院的医术医德后来被人广泛赞誉。

三、政治领域现代化的建设

1．制度建构日益完善

中华民国的建立是中国资产阶级标榜西方资本主义自由与民权的产物。西方的权力制衡、司法独立制度在民国初年曾经相当有力地影响过中国行政界司法界。民国建立后，革命党人将革命的政治宣言开始付诸实践。虽然不久政权易手，袁世凯主宰民国后成为国家权力的巨擘，但是资产阶级民主形式依然得以保留，国会中同盟会员居多数，南方多数省的政权也掌握在同盟会手中，革命派还有与北洋派一争高下的实力。因此，北洋政府初期国内舆论活跃，大小党派团体上百个，报刊几百家，表现出难得的资产阶级民主氛围。正是在这一时期，现代化的行政、立法、司法各司其职的体制逐步在中国奠定。

依照《中华民国暂行法院编制法》，民事与刑事审判机关分为四级，实行

① 湘乡县志编纂委员会编：《湘乡县志》，湖南出版社 1993 年版，第 380 页。

三审制。[①] 当时，“京师设大理院及总检察厅……管辖京兆属县及京师诉讼，于各省城设高等厅，于县乡（镇）设地方厅及初级厅，又因地方情形得设高等分厅或系地方分厅”[②]。按照这一布置，湘潭作为县级建制于1912年设立了初级审判厅。审判制度建立后，检察制度相应建立，在四级审判机关中设四级检察机关[③]，根据官方说法检察官员的职权是依法实行搜查取证、提起公诉，并监察判决的执行。各级检察厅配置于各级审判机关内，但独立行使职权。根据这一安排，1912年，湘潭设立初级检察厅，不久湘乡也设初级检察厅，掌理轻微民、刑案件。审判、检察机构都于民初建立后，湘潭的独立司法体制在形式上得以健全并运作，但就本质而言，北洋时期司法机构不过是当局压迫人民的另一种新工具而已。曾任总检察长的罗文干就承认：“凡行政长官所不喜之人，旦夕得而羁押之，检察官不敢不服从也；凡行政长官所袒护之人，不得逮捕之，检察官又不敢不服从也。”[④]

1914年，袁世凯集权，废《临时约法》，两县检察厅被撤，1923年才重设。但检察官员贪污肥私、争权夺位、纠葛迭起。检察厅复建次年，湘乡司法界发生了一起有名的闹剧。是年，章希煦调任县检察厅长，原任徐汉不肯交印，省司法司派江某到湘乡催交，徐、江对峙，竟开枪射击。对此丑闻，《大公报》发表评价：官场丑态，愈演愈奇。[⑤] 1926年，两县再次撤厅，检察事务由县长管理。

司法机构独立。次年3月10日，湘潭县建立了独立的立法机构，即县议事会，4月8日湘潭议事会举行了隆重的成立大会，县长余屏垣致辞：“政体共和……欲俾国基巩固，端资议会精神。”议长朱润章致辞：“议会者，立法之权也；官厅者，行政之集合也。必立法详审，而后行政有依据。”[⑥] 乍一看，

---

① 初级审判厅是普通民事刑事案件的第一审机关。地方审判厅是普通民事刑事案件的第二审机关和特别案件的第一审机关。高等审判厅为普通民事刑事案件的第三审（终审）机关和特别案件的第二审机关。大理院为法令规定属于大理院特别权限的案件的初审也是终审机关，亦为不服高等审判厅判决的案件的第三审（终审）机关。

② 《中国年鉴》第1回，商务印书馆1924年版，第351页。转引自白寿彝总主编，龚书铎主编：《中国通史》第11卷《近代前编1840—1919》。

③ 即初级检察厅、地方检察厅、高等检察厅及总检察厅。

④ 罗文干：《狱中人语》上编，台北文海出版社1973年版，第53页。见沈云龙主编《近代中国史料丛刊》正编第16册。

⑤ 湘潭市地方志编纂委员会编：《湘潭市志》第8册《检察篇》，中国文史出版社1997年版，第288页。

⑥ 周磊：《湘潭历史考述》，湖南人民出版社2003年版，第260页。

湘潭已然建立了行政权和立法权分立制衡的现代民主共和体制。3 月 18 日，县参事会成立。

虽然县议事会、参事会都已建立，但与国内各地大同小异的是，“会议的召集、开会、闭会、延会等，均由县知事（即县行政长官）决定”①。它所作出的决议，县知事不仅可以提交复议，而且可以撤销。“县议事会的职权十分有限，几乎全在县知事的控制下”②，所以，两会实质上都不过是民主的点缀，其存亡建废无不为北洋政府的行政权力机构马首是瞻。以湘乡为例，1913 年召开正式的县议事会，选周焕华为会长，并选出省议会议员，湘乡独立立法、民意机构就此建立③，仅至当年冬，议事会、参事会便被强行停止活动，此后数年，议事会办、停无常④，到 1922 年 1 月 1 日，根据赵恒惕公布的《湖南省宪法》，3 月，湘乡县议事会开会，选出 50 人为湘乡县议会议员，8 月选举刘应运为首任议长，并选举副议长及常委 5 人，组成了县级领导班子，湘乡县议事机构起伏跌宕的历史才宣布结束，正式改为议会组织。⑤ 从湘乡议事会的曲折命运看，民初所谓民主自由本质上只是粉饰民国的装饰品，是独裁政府日思夜想如何除去的累赘。

湘潭县议会成立稍早，1913 年 9 月 1 日便已建立。按照官方文件，县议会主要是审查和批准县级财政预决算，决定县行政、审判、检察各处交议事项，追查公职人员违法行为，任命和撤销公职人员等。当然，这仅是一种宣传上的高调。以 1913 年民国国会选举为例，所谓民意机关、权力机关便轻易暴露出其本质不过是军阀操控的玩物。1913 年 10 月 6 日国会选举，袁世凯派军警、地痞、流氓数千人把选举会场包围得水泄不通，声称“非将公民所瞩望的总统选出，不许选举人出会场一步”，议员们从上午 8 时到晚上 10 时，共 14 小时被包围在会场里，饿着肚子连续投票三次，最后不得不选举袁世凯为

---

① 钱实甫：《北洋政府时期的政治制度》下册，中华书局 1984 年版，第 296 页。

② 钱实甫：《北洋政府时期的政治制度》下册，中华书局 1984 年版，第 297 页。

③ 从议决事项观察，范围涉及划分城镇乡区划、组织城镇乡自治会、拨补自治会经费、分期筹办警察、实行强迫教育、推广小学教育、禁止妇女缠足、禁吸鸦片、禁牌赌、停办小学教员养成所、严禁偷运谷米、归并农会蚕业传习所于艺徒学校等议案，粗略看来议事会是有权力、有地位、能制约政府的独立机构。

④ 第二年湘乡重组参事会，设议员 13 人，却以县知事黄周祟为会长。不久，袁世凯政府以地方自治机关把持税捐、干涉词讼、妨碍行政，又下令停止县议事会。直到 1921 年春湘乡议事会、参事会才次第恢复。次年 4 月后，参事会再次被解散，议员为此上诉，后补津贴费 180 元了事。

⑤ 湘乡县志编纂委员会编：《湘乡县志》，湖南出版社 1993 年版，第615—616 页。

正式大总统[①]。堂堂中央议会选举竟如此荒唐，实为民国民主政治虚伪本质的铁证。

北洋政府掌控民国政权的全部时期里，一直得到外交上的承认，是中国的合法政府，它也确实在“民国”旗帜下做出了一些看似尊重民权与法律的制度建设。譬如湘潭一地，至少此时湘潭的政治体制有了革命性变化，建立了不附属在行政制度下的司法、立法机构，这是符合世界大势的主流选择。但是，北洋政府的现代政治制度建设并不像西方资本主义政治制度一样建立在确定的成熟的政治原理与政治规范上。“北洋政府的政治制度没有相对稳定的形态，它不重政见、不讲原则、不论方略，一切以实利为依归。它对于袭用封建政治制度是出于天性并且轻车熟路，而在有政治需要时它也会套用西方政治制度的一种或全部。”[②]

2. 社会团体的乘势而起

民国初年，伴随政治环境发生的翻天覆地的变化，湘潭的社会风气和人们的观念行为都不自觉地随之演变，总趋势是逐步靠近现代文明社会言行规范、淡化封建等级秩序的余渣，例如关注国事、尊重女权、捍卫人权等。在社会趋向开放大势面前，各种社会团体、组织机构纷纷乘势而起，昭示着政治权利的增加和湘潭人民对新生活、新社会的真切憧憬。

按照成立时间的先后顺序，兹将这一时期湘潭成立的各类民众组织和社会团体罗列如下：1917 年 6 月 6 日，湘潭县学生联合会成立；[③] 10 月 13 日，红十字会湘潭分会成立[④]；1922 年 1 月 25 日，吴琛、徐舒等成立湘潭县妇女励进会[⑤]；9 月 23 日，株洲运煤工会在火车南站杨氏墓庐成立[⑥]；1923 年 2 月，社会主义青年团安源路矿第六支部在株洲建立[⑦]；12 月 23 日，中共安源路矿

① 徐风晨：《中国近代史》，辽宁人民出版社 1983 年版，第 654 页。

② 徐矛：《中华民国政治制度史》，上海人民出版社 1992 年版，第 74—75 页。

③ 学联发布宣言书和会纲，宣布“以鼓励同胞之爱国心，提倡国货，抵制日货为宗旨”. 1919 年 5 月 10 日，湘潭中小学生为声援五四运动举行示威游行。16 日，广大学生再次罢课，举行游行示威，声援五卅运动。

④ 红十字会主要从事救护伤兵、救灾救济和疫情防疫服务。分会的工作直接接受中国红十字会的指导。

⑤ 这是湘潭妇女团体的起始。

⑥ 株洲首个基层工会，当时湘潭的第二个工会。

⑦ 该组织成为当时湘潭境内最早的团组织。

第七支部（中共株洲转运局支部）在杨氏墓庐建立[①]；1924 年 2 月，由中共湘区执行委员会委派的王则鸣到湘乡从事党建活动，成立中共湖南区第三特别支部；9 月，湘潭东一区八叠乡（今株洲市芦淞区曲尺乡）建立党支部[②]；1925 年 5 月，湘潭东一区八叠乡农民协会成立[③]；6 月，毛泽东创建中共韶山特别支部[④]；同月，湘潭县第四区农民协会成立，会址设于雨湖烟柳堤北侧凤竹庵，贺桂兰为委员长[⑤]；10 月，中国共产主义青年团湘潭城区特别支部成立，有团员 6 人，直属团湘区委；1926 年 6 月，为支援北伐，湘潭成立统一的团组织湘潭共青团干事会，城区先后有泥木、码头、染业、织造、造船、药业等行业成立支部，团组织遍布工厂、学校；7 月，在北伐大好形势下，工农革命运动高涨，中共湘潭地方执委会（即县委）在城区成立，杨昭植任书记[⑥]；10 月 25 日，湘潭县女界联合会成立；12 月 1 日，县第一次工人代表大会在城区和化坛举行；3 日，成立县总工会，组建工人纠察队；1927 年，湘潭成立新闻记者联合会。

上述各类团体、组织的成立并不限于某些相同或相似职业阶层简单的行业组合，更有国民大革命时期中国共产党在湘潭的早期活动和组织建设。共产党与其群众组织的星星之火开始闪耀在湘潭上空，马克思主义和劳工神圣思潮渐渐渗入劳动人民心中，成为湘潭未来革命事业开展的坚实基础。

在各种政治思潮和西方文明扑面而来的冲击下，湘潭人民的生活习俗、行为方式、价值取向也开始变得多姿多彩，显示出社会的动荡与开放同在、保守与革新共存。革命后，鸦片开始被禁止吸食，蓄辫成为丑恶习俗，女子放足演变为不可阻挡的潮流，1921 年 1 月，湘潭最终明令禁止妇女缠足。[⑦] 这一时

---

① 这是当时湘潭境内最早党支部，该支部有党员 8 人。

② 成为湘潭境内最早农村党支部，也是湖南第二个农村党支部。

③ 该协会为当时湘潭境内最早的农民协会。

④ 毛泽东于 1925 年 2 月回韶山进行农民运动研究之际，亲自开展培养发展党员的工作。随后，银田特别支部、城区特别支部、东五区支部、南三区支部相继建立。年冬时，韶山特别支部将发展组织的活动延伸到湘乡境内，建立了凤音、城前两个支部，韶山特别支部改成中共韶山特别总支部。次年，经上级组织批准，改为中共湘潭特别委员会，管辖韶山一带党组织。

⑤ 这是湘潭近现代史上第一个有政治色彩的反帝反封建农会组织。随着北伐战争节节胜利，湘潭、湘乡两地农民运动蓬勃兴起，到这年年底止，湘潭建立了 14 个区农协、490 个乡农协，12 万多会员。湘乡有 49 个区农协、498 个乡农协，19 万会员。

⑥ 中国共产党的县级领导机构诞生后，领导工农开展革命斗争，大量发展工农和知识界先进分子入党，至大革命失败前夕，共产党员发展为 1700 多人。

⑦ 湘潭县地方志编纂委员会编：《湘潭县志》卷 2《大事记》，湖南出版社 1995 年版，第 17 页。

段，西药、洋伞、纸烟、钟表、眼镜等舶来品遍及城乡，日益受到民众欢迎；舞会、扑克、电影等西方娱乐方式也逐渐被人们接纳；老爷太太的称谓迅速被先生女士等词代替；阴历独存改成了阳历与阴历并存；孙中山诞辰、黄花岗七十二烈士殉难日、民国成立日等成为湘潭人民新的纪念日；湘潭的街区开始变得清洁，家家户户门前自备垃圾箱，由清洁工负责每日倾倒。在变动纷繁的社会中，特别是经过新文化运动和五四运动的熏陶，人们的自我权利意识迅速苏醒，最底层的劳动人民也投入了捍卫正当权益、追求自身解放的滚滚大潮中。1924 年 4 月 21 日，裕甡锰矿工人发起罢工，抗议资方压低运价。次年 11 月，工人再度罢工，迫使资本家增加工资。[①] 1923 年 1 月 26 日，株洲运煤工会为提高工人待遇，发起全员罢工达 33 天之久，最后取得胜利。[②] 1926 年 12 月 23 日，杨昭植主持工、农、商、学、女界联合会，共同发起并成立了“反对文化侵略大同盟”，对外宣布“文化侵略为帝国主义侵略、政治侵略最阴险之政策，吾人于反抗帝国主义武力侵略、经济侵略中，于文化侵略尤应力于攻击”，12 月 25 日，湘潭举行了大规模反文化侵略示威游行，散发大量传单、标语，揭露帝国主义对华文化侵略的事实。[③]

四、文教领域现代化的建设

自 1840 年鸦片战争以后，西方文化在中国的传播就一直步履未断。清朝的灭亡理论上宣告了压制中国两千余年的封建专制的结束和资本主义发展的春天，西方文化大规模传入中国变得名正言顺，湘潭在民国初期走向文明的步伐也的确迈得铿锵有力。

文教事业发展的成就有四大表现。其一是图书出版发行领域的进步。1913 年，谦记群守益图书印刷社开业，该社配有铅印机 10 台，员工 50 多人。1924 年该社印刷了由长沙佛教正信会编著的《金刚六经会抄》。后于 1926 年创立的《湘潭民报》也开设了印刷部。1923 年，刘千俊所编《湘潭乡土》在湘潭印刷出版。印刷业是出版业的初级阶段，它的发展有助于扩大文化的传播范

① 湘潭县地方志编纂委员会编：《湘潭县志》卷 2《大事记》，湖南出版社 1995 年版，第 17 页。
② 湘潭县地方志编纂委员会编：《湘潭县志》卷 2《大事记》，湖南出版社 1995 年版，第 17 页。
③ 康咏秋：《湘潭文化史话》，湖南人民出版社 2003 年版，第 272 页。

围，帮助更多的人接触新式文化。[①]

其二是电影领域的发展。1919 年 5 月 20 日，湘潭最早的电影剧场三育社开业。这家影院可同时容纳观众千余人，每逢周六放映，“由西洋运来欧战影片，观剧者其形踊跃”[②]。1924 年，中共党员罗学瓒等组成电影队，在城区及马家河[③]放映进步影片。随着电影艺术在湘潭的进一步发展，新的生活方式、新的思想观念随之进一步深入，湘潭新文化的孕育和壮大获得了更为强大的动力。

其三是报纸领域的发展。报纸这一文化媒介在民初首次现身湘潭。1920 年 10 月，张杏初、邓瀛仙等创办《湘潭日报》，1926 年 2 月改称《湘潭民报》[④]。1925 年冬，《湘乡民报》创刊，1927 年下半年时被收为国民党党报，经费由县财政支付。1926 年 10 月 21 日，《湘潭商报》创刊，创始人为周一愚等。

其四是教育领域的发展，这也是撑起湘潭文化事业在民国前期繁荣进步的顶梁柱。1912 年，湘潭小学堂一律改为小学校，江苏在潭商会首创金庭小学，校址位于城区三元街金庭会馆[⑤]。到当年年底，湘潭的小学就多达 208 所，数量居全省各县第二，学生达 6630 人，列全省第三。此后几年因为汤芗铭、张敬尧等在湖南推行暴政，侵吞学款，致使湘潭教育受到严重摧残，到 1920 年时，学校只剩 195 所，学生数量急剧减少。受五四运动的影响和推动，湘潭兴办小学教育再次蔚然成风，1921 年，毛泽东、黄笃杰等 7 人筹集银洋 1000 元创办新群小学。1922 年起，湘潭县周怀煊在 3 年内连续捐田 516. 8 亩、房屋 13 栋、地基 8 处，设立振武一、二、三、四小学，获得了时任教育部长蒋梦麟授予的捐产兴学一等奖，省厅厅长黄士衡还题“毁家兴学，古今几人！疏

---

① 此领域的建设成就还有：1923 年，萧向春在十五总开设商业图书馆。此前，王谷生在十二总开设了统一图书馆。1925 年 2 月，毛泽东回韶山开展农民运动，得到同乡钟志申激情满怀支持协助。是年 6 月经毛泽东介绍，钟志申加入中国共产党。同年秋，钟志申受党的派遣到银田寺白庙小学，与党内同志成永清等人集股组织知行合践社，他任经理。该社公开身份是发行书刊，实际上是用于秘密开展党的交通联络工作。

② 康咏秋：《湘潭文化史话》，湖南人民出版社 2003 年版，第 268 页。

③ 罗学瓒出生地，当时属于湘潭县，今属株洲市天元区。

④ 湘潭县地方志编纂委员会编：《湘潭县志》卷 2《大事记》，湖南出版社 1995 年版，第 17 页。

⑤ 随后又有晋、鲁、豫、陕、冀各省会馆创办集湘小学以及江西会馆办的石阳小学、临丰小学、豫章小学等，拉开了境内小学教育大发展的新篇章。另外，1914 年春，湘乡县高等小学校在东皋书院创建，是民国时期湘乡小学教育的开端。

财仗义，厥为周绅……”予以褒扬[①]，此事一时传为佳话。到 1929 年国民政府建政初期为止，湘潭共建有小学 1018 所，居全省各县第三位，在校小学生达 34181 人。[②]

职业教育发展形势良好。1912 年，湘潭县立女子实业学校创办于城内育婴街，开设修身、国文、算术、家政等普通科和缝纫、蚕业、染织、编物等职业科，且备有缫丝、织布机供教学实习。职业教育的起步前行，既诠释着民国教育的发展，也宣告了新时代女权的伸张。此后几年，职校大量创办，遍及城区。[③]

办学要有师资。民国初年，湘潭师范教育方兴未艾。1912 年，湘潭县立女子（初级）师范学校创办于陶公祠，鼓励妇女从事教育事业。该校学制五年，设立附小。同年，湘乡创办初等小学教员养成所，作为培养新社会所需教师的场地。1922 年，湘潭县立中学附设甲种（初级）师范班，招生 70 人，其中有女生 10 人。男女混招成为当时的创举。师范教育的壮大为彻底淘汰旧式私塾创造了条件，年轻学员经过崭新的师范培训后，将更有效地为传播新文化注入活力。

在新文化运动和国民大革命洪流带动下，湘潭平民教育在正式启动。1918 年，湘潭县立女职和县立乙种商业学校开办工人夜校，这是成人业余初等文化

---

① 湘潭县地方志编纂委员会编：《湘潭县志》卷 28《教育》，湖南出版社 1995 年版，第 659 页。

② 在兴办的小学之中，也包括了一些由西方传教士和国内宗教界创办的学校。民国元年，美国圣公会在风车坪设立圣保罗小学。1915 年遵道会在十八总创办尚德小学，美籍牧师何维廉担任校长。意大利天主教神甫文焕章在十八总天主堂侧创办湘潭天主堂育才学校。1916 年海会寺、西禅寺、白云峰寺、大杰寺、龙王寺等联合首创海会小学，湘乡各寺院也联合创办了五所养正小学。

③ 职教发展方面，见于方志记载的其他职校情况是：1912 年，湘乡县涟滨工业学堂改办艺徒学校，后又改为县立乙种农业学校，设农科和蚕科。1913 年，湘乡县在上里、中里、首里各办女子实业学校一所，湘潭县私立楚山两等小学校改为县立乙种商业学校。1915 年，还有乙种农业学校、乙种工业学校和城背（今属株洲）女子职校等创立。1919 年，东二区女子职校在藕花庵设立，1922 年，胡书煌女士创办南三区崇实女子职校，文科设国文、算术、修身、常识（后改为史地、自然）等课，实科设缝纫、刺绣、织造、针织等课。1926 年 8 月琦湘女子缝纫刺绣职业学校（原名简易初级女职）开办于城内洗脚桥。1927 年焕新职业学校（原为杨氏私立简易女职）创办，设簿记、农科、家事三个专业，并附设农场，有水田 1600 亩，山地万亩。从职业教育发展的现状来看，这一时期内湘潭是比较重视培养实用人才的，而且比较注重女子职业技能的培训。

教育兴起的标志。这一时期，湘潭、湘乡平民教育发展迅速、成就显然[①]，一大批接受革命教育的工农干部成长起来，推动了湘潭、湘乡工农革命运动的蓬勃发展。

随着学校的大量兴办，教育教学工作变革提上日程，不断推陈出新。民国初年，教学出现自学辅导法，由过去单纯的教师注入改为教师的教与学生的练相结合的班级教学。新的文体项目被引进，1914 年，足球首先在教会学校出现，第二年，留美学生把排球传入湘潭，既有利于活跃学生课余生活，也传播了西方的现代文明。1921 年 6 月以后，湘潭教育界开展了体育研究社、国语讲习班、乡土教材等教学改革。

文化教育及出版传播事业取得的巨大成就主要得益于三个因素。首先，辛亥革命后湘潭光复，为了适应新形势的要求，一个颇具规模的书报出版印刷、发行机构随之建立，现代文化业得以迅速发展。其次，政府在政治上宣传言论自由，文化传播事业获得了一个难得的宽松环境。最后，五四运动爆发后，在毛泽东等人倡导下，长沙、湘潭等地大量创办进步书店，出版进步刊物，传播新思想新文化，潜移默化地发挥了解放人民思想的功效，极大地促进了文化事业的新跨越。

历经民国前期各种政治风云变幻和西方文化来袭，受惠于新文化运动和大革命的洗礼，湘潭的文教事业发展呈现出了盎然生机，封建宗法尊严第一次遭遇严重动摇，束缚人心的礼教道统逐渐被砸碎，西方现代文明，特别是共产主义学说在湘潭的土地上开始扎根生长。科学与民主的旗帜一经竖起，便将屹立不倒地指引志士仁人不懈追求光明进步的未来。

综上所述，政治上统一权威的丧失导致地方各自为政，追逐自身利益最大化；一盘散沙的民初政局让帝国主义有机可乘，纷纷寻找各自代言人，各派军阀在后台支持下狼狈为奸，为扩大一己势力不惜置民族利益于不顾，以致国家内乱纷扰、民无宁日。这便是民国初期湘潭面临的时局。政治与军事斗争的迫切需要却为交通、通讯、矿业发展创造了推动力，湘潭在这几大领域的建设异军突起；需要安定发展

---

① 见于方志记载的还有：1923 至 1925 年，黄静源在株洲镇开办工人补习学校，杨昭植等在湘潭城内创办平民夜校，培养工农运动骨干，开湘潭干部教育先河。随后，从广州农运讲习所学习回乡的农运特派员在湘乡东皋书院等地创办农运讲习所、训练班，培养农运骨干。1924 年，湘潭县平民教育促进会成立，在城乡开设平民学校。中共湘潭县韶山特别支部、湘潭城区支部等建立后，在湘潭创办平民夜校、补习学校等，给底层人民大众讲授文化常识，宣传革命道理。1921—1927 年间，湘潭县工会、农会通过夜校和短期培训，共为中共湘潭地方组织建设和工农运动培养干部千余人。

环境的医疗卫生、农业、商贸业等领域则与其形成鲜明对比；政治强权的沦丧还社会以一定程度的思想言论自由，文教事业趁机加速，西方的新式教育理念、文化成果迅速传播，促进了湘潭文化事业的更新进步。

通过对北洋政府时期湘潭现代化建设进程分析，不难发现工业、交通、教育在现代化范畴里的重要地位和对现代化的巨大推动作用，这一重要性显然也为军阀们所了解，所以他们乐见其发展壮大。毫无疑问，交通的发达有助于地区联系的紧密，现代工业与文教的发展有助于一个地区经济社会发展水准的提升。而商贸、农业和医疗领域的发展则与百姓生活息息相关，离开了政府的重视与扶持，这些领域必将难以实现真正进步，严重损害人民群众分享现代化建设成果的公平性和可能性，加剧社会分化，最终必然导致人民对执政阶层的不满和反叛，社会革命将难以避免。

第四节　国民政府时期湘潭现代化事业的进展与停滞

1924 年 1 月，中国国民党第一次全国代表大会在广州召开，孙中山提出了“联俄、联共、扶助农工”三大政策，第一次国共合作正式形成，并迅速开创了一个国共统一战线领导下的反帝反封建的国民大革命局面。4 月 1 日，国民党湖南临时党部成立，不久，省党部委派以个人身份加入国民党的共产党员罗学瓒、彭公达和国民党员郭皋来潭，是月建立了中国国民党湘潭县党部，革命形势在湘潭逐渐形成高潮。1926 年年中，广东革命政府发起的北伐大军开赴湘潭，在国共两党精诚合作下，湘潭工农各界欢呼雀跃，踊跃投身革命、支援正义之军，北洋军阀在湘潭的统治渐趋崩溃。湘潭即将迎来一个新的历史时期。

一、国民政府前期湘潭发展的徘徊和进展

1. 传统经济式微与街市繁荣消退

经过北洋末期的拉锯战争和帝国主义残酷侵略后，北洋政府留给国民政府的“遗产”并不可观。国民党建立政权后一直惦记对革命的镇压。通过屠杀革命群众上台，而后又立即展开大规模“清乡”“剿共”，南京政府财政状况一开始就陷入困境。就湘潭而言，历经许克祥、白崇禧、何键以及蒋介石等所部军队频繁扫荡，元气大伤，工商业衰退，农业荒废，政府收入锐减。为筹集

经费以图彻底铲除革命，加重人民税负成为必然选择。据统计，包括湘潭在内的湖南各县田赋以外附加税有26种，杂捐有上百种。30年代初湘潭“生活程度之高昂，苛捐杂税繁重以及各种原因凑合之情势下，农村经济破产现象日形尖锐”[①]。

人祸不停，天灾亦不断。1931年，湘乡县发生严重水灾，淹没农田几十万亩，冲毁房屋数千栋，受灾群众达13.5万人，还有4万多乡民流离异乡。1933年，湘潭、湘乡发生严重旱灾，河水断流，池塘龟裂，水稻枯槁，受灾农田达80万亩，百分之六七十农田颗粒无收，湘乡的饥民就高达80万，灾民大批流落他乡乞讨，惨不忍睹。[②] 苛捐杂税、天灾人祸连年不休，湘潭的农业始终难以恢复。不兴水利建设、不行垦荒拓地、不重民生利益，在水旱虫灾降临时便只好听天由命。

药材行业和工商业也进一步衰落。由于长衡公路、粤汉铁路等交通线路的相继开通，湘潭进一步失去集散价值，货物物流量进一步减少。到1932年，湘潭药材行仅存六家[③]，从业者不足200人。1935年时，因捐税繁重，百货业萧条至仅存30家店铺，而此时的长沙有商铺562家，衡阳93家，湘潭经营苏广杂货的商家反而要从外地进货。曾经繁荣富庶甲三湘的湘潭到国民政府前期时已是市井清冷、商人返乡，城区破败不堪、污水浸道。市面的兴衰陵替，折射出了这座城市现代化新生中的痛苦与艰难。

2. 第一次城市建设的启动

民国时期湘潭县政府设立了建设科，管理水利、交通、房产和城镇建设。但该机构并未主动关注城市的日渐残破。1928年8月，一个叫王捷俊的湘潭人指出：“商务之消沉，街道湫隘有以致之”，“遂仿长沙拆让街道”，倡议拆城让街，整修城区。当局考虑后接受了建议，于是年成立整理街道委员会，湘潭首次开始了有计划的城区整修。历时四月后，整治成果显现了：城区三义井到万寿宫的道路拓为宽一丈八尺（6米），万寿宫至潭宝汽车站拓宽为二丈二尺（约7.3米），其他街道则一丈四尺（约4.7米）或者八尺（约2.7米）；同时确定了路和街的新名，从三义井到观湘门的路段称为民治街，从大埠桥到十一总路段称为平政路，十二总至十四总为三民路，十五总至十八总为中山

① 尹铁凡：《湘潭经济史略》，湖南人民出版社2003年版，第224页。

② 尹铁凡：《湘潭经济史略》，湖南人民出版社2003年版，第224页。

③ 这六家分别是邓永昌、安吉、大德、生太、乾元、聚德。

路，上十八总至十九总为建国路，黄龙巷经河街通后街为建宁路，居仁巷从正街通后街为居仁街，仓门前码头通洗砚塘为自治街，黄龙庙码头至正街码头为湘清街，瞻岳门到马家嘴雨湖沿岸为雨湖街。至新中国成立前，上述路、街名称都无大变化。①

经过此次大规模整修，湘潭市容市貌得到了一定程度改观。1935 年，为方便长潭、潭宝、潭衡公路与火车站的联系，湘潭又修建了从火车站到城区的贵阳路，进一步改善了市内交通。湘潭此番城建推动了城市功能的加速转变，促使湘潭进一步由封闭在城墙内的政治堡垒转向更加开放的工商、交通和现代服务业集中地。这对于吸引劳动力转移和其他生产要素积聚是极具必要性和促进性的。

放在特定历史时代看此次城市建设的成就比较显著，但这一成就不可高估。事实上，一直到新中国成立前，湘潭城区的范围也仅有 7.33 平方公里，市政建设全集中在湘江西岸城总至窑湾的狭长地带。市区中心河、正、后三街都是破烂不堪的泥结碎石和凹凸不平的麻石路，路基最多宽 7 米，路面宽不超过 4 米，只能容一辆汽车通行。城市排水设施极简陋，城区也无防洪堤，街区供电不足，照明路灯暗淡。② 终民国全部历史时期，湘潭的城市功能与性质定位也从未明朗过。

二、经济领域现代化的推进

国民政府时期湘潭“建设”以“充实国力”计划不仅在于城市建设的启动，从 1930 年到日本侵略前的几年间，湘潭大规模的战火硝烟略趋微弱，政局稍微稳定，当局腾出了精力对湘潭进行较正规的经济建设。1935 年，蒋介石发起“经济建设运动”，与之前的“新生活运动”一起推行，称其为“互为表里”，以示同时进行精神建设和物质建设。③ 这是一次有规划的经济建设，内容涉及工业、水利、农业、垦牧、消费、金融等基本方面及狭义经济领域之外的公路、铁路交通与航运。其中于湘潭而言，最具深远意义的成就集中体现在钢铁电力等工业领域。在这一时期湘潭所形成的工业基础建设长远地影响到了中华人民共和国成立后湘潭经济发展的主向，至今钢铁、电机与电力等仍然

① 湘潭市地方志编纂委员会编：《湘潭市志》第 2 册《城市建设篇》，中国文史出版社 1997 年版，第 67—68 页。

② 湘潭市地方志编纂委员会编：《湘潭市志》第 2 册《城市建设篇》，中国文史出版社 1997 年版，第 80 页。

③ 彦奇、张同新主编：《中国国民党史纲》，黑龙江人民出版社 1991 年版，第 391 页。

是湘潭主要的工业产品。

1. 轻工业的恢复性增长

轻工业作为日用消费品的生产体系与时局有一定关联。近代史上，湘潭轻工业虽历经多次战乱而起伏不定，但总体而言，时局一旦恢复稳定，轻工业即能自行恢复。从1929年起，湘潭轻工业发展便开始回暖，碾米、酒酱、印刷、纺织、玻璃、铁作等行业都有所成就，有些行业甚至发展迅猛，名播他乡。

以镰刀生产为例。1940年，黄德富等集资在花桥成立湘潭第一家镰刀专用公司振兴禾镰公司，年产量80万把，产品销往各省。据《湘潭民报》记载：镰刀是我国农村唯一割禾工具，在原天马乡[①]大量生产，远销上海、南京、汉口、广州等地，乡人百分之二十经营此业，入其境便处处听到打铁声，有“镰刀国”之称。[②] 玻璃工业也取得了显著发展，至三四十年代时，城区先后有数十家玻璃公司，全行业共有资本约四万元法币，各厂职工都在一百人左右。详情如表3－3：

表3－3　国民政府前期湘潭玻璃工业发展情况表

公司或厂家名	厂址	创建时间	备注
白霞改良制造玻璃厂	河东大码头后街	1922.1	
中华玻璃厂	城区西禅寺右侧	1922.6	
华兴改良制造玻璃厂	河东大码头后街	1923.6	
白霞玻璃公司	兴仁街	1928.4	后改名富兴玻璃厂
富湘玻璃厂	兴仁街	1930.2	
竟成玻璃厂	城区泗洲庵巷	1930.2	
中兴玻璃厂	城区倒脱靴巷	1930.3	
工联玻璃厂	城区洗脚桥畔	1930.3	
德山玻璃厂		1930	常德德山玻璃厂搬迁至此
麓山玻璃湘潭分厂			由长沙公司来潭设分厂
宝华玻璃湘潭分厂			由长沙公司来潭设分厂
宝湘玻璃湘潭分厂			由长沙公司来潭设分厂
联大玻璃湘潭分厂			由长沙公司来潭设分厂
友联玻璃厂	洗脚桥23号	1941.11	创办人为黄遗岭

① 今湘潭县茶恩寺镇花桥管区。

② 湘潭县地方志编纂委员会编：《湘潭县志》卷20《工业建筑业》，湖南出版社1995年版，第459页。

续表

公司或厂家名	厂址	创建时间	备注
合成化学玻璃厂	城正街95号	1942.8	
友联分厂	泗洲庵巷		

资料来源：《湘潭市志》第3册《城市建设篇》，中国文史出版社1997年版。

这一时期轻工业领域其他行业发展大体情况列表如下：

表3-4　国民政府前期其他轻工业发展情况表

行业	代表厂家	数量	业内实例
印染	泰记、戴荣和、慎和、湖安利等	100余家	1936年，陈芹芳在环山开设染坊，改进技术，印染蓝底白花和黑底白花被套。1943年华南机器染织厂购置动力设备，使用蒸汽煮染浆漂和烘干平光技术，所产海昌蓝士林灰、阴丹士林蓝各色绸布等产品，胜过外国进口产品
针坊	贫民工厂、上海袜店、振兴袜厂	25家左右	贫民工厂有袜机55架，年产袜12000打，年产值9600元。1934年时境内有针织作坊25家，其中湘潭县21家，资本32950元，职工500人；湘乡县针织作坊4家，均系1927年后开业，有资本2200元，职工60人，袜机37架，年用纱70件，年产袜16640打，年产值21632元
纺织	龙正太、荣兴祥、楚湘裕、华湘裕	80家左右	县贫民工厂购入机器纺织，有东洋式纹机7架、平津式铁机30架，印花机1架，本省式平机49架，年产值8万余元。1934年湘潭县有织染作坊23家，从业人员573人，资本42050元，织布机328架，年产值179480元。湘乡县有织染坊3家，织布机25架，年产值7628元
碾米	泰丰		1934年泰丰米厂购进砻谷机和35匹马力单缸柴油机加工大米，为境内首家机器碾米厂
印刷	群守益印刷厂、民报印刷厂、真美印务馆、国强印刷文具厂、培新印刷厂	70余家	1928年春，黄洞尘兄弟从长沙、上海等地购回四开铅印机1台、圆盘机2台、石印机10台、铅字100余担在湘乡县城开设湘乡铅印局，承印各种书籍。该局有工人26名，资本为银圆3000元，年产值约5000元。1937年，“七七”事变爆发，境内群情激愤，抗战宣传品增加，印刷业得到进一步发展。到1940年底，湘潭、湘乡两县有注册印刷厂70余个，从业人员约300余人，铅印、石印机器达100余台
刨烟	广大作坊	40家左右	广大作坊规模较大，资本2.1万元，工人51名，年产烟丝8.5吨。全县年产烟丝173.5吨，产值达16.89万元，占全省烟丝总产量46.5%，排全省第一
冶铁	两合锅厂	40家左右	1940年，由老日盛锅坊与耆盛锅厂合并建立两合锅厂，以生产铁锅、瓮坛为主，质量优良。此时的铁锅行业有资本24000元左右，职工250人左右。1940年时，湘潭东坪镇就有厂家22家，年产值22450元。湘潭生产的铁锅，产品精良，行销广东、广西、湖北等地

资料来源：《湘潭市志》第3册《城市建设篇》，中国文史出版社1997年版。

2. 重化工业基地的初现规模

九一八事变后，当时的中国连一门重型大炮都无法生产。蒋介石深知自身真正实力与执掌全国大权的地位是不相称的。实力不够强大使一些地方强权独自为政，对中央政令阳奉阴违；南京政府对日本人的忍气吞声换来的又是日本步步紧逼，两国战争阴影若隐若现；中国共产党领导的革命势力更是蒋介石的心头之刺，无时不思拔除之方。在内外交加的艰难形势下，蒋介石不能不认真思考如何发展自身实力，提高政权稳固度，以应付随时可能发生的政治军事危机。集中地、有步骤地进行工业建设，成为国民政府的紧迫国策。在这一认识指导下，国民政府计划在三年内，将机器、冶金、燃料、化学、电气五种工业“树立巩固之基础，以达自给之目的”①，其中尤以开发重工业和建设一批大工厂为要。

重工业是轻工业的对应②，它具体包括机械、能源（电力、石油、煤炭、沼气等）、化学、建材等领域。由于自民国建立以来尤其是国民党主政后几年间湘潭的交通、邮政、电信等领域有所建树，湘潭的商贸虽然衰落，然而其总体实力、地理便利因素、社会开放程度依然位居全省前列，这一领先地位为湘潭带来了良好的机遇。以翁文灏等为代表的国民党知识分子在编制宏伟的《后方计划》时，所设想的长江以南要建立一个相当于东北沈阳、鞍山、抚顺一样的工业区，地址便选中了湘潭。以湘潭为中心，通过粤汉铁路和即将通车的湘黔铁路北通武汉、南达广州、东抵华东、西连大西南。1936 年，国民政府资源委员会③经过考核后出台了将湘潭境内的下摄司、株洲列为全国新兴工业基地重点发展的政策。

1936 年，下摄司征地施工正式开始，当年即征 9000 亩用于建立中央电工器材厂、中央钢铁厂、中央机器厂及湘江发电厂、水运码头、煤气厂、铁路支线等配套公共设施。11 月，国民政府资源委员会先行选址灵集渡兴建湘江电厂，1938 年 4 月 28 日电厂竣工，5 月 1 日第一期基建工程和 1000 千瓦机组设

① 何应钦：《何上将抗战期间军事报告》上册，台北文星书店 1962 年版，第 20 页。

② 重工业是指以能源及原材料工业为基础、以机械工业、装备业、电子工业、化学工业为主体的产业体系。重工业是实现社会再生产和扩大再生产的物质基础。一个国家和地区重工业的发展规模与技术水平，是体现其国力与地方实力的重要标志。

③ 1932 年 11 月，国民党成立国防设计委员会，以调查研究全国各种资源状况和国内外政治经济局势，提出相应的资源开发计划，以供国民党政府决策参考。1935 年 4 月，该会改名为资源委员会，负责全国重工业、国防工矿事业资源的调查研究、动员和开发。

备安装完成。该电厂主要功用是为城区和株洲工业区发电。[①] 该厂还修建了一座日取水能力在20万吨的岸边柜形取水泵房，这是湘潭也是湖南最早最大的自动取水工程。

资源委员会成立后，为筹备电工行业，立即派人出国学习，引进工业技术与科技资料，采购生产设备和一些关键原材料。[②] 1936年7月，在条件具备的情况下，中央电工器材厂的建设提上日程。厂筹委会派员出国选购机器，与欧美先进厂家洽谈技术合作，引进电工技术。[③] 9月，在下摄司征地1000余亩后，工程开始建设。[④] 1937年，中央电工器材厂还在湘江岸边建了两座井，以解决生产、生活用水，总供水量1000吨/日，这是湘潭最早的自建自用的工厂简易供水设施。[⑤]

资源委员会利用中德易货协定的外资，在湘潭创办中央钢铁厂，聘请严恩棫[⑥]任筹委会委员，并担任技术总负责人。1936年底，严恩棫被派往德国与承担湘潭中央钢铁厂设计工作的克虏伯公司商定初步设计，1937年回国汇报获批。同年5月，他又率代表团赴德洽谈技术设计。在德期间他联系了原由中央钢铁厂派往德国学习的8人，并邀请与钢铁工业有关的留德学生和专家10余人参加中央钢铁厂工作。1937年7月设计、施工合同签订，当地百姓积极配合拆迁，将祖辈生活的土地奉献给厂区作征地用，工程进展比较顺利。到1938年时铁路专线、宿舍等建筑已完成一部分，德国提供的设备也开始运达

① 因日本军队迅速逼近湖南，第一台机组未来得及试机，于8月1日奉命拆迁并迁入大后方。

② 在资源委员会的原计划中，电器工业准备的投资额为1500万元，占工业计划投资总额的5.5%，主要用以制造六大类产品：电线、电缆（与英国公司技术合作）；收发电信电子管（从美国购买技术），附带生产灯泡；有线电话设备（从德国西门子公司购买技术和设备）；动力电机、变压器和开关设备，附带生产电池；无线电通信机和广播收音器材；线路绝缘电瓷器材。后三项计划因第二次世界大战爆发，无法从国外购买所需设备而改为自行发展。六类电工设备分设六家工厂，前四家厂由资源委员会派恽震筹划和主持，统称为中央电工器材厂，分别由张承祐、冯家铮、黄修青、许应期担任厂长，厂址便是湘潭下摄司。

③ 筹委会先后与美国绝缘电缆有限公司、亨利电缆制造有限公司、亚克西屈勒电子管公司、德国西门子霍尔斯克公司签订合同，由各公司向该厂提供制造电线、电子管、电话机等产品的技术资料。

④ 第二年部分厂房建成后先行投产，通过技术引进和仿制，试制成功了电动机、电灯泡和国内首批国产866A型电子管，并生产出“电工牌”电线。

⑤ 后因日军侵占武汉，湖南告急，工厂未完工便开始了转移，设备、人员迁至了昆明、桂林二地，同时在重庆、兰州设分厂。

⑥ 严恩棫，字冶之，1886年生于江苏省上海县（今属上海市），是钢铁冶金学家、炼铁专家，我国钢铁冶金先驱者之一。1906年左右由上海赴日求学，就读于东京帝国大学矿冶工程系。1912年毕业，获学士学位。回国后参加汉冶萍公司汉阳铁厂工作，任炼铁工程师。

并着手安装。[①]

与钢铁厂同时兴建的还有株洲镇所建大型汽车制造厂[②]，也称株洲电力机车厂。该厂为交通部用“庚子赔款”中的巨额英款在株洲田心筹建，分设机车、机器、炉管、车辆、动力和铸工六个分场，招收近千名工人，开展机、客、货车修理。该厂筹划工作仅用半年即开工建设，为株洲的加速发展奠定了良好的基础。

1936年中央机器制造厂（飞机厂）破土动工。同时，兵工署成立了株洲兵工厂筹备处，将汉阳兵工厂划归该处，上海兵工厂的枪弹制造设备和动力设备也运到株洲。此外，民国初期由谭延闿拨款筹资数十万元主持兴办的湖南陆军机械厂[③]，1928年改名为湖南民生工厂，1938年又改名为湖南机械厂并继续投产运行，成为湖南当时规模最大的机械工业。

下摄司和株洲工业基地建设是民国史上湘潭最重大的现代化建设成果，也是湘潭地区史上永载史册的现代化里程碑标志。湘潭的重化工业建设成就不止于此。以电力工业为例[④]，近代以来至沦陷前湘潭电厂情况一览表如下：

表3－5　日本占领前湘潭电力工业发展情况表

厂名	厂址	创办年份	创办人	资本（万）	供电电压（伏）
湘潭电灯公司	湘潭城区	1909	黎景高	15	
大明电灯股份有限公司	由义巷	1918	黄雁九	40	2200
湘潭电气股份有限公司	同上	1940	廖镇楚	20	2200
湘乡新明电灯公司	湘乡县平政桥	1925	万子敬	2	2200
湘乡新明电气股份有限公司	同上	1935	胡溥泉		2200

资料来源：《湘潭市志》第2册《城市建设篇》，中国文史出版社1997年版。

① 1938年2月，国内形势恶化，抗战声急，严恩棫、靳树梁、王之玺、刘刚四人急于参加抗战，申请提前回国。当年4月，返抵武汉，这时抗日战争已至紧张阶段，湘潭中央钢铁厂被迫停建，严恩棫等四人遂由资源委员会派到由兵工署和资源委员会联合成立的钢铁厂迁建委员会工作，严任迁建委员会委员，负责拆迁的技术工作。

② 今中国南车集团株洲电力机车公司的前身。

③ 选址在今株洲河西，圈地数百亩，陆续建成了一批厂房，购买了一批先进机器设备。后因时局变化无常，该厂一直停停办办。

④ 除湘江电厂外，1932年7月，大明电灯公司为了扩充业务，发展湘潭电业，又从扬州电厂购回300千瓦三相交流发动机和蒸汽机炉一套，至此已有总装机3台、550千瓦，年发电量实现约80万千瓦时。1940年，大明电灯公司易主经营，廖镇楚接管，改为湘潭电气股份有限公司。至1940年止，湘潭城区供电设备共有2200伏高压线路23公里，220伏低压线路40公里，配电变压器28台，400千伏安。另据1913年统计，城区用电照明用户3278户，年用电63.14万度。

能源工业方面，20 世纪 30 年代湘潭[①]、湘乡的煤炭开采也非常可观。兹将湘乡情形列表如下：

表 3－6　二十世纪三十年代湘乡煤炭开采情况表

公司名	地点	面积（公亩）	资本家（元）	职员数（人）	工人数（人）	年产量（吨）	年销值（元）
集成公司	皂角塘	1638	4000	5	80	3700	128000
和丰公司	新塘边	3762	3500	2	20		
大隆公司	大雷峰	4138	20000	15	200	7300	28000
履宝公司	自碑基	8778	3000	16	300	5800	2800
宝善公司	青蓝乡	1668	3000	3	26	2000	6000
培丰公司	青蓝乡	5310	3200	5	100	3500	8400
阜昌公司	虎形山	5439	3000	8	90	4320	9000
凤翔公司	青蓝乡凤形山	1850	3000	2	50	1440	3600

资料来源：李会刚著《湖南工业经济发展历史及展望》，湖南人民出版社 1988 年版，第 161 页。

1936 年 10 月，湘潭县人谭继权在碧水湾建成一个沼气池[②]，湘潭第一次使用了沼气能源。

水泥工业和矿业也是重化工业的基本门类。水泥工业是建材工业的主要构成，更是代表近代文明诞生以来人类居住文明革命的基础材料工业。1943 年 3 月，湘潭中兴实业公司第一次生产出水泥，标志着湘潭水泥工业的产生。矿业方面的主要成就得益于锰矿和金矿的开采。1937 年，省政府与原裕甡矿业公司组建官商合办潭乡锰矿股份有限公司。1930 年，湖南茶攸衡潭金矿处设在朱亭黄龙桥，该处有数千名工人。这一年，万宝、朱宝公司在朱亭开采金矿，同年还有黎淑诩和陈耀棠向国民政府资源委员会呈请开发湘潭金矿，当局派人在白石铺、茶园铺、梅林桥等地勘察，批准建业公司在白石、裕湘公司在天台试行开采。

国民政府前期湘潭工业的规模化建设与发展，在现代湖南历史和湘潭历史

① 与电力工业一样同属能源工业的还有煤炭的开采与运用。30 年代时，全省已有矿业开采权的 18 县，面积计 220016 公亩，湘乡、湘潭等位列其中。湘潭近代煤炭科技研究始于 20 世纪初。1928 年，由王晓青、刘祖彝、粟显俅等到谭家山矿区进行地址调查，编制出“湖南湘潭谭家山煤田地址报告”，测绘出 1∶20000 地形地质图。1936 年，湘潭煤矿公司用机械钻进行矿区生产勘探，次年谭家山煤矿正式投产。1937 年嘉禄公司开始在湘潭县云湖桥采煤。1939 年 7 月 1 日，资源委员会与金城银行合资，开采湘潭县杨嘉桥烟煤。到 40 年代，部分煤矿开始用蒸汽、电力作动力进行机械生产，但大部分还是传统的手锤打眼、人工运煤、油灯照明、竹筒抽水、自然通风。

② 湘潭县地方志编纂委员会编：《湘潭县志》卷 2《大事记》，湖南出版社 1995 年版，第 20 页。

上都留下了浓墨重彩的一笔。下摄司、株洲工业基地的兴建结束了湘潭现代化大工业稀缺的历史，电子工业、装备工业、钢铁工业在莲城土地上扎根、成长，奠定了湘潭作为民国迄今国家工业城市的基础地位，西方工业文明第一次有规模地泽被了这座湘江岸边古老的商业城市。湘潭的未来，正朝着国内工业强市大市迈进。

3. 金融保险业务的完善

百业枢纽的金融业此时迎来了一个独特的发展时期。南京政权建立后，立即着手对全国金融领域的控制。1928 年 11 月，中央银行成立，业务范围是经营国库、发行钞票和经营内外债，表象并不显示该行有任何特殊之处。但从其 1934 年时的资本总额看就不难发现，中央银行实质上是一家特权银行。这年止，中央银行资本总额由原来的 2000 万元扩充至 1 亿元。不久，中国、交通两银行加入官股，国民党又完成了对中国农民银行的改组，从而实现了以中央、中国、交通、农民四大银行为中心的国民党政权金融垄断体系，并随即在国内建立分支机构。①

在北洋政府时期，湘潭境内几家银行由于信用不佳，操纵不规范且破坏金融秩序，已与全省银行系统走向一样，基本被扫进了历史尘埃中。随着国民政府金融垄断体系的形成，相配套的新的金融体系也迅速建立，四大官僚资本垄断银行全部在湘潭开设分支机构。1936 年中央银行在潭设立中央银行湘潭办事处，1941 年升格为分行，直属总行领导。② 1925 年撤销的中国银行于 1941 年又一次在潭设立中国银行湘潭办事处，次年设立湘乡办事处。③ 1943 年 11 月，交通银行也恢复设立湘潭支行。1936 年，中国农民银行在潭设立农行湘潭分理处④，1938 年，分理处改为办事处，属长沙分行管理。

与国有银行并存的还有省立银行。1937 年 10 月省行湘潭支行成立，为官办性质，直属长沙分行。其业务包括经营存款、放款、汇兑、代理地方公库、发行公债等。同年，湘乡办事处成立。省行的成立一方面为国民党新军阀敛聚

---

① 刘健清、王家典、徐梁伯主编：《中国国民党史》，江苏古籍出版社 1992 年版，第 415 页。

② 该银行经营范围是发行钞票、代理国库收支、调剂资金、管理金融市场。

③ 两行主任分别是吕萃威、楼达襄，该行主管发行货币、经营存贷的业务。

④ 该行经营一般银行业务兼兑换券和农村债券发行，并代理粮食部门完成收购粮食任务。

了可观的反共经费，一方面也为本地金融市场的稳定发挥了一些作用[①]。

保险行业进一步完善。继民国初年保险业出现在湘潭以后，国民政府也注意进一步发展保险业。随着民族工商业和国民政府建设运动的推进，一些金融机构相继投身保险领域，将开办保险作为公司副业。加之民国初年办保险的教训与经验积累，国民政府时期湘潭保险业获得了一次有利的发展机遇。

1930 年，久安联保火险社成立，专办火险。次年，上海永安保险在潭设立分公司。此后两年内，上海先施公司、太平保险公司和汉口鼎新公司先后在潭设立业务接洽处。湖南湘水保险有限公司也在潭设代理人。太平保险公司尤值得一提。民国前期，民族保险公司势单力薄，但也不愿坐视利权外溢。金城银行总经理周作民（后兼太平水火保险公司董事长、总经理）曾在该行董事会上提出，上海一地每年保险费达 7000 万元，几乎全落在外商保险公司手里，华商保险业若能争得 10% 的份额，每年也有 700 万元。[②] 周作民的这段讲话反映了民族资本家和金融界对于投资保险业，并在外商垄断下的保险市场争夺一席之地的愿景。1929 年 11 月，由金城银行投资 100 万元开设的太平水火保险公司挂牌成立。1933 年时，它又联合交通银行等金融机构加入[③]，增资至 500 万元，并改名为太平保险公司，整体实力大为增加，在内地的分支机构和办事处也广泛开设。

1931 年，上海银行与太古公司合作，开办宝丰保险公司，随后几年大力开拓内地市场，湘潭的宝丰保险公司代理处正是在这一形势下成立。之后，肇泰、太平、安平、丰盛等保险公司也在潭设立业务接洽处或者代理处。由于金融业的资金注入，保险公司运营资本较之民初时已截然不同，发展的基础显著增强，速度明显放快。到 1937 年时，湘潭共有 11 家中外保险公司。

---

① 与银行一起发展的还有农村信用合作社。1933 年，湘潭县政府根据“以合作消弭阶级斗争”“以合作抵制共产主义”策略，开办了农村信用合作社这一新的金融机构，当年试办的有两家农信社，社员 45 人，每人缴纳股金 2 元。次年，南谷乡八字塘、杨雀塘两个信用社始办向银行贷款，转借社员。这一年湘潭的农信社增至六家，1938 年发展为 90 多家，社员 1156 人。1940 年，湘乡也有农信社 353 家，社员达 14824 人。

② 国保险学会、中国保险史编审委员会编：《中国保险史》，中国金融出版社 1998 年版，第 72 页。

③ 太平水火保险公司成立后，因为是金城银行独家投资经营，资本不够雄厚，获得大额业务时无力一家承保，只得将部分业务分与别人。因此在 1933 年时，它又联合交通银行等金融机构加入以形成联合优势。

4．农业、农村发展的新景

国民党建立政权后，就全局而言展开了对共产党领导的革命武装的十年战争。就湘潭而言，这种内战不太明显，社会秩序与政局在20世纪30年代中期相对稳定，农业和农村经济社会发展得到了短暂的恢复契机。总体上农村发展依旧趋于倒退，但在倒退中也有局部的建设成就。

粮食产量的小幅提高是第一个成就，但这很大程度上是得益于农民生产积极性的自发恢复。此外，1929年3月到1930年1月，中央地质调查所对湘潭（含今城区、市郊、县境、韶山、株洲县、株洲市郊）和湘乡县（含今双峰、娄底、涟源一部分、韶山大坪）进行土地资源调查。①

专业机构的建立也是发展的写照。1938年，湖南省农业改进所建立，后在湘潭下设工作站。同年，湖南省畜牧兽医组第四推广督导区在湘潭设立，负责湘潭境内兽医事宜，这是湘潭第一家畜牧养殖业专业指导机构。1940年，湘潭县综合农林实验场成立。是年，省农业改进所派萧春林及农业指导人员多名在湘乡设立工作站，指导更换稻种。1942年，按照全省统一部署，湘潭和湘乡均建立农业推广所并附农林场，直属于县政府。②

农村经济发展与农民收入方面并无实质变化，稍值一提的是湘潭县部分乡镇砖厂遍布。农民在砖厂打工，收入不多但一定程度上能补贴家用。其中，石潭镇八角亭、炭桥港一带砖厂较集中，年产小青瓦800多片，青砖约20万块。③

至沦陷前，总的来说在农业和农村领域湘潭取得的建设成就不明显。虽然有专业机构进行了一些试验推广和服务，但是生产技术基本原地踏步，生产条件也无多少改善，受人员与资金、设备的限制，新的技术品种未能大面积推广，农具农机也依旧如故，绝大部分农户还是使用传统的犁耙耕种。

---

① 湘潭市地方志编纂委员会编：《湘潭市志》第9册（上）《科学技术篇》，中国文史出版社1997年版，第505页。

② 推广所负责指导农民开展选种、留种，推广良种、双季稻及麦、棉、茶栽培技术，扩种冬季作物，督导垦荒，推广造林。农林场的工作职责有四项：一是探索适应本地情况的农林牧渔项目，及适应本地环境的农场经营方式与作业配合；二是繁殖优良种子、树苗、鱼苗及畜种；三是举办农业技术示范；四是协助农业技术推广。（见湖南省地方志编纂委员会编：《湖南省志》第8卷《农林水利志》，湖南人民出版社1991年版，第689页。）

③ 湘潭县地方志编纂委员会编：《湘潭县志》卷20《工业建筑业》，湖南出版社1995年版，第455页。

三、公共服务现代化的完善

20年代末到30年代的湘东、湘北、湘东南等地正演绎着燎原之势的革命烈火。湘赣边中央苏区失守后，红军实行战略转移，革命火种一路向西播撒，革命之势烽烟四起。国民党深知要彻底“剿共”就离不开交通、电信两大关键领域的支撑。1929年11月，国民党制定“筑路剿共”方针，省当局建立统一的官办湖南省公路局，系统规划全省修路与运输事宜，以图分割包围苏区和“追剿”红军。

在国民党反动方针推动下，湖南公路建设立即破土动工。湘潭虽非革命根据地，但公路建设是一项整体工程，湘潭地处湘中，位连四方，全省公路网络的编织无法不将其纳入。

1929年2月，潭衡公路开工。该路起自湘潭对河东岸，连至潭、衡交界处的护湘关再到衡阳，1930年4月竣工。当年，易俗河设立售票所，潭宝公司开办易俗河至衡阳的客运。

1929年10月，省政府制定“七大干线计划”，要求“以省会长沙为中心，首向边境各修一干线，与邻省各干线或国道相衔接，将来再以支路贯串，形成网状，使全省公路交通四通八达”①。湘潭、湘乡两地成为这一庞大计划的试验场地之一，湘粤线、湘黔线、湘川线三大主线均起自或者掠过湘潭、湘乡。例如湘黔线就是以湘潭为起点，经湘乡、宝庆往西以达贵州。② 该线还被列为1935年建设的中心工作，后因军情发展需要，当局将路线改为自常德起，经芷江、晃县等至贵州，以便向湘鄂川黔革命根据地用兵和“追剿”入黔红军。国民党当局还在沅陵成立直属于“委员长行营”的湘黔公路处，抽调工程技术人员赶修湘黔公路。湘黔公路未能按原计划以湘潭为起点恰是“筑路剿共”政策的历史见证。

1938年，为方便湘北与湘西南的军事联系，省公路局动工修建宁湘公路

---

① 湖南省交通厅：《湖南公路史》第1册《近代公路》，人民交通出版社1988年版，第85页。

② 1929年10月，湖南省政府省务会议第五十次常会议决通过《湖南公路修筑七大干线计划》及《湖南省公路局修筑支线计划》，要求在1937年6月以前，完成干线4825公里，支线8669公里。技术标准规定为：干线路基宽7.32米，路面宽4.57米，铺装砂石厚度18—27厘米。这一计划的七大干线是：湘粤线（由长沙起，经湘潭、衡阳、宜章以达广东乐昌）、湘桂线（由衡阳起，以达广西全县）、湘黔线（由湘潭起，经湘乡到贵州）、湘川线（由湘乡起，经新化、溆浦等到四川酉阳）、湘赣线（由长沙起，经浏阳以达江西万载）、湘鄂东线（由湘赣线经平江以达湖北通城）、湘鄂西线（由长沙经宁乡、益阳、常德、津市以达湖北公安）。（以上见《湖南公路史》第一册“近代公路”第34—35页）。

（宁乡至湘乡），全长64公里，湘乡境内有18.17公里。7月1日即竣工通车。

1934年起，国民政府开始在湘潭勘测修建铁路事宜。1936年，湘黔铁路正式开工。起始地点位于今株洲田心站，1938年时完成了株洲至湘潭（板塘铺站）、湘潭至湘乡（蓝田站）段。因湘江大桥当时尚未建成，这两段未能接通。①

公路、铁路向着四面八方的延伸为国民党调军“剿共”创造了更便捷的交通环境，也对蒋介石集团实现插手地方、打破地方割据的主观意愿颇有裨益。从客观效果来看，湘潭公路的较好发展，交通网骨架的初步形成，又为未来交通、经济更好的发展奠定了良好基础。

在省内交通事业取得显著成就背景下，省建设厅同意商人设立汽车转运公司。各地商人纷纷申请开办运输公司，湘潭设立的运输公司或者运输公司支店共四家：利商汽车转运股份有限公司②，总公司设在湘潭；福履公司③，总公司设在湘潭；湘粤桂汽车转运公司④，公司总店设在衡阳，湘潭设支店；湘桂公路和记汽车转运公司⑤，总公司设在零陵，湘潭设支店。⑥

与军事战争密切相关的通讯交通也发展迅速。1933年，湖南省政府以“军事、政治、文化、经济种种关系，非架设长途电话不足以利交通”⑦，将加快电信、邮政发展作为工作重点。显然，这其中隐含着国民党强化“剿共”、加大对苏区和红军的包围屠杀的一种现实考虑。

---

① 湘潭县地方志编纂委员会编：《湘潭县志》卷2《大事记》，湖南出版社1995年版，第20页。

② 利商汽车转运股份有限公司董事为岳伯揆、曾明德等，1932年改名长洪、潭衡汽车路利商转运股份有限公司。总公司设于湘潭，长沙、宝庆、衡阳等地设分公司，国民政府实业部于1932年3月发给执照。据岳伯揆说：“二十三年底清算，公司获利已达24000元。”

③ 该公司创办人为谭大椿、江濑云等，1930年3月申请注册，1932年4月实业部发给执照。公司在湘潭设总站，分站设在湘乡、永丰、青树坪、桃花坪。1939年湘潭、永丰公路破坏，改用帆船运输，更名为福履水陆转运股份有限公司。

④ 创办人为颜芸青、唐涤青等。1932年8月开始营业，9月发照。湘潭等地设立支店。

⑤ 创办人为罗建、姜南溟等。1936年12月申请，发照日期不详。在湘潭等地设立支店。

⑥ 周宏凯主编：《湖南公路运输史》第1册《近代公路交通》，人民交通出版社1988年版，第56页。

⑦ 宋斐夫主编：《湖南通史·现代卷》，湖南出版社1994年版，第283页。

电信电报业务的发展主要体现在两个方面。[①] 其一，线路继续延伸。出于政治军事需要，城区到易俗河、中路铺、花石等乡镇的电话线路相继铺设。[②] 至湘潭沦陷之前，32 个农村乡镇有 15 个通电话，线路总长达 298 杆程公里。1934 年，长途电话局在潭设立营业处，而后开始架设株渌线（株洲—渌口）、潭易线（湘潭—易俗河）、长易线（长沙—易家湾）等电话线路。其二，无线电台设立和无线电技术传入。1938 年 12 月，湘潭首次设立无线电台发报。[③] 随着日本侵华日渐严峻，湘潭成为内迁重地，人员往来频繁，电报业务突增。有线电报和仅有的一家无线电台难以满足战时需要，为疏通报务，解决有线电报电路拥塞问题，1942 年湘潭电报局设立无线电台，购进 15 瓦手摇机无线电台设备一套，并增加报务人员，与长沙、常德、津市等局台直接通报。[④]

邮政发展与电信一样面临着时局的助推，甚至日本侵略步伐的逼近也为湘潭邮政的发展“锦上添花”了一把。湘潭邮政的成就有五个方面：

邮政级别提高与营业收入攀升。1929 年，湘潭邮局升为二甲。而后几年间，因为日本对华战争不断升级，沿海人员与机构纷纷内迁，湘潭成为全省航运枢纽和战区机关及工商机构内迁地之一，人口大增，邮政业务急剧上升，邮政收入大幅攀升。1941 年，邮局级别再次升格，定为一乙。

业务拓展与新机构的设立。1930 年 7 月，邮局开办邮政寸簿储金业务，后增办支票储金、定期储金和划拨储金等。1934 年，邮局又增办代收货价包裹业务。1943 年，长沙邮政储金汇业分局在十三总设立办事处，受理邮政储

① 这一时期的成就还有两个非主要方面的表现。一是长话质量的改善和线路的增加。1933 年，湖南省利用电报线路开放长途电话业务。其中，湘潭至长沙间的电报线路为湖南开办最早的报话双用线路之一。报、话合用电路设备简陋，长途通话音质很差。为改变这种状况，部办长途电话分三期进行线路改造。其中，长沙经湘潭至衡阳长途电话线路和长沙经湘潭、湘乡、永丰至邵阳长途电话线路，列为第一期工程，并于同年竣工通话。1934 年 1 月底，湖南省办长途电话线路开工。其中第一期工程以长沙为中心，分列六条干线，其下则列支线向邻近各县辐射。湘潭位于长衡、长邵干线上，于 1934 年底完成线路工程，在原湘潭电话分局设长途电话营业处，并开放营业，有长途电话交换机 10 门，接通干线电路 5 条，其中至长沙 2 条、至衡阳、湘乡、醴陵各 1 条。二是市话重新恢复与机构级别的提高。1937 年，此前因收费政策遭市民抨击而被迫停办的市内电话在形势要求下恢复运作。在各项业务的较快发展形势下，电信机构营业收入不断上升，1942 年，湘潭电报局升为二乙。

② 1927 年“马日事变”后，湘潭当局为地方挨户团（即保安团）“清共”“剿共”和互相联系的需要，首先架通城区至易俗河线路，次年冬完工。随后又架设城区至天衢镇（今茶园铺）、姜畲镇、黄龙镇（今响塘）、中路铺、花石、石潭等线路。

③ 湘潭的无线电台原系保靖县电台，于 1938 年 12 月调迁湘潭后成立。

④ 湘潭市地方志编纂委员会编：《湘潭市志》第三册（下）《邮电篇》，中国文史出版社 1997 年版，第 676—677 页。

金及汇兑业务，成为湘潭邮政储金及汇兑的新业务机构。除城区设有邮局外，1938 年 4 月下摄司也设立了一家三等乙级邮局。1944 年 5 月，石潭开办三等乙级邮局。

便农、利商政策的施行。1930 年，为方便农村汇款，开办邮政所代办小额汇票业务。1936 年，为满足药材、猪鬃等出口贸易需要，又增开港澳电报业务。

大胆招收女职工。1932 年，湘潭邮局破除女禁，当年 9 月从省邮政管理处调邮务佐赵佩珍来潭，成为湘潭第一个女邮工。

新邮路开通。湘潭至株洲邮班，全程 29. 7 公里，于 1937 年开通。湘潭至宁乡邮班，全程 74. 9 公里，1941 年 8 月开通。另有湘潭、湘乡等地至邵阳铁路邮运也已开通。①

与电信的发展相似，从当局的主观愿望而言，邮政的发展与邮路的通畅也旨在方便“剿共”、更及时获悉第一时间战事信息。毋庸置疑，共产党和革命事业在客观上因此蒙受了巨大损失。但实事求是地看，邮政和电信的发展都是社会现代化的有机组成，是湘潭走出传统社会、沟通城乡内外、发展经济文化必须倚重的通讯交通工具。

四、医卫事业的技术进步与机构建设

长老会湘潭医院继续引领湘潭医卫事业前进。该院推广阑尾切除、胃次全切除等手术并取得良好治疗效果，医院名气得以逐步扩散，为民国后期湘潭民谚“北有湘雅、南有惠景”② 的传开打下了基础。20 世纪 40 年代初该院进入兴盛时期，设内科、外科、花柳科、产科，有病床 60 张。医院经过两次大修缮后面目一新，医护人员数量也有扩充。医院在治疗外科、妇产科方面颇有独到之处，门诊病人日平均百余人次。

显著发展的惠景医院带动了湘潭医卫事业的提速。从 1929 年起，其他医

① 1939 年 2 月 24 日，湘黔铁路株洲至蓝田段通车，带运湘乡、潭市、谷水、娄底、蓝田及新化、邵阳等地邮件。1939 年 4 月因日军犯湘，湘黔铁路拆轨，铁路运邮自 4 月 15 日起中断。后铁路部分修复，自 1941 年 1 月 15 日由株洲伸展至板塘铺发车，湖南邮政管理局所辖株洲邮件转运组于同年 1 月 21 日移驻板塘铺。

② 湘潭医院 1931 年改成惠景医院，成为今湘潭市中心医院前身。

疗机构，特别是私人医疗机构大量建立。1929 年，私人创办的信一医院成立。[①] 1938 年统计显示，湘潭城区有医疗单位 12 家、西药店 1 家、中药店 45 家。县立医卫机构也大量创办。1939 年，湘潭、湘乡分别建立卫生院，随后相继建立不少分院、基层卫生所。[②] 这些站所在预防注射、种痘、新法接生等方面做了一些有益工作。

政府还将医卫事业发展纳入行政体系内，予以财政经费单列权[③]。这一时期，县政府还正式将餐馆、饭店的饮食卫生列入工作职责范围，县卫生院有权进行视察和检察。另外，卫生部门还推行免费西法接生和孕产妇检查。

医卫事业取得的巨大成绩有目共睹。但应指出，国民党政权下的医卫事业发展本质上不是为社会、为工农群众谋福祉。就以儿童保健、免费推行西法接生及孕产妇检查为例，无论费用如何低廉甚或免费，入院检查或者住院的病人终究只限于城区极少数居民。[④]

五、政治领域现代化的新景

北洋政府时期，国家体制建设形成了有名无实的权力制衡制度，行政权力的独裁与黑暗引起了国民强烈不满，也明显违背现代民主发展趋势。国民党以革命者身份起而反抗，大革命后建立了南京国民政府。殷鉴不远，南京政府不便效仿袁世凯明目张胆的专制，于是设立一套五权分立、地方自治的治国体制。

1928 年 8 月国民党二届五中全会召开，大会通过了训政时期“实行五权之治”的主张。会议关于《训政开始应否设定五院案》的决议中说“训政时

① 私立医院发展较快。信一医院创办次年，私营广新、遂初、八〇八医院创办。1931 年，私营海宁、怀仁、学海、醒觉、三民医院开业。1938 年，以湘潭膏盐矿业公司为主，联合县内几家工矿集资在舟家花园创办湘潭县公医院，有病床 30 张。1942 年停办。

② 1941 年，湘潭县又创建株洲、石潭卫生所，3 月，株洲卫生所扩充为卫生分院。1942 年 4 月，县卫生院扩充为县中心卫生院，病床 20 张。4—10 月间，分设银田寺、古塘桥、易俗河、花石、朱亭、易家湾、姜畲、徐家湾（今仙女乡）、中路铺卫生所。1943 年 8 月，又增设五里堆、石鼓卫生所。

③ 1939 年 8 月，当局设立县防疫委员会。县财政首次单列卫生经费。1939 年时，湘潭县卫生经费支出占全县财政总支出的 0.24%，次年上涨为 0.98%，1940 年时再调整至 2.56%，经费的拨付为医卫事业的可持续发展提供了良好的财政支持。

④ 湘潭市地方志编纂委员会编：《湘潭市志》卷 30《卫生体育》，中国文史出版社 1997 年版，第 713 页。

期之立法、行政、司法、考试、监察五院，应逐渐实施”[①]。次年，国民党颁布《县组织法》，规定县长综理全县行政，可在中央及省府法律范围内发布县令。县政府置县长1人，设财政等局或科，另置督学、技士、警佐、巡官、会计、出纳、事务员等。抛开名实之辨，国民党这一体制建设是披上了政治现代化外衣的，倘若能够付诸实践，中国现代政治民主大业的实现指日可待。

遵照国民党中央决策，湘潭开始构筑新的政治体制。1929年，湖南省统一改组县政府，按照这次改组要求，湘潭在县政府下新设教育、财政、公安三局。从第二年起，正式实行县级地方预算，县财政对行政事业单位的财务主要通过预决算进行管理。1942年，湘潭建立县级自治财政。通过这一系列改革，湘潭的县级政权建设得到了加强。两年后，经内务部核准，湘潭、长沙等升级为一等县。

此外，根据司法建制要求，1930年，湘潭县法院成立，分设刑事庭、民事庭，这是湘潭刑民案件第一次实现“分家”。[②] 1935年，按照《法院组织法》要求，湘潭县法院改为湘潭地方法院，享有初审职权。但这一时期专门审判机构却附属在行政当局之下，检察事务则由县长亲自掌管。审判中以刑讯逼供为主要办案手段，行政权干扰司法更是屡见不鲜。

湘潭行政管理改革措施除以上财务、预算之外，另有物价管理、政府统计两个方面的管理体制创新。1940年10月，因日本全面侵华后引发物价不稳，波及湘潭，湘潭设立物价管理机构，时称平价委员会，县长兼主任委员，对主要物资实行硬性定价，并设立物价调查队，查处商家违价行为。但这一物价管理机构未能切实发挥作用，此后湘潭的物价扶摇直上。[③] 政府统计开始于稍前的1932年，湘潭县政府设立统计科，开展经常性统计工作。1942年，成立县政府统计室。

① 荣孟源主编：《中国国民党历次代表大会及中央全会资料》上册，光明日报出版社1985年版，第535页。

② 湘潭市地方志编纂委员会编：《湘潭市志》第8册《审判篇》，中国文史出版社1997年版，第348页。

③ 5月，平价委员会改名评价委员会，实行按照商品成本加上合理利润评定其售价，但无法抑制此时的物价暴涨。1943年1月，再改其为限价委员会，对违价行为从严惩处，从2月到5月，被判刑两个月至一年零两个月的店主达11人。但物价仍然是扶摇直上。在政权落幕的大势下，湘潭首次建立的政府物价机构显然无法真正发挥指导物价的作用。

六、文教领域现代化的兴盛

“国民党新军阀在湖南的统治地位建立后……即采取一些重要措施发展资产阶级的文教事业，如增加教育经费……发展社会教育及新闻事业，并使其进入民国时期的‘黄金时代’。”① 与全省形势类似，湘潭的科教文卫体育等事业发展也进入一个“黄金时代”。“黄金时代”是就整体来描述的，细观各项不同领域，新闻报刊业的发展当属“黄金时代”中最光彩夺目的亮点。

湘潭新闻报刊的发展与省城长沙颇为相似。“马日事变”后，由于当局推行严格的出版审查政策，湖南新闻报刊事业陷入低谷。随着行政当局几度易手，高压政策自行松动，新闻报刊如同野火烧不尽的小草，重新顽强生长。这一时期湘潭、湘乡创办的报刊大概有以下数类（基本按创办时间排列）：

《自治周报》：1929 年 12 月创刊，湘乡地方自治筹备分处主办，内容是阐扬自治真义。

《湘声报》：1932 年 8 月 1 日创刊，由周季五等发起。

《龙城晚报》：1932 年 5 月 10 日创刊，由国民党湘乡党部冯烈、李政等发起组织。

《湘乡新报》：1932 年 8 月 1 日创刊，由周炳行、王旦华等发起，旨在阐扬三民主义，促进地方建设。

《涟波报》：1934 年 3 月 20 日，湘乡李如穆、黄月新等为宣传湘乡而办，社址在城区南正街 123 号。

《湘乡导报》：1934 年 5 月 15 日创刊，由谭祖武创立。

《永丰青年壁报》：1935 年创刊，三民主义青年团湘乡分团第六区队主办，周六发刊，宣传主义、促进地方自治。

《硬报》：1937 年注册登记，为日报。

《青年周报》：1938 年 2 月创刊，中国青年党湘乡县党部主办，宣传青年党纲领、政策，社址在湘乡城区四牌楼 45 号。

《电工通讯》：1938 年由中央电工器材厂总管理处创办，为月刊，宣传厂务、人事、工余生活等，解放前停办。

《潭报》：1938 年由左荣创办，为日刊，社址在十六总祝融宫内。

《武进新闻快报》：1938 年由江苏入潭，3 月 9 日出报。

---

① 宋斐夫主编：《湖南通史・现代卷》，湖南出版社 1994 年版，第 307 页。

《青年日报》：1940 年创刊，三民主义青年团湘乡分团创办。

与报纸密切相关的媒介——收音机此时首现湘潭城。1932 年 7 月，湘潭民报馆购置了无线收音机一台，设立收音室，湘潭开始有了无线收听设备。此后，收音机陆续发展到民间，部分上层军政人员及大地主家庭也拥有了收音机。

新闻报纸与思想传播领域的成就成为国民党政权宣扬自身“民主”的证据。不过这一“舆论自由”仅是一个幌子，观察上述报刊创办年月与出版机构，不难发现其主要是由国民党及其附属组织于南京国民政府前期所办。这一时期，国民党立基不久，需要设法为其“一党专制”涂抹开明色彩，不得不显示其尊重言论自由的态度，从而推动了专制政权下舆论事业的非正常发展。当然，其他政治力量，例如中国共产党和民族资产阶级的推动也有助于全国范围内舆论专制一定程度上难以臻顶。

文化事业另一个主要领域是书刊的印行传播。至日本占领前夕，湘乡出现了几家有规模的书店如本文堂、新民书局、通化书局及商务印书馆、世界书局所设湘乡特约所等。湘潭有赵友政在十总的宝善书店、左福皆在十一总的求古书店等。[①] 它们多兼营印刷、出版，所发行的图书多来自中华、世界、商务等大书局，品种有进步书刊如《共产党宣言》等，以及鲁迅、茅盾、巴金著作和苏联文艺作品。[②] 为适应形势所需，这一时期还出版了一些政治、军事书籍。[③]

教育事业此时期依旧在扩大规模，各类型教育均有所发展。这在一定程度上是得益于北伐战争对西方文化侵略的强大冲击。但教育的发展更多是体现在学校数量增加方面，底层群众的受教育权并没有得到政府的真切尊重和维护，

---

① 还有张天德在十一总开设的大德书店、刘庆元在十八总的鼎新书簿印务馆、胡氏在十一总的安定堂书局、谭永智在十七总的四强书店、中国文化服务社湘潭支社和青年书店湘潭分店、中华书局湘乡特约所等。

② 湘潭市地方志编纂委员会编：《湘潭市志》第九册（下）《文化篇》，中国文史出版社 1997 年版，第 85 页。

③ 这类书籍有《三民主义政治概论》（马璧著，1942 年湘潭印刷局印）、《兵经》（戴坚著，1939 年湘潭同仇学社出版）、《现代军事教育法》（戴坚著，1939 年湘潭同仇学社出版）、《军事研究袖珍》（［德］洛黑尔著、戴坚译述，1939 年湘潭同仇学社出版）、《命令作为法》（［德］黑木茨佛克曼著、戴坚译，1939 年湘潭同仇学社出版）、《沙盘教育指针》（林湛、陆啸涛编著，1938 年湘潭陆军步兵学校出版部出版）、《怎样训练一个战斗兵》（戴坚著，1939 年湘潭同仇学社出版）、《游击战》（［德］突尔·爱哈尔特著、戴坚译，1939 年湘潭同仇学社出版）。（以上见湖南省地方志编纂委员会编：《湖南省志》第 20 卷《新闻出版志》，湖南出版社 1991 年版，第 379—386 页。）

教育事业对普通人尊严与权利的关怀依然毫无可能，国民党对教育事业的严格控制却彰显无遗。1927 年 11 月 1 日，湘潭教育局局长就因教材审核工作不力被省厅专门训斥了一回。[①] 这一阶段湘潭教育事业发展的详情见下表：

表 3 – 7 国民政府时期（日本占领前）湘潭教育发展情况表

<table>
<tr><th>教育类型</th><th>学校概况</th><th>课程改革</th></tr>
<tr><td>幼儿教育</td><td>1933 年设在城区的私立新群小学开办幼稚园</td><td rowspan="5">1932 年，执行教育部公布的《中学课程标准》，初中开公民、体育、卫生（后改为生理卫生）、国文（后改为国语）、英语、算术（后改为数学）、植物、动物、化学、物理、历史、地理、劳作、图画、音乐 15 科。高中设语、数、物、化、史、地、音、美、体、生、军训 11 科</td></tr>
<tr><td>小学教育</td><td>1941 年起，全县每乡镇设立一所中心学校，每保设立一所国民学校。1943 年，全县共中心学校 35 所，保国民学校 629 所，其他小学 571 所，在校学生 64393 人</td></tr>
<tr><td>中学教育</td><td>1937 年，私利新群小学增办初中，改名新群学校，设在城区莼香园。1941 年，周方进筹资办私立新湘初中于乌石周家湾，后迁县城，王公平创私立民兴初中于凿石（今属株洲），后迁昭山。1943 年，马文义创立私立霞峰初中于中路铺，袁范吾创立私立建宁初中于白井冲（今属株洲），庞敏权集族产创立私立复兴初中于韶山老屋湾</td></tr>
<tr><td>厂矿子校</td><td>1934 年，膏盐矿业同业公会创办惠工小学于板塘铺，为湘潭第一个厂矿小学</td></tr>
<tr><td>师范教育</td><td>1941 年创办于县立中学内，始名简易师范科，招收初中毕业生，修业一年</td></tr>
</table>

资料来源：湘潭县地方志编纂委员会编：《湘潭县志》卷 28《教育》，湖南出版社 1995 年版。

七、日本侵略者的破坏与湘潭沦陷后的衰败

20 世纪 40 年代，在国民党若干有利政策作用下，湘潭初步呈现了有计划的现代化建设前景。但这一正常进程很快被日本人燃起的战火打断，由于日本对华侵略脚步逼近，湘潭的现代化，特别是工业化进程被打断，许多行业陷入困境。

卢沟桥事变爆发 3 个月后的 10 月 8 日，日本战机首次飞到湘潭实施狂轰滥炸。当天，6 架日机在株洲董家塅一带投弹 18 枚，死伤 31 人。武汉会战期间，日机再次空袭湘潭。[②] 1939 年下半年后，日本飞机频繁轰炸湘潭，前后达

① 1927 年 11 月 1 日，湖南省教育厅根据国民党中央执委会命令，下文批评湘潭教育局长，《成人读本》“系共产党曹典琦所著，其内容纯系宣传赤化，借图麻醉青年，绝无采用之可能，应行查禁”，对该局长“申斥，并记大过一次”。（《湖南省政府公报》第 65 期，1927 年 11 月 13 日出版。见宋斐夫主编：《湖南通史·现代卷》，湖南出版社 1994 年版，第 309 页。）

② 同年（1938 年），日本还印制了比例为五万分之一的湘潭军用地图，为侵占湘潭做了充分准备。

15 次之多。[①] 在日军攻势下，当局开启了自毁基础与拆迁厂矿的举措。1939 年 6 月起，政府召集民工破坏公路，潭宝、潭衡公路全部被挖断。中央电工器材厂因战事紧张确定迁厂，电力机车厂在日机狂轰滥炸下拆迁至黔、桂，中央钢铁厂停建，中央机器制造厂搬迁，湘江电厂停建，省政府与裕甡公司创办的“官商合办湘潭锰矿股份有限公司”也被迫停止采运。1941 年 8 月，日机轰炸湘潭，湘潭邮局被毁，不久，邮局撤离湘潭城区。

日本帝国主义残酷的进攻与屠杀给包括湘潭人民在内的全体中国人民造成了深重灾难，深处内陆的湘潭尚且遭受兵火焚毁，沿海领先发展地区所受战火洗劫自不待言。面对艰难局势，在国民党当局战略部署下，沦陷区工厂与人员开始分批内迁，地处内地的湘潭与全省一样迎来了一次特别的提速发展时期。有书将其形容为“战时辉煌：‘小南京’声名再噪”[②]。

伴随着沿海工厂、学校、银行内迁的持续进行，交通便利的湘潭迎接了大批疏散来湘的机构与人员，加上 1938 年“文夕大火”对长沙的灾难性毁灭，湘潭的城区人口突增数十万。一些商民瞅准时机，纷纷开店经商、开行立栈，商业、工矿、农业、教育迅速畸形繁荣。据 1940 年统计，当时城区百业兴隆、街市壅塞。洞庭湖滨的棉麻油米豆，湘西的木材、桐油，陕甘等省药材都在城区集散。1942 年，湘潭转销豆类 10 万担，棉花 1.5 万担，药材 5000 余万元，尤其是民国前期颓败至极的粮食贸易此时枯木逢春，粮行增至 120 家，年营业额达 3000 万法币，涌现了一批规模大、实力强的经营大户。饮食服务业也是盛极一时，店馆达 78 家，小吃店更是遍地开花、生意红火。湘潭的商业重现繁荣为积聚财富、支援抗战、保障供应奠定了良好的财力基础。

日本全面侵华还导致全国工业重心转移，湘潭的工业在自毁拆迁不久又重现繁荣。1940 年前后，境内从业工人达 27000 多人。以煤矿和膏盐矿为例，抗战时期，由于华北沦陷，煤炭工业重心南移，湘潭煤炭业得以兴旺。湘潭、

---

① 从窑湾福主祠至长衡宫，唐兴桥至包爷殿，河、正两街，到处被战火烧毁。望衡亭以下，直抵十六总三育社，几乎不存一幢完整房屋，惠景医院等人道场所也被日军投下炸弹。市区人口锐减三分之二。1941 年日军加大攻势，日机 27 架狂轰滥炸十二总至十八总繁荣商业街，从窑湾许家铺子（白马湖）经自治街、风车坪一线，一直炸到忏心寺，投下大批燃烧弹，致使全街浓烟滚滚，屋毁尸横，惨不忍睹，死伤达 700 多人，财产损失巨大。

② 尹铁凡：《湘潭经济史略》，湖南人民出版社 2003 年版，第 230 页。

中湘[①]、湘江[②]、湖湘、恩口等煤矿公司先后开办。[③] 另一著名矿业膏盐矿发展方面，1940 年湘潭膏盐矿厂发展到 17 家，年产膏盐 6.6 万担。当时，大片国土被日本占领，食盐内运受阻，为解决民食，湘潭县政府制定膏盐矿增产办法，鼓励增加产量，湘潭膏盐矿公司增至 30 多家，工人万余。膏盐矿资本家雇用大量童工下井，数月不见天日，他们为资本家最大量获取战时利润牺牲了无法估价的人权与尊严。

战时农业在国难当头时得到了政府扶持。县农林场选择、推广优良稻种，设立示范田，指导农民耕种，鼓励发展多种经济作物。湘潭、湘乡的农业生产维持了在战争前中期全省第一、第四的发展水平。但是，就全省而言，农业产量一直呈现减产降产趋势，水产畜牧业更是濒于破产。

从 1938 年起，外地一些学校为避日军袭击开始迁入湘潭。武汉中华大学附中迁至石潭，省立长沙女中迁至乌石，私立广雅中学迁至歇马，大麓中学迁至古塘桥，衡湘中学迁至姜畲，复初中学迁至马家河办分校，正道中学迁至分水，明德中学迁至霞岭，长沙私立华中（中级）艺术师范学校迁到古塘桥，长沙私立群治高级商业学校迁入双板桥。众多外地学校的迁入和师资实力较好的大城市学校来潭提升了湘潭教育质量，为湘潭留下了更富时代性的优质教育理念。

然而这一切辉煌仅是昙花一现。从 1943 年开始，战争带来的繁荣便日趋消退，到 1944 年湘潭沦陷，从此开始遭遇侵略者残酷的“以战养战”掠夺，进入了明显的衰退、萧条时期。在战火蔓延之际，湘潭人民不得不再次人为损毁道路、桥梁、轨道、轮船。粤汉、湘黔铁路，长潭公路均被挖断，轮船凿沉，江道遍置水雷，湘潭对外联系网基本阻断。但日本人并不因为交通阻断而止住侵略步伐。1944 年 6 月，湘潭被占。日军铁蹄所至，烧杀掳掠无所不为，战时发展起来的繁华商业、工矿业以及战前建立的现代金融、保险、教育、医卫各业均遭遇灭顶之灾。日占后湘潭城区纺织业遭到严重摧残；通讯业被完全

---

① 国民政府资源委员会与河南中原公司等联合开办中湘煤矿，于 1937 年在谭家山紫竹林至土地庙一带开采，雇用工人达 300 至 400 人，以火力发电，有电动鼓风机、提升机等机械，年产原煤 4.3 到 5.8 万吨。

② 1939 年，国民政府资源委员会接管湘南裕煤矿，改名湘江煤矿公司，工人达 2500 人，年产煤 14.4 万吨。1943 年，湘潭采煤 19 万吨。

③ 这些煤矿的地址分别是：湘潭煤矿——谭家山镇、中湘——谭家山镇、湘江——杨嘉桥镇、湖湘——云湖桥镇、韶山市银田镇、恩口——时属湘乡下里，现属娄底。

摧毁，乡镇电话杆线一律被拆；各银行相继关门停业；各类学校教育全部停办。

沦陷期间，日军对湘潭的矿产资源进行了掠夺性开采。一边是境内众多民族资本煤矿倒闭；一边是日军占领煤矿的滥采乱挖。以锰矿为例，8 月日军占领锰矿，立即将所存锰砂全部掠走，次年 2 月又强迫工人采锰，并毁坏矿区大部分房屋和器材。矿山惨遭破坏，百孔千疮，矿石被劫走 4560 余吨，湘潭锰矿的财产直接损失法币 3.16 亿法币，间接损失达数十亿元之巨。[①]

湘潭沦陷前后的繁华与破灭在短暂的数年间便完成了一个轮回。战前的一时辉煌并没有真正提升城市的现代化水平，湘潭的工商业基础依然脆弱，民族资本与现代科技实力依旧薄弱。战中的破坏却造就了现代化基础还未打牢的湘潭更加弱不禁风，导致了此后数年恢复建设的极其艰难。

八、国民党政权崩溃时期现代化的基本停滞

与几千年来中国历史上的战后重建一样，抗战胜利后不久，湘潭迎来了一段有利于休养生息的和平时期。1945 年 8 月 13 日，湘潭光复，流落异乡的湘潭人大批返乡，饱经战乱的莲乡人民无不渴望着时局的平稳与生产生活秩序的恢复，以利重建家园。国民党当局顺应了这一民意，从财政、税收、田赋、调回工业设备与技术人才、恢复交通等各方面均采取了一些利民之举，鹑衣百结、弹坑密布的湘潭缓慢从废墟中站起，出现了经济、文化等事业的复苏趋势。

工矿业和电信业的迅速恢复即为明证。湘江煤矿在光复后立即复工，当局还动工修建了杨嘉桥至河口的运煤专线铁路 13 公里，1946 年即通车，该矿年产煤 10 万吨左右。同期，境内年产煤 1 万吨以上的还有中湘、湖湘、华石等。1946 年，湘潭电气股份有限公司恢复发电，装机一台 300 千万，年发电量约 300 万度；石潭镇小电厂建成发电，装机 5 千瓦；湘江电厂开始重建，安装 1000 千瓦机组一台[②]；湘江煤矿电厂也开始发电，装机四台共 3000 千瓦。1946 年，湘潭电信局（即原电报局）架设湘潭至长沙的铜线线路两条，至衡阳、湘乡、醴陵铜线线路各一条。同时，县政府下令向乡镇征集电话线路杆

---

① 湘潭市地方志编纂委员会编：《湘潭市志》第三册（上）《冶金工业篇》，中国文史出版社 1997 年版，第 132—133 页。

② 1948 年开始发电，更名下摄司发电厂。

木，向各机关筹集资金，恢复电话线路。至 1947 年，17 个乡镇通话，共有电话总机 4 部 55 门[①]，电话单机 58 部。从这些领域重建效果看，假以时日，湘潭的现代化建设有望实现良好发展。

但好景不长。1946 年全面内战爆发，当局军费开支迅速膨胀，财政赤字激增，各种苛捐杂税不断飞洒到社会底层，通货膨胀、物价上涨，民族经济急剧衰败。此时的湘潭也无力再进行任何建设，经济社会发展接近崩溃边缘。以工业重地湘潭电机厂和商贸重镇姜畲为例，湘潭电机厂作为当时全国电工行业发祥地和基地，本应得到政府政策、资金与技术的重点扶助，但受内战殃及，该厂工人每人每月仅能领到五斗米和一元银洋，在物价永无止境的涨势面前，工人们生活难以为继，纷纷辞职离厂。湘潭县姜畲镇市场历为湘潭四大集镇市场之一[②]，市镇历来繁荣喧嚣。1943 年时集镇有 150 多家商店。1946 年后，因为法币贬值，商店纷纷倒闭，至 1949 年时仅存商店 27 家，从业者 43 人，集镇繁荣彻底消逝。

国民党高层在大势已去之际开始实行残酷的破坏政策。窜入湖南的白崇禧所部几十万当时就奉白崇禧令实行空室清野政策，湘潭煤矿公司 1949 年 1—2 月的月产量都在 1.5 万吨到 1.6 万吨以上，而到 5 月份，由于白崇禧军队的破坏，月产量锐减为 3000 吨。

据 1947 年 3 月 28 日国民政府《中央日报》“湘潭商场兴衰调查表”统计，战后复业的 723 家店铺倒闭 132 家，停业 143 家。在制伞、造船等 47 个行业中，失业工人达 4000 余人，占 70.7%。至 1949 年形势更是急转直下，6 月 27 日《湖南日报》载：湘潭市场几全部走上了死亡之路，商人们疾首蹙额，长吁短叹。[③] 当年的农业产量更是创下低产记录，产量仅 34.19 万吨，这一数据为整个民国时期的最低产量数。此时的湘潭城乡乞丐成群、饿殍载途，社会已然奄奄一息。

国民党的腐朽统治再也无力维持，解放战争洪流席卷南北。1949 年 8 月 9 日，解放大军进驻湘潭，国民党籍县长吴声镐于 11 日发表通电，宣布接受新民主主义，参加人民阵线，历经磨难的莲城获得新生。8 月 15 日，湘潭各界迎接解放大会召开。8 月 22 日，以刘旭为县委书记、杨第甫为县长的湘潭县

① 其中县总机 30 门，石潭分总机 10 门，花石分总机 5 门，易俗河分总机 10 门。

② 四大集镇市场为易俗河、石潭、姜畲、花石。

③ 尹铁凡：《湘潭经济史略》，湖南人民出版社 2003 年版，第 240 页。

人民政权正式成立，古老的湘潭从此永远告别了半封建半殖民地的落后时代，在新民主主义和社会主义旗帜下迈入了全面建设现代化的新的历史时期。

社会局势的动乱始终是现代化建设的第一妨碍。国民党主政中国后，一方面因为阶级矛盾而内战不止，一方面因为民族矛盾而外战激烈。湘潭的现代化建设在战争与战争的缝隙中艰难开展，取得了重工业和交通业的显著成就和文化事业的一定繁荣。这一成就当然只能结合特定的历史阶段和背景去看。在烽火不熄的民国中后期，这三大领域竟然可以取得不菲成就，说明这完全符合国家意愿、人民心声和时代潮流，因此有强大的生命力。然而，政治领域民主、法治的欠缺却严重地阻碍了中国现代化建设全局的顺利前进，国家和人民的现代化意愿即便再强烈也无法抵消政治腐朽的反动影响，因为政治腐朽必将导致国内政局动荡和外国势力乘虚而入。国民政府时期的湘潭正是面临这种局势。日本人蹂躏与破坏过后，留下一个千疮百孔的湘潭，美国人的势力便接踵而来，大批美国剩余物资如布匹、肉类、面粉、卷烟、药物、煤油等充斥湘潭市场，市面物资被时人形容为“无货不‘美’”，湘潭的民族经济遭遇雪上加霜的摧残。没有民族的真正独立自主，没有公民权利的合法保障，只有政治权力的号召与推动，只有借助外部势力的“支援”和“友谊”，现代化建设不可能取得成功。

第四章　自开商埠与岳阳城市现代化

岳阳，古称巴丘，也叫巴陵。洞庭湖区考古发掘发现，在新石器时代，岳阳一带就有人类活动，并形成了一些原始群居村落。从洞庭湖区出土的陶器、房屋遗址等来看，这些新石器时代的先民已进入定居的部落农耕文化时代。[①]这些先民在渔耕中繁衍发展，形成自己的村庄部落。先秦时期岳阳要塞是中原王朝对三苗部落军事征服的产物。在约五千年前的炎黄时期，洞庭湖区已成为"三苗"部落。而此时中原地区的华夏部落逐渐强大，开始对异族的讨伐。"皇帝张咸池之乐于洞庭之野"[②]，"尧战于丹淼之浦，以服南蛮"[③]，可见尧舜时代就已征战到洞庭湖区。岳阳区域的土著文化不断受到中原文化的冲击，到商周时，三苗古老的部落文化被打破。商王朝的不断征战，使商人的势力沿长江南下，最终在铜鼓山建立了战略要塞彭城（今岳阳城区最早的古城）。先秦时期岳阳军事要塞的地位为岳阳后来的发展奠定了基础。西汉时，岳阳是长沙的下属县，到东汉建武二十五年（49 年），马援在巴丘之地"置戎以镇之"[④]，自此岳阳作为军事重地逐渐发展起来。三国时期，公元 215 年，吴王孙权派鲁肃率人屯巴丘，并且建成了标志性建筑——阅军楼。到晋武帝太康元年（280 年），巴陵已有"数万人"[⑤]，在当时已属一个中等人口规模的城市。[⑥] 晋惠帝元康元年（291 年）设巴陵县城，确立岳阳城市作为岳阳区域政治经济中心的地位。此后一千多年的发展历程中，岳阳的称谓变换频繁，如巴州、岳州、岳

① 徐镇元主编：《岳阳发展简史》，华文出版社 2004 年版，第 10 页。

② 《庄子・天运篇》。

③ 《吕氏春秋・太类篇》。

④ ［宋］范致明：《岳阳风土记》，岳阳档案馆存，第 1 页。

⑤ ［宋］范致明：《岳阳风土记》，岳阳档案馆存，第 3 页。

⑥ 何一民主编：《近代中国城市发展与社会变迁（1840—1949）》，科学出版社 2004 年版，第 8 页。

州城、罗州等。虽然称谓变换频繁，但岳阳城市作为郡（府、州）和县治所在地的地位从未动摇过，这与洞庭湖作为重要的产粮区是分不开的。晋代后，岳阳城的建设一直受到历代王朝的重视，城市规模不断扩大，城市形态不断完善。到明清时，岳阳城市基本定型。

第一节 开埠前后的岳阳及其城市现代化的起步

城市现代化，是指城市由简单的商品经济社会向复杂的工业经济社会转变的历史演进过程；或理解为城市由传统的封建封闭型向现代以工业化、民主化为主要特征的开放型城市转化。世界各国的中世纪城市向现代城市转化主要有两种模式：一是城市内部结构的变动引起城市功能的改变，从而导致城市性质的变化和城市的发展，其变化程序为工业化推动城市化和城市现代化，城市化和城市现代化反过来推动工业化，成为互为因果、互相作用的循环式发展。演变形式属于渐变型，演变时间较长。欧美的一般城市多属此种类型。另一种模式是由于城市外部力量的作用，城市功能发生变化，进而导致城市内部结构变化和城市发展，这种由外力引起的变化一般不是从工业化开始的，而是从以对外贸易为主的商业化开始的。这种外力是城市发生变化的最直接动力，其发展轨迹归为“民族危机刺激—自开商埠—推动本国经济发展”[①]。岳阳城市现代化的模式属于后一种。

一、开埠前岳阳商品经济的发展与现代化因素的萌生

岳阳地处洞庭湖南北要冲，天然优越的地理位置使这里交通便利，经济流通顺畅，城市工商业经济发展较快，到乾隆年间，“十分其民而工贾居其四”[②]。

位于洞庭湖区的岳阳，凭借其发达的农渔业经济，形成了以粮、鱼、茶、酒为主要内容的经济品牌。以酿酒业为例，“从清末至抗日战争前，岳阳城区的酒作坊有十多家”[③]，而且酿酒行业还有自己的“杜康会”，传说每年阴历八

① 唐凌等编：《自开商埠与中国近代经济变迁》，广西人民出版社2002年版，第5页。

② 《巴陵县志》卷4，同治十一年，第23页。

③ 中国人民政治协商会议湖南省岳阳市委员会文史资料研究委员会：《岳阳文史资料》第5辑，中国人民政治协商会议湖南省岳阳市委员会文史资料研究委员会1986年版，第99页。

月十八日为杜康的生日，酿酒业人士于这一日相邀聚会祭拜先师杜康。

开埠前的岳阳并没有沿着传统的道路走下去，而是在一系列因素的促使下开始了现代化的涌动。其因素主要有两个方面：首先是清政府为挽救自身统治危机而进行的改革，主要以洋务运动和清末新政为代表。尽管这两次变革在实践中有诸多不合理的地方，但是这两次改革期间倡导的兴办实业、鼓励商贸、建设邮电事业、修建铁路公路、兴办新式学堂等措施，点点滴滴地改变着岳阳的城市面貌，岳阳开始了不自觉的城市现代化。其次是民族资产阶级和近代新式知识分子阶层的社会活动。在外国资本主义的示范和刺激下，一部分商人、地主、官僚和买办开始了资本主义的投资尝试，开始经营实业。如光绪十四年（1888 年）湘鄂两省绅商集资白银 10 万两创办轮船公司，购买小火轮航行于汉口与岳阳之间，这一举措大大扩大了岳阳的城市开放度；而岳阳开明士绅郭鹏等人改革书院章程则推动了岳阳近代教育的发展。因此这些民族资产阶级和新型知识分子阶层凭借他们的经济实力和社会地位影响和引导了岳阳城市的现代化。

二、自开商埠——岳阳城市现代化的起点

近代中国的通商口岸分为条约口岸和和自开口岸两种，魏源是中国近代历史上提出“自开商埠”思想之第一人，在魏源看来，与其被外人以武力打开中国的大门，不如我们自行开埠通商，进口发展本国经济所需要的物资，学习西方的先进科学技术，以增强国家的经济实力、军队战斗力来抵御西方的侵略，把对外贸易同“师夷长技”联系在一起。但当时整个民族还没有从两次鸦片战争和太平天国运动的社会涤荡的激流中清醒过来，致使魏源的自开商埠主张在鸦片战争后的二十年里都未寻到知音。甲午战败后，在严重的民族危机刺激和一大批包括清朝高级官员在内的各阶层的维新人士推动下，自开商埠由思想开始向实践过渡。而岳阳之所以成为湖南第一个自开商埠的内陆城市，是由当时的政治因素和岳阳城自身的特殊条件决定的。

其一，岳阳自开商埠是清政府抵制列强侵略的结果。湖南地处内陆，湖南人对外来势力的抵抗历来异常激烈，因此列强在湖南一直难以立足。1898 年 1 月 8 日、2 月 5 日，英国借向中国提供政治贷款的机会，先后两次提出开放湘潭为商埠的要求，但均遭到以王先谦、王闿运为首的士绅的坚决反对，他们认为湘潭临近省会长沙，开埠会带来可怕的后果。但是此时的清政府认为与其在

外国人的压力下被迫签约开埠，“转致授柄于人，不如自开口岸尚可。”[①] 即与其被动开放，受制于人，不如主动开放，自主之权在我，同时也是为了“振兴商务，扩充利源”。在这种情况下，时任湖南巡抚的陈宝箴与总理衙门商议决定主动开放临近湖北的岳阳代替湘潭。

其二，岳阳自开商埠与岳阳人的文化特性有关。1905 年，湖南巡抚端方奏准自开湘潭和常德两地为商埠，但最终都因当地绅民的强烈反对而最终失败，而岳阳自开商埠则没有掀起反对的大浪潮，这与岳阳人的文化特性有关。历史上的岳阳地处交通要道，是一座苦难深重的城市，每逢战乱，岳阳总是深陷其中，人口锐减，百业萧条。而一旦战事平息，其贯通四方的地理位置又会吸引大批外地人来岳阳谋生发展，从而使得岳阳城市居民生活带有深深的移民文化特征，岳阳人对外来的各种文化、生活习俗、价值观念都有着深深的包容性，因此，当岳阳开埠后，岳阳民众没有强烈抵触和反抗。

正是在这些因素的共同促使下，1898 年 3 月 28 日总理衙门奏请开放湖南岳州为通商口岸。10 月，俞廉三接任湖南巡抚后，积极筹备开埠事宜，并最终选定位于洞庭湖出口处，水路内连湘、资、沅、澧四水，外通近海远洋的城陵矶为海关。11 月 13 日，湖南候补道张鸿顺与江汉关税务司马士共同订立《岳州城陵租地章程》十条，岳州正式开辟为商埠，由美国人哈里斯任海关税务司。自此岳州城成为中国第三个（前两个分别是上海吴淞和福建三都澳）、湖南第一个自主开埠通商的城市。

岳阳自开商埠本来是为了防止外国势力进一步入侵，实际上加速了列强势力的涌入和西方文化的渗透，客观上促进了岳州城市的现代转变，成为岳阳城市现代变迁的起点。主要表现有：首先，开埠后，外来势力大量涌入岳阳，打破了岳阳原有的封建传统机制，在一定程度上减小了封建专制统治对岳阳城市早期现代化的阻力。其次，开埠通商后，英、美、日、德、俄等外商纷纷来岳阳开设公司，或者委托本地商店代为销售产品，使得岳阳的地理位置优势和商贸地位大为提高，尤其是长沙开埠后，长沙的口岸贸易多年为入超，而岳阳则多为出超，因而在一定程度上减少了湖南对外贸易入超的负担。最后，开埠通商后，西方的许多新观念、新科技知识也随之而来，使岳阳人的价值观念、思维模式和行为模式发生了转变，促进了现代科学知识的传播。

总之，岳阳现代化是内力和外力共同作用的结果。外力，指欧美资本主义

① 上海通社编：《上海研究资料》，上海书店出版社 1984 年版，第 86 页。

国家的政治、经济、文化、思想等一系列因素对岳阳传统城市社会的示范和冲击；内力，指中国社会内部结构变革所产生的推动力，也就是来自本土自身的因素。岳阳作为一个传统的封建性城市，内部经济变革的动力明显不足，但是自开商埠后，逐渐展开的通商贸易引入的西方的新商品、新技术、新观念等，对岳阳的传统经济与社会起到了颠覆的作用。因而岳阳现代化的启动主要是开埠通商后外力作用的结果。

马克思曾经说过：阶级斗争是阶级社会发展的直接动力。因而，探究岳阳现代化变迁的原因也不得不考虑当时革命斗争的因素。岳阳是湘北门户，历来为兵家必争之地，自古战争频繁，而晚清的太平天国运动和辛亥革命运动则更是深深地触动了岳阳现代化这一敏感的神经，尤其促进了民众的思想觉醒，为岳阳现代化提供了意识形态上的准备条件。

太平天国运动对近代岳阳的冲击是显而易见的。当时的太平军为经营两湖，曾三次攻占岳州城，在洞庭湖与湘军展开激烈交锋。尽管太平军最后兵败而退，但太平军攻占岳州城，杀巴陵知县朱元燮，火烧官府县衙，开仓济民。这些原来在人们心目中神圣威严的形象和机构现在颜面扫地，使民众思想上受到一次前所未有的冲击。而且太平军宣扬的基督教“平等”思想、儒家的大同思想和农民的平均主义思想在岳阳得到广泛传播，岳阳的农民两次起义响应太平军，湖区的船户、水手甚至成为太平军水营的骨干，这些都说明人们已经从封建忠君的传统礼制中解脱出来，对新思想持较为开放和欢迎的态度，为岳阳现代化提供了思想意识的准备。

辛亥革命爆发时，岳阳人民更是举起了反清政府的大旗。宣统三年（1911年）十月二十四日，长沙光复的第三天，湘鄂起义军总司令阎鸿飞率领人马由汉口来到岳州，于十月二十五日在城头挂起十八星革命军旗，宣告岳州光复。这标志着人们彻底抛弃了对皇帝的盲目崇拜，民众的民主意识开始觉醒，从而大大减少了岳阳迈向现代化过程中来自封建专制制度的阻力，极大地推动了岳阳现代化的进程。

三、经济与公共服务领域的现代化进展

1. 岳阳新型工商业的出现和发展

开埠前，岳阳只是一个传统型封建城市，工业发展状况十分落后，整体发展水平尚停留在家庭作坊和手工作坊的阶段，工业的发展仅能满足城市居民低层次的消费需要。而开埠为城市工业的发展提供了契机，西方先进的科技产品

大量涌入，改变了岳阳城市传统的消费需求结构，造就了新的生活方式、生产消费需求和新的消费者，拓展出新的市场空间，这就为近代工业在民间的兴起提供了现实基础。

新的市场空间和市场利润的产生导致部分商业资本及其他私人资本开始投身于近代工业。光绪三年（1877 年），第一家官办工业——平江黄金洞矿成立；光绪二十七年（1901 年），第一家私营采矿工厂——宝成公司在临湘创办，开采铅锌矿；光绪二十八年（1902 年），湖南省炼矿总公司在岳阳设立总厂，提炼湘省各省矿砂。[①] 宣统元年（1909 年），邑人曹典芪在竹荫街创办立生制皂厂，用手工生产“蜜蜂”“万能”“黑肥”等肥皂，年产达 60 箱[②]，为城区化学工业之始，也是城区最早开设的私营工厂。

此时值得一提的是位于汨罗县（今汨罗市）的长乐镇。长乐镇历史悠久，地理位置便利，物产丰富，发展工商业的条件较好。1910 年前后，长乐工商各业已近百户。

这一时期，民间私人资本成为岳阳城市近代工业的投资主体，商人投资近代工业，将商业资本转化为工业资本并使二者紧密结合起来，独资和合伙经营成为当时工业经营的主要形式。这在一定程度上限制了资金的大量聚集，难以进行资本的扩张，限制了工业规模的扩大和发展。总体说来，此时岳阳的近代工业规模一般较小，无力引进和使用先进的技术，一般设备简陋，生产工艺陈旧，生产能力有限。而且此时传统的手工业和手工作坊与新型的近代机器工业共存，也在一定程度上阻碍了新型工业的发展壮大。但是无论如何新型工业毕竟已经产生并且开始缓慢发展，成为岳阳城市近代化转型的重要内容。

2. 对外贸易的显著成就

岳阳自开商埠通商，加强了岳阳与国际市场的联系，岳阳传统市场由封闭转为开放，对外贸易开始从无到有、从小到大地发展起来。

1899 年，岳阳辟为商埠后，通商国家有英、日、美等 12 个国家和香港、澳门地区，其中英、日、美为主销市场。1903 年清政府成立商部，商部颁布了《出洋赛会章程》等鼓励对外贸易的政策法令。[③] 因此在开埠和商埠立法的共同促使下，岳阳的对外贸易快速发展。据岳阳海关统计，1900 年由汉口转

---

① 岳阳市地方志编纂委员会：《岳阳市志》第 8 卷，中央文献出版社 2002 年版，第 3 页。

② 刘美炎、唐华元：《岳阳百年大事记》，国际展望出版社 1992 年版，第 90 页。

③ 孙玉琴：《中国对外贸易史》，对外经济贸易大学出版社 2004 年版，第 150 页。

运进口的洋货总值7.89万关平两，其中洋纱总值占18.7%。1902年进口总值增至49.9万关平两。[①] 贸易总值的增长说明岳阳城市与世界联系越来越紧密，这也有利于岳阳城市近代化的转变。

3. 近代商会的建立

1903年，清朝在各部之外新设立了商部，统辖全国农工商实业。商部成立后，11月，清政府商部奏定《商会简明章程》26条，附则6条，劝谕各省筹办商会。1904年，根据商部的意见，清廷谕令颁布了《禀定商会简明章程》《商会章程附则六条》，为商会的成立提供了法律依据和保障。湖南商务总会成立于1906年6月。1909年岳阳成立商会，吴济衷任会长，肖怡韶任副会长，会址设县城鱼巷子水龙公所内，拥有会员600人。[②] 商会是由新式商人为主体组成的不限籍贯也不限行业的一个社会团体，商会的成立密切了各商人之间的联系，有利于他们团结成为一股统一的力量，同时各行业之间的联系也日渐密切，有利于经济的发展。商会的成立也说明当时岳阳的资本主义经济已经发展到一定阶段，商人的地位已有了明显的提高。

4. 水上运输方式的变化——轮船的出现

岳阳地处长江之岸，洞庭之滨，近代以前，交通方式一直以传统的水运为主，岳阳港区、城陵矶港区舟楫往返，帆樯如云。开埠以后，其水上运输方式也实现了从传统向近代化的转变，由原来的单一帆船运输发展为以轮船为主的轮船运输，直接反映了岳阳近代运输业——轮船运输业的快速发展。

开埠前，所有的运输任务皆由帆船完成，运输条件极为不便。“然经过岳州门户者，闻每年上下水之民船各有二三万只，上水约有几成空船，下水船内另有装煤之一种，售尽煤后，即破舟售板。”城陵矶设立海关后，轮船运输加入湖南货运的队伍，英国、日本、德国、美国等国轮船争相涌入。同时，国内招商、民生、三北、大达、荣昌、楚利等轮船公司也在这里设点。由于轮船比帆船快捷，岳州轮船航运业日益发达。

1899年岳阳开埠后，出入岳阳港口的有英美等12个国家。当年11月15日至31日仅半个月，由上海、汉口运鸦片及其他洋货到岳阳的英轮14艘次、载货9744吨。1917年，进入岳阳的轮船3759艘、载货36188吨，为岳阳开埠

① 岳阳市地方志编纂委员会：《岳阳市志》第7卷，中央文献出版社2002年版，第4页。
② 岳阳市商业局编：《岳阳市食品饮食服务业志》，黄山书社1994年版，第117页。

以来最高纪录。[①] 从此可以推断出，当时岳阳的水上运输业已经相当发达，尤其是近代水上交通工具轮船的出现，使岳阳水上运输的速度大大加快，运输量大大增长，人们出行更加便捷，大大推动了岳阳城市的近代化进程。

5. 近代医疗卫生业的起步

开埠前，岳阳尚没有正规的医院与医疗卫生管理机构，人们的日常疾病由一些私家的中医诊所进行诊治。开埠后，伴随着西方传教士的到来，西医传入岳阳，近代医院开始创办，打破了传统中医一统天下的局面。

岳阳第一所近代正规医院——普济医院，于1902年由美籍传教士海维礼创办，当时设病床50张，有医护及勤杂人员51人，梁红翰为第一任院长，院址设在塔前街慈氏塔东侧，建筑面积3200平方米。该院自1902至1937年平均年门诊约1.8万人次，共住院600万至700万人次。[②] 该院自成立后不断扩充健全，从此西医在岳阳这片古老的土地上开花结果。

6. 邮政领域的革新

岳阳想发展壮大，完成由传统向近代的转型，必须加强与外界的联系与交流，而与外界的联系交流必然依靠近代化的邮政通信业的发展。

1899年，岳阳被辟为商埠后，根据大清邮政《关于各通商口岸之海关税务司兼邮政司》的有关规定，城陵矶海关设立岳阳邮界及岳阳邮政总局，辖岳阳、长沙、常德、湘潭4个邮政分局，为湖南省第一个近代化的邮政机构。[③] 同年，岳阳邮政分局在城陵矶设立，开始经营信函、明信片、印刷物、国际回信卷、商务传单、货样、包件、汇兑等业务。光绪二十八年（1902年），设岳州沿湘江经长沙至湘潭步班邮路，全程208公里，为湖南省最早的一条干线步班邮路。[④] 1903年5月7日，湘阴邮政支局创设，9月，岳州邮政分局在华容县东正街创办华容邮政代办支局。1904年，北京总税务司邮务总办将湖南划分为岳州、长沙邮界，岳州开辟岳州至洪江步班邮路，计1900公里。[⑤] 后来，岳阳邮界不断扩展，到1908年已扩展至湘西乃至贵州铜仁、四川来凤等地，附近各县都开有旱路、水路邮班，并且开始用火车、轮船运递

① 岳阳市城乡建设志编纂委员会：《岳阳城乡建设志》，中国城市出版社1991年版，第231页。

② 岳阳县地方志编纂委员会：《岳阳县志》，湖南人民出版社1997年版，第510页。

③ 刘美炎、唐华元：《岳阳百年大事记》，国际展望出版社1992年版，第71页。

④ 岳阳市地方志编纂委员会：《岳阳市志》第8卷，中央文献出版社2002年版，第155页。

⑤ 岳阳市地方志编纂委员会：《岳阳市志》第8卷，中央文献出版社2002年版，第155页。

邮件。

7. 近代电报的产生

电报作为一种先进的通信工具，是西方工业革命的产物，伴随着西方列强对中国的侵略而来到中国，并渐渐为国人所熟悉。1906 年，湖南巡抚陈宝箴与湖广总督张之洞商定，自长沙起，沿湘阴、岳阳、临湘架设电报线路至武昌。次年，武昌至长沙电报线路全线竣工，岳阳于当年 5 月设立电报分局，正式对外开放营业。电报通信用电话单机话传，有中文、外文电报 2 种，分明码和密码，从此电报正式扎根岳阳。初时，电报业务量很少，据邮传部统计资料记，1907 年 9 月，岳阳局当月有四等华文明码电报去报 44 份，计 916 字；四等洋文明码电报去报 13 份，计 172 字；城陵矶当月有四等华文明码电报去报 28 份，计 515 字；四等洋文明码电报去报 17 份，计 129 字。[①]

尽管当时电报的传递量有限，但电报的出现大大便利了军队情报的传递，加强了中国与世界的联系，使信息的传递更快捷、准确，是岳阳向近代化城市迈进的助推器。

四、政治领域近代化的起步

1. 近代警察制度的建立

中国古代政警合一，军警不分。岳阳在近代以前的社会治安主要由知府与县令负责。1898 年维新变法中，湖南按察使黄遵宪在长沙创办湖南保卫局，但湖南保卫局最后随维新运动的失败而被裁撤，只存在了三个月。中国正式的警察制度是 1901 年在北京建立的。1900 年，岳州府始设警察科，巴陵县设警务公所。1906 年，根据湖南警务总局颁布《湖南全省警务章程》规定，岳州府设立警务局。1910 年，在县治城内设置巡警局，为警务长督率所属各员办事之所。此后警务机构的名称几经变更，组织机构日趋完善，辖区不断扩大，职能已经涉及治安管理、交通管理、户籍管理等方面，警务机构为岳阳注入了一种崭新的城市控制和管理力量，标志着岳阳在城市管理方面向前迈进了一大步，对岳阳的近代化进程具有重要意义。

2. 岳阳城市议会的设立

岳阳开埠后，大量传教士、外商等进入岳阳，他们不但带来了千奇百怪的

① 陈富保：《岳阳市邮电志》，黄山出版社 1996 年版，第 245 页。

洋货，还带来了西方先进的民主思想，岳阳地方自治的思想开始兴起。地方自治是资本主义国家的一种地方管理制度，它的基本内容是在一定的区域内，由当地人民自行选举代议机关，组织地方政府，对地方公共事务实行自主管理。它以官商合作的形式展开，地方绅商在政府的监督之下对城市地区的许多事务实行管理，自治运动逐渐形成城市官绅合治城市的模式。在国内自治呼声日渐高涨的情况下，1908 年 12 月，清政府颁布了《城镇乡地方自治章程》和《城镇乡地方自治选举章程》，自此地方自治运动在各地开始展开，岳阳议会也在 1912 年成立。但是很快袁世凯窃取了辛亥革命的胜利果实，为了复辟帝制的需要，于 1914 年 3 月命令各地方立即停办地方议会，岳阳城市议会也没有逃脱夭折的噩运。虽然这次成立岳阳议会的尝试时间短暂，很快夭折，但是却让岳阳民众普遍接受了一次民主思想教育，提高了岳阳民众参政议政的热情，是城市文明的重要标志，也是岳阳近代化迈出的重要一步。

五、新式教育的出现和民众生活的新气象

1. 新式教育的兴起

鸦片战争暴露了中国在很多方面“技不如西人”，传统私塾和书院教育不切实际的弊病也日益明显地展现在世人面前，改造旧式教育已经提上议事日程。岳阳开埠后，士民风气日开，新式学堂开始出现。1903 年清政府颁布《奏定中学堂章程》后，慎修书院与岳阳书院合并为岳州府中学堂，1905 年科举制度退出历史舞台，岳州府中学堂开始教授国语、数学、历史、地理、生物、化学、物理等新学课程。而且此时的岳阳还出现了近代开办最早的私立中学——湖滨中学。此后岳阳陆续创办了国立十一中等新式中学堂。

开埠后岳阳不但有新式中学堂开办，而且女子教育开始在岳阳出现，这也是对“女子无才便是德”这一传统落后思想最直接的驳斥，使女子有机会与男子享受一样的正规教育。1901 年 9 月，海维礼夫人海光中在乾明寺购地创办女子初级学校，这是岳阳城第一所私立女子中学①，1903 年，学校定名为美立私立贞信学校。1907 年，清政府迫于民众呼声颁布《女子学堂章程》《女子师范学堂章程》，从此女子受教育的权利终于得到法律的认可和保护。女子教育的创办，使广大被剥夺读书权利的妇女开始走进学堂，学习知识，开阔眼

① 刘美炎、唐华元：《岳阳百年大事记》，国际展望出版社 1992 年版，第 229 页。

界，提高了妇女的科学文化素质和社会地位，是岳阳城市文明的一大进步。

开埠后的岳阳创办了一系列的新式中学堂，并开始意识到女子教育的重要性，开始了女子教育的尝试，对传播近代科学技术文化和开启民智都起到了重要作用。同时，这一时期，岳阳原有的传统教育机构依然存在，并且在很长的一段时间里和新式学堂并存。

2. 城市居民服饰的变化

开埠后，岳阳城出现了越来越多的西人和大量西洋玩意。岳阳人逐渐接受并开始喜欢这些西洋玩意，尤其是精细多彩的洋布深受岳阳人的欢迎，逐渐取代了传统的本地土布。岳州开埠后历年进口洋纱洋布的数量可见下表：

表 4－1　1900—1911 年岳州关历年进口洋纱、洋布统计表（单位为进口价值关平两）①

年份	洋纱	洋布	年份	洋纱	洋布
1900	14838	404	1906	100494	32750
1901	33804	70104	1907	318097	84594
1902	95332	119785	1908	138742	142683
1903	262029	840112	1909	203178	194322
1904	187155	437200	1910	356503	212486
1905	78745	43664	1911	505584	409090

从上表可知，岳州关历年进口洋纱、洋布数量总体上不断增长，其中洋纱 1900 年为 14838 关平两，1911 年为 505584 关平两，净增 33 倍多。洋布进口量更是大幅度地激增，1900—1911 年，12 年内净增 1004 倍多。据记载，仅 1903 年日本和英国在岳州销售洋纱就达 9000 担。从洋纱洋布的销量也可推断出当时洋纱洋布的受欢迎程度。

此时的岳阳市民，不但在服饰的布料选用上用洋布代替了土布，而且服饰式样也发生了变化，清代男人的长袍马褂、对襟衣或斜襟衣、大腰裤的衣着慢慢消失，男子有穿中山装、学生装、西装、军装者，裤子多系皮带。女子的裙装、花边斜襟衣、大腰裤也悄然变成了上衣下裙或旗袍。② 而清时流行的布鞋、油鞋、木屐逐渐被绣花鞋、皮鞋、雨靴、胶鞋所代替。开埠后的岳阳市民

① 刘世超：《湖南之海关贸易》，湖南经济调查所 1934. 年版，第 13—17 页。

② 岳阳市南区志编纂委员会编：《岳阳市南区志》，中国文史出版社 1993 年版，第 546 页。

生活的方方面面都受到冲击，共同促进岳阳近代化的迈进，岳阳市民服饰的变化正是岳阳城市近代化最直接的表现和最直观的后果。

1899 年岳阳开埠通商揭开了岳阳城市近代化的帷幕，外国商品和资本以及随之而来的城市行政、经营理念、管理模式的涌入，向人们展示着近代西方文明的魅力，昭示出一种新的生产方式和发展模式。岳阳以西方为榜样，开始了向现代化的转型。在这一时期的特点就是：城市变迁的各个方面都处于起步时期。1900 年，岳阳设立了近代化的第一个城市管理机构——岳州府警察科。随后，又相继成立了第一所中西结合的正规医院——普济医院，第一个近代化的邮政机构——岳州邮政总局。在工商业方面，对外贸易从无到有的发展，新型手工业部门开始兴起，有别于传统行帮行会的新式商会开始设立。在教育方面，新式学堂大量涌现，女子教育也开始兴起。新的思想、新的事物以不可逆转之势层层涌现，岳阳近代化的进程正式启动。

第二节　北洋政府时期岳阳近代化在艰难中前进

一、岳阳经济领域现代化的新发展

自开商埠给岳阳的城市现代化提供了一个良好的契机，而且清政府为挽救自己的封建统治也进行了一系列振兴实业的努力，但这些举措不能从根本上救治病入膏肓的晚清政府。

1911 年 10 月 10 日，武昌起义的第一枪在湖北武昌打响，湖南成为率先响应起义的省份之一，宣布脱离清朝独立，但当时的革命党人由于政治经验缺乏，组织了由旧官僚和立宪派参加的参议院，10 月 31 日，立宪派首领当上了湖南军政府都督，革命果实脱离革命党人之手。辛亥革命后，国内军阀各据一方，连年混战，纷争不断。当时的湖南不但战火弥漫，而且政局动荡，仅民国初期的八九年间，湖南都督就先后九易其人，更替的频率为全国各省所罕见，其中任职最长也只有两年多，任职不到一年者更是达到四人。战乱加上政局动荡，使得当时的湖南无暇进行经济建设。

对于中国来说祸不单行的是，政权刚刚更替，政局民心都尚未安定，就爆发了第一次世界大战。但帝国主义国家忙于一战，无暇东顾，给了中国经济以喘息的时间，出现了民族资本主义的短暂春天。可惜好景不长，一战后，列强们卷土重来，此后经济的发展可谓步履维艰。当时岳阳的经济建设在这样艰难的大环境下摸索前进，步步艰难，但还是取得了一系列的成就，现代化的建设在艰难中曲折前进。

1. 工商业近代化步伐的加快

岳阳工业现代化的步伐自晚清启动后就一直在摸索中前进。电力工业方面，1914 年，湖北人徐东海、徐子键、徐声俊等，筹集资金光洋 1 万元，购进日本产卧式煤气柴油机、直流发电机各 1 台，在竹荫街西医汪仲鼎诊所后院，创办“东海电灯公司”，最初发电量，供商店及居民共 450 户照明，为岳阳城市电力工业之始。①

除电力工业方面，1919 年高国俊在城区创办岳阳贫民工厂，内设裁缝科，生产服装，为岳阳第一家私营专业纺织厂；1937 年粤汉铁路岳阳火车站开设铁路机械厂，有职工 51 人，车床 3 台，从事铁路车辆修理，是为城区机械工业之始。②

2. 新式金融机构——银行在岳阳的出现

北洋政府以前，当铺、钱庄作为传统的金融机构在岳阳发挥着作用，促进了商品和货币的流通，有利于经济的发展。但是开埠后，岳阳成为湖南对外贸易的重要港口，成为湘北的商品集散地，对外贸易量和商品交易量激增，钱庄、当铺不但资本有限，而且经营方式陈旧、业务范围狭窄，已经远远满足不了经济发展的要求，因此新金融机构的建立势在必行。

1913 年，湖南省银行设立岳阳支店，支店内设有经理、会计、营业员、公库员、电台领班、报务员、助理员、警卫等职务，发行钱票、银圆票、两票，其中有 100 文、200 文、300 文、1 串文、5 串文和 1 元、5 元、1 两、5 两等纸票，办理货币发行与兑换业务，经营普通银行业务，对农业和工商贷款尤为重视。从此，近代金融业在岳阳扎根，并且在同当铺、钱庄的竞争中越来越取得优势地位，在经济生活中扮演越来越重要的角色。

---

① 岳阳市工商业联合会、岳阳工商史料编辑委员会编：《岳阳工商史料》，内部资料 1991 年版，第 15 页，藏于岳阳市档案馆。

② 岳阳市南区志编纂委员会：《岳阳市南区志》，中国文史出版社 1993 年版，第 363 页。

二、政治领域近代化的进一步深入

1. 岳阳城市议会的再次成立

1912年成立的岳阳议会在袁世凯窃取总统之位后夭折。1922年8月，岳阳再次成立议会，方荣煊任议长，龙铨甲等任副议长，有议员46人，内设法制股、内务股、团政股、教育股、实业股、请愿股、惩戒股，岳阳议会开始行使职能。1923年，原任县知事周明秋同县议员李英华、吴化南，假冒西区公民代表骗取运米护照，领米5000吨出口。是年6月，议会举行临时大会，开除李、吴二人出议会，提取弹劾知事案，后组成专办委员会，成立“驱周事务所”，向省政提请撤办诉讼，周撤离岳阳。[①] 这次成立的岳阳议会，最终于1926年8月北伐军攻占岳阳后解散。尽管岳阳议会最终解散，但是却加深了市民参政议政的意识，民主政治越来越成为一种先进潮流被人们所接受，政治方面的近代化又迈进了一大步。

2. 新式司法机构的设立和职业律师的出现

清政府为了挽救自己濒临灭亡的统治，先后制定和颁布了《大理院审判编制法》《各级审判厅试办章程》《法院编制法》等系列法院组织法与诉讼法，引进近代资产阶级司法独立的原则确立四级三审、审判合议、审检合署等制度，并且规定京师和地方各省设高等审判厅，各县设初级审判厅。在这样的大背景下，岳阳的司法制度也开始了现代化的转变。1923年6月，岳阳地方初级审判厅设立，地址在县城颜家巷熊公馆，内设审判厅、检察厅，实行四级三审，民刑分立。[②] 从此岳阳的司法机构从政治中分离出来，成为独立的机构，这有利于司法的公正和司法机构办事效率的提高，并且此时的岳阳初级审判厅已经具有近代司法机构的色彩，是岳阳法制史上的巨大进步。

《大清刑事民事诉讼法草案》规定了律师辩护制度，原告、被告均可聘用律师出庭，这一举措对传统审判方式的弊端有一定的抑制作用。此时的岳阳不但沿用了律师制度，而且开始出现专职律师。1917年，岳阳县忠信乡张世骏经政府司法部考核获律师资格证书，他是近代岳阳城第一个获此证书的人，其后来兼任岳阳地方审判厅执行律师职务，为当事人撰写诉状、代理辩护等，成

---

① 岳阳县地方志编纂委员会：《岳阳县志》，湖南人民出版社1997年版，第353页。

② 岳阳县地方志编纂委员会：《岳阳县志》，湖南人民出版社1997年版，第392页。

为唯一在岳阳县司法处兼任执行律师职务的律师。此后又有胡祖尧、杨北琪等获此证书。职业律师的出现和被世人的接受正说明了岳阳司法制度的进步，是传统司法制度向近代司法制度转化的结果。

三、岳阳公共服务领域现代化的瞩目成就

1. 陆路运输的革新——铁路的开通

岳阳开埠后成为湖南北部的重要港口，水路交通已经比较发达，此时陆路交通也不甘落后。1914 年，粤汉铁路武昌至岳阳路段动工兴建，并于 1920 年 1 月正式运营，每周一、三、五由武昌鲇鱼套开往岳阳，二、四、六由岳阳开往鲇鱼套。但是乘客不多，多为满足军运需要。1916 年 8 月在位于先锋路与建设南路交叉口动工兴建了岳阳车站，为英国复兴式建筑，站内有上下台两席，系粤汉铁路一等站。

铁路的开通打破了岳阳对外交通之前主要依靠水路的局面，而且铁路运输具有速度快、运输量大的特点，便利了岳阳与京津、沪汉、江浙等地联系，给岳阳经济的发展提供了良好的条件，是岳阳交通史上的一件大事。

2. 电灯的出现

岳阳在开埠前一直依靠桐油、菜油照明。1899 年自开商埠后，各式各样的洋货开始涌入岳阳，电灯就是在此时出现的。此时比桐油、菜油价格低廉、亮度大的煤油开始应用到生活领域，并受到居民的广泛欢迎。

后来到 1914 年东海电灯公司创办，开始供竹荫街、南正街、天岳山、梅溪桥一带商店及 450 多户居民和 10 余盏路灯用电，用电时间每日下午 6 点到凌晨 1 点钟。街道路灯为小功率白炽灯泡，每晚由更夫点燃，早晨关熄，光色昏暗，仅能见人影，但与之前的煤油灯相比，已经先进多了。对路灯使用的规定是：地方公用路灯以装公共道路电杆为限，所需器材由地方筹集，电费按普通照明半价计算。① 虽然此时岳阳还只是小范围的使用电灯照明，但电灯的出现是岳阳城市文明的重要体现，也是城市现代化的要求，此时电灯的出现标志着岳阳照明系统向现代化的重要转变。

① 湖南省岳阳市电业局编：《湖南省岳阳市电力志（1897—1985）》，湖南省岳阳电业局内部资料 1986 年版，第 4 页，藏于岳阳市档案管。

四、岳阳文教事业的突飞猛进及居民生活的变化

1．女子教育的继续发展

1913年颁布的《壬子癸丑学制》确立了女子具有和男子平等的受教育的权利，新学制的颁布进一步推动了女子学堂的创办和女子教育的快速发展。在此环境下，贞信女校不断扩建和增班，1920年扩为完全初中，兼设小学5所，幼稚园1所。① 贞信女校在当时岳阳的学校教育中颇有名气，当时岳阳人有个口头禅："吃鱼下洞庭，读书上贞信"②。另外一所有名的女校是县立女子中学，于1914年由岳阳县政府当局创办，学生200人。③

2．岳阳近代报刊的出现

1840年鸦片战争以后，国内希望变革现实的士大夫和知识分子开始接受和学习西方资本主义新文化和新思想的启蒙，他们从外国人在华办报活动中认识到新闻传播的各种社会功能和重要作用，开始学习外报，创办中国人的近代报刊。自19世纪70年代起，国内开始出现国人自办的近代报刊。

而岳阳近代报刊的创办则经历了一个相当长时间的酝酿。1911年辛亥革命后由岳阳进步知识分子李澄宇创办的《岳阳日报》，是岳阳最早的报纸。报纸代表民意，赞成共和，旗帜鲜明，在当时的湖南新闻界颇有影响。④ 虽然后来因对政界措置失当之事直言讽谏遭到当局查封，但它毕竟开岳阳创办近代报刊的先河，此后，近代报刊作为一项新事物如雨后春笋般在岳阳涌现，如《岳阳民报》《岳阳青年报》《湘北日报》等。

此时的报纸作为宣传观念、传播知识、沟通信息的主要渠道，起到了教育和影响公众的作用。岳阳近代化的过程也包括文化意识、思想观念的近代化过程，近代报刊作为一种先进的文化载体，是岳阳文化形态向近代转变的重要内容。

3．岳阳书店书局的出现

1922年，施召南、张次良等进步教师成立岳阳文化书社，销售进步书刊。

① 岳阳县地方志编纂委员会：《岳阳县志》，湖南人民出版社1997年版，第449页。

② 张贻书：《岳阳私立贞信女中附属小学》，原载于《岳阳文史》第3辑，岳阳市政协文史资料研究委员会1987年版。

③ 岳阳市南区志编纂委员会：《岳阳市南区志》，中国文史出版社1993年版，第432页。

④ 岳阳市南区志编纂委员会：《岳阳市南区志》，中国文史出版社1993年版，第497页。

在此前后，城区还开设有李大和、李顺和、泰成等6家私营书店或书局，分设南正街、竹荫街、天岳山等繁华地段。[①] 这批书店书局的设立，给岳阳民众带来了丰富的精神食粮，为他们了解世界、获取知识提供了极大的便利。这是岳阳文化形态向近代转变的结果，也反过来促进了岳阳近代化的进程。

辛亥革命推翻了清王朝的统治，新建立的临时政府颁布了一系列有利于近代化发展的措施。但是，随后袁世凯窃取了国家权力，曹锟部进驻岳阳，岳阳成为军阀混战的战场。湘、粤、桂三省联军驱傅良佐之役，湘军驱张之役等军阀混战使得人们连遭战火摧残，更趋贫穷。1928年，南京国民政府的统一才使得岳阳形势相对稳定。在这段时期内，岳阳城市近代化有了进一步的发展。城区道路交通纳入政府的规划，铁路开通，轮船航运开始兴盛，水陆并存的立体交通模式形成；电灯开始走上城市照明系统的舞台；电话作为一种新型的通信工具开始被人们应用于日常生活中；近代化的发电厂已经建立，近代工业开始起步，对外贸易在原有的基础上进一步发展；新式教育在原有的基础上进一步发展，职业教育、女子教育、幼儿教育开始起步，国民学校、私立小学和教会小学并存的小学教育办学体系已初具规模；报纸、书店、图书馆等新型的文化式样开始涌现。但是，这种变迁并不是一帆风顺的，也有个别方面的发展出现反复。例如，1912年岳阳成立议会，袁世凯窃取临时大总统之位后，为复辟帝制的需要，下令解散全国议会，岳阳议会于1914年夭折。1922年，议会再次成立。1926年，北伐军攻克岳阳，议会再次夭折。直到1928年国民政府统一全国，岳阳才得以成立县参议会。

总之，虽然这一阶段城市变迁的速度缓慢，也有反复的趋势出现，但岳阳近代化总体还是取得了瞩目的成就，岳阳近代化在曲折中前行。

第三节　南京国民政府时期岳阳近代化的进展

1924年孙中山在广州召开中国国民党一大，实现了国共合作，这是国民革命的开端。1926年展开了推翻北洋军阀的北伐战争，而蒋介石在北伐途中发动“四一二”反共事变，后来在南京建立了国民政府，到1928年底，南京国民政府基本上统一了大陆。这为国内经济的发展提供了一个相对稳定的政治

① 岳阳县地方志编纂委员会：《岳阳县志》，湖南人民出版社1997年版，第474页。

环境。但好景不长，很快日本发动了对中国的侵略战争，国土大片大片地沦陷，工农业生产、交通事业都受到沉重的打击，国内经济发展步履维艰，岳阳这时也同样难逃厄运，城市建设受到空前破坏，各项事业发展缓慢，近代化成效甚微，直到抗战胜利后近代化才取得了一系列成就。

一、经济领域的缓慢发展

1. 工商业发展的步履维艰和纺织业的新成就

国民政府的建立给岳阳近代化提供了一个较为稳定的环境，岳阳工业建设也取得了一些成就，到 1937 年，已拥有纺织、机械、发电、化工、印刷、采矿等行业。[①] 而到 1938 年，日军侵占岳阳，矿产资源遭到破坏性的掠夺，官营、民营工业被迫关闭停产，地方工业损失殆尽。抗日战争胜利后，工业虽有短暂复苏、但由于国民政府发动内战，经济十分萧条。[②] 直到 1949 年新中国成立前，岳阳的工业基础依然十分薄弱，厂点分布零乱，缺乏统一规划。在工业总产值中，岳阳城区工业仅有 252 万元，只占工业总产值的 18.83%。[③] 但是此时的岳阳纺织业在如此艰难的环境中还是取得了一定的成就的，如 1935 年，岳阳、平江、湘阴三县城关有袜机 106 架[④]；1940 年，湘阴县汨罗下元爱矿织毯作坊有木织毯机 10 余架，每天可织提花棉毯 6 条[⑤]。从上可以看出，国民政府时期的岳阳工业基础本就薄弱，再加上日本的侵入和掠夺，以及内战的破坏，因而发展缓慢。

2. 岳阳同业公会的建立

1917 年 3 月 1 日，农商部公布《工商同业规则》八条，命令各省革除行帮、会馆陋习，将旧有的会馆、会所依照规则组织同业公会。1918 年 6 月 11 日，湖南省长沙公署代理全省商会事务的长沙总商会，开始改组旧有商业团体，在各地组织同业公会。而 1929 年，南京国民政府颁布了《工商同业公会法》规定："商户不受资本多少，经营性质，入会费的限制，皆可加入同业公会。"1938 年，湖南省政府通告各县市，所有商店行号统限于电令到达之日起

① 岳阳市地方志编纂委员会：《岳阳市志》第 8 卷，中央文献出版社 2002 年版，第 3 页。
② 岳阳市地方志编纂委员会：《岳阳市志》第 8 卷，中央文献出版社 2002 年版，第 4 页。
③ 岳阳市地方志编纂委员会：《岳阳市志》第 8 卷，中央文献出版社 2002 年版，第 15 页。
④ 岳阳市地方志编纂委员会：《岳阳市志》第 8 卷，中央文献出版社 2002 年版，第 170 页。
⑤ 岳阳市地方志编纂委员会：《岳阳市志》第 8 卷，中央文献出版社 2002 年版，第 186 页。

20 天内，由各县市政府派员督导，一律加入同业行会，逾期不加入同业公会之商店行号勒令停业。岳阳于当年冬，按行业全部组建参加了商业同业公会。此时，同业公会的主要任务有：整理行规，讨论行情，干预同业店铺的开业歇业，协议商品价格的涨落，调解行业之间的纠纷，负责各种捐税的公派和收集等。每会设理事长和干事 2—3 人，由同业商户选举产生，均为义务供职。此时的公会还没有固定会址，一般在理事长所在店铺办公。

后岳阳沦陷，各商业公会停止活动。直到 1948 年抗战胜利前夕，因日军占领而停止活动的同业公会重新选举领导机构，恢复开展活动。同业行会办事讲求公开、注重效率，鼓励维护正当竞争，促进了各行各业有序发展，是岳阳工商同业组织近代化的主要成就。

二、城市公共服务领域的新成就

1. 电话在岳阳的出现

电话是近代一种新型的通信工具，岳阳近代电话的出现是从长途电话开始的。1926 年岳阳驻军甚多，为方便军事机关通信联络，岳阳电报局至长沙间的电报线路每日下午 1—3 时，定时开放长途电话。1933 年，根据南京国民政府交通部关于电报局兼营长话业务的通令，利用报线试办长话并对外开放营业。当时开办的长话种类有普通长话、加急电话、传呼电话、预告电话 4 种，因线路原因，音质音量差，远距离通话更困难。抗日战争爆发后，为适应军事需要，规定了防空情报、军政通话、商用通话等业务种类。防空情报列于各类电话之首，免费通话，军政通话应尽先接通。此时通货膨胀，物价飞涨，城乡商户急于了解行情，纷纷涌入电信局挂电话。在开设长途电话的同时，市内电话也发展起来。1946 年，城区同丰金号、邹宝兴等 5 家商行集资安装电话机 5 部，线路接入长话总机合用，此为岳阳城内电话之始。1948 年，市内电话发展到 27 户，长途市话合用总机由 10 门扩增至 30 门，市话杆线长 10 余公里。[①]电话的出现是岳阳通信业近代化的必然结果。电话这一新型的通信方式的出现使军事情报的传递更为快捷安全，有利于国防安全；同时便于加强岳阳与世界的联系，使岳阳市民能够更迅速准确地了解世界形势；更有利于掌握市场行情，促进物资的交流、经济的繁荣。电话是岳阳向近代化城市迈进的必备

① 刘美炎、唐华元：《岳阳百年大事记》，国际展望出版社 1992 年版，第 433 页。

要素。

2. 岳阳城内道路的铺设和交通运输业的发展

一个城市要获得长足的发展必须有良好的道路交通作为后盾。而古时的岳阳城区，街道多高低起伏，凸凹不平。开埠前的岳阳城区，街道多依地势而辟，仍是高低起伏，凸凹不平，“有九岭十八坡之说”。民国初期，虽号称“三十六条街，四十条巷”，除几条主要街道铺垫麻石或卵石外，其余街道均为泥土碎石路面。岳阳楼至吊桥段，仅有一条柴家岭路，在原城墙外，宽仅2米，多有不便。此种状况，越来越不适应岳阳城市的发展。

1931年1月，驻军旅长段五行召集各界联席会，筹措大洋5000元，修建洞庭马路。1932年1月16日正式动工，自岳阳楼西门正街经黄土坡至吊桥，拆除民房数百间，修成一条1000多米长，9米宽的泥石路。① 此为岳阳城市第一条具有近代化因子的城区道路，但是城区道路仍未得到根本改观，没有形成自身的城市路政网络。岳阳城区道路交通规划始于1946年，县政府为恢复城市建设，成立街道修筑委员会，制订了《营建修复计划》，并向省政府及中国农民银行申请贷款1亿元，作为城市建设基金，对城区吕仙亭、塔前街、南正街等12条主要街道，进行拓宽修整。② 修复后的街道，能通行汽车的有洞庭路、南正街、羊叉街、先锋路。至此，岳阳城市初步具备了自己的城区路政交通网络。

1934年4—10月，平江至汨罗、平江至长沙公路相继建成通车。1936年4月，粤汉铁路全线通车。1938年，日军侵占临湘、岳阳后，为侵略战争需要，强迫群众修建公路，在临湘修通的有长安至羊楼司16公里、长安至桃林21公里、桃林至汀家畈10公里。③ 而1945年8月日本投降后，铁路修复维持通车。1947年7月，湘阴至汨罗公路修建竣工，同年11月1日，武昌至长沙公路全线恢复通车，境内平江段92.5公里。④

岳阳城区道路的铺设和交通运输业的发展不但改变了岳阳城市原来的落后面貌，给人以焕然一新的感觉，而且为市内交通提供了条件，便利了市民出行，是岳阳城市文明的重要标志，是岳阳城市近代化的重要成果。

---

① 岳阳市南区志编纂委员会：《岳阳市南区志》，中国文史出版社1993年版，第270页。

② 岳阳市城乡建设志编纂委员会：《岳阳市城乡建设志》，中国城市出版社1991年版，第51页。

③ 岳阳市地方志编纂委员会：《岳阳市志》第8卷，中央文献出版社2002年版，第4页。

④ 岳阳市地方志编纂委员会：《岳阳市志》第8卷，中央文献出版社2002年版，第4页。

3. 自来水在岳阳的出现

水是和每个家庭生活息息相关的重要因素，它直接关系到居民的身体健康和生活质量，现代化的供水系统是一个城市向近代化转型的重要构成部分。岳阳城由于城垣建于湖边岗丘之上，取水上坡不易，且属板页岩结构，土质坚硬，地下水渗透不易。城区虽有 72 口古井，然大部分不能饮用，因此城区居民的用水比较缺乏。清嘉庆时，巴陵知县陈玉垣曾写道："巴陵城外水运窟，巴陵城内水不足，楼下肩磨挑水忙，瓮贮瓶藏供饮沐。"进入民国，市民多雇人包水，几户或十几户由挑水夫承包供水，水价每担 2 至 3 个铜币。另有卖零水者，用木轮车装一椭圆形木箱，贮满河水，沿街叫卖，每担 5 个铜币，当时城区有挑水夫 70 余人。直到 40 年代末，岳阳城市才向建立近代化的供水系统迈开微弱的一步。其时岳阳铁路机务段在红船厂建一小型抽水机埠，专供火车及旅客饮用水，少量供应附近居民，此为城区使用自来水之始。① 此时岳阳的自来水仅仅起步，还不能满足城市居民生活和工业生产的需要，但毕竟自来水这一近代的供水系统开始出现是岳阳城市近代化进程中的重要部分，尽管这一部分发展较为缓慢。

4. 邮政事业的发展

1927 年 12 月，为衔接湖南、湖北两省邮政，开通岳阳至羊楼司、临湘邮路，全程 122 公里。1929 年 8 月，岳阳邮政局临时组设岳阳至观音洲（今属湖北省监利县）步班邮路，全程 78 公里，同时组设岳阳至汨罗、岳阳至临湘逐日步班邮路。② 1931 年 1 月，岳阳至新堤小轮开行，隔日往返 1 次。5 月，岳阳至白螺矶邮件交小轮运至新堤转递。③ 1936 年 10 月底，岳阳邮局交接武衡段快车邮件。1937 年 10 月 6 日，平江县瓮江至长沙公路修通后，即开通汽车委办运邮。④

5. 电报业的新成就

抗战前岳阳的电报业已取得一定成就，抗日战争爆发后，为适应战争的需要，国内十分重视电报业的发展，因而电报业取得一系列成就。1938 年 8 月 3 日，在第一行政督察区设无线电台岳阳第一区台并正式通报，为境内无线电报

① 岳阳市南区志编纂委员会：《岳阳市南区志》，中国文史出版社 1993 年版，第 279 页。
② 岳阳市地方志编纂委员会：《岳阳市志》第 8 卷，中央文献出版社 2002 年版，第 156 页。
③ 岳阳市地方志编纂委员会：《岳阳市志》第 8 卷，中央文献出版社 2002 年版，第 159 页。
④ 岳阳市地方志编纂委员会：《岳阳市志》第 8 卷，中央文献出版社 2002 年版，第 161 页。

通信之始。[①] 同时，在临湘县（今临湘市）建立无线电分台。区台与分台专司军政要电，以适应抗日战事之需。1942 年，长沙架设线路至关王桥，全程 131 公里，系报、话两用线。1945 年 10 月，交通部派第四十六通信队携带 15 瓦手摇发电机和收发讯机到岳阳恢复通信。1946 年，将电报、电话线路改为有线电报线路，并把无线电台作为备用。城陵矶电信营业处于同年 11 月恢复工作，电报通信用话传。1947 年，开通岳阳至常德无线电路，岳阳增设湖南省银行 15 瓦侦察台、财政部盐业处 15 瓦电台。此时电报业的发展为军队准确及时地传递情报起到了重要作用，而电报业的发达也是岳阳城市文明的重要标志，是岳阳近代化的重要成就。

三、岳阳文教卫生和民众生活的新气象

1. 电影的出现

电影是典型的西方舶来品，晚清时已经进入中国。而作为开埠通商城市的岳阳，直到 1930 年，长沙电影商人携带陈旧影机和《三笑姻缘》《七剑十三侠》等无声电影，在岳阳市中山公园武庙（市城区洞庭北路）作短暂放映。[②] 1934 年 11 月，武汉茶商带来无声影片，在临湘县（今临湘市）聂市镇放映。此后，平江、华容、岳阳县的私商亦先后引进无声电影放映。1936 年，省政府创建电话教育工作队，每年在市属各县放映一两次，后因战事一度停止。

2. 职业教育的兴起

继岳阳新式学堂、女子教育兴起后，岳阳的职业教育业开始起步，首先表现在师范教育的兴办。我国传统的教育体制没有专门培养教师的师范学校，但随着大办新式学堂而来的首要问题就是师资问题，在教师极为缺少的情况下，重视师范类教育成为必然，有识之士都认识到“欲革旧习，兴智学，必以立师范学堂为第一要义”。在全国兴学的情况下，岳阳城市也尝试用各种方法来解决师资问题。1921 年 6 月，县劝学所在县立中学开办暑期学校，塾师及有意研究教育者均可参加学习，此后，历年均办有暑期教师训练班。1912—1929 年，岳阳、平江、临湘、华容先后开办各类师范学校。[③] 1933 年，私立湖滨高级农业职业学校设农艺师资科。1934 年，岳郡联立简易乡村师范在岳阳县乾

① 岳阳市地方志编纂委员会：《岳阳市志》第 8 卷，中央文献出版社 2002 年版，第 164 页。

② 岳阳市地方志编纂委员会：《岳阳市志》第 11 卷，中央文献出版社 2002 年版，第 140 页。

③ 岳阳市地方志编纂委员会：《岳阳市志》第 10 卷，中央文献出版社 2002 年版，第 73 页。

明寺成立。1943 年改为岳郡联立高级师范。1944 年，平江私立启明女子师范学校改为县立简易师范①。

职业教育的发展还表现在实业教育的兴起方面。1932 年，私立湖滨中学增设高级农学科，次年，停办普通高中，改为私立湖滨高级农业学校。② 1930 年，岳阳县普济医院开办护士学校，1936 年停办。③

这一时期岳阳的职业教育无论是数量上还是规模上都没有引起人们足够的重视，究其原因，一是由于传统观念和当时的政策导向，使人们对专业学校的认识有偏差；二是从专业学校方面来看，师资缺乏且结构不合理，有熟练专业技能的教师太少，因而岳阳近代职业教育发展缓慢。但是这一新的文化式样毕竟在岳阳经历了从无到有的发展，是岳阳近代化在教育领域的必然要求。

3. 居民交往方式的变化

居民交往方式的变化主要表现在传统的血缘、地缘、业缘关系渐渐淡薄松弛，新的地域关系发生膨胀，新的业缘关系则由于社会的逐步近代化和开放而大大发展起来，居民交往礼仪趋于简化，等级观念淡化。民国建立后，废止官吏称老爷、大人，改尊称职名。一般人们之间提倡称呼先生、君、太太、女士、小姐。礼仪方面首先废止了跪拜、作揖，国民政府颁定新礼仪，规定在正式场合，男子礼为脱帽三鞠躬，女子为三鞠躬，非正式场合，男子脱帽致意为礼，女子鞠躬为礼。日常相见，则以握手为礼，名片取代了传统的名帖。正如时人所谓“鞠躬礼兴，跪拜礼灭”的“新陈代谢”。④ 这些变化体现了人际交往对身份等级界限的否定和平等观念的强化。妇女开始步入社会，男女平等、男女同校、男女交往开始出现，男女正常的交往由完全禁闭到公开自由。城市社会生活的开放性和平等参与程度得以提高，居民交往方式出现多样化和外向化。这一时期岳阳跨行业、跨地区的交往日益增多，居民出于完善个性和生活意趣而进行的交往使城市社会的人际交往自由化、多样化、并富于时代的气息。这是岳阳城市近代化过程中城市文明的重要标志。

4. 居民休闲方式的革新

休闲生活是人们工作和学习之余的必备活动，也是一个城市文明的重要指

① 岳阳市地方志编纂委员会：《岳阳市志》第 10 卷，中央文献出版社 2002 年版，第 73 页。

② 岳阳市地方志编纂委员会：《岳阳市志》第 10 卷，中央文献出版社 2002 年版，第 74 页。

③ 岳阳市地方志编纂委员会：《岳阳市志》第 10 卷，中央文献出版社 2002 年版，第 75 页。

④ 《新陈代谢》，《时报》，1912 年 3 月 5 日。

标。休闲生活在岳阳的兴起首先表现在“星期日休息制”的推行。1924 年，北洋政府颁布法令规定：“对于成年工至少应每月给予二日之休息，对于幼年工至少应每月给予三日休息。”① 1933 年，南京国民政府颁布的《修正工厂法》规定：“成年工人每日实在工作时间，以八小时为原则”；“凡工人每七日中，应有一日之休息，作为例假”。从此，“星期日休息”在城市中普遍实行。另外，国民政府还参考西方国家的做法而规定了法定假日，“凡国民政府法令所规定应放假之纪念日，均应给假休息。”1947 年，岳阳各界在岳阳楼大操坪举行庆祝“五一”劳动节大会，各业工友休假一天，全体参加大会。② 近代意义的作息制度开始实行，星期日休息制度通过法律程序为社会所接受，使人们有了充足的业余时间去参加其他的娱乐活动，丰富了人们的精神生活。星期日作息制度的施行，使人们业余时间增多，人们的娱乐生活越来越丰富，尤其是 1927 年城区首座公园建成。公园位于城区背面，面积约 900 平方米，内设花台、花带、花池、小亭，植有花草、林木，成为普通民众业余的好去处，是岳阳城市近代化的重要一步。

5. 岳阳城市建筑的风格的变化

这一时期的岳阳城市建筑风格已经发生了很大的变化，这些变化有一个缓慢发展的过程。大体主要由三个方面引起的：一是岳阳自开商埠，城陵矶海关的建立。城陵矶海关外观为两层券廊西式建筑，砖木石混合结构，上下各 4 间大房，弯式走廊，窗权镶郁金香图案花玻璃，室内地板为红木地板，房顶是富丽堂皇的西洋吊顶，部分内墙贴有花瓷砖，洋关房下是几米深的地下室，所有这些用材和结构制式，都是岳阳城市建筑以前所未曾有过的。二是外国传教士在岳阳传教、办学、开医院时的建筑，主要有天主教堂、基督教堂、福音堂、讲道所、基督教会普济医院、贞信女子教会学校等，英式、美式、西班牙式的都有。由于这些建筑都是传教士请当地工匠按西方建筑风格建造的，因此，建筑风格保持着较完整的欧风，但在某些部件和造构上有着本地的特色。如基督教堂“福音堂”，是由柴家岭木器营造用户老板赵松胜负责帮助修的，赵松胜参考的教堂式样是武汉的基督教堂。从福音堂的外形上看，已不如城陵矶海关欧式建筑那样经典，其建筑规模及外形布局与周边传统民居建筑相比，醒目而

① 《暂行工厂通则》第八条，《法令大全》，商务印书馆 1924 年编。

② 《有关庆祝“五一”劳动节会议记录》，《岳阳县政府档案全宗卷》，1947 年，第 85 卷，藏于岳阳市档案馆。

不张扬，显得比较融洽。三是民国后建的岳州车站。这是典型的由岳阳当地人建造的建筑。从照片上看，当时的岳州车站平顶方面，主体建筑为砖石结构，正面阔大，二楼门呈弯弧状，类西式风格，附属建筑则是较为典型的当地民居瓦屋顶风格。可以看出当地在帮助修建教会的教堂、学校、医院等建筑时，工匠们对西欧建筑风格有所领会，但不够系统，故有些中西掺杂，这是岳阳城市建筑风格近代化的一个范例。由于岳阳城市不大，这些新式建筑矗立在岳阳城市建筑群中，显得格外耀眼。这些洋楼的出现和被人们所接受，成为岳阳近代化的重要组成部分。

1938 年，岳阳沦陷，日军占领岳阳城，将其划分为难民区、日华区、军事区三个区，实行殖民统治，分区管理。日军对岳阳城长达八年的占领，极大地破坏了岳阳的城市建设，在沦陷的这段时间里，岳阳的近代化几乎处于停滞状态。抗战胜利后，城市化快速发展。城区交通大为改观；电话、电影在岳阳出现，并开始被民众所认识和接受；邮政业取得新的发展；自来水也开始走进寻常百姓家；职业教育尤其是师范教育和实业教育取得一系列成效；居民的交往方式和休闲娱乐方式发生了很大的改变。因此，抗战时期的岳阳，尽管因为日寇的占领和掠夺，近代化受到极大的破坏，但在抗战胜利后，还是取得了一系列显著的成就，尤其是在文教民众生活方面。

1840—1949 年的中国，是一个新旧并存的中国。而在这一阶段，岳阳的现代化无论是城市的功能、城市教育、城市价值观、城市的管理体制还是城市居民的生活方式，它们的变迁趋势基本上表现为以西学为榜样，甚至出现对事物的评价以西学、西俗为参照物，但又是新旧并存、极不彻底的现代化。如岳阳城市教育，尽管西学化特征非常明显，新式学堂大量出现，新学的课程和课时开始占主导地位，但我们也不得不看到传统教育的余威尚存；又比如为满足资本主义工商业发展对资金的大规模需求，出现了很多新式银行，但与此同时，存在的还有传统的当铺、银楼、钱庄。同时，一些现代化的科技产品的应用，也只是仅仅停留于政府及海关等极小的范围内，就整个城市社会而言，并没有实际性的影响。

岳阳自古就是军事要塞，开埠前的岳阳城市主要还是作为一个区域性的封建政治中心。从最初的一个军事堡垒发展到明清时颇具规模的城邑，其根本原因不是由于城市商业、工业的发展，而是在于其行政地位不断提高。从军事堡垒、县治、郡治到府治，其行政地位每提高一步，城市规模、区位辐射力和凝聚力就增大一次。城市的发展主要不是凭借自身的经济优势达到繁荣的，而是地方政府凭借政治权利和相关的制度规定对辖区内的人、财、物，进行强行掠夺而建设和发展起来的，城市商业、工业、交通的发展都服从政治的需要。1899 年，岳阳开关设埠，由原来传统的封建城市跃入自开商埠城市之列，开埠成为岳阳城市发展史上的关节点。岳阳自主开埠打破了城市传统的封闭结构，使岳阳城市与资本主义市场联系在一起，城市的经济结构、社会结构乃至空间结构均沿着现代化的方向开始转型。岳阳城市从此开始了从单一的政治性城市向综合性城市的转型。岳阳城市的早期转型首先始于以商业贸易为主的经济方面。传统的岳阳商业集中于消费生活行业，大多数的活动都围绕着官绅阶层的消费需要而进行，与国内外市场缺乏联系，对外贸易无从谈起。整个传统市场的特点是层次低、流向单一、范围狭小，带有浓厚的自给性和封闭性。开埠后，岳阳城市与国内外市场的联系日益密切，国内外贸易均获得长足的发展，西方先进的工业品大量涌入，商品种类日益繁多。与此同时，大量的农副产品和土特产在岳阳集中，通过城陵矶海关出口到国外，岳阳成为商品交易的中心，成为商品货物的集散地，岳阳城市的商业功能得以加强。

在商业发展的同时，岳阳的近代工业也获得发展。电力、化学、机械等工业从无到有地发展起来，传统的手工业有一部分在西方先进工业品的冲击下逐渐消退，还有一部分在从手工业到近代工业的转型中获得了发展的新动力，以更强劲的姿态得到发展。虽然岳阳城市近代化始终没有以工业化为主导来进行，但是城市工业发展已经在现代化道路上起步了。工商业的发展需要与此配套的交通、通信、金融等设施的发展，开埠后岳阳修建了岳阳车站和岳阳北站两个火车站，开通了粤汉铁路岳阳至长沙段，公路运输也开始建立。水上运输由过去的帆船林立变成了轮船如梭。岳阳从单纯的水路交通模式发展成水陆并行的立体交通模式。除此以外，还设立了邮政局，开通了电报、电话业务，与外界的联系更加便捷。在原有当铺、钱庄、银楼的基础上，设立了新式的银行，新型的金融机构满足了工商业的发展对资金的大规模需求，城市金融业繁荣发展，岳阳城市开始从过去单一的政治性城市逐步向以商业贸易为主，集经济、工业、交通、金融于一体的多功能城市转型。

总之，岳阳的历史犹如一条蜿蜒曲折的长河，在古代两千多年的历史烟云中，它缓缓流淌，直到晚清积淀起了现代化的因素。近代以来，由于西方异质文化的强力闯入，它自开商埠以图发展，而后在经济、政治、公共服务等领域进行一系列探索，不屈不挠地推进着现代化进程。可历史总是残酷无情的，岳阳城市在近代遭受国内战乱的严重破坏后，1938 年又遭受了日军毁灭性的轰炸，房屋绝大部分被毁，整个城市几乎成为废墟。但是这个有着 2500 年历史的古城并未被打倒，而是更加发奋地探究自己的发展之路。到 1949 年新中国成立前，岳阳的现代化已经取得了一系列令人瞩目的成就，这是很多内陆城市所远远不及的。岳阳现代化的探索会引发我们在城市文明建设上的无尽的联想与思考，理清岳阳近代化的发展脉络，发掘总结其中的智慧与经验，对于丰富我们现代城市建设理论有着极为深远的意义。

第五章　衡阳城市现代化的进程

在近代的百年岁月里，衡阳的现代化历程与全国一样，历经鸦片战争、洋务运动、维新运动、清末新政、辛亥革命、北洋军阀统治、国民党主政的曲折艰辛之路。虽说进程曲折艰辛，但为了国家的独立、民族的富强，衡阳努力奋斗，积极学习西方先进技术和文明成果，使现代化因素进入交通、工商、金融、文化、科技、医疗等各个领域，并取得了一定的成就。

第一节　19 世纪下半叶 20 世纪初衡阳现代化的启动

衡阳①位于南岳衡山之南，因“山南水北为阳”之说而命名，又因历代著名文人“雁阵惊寒，声断衡阳之浦”“举头忽见衡阳雁，千声万字情何恨”“塞下秋来风景异，衡阳雁去无留意”等有名诗文所描绘的衡阳与雁的不解之缘而得雁城之称。衡阳因其地理位置的重要性，成为历代兵家必争之地。隋文帝开皇九年（589 年），改临蒸县为衡阳县。“唐开元中定名衡阳，自此长为衡州倚郭之城。”② 加之衡阳物产资源丰富、水流资源充足，交通比较发达，农副产品多种多样，各地商人云集于此，买卖货物，互通有无，文人墨客群贤毕至，使衡阳文化教育事业兴盛，衡阳因而成为湘南的政治、经济、文化中心。

一、清代前期衡阳城市状况

清代前期，随着社会生产力的发展、清政府政策的鼓励及衡阳劳动人民的

① 本文所述的衡阳主要以现今衡阳市管辖的范围为主。

② 彭玉麟、殷家俊等纂修：《华中地方 · 第一一三号湖南省衡阳县志一、二、三》，《建置》第四，台北成文出版社 1970 年版，第 221 页。

辛勤耕耘，衡阳一扫明末清初时的残败不堪，社会逐渐趋于稳定，县治机构渐趋完善。衡阳县为州、府倚郭县，县治设衡州府（今衡阳市）。乾隆时期，知县公署置知县，总揽全县政事。下设县丞署、儒学署、典史署，分别处理钱粮、征税，文庙祭祀、县学管理，户籍、巡捕、囚狱等事务。康熙三十年（1691 年），废乡、里、甲制，设都区。都区设都总、团总，厢设厢长，均由当地豪绅富户充任，主要负责调查户口，催粮征税，传达公单。“自古论郡国盛衰者，恒视户口损益为吏殿最。”① 衡阳人口也于此期渐趋增加。乾隆二十一年（1756 年），始设衡阳汛，负责防务、缉捕。衡阳基层机构，清初袭明制，县以下设乡、里、甲。“乾隆二十一年，分县册共户九万七千五百八十九，口五十六万三千七百九十。分立清泉后，衡阳实计户四万二千七百八十四，口二十六万千七十五。嘉庆二十三年编册，增户二万八千八百有一，增口十四万九千四百七十八，共户七万千五百八十五，口四十一万五百五十三。”② 清泉，“乾隆二十五年，户四万一千八百三十四，口二十五万四千一百三十九，嘉庆二十一年，户六万五千二十五，口四十三万六千四百二十二。”③ 衡山，“乾隆三十八年，全县已有人口 25.45 万。”④

清代，财政由中央统收统支，衡阳县财政收入全归中央管理，县地方支出从财政收入中坐支。其财政收入以田赋、漕粮为主，以“黄册”“鱼鳞册”作为征收赋税的凭证。据乾隆《衡阳县志》记载：乾隆二十一年（1756 年），全县征田赋、漕粮银 42509 两。县财政支出以上解为主，存县留用甚少。据乾隆《衡阳县志》田赋卷所列数目统计，乾隆二十一年（1756 年），县额支银 37648 两，其中上解户部、兵部、工部、光禄寺、随漕、驿站等共银 34544 两，存县留用支银 3104 两，主要用于俸禄、儒学、祭祀等，此外还有盐税、契税等的征收。⑤

在社会救济方面，衡阳县在“雍正元年裁松柏司巡检，始建社仓六十三廒。五年建积贮仓”⑥。耒阳县建养济院，“旧在县治西门内，明成化间邑令张

---

① 彭玉麟、殷家俊等纂修：《华中地方 · 第一一三号湖南省衡阳县志一、二、三》，《建置》第四，台北成文出版社 1970 年版，第 193 页。

② 彭玉麟、殷家俊等纂修：《华中地方 · 第一一三号湖南省衡阳县志一、二、三》，《建置》第四，台北成文出版社 1970 年版，第 197 页。

③ 王闿运、张修府等纂修：《清泉县志》卷 4《贡赋》，台北成文出版社 1975 年版，第 97 页。

④ 衡山县县志编纂委员会主编：《衡山县志》，岳麓书社 1994 年版，第 2 页。

⑤ 衡阳县志编纂委员会：《衡阳县志》，黄山书社 1994 年版，第 262 页。

⑥ 衡阳县志编纂委员会：《衡阳县志》，黄山书社 1994 年版，第 176 页。

兰创……国朝乾隆乙亥邑令刘世泽又建于城隍庙左侧。"[①] 雍正八年（1730年）在杜陵桥侧建育婴堂，内设蒙养院。清泉县在乾隆时期由知县江恂在雁门外建养济院。雍正十三年（1735 年），衡山县令陈焕于明洪武二年（1369年）开设的养济院原址置房 8 间，收养孤贫 8 人，岁给衣食花银，后效之。[②]

清政府还实行蠲恤措施。"嘉庆元年，恩诏湖南地丁钱粮蠲免十分之二。二年奉，恩诏湖南地丁钱粮悉予蠲免。六年奉，恩诏湖南地丁钱粮悉予蠲免，部议长沙府属六年输免。"[③] 这有利于缓和清廷与农民之间的关系，保持社会稳定，维护清政府的统治。

社会的稳定、人口的增加、政府利民政策的实施都有利于经济的繁荣和发展。衡阳境内粮食、棉花种植面积不断扩大，产量不断增加。衡阳县城成为全省三大粮食集散地之一，每至购销旺季，商贾云集，车马船队川流不息。农产品种类多种多样，其中曾被列为贡品的有蒸水流域的"蒸米"、金华山的旱烟、岣嵝峰的云雾茶、台源的乌莲。衡阳的土特产如黄花菜、湘莲等都颇具特色。而湖之酒更是衡阳特有的、富有历史性的名产，古称"酃醁酒"。据《清泉县志》记载：从衡阳江东岸东南行十里许，有酃湖，湖周约三里，水质清莹，居民"取湖水酿酒，极甘美"。晋武帝平吴，荐酃酒于太庙。《吴都赋》有"飞轻觞而酌酃醁"之句。晋人张载《酃酒赋》云："备味滋和，体色醇清，宣神御志，导气养形"。清代叫"衡酒"，列入贡品。[④]

衡阳因其为典型的盆地地势而蕴藏丰富的矿产资源。早在唐代就有冶金业，宋代设有铸钱的"钱监"，明代万历年间（1573—1620 年），衡山霞流冲有董姓村民开采煤矿，观止窑有刘某、王某合伙开老柴窑，东烟银坑冲和东岗山有人合伙开采铅锌。

衡阳手工业比较发达。衡阳县境内有瓷器、陶器、铸锅、土纸、酿酒、榨油、砖瓦、石灰等工场或作坊。乾隆时期，西北乡的土纸、土布、土瓷工业迅速发展，土纸产量在全省三大产区中名列前茅。

衡阳商业也很发达。早在唐朝时期，县城为适应商业发展的需要而特设"熙宁监"，专门制造钱币。境内各地的商人来此经商设立的会馆不少。

---

① 宋世煦等：《耒阳县志》，台北成文出版社 1975 年版，第 135—136 页。

② 衡山县县志编纂委员会主编：《衡山县志》，岳麓书社 1994 年版，第 604 页。

③ 宋世煦等：《耒阳县志》，台北成文出版社 1975 年版，第 383—384 页。

④ 中国人民政治协商会议湖南省衡阳市委员会文史资料研究委员会：《衡阳文史资料》第 5 辑，政协衡阳市委员会文史资料研究委员会 1986 年版，第 88 页。

衡阳矿产资源丰富，清朝康熙十九年（1680 年），覆准衡永等府属产铜、铁、锡、铅处招民开采输税。雍正九年（1731 年），耒阳县西南江山里开办锡矿，后发展到罗渡、上堡一带。乾隆二年（1737 年），覆准开采耒阳、衡山、湘潭、湘乡、安化、桂阳等州县煤矿。乾隆七年（1742 年），题准试采桂阳州属之马家岭、雷破石，郴州属之铜坑冲、桃花垅。其后又覆准开采常宁之铜坪岭、桂阳之停砂垅、郴州之枫山岭。时年产铜 14 余万斤、锡 4 万—5 万斤、铅 42 万斤、锌 13 万斤。[①]

衡阳经济的繁荣发达，得益于比较便利的交通。衡阳传统交通比较方便畅达。水运方面，湘江、蒸水、耒水、洣水等是主要的航道。湘江流经衡阳市区中心，然后沿衡阳、衡山、衡东县境边陲，于衡东县澎陂港北去，构成以湘江为中轴的树枝型结构，境内长 266.1 公里。蒸、耒与湘水汇合于石鼓之前，使江东、江西与坡北成鼎足之势，成为水路的交通中心、船舶的集散地域。县境内还有官府所设的渡口，据乾隆《衡阳县志》记载，县内有渡口 10 处，木帆船是主要工具。自清乾隆以来，即有船帮、船行出现。据《湖南商事习惯报告书》载："衡阳杨泗庙为船帮组织，统一管理船户。船户入会均应缴纳会费和水上捐税。""衡阳、清泉则视船桅宽窄纳费，加桅宽八尺纳钱 280 文、宽九尺纳钱 320 文。"[②] 陆路方面，衡阳县境内有 2 条驿道和 2 条官道，长为 167.5 公里。东汉永元年间（89—105 年），衡阳县境内就设置了驿铺。清康熙四十一年（1713 年），驿铺改称递铺，县境内有递铺 33 处，邮政比较便利。驿道自长沙南达广西全州，中经湘潭、黄堡驿、衡山、衡阳、排山驿、祁阳、零陵，至枣木铺，计 750 里，与广西驿路相接。通广州大道，自长沙南达广东乐昌，中经通广西路的湘潭、黄堡驿、衡山、衡阳，再由衡阳南行经耒阳、永兴、郴州、宜章，计 350 里，出三峰堆与广东驿路相接。[③] 另外，通广东大道，在衡阳分出一条支线，经衡阳南经常宁、桂阳达临武，计 390 里；在耒阳东南经永兴、资兴、汝城，出广东仁化，计 350 里；通江西大道，经出插岭关路线之外，或自长沙经永安、浏阳，出铁岭关达江西义宁，或自长沙经金井、朱砂坳、平江长寿司、土龙铺出江西义宁，又出插岭关路线，在醴陵分出一条

① 湖南省志编纂委员会编：《湖南省志》第 9 卷《工业矿产志 轻工业 纺织工业》，湖南人民出版社 1979 年版，第 36 页。

② 中国人民政治协商会议湖南省衡阳市委员会文史资料研究委员会：《衡阳文史资料》第 3 辑，政协衡阳市委员会文史资料研究委员会 1985 年版，第 142 页。

③ 李会刚：《湖南工业经济发展历史及展望》，湖南人民出版社 1987 年版，第 39 页。

支线，南经攸县、茶陵、安仁、酃县（今炎陵县），计540里，东出竹子溜，达江西龙泉。[①] 官道“为北京经河南、湖北，入湖南境经岳州、长沙、衡州、祁阳、永州至广西的官路。以及自许州出襄阳由荆州渡长江经湖南境的津市、常德、沅陵、芷江、晃县，而入贵州达云南昆明的云南官路和自衡州经耒阳、郴县达广州的广东官路。”[②] 总之，衡阳陆路南通广东连州坪石，北接湖北道城，东出江西，西达黔桂，境内府州相连，便利的交通条件有力地促进了衡阳经济的发展。

衡阳经济的繁荣发达，除了自身具有丰富的自然资源、较便利的交通外，还得益于清政府限开广州一口通商的政策。康熙时期，清政府采取对外开放政策，在江苏云台山、浙江宁波、福建漳州和广东广州设四个海关进行对外贸易。然而至乾隆二十二年（1757年），清政府厉行海禁政策，关闭江、浙、闽沿海的通商口岸，仅开广州为唯一对外贸易口岸，这一政策促进了湖广之间的交通往来。早在公元前220年，秦朝修建了以咸阳为中心的两条驰道，其中一条向东通燕齐，一条向南直达湖南，经湘潭至衡山。后来又续修从衡阳到广东的驰道，分东西两线，东线出桂阳入粤北，西线出零陵入广西，这一驰道成为后来湖广通道的雏形。隋唐时期，又有沟通长安与岭南、广州的官道，也分为东、西两线，其中东线在“安史之乱”后因藩镇割据、相互交恶及水路商路的变迁而废弃，东路西移，东西二线合一，中原经赣水与吴越、岭南的交往被迫绕行西线。而西线在湖南境内过洞庭，经岳州、潭州、衡、郴越南岭，达韶广；或从衡州沿湘水经永州过灵渠至桂、柳。至海禁和一口通商后，广州与内地各省沟通的主要通道是从广州出发，沿北江水路至韶关，再西北行至湘潭，然后再转至内地各省。这样，湘潭成为南进北出货物的中转、集散地，“凡外国运来货物，至广东上岸后，必先集湘潭，由湘潭分运内地；又非独进口货为然，中国丝茶之运往外国者，必先在湘潭装箱，然后再运广州放洋。故湘潭及与广州间，商务异常繁盛，交通皆以陆，劳动工人肩货往来于南风岭者，不下十万人。”[③] 湖南至广州的商路形成，湘潭也成为当时湖南的经济中心。衡阳也因位处此一线路而得到相当程度的发展。

衡阳的教育文化一向比较发达。至清代，全县教育事业在原有基础上持续

① 李会刚：《湖南工业经济发展历史及展望》，湖南人民出版社1987年版，第39页。
② 李会刚：《湖南工业经济发展历史及展望》，湖南人民出版社1987年版，第37页。
③ 容闳：《西学东渐记》，湖南人民出版社1981年版，第46页。

发展。衡山境内又陆续创建书院 13 所，另有县学、义学及近千所私塾，教育事业之发达尤胜前朝，培育出大批人才。嘉庆十年（1805 年），彭浚（今属衡东县）殿试一甲一名，为清代湖南两个状元之一。同朝还有县人旷敏本与旷敦本、聂镐敏与聂铣敏、李子荣与李子茂三对亲兄弟，双双考中进士，一时誉满京华。①

耒阳有石鼓书院、西湖书院、岳屏书院、青麓书院、紫云书院、义兴书院等。义塾有“县东泉溪市剑山义塾，其最著也，又县东小江口有贺氏义塾、县南八斗卫有全氏储才义塾”②。更值一提的是，潜居湘西草堂专心著述的著名思想家王夫之给后世留下了宝贵的精神财富，对近代的湖南历史人物产生了重要影响。

虽说清政府在“康乾盛世”光环笼罩下渐显衰败之象，农民赋税徭役负担沉重，且与地主阶级关系比较紧张，但总的来说，清朝前期的衡阳社会生活比较稳定，小农经济兴盛发达，教育文化事业持续发展，衡阳仍旧继续在封建生产方式的框架中发展着。

二、鸦片战争后衡阳城市的发展

当历史的车轮驶入近代时，鸦片战争的失败暴露出清政府的腐朽，同时战败签订的《南京条约》开始打开长期闭关锁国的国门，从此，中国开始置身于世界这一更大的空间中弥补它闭关带来的落后，并在国内外矛盾的复杂斗争中寻求自身的发展。当然，由于内部阶级矛盾尖锐、传统思想观念顽固，外部西方列强步步紧逼，利用战争及签订的条约极力攫取满足自身需要的各种既得利益，发展之路显得缓慢而又艰难。衡阳也在这一特有的历史境遇中缓慢前进着。

鸦片战争后，国家内忧外患，为改变这种状况，清政府加强了对内部的管理。衡阳县于同治十年（1871 年）撤都区，推行保甲法，设立乡（镇）、保（团）、甲、牌制，城乡相同。乡（镇）设董事会，负责人正为乡董，副为乡佑。乡镇以厂，十户为一牌，立一牌头；十牌为一甲，立一甲长；十甲为一保，立一保正（保长）。每户门上挂一牌印，上写户名和丁口数，并登入官册，以便稽查。户口迁移须注明来往处所。牌头、甲长、保正，均遴选当地有

① 衡山县县志编纂委员会主编：《衡山县志》，岳麓书社 1994 年版，第 2 页。

② 宋世煦等：《耒阳县志》，台北成文出版社 1975 年版，第 123 页。

声望的人报官充点。

有鉴于清八旗军、绿营军的腐败不堪，清政府于咸丰元年（1851 年）改世袭兵役制为募兵制，以便有足够兵力抵制太平军。为此，咸丰二年（1852 年）四月，湖广总督陈彩来衡阳开办团局，督导地方官绅创办团练，以阻止太平军北上和镇压境内人民的反清活动。清廷也于同年先后任命赛尚阿、黎广缙为“督剿（太平军）”钦差大臣，设大本营于衡阳，指挥西南作战。咸丰三年（1853 年），曾国藩在衡州设募府，招募湘军，镇压太平军，设水师 6 营、陆师 5 营，计兵丁、夫役、工匠 6000 余人。①

衡阳境内人口仍有增加，衡山县编查烟户（即户籍总称），“道光十九年（1839 年），全县计 61260 户，人口 456428 人。咸丰七年（1857 年），全县计 68372 户，537826 人”。② 清泉县，“同治三年户六万九千八百四十五口四十七万二千三百五十六，土著六万七千四十一户四十二万七千八百二十六口，寓一千三百八十三户三万四千五百八十三口，僧道一千四百二十一户九千九百四十七口”。③ 常宁县，1860 年，清查人口，全县民屯户 40460，人丁 312022。④

这一时期，衡阳的社会救济福利事业依然在发展。清泉县因“乡民多溺女设法拯之”⑤ 而于道光五年（1825 年）在岳门内设育婴堂，后又在河街三顺祠设救婴会。道光二十九年（1849 年），在潇湘门外建同仁堂，为防御火灾、培护义冢、施衣施棺等用。道光五年（1825 年），衡山县监生丁寅邀集县内士绅于县城观湘门内兴建育婴堂，计房屋 40 余间。光绪元年（1875 年），孝廉方正旷涵一等倡首并劝众捐钱建江字号团救婴局于大堡市（今衡东县大浦镇）桥头。后白果、新桥、东湖、吴集、草市、石湾等地富绅，纷纷集资置田，先后设育婴堂，以资贫困户育婴。光绪中叶，中巫夏仲芳复捐巨资于育婴堂，堂有田租 4000 余石。⑥ 衡山县人旷学浩等于咸丰元年（1851 年）联合捐建同善堂，此堂于同治二年（1863 年）在县城南门外岳家码头河岸建成。清廷减免赋税的措施依旧实行。“咸丰三年（1853 年）十一月二十三日，清廷

① 衡阳县志编纂委员会：《衡阳县志》，黄山书社 1994 年版，第 453 页。

② 衡山县县志编纂委员会主编：《衡山县志》，岳麓书社 1994 年版，第 11 页。

③ 王闿运等修，张修府等纂：《清泉县志》卷 4《贡赋》，台北成文出版社 1975 年版，第 97 页。

④ 常宁县编纂委员会：《常宁县志》，社会科学文献出版社 1993 年版，第 8 页。

⑤ 王闿运等修，张修府等纂：《清泉县志》卷 2《建置》，台北成文出版社 1975 年版，第 51 页。

⑥ 衡山县县志编纂委员会主编：《衡山县志》，岳麓书社 1994 年版，第 604 页。

准蠲免和缓征耒阳遭水灾地方新旧额赋、芦课、屯响及原借籽种堤岸工银。”①

晚清时期的清政府吏治腐败，农民负担沉重，农民不满清廷情绪与日俱增，阶级矛盾日趋尖锐。衡阳境内不时发生农民起义。1832 年 2 月，常宁县瑶民赵福财在塔山聚众响应江华瑶民赵金龙起义。道光二十三年（1843 年），耒阳发生阳大鹏领导的农民起义。太平天国农民起义爆发后，太平军三次入湖南境，衡阳人民积极响应太平军的起义，境内多处发生反清活动。咸丰三年（1853 年），衡山县河东饥民起事；草市农民以草市巡检司刘积厚为首，响应太平天国，揭竿起义。咸丰五年（1855 年），衡阳人王甲聚众火烧县亟公署，攻占洪罗庙；衡阳洪乐庙地方陈得标、李三元等聚众谋逆。太平天国起义被镇压后，境内农民起义仍不时发生。同治四年（1865 年），耒阳农民王德宝、严开孟等于长冲庵聚众起义。同治九年（1870 年），发生大饥荒，米价奇贵，衡山饥民群起阻米出境。许多贫苦农民组成哥弟会，集结于凤凰山。光绪二十五年（1899 年）11 月，衡山白云峰下发生以向道龙为首的农民起义，这是衡山县自咸丰三年（1853 年）以来县公署组织官兵和团练镇压的第四次农民起义。帮会土匪活动也明显增多，如耒阳县内，同治四年，“教匪王德保严开孟等啸聚长冲谋乱行劫”②；同治九年五月，“匪徒陈望泽等由桂阳永兴窜邑东上架桥抢掠陈其楷家物拘捕杀人”；同治十二年，“三月，哥匪钟含桃曾昭幅等纠多谋逆。八月，永兴回头岭，会匪朱世均等窜邑东上架桥古老洞陈其模家劫抢烧杀”；同治十三年五月，“会匪李炳荣等盘踞浔江回龙巷，聚众吃斋谋为不轨。”③ 而“土匪之起大都藉粤贼为声援，而衡郡乡民习教传徒者尤众，亦曰教匪有洪教、黄教、大乘、金丹诸名目”。④

晚清政府的政权机构仍在运行着，颁布的政策措施仍在实施着，但持续不断的农民起义表明清廷与农民阶级矛盾的尖锐，匪患的增加反映出社会的不稳定，衡阳谋求城市发展的政治环境条件并不有利。鸦片战争失败，中国被迫签订《南京条约》，条约规定开广州、厦门、福州、宁波、上海五个通商口岸。这一规定改变了沿袭百年的广州一口通商局面，广州对外贸易垄断地位丧失，上海取而代之，这减少了原先经湖南至广州商路的贸易往来，影响了沿线城市

① 耒阳市志编纂委员会编：《耒阳市志》，中国社会科学出版社 1993 年版，第 21 页。

② 宋世煦等：《耒阳县志》卷 4《兵防兵燹》，台北成文出版社 1975 年版，第 643 页。

③ 宋世煦等：《耒阳县志》卷 4《兵防兵燹》，台北成文出版社 1975 年版，第 644 页。

④ 王闿运等修，张修府等纂：《清泉县志》卷末《事纪 兵事》，台北成文出版社 1975 年版，第 288 页。

经济的发展，湘潭贸易中转地位不保，衡阳经济也受到影响。第二次鸦片战争后，中国又被迫签订《天津条约》，增开了汉口、九江等十个通商口岸。内地货物的出口和外国货物的进口改经汉口至上海，且湖南的谷米等物运至汉口销售日多，汉口成为湖南对外贸易的主要转口地，经湖南至广州的商路日益冷落，船工、脚夫等大批失业，衡阳经济更加衰落。

此时的清政府苛捐杂税有增无减。据同治《衡阳县图志》记载：咸丰初年，全县征银42954两，其中田赋、漕粮银42500两，占98.94%。[①] 而到了宣统元年（1909年），全县征收地丁银33338两，征收漕粮19226石，折银18198两，合共征银51536两。[②] 其他如盐税、契税、牙税、烟酒税、商税、房捐、屠宰税等税收名目也多有征收。宣统三年（1911年），衡山县地丁征银33942两，漕粮征银22482两；工商税银7038两，占总收入的10.69%。其中，烟酒税1047两，牙税10两，契税5981两。[③] 耒阳县在宣统三年（1911年）的税收总额为银两26097两，其中盐厘19375两，田契税4871两，烟酒、印花税各900两，牙当税51两。[④] 除上述苛捐杂税外，衡阳人民还受到厘金制的横征暴敛。战争失败的巨额赔款、镇压太平起义军的大量军费开支使得清政府的财政更显窘迫，为解决其财政危机，清政府推行厘金制度。咸丰四年（1854年），耒阳上堡设盐匣局，征收过境盐税，第二年此盐卡年征收过境粤盐厘金制钱14万—15万串文。咸丰五年（1855年），衡阳县设厘金局开征厘金，征收方法有“包征”和“散征”两种，厘金税为4%。咸丰七年（1857年），衡山县也在雷家埠设厘金分局和小河（即洣河）分卡。同治十一年（1872年），耒阳大陂市盐厘分卡升格为邻税局。种种税收的长期超额征收致使农民生活困苦不堪，无力购买商品，衡阳经济受到制约，发展缓慢。

衡阳商业继续发展。道光十年（1830年），耒阳城内有花行20家，年流通棉花量10多万担，并有江西樟树（今清江县）、吉安等地药商进入耒阳经营中药材。[⑤] 光绪年间，耒阳有集市55个，耒水两岸集市较多，客商云集，其中黄泥江、大河滩、灶头市（今灶市）、新市有耒阳四大口岸之称，其他还有陶洲、上堡街、清水铺、淝江口、泗门洲、白山、大陂市、龙王庙、肥田

① 衡阳县志编纂委员会：《衡阳县志》，黄山书社1994年版，第259页。
② 衡阳县志编纂委员会：《衡阳县志》，黄山书社1994年版，第270页。
③ 衡山县县志编纂委员会主编：《衡山县志》，岳麓书社1994年版，第415—416页。
④ 耒阳市志编纂委员会编：《耒阳市志》，中国社会科学出版社1993年版，第385页。
⑤ 耒阳市志编纂委员会编：《耒阳市志》，中国社会科学出版社1993年版，第345页。

等。五条驿道设35铺，都是商品集散的小圩场。光绪三十二年（1906年）《耒阳县乡土志》载，耒阳出境的大宗商品有靴鞋、木屐、豆豉、毛裘、毛褥、土绢、煤炭、竹木材料、竹木制品、夏布棉布、桐茶、麻、菜油、黄蜡木烛、土纸、生猪、家禽、米、麦、薯制品、烟叶、石制品、铁器等21类180余种；入境商品有日杂用品、棉花、洋布、食盐、中药等10多类100余种。[①]其中据光绪年《耒阳县乡土志》载：茶油在本境销售每岁4000余担，陆运出境在连州、郴州、坪石等处，行销每岁3000余担，水运出境在衡州、湘潭、长沙、汉口等处，行销每岁5000余担。[②]光绪年间，衡阳县工商企业的登记由县衙委托行业帮会组织办理。清末通用两种方法：一种是通过政府直接批准，凭"请帖""领引"向政府"立案"后开业；另一种是仍由业主申请入帮，加入同业公会，取得同业公认后开业。[③]

衡阳的金融业由于商业的带动渐次发展。清代道光年间，县内始有典当业。光绪八年（1882年）始有钱庄。县内首家当铺为县人杨克俭于清咸丰二年（1852年）开设的乾源典当铺，铺址在县城（今衡阳市）北门十字街。光绪年间又有克昌、大昌、同昌、邓华柏、颜石泉、仁和、福成等号当铺在县城先后开业。宣统末年（1911年），渣江镇有汪忠武开设的老当铺。[④]光绪八年（1882年）八月，县内首家钱庄益茂钱庄开业。后陆续开业的有德大、恒隆、茂隆、致信、惠生、维新、锦新、荣茂和、义通祥、春森、永恒等钱庄。光绪二十一年（1895年），县内有钱庄13家，并成立钱业行会组织"国宝堂"，是衡阳成立最早、资本最雄厚的行会组织之一。[⑤]自首家开业至光绪三十三年（1907年）有钱庄18家，资本120800银圆，资本最多的恒隆钱庄15000银圆，最少的"忠信义钱庄"为500银圆。这些钱庄多为赣籍人经营。光绪二十八年（1902年），因衡阳官府向钱庄提取巨额白银，偿付"庚子赔款"，迫使大部分钱庄倒闭。宣统年间又有10家先后开业，资本37000银圆，最多的豫顺祥12000银圆，最少的同长一与福成和各800银圆。[⑥]宣统二年（1910

① 耒阳市志编纂委员会编：《耒阳市志》，中国社会科学出版社1993年版，第344页。

② 耒阳市志编纂委员会编：《耒阳市志》，中国社会科学出版社1993年版，第355页。

③ 衡阳县志编纂委员会：《衡阳县志》，黄山书社1994年版，第248页。

④ 衡阳县志编纂委员会：《衡阳县志》，黄山书社1994年版，第281—282页。

⑤ 衡阳县志编纂委员会：《衡阳县志》，黄山书社1994年版，第281—282页。

⑥ 中国人民政治协商会议湖南省衡阳市委员会文史资料研究委员会：《衡阳文史资料》第2辑，政协衡阳市委员会文史资料研究委员会1984年版，第92—93页。

年）七月，衡山县城建和丰钱庄，资本1万银圆，钱庄对调剂社会资金、促进经济发展起到了一定的作用。

衡阳手工业持续发展。道光二十五年（1845年），耒阳人李作选与永兴人毛瓜在导子洲开办铸锅厂。光绪年间，导子洲有7个铸锅厂，从业63人。[①]其铁锅厚薄均匀，光滑美观，耐炸不破，享有盛誉。咸丰年间，衡阳县造船、铜器、角梳、雨伞、针织、钉鞋等手工业产品，销往湘南各县及粤、桂等地。据清光绪三十二年（1906年）《商务官报》载："产于衡州上游之木材，年约六百万两。经衡运在湘潭、长沙、汉口等地"。[②] 咸同年间，衡阳县内私营纺织品店商经营的纺织品主要是土纱土布，土纱土布货源来自农村小手工织房，经营土布较大的商号有振隆、吉丰、老永大、光华庙等。后至德厚、祥发、新裕成、庆云等染坊相聚出现。至德厚的染水，还曾誉满湘南，其经营方式是："卷简竖列，翻尺计量"。白坯布来自四乡和临近县镇各地农户所织，衡山县的高桥、祁阳县的双桥、衡南县的新市街、衡阳县的渣江等地的农户，大多数都以纺织白坯布为主要副业。由于商品销路的扩大，衡阳城内经营染坊布匹的商号，相继增加了玉德厚、祥发、新裕成、庆云祥等数家，后来四乡各重要集镇也有了专营来料加工的小染坊。在大型染坊中，以玉德厚所染的青、蓝色布质量最佳，业务也最旺。[③] 同治四年（1865年），耒阳县开办了老公盛号制伞店。清末，县城有制造和出售纸伞、木屐、豆豉、竹木器、铁器、布匹、瓷器、草席、纸张、皮革、油树、米面、烟酒等行业。单布匹一项，每年进口洋绒、洋布、洋缎、竹布等约1万匹。[④]

此外，衡阳民间工艺制品也有所发展。同治年间，衡阳县福政乡木雕艺师彭隆顺、陶正英带徒传艺，承制木制戏台、神堂、神主、凉床等4种花刻工艺，留传后世。[⑤] 清末，衡阳县岘山一个姓刘的乡民从江西学成制鼓技术，回乡带徒30余人，在岘山、木口、演陂一带制作鼓类乐器。[⑥]

鸦片战争后，衡阳的公共服务事业也有所发展。道光二十年（1840年），

---

① 耒阳市志编纂委员会编：《耒阳市志》，中国社会科学出版社1993年版，第183页。

② 中国人民政治协商会议湖南省衡阳市委员会文史资料研究委员会：《衡阳文史资料》第2辑，政协衡阳市委员会文史资料研究委员会1984年版，第92页。

③ 中国人民政治协商会议湖南省衡阳市委员会文史资料研究委员会：《衡阳文史资料》第5辑，政协衡阳市委员会文史资料研究委员会1986年版，第169页。

④ 耒阳市志编纂委员会编：《耒阳市志》，中国社会科学出版社1993年版，第345页。

⑤ 衡阳县志编纂委员会：《衡阳县志》，黄山书社1994年版，第169页。

⑥ 衡阳县志编纂委员会：《衡阳县志》，黄山书社1994年版，第164页。

樟木寺始建码头，有 30 多个农民从事船运货物的装卸搬运。[①] 自咸丰四年（1854 年）曾国藩在衡阳筷子洲设船厂、练水军时起，造船业从此兴盛，从而推动衡阳木帆船的发展。衡阳的木帆船只因多属衡籍或由衡汇集开航，而被人们统称为“衡阳小驳船”[②]，负责运输衡阳城乡生产生活物资，湘南产品，土特产品如煤、矿砂、粗瓷、桐油、白莲、棉花、枯饼、纱匹、洋广货、京果海味等。另据《实业志》载：“衡阳船户之经商，以贩运耒、永煤为主，湘鄂均仰给焉。船户如乏资本，可由煤厂赊给，土名河账。”放河账也成为衡阳各商户扩充其经营范围的方式之一，在一定程度上带动了衡阳商业的发展。咸同时期，衡阳进出货物主要靠水运，借衡籍官宦彭玉麟之力在长沙煤炭码头修建衡阳船帮驻省公所——“南岳行宫”，业务很是兴旺，盛传“无小驳船不成河道”之说，名闻湘鄂两省。[③] 然而好景不长，岳州、长沙两地开埠通商后，英商太古、怡和两洋行和日商日清公司的轮船深入湖南内河，省内航运事业遭受沉重打击，衡阳“木帆船”运输时代过去，内河航运受到严重影响。

衡阳重视教育的传统依旧延续着。一批朝廷官吏和地方有识之士，如刘祖焕、常大惇、彭玉麟、程商霖、成俞卿、祝松云等，或拨款扩充教育经费，或上疏奏请增加生员名额，或倡导、捐资办试馆、书院、义学，使全县教育事业得以持续发展。[④] 至光绪年间，衡阳县城区办有县学 1 所，石鼓、船山、莲湖等书院 24 所，西北乡村办有岣嵝、梅庵、双桂、东冲、石门等书院 5 所，城乡办有各类私塾数以百计。[⑤]

衡阳的书院、私塾经费完全靠社会醵资、私人捐赠和收取学杂费解决。同治五年（1866 年），耒阳里绅陈耀芳独资建仰高书院于上嫁桥（今上架乡），

---

① 衡阳县志编纂委员会：《衡阳县志》，黄山书社 1994 年版，第 192 页。

② 其按水系分类有：蒸水流域的“草水子”（因蒸水俗称草河而得名）；潇水及湘水上游的“永州巴杆”“祁阳航船”“衡山到划子”和专航十八涧多滩地段的“嘉禾舱”等；耒水的“小驳船”；专营以煤易粮棉为集的“天舵船”即杂粮船；专航由长沙至“十二围”之间的盐船。其中盐船在衡阳有五艘，以“草河”公登甲所营的船较大，可装官盐四票半（每票五百引，400 斤成引），能停泊于长沙军轮码头装卸，为船户中财势两盛之户（朱照皆老人提供）。其经营方式是：大户自营自运；小户赊贷贩运；小户代客装运。也有小量农闲划船，农忙务农户。（罗喻义整理：《漫谈衡阳运输业》。中国人民政治协商会议湖南省衡阳市委员会文史资料研究委员会：《衡阳文史资料》第 3 辑，政协衡阳市委员会文史资料研究委员会 1985 年版，第 142—147 页。）

③ 中国人民政治协商会议湖南省衡阳市委员会文史资料研究委员会：《衡阳文史资料》第 3 辑，政协衡阳市委员会文史资料研究委员会 1985 年版，第 143—144 页。

④ 衡阳县志编纂委员会：《衡阳县志》，黄山书社 1994 年版，第 470 页。

⑤ 衡阳县志编纂委员会：《衡阳县志》，黄山书社 1994 年版，第 380 页。

并与其兄陈其楷各捐租一百石为书院修赀费。光绪三年（1877 年），耒阳人刘厚基由陕西延榆绥镇署捐银 2000 两，委员解送县署，购置田禾铺屋，每年收租谷 200 余石，铺租钱数十竿，资助县学办学。[①] 光绪年间，彭玉麟与程商霖等捐资创办了船山书院，以后彭又捐银 4000 两在家乡兴办了“彭族义学”。境内著名的“邹氏召田义学”，其办学经费全部由邹氏“培土”“培松”两公分摊。[②] 光绪十九年（1893 年），衡山县在县城北门外琵琶洲建研经书院。常宁县于光绪二十八年（1902 年）创建合江学堂，历时一年零四个月，耗银洋一万四千多元，于 1904 年竣工。[③]

衡阳民众的文化生活还是比较丰富的。道光二十二年（1843 年），常大惇在石坳乡瑞芝堂建造“潭印阁”私人图书馆，建筑面积 630 平方米，藏书 3 万余册，大部分为明嘉靖以前的白棉纸书籍。可惜，光绪年间常氏藏书大部分散失。[④] 光绪十七年（1891 年），衡阳县城建有“船山书局”，刊印发行王夫之的有关著述，传播其思想。清末，衡山县城有杨德顺、国华堂、德生堂、集福堂 4 家书店，销售四书五经及各类学堂读本。还有根据王夫之的事迹编写的《心送三十里》《办嫁妆》《卖生姜》《拒礼》，根据彭玉麟的事迹编写的《识才》《岣嵝峰》《斩管带》《游山审案》，根据谭上连的事迹编写的《清水塘投军》《巧计救伙夫》等民间故事广为流传，满足了人们的精神文化需求。[⑤] 除民间故事外，传统戏剧也为人们所喜爱。至清末民初，衡阳湘剧进入全盛时期，先后涌现的戏班达数十个，从业艺人达八百余众。其流行地区遍及湘南东部以及毗邻湘南之江西、广东部分县治。其中，以衡阳一带为主要活动地区的有老天源、老春华、大看台班，以郴州一带为主要活动地区的有老吉祥、大坤园、同春班，由于人才辈出，演出剧目丰富，尤受观众欢迎。[⑥] 文艺活动也丰富多彩，逢年过节，舞龙灯，耍狮灯，载歌载舞，集镇街盈巷塞，乡村观者如堵。

天主教最早进入湖南是在明清之交的南明永历年间。清康熙年间，意大利

---

① 耒阳市志编纂委员会编：《耒阳市志》，中国社会科学出版社 1993 年版，第 22 页。

② 衡阳县志编纂委员会：《衡阳县志》，黄山书社 1994 年版，第 482 页。

③ 常宁县政协文史资料委员会县志办公室：《常宁文史资料》第 1 辑，内部发行 1985 年版，第 25 页。

④ 衡阳县志编纂委员会：《衡阳县志》，黄山书社 1994 年版，第 523 页。

⑤ 衡阳县志编纂委员会：《衡阳县志》，黄山书社 1994 年版，第 515 页。

⑥ 中国人民政治协商会议湖南省衡阳市委员会文史资料研究委员会：《衡阳文史资料》第 5 辑，政协衡阳市委员会文史资料研究委员会 1986 年版，第 79—80 页。

教士真福兰若来衡传教，并于康熙三十九年（1700 年）建成黄沙湾教堂。但好景不长，康熙五十六年（1717 年），清廷严令禁教，教堂被没收作为公产。此后，这一禁教政策厉行百余年，外国教士传教活动被禁止。鸦片战争后，中国被迫签订了一系列不平等条约，其中《南京条约》允许外国人在通商口岸居住，《望厦条约》规定美国可以在通商口岸建立教堂、医院等，《黄浦条约》更有“倘有中国人将佛兰西礼拜堂、坟地触犯毁坏，地方官照例严拘重惩”的条文，这成为清政府解除对天主教禁令的开始。1846 年，道光皇帝正式发布上谕，准免查禁天主教，且同意发还以前没收的教堂。至《天津条约》的签订，外国传教士获得在华自由传教的权利。《北京条约》则不仅允许外国传教士在各省租买田地建造教堂，且享有领事裁判权和治外法权等权利。这极大便利了西方国家在中国的传教活动，同时也引发了与中国民众之间的摩擦和冲突。

由于条约的保护，外国传教士在衡阳的传教活动大大增加。意大利主教李文秀于道光二十六年（1846 年）扩建塘湾教堂作为神父住宅。西班牙方济阁会会士方来远于咸丰六年（1856 年）在北乡将军庙建立了名为“圣心院”的修道院，同年在黄沙湾侯家塘开办育婴堂，收容弃婴。咸丰十年（1860 年），法国传教士重修黄沙湾教堂。光绪初年，巴神父在县城北门外杨家坪建立衡阳中华天主教堂，发展教徒2000 余人。[①] 光绪二十四年（1898 年），英国伦敦教会派牧师柯立基在衡州府城南门外正式开堂布道，美籍内地会教士葛荫华来县城马王庙租房布道。同年，基督教徒彭蓝生、王吉仁（均为长沙人）分别在衡阳、清泉两县传教。

文化背景的差异及传统偏见，加之外国传教士凭借条约规定享有的特权，任意强买、索要、掠夺田地，且干预地方政事及纵容教民胡作非为危害地方等种种恶行，引起衡阳人民对传教士的普遍不满。同治元年（1862 年）五月，衡阳、清泉两县人民焚毁了黄沙湾教堂，捣毁了该教在草桥开设的中药店，烧毁和拆毁了部分教徒住房，打死了仗势欺人且无恶不作的教徒张道荣（清泉县人），引发所谓的“壬戌衡州教案”。但由于清政府腐朽无能，迫于外国人的压力，教案以修复教堂、赔偿传教士及教徒一切损失而告终。光绪二十六年（1900 年），又发生“庚子衡州教案”，衡阳、清泉两县人民烧毁黄沙湾教堂和英国福音教堂，击毙外国驻湘南主教范怀德、董哲西、安守仁等人。事后，

① 衡阳县志编纂委员会：《衡阳县志》，黄山书社 1994 年版，第 559 页。

清廷派兵镇压起事群众，赔偿英、法白银38.6万两。此后，外国传教士凭借不平等条约的保护和教案赔款的收入，在全县各地到处建立教堂，传教活动遍及城镇乡村。其中，“基督教徒用所得的赔款在衡州各县建立教堂48处”①。光绪二十七年（1901年），德籍传教士汤培生在衡山县城西街建基督教会进行传教。光绪二十九年（1903年），美国牧师邹秉奕、克如璧在衡州府城建立“长老会”，开展传教活动。清宣统三年（1911年），英国伦敦会将布道权转交给美国长老会。

西方国家在衡阳的传教活动打开了衡阳与西方学习交流之窗，传教士建立的现代医院、新式学堂等机构给衡阳带来了西方现代先进因素，但因一些传教士的侵略劣行及衡阳人民思想的守旧，西方国家传教活动受到衡阳当地人民的抵制，引发民教冲突。由此可见，当时中国的现代化之路阻力极大，若想引进西方现代新因素，国人思想观念的转变非常重要。

三、衡阳现代化启动的若干体现

1. 政治领域出现的新气象

清末，清政府为挽救并维持其统治，宣布实行新政。衡阳增设新的行政管理机构。光绪三十三年（1907年），耒阳设巡警局，后改为巡警署。光绪三十四年（1908年），衡阳成立劝学所、警察局，县署除知县外，设劝业员、警务长、视学员、典狱员、主计员以及文庙奉祀官各1人。② 宣统元年（1909年），县署依照清廷所颁布的地方自治章程，着手筹办地方自治，开设自治讲习所，由城镇乡选送“素有乡望”的人入所听讲“地方之事地方自行办理”等课程，三月卒业为一期，旨在训练本县的自治人员，“以预备实行选举事宜”。宣统三年，衡阳县成立临时议会。③

光绪二十九年（1903年），清政府成立商部。第二年，制订了《劝办商会简明章程》《大清商业总会章程》，并发布了《劝办商会谕贴》。光绪三十二年（1906年），又订定了《商会章程附则》，规定各府州、县均应设立商会。衡阳在《湖南省商会总会试办章程》的倡导和鼓励下于宣统元年（1909年）成立了衡阳商会，首任会长为官府委派的肖邦恺。商户以商户名义或个人名义加

① 衡阳县志编纂委员会：《衡阳县志》，黄山书社1994年版，第559页。
② 衡阳县志编纂委员会：《衡阳县志》，黄山书社1994年版，第378页。
③ 衡阳县志编纂委员会：《衡阳县志》，黄山书社1994年版，第377页。

入商会，首批加入商会的即有764户，并由各业公所选举产生会董36人，在会董中推选驻会秘书、庶务等，办理日常会务，另外配有会勇十名。[①] 同年一月，耒阳商务分会成立；三月，衡山县商务分会成立。

清政府政策的转变、新式机构的设立以及社会组织的建立有力推动了衡阳政治现代化的建设，是衡阳现代化进程的重要体现。

2．资本主义经济因素的出现

自五口通商后，西方资本主义国家通过各种手段迫使清政府增开了更多的通商口岸。到20世纪初，中国被迫开放70多个商埠，其中湖南岳州于1899年开埠通商，1904年，长沙正式开埠，1905年，湘潭、常德被辟为寄港地。湖南的开埠在跟世界市场建立直接联系的同时，也使湖南经济发生了很大变化，衡阳也不例外。

衡阳历来为湘南货物集散地。岳州、长沙先后开埠后，洋纱、洋布源源输入衡阳。据光绪三十二年（1906年）《商务官报》载："外国货之输入衡州者以棉丝、棉布为多，每年输入竹布1000余箱，洋布2000余捆。"受此影响及商业利润的诱惑，衡阳的土布染坊大都转而经营机制布，纱布业由原先的土布染坊变为兼营匹纱批发店、匹纱绸布批零兼营店、绸布零售店等，如锦纶昌、振声溢、王恒昌、惠丰祥、正康祥、俊德圣、维新祥等店。[②] 还有一些"布把子"也肩挑着绸布沿街叫卖。转营机制布后，生意大有发展，如"江西吉安南人芦子述、芦安善合资开设新记匹纱号，赣籍大贾刘荆山入股后，改为三义，拥资达二十万两银子"[③]。如衡阳东乡泉溪商人王嘉谋创设的"王恒昌"，从经营染色布匹发展为绸布零售，后在南门洞增设一家绸布零售专店，招牌为"聚恒溢绸布庄"，南北两店，名噪全城，其染坊设有大型染具1套，染缸30余套，踩石近40副，三店共有店员、职员100余人。[④] 与此同时，河南帮最先开始衡阳纱布业中绫罗绸缎的经营，随后京、广、苏、杭等地商贩也纷纷运

① 中国人民政治协商会议湖南省衡阳市委员会文史资料研究委员会：《衡阳文史资料》第2辑，政协衡阳市委员会文史资料研究委员会1984年版，第80页。

② 中国人民政治协商会议湖南省衡阳市委员会文史资料研究委员会：《衡阳文史资料》第6辑，政协衡阳市委员会文史资料研究委员会1987年版，第170页。

③ 中国人民政治协商会议湖南省衡阳市委员会文史资料研究委员会：《衡阳文史资料》第5辑，政协衡阳市委员会文史资料研究委员会1986年版，第33—34页。

④ 中国人民政治协商会议湖南省衡阳市委员会文史资料研究委员会：《衡阳文史资料》第6辑，政协衡阳市委员会文史资料研究委员会1987年版，第171页。

来推销。衡帮则有一品隆帽子店增设丝绸宝龙货柜经营绸缎生意。再后，正康洋、维新祥、荣华新等店，以有利可图，竞相经营。

衡阳手工瓷业出现了具有资本主义经济因素的工厂。清代道光年间，醴陵瓷工马纪维兄弟在衡阳县界牌排子岭建立茅厂1所，茅窑2座，烧制绿莌碗，开创界牌陶瓷业之端。当时年产日用瓷绿莌碗5000件。不久又新辟了界牌阳国泥源建厂立业，成批生产。后扩大生产至马迹、水架桥、桐发岭等地。[①] 光绪二年（1876年），江西客潘老板来衡山县石湾对河开碗窑、后山马迹开始生产土瓷。光绪十六年（1890年），衡阳人李衡丰眼见瓷业有利可图，便与杨义生等三人联合在桐发岭建立了“三合瓷厂”。随后有界牌街汪芝八兄弟、六斗冲宋翰臣、大牌垇王友堂、眷冲湾蒋子仪等人，相继建厂筑窑，雇工仿制。产品仍是绿莌、科大等几种样式。嗣后，界牌一地，从事瓷业的人员逐年增多，生产基地也逐年扩大，由界牌伸展到衙头约10里。再经过一段时间，又增加王春发、义和厂等20余家。[②] 一时间内，大小瓷厂遍立界牌，生产活跃。

维新运动时期，担任湖南巡抚的陈宝箴推行新政，兴办实业，推动了衡阳工矿业的发展。光绪二十二年（1896年），自明万历年间至清末常为附近民众集资开采的常宁水口山矿被收归官办，廖树蘅还改进开采方法，创出“明窿法”开采铅锌矿，使得生产效率显著提高。探矿、采矿技术的日益进步，使矿冶业规模不断扩大，矿区拥有工人上千。[③] 光绪三十年（1904年），水口山铅锌矿采用新法开掘斜井，成为湖南省第一个使用机械排水和运输矿石的矿山。宣统元年（1909年），水口山矿务局总办廖植基建成机械重选厂，为全国第一家重力选矿厂。政策的有利引导及科技的引进极大地促进了水口山铅锌矿开采业的发展，外省工厂也到衡阳开采矿产。宣统二年（1910年），湖北汉冶萍公司在耒阳西乡的诗礼垌、南京桥等地开办锰矿，并在耒阳、常宁交界的茭河（即舂陵水）沿岸罗渡、南京桥等处开采和收购锰矿石，最高年产1.4万吨。除开采矿砂外，1903年，衡州府城东岸苏州湾地方还开设了炼炉专门炼水口山出产的黑白铅砂，初用土法，后因不完善而改用西法，但未成功，不久

① 中国人民政治协商会议湖南省衡阳市委员会文史资料研究委员会：《衡阳文史资料》第5辑，政协衡阳市委员会文史资料研究委员会1986年版，第18页。

② 中国人民政治协商会议湖南省衡阳市委员会文史资料研究委员会：《衡阳文史资料》第5辑，政协衡阳市委员会文史资料研究委员会1986年版，第19页。

③ 湖南省志编纂委员会编：《湖南省志》第18卷《科学技术志》上册，湖南出版社1992年版，第11页。

停办。1905 年，常宁松柏又开设了炼锌厂，初有土炉 24 座，后增至 80 座，不过因成本高、质量差、销售困难而不久停办。[①]

衡阳近代邮电事业也于这一时期兴起。1866 年，清政府在海关总税务司下设邮政办事处，为我国现代邮政之始。1896 年，我国正式成立邮局，称“大清邮政”，分华北、华南、华东和华中四邮界。1904 年，邮政与海关划分。光绪二十八年（1902 年）五月，衡山县设邮政代办所，后在宣统二年（1910 年）扩建为县大清邮局。光绪二十九年（1903 年），耒阳成立邮政代办支局。光绪三十年（1904 年），衡阳县城建立了衡阳邮局，开始收寄普通函件，主要利用驿道和乡村大道作邮路。同年，衡阳县还设立了电报局，有直达长沙有线电报线路 1 条。光绪三十四年（1908 年）十月，设立渣江邮政代办所。光绪三十二年（1906 年），常宁县城始设邮政代办所，1911 年改设县邮局。

3. 现代医疗卫生事业的兴办

我国传统医治素以中医、中草药为主。衡阳县中医历史悠久，人才辈出。清朝有凌丹九、黄小鲁、刘观宏、汤应龙、魏次白、汪庄英、彭启月等，名震杏林。[②] 道光年间，衡山县白果中医李纪方所著《白喉全生集》，为中医学科宝贵遗产之一。1874 年，原籍湘潭的陈南甫创办万丰药店，顾客对它信任有加，至有“南岳行官的钟、八步街的风，王大娘的脚，陈万丰的药”谚语的流传。这些都足见中医在衡阳甚至在全国医学领域中的重要性。斗转星移，咸丰八年（1858 年），天主教一女医生（中国人）在衡阳草桥开设了西药店，开始了衡阳对西方医学事业的接触。后外国传教士开办的医院开启了衡阳现代医疗卫生事业之门。清光绪二十七年（1901 年），基督教英国伦敦教会派柯牧师来衡阳设教堂办仁济医院，占地 18.622 亩，全院只有内科、外科、妇产科、眼科四科，没有门诊部与住院部。至宣统三年（1911 年），耒阳境内有药店 71 家（县城 7 家），从业人员 304 人。[③]

4. 新式学堂的建立

自鸦片战争后清政府迈出现代化的步伐以来，在向西方学习的过程中，经历了从单纯引进西方先进军事武器、技术到改良政治制度再到学习西方先进思想文化知识的逐层递进阶段。在这一过程中，清政府的统治政策仍以维护统治

① 耒阳市志编纂委员会编：《耒阳市志》，中国社会科学出版社 1993 年版，第 24、181 页。

② 衡阳县志编纂委员会：《衡阳县志》，黄山书社 1994 年版，第 536—537 页。

③ 耒阳市志编纂委员会编：《耒阳市志》，中国社会科学出版社 1993 年版，第 343 页。

地位为主，但随着甲午战争的战败、洋务运动的破产、维新运动的兴起及戊戌变法的失败带来的局势变化，为维护自身利益，其在一定程度上因应时势作出了一些改革，特别是在教育方面的表现尤为突出，即废除科举制，实行新式教育，这对改变人们的思想观念、培养新型人才有着积极意义，是现代化进程中必不可少的一环。

在全国废科举、兴新式教育的热潮中，衡阳也不甘落后，教育管理机构有所加强，幼儿、小学、中学、高等教育、师范教育、职业教育等方面的办学体制和课程设置也都在模仿西方教育模式中进行着。

在教育管理机构方面，光绪三十二年（1906 年），衡山县署设劝学所，辅佐知县办理学务。劝学所设总董 1 人，由县视学兼任。宣统二年（1910 年），劝学所总董改称劝学所长。清光绪三十二年（1906 年），全县分为 17 个学区，各学区设劝学员 1 人。[①]

衡阳各类新式教育的体制和模式也于此时渐兴。光绪二十七年（1901 年）8 月，清政府令各州县设蒙养学堂。宣统二年（1910 年），衡山第一高等小学堂附设蒙养院，为衡山县幼儿教育之始。

为执行清政府要求全国改书院为学堂的政令，光绪二十八年（1902 年），衡阳县莲湖书院改为衡清官立高等小学堂，石鼓书院改为衡阳县高等小学堂。耒阳县把杜陵书院改为耒阳县官立第一高等小学堂。光绪二十九年（1903 年），耒阳县又把青麓书院改为耒阳县官立第二高等小学堂，并开始附设初中预科班。光绪三十一年（1905 年），衡阳人陈林菊于洪罗庙文昌宫创办县六都高等小学堂。光绪三十年（1904 年），衡山县把建于光绪十九年（1893 年）的研经书院改为官立城北高等小学堂。至光绪三十二年（1906 年），衡阳县全县有高等小学堂 14 所，两等小学堂 3 所，初等小学堂 15 所，共有在校学生 1431 人，全县平均每万人口中有小学生 24.67 人。[②] 至光绪三十三年（1907 年），衡山县有官立高等小学堂 3 所，学生 175 人；初等小学堂 3 所，学生 99 人，教师共 22 人。[③]

中学教育方面，光绪三十年（1904 年）后，衡阳县先后设立了衡州府中学堂、衡清官立中学堂、广德初级中学堂、私立成章中学。其中的私立成章中

---

① 衡山县县志编纂委员会主编：《衡山县志》，岳麓书社 1994 年版，第 517 页。

② 衡阳县志编纂委员会：《衡阳县志》，黄山书社 1994 年版，第 474 页。

③ 衡山县县志编纂委员会主编：《衡山县志》，岳麓书社 1994 年版，第 498 页。

学是由日本留学归国的周刚吾将开办历时两年的南路公学于光绪二十三年（1907年）改建成的。[①] 至宣统元年（1909年），衡阳县中学共有在校学生346人。当年全县平均每万人中有在校中学生7.6人。[②] 宣统二年（1910年），衡山县把官立城北高等小学堂改为衡山官立中学堂。

师范教育方面，据清政府《奏定师范学堂章程》所称："初级师范学堂为小学之基，须限定每州县必设一所"，光绪二十九年（1903年），衡山知县向荣倡办衡山师范馆，第二年改称衡山初级师范学堂。衡阳、清泉两县于光绪三十年（1904年）在县城西湖书院联合创办衡清师范学堂，聘曾熙为监督，招生1个班，学制1年。耒阳县于光绪三十二年（1906年）在杜陵书院侧创办耒阳县立师范学堂。

职业教育方面，光绪三十一年（1905年），衡阳县采纳熊希龄"就湘南物产相宜之区定实业学堂置备之域"的建议设有艺徒学堂。女子职业学校也在此期建立。光绪三十四年（1908年），衡山人柳振坤（女，李吟秋之妻）从日本吉岗女校毕业回乡，创办衡山开智女子学堂，为湖南最早办的8所女子学堂之一。[③] 新式教育的兴办使得衡阳学校数量增加。至宣统三年（1911年），衡山县有官立中学堂1所，初级师范学堂1所，小学69所，小学学生2043人，蒙养院1所，此外还有1000余所私塾。[④]

除了各类学校的建立外，衡阳学校教育的内部管理也有所变化。衡阳的中小学教育学制按光绪二十九年（1903年）颁布的"癸卯学制"，设置小学9年，初、高"五四"分段；中学5年，初、高"三二"分段。教学方法改个人授课制为班级授课制，虽仍提倡死记硬背，但注重读写基本训练。学校课程除数学、自然科学等新式学科外，还开设体操课。

衡阳教育管理机构的加强、各类新式学校的建立及学校内部制度的变化是衡阳教育现代化的显著成果，虽说学校的建设模仿西方学校而无自身特色，有学校建立不久就因各种原因而停办，如衡清师范学堂、衡山开智女子学堂，但新式教育的引进、新式学校在衡阳的建立一定程度上改变了人们的观念、拓宽了人们的视野，推进了衡阳的现代化建设。

---

① 中国人民政治协商会议湖南省衡阳市委员会文史资料研究委员会：《衡阳文史资料》第2辑，政协衡阳市委员会文史资料研究委员会1984年版，第117页。

② 衡阳县志编纂委员会：《衡阳县志》，黄山书社1994年版，第476页。

③ 衡山县县志编纂委员会主编：《衡山县志》，岳麓书社1994年版，第12页。

④ 衡山县县志编纂委员会主编：《衡山县志》，岳麓书社1994年版，第495、498页。

鸦片战争后，中国开始迈入与西方资本主义国家接触且逐步融入世界现代化建设的新时期。虽说因镇压太平天国运动而崛起的湘军对湖南的社会经济产生了很大影响，但湖南在洋务运动时期并未有诸多建树，直到维新运动时期才一扫守旧之状呈现出新气象。湖南的现代化进程相较全国来说慢了许多，衡阳也是如此。衡阳直到十九世纪末二十世纪初才开始它的现代化进程。相比鸦片战争前一直作为重要枢纽的湘潭和九江开埠后的长沙，衡阳的经济发展始终是有限的，它直到民国时期才有了长足的发展。不否认衡阳的教育事业在这一时期有了一定的发展，现代医疗卫生事业也开始起步，但整体来说，衡阳的发展还是缓慢的。在近代中国这样一个受到外力欺压、内部顽固保守的环境下，现代化之路需要政府强有力的参与、支持和推动，然而清政府并未扮演这样的角色，中国的现代化步履维艰。

第二节　北洋政府时期衡阳现代化的初步发展

1911 年 10 月 10 日，武昌起义爆发，揭开了辛亥革命序幕，全国各地纷纷响应，衡阳于同年 10 月 31 日宣告独立。然而革命果实却被袁世凯篡夺，全国进入了战乱不断的北洋军阀统治时期。在此期间，湖南政局动荡不安，政权几经更替，先是谭延闿主政，继之汤芗铭入湘，后为张敬尧统治，陷入南北军阀长期混战的状态，衡阳于此时期呈一县两官南北分治之状。如 1911—1920 年，耒阳境内发生 4 次军阀战争，最长的一次是 1918—1920 年，南、北军阀在耒阳各立县衙，相持达 2 年之久。①

此期，国际上也是战事不断，于 1914 年爆发的第一次世界大战，牵涉了很多国家，持续时间达四年之久，给全世界造成很大影响。我国虽趁欧洲国家陷于战事无暇顾及之机迅速发展经济，取得了一定的成果，呈现出我国资本主义发展的春天之象，然而随着战事的结束，西方国家卷土重来，又加紧了对我国的侵略，我国经济大受打击，顿显萧条。

尽管如此，军阀统治者为维护自身利益，实施了有利于资本主义经济发展的政策，且大力兴修筑铁路公路，随着对外接触的扩大和加深，人们思想观念发生了很大变化，深感自己国家的落后，纷纷投身实业建设，衡阳便在如此境

① 耒阳市志编纂委员会编：《耒阳市志》，中国社会科学出版社 1993 年版，第 4 页。

遇中一步步朝着现代化方向前进。

一、政治领域的新气象

1. 新式行政机构的建立

北洋政府统治下的衡阳县政机构发生了变化。行政司法方面，1912 年，衡阳、清泉两县合并，称衡州。原知县公署改称行政厅，后名称几经变动，但县政府的职能未变。设立衡州司法署，为衡阳县民刑案件的一审机关，且设检察厅，负责办理侦查，提起公诉，协助自诉，指挥刑事裁判的执行。1913 年 2 月，设立衡州地方法院，为衡阳县刑民诉讼一审机关，不久撤销，刑、民诉讼案件由县知事兼理，置帮审员（承审员）辅之。1922 年，设立衡阳县初级法院，内设初级审判庭，审判案件采用独任制。1927 年，衡阳县设立特别法庭，后被查封。1928 年，撤销衡阳县初级法院，仍设承审员办理诉缺案件。耒阳县在 1913 年设警务公所。1914 年，县公署改为行政厅，设民政、教育、财政 3 科。1915 年，耒阳县法院成立，为湖南省第二个县级法院。

税务机构方面，1912 年设衡阳盐务稽核分处。1915 年，衡阳县署设立财产保管处，管理全县财政收支及仓库财产，耒阳县署也于同年设立财产保管处。1917 年，耒阳城关、上堡分设收税局和粤税局，并在陶洲、公平圩、太平圩设分卡，征收盐税，其他赋税由县衙直收直解。1920 年，衡阳县设屠税局，同年 7 月成立县杂税局，直属省财政厅，负责烟、酒、屠、硝等税的征管，衡阳县也设杂税局，10 月成立耒阳县杂税征收局，接管烟、酒、印花、屠宰等税，兼办杂捐，后被裁撤。1928 年，耒阳县设立印花税务局、烟酒事务分局和统税分局等国税征收机构。

基层机构建设方面，衡阳县基层机构仍实行乡（镇）、保、甲、牌四级制。1928 年 4 月，耒阳全县改划为 8 个区、100 多个乡，分别成立挨户团局。同年 7 月 16 日，召开耒阳县挨户团第一次团务会议，议决按照《湖南各县挨户团条例》第二条第二项的规定，将全县旧有 8 区改划为 7 镇，镇下设 33 乡，乡下设若干区，实行县、镇、乡、区四级制。① 县政权机构架构基本健全，虽发挥的功能和作用有限。衡阳县行政机构建立后，机构管理活动也逐步恢复正常。各管理机构在户籍管理、财政管理、社会安全、社会福利事业、地方军事

① 耒阳市志编纂委员会编：《耒阳市志》，中国社会科学出版社 1993 年版，第 68 页。

建设等方面做了不少工作。

衡阳政治现代化的具体体现莫过于县议会等机构的建立。民国初期的中央政府仿效西方三权分立建立议会机构，议会机构之设也在各地推行。1912 年 12 月，根据《临时约法》规定，衡阳县始设县议会，并由议会选举成立县参事会，作为办理自治行政的辅助机关，由县知事兼任会长。县参事会与议会同设一处。县知事对县议会的决议，有提出复议权和撤销权。1914 年 5 月，袁世凯公布《中华民国约法》，取消《临时约法》，县议会、县参事会随之解散。1917 年 1 月，黎元洪颁布“地方自治令”，随后由内务部公布《县自治法》，衡阳县于谭延闿第三次督湘时才通令各县恢复县议会。1921 年 2 月，县议会再度开议，有议员 60 人，大多系各乡地主绅士，议长江榕，副议长刘祖谋。《县自治法》虽然规定县议会有地方立法权、地方财政权、建议权、监督权，但县政大权按由县知事一人独揽，县议会实际成为咨询机构。1926 年湖南省主席唐生智通令解散军阀统治时期的县议会，衡阳县议会随之消失。[①]

1912 年 4 月，衡山县议会成立，次年被袁世凯非法解散。1920 年，谭延闿在湖南推行地方自治，通令各县恢复议会。衡山县议会于次年 3 月 20 日恢复，并召开第一届议会。议员由各字团选出，议会设正、副议长，下设法制、庶务、财政、请愿、惩罚 5 股，各设股长 1 人；议会职员有文牍、书记、庶务、速记 4 人。[②] 1922 年，赵恒惕公布省宪法，衡山选出赵果、赵聚垣、邓坚为省议会议员。县议会虽多次提出议案，只因县知事大权独揽，议案多为空文。1925 年后，县农民运动迅猛开展，县议会自行解体。

1913 年，耒阳县成立县议会。1922 年，耒阳各派竞选省议员，“民生社”与县知事发生武装抢票风潮，同年 9 月 1 日，耒阳县新议会成立，李汉文与段里辉抢夺议长席位，形成争讼。[③]

尽管建立了县议会等机构，然而这些机构仅是徒具框架，未发挥促进衡阳政治民主化的显著实际成果，这一时期的衡阳政治现代化没有多大的实质进展。

2. 新式社会组织的出现

衡阳先后涌出工会、商会组织、农民协会、妇女团体、青少年组织等各类

① 中国人民政治协商会议衡南县委员会文史资料研究委员会：《衡南文史资料》第 2 辑，中国人民政治协商会议衡南县委员会文史资料研究委员会 1990 年版，第 12—13 页。

② 衡山县志编纂委员会主编：《衡山县志》，岳麓书社 1994 年版，第 190 页。

③ 耒阳市志编纂委员会编：《耒阳市志》，中国社会科学出版社 1993 年版，第 26 页。

社会团体，丰富了衡阳人民的政治文化生活。新式社会组织的出现是民众政治参与意识提高的反映，也是衡阳政治现代化的又一具体体现。

1923 年 1 月，常宁县松柏砂船工会成立，4 月，松柏运输工会成立。1926 年 9 月 24 日，衡山县总工会成立，周树屏、陈祖铭当选为正、副委员长，总工会下辖店员、码头、泥木、窑业（瓷业）、鞋业、煤矿、船业、缝纫、雇工等行业工会和南岳、岳北、石湾、大堡等地区工会 30 多个，至年底工会会员发展到 3831 人，居湖南省各县第 6 位。[①] 同年 9 月，衡山县泥木工会成立，会员在县总工会领导下，积极开展反帝反封建斗争。

与此同时，商会组织在组织开展工商界的行业活动、繁荣市场、促进社会经济发展等方面起到了一定作用。1912 年秋，衡山县成立商会，县商务分会在 1916 年更名为衡山县商会，由各同业公会推举代表 1 人，组成代表大会，选出执行委员 15 人，监察委员 5 人。南岳、白果、石湾、吴集、草市、大浦等集镇亦设有商会，但与县商会非隶属关系。[②] 1912 年 7 月，常宁县由各同业公会组成的县实业协会成立，内设农业、工业、商业、矿业 4 股。[③] 至 1915 年 2 月，正式成立常宁县第一届商会，由行业代表 11 人组成执、监事委员会，公推黄心桂为会长，另设文牍一人，通讯员一人，负责日常工作，会址设财神殿。[④] 耒阳县则在 1912 年成立了耒阳工业分会，县商务分会改称县商会。此期的商会是各群众团体中最富有的一个组织，凡公、私派款、筹款、募捐必躬先表率。如过境军队或伤兵、驻军闹事，必须商会备款携物慰劳，方可息事。

大革命时期，根据《长沙市政府加强工商团体组织暂行办法》十一条规定的精神，衡阳各县的商会纷纷改组为商民协会。1926 年 9 月 1 日衡山县商会改组为县商民协会，周月峰当选为会长。同年，常宁县筹备组成了常宁县商民协会，耒阳县也成立了商民协会。1927 年 3 月，衡阳县在中共湘南特委的领导部署下改组商会，成立衡阳商民协会，会址设在金银巷，内设常务委员三人，由廖又波（杂粮业）、朱少生（绸布业）、杨贡轩（江西帮敬一堂药业）担任，秘书长由廖又波担任，并保留一部分行业的公会理事长为委员，以下分设组织、仲裁、宣传三个部。“商民协会的性质，是根据决议案的精神：废除

① 衡山县县志编纂委员会主编：《衡山县志》，岳麓书社 1994 年版，第 166 页。

② 衡山县县志编纂委员会主编：《衡山县志》，岳麓书社 1994 年版，第 180 页。

③ 常宁县编纂委员会：《常宁县志》，社会科学文献出版社 1993 年版，第 9 页。

④ 陈伟中主编 ：《常宁文史资料》第 2 辑，中国人民政治协商会议湖南省常宁县委员会文史资料研究委员会内部发行 1987 年版，第 176 页。

旧商会的封建会董制，改为商界的民主委员制；把旧商会中以李向荣为代表的巨商驱逐出去。”①

1926年6月10日，衡阳农民协会在中共衡阳县委的领导下，在县城学宫路（今衡阳市先锋路）开会宣告成立，共产党员罗子平当选为县农民协会执行委员会委员长。7月28日，康区（今衡南县）在廖田墟文昌阁率先成立农会，8月，全县第一个乡农会在神皇乡成立。不久，邻近的月山、妙溪、磴子岭等乡农会相继成立。8月底，全县成立村农会26个，乡农会17个，区农会8个，11月，乡农会达244个，区农会达23个，会员88221人。1927年4月底，全县农会会员猛增到60万人，成为全省会员最多的一个县。② 耒阳县于1925年12月下旬成立了全县第一个农会组织——坪田乡农民协会。1926年7月，耒阳工农会公开活动。11月建立县农民协会、县总工会，全县建立37个区，350个乡农会，57个工会。入农会农民16000多人，入会工人2000余人。组建工人纠察队、农民自卫军，开展斗土豪劣绅，反夫权、族权、神权，实行禁鸦片烟、禁赌、禁娼，兴办学校，改造社会风气。③ 1927年1月初，县农会开办农民运动讲习所。1923年春，中共湘区委员会派刘东轩、谢怀德至衡山岳北开展农民运动。9月16日，岳北农工会成立。1926年7月下旬，柴山洲特别区农民协会和岳北区农民协会公开宣告成立。同月，全县第一次农民代表大会选举成立衡山县农民协会，刘爱农、周月峰被推举为正、副委员长。随后，尚未成立农协组织的字（区）、乡纷纷办起农民协会。1927年4月初，全县农民运动迅速发展，有农协会员20余万人，工会会员4000余人。城郊、沙泉、杨桥等地农民酝酿插标占田。④

1919年6月，衡阳女教师宋德梓、朱霞等受新思想的影响，在湖南省立衡阳第三女子师范学校成立“女子抗日救国会”。1921年成立衡阳女界联合会，朱舜华任负责人，夏明衡、何宝珍等任委员。次年秋，县立女子职业学校成立妇女会。1925年6月，曾经等数人发起组织湘南女界联合会。1926年，国民党衡阳县党部妇运部负责人候碧兰在县立女校发动师生成立地区性的衡阳女界联合会，宋德祥任会长。9月，在中共衡阳县委的领导下，成立衡阳县女

① 中国人民政治协商会议湖南省衡阳市委员会文史资料研究委员会：《衡阳文史资料》第1辑，政协衡阳市委员会文史资料研究委员会1983年版，第96页。

② 衡阳县志编纂委员会：《衡阳县志》，黄山书社1994年版，第356页。

③ 耒阳市志编纂委员会编：《耒阳市志》，中国社会科学出版社1993年版，第4页。

④ 衡山县县志编纂委员会主编：《衡山县志》，岳麓书社1994年版，第16页。

界联合会，县农协委员刘英任主任。随后，集兵滩区、重安镇、乾安镇、金兰寺镇、演陂桥、库宗桥、永福乡、紫霞镇、岘山等农会相应成立基层女界联合会。1927 年 3 月 15—18 日，县女界联合会召开全县第一次妇女代表大会，许多乡间农妇也前来参加。1926 年 9 月 28 日，县妇女代表开会，成立县女界联合会，选周淑良为会长，黄海秋为指导员。11 月下旬，耒阳县成立耒阳县妇女联合会。

1920 年，留学外地的衡山籍学生组织了衡山县留学各地中等以上学校学生联合会。1926 年秋至次年 4 月，随着全县农运兴起，各地先后成立儿童团。11 月下旬，耒阳县成立耒阳儿童团总部。12 月，共青团衡山县地方执行委员会内设少儿运动委员会，由苏志道组建儿童团。至次年 2 月，全县有 4 万多名 10—15 岁的少年儿童参加儿童团，儿童团在区、乡农民协会的指挥下进行活动。①

然而在长沙“马日事变”、衡阳“沁日事变”后，以上的工会、商会组织、农民协会、妇女团体、青少年组织等各类社会团体或被捣毁或因领导者被害而被迫解散，民众的政治参与活动受到严重限制，参与热情受到极大打击，政治现代化受到北洋政权的严重制约和摧残。

二、经济领域的新成就

1. 农业中的新变化

农业中的新变化莫过于农业推广机构的建立。我国几千年来主要靠农为生，农业在国民经济中占有重要地位，是我国经济的基础，推动农业的发展是我国经济发展的重要方面，而把西方先进农业科学技术和设备引进我国农业领域是推动农业发展的有效办法。农业的科技化有助于农产品种类的增多、产量的提高，从而有助于农业的整体发展，实现农业领域中的现代化。在实现农业的科技化过程中，农业推广机构的设立对农业科技化的推动和普及起着重要的作用。北洋政府统治时期，衡阳各县政府除增收田赋外，在加强农业管理方面也采取了一些措施。1912 年 5 月，耒阳县在县城外设立了蚕丝试验场。除此而外，衡山县在 1913 年春成立湖南省南岳森林局，后于 1918 年，改为南岳林垦局；1921 年，改为衡岳森林局，加强对林业的管理。这些措施在一定程度

① 衡阳县志编纂委员会：《衡阳县志》，黄山书社 1994 年版，第 174 页。

上提高了农副产品的产量和质量，推动了衡阳农业生产的发展。

2. 手工业持续发展

此期，瓷器业继续发展，瓷器品种和质量都有所提升。花色品种方面，先前单制碗类，后新增了壶、杯、碟，除改进造型外，还采用氧化钴（洋墨）替代了原用的“土墨”，花色鲜艳，瓷质清白，产品大有改观。江西瓷器技工徐厚生还于1914年在界牌首推彩花，用笔画三朵、四季、山水、翎毛等花样，用低温八卦炉烧炼成彩花瓷器。① 1922年后，加工生产净盆、花瓶、笔古、饭古、花钵、油盒等工艺瓷，生产罗汉像、青蛙、鲤鱼、美人衣挂以及各种禽兽等瓷器玩具。② 衡阳县内新塘、演陂等有陶土的地方生产陶器的品种主要有钵、缸、坛等。据新塘“仇家窑”的家谱记载：“初时作土为钵，火烤烧之，平民赖以盛物”，年产陶器约20000件。③ 陶瓷品种的增加有利于生产的扩大，1927年，江西省和湖南醴陵有80多个瓷业技工在界牌从事瓷器生产，从业工人7000多人，年产祖瓷700多万件。④ 1914年，石湾20余个富户合资在排楼山、茶子山、铁铺坪等地开碗窑11座，从业880人。1929年，全县有碗厂14个，其中，六区“既”“潜”字境内11个，职工1081人。1948年，因设备简陋，产品粗糙，企业不景气，全县瓷业失业200余人。⑤ 不过，随着瓷器生产的发展及利润的诱惑，瓷泥的开采量加大，各瓷厂业主乱挖滥采，瓷土资源浪费严重。界牌檀木岭一带瓷泥矿由当地豪绅组织的“土地公”把持，大牌岭瓷泥矿被地主任海清独霸，开一个取泥洞须交稻谷3担（1担合75公斤），每开采5000公斤瓷泥须交稻谷1担。采泥全凭锄挖肩挑，劳动强度大。⑥

纺织业仍有发展。拿耒阳县来说，1928年，县城有福利样、万家春等5家织布场（店），职工15人，资本额2010银圆，织布机6台。1929年，全县有染织弹花业厂（场）46家，职工220人，资本额1.27万银圆。1935年，县城纺织厂（场）用纱30.5万件，出布1200万米，产值1.4万银圆。⑦ 常宁县

① 衡阳县志编纂委员会：《衡阳县志》，黄山书社1994年版，第177页。

② 衡阳县志编纂委员会：《衡阳县志》，黄山书社1994年版，第180页。

③ 衡阳县志编纂委员会：《衡阳县志》，黄山书社1994年版，第180页。

④ 中国人民政治协商会议湖南省衡阳市委员会文史资料研究委员会：《衡阳文史资料》第4辑《纪念抗日战争胜利四十周年专辑》，政协衡阳市委员会文史资料研究委员会1985年版，第130页。

⑤ 衡山县县志编纂委员会主编：《衡山县志》，岳麓书社1994年版，第288页。

⑥ 衡阳县志编纂委员会：《衡阳县志》，黄山书社1994年版，第175页。

⑦ 耒阳市志编纂委员会编：《耒阳市志》，中国社会科学出版社1993年版，第188页。

在 1925 年形成绸布业这一行业，以经营上海布匹、浙杭绸缎、省产青布为主，店铺以门面规模较大，人员较多，批零兼营为其特点。常宁绸布业因当时农业生产不振，购买力极差，绸布发展停滞不前。那时县城专营绸布业的只有长郡会馆漆柴润一家，而且是不设店铺门面，专门担货下乡、送货上门的专营户。其他兼营一点绸布业务的只有杨永春、锦纶泰几家老店，趸批畅销商品可以从长沙、杭州、武汉进货，其他各店只能从衡阳、祁阳等地采购。①

境内铸造业也有发展。衡山县早在清乾隆四十六年（1781 年）由一谢姓人在新桥盘龙洲创办的全福锅厂，生产铁锅供应县境，并销往湘乡、衡阳、湘潭、邵阳等地。1912 年，转为合股经营。1929 年，全县有铸业工场 4 个，分布在新桥、沙泉、大堡、夏浦等地，主要生产犁头、犁劈、铁锅、鼎锅、瓮坛等。② 民国初年，耒阳竹塔市、东湖、上架桥、新市街、夏塘、白沙、大河滩、浔江、公平圩、灶市街、高炉、芭蕉等地办起 16 家铸锅厂，从业人员 120 人，拥有资金 3200 元（银圆），年产铁锅 12 万口。③ 铁器加工业也很发达。1928 年，衡阳全县铁器加工店铺近 200 家，多为兄弟、父子合伙营业。盐沙铺、东山堰（今南阳乡）打制的铁器，锻造、淬砺工艺精湛，闻名湖南各地。④

衡阳的制伞业也较有名。1913 年和 1925 年，耒阳双盛号、老公盛两家伞店开业，加上同治四年（1865 年）开业的老公盛号制伞店这 3 家制伞店，从业 7 人，资本 640 元（银圆），年产纸伞 4500 把。⑤

3. 工矿业与电力的兴起

谭延闿执政时期，鼓励发展资本主义经济，为了振兴工业，谭拨出公款兴办实业，极大地推动了全省实业的发展，衡阳工矿业及电力事业也随之兴起。

矿业“为物质文明与经济进步之极大主因也”⑥，民国前期相对发展较多较快。1913 年，耒阳乡民郑国春、郑如春兄弟与长沙尉华公司联营在罗渡开办锡矿。1914 年，衡山铅锌公司在银矿冲、东岗山开采铅锌，因收益少，

① 陈伟中主编：《常宁文史资料》第 2 辑，中国人民政治协商会议湖南省常宁县委员会文史资料研究委员会内部发行 1987 年版，第 151、153 页。

② 衡山县县志编纂委员会主编：《衡山县志》，岳麓书社 1994 年版，第 282 页。

③ 耒阳市志编纂委员会编：《耒阳市志》，中国社会科学出版社 1993 年版，第 183 页。

④ 衡阳县志编纂委员会：《衡阳县志》，黄山书社 1994 年版，第 183 页。

⑤ 耒阳市志编纂委员会编：《耒阳市志》，中国社会科学出版社 1993 年版，第 191 页。

⑥ 《孙中山全集》第 6 卷，中华书局 1985 年版，第 389 页。

1920 年停办。1916 年，耒阳小水镇一带开办锰矿。1917 年，衡山人刘某集资开采钾长石矿，不久因收益微薄停办。是年，耒阳全县有 18 个商矿，年产煤 1.9 万吨。新办矿厂还采用了先进的生产方法，如煤炭的开采，原先煤炭井巷掘进采用镐锄挖土，用大锤直接锤打岩石、破碎岩层的方法，后来则运用土硝爆破岩层的方法掘进，采掘速度和安全性都大大提高。1921 年，耒阳芭蕉乡民张先处在董溪办矿就运用土硝爆破岩层这种采掘方法。[①] 除新办厂矿外，原有的矿厂仍向上发展。1912 年 4 月，常宁水口山铅锌矿修建水口山至松柏的窄轨铁路，至 12 月通车，很大程度上便利了矿产的运输。1914 年，在第一坑附近又开第二坑，逐渐扩大了开采规模，产量猛升，“1913 年产铅砂和锌砂 13483 吨，比 1897 年增加八点一倍”，职工也“常有两千人，多至五六千人以上”。[②] 此外，1920 年，邵阳人申裕贤来水寺开办天裕煤炭公司，因老窿穿水，不到 1 年即停办。

衡阳工业的发展多限于手工轻工业。1922 年，耒阳县三加袜厂建立，年产袜 16800 双。[③] 1925 年，衡山县筹建贫民工厂，次年开工，为衡山第一家公办手工工厂，从事纺织、针织、染色生产，从业 400 余人。[④]

1928 年春，常宁谭元琳于珠琳巷河边七侯祠创办湘衡机械厂，为衡阳民营机械工业的肇始。初时工厂规模小，仅有资金 300 银圆，工人只 10 来人。厂房及生产设备均系租用，业务以修制织袜机及织帽衣机等小型机械为主。[⑤] 后经数年艰苦经营，工厂逐步发展起来。

因加强军备需要，1918 年，当时省府任命省府委员曾继梧为督办，拨款 70 万元，从美国购买了大批工作母机和制造兵器的专用机械，并把大部分设备拨给厂址设在衡阳东阳渡的衡阳军械局，衡阳东阳渡兵工厂由此建立起来。1923 年，唐生智驻军衡阳，又增拨大批资金，除从美国购进 200 余台制造兵器的专用机械和普通工作母机等一批机械设备外，并用钢筋混凝土结构，建成模型、溶铜、压片、封铣、成弹五个造子弹流水线的车间，还有两个造枪车间和一个动力车间。东阳渡兵工厂的厂房结构和规模之大，且机械设备之多和精

① 耒阳市志编纂委员会编：《耒阳市志》，中国社会科学出版社 1993 年版，第 207 页。

② 周石山：《岳州长沙自主开埠与湖南近代经济》，湖南人民出版社 2001 年版，第 153 页。

③ 耒阳市志编纂委员会编：《耒阳市志》，中国社会科学出版社 1993 年版，第 26 页。

④ 衡阳县志编纂委员会：《衡阳县志》，黄山书社 1994 年版，第 290 页。

⑤ 中国人民政治协商会议湖南省衡阳市委员会文史资料研究委员会：《衡阳文史资料》第 5 辑，政协衡阳市委员会文史资料研究委员会 1986 年版，第 29 页。

良程度，是当时湖南绝无仅有的，是当时湖南最大的现代化兵工厂。该厂各类主要机械设备有造子弹机、拉枪管机等兵器专用设备，车床、铣床、钻床、刨床、插床、汽锤、木工机、制钉机等工作母机，锅炉、蒸汽机、发电机、打水机等动力设备。该厂共有技术工人1100余人，加上职员、工程技术人员和卫兵共1800余人。该厂生产子弹、枪支，还修理迫击炮和其他枪炮。1926年，该厂改名为第八军第二军械局，后省府将其改为军械修理厂。①

衡阳电力事业也应运而生。1915年，衡阳商人李俊卿、陈汝伯等共集资六万元，呈政府核准，向上海电厂买回一台75千瓦旧蒸汽发电机组，在泰梓码头附近建厂发电，命名为衡州泰记电灯公司，李俊卿任公司经理。1917年，又借汉口中日实业公司洋12万元，购回日本蒸汽发电机组、柴油发电机组各一套，合计发电能力为190千瓦。当第一台机组发电时，许多人误为鬼火，见有电光地方，绕道而过。后经过报刊宣传，人们才知道用电比用煤油灯方便、明亮，于是竞相接线用电。至1918年底，共架线4公里，均用于照明用电。用户计工厂7家，商店195家，居民53户，连同机关共250余处。所用电灯，若以盏计，共3838盏；若以表计，年发电量为15万7924度。全年总收入，为4万5046元。衡阳泰记电灯公司虽比1897年建成的长沙宝善成电灯公司晚十八年，但宝善成至次年在南门口增设南厂后，“南北两厂共开灯八百多盏”，只相当于泰记公司供电盏数的四分之一。1919年，该公司的股金，已扩大到36万元，全为衡人所集。后公司因资金问题陷入困境，公司几经转手，经营状况不甚良好。此外，东阳渡兵工厂还自备锅炉5台、蒸汽机5台、发电机9台，自行发电。②

4．商业的渐兴

商业这一经济领域内的活跃因素在动荡不安的时局中虽受到不小冲击，但仍发挥着其特有的活力。

1926年，衡阳县城（今衡阳市城区）经营日用杂品的商店有78家，从业

① 中国人民政治协商会议湖南省衡阳市委员会文史资料研究委员会：《衡阳文史资料》第5辑，政协衡阳市委员会文史资料研究委员会1986年版，第44—45页。

② 中国人民政治协商会议湖南省衡阳市委员会文史资料研究委员会：《衡阳文史资料》第6辑，政协衡阳市委员会文史资料研究委员会1987年版，第164—165页。

人员193人，资本9.34万元，年营业额56.19万元；[①] 有洋广货店[②]93家，从业人员297人。县内渣江、洪罗庙、台源、界牌等乡村集镇经营百货的店铺有400多家。[③] 其中，烟酒副食方面，1923年，耒阳出现卷烟，由恒记店在县城经营卷烟。1926年，衡阳县城（今衡阳市城区）有丝烟店22家，从业人员188人，年销售烟丝11.3万元；卷烟店1家，年销售卷烟7200元。[④] 服务业方面，1926年，衡阳县城（今衡阳市城区）有客栈107家，从业人员293人，年收入97000元（银圆）；照相业4家，从业人员12人，年收入14000元。农村集镇板桥、杉桥、洪罗庙、渣江、演陂桥、金兰寺等地有私营客栈30多家。[⑤] 服装业方面，1926年，耒阳县城出现第一家使用缝纫机生产的服装店。此后，有5个缝纫店购买缝纫机生产服装。此外，衡阳县内还销售煤油，因几乎全是外国货，又称洋油。正大洋油公司代销美孚石油公司的洋油，福记火油公司代销亚细亚石油公司的洋油。

民国前期，衡阳工商业税收有所起伏，1917—1921年间的收入相对高些，此前及后收入都未上10万元（见表5-1），而1918年前后正是我国民族资本主义经济发展的一个黄金期，衡阳经济也在此时得到很大发展，虽说这一发展期很短暂。衡阳此期的物价也变化颇大。1911—1924年，衡阳县境大米每斗（约11公斤）由450文（铜圆，下同）涨至1225文，上涨1.72倍；食盐由每斤60文涨至290文，上涨3.85倍；猪肉每斤由168文涨至470文，上涨1.8倍；猪油每斤由77文涨至290文，上涨2.76倍。[⑥] 工商业税收的起伏以及物价演变的较大变化都一定程度上反映出民国前期衡阳经济发展的不稳定。

---

① 衡阳县志编纂委员会：《衡阳县志》，黄山书社1994年版，第218页。

② 民国初期，县内百货多由广东购进，经营百货的商店称为广货店，后来由于外国商品充斥百货市场，广货店遂改称洋广货店。

③ 衡阳县志编纂委员会：《衡阳县志》，黄山书社1994年版，第214页。

④ 衡阳县志编纂委员会：《衡阳县志》，黄山书社1994年版，第219页。

⑤ 衡阳县志编纂委员会：《衡阳县志》，黄山书社1994年版，第231页。

⑥ 衡阳县志编纂委员会：《衡阳县志》，黄山书社1994年版，第237页。

表5-1　衡阳县民国时期部分年份工商各税收入表（单位：万元〔银圆数〕）

年度	合计收入（银圆数）	年度	合计收入（银圆数）
1914	7.27	1919	23.34
1915	1.26	1920	10.78
1916	1.26	1923	3.10
1917	15.09	1927	3.10
1918	11.43	1928	7.73

5. 新式银行的建立

银行作为现代经济的重要组成部分，因其特有的功能极大地便利了各地的商贸联系，促进了经济的繁荣和发展。虽然现代银行落户衡阳时间较晚，发展缓慢，但新式银行的建立毕竟给衡阳的经济带来了现代气息，注入了现代因素。

1912年4月，湖南银行衡阳分行由清光绪二十九年（1903年）设立的湖南官钱局衡州分局改组而成，为县内首家近代银行。1918年3月停业。1913年，湖南实业银行衡阳支行成立，1918年倒闭。同年，中国交通银行衡州支行成立，为衡阳银行办理储蓄存款业务的开端，1917年奉令收束。1917年，中国银行衡阳支行成立，1926年停业，主办农业贷款发放业务。

1926年4月，衡阳创办柴山洲特别区第一农民银行，系全国首家由农民协会创办的银行，特别区农协委员夏兆枚、文海南为正副经理，筹集基金5800银圆。该行宗旨为“拥护无产阶级，维持生活，扶植生产”，主要业务是发放贷款，借款对象限于雇农、佃农、小商人，手工业者及青壮年妇女需款生产者；月息5厘，赤贫者可以免息。该行曾发行1元票币，质地白竹布，约2.5寸宽，5寸长，盖有“柴山洲特区第一农民银行”公章和正副经理私章，此币1元可兑换银圆1枚，在特区范围内及相邻的湘潭县王十万、寺门前、朱亭等地流通使用。① 衡阳柴山洲特别区第二农民银行于1927年3月创办，其宗旨为“节制资本，救济贫困”，集资总额近1000银圆，其来源是发动殷实富户捐赠，没收官僚、豪富的不义之财及各种违犯农会禁令的罚款，借款对象为贫困户，不计利息，限期归还。该行亦发行过布质1元票币，萧雨成、柳晋生任正副经理。②“马日事变”后，这两个银行被迫停办。

① 衡阳县志编纂委员会：《衡阳县志》，黄山书社1994年版，第427页。

② 衡阳县志编纂委员会：《衡阳县志》，黄山书社1994年版，第427页。

新式银行的建立，并未对当铺、银庄产生根本影响，当铺、银庄仍在发展。民国初年，罗万洪等合伙在县城、石湾、潭泊各开设当铺1处，1918年因军阀混战遭洗劫。1921年左右，李少华、谭石华在县城、大浦各开设当铺1处，1927年大革命时镇群众捣毁。而后，草市、吴集、南岳等地相继设有当铺。此外，白果、新桥、县城等处育婴堂设有“育婴当”，所获利润用于慈善事业。[①] 钱庄、金号、银楼等私人资本信用机构，存放对象主要是商业行号。1918年，衡阳县城建同福金号和李天堂金号，资本分别为4000元、1.2万元。而后，又建立怡泰祥金号（资本4000—5000元）、同华金号（资本3000元）。上述金号均经营黄金业务。[②]

三、公共服务领域的发展

北洋政府统治时期，各军阀为扩大和巩固自身的势力，与西方各国接触交流的机会增多，眼光开始不只局限于政治权势、军事实力的强大和扩充，对便利自身发展且关系国计民生的事业也多有建设，一定程度上推动了此期公共服务领域内各事业的发展。

交通运输业方面，外来运输公司侵入了衡阳的航运业。1912年，日轮戴生昌开辟长衡线，与民营“五输”公司在衡展开了激烈争夺。因力量悬殊，长衡段客运及矿产、粮食、匹头棉纱、百货等货运，长期由外轮操纵。1914年，长沙建立航线，长沙至衡阳首次通航，推动了衡阳航运业的发展。耒阳在当时有民船3000多艘，4000多吨位。

20世纪20年代，衡阳才出现公路，成为衡阳交通走向现代化的重要标志。1925年9月，湖南筑路会议决定修筑耒龙、永耒等6条公路。1927年长沙至广州公路的衡阳东阳渡至永兴高亭司段建成通车。同年，衡郴段管理处经营衡郴线客货运输，耒阳出现汽车客运，每日有过往班车4次。

邮电事业方面，1913年，衡山县撤销驿站，邮件传递改由县邮政局、南岳、白果两个邮政代办所和大堡、石湾等29处信柜形成网络，沿旧有干线和支线定期运转。[③] 常宁县也于同年成立了常宁邮政局，最初只有职员三四人，

---

① 衡阳县志编纂委员会：《衡阳县志》，黄山书社1994年版，第426页。

② 衡阳县志编纂委员会：《衡阳县志》，黄山书社1994年版，第427页。

③ 衡山县县志编纂委员会主编：《衡山县志》，岳麓书社1994年版，第202页。

至1922年发展到六七人。[①] 衡阳县在1914年建立渣江邮局，1917年3月又设立樟木寺、洪罗庙、台源寺、金兰寺4处邮政代办所。耒阳县代办支局于1912年改为耒阳邮政局，1921年又在县境内新设8个邮政代办所。各县邮局邮政人事制度承袭于海关，受英国的文官制度影响很大。职员中分邮务长、副邮务长、邮务官等高级职员；邮务员、邮务佐等中级职员；信差、邮差、听差、苦力等雇佣差役三个级别。主要办理收寄普通包裹、开办普通汇兑等业务。邮件传送主要靠步行，邮件投递主要靠代办所和信柜捎带、留交或收件人前来认领。

虽然在战乱年代，外部环境不利于电报事业的进行，但此期衡阳的电报业仍有零星发展。1913年，耒阳县成立了耒阳电报局，开通了至长沙的报路。局址设南门外九眼塘，有音响机1部，有线电报只能与衡阳通报。

此期的医疗卫生事业则无多大变化。民国初，耒阳有中药铺20多家。药品供应多由私营药店、药号、药铺、药栈经营，因战乱各药品价格颇贵，如衡阳县渣江精一堂、台源寺同济春、洪罗庙同福堂等药店日销药品价值300元（银圆）左右。部分药店以假代真，以次充好，漫天要价，“故有药无10倍不卖”[②] 之说，影响到医疗卫生事业的正常健康发展。

四、衡阳人民抵制西方列强侵略的活动

自国门洞开以来，西方各国纷纷而至，随着接触的加深，相互之间的摩擦也渐多。此期适逢西方各国接连进入帝国主义资本垄断阶段，他们纷纷加紧了对中国的剥削和掠夺，国人不堪压迫，掀起抵制西方列强侵略的活动。

1919年5月，为制止出席巴黎和会的中国代表在侵犯中国主权的合约上签字，北京爆发了震惊中外的五四运动。这一消息传到衡阳，耒阳县城爱国学生自发走上街头，张贴标语，进行反帝爱国宣传。6月初，县立第一、二高等小学和敬业女校的爱国学生、进步教师举行罢课，上街游行示威，高呼“废除二十一条！”“严厉抵制日货！”等口号。暑假时，50多名爱国师生组织讲演团到城乡演文明戏，发表演说，开展反帝反封建宣传。衡山学生也响应北京学生“五四”反日爱国示威而组织“国货维持会”，抵制日货。1920年春，

① 陈伟中主编：《常宁文史资料》第2辑，中国人民政治协商会议湖南省常宁县委员会文史资料研究委员会内部发行1987年版，第166页。

② 衡阳县志编纂委员会：《衡阳县志》，黄山书社1994年版，第538页。

耒阳学联成立，领导学生继续抵制日货，反对“二十一条”，提出“内除奸贼，外抗强权”的口号。

1923 年 5 月，为抵制日货，耒阳县国民外交后援会成立，要求政府支持群众的爱国行动，竟遭县知事拒绝。不久，外交后援会被县政当局用武力强令解散。1925 年 6 月，“青岛惨案”和上海“五卅惨案”的消息传到湖南，激起了湖南全省人民的无比愤慨。6 月 2 日，湖南工团联合会和湖南学生联合会，组织省城各界人士，在长沙教育坪成立“青沪惨案湖南雪耻会”，开展罢市、罢工、罢课和实行对英日经济绝交的斗争。各县雪耻分会也纷纷成立。6 月 6 日，湖南雪耻会耒阳分会成立，15 日，湖南雪耻会衡山分会成立，都纷纷发动县城工商学各界罢工、罢市、罢课，哀悼青沪惨案中的被害同胞；组织集会游行，抗议和声讨英日帝国主义的暴行；散发《“五卅”惨案真相》《不平等条约概述》等传单，组成查禁“洋货”小组，严禁“洋货”，还焚烧日货，号召人民群众毋忘国耻，不买“洋货”，不坐日轮，迫使日轮戴生昌号停航。衡山县白果的雪耻分会成员李铁汉、廖育民、尹质夫等人与岳北女校校长唐群英、白山高小校长周树屏联合行动，开展反帝爱国宣传。10 月 10 日，湖南雪耻会耒阳分会主持召开 4000 多人的大会，发表《双十节忠告同胞书》，提出“打倒一切倾心媚外的军阀”“打倒一切帝国主义”等口号。

衡阳人民不仅反抗帝国主义的暴行，而且对本国政府的不义行为、资本家的剥削压迫也进行坚决斗争。1927 年 3 月 7 日，衡山县城万余人在文庙坪举行“声援上海政治同盟会总罢工”和反英反奉反吴集会并上街游行。4 月 17 日，东阳渡兵工厂建立了局工会，陈继生被选为局工会委员长，发展会员一千一百余人。局工会成立的第二天，便组织全体会员从三十华里远赶到城里参加令城工人追悼北京“三一八”惨案死难烈士的示威游行。第三天举行全厂大罢工，赢得了提高工资百分之二十的胜利。①

五、文教体事业的发展

伴随西方文化的进一步传播，文化氛围浓厚的衡阳现代文明气息渐重，一改以往传统的面貌，科教文卫体事业呈现勃勃生机。

民国初年，据教育部颁布的《普通教育暂行办法》中规定每个国民应受 4

① 中国人民政治协商会议湖南省衡阳市委员会文史资料研究委员会：《衡阳文史资料》第 5 辑，政协衡阳市委员会文史资料研究委员会 1986 年版，第 45 页。

年义务教育，衡阳城乡办学兴盛一时。至1916年，“衡阳教育之进化、在全湘已占第一之地位”[①]。衡阳在普通教育、师范教育、职业教育、成人教育等方面都取得了不少成就。

普通教育方面，各级学校纷纷建立。1916年秋，湖南省立第三师范学校校长欧阳鼎以该校大礼堂做园舍创办了衡阳县第一所蒙养园，是为县境内幼儿教育之始。衡阳县于1912年4月改原衡清官文高等小学堂为县立第一高等小学校，原清泉县官立高等小学堂为县立第二高等小学校。据统计，是年县境内有小学42所，学生1325人。1917年，发展至71所，学生2604人，衡阳县因此被列为全省13个甲等教育县之一。[②] 衡阳县中学在1912—1921年这十年间，公立学校有省立男三师、省立女三师、衡州府中学、三甲种工业学校、衡阳县立中学；私立学校有成章中学、道南中学、新民中学、广德中学、诸圣中学。[③] 1924年秋，在湘南特委积极筹划下，经过中共湖南省委批准成立了衡阳蒸湘中学。1912年，衡山县全县69所小学堂改为小学校，另增办12所小学校，同时创办第一模范国民小学。同年7月，县官立中学改为县立初级中学。次年，县公署规定原书院所有学田划归学校，公私立小学骤增至189所。[④] 1914年春，知事周庚元裁减教育经费，县立初等小学减至30余所。[⑤] 次年，衡山县遵照教育部颁发的《整顿小学教育办法》，改初等小学为国民小学，增拨教育经费，规定8岁以上儿童须一律入学，小学逐渐恢复。1918年，唐群英在县城大巷子郭氏宗祠办衡山女子高级小学，时称希陶女校。常宁县于1926年秋成立常宁私立宜江中学，这是常宁县的第一所中学。1917年耒阳县立第二高小创办，校址在青麓书院。除公立外尚有私立高小，如淝江镇办有淝江高小、云峰镇办有云峰高小、义兴镇办有义兴高小、北乡兴业镇的高小办在宋家冲。[⑥]

除新建学校外，地方大家族还把原先利用族产创办的学馆改建成小学，如1912年8月，衡阳刘氏族董集会，决定废原学馆，改办全日制初级小学，学

① 衡阳县志编纂委员会：《衡阳县志》，黄山书社1994年版，第383页。

② 衡阳县志编纂委员会：《衡阳县志》，黄山书社1994年版，第474页。

③ 中国人民政治协商会议湖南省衡阳市委员会文史资料研究委员会：《衡阳文史资料》第3辑，政协衡阳市委员会文史资料研究委员会1985年版，第91页。

④ 衡山县县志编纂委员会主编：《衡山县志》，岳麓书社1994年版，第202页。

⑤ 衡山县县志编纂委员会主编：《衡山县志》，岳麓书社1994年版，第12页。

⑥ 耒阳市政协文史资料研究委员会：《耒阳文史资料》第2辑，耒阳市政协文史资料研究委员会1986年版，第39页。

校定名为刘族第一初级小学，开设两个复式班，聘教师2人，年俸稻谷20石，招收学生78人，其中男生70人，女生8人，办学资金2500元，学租63石。[①] 1917年，耒阳马水乡绅刘崇仁两次为当地私立新民国民学校捐献稻谷等折合银圆1000元，受到省县政府嘉奖。[②] 外国传教团体也建立了不少小学，如1914年，美国天主教会于衡阳黄沙湾创办仁爱小学。境内不少私人也纷纷捐资办学，如1920年间，江西旅衡同乡会会长卢瑞芳等在衡阳创办豫立小学校。衡阳的师范教育也兴办得有些规模。1921年，衡阳县建于县城的陕西会馆创办新民师范讲习所，招甲、乙种师范各1班，学制2年，毕业90人。[③] 1917年，常宁第四区集资创办立涤泉国民学校。1921年8月，吴锡祥倡办县师范讲习所于双蹲书院，设2个班，因经费欠绌，仅办2年。[④] 1913年，耒阳县立师范学堂改为县立师范传习所。1924年9月，衡山县私立楚材单级师范学校创立，校址在原城南景贤书院。

振兴实业需要大批技术人才，为此，衡阳加大对职业技术教育的重视。1917年，国民政府颁布《实业学校令》，将实业学校正名为职业学校。1920年，衡阳县内建有第一联合乙种工业学校、县立第一女子乙种工业学校2所职业学校。1928年，将县立第一、二高小合并，创办县立乙种职业学校，校址设莲湖书院。1918年，衡山县人唐群英在白果虹饮亭办岳北女子职业学校，开缝纫、刺绣、编织3个班，学生100余人，半天学习文化，半天学习技术。唐还在县城大巷子郭氏宗祠办的衡山女子高级小学中附设国民职业学校。1921年，罗维周、陈琰假县立初级中学原址办开云学校，附设乙种职业部。1926年，向氏孔安女子职业学校创立于白莲寺，学生30余人，以织布为主，兼学缝纫。1927年，岳北廖氏办龙溪女子职业班，曹氏办新民职业补习班，前山康氏办女子职业学校于县城。这些学校多设缝纫、刺绣、织布等专业。[⑤] 1913年，常宁县创办蚕业学校，开一个班，次年因经费困难停办。1916年，创办女子职业学校。1920年秋，耒阳县立女子职业学校创办，设缝纫、编织、刺绣3个班。

---

① 中国人民政治协商会议湖南省衡阳县委员会文史资料研究委员会：《衡阳文史资料》第4辑，政协衡阳市委员会文史资料研究委员会1988年版，第106页。

② 耒阳市志编纂委员会编：《耒阳市志》，中国社会科学出版社1993年版，第25页。

③ 衡阳县志编纂委员会：《衡阳县志》，黄山书社1994年版，第481页。

④ 常宁县编纂委员会：《常宁县志》，社会科学文献出版社1993年版，第10页。

⑤ 衡山县县志编纂委员会主编：《衡山县志》，岳麓书社1994年版，第506页。

随着新式教育的发展，教育体制渐趋健全，衡阳的成人教育渐兴。1924年，共产党人刘泰、龚际飞等于蒸湘中学附设夜校，吸收立达印染厂、裕湘纱厂工人参加学习，利用夜校阵地，宣传革命思想，发展党团组织，开展工人运动。① 除加强对工人的教育外，农民教育也于此时兴起。1926年12月，国民党县党部以从广州农民运动讲习所回来的学员为骨干，分别于会文学校、广德中学开办农民运动讲习所和农村教育讲习所，每期招收学员140余人，学习二、三个月，结业后分配到区乡从事农运工作或当小学教师。次年二月，集兵、石头桥两区农民协会，三、四月，金兰、永福、洪罗庙、紫霞镇等区农民协会也相继开办农训班，培训农运骨干。当年衡阳县全县办有农民夜校240所。② 1921年暑假，罗荣桓在衡山鱼形南湾成立土梦学友会，办农民夜校，教农民识字，宣传科学、民主思想。1925年9月，中共党员刘爱农等在县城和三樟树办夜校。次年，农民运动兴起，全县17个字区和重点乡都办厂农民夜校。③

新型学校数量的增加是衡阳教育发展的一个重要表现，而学校的建制同样是衡量教育发展的重要方面。继清末颁布的“癸卯学制”后，1912年推行“壬子学制”，其中规定小学7年，按“四三”段分初、高级；中学4年，按“二二”分初、高级。1922年又改行“壬戌学制”，规定小学6年，初、高级按“四二”段分；中学6年，初、高级按“三三”段分，衡阳的学校建设据此而行。学校的课程设置也有所变化，如1912年，中学课程设修身、国文、英语、历史、地理、数学、博物、物理、化学、法制、经济、图画、手工、乐歌、体操15科，女子中学加家事、园艺、缝纫。1922年，改设社会科（含公民、历史、地理）、文言科（含国语、外国语）、算学科、自然科、艺术科（含图画、手工、音乐）、体育科（含体育、卫生）6科，其中体育课的主要内容是进行队列、田径、球类等训练。④ 1927年，农校开政治、文化、军事、音乐，培训农运骨干和小学教师。与此同时，教学方法因近代西方先进教育理念的传入而发生变化，各学校改传统的注入式教学法为启发式教学法。五四运动后，先采用赫尔巴特的“预备、提示、联想、总括、应用”五段教学法，后又奉行杜威的实用主义理论，强调“从做中学”，注意指导学生制图表、做

① 衡阳县志编纂委员会：《衡阳县志》，黄山书社1994年版，第486页。

② 衡阳县志编纂委员会：《衡阳县志》，黄山书社1994年版，第484页。

③ 衡山县县志编纂委员会主编：《衡山县志》，岳麓书社1994年版，第507页。

④ 衡阳县志编纂委员会：《衡阳县志》，黄山书社1994年版，第489页。

模型、采标本、做实验。① 此外，教师队伍也逐渐扩大。1912 年，衡阳全县中小学教职员 119 人。② 1921 年，衡山县小学教员 151 人。③ 教师物质待遇得到一定改善，1923 年，省政府规定：小学主任教员月薪 35 元，兼职科任教员月薪最低 8 元。④

另外，衡阳的教育行政管理机构也在日渐健全。1912 年，衡阳县署设第三科，专管教育行政事宜。1915 年，恢复劝学所，设所长 1 人，劝学员 3—5 人。1927 年，劝学所改为教育局，设局长 1 人，课员 4 人，书记 2 人，产款经理员 1 人。1920 年，在各区乡成立学务委员会，因有些学区过大，乃将区内分成若干段，故全县 17 个学区，有学务委员会 34 个，各学务委员会设主任 1 人，保管员 1 人，委员 4—10 人不等。⑤ 1912 年秋，衡山县成立教育会，1919 年耒阳县成立劝学所。

教育事业的发展带动了图书、报纸刊物的发展，书店、书局也纷纷建立。

报纸刊物方面，1914 年秋陈治安创办的《湘江日报》是衡阳县的第一份本地报纸，四开版，日出一张，报纸对象是城市市民，尤其是商业界。同年，唐铁耕创办《牖民日报》，四开版，日出一张，民营，但因经济条件问题，出报不到一年停刊。1918 年 6 月，《中庸日报》创刊，四开版，仅存在几天。1920 年 1 月，衡阳教育会主编创刊《通俗日报》，四开版，铅印，每期发行 1300 份。1923 年，衡山县办《衡山国民日报》，次年停刊。

刊物方面，1919 年，衡阳县创办《湘潮》周刊，石印，刊物宗旨是驱张（军阀张敬尧）、传播新文化和研究社会解放事宜。1923 年，县境内又创办《湘南学生联合周刊》，也为石印，每期四开一张，以讨论学校改革和暴露社会罪恶为办刊宗旨。1925 年 11 月 15 日，广州黄埔军校耒阳籍学员李汉藩和广东国民革命军耒阳籍军人徐康等在广州创办以“改造中国、改造耒阳”为宗旨的《耒阳新潮》半月刊。1926 年，国共两党合作办《耒阳民报》，国民党衡山县党部主办的《衡山通俗日报》创刊。同年，衡山学生宾今璧、向大公、胡安悌主编《衡山半月刊》。1927 年 10 月，中共耒阳县委创办机关报《耒潮》。1927 年上半年，耒阳还创办了《耒阳民报》。除境内创办的报纸刊

① 衡阳县志编纂委员会：《衡阳县志》，黄山书社 1994 年版，第 490 页。
② 衡阳县志编纂委员会：《衡阳县志》，黄山书社 1994 年版，第 492 页。
③ 衡山县县志编纂委员会主编：《衡山县志》，岳麓书社 1994 年版，第 509 页。
④ 衡阳县志编纂委员会：《衡阳县志》，黄山书社 1994 年版，第 511 页。
⑤ 衡阳县志编纂委员会：《衡阳县志》，黄山书社 1994 年版，第 517 页。

物外，五四运动时期，三师学生贺恕、黄静源到长沙斯文化书报社选购大批进步书刊，如《新青年》《每周评论》《湘江评论》《建设》《新翻》《新中国》等，书籍有《共产党宣言》《俄国革命纪实》《马克思主义浅说》《资本论入门》《经济思潮史》《社会主义史》等运回衡阳销售。每次书刊运回，三师和各校进步学生争先购读，思想觉悟逐步提高，一扫过去只读死书、不问政治的状态。当时，学生们喊出"文学革命""反对封建旧礼教""打倒孔家店"等口号，使死气沉沉的衡阳教育界，突然呈现出活跃猛进的新气象。[①]

此期，衡阳境内也出现了杂志。1918 年 12 月 18 日，新城端风团发行《端风》杂志，以"革新风俗，为促进完善自治之资""改造社会，为增益国家文明之助"为办刊宗旨。在创刊号上，发表了恽代英的《向上》和《真男儿》两篇文章，开衡阳新文化运动之先声。

衡阳印刷业于此期渐兴，书店、书局遍设。1912 年，文绍祥在衡山县城开办福星堂，始称福星石印局（兼木印），向新办各级学校销售读本。刘华湘、宋文湘两家书店亦相继兴办，华湘书店规模较大，有铅印设备。白果有楚南、湘南、大成；新桥有三民、志中；南岳有松云、镇南等书店，均为私办。[②] 1920 年，县城华湘书纸印刷局开创衡山石印、铅印之端，代印《衡山民报》及商店广告、学生练习本等。衡阳县内的西、北乡有乡村书局 30 余个，尤以洪市、渣江较多。洪市有大明书局、船山书局、国民书局，渣汀有三益书局、宏雅书局、复兴书局、福安书局、文尚书局、文翠书局。[③] 民国初年，耒阳县建立文华和文光书局，尔后又建立文章书局。1923 年开设松记书局。

不仅如此，衡阳还引进了图书馆这一便利民众学习文化知识、提高文化素质的近代文化形式。1917 年冬，致力于兴办学堂和其他各种文化教育事业的左全孝、曾邦彦、黄嘉乐、肖鲤祥等发起筹建衡阳县公立图书馆，次年，将衡阳府署模范小学校址改建为图书馆馆舍，于 1919 年秋馆舍落成。次年，杨概等又筹捐一千五百串钱购置图书、器具，1921 年 1 月正式开馆。同年，几经周折，分得石鼓修院学租三百八十石，并经省会议决定，将石鼓书院学租田赋余利十成之六作为图书馆的常年开支，这才初步奠定图书馆的经济基础。1923 年 3 月，曾邦彦馆长参照北京图书馆条例，组织图书馆管理委员会，聘请学术

① 中国人民政治协商会议湖南省衡阳市委员会文史资料研究委员会：《衡阳文史资料》第 1 辑，政协衡阳市委员会文史资料研究委员会 1983 年版，第 24 页。

② 衡山县县志编纂委员会主编：《衡山县志》，岳麓书社 1994 年版，第 575 页。

③ 衡阳县志编纂委员会：《衡阳县志》，黄山书社 1994 年版，第 522 页。

界、文化界知名人士及对本馆有功者三十四人任会员，集思广益以便办好图书馆。1926 年又将管理委员会改组成保管委员会，次年该会解散，图书馆归教育局代管。[①] 1922 年夏，衡山县创办衡山通俗图书馆，此图书馆是县留学于各地中等以上学校的学生组成联合会，清算、追回县财产保管处职员向懿、田赋征收处职员陈畴、劝学所职员谭维等人的贪污赃款，将其中部分购买《万有文库》《国学基本丛书》《汉译世界名著》《学生国学丛书》《新时代史地丛书》等图书建成的，此馆设文庙正殿前左侧乡贤祠，并于 1928 年，就地扩建馆舍，购置书册充实馆藏，配备专人掌握开放、阅览。[②] 与此同时，为提倡学习古典文学的学习风气，1926 年秋，衡阳名流杨哲（焦园）先生在江东岸的私人住宅设立衡阳国学专修馆，不过因建校经费不足，只办了一个学期就结束了。

文化事业欣欣发展的同时，集激烈竞争和愉悦身心于一身的体育事业也不甘落后。1923 年，衡山县各中学组成第一个业余运动队参加第一届华中运动会，获 5 项冠军。[③] 1923 年，岳云中学学生在华中运动会上获 5 项冠军和 3 项个人总分第一名。次年，在全国运动会上，又获 1 项冠军、1 项亚军、两项第三名。学生黄延义被选赴菲律宾参加远东运动会。[④] 1925 年 4 月 1—4 日，湖南省第八届体育运动会在衡阳举行，有力地推动了衡阳体育事业的发展。此次运动会唐生智任会长，何键任名誉裁判长，为运动会增色不少。到会的男女运动员 1500 人，进行球类、田径、游泳等比赛项目。比赛结果颇也颇令人满意，其中道泽学校获团体总分第一；长郡中学生徐传龠获个人总分第一；明德学校获奖牌数最多。[⑤] 衡阳县私立新民中学篮球队、铅球队参赛，获得较好的成绩。

北洋政府统治时期，衡阳有了近代工矿业，电力事业也应运而生，现代公路首现衡阳，现代金融机构——银行设立，振兴实业的计划得到了一定的落实；行政机构的建立和健全，新式社会组织的陆续成立，一定程度上折射出政府政权建设的民主化以及民众政治参与意识的提高；新型学校的普遍建立及先

① 中国人民政治协商会议湖南省衡阳市委员会文史资料研究委员会：《衡阳文史资料》第 5 辑，政协衡阳市委员会文史资料研究委员会 1986 年版，第 50—51 页。

② 衡山县县志编纂委员会主编：《衡山县志》，岳麓书社 1994 年版，第 577 页。

③ 衡山县县志编纂委员会主编：《衡山县志》，岳麓书社 1994 年版，第 554 页。

④ 衡山县县志编纂委员会主编：《衡山县志》，岳麓书社 1994 年版，第 554—555 页。

⑤ 衡阳县志编纂委员会：《衡阳县志》，黄山书社 1994 年版，第 543 页。

进教育理念的运用，极大地改变并丰富着人们的精神头脑。如此种种，显示出此期衡阳城市现代化建设取得的成绩。当时，外有帝国主义的剥削压迫，内有北洋政府重武治轻民主建设，帝国主义支持下的各路军阀一直混战不已，利于政治、经济、文化各方面发展的环境并不具备，虽取得了一定的成绩，但仅仅是零星的现象，并未形成健康有序的规模。北洋政府并未发挥作为一个政府为现代化所应尽的作用，因此除零星的现代因素闪现外，衡阳的城市现代化只是有了初步的发展。

第三节　国民政府前期衡阳现代化事业的进一步发展

国民大革命沉重打击了北洋军阀在全国的统治，1926 年北伐军的入湘斗争使北洋军阀在湖南的统治走向末路，然而，1927 年蒋介石集团发动“四一二”反革命政变，宣告了大革命的失败，同年，长沙“马日事变”和衡阳“沁日事变”残酷镇压了境内的工农革命运动。1927 年 4 月 18 日，蒋介石在南京建立国民政府，至 1928 年张学良“东北易帜”，南京国民政府实现了形式上的南北统一。经 1929 年蒋桂战争的胜利，湖南开始直接受南京中央政府的统辖，结束了湖南政治的动乱局面。20 世纪 30 年代至抗日战争前，湖南政治环境相对比较安定，衡阳在此环境中朝前发展着。

一、国民政府在衡阳的政权建设

1928 年 10 月国民政府通过的《训政纲领》宣布国民党进入“以党治国”的训政时期，国民政府逐渐形成了国民党一党专政的政治体制，加强了国民党对社会生活各个领域的统治。衡阳的地方行政机构在这一体制下运行着。1929 年，衡阳县政府下设 3 个局、3 个委员会，县公安局设消防警察队。1930 年，成立衡阳地方法院，设简易庭和合议庭，分别为一审和二审，且在地方法院内设检察处。同年，衡阳地方法院还设有律师事务所，有执行律师 14 人。1929 年，耒阳县改组县政府所属机构，设教育、财政、公安 3 局。1931 年，撤销耒阳县挨户团总局，成立耒阳县保安团。1936 年 7 月 1 日，取消承审制度，改设县司法处。1929 年，衡山县政府设财政、公安、教育 3 局，林务专员 1 人，并设承审室，协助县长办理民、刑事诉讼。1931 年，县政府设统计科员，后成立统计室，对经费预算、警政、户籍、地方自治调查等有关内容进行统计。1936 年，衡山地方法院建立，由省高等法院直辖。

在户籍管理上，1932 年，县境各地按《编查保甲户口条例》的规定，重新编组保甲，每十户为一甲，每十甲为一保。[①] 在社会管理方面，1929 年，衡阳县设立赈务委员会，为饥民办理工赈、贷款和贫民工厂等。同年，衡山县、耒阳县也成立救济院。1935 年，衡阳在县城江东岸懒石街一号建立游民感化所，收容外流人员。同年，衡山县城建立“水龙会”，为县消防组织之始。1940 年 3 月，衡山县成立赈济委员会，与衡阳县一起安置自省城流落至此的难民 3000 余人。除救济外，1935 年，衡山县成立禁烟（鸦片）委员会，次年又设戒烟院和临时戒烟所，勒令烟民戒鸦片。1937 年 6 月，衡阳县也设立戒烟所，办理禁毒事宜，但禁而不止。在地方军队建设方面，据国民政府颁布的《征兵法》和《征兵令》，衡阳境内推行征兵制。1931 年，县团防总局改编为甲种编制保安团，二年后改为保安第五区第一团，负责“清乡剿共”。1937 年 5 月撤销。衡山于 1937 年开始实行征兵制。

1928 年，湖南省政府筹办地方自治。1936 年，衡山县被国民政府定为乡村建设实验县，接连采取若干较为开明的措施，给衡山经济的发展提供了机遇。

二、抗日战争爆发前衡阳经济现代化的进一步发展

1. 农业中的新成就

1928 年 5 月，国民党政府在南京召开的全国教育会议，通过了中山大学的提案，提案中把农业推广教育列为重要内容之一，体现出国民政府对农业采用科学技术的重视。

1931 年，耒阳县农林试验场创办。1936 年，衡山县农事试验场建立，从湘米改进会引进“帽子头”水稻良种，推广 1003 亩；从河北引进“脱字棉”“斯字棉”，在潭泊、洋塘 2 处推广；还引进 65 种 1644 株果木良种。是年，全县稻谷亩产 206 公斤，创历史最高纪录。1937 年 2 月，县政府还在新塘建农事实验场。次年，该场试种间作晚稻 30 亩，为县内有间作晚稻之始。同年 4 月 22 日，耒阳集资 1 万元，选定以羊武嘴、严盖岭、皂角塘为场地，创办振兴农场。

---

① 衡阳县志编纂委员会：《衡阳县志》，黄山书社 1994 年版，第 410 页。

国民政府还倡导造林。1931 年，衡岳森林局建苗圃 4 处，面积 40 亩，育苗 70 余万株。1933 年，衡山林务专员苏文炳建苗圃于白龙潭，面积 38 亩，育苗 100 多万株。同年，湖南省政府为推进全省林务行政，改南岳管理局为湖南第二林务局。耒阳县也加强对林业的管理，1926 年，撤销实业专员，设林务专员办事处，配专员 1 人，成为独立机构，组建林业公会。1934 年，改县林务专员办事处为林务处，处内设林务专员 1 人，技术员 1—4 人，事务员 1 人。[①] 1932 年，耒阳县政府在县城北郊外保林庵兴办农林试验场，培育少量的苗木。1935 年，县办苗圃一处，面积 5 亩，育苗 6.4 万株。[②]

2. 工矿业与电力的继续发展

工业化作为经济现代化的重要因素受到国民政府的大力支持，鼓励基本工业的经营和煤铁等的开采。1931 年，耒阳县平民工厂在县城南成立，后更名为民生工厂。至 1928 年，耒阳县城有福利样、万家春等 5 家织布场（店），职工 15 人，资本额 2010 元（银圆），织布机 6 台。1929 年，全县有染织弹花业厂（场）46 家，职工 220 人，资本额 1.27 万元（银圆）。1935 年，县城纺织厂（场）用纱 30.5 万件，出布 1200 万米，产值 1.4 万元（银圆）。[③]

在当时“实业救国”的号召下，1936 年 5 月，邵鸿舜在衡阳市黄茶岭珠江桥独资创办了福泰机器铁工厂。最初，规模很小，仅有工人 20 人，后来发展为 160 人。开始技术力量也较薄弱，由不分工种逐步发展为锻工、冷作、铸造、车钳等 4 个工场，每场都设有领班。初时设备非常简陋，只有简单的原始工具，后来才有金属切削机床 28 台，内有龙门刨床 1 台，各种车床 22 台，牛头刨床 1 台，立式钻床 2 台，此外尚有 5 千瓦发电机 1 台和铸造锻炉等。生产品种繁多，有各种汽车钢板，铁路筑路工具，钢纤、洋镐、撬棍、电讯材料、印度精染机零件以及工作母机的铸件等。厂里的生产规模和生产能力，在当时机械行业中还算得上是第一流的。[④]

湘衡机械厂规模扩大。1930 年，该厂车床由 1 台增至 2 台，改用三匹马力内燃机代替人力，并增加修制印刷机、压面机、船舶机械、保险柜、火炉、行军床、银行仓库门窗等多种业务，生意越做越活，生产工具不断完善，技术

① 耒阳市志编纂委员会编：《耒阳市志》，中国社会科学出版社 1993 年版，第 315 页。

② 耒阳市志编纂委员会编：《耒阳市志》，中国社会科学出版社 1993 年版，第 302 页。

③ 耒阳市志编纂委员会编：《耒阳市志》，中国社会科学出版社 1993 年版，第 188 页。

④ 中国人民政治协商会议湖南省衡阳市委员会文史资料研究委员会：《衡阳文史资料》第 5 辑，政协衡阳市委员会文史资料研究委员会 1986 年版，第 41 页。

水平不断提高。厂内已具有铸、锻、冷作、车、钻、钳等多种工种，职工近30人，生产的压面机、质量好、销路广。又适逢粤汉路正在兴建，湘南各公路都在铺设，为发展业务新方向，又添购电焊机组1套，大车床1台，更换原功力设备由三匹马力为八匹马力，职工人数增至40来人，资金达两万银圆以上。[①]

矿业方面，1929年，衡山县有霞流冲、荒唐山、塘家湾、打石岭等5家私营煤矿，工人1331名，总资本银洋1.15万元，月产量2.14万担，总产值1.2万元。[②] 1930—1932年，耒阳县先后发展煤矿公司30多家，年产煤12.4万吨。煤矿业的发展引起政府高度重视，县政府建设科在1933年兼管煤炭生产，把矿业收归国家统制之下。尽管如此，私营煤矿仍在兴办，如1933年2月，振兴煤矿公司在黄泥江（今黄市镇）开办，月产煤1800吨，不只煤矿数量增加，采煤技术也有所提高。耒阳县三义、振兴等私营煤矿使用简单机具代替手工作业，振兴煤矿还使用蒸汽机发电，用交流电为井下矿灯充电，后于1934年以蒸汽机为动力带动小型风机为矿井送风；泰开、三义煤矿以蒸汽锅炉为动力，采用机械水泵排水，这些大大提高了矿井作业的安全性。尽管如此，煤矿安全事故仍有发生。1931年，耒阳蚂王塘煤矿发生穿水事故，淹死100人。此期的煤矿建设离现代化的开采及管理之目标仍很遥远。

煤炭资源的开采便利了耒阳炼铁业的发展。早在民国初年，上堡、东湖两地就建有炼铁厂。1926年，年产生铁12吨。1932年，相继办起了小田冲、黄泥江、清水铺、石柱下、彭家垌、清水堰、灶市、淝江等炼铁厂，年产生铁70余吨，较1926年增长5倍。1932年《湖南矿业》记载："耒水河中沙滩，每年亦产铁子二十余吨。秋冬水涸，乡民即淘沙取铁为生，日常达百数十人，各获三百至四百斤交与石柱下、黄泥江的鸿兴、鸿发两家炼铁厂，均从铁沙中炼生铁板供永兴、耒阳等地的铸锅厂铸造锅镬、农器之用。"[③] 炼铁厂的增加刺激了铁矿的开采，1930年，永兴人刘君祥在严冲开办铁矿，只因采用土法开采，产量甚微。

石灰的开采量也在加大。1929年，衡山全县有石灰厂19家，营业资本11.96万元，产品供应本地，还远销汉口、沅江、长沙、常德等地。1935年，

---

① 中国人民政治协商会议湖南省衡阳市委员会文史资料研究委员会：《衡阳文史资料》第5辑，政协衡阳市委员会文史资料研究委员会1986年版，第29页。

② 衡山县县志编纂委员会主编：《衡山县志》，岳麓书社1994年版，第275页。

③ 耒阳市志编纂委员会编：《耒阳市志》，中国社会科学出版社1993年版，第182页。

全县石灰产量34.9万余担。[①]

能源的科学利用取得一定成效。1936年，衡山籍人、湖南省建设厅技士向德发明煤气发生炉，以木炭化汽油作汽车燃料，缓和了抗战期间能源不足的紧张局面。1937年，衡山人向探真建成沼气发生池，并利用沼气制成混合瓦斯灯，抗战期间为县城部分机关、学校和居民提供照明。

1930年国民政府通过《关于建设方针案》，开始注重铁道及水利、电气建设，衡阳加大发展电力事业的力度。1935年，耒阳第一个火力发电厂建成。同年，私商陈炳文在衡山县城创办振兴电灯公司，以煤气引擎作原动力，配置发电机发电。1937年，衡山县政府投资购置简陋设备，开始火力发电。

3. 商业的兴盛

商业的繁荣发展是推动城市现代化的重要动力之一。1929年，衡阳（含今衡阳市城区、郊区和衡南县）有商店3687家，占全省5.06%，居第3位；从业人员12575人，占全省4.6%；资金309.3万元，占全省4.74%。其中绸布丝棉业324家，衣帽鞋袜业11家，其他物饰品业18家，粮食业421家，油盐南货业840家，其他食品业658家，竹木藤席棕麻业55家，瓷器、山货及玻璃业98家，五金及电器业48家，燃料业30家，其他日用业112家，文化艺术业126家，药材业448家，其他商业500家。1935年，全县登记商店2430户。[②] 同年，衡山县有商店1462家，从业4033人，共有资金78.98万银圆。1936年，商店增至1954家，其中县城、石湾、大浦、吴集、草市、南岳、白果7处有商店1410家。[③] 耒阳县有商店974家，从业人员3611人。当时城内有店铺300余家，从业人员1000余人。[④] 耒阳县还于1931年成立了县商会、县产业工会。

此期衡阳的各行各业有所发展。如瓷业，1929年，衡山县有碗厂14个，职工1081人。1933年，衡阳有瓷厂119个，从业工人1000余人，年产粗瓷700多万件，年产值14.8万元（银圆）。1937年，瓷厂增加到190余个，有瓷窑48座，从业工人7000余人。瓷业的发展加大了搬运量，为此形成了专门的搬运组织。1929年，界牌瓷泥矿装卸搬运劳工组成“土地公”，有劳工350

---

① 衡山县县志编纂委员会主编：《衡山县志》，岳麓书社1994年版，第286页。

② 衡阳县志编纂委员会：《衡阳县志》，黄山书社1994年版，第248页。

③ 衡山县县志编纂委员会主编：《衡山县志》，岳麓书社1994年版，第446页。

④ 耒阳市志编纂委员会编：《耒阳市志》，中国社会科学出版社1993年版，第345页。

人。纸伞业，衡阳县内金屏水口、集兵滩樟木寺、金溪溪江等地有纸伞私营生产厂店，年生产纸雨伞约5000把。[①] 木梳业，衡阳县内长塘铺一带有400多户1200多人从事木梳加工，泗水、大云、演陂、白水、栏拢等地年产竹篦25万把左右。[②] 制乐器业，衡阳县的岘山、木口、演陂等地生产鼓类有大鼓、堂鼓、京鼓、驼鼓、帮鼓、旗鼓和腰鼓7个品种20多个规格。板桥冷官塘易积广凭祖传制作管乐技艺，在冷宫塘设管乐制作坊，产品有喇叭、汉号、军号、唢呐等10多个品种，年产量300余支。[③] 银器加工业，旧称“银楼”或“首饰业”，1929年，全县有首饰业6家，从业人员30人，资金2330银圆。后首饰加工店铺增至12家，从业人员40余人，主要加工戒指、耳环、项链、簪子、手镯、项圈、银锁等产品。[④] 造纸业，1929年，衡山县全县造纸工场285处，从业1685人。饮食服务业，1929年，衡山全县旅社（客栈、伙铺）75家，其中县城11家；理发店12家，其中县城5家；照相馆仅县城1家。县城有酒席店9家，饮食店8家。至1934年，衡阳有酒家“一百七十七家，为全省酒坊百分之三十九强，年产量达三万二千六百担，占全省黄酒总产量的百分之七十七点六”[⑤]。绸布业及纱布业，1930年以后，常宁县除原有的杨永春、锦纶泰、仁义昌、日升恒、日升昌、朱祥云、大雅宁、鼎新昌和陈鸿发等九户外，又新增加了华湘、华章、纶昌、成章、新记、恒茂、广丰厚、纶华等八户，一时市场内绸布业林立，生意兴隆，经营十分活跃。据《中国实业志》载：1933年，衡阳纱布业已发展到133家，计匹纱店10家，绸布零售店73家，染坊50家，资本总额约90万银圆，其中匹纱店平均每户36000千元，绸布零售店平均每户6000元，染坊平均每户2000元。全年营业额共786万银圆，其中匹纱店549万元，绸布零售店172万元，染坊65万元。企业人员共680人，其中匹纱店72人，绸布零售店420人，染坊188人。[⑥]

除传统手工业外，1929年，耒阳县有服装业店家12个，都是来料加工，

① 衡阳县志编纂委员会：《衡阳县志》，黄山书社1994年版，第170页。

② 衡阳县志编纂委员会：《衡阳县志》，黄山书社1994年版，第170页。

③ 衡阳县志编纂委员会：《衡阳县志》，黄山书社1994年版，第164页。

④ 耒阳市志编纂委员会编：《耒阳市志》，中国社会科学出版社1993年版，第184页。

⑤ 中国人民政治协商会议湖南省衡阳市委员会文史资料研究委员会：《衡阳文史资料》第5辑，政协衡阳市委员会文史资料研究委员会1986年版，第88页。

⑥ 中国人民政治协商会议湖南省衡阳市委员会文史资料研究委员会：《衡阳文史资料》第5辑，政协衡阳市委员会文史资料研究委员会1986年版，第34页。

从业 168 人，有资金 5320 银圆。[①] 1936 年，衡阳县内部分集镇设有缝衣店铺，进行来料加工，制作服装，被称为“荒货业”的回收废旧物资行业兴起。1930 年，衡阳县内有荒货店 10 家，从业人员 19 人。[②]

饮食服务业发展速度相对较快。1934 年，衡阳县城（今衡阳市城区）有饮食业 154 家，分别组成筵席、面食、米粉、茶食 4 个同业公会；[③] 县城有酒作槽坊 117 家，台源寺镇上有酒作槽坊 37 家。[④]

商业管理也在加强。为进一步促进商业的繁荣发展，衡阳响应省政府号召，发起建立合作社组织。1934 年 3 月，衡山县全县共办起消费合作社 34 个。常宁县的各行业还在 1935 年相继成立药业、酒业、图书教育用品业、绸布百货业、南货业、花油业、盐业、山货业、木商业、粮食业等同业公会。此期的衡阳农贸市场多由纳资承允、同业公认的牙行、经纪作中交易。1935 年，全县（含今衡阳市城区、郊区和衡南县）有经纪 49 家。牙行经纪由县财政局或社会局主管，负责为买卖双方介绍业务，从交易中收取佣金，其佣金由买方卖方对半分摊。市场摊位以行分类，上场商品，归行就市。[⑤] 负责收税的税务机构也有增设。1929 年设省税征收处，1931 年设营业税征收局，1933 年设莲实局，1935 年设税务局，1936 年设衡阳所得税办事分处。1929—1937 年各年工商税收分别为 7.73、43.02、86.33、52.27、1.48、1.31、5.97、33.48、2.16（单位：万元，另：除后三个数字为法币数外其余为银圆数）[⑥]，这也从侧面反映出此期衡阳商业的发展。

4. 金融业的发展

国民政府建立后，为直接控制国民经济，加强了对金融业的控制和管理，随着“四行二局”的设立，国民政府的金融体系形成，政府控制了国家金融的大部分。国民政府前期，衡阳金融业的发展多体现在币制的改革和农村信用合作社的建立上。1933 年 4 月，国民政府废“两”改“元”，以银圆为本位货币，停止银两流通。1935 年 11 月 4 日，又宣布废除银圆本位制，实行不兑现银圆的法币制，规定中央、中国、交通、农民 4 家国家银行发行的纸币为法

① 耒阳市志编纂委员会编：《耒阳市志》，中国社会科学出版社 1993 年版，第 188 页。
② 衡阳县志编纂委员会：《衡阳县志》，黄山书社 1994 年版，第 228 页。
③ 衡阳县志编纂委员会：《衡阳县志》，黄山书社 1994 年版，第 230 页。
④ 衡阳县志编纂委员会：《衡阳县志》，黄山书社 1994 年版，第 219 页。
⑤ 衡阳县志编纂委员会：《衡阳县志》，黄山书社 1994 年版，第 246 页。
⑥ 衡阳县志编纂委员会：《衡阳县志》，黄山书社 1994 年版，第 274 页

币。法币1元比价银圆1元，票面有1元、5元、10元及1角、2角、5角。其他银行一律不得继续发行纸币，并禁止银圆流通，但民间仍流通银圆。1936年，增加1分的铜币和5分、10分、20分的镍币。[①] 衡阳境内币制紧跟国民政府改革步伐。1933年，衡阳县农村始有信用合作社，促进了城市与乡村的经济交流。1935年，实业部合作事业湖南办事处派秦若藩来衡山县帮助建立合作事业指导室，代理发放农贷。至次年底，全县建乡（镇）、保信用合作社125个，社员3785人，共有股金7816元。[②] 1936年8月，耒阳兴办了4个信用合作社。

5. 现代交通运输业及邮电业的发展

国民政府重视交通运输业的发展。1929年3月，国民党第三次全国代表大会通过《训政时期经济建设实施纲要方针案》，此方案提出要“以交通开发为首要”，为此，国民政府大力推行此方针，交通运输业得到极大发展，衡阳交通事业受益不少。

1929年，衡阳至湘潭公路动工修建，次年境内路段竣工，境内路段长21.8公里（含今衡阳市境内8.6公里）。[③] 衡阳县境内在1929年修建了两界亭至三板桥全长13公里的沥青公路，1938年修建了柁里渡至宝善亭全长61.1公里的沥青公路。[④] 1929年2月，省公路局修筑长衡公路直贯衡山境内；12月，衡山至南岳段通车，为衡山有汽车之始。1930年，直贯衡山县境的湘粤公路通车。衡山县境内还在1935—1936年由县政府主持修建南岳山下至磨镜台、两路口至县城、县城对河粤汉码头至衡山火车站等3条公路，总长14.62公里。1927年，衡郴公路耒阳段竣工通车，耒阳出现汽车客运，每日有过往班车4次。1933年，耒阳至安仁的公路动工修建。为此，1937年，耒阳城北化龙桥建成汽车渡口临时码头，配有汽划子1只，给耒阳运输带来便利。

铁路作为交通之“重中之重”备受国民政府关注。国民政府统治前期，湖南省政府拟定了“七大干线”的建筑计划，即湘粤线、湘桂线、湘黔线、湘川线、湘赣线、湘鄂东线和湘鄂西线；另省内修筑沅江至衡阳、常德至洪江、常德至芷江、洪江至武冈等13条支线，两项共计13494公里，限5年完

① 衡阳县志编纂委员会：《衡阳县志》，黄山书社1994年版，第284页

② 衡山县县志编纂委员会主编：《衡山县志》，岳麓书社1994年版，第426页。

③ 衡阳县志编纂委员会：《衡阳县志》，黄山书社1994年版，第185页

④ 衡阳县志编纂委员会：《衡阳县志》，黄山书社1994年版，第186页。

成。[①] 粤汉铁路耒阳段于1933年7月动工，1935年9月竣工。北起瓦园站南端，南至今1853线路所北端，长55.25公里。自北而南设哲桥、耒阳、小水铺、公平圩4个四等站。除耒阳站有3股道和1条下河线外，其余各站均为两股道。从公平站北端至采石场修建一条长1.686公里的专用线，运输铁路线所用碎石。[②] 1935年，建耒阳火车站，3股道。1936年，粤汉铁路衡山段全长54.2公里路基涵洞全部竣工。

交通运输业的发展给衡阳经济的发展提供了更多机会，商品流通更趋活跃，农副业生产得到发展，沿铁路、公路的市镇也逐渐兴旺起来。

邮政业务也有一定发展。常宁邮局的业务到1933年由普通邮件等几种简单业务发展到普通邮件、明信片、普通新闻纸、总包新闻纸、书籍、印刷商务传单、贸易契、货样、挂号邮件、快递邮件、保险信函、航空包裹、汇兑共十几种业务，已与现在的业务范围相差无几了。邮局为了方便民众投寄，增加业务，先后开设了三十五处邮政代办所，并都制发了邮戳，设置了信箱和招牌。[③]

电话线路及装置的建设增多。1929年2月，耒阳设乡村电话管理所，县政府机关安装一部电话总机，由建设科直接管辖。次年，架设线路265公里，后延伸到大部分乡公所。1933年6月3日，耒（阳）衡（阳）、耒（阳）永（兴）两电话干线架成，首次与外县通话。同年，耒阳电报局装置长途电话交换机1部，容量15门。1934年1月1日，正式开通长途电话。1930年，衡阳县增开直达郴县、耒阳、永州、祁阳等地的有线电报。1933年5月，衡山县县城电话干线架通，县始设电话营业分处和电报支局。1934年，县内增设乡村电话，县邮政局电信营业处架设自县城至南岳、萱洲河、白果、吴集、草市、石湾等地的电话线路，次年完工。同年，衡山电讯营业处开通衡阳、攸县、湘乡3县和长沙、沅陵2市（县）长途电话。

三、文教卫事业的拓展和人民文化生活的丰富

国民政府统治下的文教卫事业获得极大发展。

报刊业作为文化事业的重要组成部分，于此期仍继续丰富着人们的日常生

---

① 李会刚：《湖南经济发展历史及展望》，湖南人民出版社1988年版，第186—187页。

② 衡阳县志编纂委员会：《衡阳县志》，黄山书社1994年版，第233—234页。

③ 陈伟中主编：《常宁文史资料》第2辑，中国人民政治协商会议湖南省常宁县委员会文史资料研究委员会内部发行1987年版，第167—168页。

活。新报刊不断创刊，如《湘南日报》，1935 年创办，为国民党衡阳县党部机关报，社址在今衡阳市司前街。耒阳于 1930 年开办了广艺书局，方便群众获取资源。

除报刊这一吸取信息和知识的媒介外，收音机首次亮相衡阳。1931 年耒阳县政府派人去长沙学习收音技术，结业后带回一台美利收音机。1935 年秋，衡阳县始建收音站，扩大了人们的接收信息渠道，给人们的文化生活增加了新因素。收音站后来还添置了一台小型扩音机和两个扬声器，方便了收音站的收播。

而另一丰富人们文化生活的新因素则是电影的传入。1896 年 8 月，电影始传入我国，当时被人称做“西洋影戏”。1905 年，电影传到长沙。1930 年，衡阳县境内先后建立银花、元元、远明、光华、湘南电影院，放映电影供人们观看。① 1931 年秋，英美烟草公司来衡推销香烟时由长沙带来一部进口的 8 毫米电影放映机。1935 年，江西人卢瑞芳在衡阳建造了一座可容近千名观众的影剧院，从法国进口一部 35 毫米“百代”放映机，放映无声电影。这个电影院是衡阳首创的一家电影院。1936 年，江南会馆勤业职校董事冯茹柏、葛本翔改建火药局为光华电影院，同年底，敬一堂药店经理杨贡轩也建造了一个银花电影院，使用的放映机是美国的 35 毫米“生布雷斯”牌。开始放映的是默片，后来，该院放映了联华公司拍摄的有声影片《大路歌》《渔光曲》《马路天使》等，青年人很受启发。约半年后，廖晶元又建造元元电影院，引进法国的“察斯已康”35 毫米放映机放映。② 耒阳县还在 1930 年成立县民众教育馆，方便人们汲取知识。同年，衡山县政府设民众教育馆，县人康和声还首倡创办南岳图书馆，1932 年，湖南省政府拨专款 1 万元，购买书籍充实馆藏。此馆后于 1946 年扩建并改名为中正图书馆。

国民政府前期，教育事业在原有基础上继续发展，教育经费多由国家拨款，也有部分社会筹集资金。1929 年，衡阳县成立义务教育委员会，开始推行义务教育，后据国民政府《实施义务教育暂行办法大纲》及实施细则，将义务教育年限由 4 年改为 1 年，且于 1935—1936 年两年共办短期小学班 90 个，招收学生 3000 人。办班经费县筹 40%，中央及省补助 60%，学生免费入

① 衡阳县志编纂委员会：《衡阳县志》，黄山书社 1994 年版，第 521—522 页。

② 中国人民政治协商会议湖南省衡阳市委员会文史资料研究委员会：《衡阳文史资料》第 6 辑，政协衡阳市委员会文史资料研究委员会 1987 年版，第 119 页。

学。[1] 衡山县也遵照省颁布的《实施义务教育规程》自办学校，1929 年，全县小学发展到 654 所，其中公立 479 所，私立 176 所，学生共 3.5 万人。[2] 至 1930 年，全县公私立小学 654 所，中学 1 所，职业学校 16 所，民众学校 104 所。其他各类型教育均有发展。

农民教育和职业教育发展更较明显。1929 年，衡山县教育局设民众教育委员会，在县城及农村 27 个学区共开办民众夜校 58 所。1931 年，实施民众补习教育，民众夜校又增加 46 所。[3] 1930 年，衡阳县为贯彻《湖南省整理职业学校办法》，成立民众教育委员会，制定创办民众学校计划，规定凡机关团体以及各区立高小至少办 1 所，其余各初小对联合两个以上学校办 1 所，还规定给每校开办费 10 元，每期给补助费 6—10 元，[4] 有利推动了县境内农民教育的发展。民众学校和职业中学纷纷建立。早在 1929 年，王恺林就于渣江蒋祠创办第六学区重安镇女子职业学校，开设缝纫、编织两科，设有实习工场，学制 2 年。1930 年秋，于福政镇龙田桥曾祠创办区立女子职业学校，开设缝纫、染织、织袜 3 科，有教员 6 人，学生 54 人。至 1935 年，全县有各类职业学校 8 所，教职员 57 人，学生 570 人。其中县立 5 所，教职员 45 人，学生 392 人；私立 3 所，教职员 12 人，学生 178 人。[5] 1935 年 2 月 11 日，耒阳私立励能初级女子职业学校成立，设缝纫、染织、刺绣、织袜四班。

教学管理方面也有所变化。在教学方法上，1930 年，水福乡畲堂魏氏族立小学规定“中年级与高年级采用自学辅导式”“低年级注重启发和设计”教学法，并组织各科教学研究会，开展教学研究。[6] 在课程设置上，1929 年，中学课程改公民为党义（含二民主义、建国大纲、建国方略），1932 年仍改为公民。1936 年，增开童子军（初中）、军训（高中）。1947 年，开公民、体育、国文、英语、算术（初中为代数、平面几何，高中为代数、平面儿何、立体几何、三角）、化学、物理、历史、地理、美术、音乐、劳作。初中另外生理卫生、动物、植物、童子军，高中另开生物、军训（据私立新民户学课表）。[7]

① 衡阳县志编纂委员会：《衡阳县志》，黄山书社 1994 年版，第 474 页。
② 衡山县县志编纂委员会主编：《衡山县志》，岳麓书社 1994 年版，第 498 页。
③ 衡山县县志编纂委员会主编：《衡山县志》，岳麓书社 1994 年版，第 202 页。
④ 衡阳县志编纂委员会：《衡阳县志》，黄山书社 1994 年版，第 484 页。
⑤ 衡阳县志编纂委员会：《衡阳县志》，黄山书社 1994 年版，第 482 页。
⑥ 衡阳县志编纂委员会：《衡阳县志》，黄山书社 1994 年版，第 490 页。
⑦ 衡阳县志编纂委员会：《衡阳县志》，黄山书社 1994 年版，第 489 页。

小学课程有所变化。按 1930 年国民政府府颁布的《各级学校体育实施方案》要求，小学体育课增加军事项目，初中设童子军课，高中设军事课，进行队列、侦察、救护、炊事、露营等项训练。①

教师队伍也随之扩大。1929 年，衡山县的小学教员达 922 人。② 1935 年，衡阳县小学教职员增至 1811 人。③ 教师待遇方面，1930 年，国民政府颁布教师服务奖励办法，规定连续服务 20 年以上者授一等奖，15 年以上者授二等奖，10 年以上不满 15 年者授三等奖，连续 10 年以上成绩优良者，经查实，分别授一、二、三等服务奖状。但此奖励办法多未认真执行。④

国民政府对地方医疗卫生建设事业给予很大重视。1929 年，耒阳县成立施医所和种痘局。1931 年，西医安天佑在耒阳县天主教堂创办治疗所，兼营西药。1935 年，惠济医院开设，西医、西药始进入衡山。医院有医务 4 人，每月诊治 110 人次左右。1936 年，县城设卫生所，为衡山县第一个公立医疗机构。同年，南岳疗养院创办。

此期，衡阳的中医发展成果明显，有利推动了衡阳医疗卫生事业的发展。1931 年，名医肖豁公为首组织衡阳县中国医学研究会，发展会员 360 余人。衡阳中医名医辈出。曾觉叟被冯玉祥任命为河南督军署军医处长、国医候选人。李荣鼎、李怀轩、张瑞荣、谢祝峰、蒋桂生等均是民国时期名医。⑤ 衡山县在 1929 年成立衡山县医药支会，设县城西外街药王庙。

卫生方面，学校卫生建设搞得有声有色。1929 年，初级中学成立学校卫生委员会，管理学校卫生。1936 年，定每年 5 月 15 日为儿童健康检查日。少数中学设立医务室，备有急救包，常备药品有红汞、酒精、凡士林、阿司匹林。⑥

国民政府前期，衡阳城市现代化在经受北洋军阀多年混战造成的动荡不安局面后终于获得了一个较为安定的发展时期。此时的国民政府实行利于资本主义经济发展的政策措施，并在交通、教育、卫生等事业方面加大了投资力度，衡阳依照国民政府的政策执行受惠不少，为下一阶段衡阳城市现代化的发展提

① 衡阳县志编纂委员会：《衡阳县志》，黄山书社 1994 年版，第 540 页。
② 衡山县县志编纂委员会主编：《衡山县志》，岳麓书社 1994 年版，第 509 页。
③ 衡阳县志编纂委员会：《衡阳县志》，黄山书社 1994 年版，第 492 页。
④ 衡阳县志编纂委员会：《衡阳县志》，黄山书社 1994 年版，第 495 页。
⑤ 衡阳县志编纂委员会：《衡阳县志》，黄山书社 1994 年版，第 537 页。
⑥ 衡阳县志编纂委员会：《衡阳县志》，黄山书社 1994 年版，第 540 页。

供了较好的基础。当然，不可否认，国民政府“以党治国”不利于政治现代化的顺利进行，其对交通运输业的重视是为清剿红军提供便利的交通条件，其采取的推进农业科技化和发展经济的措施是为其政权的巩固提供经济保证，仅是在政策措施的实施中不自觉地促进了各方面事业的发展，国民党政府并未真正在为建立现代式国家努力，衡阳的现代化道路仍然崎岖不堪。

第四节　国民政府后期衡阳现代化事业的繁荣和衰败

20 世纪 30 年代的世界局势动荡不安，经济危机严重影响了西方各国社会经济的发展，为转嫁危机，稳定社会经济，德国、意大利、日本结成法西斯同盟，侵略活动频繁，第二次世界大战不可避免地发生了。1937 年 7 月 7 日，日军发动“卢沟桥事变”，开始其全面侵略中国的军事行动，但遭到中国军队的奋起抵抗。抗战初期，日本侵略军取得节节胜利，国民政府丢失大片领土，为减少损失，上海等各大城市的工厂企业、银行机构等纷纷内迁，衡阳因其有利的地理位置吸引了不少外来工厂企业、银行机构，城市流动人口显著增加，加之国民党政府大力推行“以交通开发为首要”的方针和实施战时统制经济政策，衡阳工商业、金融银行业、交通运输业日渐繁荣，衡阳也因此获得“小上海”的美称。然而好景不长，日军对衡阳狂轰滥炸，衡阳沦陷，昔日的繁华不复长存，取而代之的是萧条衰败之景。衡阳光复后，虽有零星的恢复和发展，但随之不久国民党发动的内战再次打断了衡阳现代化的发展。衡阳因战争而获得繁荣发展的机遇，又因战争而遭受严重摧残，可谓“成也战争，败也战争”。

一、政权机构的主要活动

1937 年全民族抗战爆发后，国民政府权力更加集中化、一体化，独裁专制特色渐趋明显。

在衡阳的地方管理上，一是重新厘定县级，加强其对地方的控制。1940 年 5 月，湖南省实施《新县制》，衡阳列为一等县，按新制设 1 局 8 科 4 室，另配指导员若干人。1942 年，县政府有职员 136 人。1943 年，县政府设 5 科 1

局3室，共有职员142人。另设通讯班，配士兵13人。[①] 与此同时，仍重点进行户籍的管理工作。1942年，由县政府民政科负责户口调查登记和统计工作。1946年，户籍登记以乡镇为单位，各乡镇配户籍干事，每月对辖区各户查询一次，年终按户校正一次。[②] 二是设军法处。1938年，衡阳法院内设军法处，强化政权管理。三是设军事科且组建地方军队。1937年，衡阳县设兵役科，办理征兵事宜。县、乡、镇设监督委员会，协助、监理同级和下级兵役机构开展工作。1939年，增设组训科、办理民训业务，并把组训科与兵役科合并为征训科，统由国民兵团领导。翌年3月，撤征训科，设军事科，隶属衡阳团营区和县政府领导。1940年初，衡阳县成立国民兵团自卫队，有分队45个，队员654人，枪1010支。1943年撤销。[③] 同年，衡山县还成立了县国民兵团。1944年9月，衡阳县成立自卫抗敌司令部。同年11月，第九战区司令薛岳令县长王伟能组建两衡（衡阳、衡山）抗敌自卫团，任命王为司令，共辖16个大队。因武器、经费、供给困难，裁并为7个支队，配备马、步、手枪3000余支，轻重机枪38挺，迫击炮2门。[④] 耒阳县则在1939年成立警备司令部，又在1947年成立自卫总队。四是加强财政税务管理。1937年7月，衡阳县撤销县财政局，由县政府第二科（后改为财政科）负责财政管理。税务机构仍继续增设，1945年设货物税分局，1946年设直接税分局，1948年合并货物税和直接税两个分局，成立国税稽征局。[⑤] 国民政府征收的税收有不少名目，如盐税、契税、房捐、屠宰税、城市房屋宅地税、遗产税、地价税、车船牌照使用税、筵席娱乐税、营业牌照税、土地增值税、营业税、货物税等，并登记发证。1947年，登记发证分花、照、证、单4大类共18种，对无证经营者处以重罚。其他各县情况大致相同。五是注重社会公共服务事业的开展。1941年，衡阳商会组建消防队，有消防人员40余名，消防汽车1辆，消防机2台，完善了县区的社会公共服务事业。在社会救济上，为缓解日军飞机轰炸造成的灾难，衡阳县于1940年由县赈济委员会成立空袭紧急救济联合办事处，筹措经费救济难民，规定抚恤金为死者每人30元，重伤者每人20元，轻伤每人10元；被炸死亡者由办事处备棺殓埋。1—9月，县赈济委员会共发给难民给养

① 衡阳县志编纂委员会：《衡阳县志》，黄山书社1994年版，第419页。
② 衡阳县志编纂委员会：《衡阳县志》，黄山书社1994年版，第410页。
③ 衡阳县志编纂委员会：《衡阳县志》，黄山书社1994年版，第456页。
④ 衡阳县志编纂委员会：《衡阳县志》，黄山书社1994年版，第456页。
⑤ 衡阳县志编纂委员会：《衡阳县志》，黄山书社1994年版，第276页。

费26329.7元。空难未停，天灾又至。1945年，衡阳遭受特大干旱，省政府派员来衡阳视察后，发放救济灾款41.59万元（法币，下同），棉絮被132床，寒衣1415件，贷款336.44万元，救济灾民17.88万人。同年，善后救济总署湖南分署先后2次拨给衡阳县兴修塘坝赈救大米319吨。次年，衡阳县又连遭水灾。4月，省府拨款100万元，救济孤苦无依的灾童度过春夏荒，规定每人不少于500元。12月，善后救济总署湖南分署配发衡阳塘坝赈食米300吨。[①] 战争带来的恶果之一是难民的增多。1938年，由于华东一带相继沦陷，逃至衡阳的难民较多，衡阳县便成立了运送配置难民总站。至1942年共接收难民20114人，遣送难民11821人。1946年，衡阳县先后在石坳、两路口（均在今衡阳市）等地设收容所。至1948年，遣送灾民、难民10704人。[②] 衡山县还于1943年3月创办了儿童保育所，收养孤贫儿童，给以小学教育，令其学会生产技艺，以便自谋生路。

这一时期的地方管理建设上，衡山被定为实验县是一大亮点。1937年11月，张治中任湖南省政府主席后，宣布衡山为实验县，任命彭一湖为衡山实验县县长。彭到衡山后，撤财政局、教育局，改为民政、财政、建设、教育四科，集中在一个办公室办公，设主任秘书一人，各科室的日常事务由他核批处理。裁撤原先的八个区公所，重新规划为二十八个乡镇公所，另由县府指派县政督导员，分区巡回督导。各乡镇公所，各中心学校，都由县府印发一本督导簿，供县督导员证督促、指导时，登记具体事项，以供查考。同时新设县卫生院、农事试验场、省立衡山乡村师范学校等机构。衡山实验县兴办后，裁局改科，权责集中于县政府，各科室集中办公，提高了行政效率；而废区公所，改设县政督导员，改变了原先的尾大不掉之局，一定程度上制止了腐败之风，提高了政权的信任度。[③] 县参议会的成立则是另一亮点。1944年5月1日，耒阳县临时参议会召开成立大会。6月，衡阳县临时参议会作为筹建县参议会的过渡性机构宣告成立，会议选举屈风吾为议长，王紫剑为副议长，有临时参议员24人，后又增补了16个临时候补参议员。不过因县临时参议会处于地下秘密状况，其活动及职权受到了较大的限制。1946年2月16日，衡阳县参议会正式成立，共设64个议员席位，县参议会虽然通过了一些改进政府工作的决议，

---

① 衡阳县志编纂委员会：《衡阳县志》，黄山书社1994年版，第443页。

② 衡阳县志编纂委员会：《衡阳县志》，黄山书社1994年版，第450页。

③ 中国人民政治协商会议湖南省衡阳市委员会文史资料研究委员会：《衡阳文史资料》第5辑，政协衡阳市委员会文史资料研究委员会1986年版，第61页。

或对某些官员的弹劾案，但对政府不起制约作用。

二、衡阳的建市

随着日军侵华战线的推进，华北、华中等地区相继沦陷，企业、机构、团体纷纷内迁，大量流动人口进入衡阳，加之衡阳工商业的繁荣发展，促进了衡阳的城市建设。1942 年 1 月 1 日，湖南省因衡阳地理位置的重要和经济的凸显，设衡阳为省辖市，定市区范围以城南、城北、江东为中心，共计面积九百二十方里左右，进一步推进了衡阳的城市建设。早在 1941 年，衡阳市政府筹备处制定了《衡阳市建设计划》，拟新建 4 条郊区公路；新建和改建旧市区的沿江东路、沿江西路、中山路等 20 条主要街道及 91 条街坊小巷等。但因日军向衡阳发动进攻，该计划没有完全实现。1944 年，衡阳市政府聘请专家对衡阳进行重新布局，拟订了《辟建新市区计划》，决定在城南开辟新市区。规划后的衡阳市布局为：城北工业区、旧市中心商业区、旧市中心综合区、城南新市区、黄茶岭文教区、酃湖垦殖区。① 衡阳建市后，整理市容，疏通行车道路，一改往日街道“天晴一把刀，落雨一窝糟”之状，原有环境得到改善，市民获得较好的生产生活条件。

三、经济现代化的繁荣发展

1. 外来企业的迁入

衡阳因其具备的有利条件吸引了不少工厂企业、金融机构及其他方面的组织迁入。战时迁往衡阳的工商业有 8000 多家，银行 32 家，金店 35 家，钱庄 200 多个。② 工厂方面，上海新民机器厂和新中机器厂迁到祁阳，迁入衡阳的有周锦水之华成电机厂、叶佑阶之民生铁工厂、谈家骏、吴士熏之立达机器厂、陈馥歆之新华搪瓷广、董之英之金钱热水瓶厂、祝燮臣之机修厂、邵鸿舜的福泰铁工厂和石庆福之固华电器修理厂等。③ 这些工厂的迁入给衡阳带来了先进的生产技术，从而改变着衡阳以手工生产为主的落后状态，加快了境内现代工业兴起的步伐。

---

① 衡阳市地方志编纂委员会编：《衡阳市志》，湖南人民出版社 1998 年版，第 1251 页。

② 衡阳市地方志编纂委员会编：《衡阳市志》，湖南人民出版社 1998 年版，第 5 页。

③ 中国人民政治协商会议湖南省衡阳市委员会文史资料研究委员会：《衡阳文史资料》第 4 辑《纪念抗日战争胜利四十周年专辑》，政协衡阳市委员会文史资料研究委员会 1985 年版，第 32 页。

2. 农业科技化的进一步发展

国民政府统治后期，农业建设仍未懈怠。1938 年，衡阳县内首建农业改进所，设稻作场，从事水稻、油菜等品种的引进、试验、推广工作。1939 年冬，中央农业实验场、湖南省农业改进所与衡山县政府联合设立衡山实验农业推广所，作为推广水稻、畜产、茶、桐良种的基地。1937—1942 年，南岳垦殖委员会和南岳林垦局在南岳公园、半山亭、新村 3 处开辟苗圃，共计 94 亩，播育苗木 410 万株。1941 年 4 月，衡山县建立农业推广所，下设白果、吴集、南岳 3 个中心推广区所，先后向全县推广单季稻种和波斯猪、油菜等新品种。1939 年，耒阳县办苗圃 2 个，面积 23 亩，每年育苗约 10 万株。次年，县农业推广所成立，在试验场办苗圃 39 亩。1943 年，县政府颁布《强制造林办法》后，26 个乡林场都设立苗圃，每个林场苗圃地 3 亩，计 78 亩。由于缺乏科技知识，成功其少，每年每个苗圃仅能生产苗木 1000 多株。① 1940 年，湖南省农业改进所、省蚕丝改良场迁入耒阳，推广中熟品种黄金籼 283 亩，并成立耒阳县农林试验场。1943 年，耒阳县贷换棉花良种，推广面积 600 亩，良种特级繁殖 60 亩，指导留种 1000 亩，指导栽培改良 6500 亩，共计种棉 8160 亩。②

科学技术落户农业，提高了农产品的产量，政府征收数量成年增加。1938 年，征收募仓积谷 32700 石；1941 年，征购稻谷 30340 石；1942 年，征实稻谷 214919 石，征借稻谷 214114 石，合计 429063 石；1946 年，全年征实稻谷 110495 石，征借稻谷 441900 石，征带稻谷 30047 石，合计 611822 石；1948 年，共征稻谷 623555 石，比 1941 年增加 2 倍多。③ 征收稻谷数量的增加虽说明国民政府加重了人民的税收负担，但也从侧面反映出农产品因农业的科技化而获得的明显成果。

农业工具的机械化也是农业实现科技化的重要方面。1946 年夏，新岚乡棚铺组周裕盛通过亲戚从长沙购回 5.88 千瓦美式柴油机 1 台，带动 1 台小型水泵，提涓水抗旱，创衡山县内机械提水灌溉之始。1947 年 7 月，晓岚港农民周裕盛购买柴油机一部，抽水抗旱，为耒阳县内使用现代农业机具之始。不过现代农业器具并未推广普及，传统农用机械仍在大量使用，如龙骨水车、孔

① 耒阳市志编纂委员会编：《耒阳市志》，中国社会科学出版社 1993 年版，第 302 页。
② 耒阳市志编纂委员会编：《耒阳市志》，中国社会科学出版社 1993 年版，第 34 页。
③ 衡阳县志编纂委员会：《衡阳县志》，黄山书社 1994 年版，第 270—271 页。

明车、斗、吊水桶等农用农具；锄头、镢头、犁、铁耙、拉耙等耕作工具；推谷椎、石碾石磨、碾槽木榨、风车等手工工具；扁担、箩筐、背篓、独轮车、木轮板车、人拉帆船等农村运输农副产品的运输工具。① 农业的科技化、现代化并未取得显著成就。

3．工商业及电力事业的发展

衡阳工商业的繁荣，多是关系日常生活的轻工业和传统商业。铁业，1941年，有白铁店100余家，用白铁制作的酒壶、油壶、吊灯等日用品很受群众欢迎。城乡有经营铁钉、斧头、刀剪、锁等五金的店铺500余家。② 木工作坊，1949年，演陂桥街上有木工作坊8家从业人员123人。③ 餐饮业，1942年，店数增至261家，其中筵席店52家、面食店32家、米粉店52家、茶食店125家；县内农村乡镇和沿公路、大路旁开设的饭店、粉馆、茶食店共有608家，从业人员821人。④ 旅馆业，1939—1943年耒阳县城旅馆增多，有21家，仅汽车站附近就有远东、新苏、交通、发祥、新发祥5家，其中有两家兼营饮食，西门三益客栈、南门三合客栈还备有轿子出租。⑤ 搬运业，1949年，全县有西渡、界牌、渣江、洪罗庙、台源寺、樟木寺等6个装卸搬运组织，从业人员250多人。造纸业，据1941年湖南省建设厅统计，衡阳县手工纸年产量80000担，在全省36个产纸县中排列第6位，产值400万元（银圆）居第10位。1944年日军攻陷衡阳，县内纸坊倒闭半数以上，县内土纸主要产区长乐的泗水仅存纸坊6家，产纸不满1000担。⑥ 1940年湖南省建设厅在耒阳大河滩狮子岭建立耒阳造纸厂，日产纸300余令，年盈利7400银圆。第二年7月，省建设厅又在南岳山后车埠头建岳南人民造纸厂，县人毛健吾、刘耕云等分别在南岳、店门建月山造纸厂和大刚造纸厂。1942年9月，耒阳县的私商在县城南门外九眼塘开办湘南造纸厂。瓷业，1941—1943年，中国合作协会湖南区衡阳事务所在界牌组建3个瓷业合作社，有社员72人。⑦ 制扇业，1948年，生产纸折扇330万把，行销湖北、河南、江西、安徽等省。1949年生产锐减

① 耒阳市志编纂委员会编：《耒阳市志》，中国社会科学出版社1993年版，第287页。
② 衡阳县志编纂委员会：《衡阳县志》，黄山书社1994年版，第214页。
③ 衡阳县志编纂委员会：《衡阳县志》，黄山书社1994年版，第170页。
④ 衡阳县志编纂委员会：《衡阳县志》，黄山书社1994年版，第230页。
⑤ 耒阳市志编纂委员会编：《耒阳市志》，中国社会科学出版社1993年版，第375页。
⑥ 衡阳县志编纂委员会：《衡阳县志》，黄山书社1994年版，第162页。
⑦ 衡阳县志编纂委员会：《衡阳县志》，黄山书社1994年版，第162页。

至16.3万把。[①] 皮革业，1943年，樟木、渣江、井头江、洪罗庙等地设有皮革作坊，进行兽皮加工业。织染业，1941年5月，中国工业合作协会湖南区衡阳事务所在渣江组织织染生产合作社，1943年织染合作社增加到7个。1944年出版的《衡阳县市经济概况》载："渣江市周径12华里以内之地，一般农家，凡十室之内九家必有机杼声"，兴旺时从业者有8000余人，有织机6000余部，年产白布、色布、印花布数十万匹。[②] 1943年，耒阳县城开办了一家私营棉织厂，拥资50万银圆，产磅布、土棉布、花格子布等6000匹。制鞋业，1938年，任长顺、任谷民发起组织鞋匠18人，在耒阳建立湖南省第五鞋业生产合作社。日军侵耒后，第五鞋业生产合作社逃散。卷烟业，耒阳县城在抗战时期有卷烟店120多家，自制自销。

境内的新增行业不多，碾米业为其中之一。1939年，湖南省政府搬迁耒阳，县城办起两个私营米厂。1941年，李德明在衡山大堡建立中兴碾米厂，沦陷时停办。1945年，县城建私营群益碾米厂。1947年，衡阳英陂街里仁庵开设的机械碾米坊，其中机器是3677.5瓦汽油机和6619.5瓦柴油机外加一台碾米机，是由英陂乡颜光辉等13户集股从武汉购回来的。另外，建筑业因华北及沿海部分厂商迁入衡阳而一度兴旺。1941年，县城有营造厂60余家，其中资本在1000万元以上的甲等厂51个，500万元以上的乙等厂5家，300万元以上的丙等厂2家，100万元以上的丁等厂2家。[③] 外商多是在衡阳设立代销点。1927年后，英美等国煤油、烟草和德国颜料在县内设有代销或经销处。

在商业管理方面，1939年，衡阳成立湖南省贸易局，后更名为湖南省民生日用品购销处。此购销处在省内大肆搜刮大米、桐油、湘莲、牛皮、猪鬃、五倍子等稀贵物资远运香港，套取外汇，获利颇丰。1940年，湖南省政府建设厅下令各县限期完成度量衡划一程序，禁用旧器。与此同时，为发展商业，合作社商业的出现。1942年，耒阳县出现合作社商业。

轻工业及商业的繁荣发展一定程度上为重工业及能源工业的发展提供了物质和资金基础，衡阳的产业结构层次渐趋明显。机械工业方面，至1943年，较大型的机械工业已发展到30余家，主要有上海迁来的华成电器厂、铁路车辆修配厂，立达、湘衡、福泰等机械厂等。其中最值得称道的是实业家支秉渊

---

① 衡阳县志编纂委员会：《衡阳县志》，黄山书社1994年版，第162页。
② 衡阳县志编纂委员会：《衡阳县志》，黄山书社1994年版，第166页。
③ 衡阳县志编纂委员会：《衡阳县志》，黄山书社1994年版，第311页。

办的新中公司。1938 年，新中公司由长沙迁到祁阳[①]继续发展，规模不断扩大，后渐扩建 3 个厂和 6 个卫星厂，业务范围从采煤、炼铁、轧钢、发电到制造机床、蒸汽机、煤气机、发电机、轧钢机乃至炭精、工具夹的制造，工人由 200 人增加到 2000 人。1942 年，制造出中国第一辆汽车，因汽车中的零部件几乎都是该公司自造的，舆论界给予极高的称赞。这可以说是衡阳工业化建设中的光辉点。此期，湘衡机械厂生产规模进一步扩大，同时为避免敌机空袭，在市郊黄茶岭购地兴建厂房，于 1939 年全部迁入新厂，又将耗费昂贵的内燃机油料动力改力燃煤蒸气动力发电，多余电源供应黄茶岭南店及居民照明，城内原厂址改作城区办事处，不断增加设备，除保持原来传统产品外，还开始制造锅炉、蒸汽机、蒸汽泵、老虎钳等新产品，到 1941 年时，已能制造各种机床和皮带车床、钻床、牛头刨床，以及纺织机械等。该厂经过不断改进，生产力空前提高，年产压面机达 300 余台，各种老虎钳 250 台，锅炉及配套泵，年销量达十余套。再加各地订货，业务十分繁盛，固定职工增至 130 余人，机床 22 台。工种分为木模、铸、锻、冷作、电焊、车、刨、铣、钳、油漆等部门，此时该厂营业额已达最高峰，拥资多达 35 万元，已成为全市设备比较齐全，规模较大的机械工厂。[②] 此期还新建了一些厂矿。1939 年，湖南大学校长胡庶华集资在衡山筹建湘华铁厂，为县第一个机械化工业企业，三年建成。衡阳人颜松谷于 1948 年创建大茶园地锡样钨矿公司。

化学工业方面，中国植物油厂在衡阳设立分厂，主要是从粗油中提炼汽油、柴油、润滑油，并附产油漆、油墨。培业酒精厂，生产动力酒精等产品，而江仁归的永生化工厂则主要生产硫酸。1942 年 6 月 20 日，省液体燃料厂在耒阳召开第一次董监事会议，推建设厅长余籍传为董事长，聘胡安恒为经理兼总工程师，吴瀚为厂长，这给县内化学工业的发展创造了机遇。1940 年，湖南省建设厅在祁阳县观音滩芒山附近筹建湖南省硫酸厂，次年试车投产，因所产硫酸浓度低，含硝高，不合要求，不久停办。1943 年 5 月，省建设厅将该厂设备迁至衡阳市，在望城坳原裕国铁工厂址兴建硫酸厂，改名为湖南化工原料厂，当年年底建成一套日产硫酸 200—500 公斤的铅室法装置，于 12 月 18 日投产。同年 4 月，衡阳市私营永生化工厂筹建以氯化铁为触媒、日产硫酸

① 祁阳此时属于衡阳的范围。

② 中国人民政治协商会议湖南省衡阳市委员会文史资料研究委员会：《衡阳文史资料》第 5 辑，政协衡阳市委员会文史资料研究委员会 1986 年版，第 29—30 页。

150 公斤的接触法生产装置，采用常宁水口山和广东英德所产硫黄为原料，当年 10 月建成投产。此外，衡阳市国泰颜料厂于 1941 年建成年产 500 吨氧化锌生产装置，氧化锌含量 87% 左右。

工商业获得较大的发展。衡阳境内的机械、电机、纺织、化工、印刷、卷烟等各类厂家相继增设，截至 1943 年 3 月，稍具规模的工厂共 215 家，手工业近千家，有职工 1 万余人，资本总额 1000 万元左右，全年产值 5000 万元左右。①

国民政府继续大力支持电力业的发展。1941 年，湖南省建设厅兴建了衡阳电厂，该厂有两台 1 千瓦发电机组。同年，又在耒阳县城开办电厂，设两个发电所，城北和城南安装两台共 32.5 千瓦的发电机，5 月、6 月先后供电。1946 年 10 月，耒阳县人李振湘等兴办光明电厂，装机容量 12.5 千瓦，年发电量 9200 千瓦时，后更名为耒阳大光明电厂。1937 年冬，衡山县政府购置发电设备一套，为衡山火力发电之始。各类官办的工厂，东阳渡兵工厂、飞机修理厂、第九战区后勤部第六军机修理厂、第九战区经济委员会九经机械厂、粤汉铁路机修厂、湘桂铁路机修厂、湖南第三纱厂等均是自办发电设备。许多民营工厂也都自备发电设备，如上海迁来的华成电机厂、新沪纺织厂、新渝纺织公司湖南纱厂、华实纺织厂、建国染织联合总厂等。1945 年，衡山人向探真创办的民生工厂，配备发电机以便来碾米、照明。

4. 金融业的日益完善

抗战期间，国民政府金融机构和 11 个省、市地方、商业银行在衡阳县内设立分支机构 30 多家，如 1937 年湖南省银行在衡山及南岳开设的办事处、1938 年成立的中央银行衡阳分行和湖南省银行耒阳分理处、1941 年 1 月成立的亚西实业银行衡阳分行、1943 年相继成立的中国农业银行耒阳办事处、中央银行耒阳分行等，衡阳因此成为当时全国三大金融中心之一，金融业欣欣发展。这些银行若按官商性质分可分为国家银行、地方银行和商业银行三类（详见表 5 - 2）。除分支机构外，衡阳县还于 1947 年 8 月成立衡阳县银行，这是境内首家县自办银行，其主要由私股组成，银行资金总额为法币 1.58 亿元，私股占 86%。上述银行的业务涉及存款、汇兑、贷款、发行货币、代理国库、国际汇兑、工商放款、农贷、储蓄、土地金融、保险等方面，商业银行还兼营

① 中国人民政治协商会议湖南省衡阳市委员会文史资料研究委员会：《衡阳文史资料》第 4 辑《纪念抗日战争胜利四十周年专辑》，政协衡阳市委员会文史资料研究委员会 1985 年版，第 101 页。

商业。这些银行在吸收游资、稳定物价、支持工农业生产和促进商品流通等方面发挥了一定的积极作用。不过，金融资本与官僚资本、商业资本的结合，商业投机增多，商业利润多被少数人垄断瓜分，不利于银行业的正常运行。

表 5－2　国民政府后期在衡阳的银行

类别/数量	国家银行	地方银行	商业银行
	中央银行衡阳分行，中国银行长沙支行，中国银行衡阳盐务局办事处，交通银行长沙支行，中国农民银行衡阳分行，中央信托员衡阳分局，邮政储金汇业分局	湖南省银行衡阳分行，湖北省银行衡阳办事处，广东省银行衡阳支行，广西银行衡阳分行，衡阳福建省银行，贵州银行衡阳办事处，衡阳浙江地方银行，衡阳江西裕民银行，江西建设银行衡阳办事处	江西实业银行衡阳办事处，聚兴诚银行衡阳办事处，金城银行，上海商业储蓄银行，复兴实业银行总行，复兴银行总行黄茶岭郊外办事处，亚西实业银行，川康平民商业银行，四川美丰银行，中国工矿银行，和成银行，康成银号，鸿兴银号
	7 家	9 家	13 家

农村信用社也蓬勃发展。1936 年，衡阳县有农村信用合作社 61 个，1942 年增加到 517 个①。衡山县内的互助社、商业信用社、信用合作社等信用合作组织继续成立。1937 年 10—12 月，县内组织互助社 62 个。② 信用合作社方面，1937 年 1 月，成立衡山合作贷款所，认股 9620 元，县内各合作贷款收放均由该所负责。1940 年，全县信用社增加到 347 个，社员 16112 人，股金 32593 元；年底，实有存款余额 708392 元。1947 年 12 月，成立衡山合作社联合社。③ 此外，1945 年冬，县筹备按乡（镇）保组织包括消费、信用在内的综合性合作社。翌年，县内建立乡（镇）合作社 14 个，社员 2106 人，股金 5. 68 万元（法币），向银行贷款 2021. 25 万元（法币）；保合作社 69 个，社员 6408 人，股金 28. 66 万元（法币），向银行贷款 2315 万元（法币）。④ 耒阳县在 1942 年成立供销合作社，资金总额 40 万元（法币）。1947 年 12 月 20 日，耒阳县保证责任信用联社成立。

金融机构数量增加的同时，其功能也明显发挥出来，发放各种贷款，活跃

① 衡阳县志编纂委员会：《衡阳县志》，黄山书社 1994 年版，第 283 页。
② 衡山县县志编纂委员会主编：《衡山县志》，岳麓书社 1994 年版，第 426 页。
③ 衡山县县志编纂委员会主编：《衡山县志》，岳麓书社 1994 年版，第 427 页。
④ 衡山县县志编纂委员会主编：《衡山县志》，岳麓书社 1994 年版，第 444 页。

了金融市场。如 1939 年，发放商业贷款 329.8 万元（法币，下同），1942 年发放商业贷款 633.8 万元。1946 年发放粮食贷款 1 亿元，1947 年发放粮食贷款 3 亿元，1949 年发放粮食贷款 2276.5 万元。[①] 1933 年，衡阳县农村信用社在华洋义赈会的推动下开始发放农业贷款。1937—1939 年，为自由放款阶段，有中国农民银行衡阳分行、中国银行衡阳办事处、经济部合作局办事处和农本局湘办事处、实业部合作社湘办事处、湖南建设厅贷款所等金融机构在衡阳县发放农业贷款，3 年累计发放 77.6 万元（法币）。1940—1941 年为统一分区阶段（国家金融机构划分区域承贷），有中国农民银行、中国银行、经济部合作局、中国工业合作协会、湖南建设厅贷款所在衡阳县发放农业贷款，2 年累计发放 833 万元。1942—1947 年为专业放款阶段，农业贷款规定由中国农民银行衡阳分行发放，其中 1944—1945 年由于日军侵占衡阳，没存发放贷款，其余 4 年累计贷款 49898 万元。据载，1948 年，衡山县全县农贷发放数为法币 310 亿元。[②] 与此同时，居民储蓄存款显著增加。1940 年，衡阳县全县居民储蓄余额 84000 元（法币），1942 末余额 235 万元（法币）。[③]

与金融业紧密相关的保险业于此期首现衡阳。1937 年 10 月，中国银行衡阳办事处代理中国保险公司，中国农民银行衡阳办事处代理太平、平安保险公司开展业务。1938 年，中央银行衡阳分行代理小央信托局保险部、湖南省银行衡阳分行代理太平产物保险公司开展业务。1942 年 7 月，成立亚兴产物保险股份有限公司衡阳分公司。

现代金融机构在衡阳遍地发展的同时，钱庄仍兴盛不已。1937 年，县内有钱庄 40 多家，钱庄一度操纵全县城乡金融市场。但终究敌不过银行业，加之金圆券、银圆券的贬值，钱庄逐渐衰落。1949 年 8 月前，县内 31 家钱庄倒闭 25 家，其余 6 家亦自行停业。[④]

5. 交通运输业的发达与邮电业的拓宽

作为“七大干线”之一的湘桂线全长 1000 公里，其中衡阳至桂林段全长 361 公里。1937 年 9 月动工修筑，湘桂两省分设路工管理处。为了加快完成这条铁路，湖南省政府在湘段沿线 30 里以内的居民中，共征用了 16—45 岁民工

① 衡阳县志编纂委员会：《衡阳县志》，黄山书社 1994 年版，第 294 页。

② 衡山县县志编纂委员会主编：《衡山县志》，岳麓书社 1994 年版，第 433 页。

③ 衡阳县志编纂委员会：《衡阳县志》，黄山书社 1994 年版，第 287 页。

④ 衡阳县志编纂委员会：《衡阳县志》，黄山书社 1994 年版，第 281 页。

共4万人，每人工作30天，民工工资及管理由路工管理处负责，征地征料由省政府承办。[①] 此路于1938年9月铺轨完工，10月1日正式通车，极大地便利了战时的交通运输，成为衡阳联系外界的主要通道，后又成为我国西南交通网的主干线。

公路建设也不甘落后。衡阳至邵阳的公路于1938年7月动工兴建，次年竣工。境内长67.1公里（合今衡阳市境内6公里）。此时，湘粤公路和自江西吉安至衡阳的吉衡公路还进行了改造。境内公路还有公路工程局进行养护。1945年4月，长（沙）广（州）耒（阳）安（仁）两条公路修复通车。

抗战全面爆发后，湖南省还大力发展内河航线，其中的衡阳祁阳线在水运中起了一定作用。除单单拓展水路航线外，水陆联运线路也开通。宜昌沦陷后，川湘之间经长江之水运中断，于是川湘之间办理水陆联运业务，即从重庆至涪陵入黔江，经彭水、龚滩入酉水，经里耶、保靖入沅江，再经沅江至常德，然后转抵湘江。[②] 许多农副产品、矿产品都通过此路线往来于川湘之间，作为这条路线在湘的必经之地，衡阳获得了有利的发展条件。

驿运因战时运输困难受到重视。1939年1月，国民政府在重庆设立驿运管理所，规定国际线跨省运输的，由中央办理，其他的由后方各省办理。第一期完成干线建设、由中央办理，各省协助。到1942年底，后方各省共开辟驿运线路31345公里，其中湖南有6条线路，主要集中于湘西、衡阳等地，共4024公里，约占全国驮运线的13%。运输工具主要是牲畜、板车，木船等。[③]

战争凸显交通的重要作用。此期，交通运输业中的一个新发展则是飞机场的建立。1944年4月中旬，洪罗庙飞机场建成，占地500亩，有一条长800米、宽20米的跑道。该机场曾降落飞机3次，规模最大的一次是1944年6月日，抗日盟军飞机27架次在此分批降落。[④]

交通线路的增设给运输业带来新机遇。1932年开始营业的湘粤桂汽车转运公司落户衡阳，总公司设在湘潭的利商汽车转运股份有限公司，在衡阳开办

---

① 李占才主编：《中国铁路史1876—1949》，汕头大学出版社1994年版，第287页。

② 中国历史第二档案馆编：《中华民国史档案资料汇编》第5辑第2编《财政经济》（十），江苏古籍出版社1994年版，第75—76页。转引自刘国武：《抗战时期湖南的现代化》，甘肃人民出版社2006年版，第183页。

③ 杨斌：《抗战时期国民政府驿运事业》，《民国档案》1995年第4期。转引自刘国武：《抗战时期湖南的现代化》，甘肃人民出版社2006年版，第184—185页。

④ 衡阳县志编纂委员会：《衡阳县志》，黄山书社1994年版，第465页。

分公司。此外还有招商局长江业务管理处在衡阳设立湖南分处，苏、浙、皖轮船事务所总所设在衡阳，本省民营轮船成立长衡祁轮驳公司，这些都极大地畅通了衡阳与外省的交通运输。耒阳县境内在1939年开通耒阳至茶陵长途客运线，县内设有车站2个，代办站3个，售票所1个。是年，湖南省政府搬迁耒阳，县城、灶市出现人力车公司6家，自行车出租行2家，营运于灶市至县城。[①] 此外，1941年5月，耒阳县城南门外的耒水两岸新建的汽车渡口码头通车，原化龙桥汽车渡口码头停止使用。1942年1月，耒阳商民胡佳生购客车1辆，行驶于县城至灶市火车站线路。1943年3月，耒阳灶市火车站与耒阳汽车站开办联营业务。同年，由交通部东南办事处（驻衡阳）开通耒阳至江西铅山、上饶、浙江云和3条客运线，营运里程3098公里。这些变化便利了衡阳的内外交流，一定程度上为衡阳交通运输事业的现代化增色不少。

信息在军事战争中的作用不言而喻，尤其是在战争年代，为此，国民政府大力发展通讯事业，衡阳还因此成为当时电讯中心之一。1929年，架设了县城至衡山、祁阳、安仁、常宁、耒阳5条长途电话线路。1934年，又开通衡阳至长沙、宝庆（今邵阳）、酃县（今炎陵县）3条长途电话线路。1937年，衡宝长话线在西渡设立线路维护站，装电话机1部，在演陂桥设立查线所。此外还有汉口经衡阳到广州、衡阳至曲江、衡阳至桂林等经衡阳的电话线路，市内电话也随之发展。1929年，县城（今衡阳市）始设市内电话，用户为国民党县党部、县政府、县挨户团及其各大队。1931年开办商务电话，两年后成立商务电话股份有限公司，杆路长约5公里，用户80户。1937年公司被衡阳电报局接管。农村电话线路也于1929年开始架设，线路为县城（今衡阳市）至四塘、泉湖（均属今衡南县）。1940年，农村电话线路有37条长880.5公里（含衡南县）。衡山县在1936—1938年接通至安仁、湘潭的长途电话。1938年，架通县城至油麻田、横路桥、将军庙、店门前、贯底等县属乡镇公所及边境要地电话，县政府农村电话排，辟农村电话线路5条，总长227.5公里，共装单线手摇话机19部，1946年增至40部。[②]

邮政业务也发展颇快，各县邮政机构遍地开花。衡阳县至1943年全县有邮政代办所18处，有21处信柜。[③] 耒阳县至1938年增设27处信柜。1939

① 耒阳市志编纂委员会编：《耒阳市志》，中国社会科学出版社1993年版，第232页。

② 衡山县县志编纂委员会主编：《衡山县志》，岳麓书社1994年版，第317页。

③ 衡阳县志编纂委员会：《衡阳县志》，黄山书社1994年版，第193—194页。

年，省政府播迁耒阳，邮政业务骤增，新城市、小水铺、竹塔市3处升为三等局。1948年，有邮政代办所24处，邮柜35处。[①] 邮政业务拓展，扩增有名信片、印刷品、挂号信函、保值挂号、航空信、商务传单及小件邮包。1936年，增加保险包裹业务，业务量随之增加。如耒阳县，据1937年1月30日耒阳邮局18号呈文载，每日收寄平信100余件，明信及印刷品约100件，挂号信及快信40—50件，零星包裹二三件；每日投递平信580件，印刷品160—170件，投递包裹五六件。[②] 邮件运送条件也有变化。以耒阳县的邮件运送为例，1929年3月15日起，衡郴沿线邮件委托汽车带运。1936年，衡郴铁路沿线邮件委托火车带运。此后，粤汉铁路成为境内邮路干线。1942年，邮政部门开通耒阳至江西吉安汽车邮运邮路，两天一班次，耒阳设邮政汽车站，管理和维修汽车。

电信电报业务的发展主要体现在线路的增开和无线电台的建立上。线路增开方面，1938年，衡山县在县城主要机关和各乡（镇）公所安装了手摇式电话机。县政府内设农村电话排，辟农村电话线路5条，总长227.5公里。1939年，耒阳邮电局管辖有耒阳至降木里、安仁至浣溪坪、浣溪坪至茶陵、酃县(今炎陵县)、炎帝陵等长途线路。1940年，继续扩展长途电话，架设耒阳至郴县、宜章、宁远、江华、道县、零陵、祁阳、衡阳线路。1937年，常宁县政府成立了县电信室，内设有二十门磁石总机1部，整个县城共有电话机4部，同时还增设了乡村电话，在板桥、柏坊、东山、荫田4处各设五门磁石总机1部，电话线达150公里，开了县农村电话之先河。1940年，常宁电话线路数目增加到8条，全长达190公里。1943年6月1日，县电报营业处和县政府电讯室合并，成立常宁县电信分局。1944年4月，全县接通的线路有县城至柏坊、荫田、祁阳、桂阳、江口塘、水口山，以及荫田至白沙、柏坊至江口塘、东山至四美乡等9条线路，计程203公里。[③]

无线电台建立方面，1938年，衡阳县政府设立无线电台，与茶陵总台直接联系，此台次年由衡阳市电信局接管。同年，衡山县电信营业处设置无线电台，开办电报收发业务。1939年，耒阳县政府建立无线电台，有领班1人，报务员1人，沟通长沙、茶陵、衡山、攸县、常宁、衡阳。5月份，分装15

① 耒阳市志编纂委员会编：《耒阳市志》，中国社会科学出版社1993年版，第248页。

② 耒阳市志编纂委员会编：《耒阳市志》，中国社会科学出版社1993年版，第249—250页。

③ 陈伟中主编：《常宁文史资料》第2辑，中国人民政治协商会议湖南省常宁县委员会文史资料研究委员会内部发行1987年版，第170—171页。

瓦电机4部，临时接替湖南省总台。除总台丁属中枢一至六台驻耒阳县城外，另有保安一、二台驻耒阳竹塔市，保安特务一、二台驻耒阳县城，与全国各地联络通报。[①] 常宁县也于1939年设立了无线电台。

四、文教事业的兴盛和医疗卫生事业的继续发展

战时的文教事业并未因战争的冲击而中断。新闻报纸业继续发挥其传播功能，不过受到国民政府的专制控制，社会文化渐变为国民党一党的政党文化，新闻报刊业的自由受到限制，如耒阳县政府在1940年4月查封《新华日报》耒阳分销处；同年，衡山县的青年书店因出售进步书刊被国民党县党部查封。此期创刊的报纸有：1932年办《通俗周刊》，1935年停刊；1933年办《南岳日报》，5月创刊于长沙，10月迁南岳；1934年办《祝融报》《望岳报》；1937—1939年办《青白报》，铅印四开，唐三主编；1938年，国民党军委第二厅驻衡山时主办《抗战三日刊》，同年以宣传抗日救国为宗旨的《前峰旬刊》创刊，《大刚报》也于同年夏在衡阳创刊；1939年，《正中日报》创刊，中共衡山县委主办《南岳快报》，抗日书店发行，油印四开，不定期，半年后停刊；同年，邵阳《力报》迁来衡旧出刊，湖南《国民日报》沅陵分社迁到耒阳并出版湖南《国民日报》耒阳版；1940年，以刘岳厚为社长的《开明日报》由茶陵迁来衡阳出刊；1941年，国民党衡山县党部主办的《衡山通俗日报》改为《衡山民报》，四开版，先为石印，1947年起铅印，陈昌年主编，段茂庭、刘清顺发行；1942年，《大华晚报》创刊，四开一张，社长舒名世；1944年春，《中华时报》创刊，日报，对开一张；1944—1946年，三民主义青年团衡山县分团筹备处主办《青年报》；1944—1945年，衡山县政府及县国民兵抗敌自卫团办机关报《互助报》，在夏铺出版，石印四开，陈鹄主编；1945年春，宣传抗日爱国的《每日快报》创刊；下半年，《市民日报》《工人报》《大同报》创刊，衡阳《儿童导报》也于同年秋创刊。刊物有：1929年，《衡山半月刊》改名为《衡山学生》续办，学生丁香芹主编。1945年，国民党衡山县党部战时工作团主编《忠党半月刊》。与其相关的印刷业由于1939年长沙的正文、新华、大中、省制图处4个印刷所随省政府搬来耒阳而更加活跃，当年耒阳县的印刷单位就至12个。1946年，赵国斌集资在衡山县办开云书店，购石印机2台，铅印机1台，承印公文、布告、信纸、信封、商标等。

---

① 耒阳市志编纂委员会编：《耒阳市志》，中国社会科学出版社1993年版，第252页。

而在1940年4月8日成立的耒阳记者协会更为境内新闻事业的发展起了促进作用。

文化娱乐活动方面，1938年大华影业公司迁来衡阳，相继开办了民生、金城声电影院。同年，衡阳县还创建了国泰影剧院，由杨宝成任经理。湖南省教育厅电化教育队还在同年到衡山放映电影，宣讲抗日救国。1946年，衡阳又建成国光电影院，不久因故倒闭。1947年，卢瑞芳又开办了国风电影院。电影这一娱乐形式越来越走进人们的生活，获得人们的更多欢迎。而照相馆的出现更为人民生活添色不少。1933年，耒阳县城首创留芳照相馆。稍后，继办玉照照相馆。至1939年，耒阳照相馆有长沙迁来的四明、青年、杨润，衡阳迁来的新时代，宁乡迁来的光明，广东迁来的天真、时代、新新，以及耒阳人办的时光、华昌、留芳共11家。[①] 戏剧仍是人们文化活动中不可缺少的娱乐项目，衡山县在1935年修建天舞台戏院，这是衡山县第一座剧场，后改名麋园戏院。1938年，又修建西园戏院和万寿宫戏院，极大地满足了人们的文化需求，此期戏剧多围绕抗战这一主题。1938年7月18日，湘南国魂抗敌剧团在耒阳县城赵公殿表演抗敌戏剧，演唱爱国歌曲，民众踊跃献金，支援抗日。同年10月，国民政府军事委员会军政部第三厅所属抗敌演剧第八队和第二队及田汉率领的抗敌演剧团和孩子剧团来衡山县开展抗日救亡宣传活动。衡山县还在1947年6月举行抗战胜利后首届全县运动会。同年，县学校体育代表队参加省、国赛选手预选赛，获12块田径金牌，选出6名运动员参加第七届全国运动会。

教育事业方面，国民政府加强了大中小学的“党化”教育以便来灌输其意识形态。1940年，衡阳县普遍推行“管、教、养、卫合一”的国民教育，将短期小学、初高级小学合并，于乡（镇）设中心国民学校，保设国民学校。至1941年，境内共有小学1124所，其中中心国民学校54所，保国民学校482所，私立完小38所，私立初小560所，在校学生62506人，占境内适龄儿童总数的58%。[②] 1942年，衡阳县境内普通中学发展到25所。1943年，境内新办私立中学7所。同年，衡阳天主教会中国神父郭藩于城北黄沙湾创办仁爱中学。[③] 衡山有私立五四中学、湖南省立第十二中学、私立谭氏务本中学、私立

① 耒阳市志编纂委员会编：《耒阳市志》，中国社会科学出版社1993年版，第375页。

② 衡阳县志编纂委员会：《衡阳县志》，黄山书社1994年版，第474页。

③ 衡阳县志编纂委员会：《衡阳县志》，黄山书社1994年版，第476页。

赵氏三恋中学、宾氏好善中学、私立明德中学，迁来的中学有湖南省私立岳云中学、周子贤主办的南华中学等。[①] 由上可见普通教育中的私立学校办学数量的明显增加。高等教育是此期教育事业的一个发展点。1937 年 8 月，北大、清华、南开 3 所大学在湖南组成的长沙临时大学文学院迁来南岳白龙潭原圣经学校开学，衡山县境内始有高等学校。1941 年 8 月，湖南省在南岳创办工、农、商 3 所专科学校，商专开银行、会计、统计、工商管理 4 科；农专开农艺、森林、农林水利 3 科；工专开水利工程、建设工程、化学工程、矿冶工程 4 科。衡山的幼儿教育也发展得不错。1937 年，衡山县立女子高级小学办幼稚班，有幼稚生 31 人。1938 年 3 月，长沙健雏幼稚园迁来更名为岳云幼稚园，8 月停办。1939 年夏，衡山救济院在城西宋家塘头开办育幼所，设 2 个班，有幼儿 60 人，幼师 2 人，职工 1 人。1946 年 8 月，国立师范学院附小开设全日制幼稚园，李仲瑞任主任，另有教师 2 人，设大、中、小 3 班，共有幼儿 48 人，多为国立师范学院教职工子弟。[②] 职业学校建设受战争影响颇重，1939 年，耒阳县有省立第二、高级护士助产、黎光、劝兴 4 所职业学校，1943 年 2 月又创办私立黎光初级工业职业学校，至 1949 年 9 月衡阳县仅存职业学校 2 所。

成人教育有一定的发展。国民政府重视农民教育，1940 年，衡阳县民众学校发展到 100 所，毕业 8800 人。1941 年，衡阳县贯彻国民政府《失学民众教育强迫入学办法》，于乡镇中心国民学校，保国民学校附设民教部，举办民教班，组织失学成人入学。至 1946 年，全县办有初小成人班 341 个，初小妇女班 186 个，高小成人班 274 个，高小妇女班 161 个，入学人数 14.4276 万人，占失学民众总数 43.4%。[③] 工人教育多是衡阳县立师范于本校及附近规模较大的工厂开设工人夜校，由学校免费供应课本、文具，由高年级学生轮流担任教师，参加学习的工人最多时近 1000 人。[④] 1938 年，衡山全县民众学校发展至 281 个班，毕业 1.95 万人。是年，衡山乡村师范附设的民众学校被省评为优良民众学校，省教育厅发奖金法币 300 元。私立衡湘中学附设的民众学校亦受到县的表彰。1946 年，民众学校和附设在各小学的成人班共有 195 个，

① 衡山县县志编纂委员会主编：《衡山县志》，岳麓书社 1994 年版，第 501 页。
② 衡山县县志编纂委员会主编：《衡山县志》，岳麓书社 1994 年版，第 497 页。
③ 衡阳县志编纂委员会：《衡阳县志》，黄山书社 1994 年版，第 484 页。
④ 衡阳县志编纂委员会：《衡阳县志》，黄山书社 1994 年版，第 486 页。

学生 8895 人；妇女班 136 个，学生 4319 人；共扫盲 1.2 万人。[①]

教师队伍持续扩大。1940 年，衡阳县小学教职员增加到 1577 人，其中具有合格学历的 595 人，占 36.8%。全民族抗战时期，国民政府明文规定小学教师应具有初师、中师学历。1946 年，小学教师具有合格学历的 895 人，占总数的 52%。1947 年，私立道南中学教职员 35 人，大专毕业及其以上的 25 人，检定合格的 2 人，学历合格率为 77%。1949 年，全县小学教职员 2922 人，与在校学生比为 1∶27.4；中学教职员 150 人，与在校学生比为 1∶13。[②] 衡山县，1947 年，全县共有中小学教员 1759 人，为民国时期教员最多的年份，其中小学教员 1409 人，中学教员 350 人。[③]

医疗卫生事业取得不小成绩。1937 年 10 月，国民党第 58 军在衡山霞流市附近李家新屋和李家祠堂设立临时医院 1 所，收容伤兵 500 名。同年 12 月，又在衡山火车站附近枫塘搭盖棚厂作临时医院，容纳伤兵 1 万余名。1940 年，天主教衡阳教区主教柏长青创办衡阳仁爱医院。开办时设备简单，只有 1 个门诊部、10 余间病房、1 间药房和 1 间化验室、30 多个工作人员，医疗对象只限于教区附近的教友患者。1946 年 1 月复业时，规模较前扩大，设备较前充实，员工增至 100 人，医疗对象也就推广到教外的广大居民，每日门诊常达 100 人以上。1942 年 7 月，湖南省立中正医院在南岳创立，县、乡医院设立。1937 年，衡山县卫生院始建，这是全省最早建立的 14 个县卫生院之一，后于 1941 年在南岳设分院，在白果、草市、城区、镇岳、石湾、大堡、杨林、吴集设卫生所。1938 年，衡阳县创办县卫生院，有工作人员 19 人，病床 5 张，首任院长朱云达。同年，县卫生院始为县内小儿接种牛痘，第二年，开始推行新法接生。1939 年，县卫生院培训 15 名妇幼助产员，大力推行新法接生。同年，县卫生院在渣江开办西乡卫生所，开展西医业务。1942 年，岣嵝建立卫生所。衡山县在 1938 年由县卫生院开办妇女卫生讲习班，为县妇幼卫生工作之始。1948 年耒阳县修建了县卫生院。

医院数量增加带动药品制造业、药店等相关产业的开设和扩大。1941 年，湖南省卫生处在耒阳城西蒋氏宗祠和罗湘祠创办湖南省立医用药品器材制造厂。1949 年，耒阳境内有中药店 291 家，西药店 15 家，其中县城有中药铺 21

---

① 衡山县县志编纂委员会主编：《衡山县志》，岳麓书社 1994 年版，第 498 页。

② 衡阳县志编纂委员会：《衡阳县志》，黄山书社 1994 年版，第 492 页。

③ 衡山县县志编纂委员会主编：《衡山县志》，岳麓书社 1994 年版，第 509 页。

家，大药店有东横街的傅裕泰、南正街的广济、西门的同仁药号，兼营中药批发业务。另有小型西药店零售药品，西药诊所诊病售药。

禽畜防疫工作也取得一定成绩。1939 年，湖南省在耒阳设立湘南兽疫防治工作队，首次使用湘西血清制造厂生产的抗牛瘟血清和疫苗。1942 年，用此药在城厢附近防治注射耕牛 2785 头。1943 年，耒阳筹建湘南血清制造厂，但因日本侵略军进逼湘南而中止。1941 年 2 月 26 日，湖南省第一次卫生防疫会议在耒阳召开，有力推动了衡阳医疗卫生事业的发展。

五、沦陷后衡阳现代化成果的破坏殆尽

1944 年 6 月 23 日，日军开始进攻衡阳，到 8 月 8 日衡阳被敌侵占，历时 47 天，其破坏之大，损失之巨，是抗日战争时期全国所仅见的。

此时的衡阳全城被毁，工商业损失惨重，全市 183 家大小工厂、作坊悉遭摧毁。据 1946 年 1 月 27 日衡阳九家大公司报呈市商会转呈省建设厅的申报，沦陷时期的损失，折合法币计 7 亿 1450 万元，其中官商合办的国泰实业股份有限公司及颜料油漆厂，根据账册报损 6952 万 1294 元。1945 年底，旧市商会对 57 个行业调查日寇侵衡各工商业户的损失，总计为法币 41 亿 5472 万余元。[①] 纱布业损失也很严重，据统计，全业损失金额达 9 亿 9245 万 4000 元（旧币）。[②] 据 1946 年 1 月衡阳市商会统计，饮食业共损失法币 5 亿 7112 万 8000 元。[③] 此外，全市人口战前为 53 万余人，抗战胜利后，返回市区仅 16 万余人，占原有人口的 30%。因避战祸流亡到黔、桂、川等省及湘南、湘西的有 8 万余人；逃避到衡阳县偏僻农村的有 10 万余人；旅居衡阳的外省外县人士避寇回乡不再返衡的有 10 万余人，三项合计占原有人口的 55%。在战争中死亡的有 5 万余人；沦陷期间，患疟疾、痢疾、伤寒等病的 9 万余人，其中死亡 3 万余人，因战争和战争带来的瘟疫疾病而死亡的占原有人口的 15%。市内房屋原有 32500 余幢，战后仅存完整的房屋五幢；遭到严重破坏，尚能勉强居住的不上 60 幢，损失约值银洋 50 亿圆，计币 250 亿元。家具、被服、日用

① 中国人民政治协商会议湖南省衡阳市委员会文史资料研究委员会：《衡阳文史资料》第 3 辑，政协衡阳市委员会文史资料研究委员会 1985 年版，第 45 页。

② 中国人民政治协商会议湖南省衡阳市委员会文史资料研究委员会：《衡阳文史资料》第 5 辑，政协衡阳市委员会文史资料研究委员会 1986 年版，第 35 页。

③ 中国人民政治协商会议湖南省衡阳市委员会文史资料研究委员会：《衡阳文史资料》第 2 辑，政协衡阳市委员会文史资料研究委员会 1984 年版，第 107 页。

品以及各种物资的损失，更是无法估算。市郊损失耕牛 12000 余头，猪 34000 余头，约值 200 万银圆，计币 1000 万元，鸡、鸭、犬、羊等家禽家畜损失不计其数。田亩 90% 都已荒芜。群众的口粮靠从茶陵、攸县等地进谷接济，时时发生粮食恐慌。[①] 1945 年，衡山全县稻谷亩产仅 121 公斤。常宁县情况同业糟糕，日寇侵占常宁期间，全县人民死亡伤病者 176153 人，占当时人口总数 40% 之多，其中死亡 5 万余人，占总人口数 12% 之多，妇女被强奸不计其数，房屋被烧 7235 栋，耕牛被杀 5222 头，食盐被抢 25000 余担，损失粮食 3800 余担，摧毁桥梁、道路及其他建筑物计款达 1 亿元以上。[②] 1944 年 7 月，日本侵略军侵陷耒阳县，狂轰滥炸、奸淫屠杀、烧抢掠夺，兴旺一时的工业、农业、教育、商业、交通惨遭破坏，人民死亡 10.468 万人，田土荒芜逾半，县城几成废墟，直接经济损失 2423.3 亿银圆，昔日的“小上海”不复存在。

六、收复后衡阳现代化事业的复苏与衰败

1945 年，日本投降，抗日战争取得胜利，衡阳各县光复，衡阳人民的噩梦暂时告一结束。不曾想，刚历经大劫，天灾和瘟疫继之而来。1946 年 4—7 月大饥，衡山、衡阳等县最为严重。1947 年，衡阳、衡山、耒阳一带于惊蛰节后发生虫灾。5、6 月份，祁阳大雨不止，造成山洪突发、溪水泛滥，普遍成灾。1949 年，衡阳各县遭受大水灾。天灾人祸纷至，加之经济萧条、工业凋敝、商业冷清，衡阳的城市现代化建设遭受各方面的严重阻碍。尽管如此，为谋求生存发展，衡阳人民积极发展生产，经济、文化等事业取得一定的恢复和发展。

经营生产生活日用品的行业恢复比较快些。1945 年冬，耒阳鸿升、永和、隆昌 3 家银器首饰店铺恢复开业。耒阳商业也有所恢复，1947 年，耒阳县境有商店 209 家、资本总额 7990 万元，总营业额 1.5146 亿元，纯利 715 万元（法币）。绸布业及纱布业方面，常宁绸布业店铺除原有锦纶泰、杨永春、仁义昌、新记（改为惠民）、大雅宁、广丰厚、纶华、纶昌等 8 户外，又逐步增加了吉昌、祥记、吉记、致康、益昌祥、德和、乾元亨、义丰、复圣祥、和昌、浴庆祥、德泰祥、勋记、大成等 14 户，虽然户数有所增多，但总的资金

① 中国人民政治协商会议湖南省衡阳市委员会文史资料研究委员会：《衡阳文史资料》第 3 辑，政协衡阳市委员会文史资料研究委员会 1985 年版，第 40—41 页。

② 中国人民政治协商会议湖南省常宁县委员会文史资料研究委员会编：《常宁文史资料》第 11 辑，中国人民政治协商会议湖南省常宁县委员会文史资料研究委员会内部发行 1987 年版，第 181 页。

比以前大大减少。[①] 衡阳纱布业在光复初期，仅李向荣的荣华新、王士廉的康记、周福生的周义生等 3 户尚能勉强复业。不久，王恢端合股组织太康纱布店，吉安帮胡舒安创立豫孚成，由代客买卖，逐步发展自营匹纱，生意日隆。后复庆祥、协兴、振声溢、正康祥、维新祥等老店先后复业，还有集资经营的新中、大华等新店开业。不仅在数量上有一定增加，在经营上也有较大扩展。1948 年，衡山县有蛋、鱼、水果、土纸等行栈增至 30 来家，其中邓全顺、顺昌祥、仁和、兆丰等商号较著名。农村信用社也随之发展。1947 年，衡阳县重建农村信用社 42 个，1948 年增加到 482 个。[②] 1947 年，衡山县建立商业信用社，同年，石湾镇工商界组成商业信用合作社。但不久国民党掀起内战，通货恶性膨胀，加之税捐繁重，商民不堪其苦，恢复的各行业又趋凋零。

工业方面，光复后的衡山县私营工业恢复 13 家，集资新办 6 家。到 1949 年 9 月，全县共有私营工业企业 18 家，工人 380 个，集镇专营手工业 333 家，从业 478 人。[③] 衡阳界牌的陶瓷业恢复生产，1947 年有瓷厂 360 余个。同年，衡山人陈芝轩在距洪罗庙 10 里以外的太和冲筹建新瓷厂，生产渐兴。1948 年，旷文澜在衡山县城创办电灯公司，附设利民米厂。同年，衡山县城南外街办复兴机器锯木厂，职工 17 人，年锯杉板 9000 平方丈；康王庙建成电器锯木厂，职工 13 人，年锯杉板 6000 平方丈。两家所锯杉板，满足县境需要，还销往湘潭、长沙等地。次年，欧阳民生工厂置碾米机加工大米。工厂建设方面，因浙赣铁路进行全线维修，需要大批器材，衡阳各个铁工厂获得生机。复工的福泰机器铁工厂借此机会，承制各种洋镐、道钉、鱼尾细丝及撬棍等，不仅恢复了元气，而且逐步扩大了规模。最忙时，曾有锻炉 30 座，工人 120 名，通宵达旦，炉火不熄。可惜好景不长，国民党掀起内战，铁路订货断绝，工厂变兵营，车间成马棚，机器转不动，产品销不出，工厂陷入了困境。[④]

文化教育事业方面，至 1949 年，境内有大学 1 所，中学 12 所，小学 618 所，幼稚园 2 所，职业学校 1 所。衡山县一时成为湘南地区的教育中心，学校之多，在全省各市县居第四位。但在校学生多为富家子弟，贫苦农民子弟寥寥

① 陈伟中主编：《常宁文史资料》第 2 辑，中国人民政治协商会议湖南省常宁县委员会文史资料研究委员会内部发行 1987 年版，第 155 页。

② 衡阳县志编纂委员会：《衡阳县志》，黄山书社 1994 年版，第 283 页。

③ 衡阳县志编纂委员会：《衡阳县志》，黄山书社 1994 年版，第 274 页。

④ 中国人民政治协商会议湖南省衡阳市委员会文史资料研究委员会：《衡阳文史资料》第 5 辑，政协衡阳市委员会文史资料研究委员会 1986 年版，第 41 页。

无几。全县12岁以上不识字的占人口总数的62.19%，小学程度的占33.1%，中学程度的仅占4.48%。[①] 报纸刊物仍有发行，1947—1948年，三民主义青年团衡山县分团主办《开云报》，铅印四开，不定期；国民党衡山县党部主办《正言晚报》，石印四开，不定期。1949年，南岳国立师范学院学生自治会主办《生活日报》，油印刊行。此期，衡山县还成立了文化团体。1947年由唐壁衡、向大鲲、段椒、李土珍等组成嘤鸣诗社，研究、发表古典诗词。1948年由谭雪纯、刘东安、康华楚、廖先甲、陈绍夫、罗立德等组成芜原文艺社。[②]

1946年，国民党发动内战，全国进入全面内战时期。衡阳各县政府仍顽固地推行国民党政府制定的“戡乱建国”方针，强抽壮丁，加征田赋，苛派捐税。国民党政府还滥发纸币，1948年，国民政府发行金圆券来收兑法币，每元金圆券兑换法币300万元，结果金圆券仍和法币一样贬值厉害，物价腾飞狂涨，政府无力解决，人民叫苦不迭。国民党内部则贪污腐败盛行，大发国难财。如1948年6月20日湖南《国民日报》披露：全县12个田粮办事处，有10个办事处贪污挪用赋谷达4万担。[③] 此期，衡阳社会秩序失调，帮会及各种组织遍地出现。常宁出现帮会活动始于1939年，1945年全县出现“三山并立”之势，以廖莼为首的汉族山控制北乡，以谢铁南为首的南华山控制东南乡，以王国民为首的人和山控制西南乡，其他小的山头分别依附于这三大帮会势力。[④] 据1946年衡山县县长熊希颜给省政府的报告中列举：衡山洪帮组织有以陈缵为首的“南岳山”，以黄绍光为首的“武圣山”，以康庆排为首的“楚荆山”，以杨秉松为首的“天使山”，还有“九龙山”“两广山”“同胞山”等，总人数达1.5万人。抗战胜利后，衡山新发展的帮会有以罗岁阳为首的“昆仑山”，以王中为首的“太华山”，以欧阳俊为首的“五华山”，以钟协和为首的“天定山”，以刘光泽为首的“福龙山”，以向承猛为首的“衡岳山”，新增会员4000人以上。[⑤] 衡山县还有同善社、三期普度、紫霞教、宗教哲学研究社、一贯道、归根教等会道门宗教团体。这些严重影响了衡阳的社会稳定，不利于衡阳各项建设事业的发展。

---

① 衡阳县志编纂委员会：《衡阳县志》，黄山书社1994年版，第495页。

② 衡山县县志编纂委员会主编：《衡山县志》，岳麓书社1994年版，第561页。

③ 耒阳市志编纂委员会编：《耒阳市志》，中国社会科学出版社1993年版，第36页。

④ 常宁县政协文史资料委员会、县志办公室合编：《常宁文史资料》第1辑，中国人民政治协商会议湖南省常宁县委员会文史资料研究委员会内部发行1985年版，第35—36页。

⑤ 衡山县县志编纂委员会主编：《衡山县志》，岳麓书社1994年版，第612页。

国民党政府的如此行为遭到人民的激烈反抗。1949 年 1 月 25 日，耒阳铁路工人与衡阳铁路工人联合，外展反饥饿、反压迫的罢工斗争。2 月 2 日，耒阳公路职工罢工，客、货运输瘫痪 6 天。10 月 15 日，国立师范学院和国师附中、岳云、三忠、南华、祖安、五四等校学生 3000 余人，在南岳举行反暴行、反迫害的游行示威，省立十二中学生在两路口校园内集会声援。伴随着解放战争的节节胜利，国民党政府腐朽统治最终走向垮台的结局，而衡阳的解放则宣告了衡阳进入全面建设现代化的新时期。

抗日战争时期的衡阳在战争硝烟弥漫全国的时局中因战时经济的繁荣发展在湖南甚至全国脱颖而出，成为当时三大金融中心之一，工商业、交通运输业同时显著发展，与金融业共同成为推动衡阳城市现代化进程的有利因素。当时衡阳辉煌的取得除衡阳自身具备一定的经济能力外，更得益于外来现代经济因素的进入、国民政府实行的战时统治政策以及国内外所处的战争环境对生产生活必需品的极大需求。可惜好景不长，日本侵略军侵陷衡阳，衡阳遭受到严重摧残，各种损失惨重，昔日风光不复。抗战胜利后，赢得光复的衡阳着手进行各方面的恢复和发展，但不久南京国民政府又发动内战，再次严重干扰衡阳城市现代化建设。随着国民政府政治上进一步强化专制独裁，经济上无视经济规律肆意任其垄断市场干预经济发展，各种弊端明显暴露出来，如官僚主义横行、政权机构腐败；市场上经济秩序混乱、物价飞涨，种种这些宣告着衡阳城市现代化建设的失败。缺乏健全的、统一的、强有力的政府的参与支持，“政治结构成为一堆废物，对于现代化道路上任何有意义的行动，它都毫无作用”①。

① ［美］吉尔伯特·罗兹曼：《中国的现代化》，江苏人民出版社 1995 年版，第 189 页。

第六章　常德城市现代化变迁

常德，古称武陵，位于湖南西北部，地处洞庭湖畔、沅水下游和澧水中游，历史上曾成为西南地区与长江中游平原之间的交通枢纽和重要商埠，是湘西北地区最大的城市和政治、经济、交通、文化中心。常德是一座具有悠久历史的文化古城，早在战国时期，秦蜀郡守张若即在此筑城，史称张若城，常德城市的发展大抵滥觞于此时。常德城历为县治及郡、州、府、路驻所。秦、汉置临沅县，东汉光武帝改称武陵郡。三国初属蜀汉，后属吴，直至晋代均称武陵郡，故名武陵城。隋唐时名朗州。宋时改名鼎州又名常武，北宋徽宗政和七年（1117年），在鼎州设常德军，后升州为常德府，常德之名始于此。元时曾改名常德路。明、清时再称常德府并辖武陵县。

第一节　晚清时期常德现代化的酝酿与发轫

一、近代以前常德城市发展概况

自古以来，常德因其优越的地理位置和交通条件素有“荆楚要地、黔川咽喉、湘西门户”之称，为历代兵家必争之地。自建城后，常德就一直为各个朝代施行地方统治的政治中心和军事要地。据史书记载，许多朝代均派有将领扼守此城，还有一些大将也曾领兵入境作战。如春秋战国时期，秦昭王派遣大将白起占领了楚国在常德的辖地——黔中郡。东汉时，政府派刘尚、马援等率数万军队前来镇压武陵“五溪蛮”起义。三国赤壁之战后，刘备为保有荆州，曾派张飞先取常德。宋代的民族英雄岳飞、元朝大将徐达、明末清初李自成部将李过、马进忠等都曾率军来常征战或镇守此城。

常德濒临沅水，竹楫上溯黔东，下达苏皖，又有驿路通达湘、鄂、川、黔、桂诸省，如此便利的自然交通条件使其工商业自古以来就很发达。战国时期，常德的商业已十分兴盛，从德山楚墓出土的琉璃器和整套天平砝码即可为证。到唐天宝元年（742 年），朗州城（今常德）已发展成为“舳舻蚁集，商贾云臻，连阁千重，炊烟万户”[①] 的湘西重镇。南宋初年，常德可造“载鱼万担，载米万斛”的大船，说明当时常德的造船手工业已达到了很高的水平。常德民间纺织业一直以来也很发达，织物常列为贡品。据《湖广通志》记载：“武陵居民勤于耕织。自大观以来，制锦绣为业，其色鲜明，不在成都锦官下”。[②] 明中叶以后，常德逐渐成为各省商贾云集之处和主要商品集散地，城市商品经济发展很快，港口船只进出，货物吞吐频繁，煞是热闹。史载，当时的情景是“大江啮城，舶舫帆楫，时相上下，商贾所聚，百货辏集，人语欢声，辄喧午夜，黔、蜀、闽、广、江、浙、陕、豫之商毕集”[③]，故当时的常德亦有“富强甲湖南”之称。

到清代，常德的社会经济逐渐发展至顶峰。康熙年间，常德城内开始出现牙行，雍正以后，牙行逐步增多，其中以谷米、棉花、桐油、药材等行业较大。当时，常德商货聚集的来源主要有三条：一是沅水上游各县及川黔边境所产之桐油、木材、土产山货等均顺沅水运达常德。二是湘西北的慈利、石门、桑植、龙山、大庸等地的土特产品沿陆路以车载马驮、肩挑背负的方式源源输入。三是滨湖各县之农产品由河湖港汊船运至常德。这三路商货都先聚集到常德，然后再转口贸易行销至全国各地。故常德城内店铺众多，商贾云集。乾隆年间，地方政府开始开放市场，各地之间的经济联系进一步加强，全国城市经济呈现出一片繁荣的景象。此时的常德，由于良好的物资环境与便利的交通条件，吸引了众多的外地商人来此经商。为维护各自的利益，这些外商还成立了许多既是行帮组织又是商人团体的以省、县乡土关系和同行关系组成的“会馆”。据《武陵县志》记载，乾隆十六年（1751 年），常德的江西籍人在大河街设有“江西会馆”；安徽籍人在井巷子设有“徽州会馆”；……广东籍人在

① 常德市计划生育委员会编：《常德地区志・人口志》，常德市计划生育委员会编内部刊行 2000 年版，第 84 页。

② 常德市志编纂委员会编：《常德市志》，中国科学技术出版社 1993 年版，第 2 页。

③ 常德市计划生育委员会编：《常德地区志・人口志》，常德市计划生育委员会编内部刊行 2000 年版，第 84 页。

大庆街设有“广东会馆”；福建籍人在铁家桥设有“福建会馆”。[①] 这些会馆为常德商会的前身。会馆开设之多，反映了当时常德城内商业的空前兴盛。据统计，当时常德牙行近 200 家，商铺近万家，外地商人在城内建会馆多达 17 所。[②] 常德成为湘西地区的重要商埠，湘西、川黔的桐油、生漆、木材、五涪子、药材、皮毛、水银、丹砂、冰碱、土靛等物资大量从此出口；常德的粮食、棉花、水产、大布、铁器和苏杭绸缎、湘赣陶瓷、京广杂货等经过此地远运湘西川黔。至十九世纪中叶，常德发展成为湖南最富庶之地和商业繁荣中心，是全国著名的稻米产区之一。棉花种植也日益普及，成为湖南的棉花主产区。道光三十年（1850 年）前，湖南每年运往江浙的大米有三四千万石，其中常德约占三分之一。湖南各地来滨湖区贩运棉花者日益增多，常德津市成为全省棉花主要集散地。同治初，常德年进出商货值银 3000 万两以上，百货、盐、茶厘税超过 10 万两。[③] 传统商业日益繁荣。据《武陵县志》描述，当时交通畅达商业繁荣的景象是：“大舟小艇聚城旁，上溯黔阳下武昌”。[④] 这些大舟小艇满载着促进古城兴旺发达的物资资源，见证着常德这座城市经济繁荣的表象与历史进程的变迁。

直至近代，常德城市商品经济一直繁荣发展，但这并不代表常德整体性封建社会经济是先进的。在封建社会生产力获得解放之前，常德这座城市始终处于一种狭小和传统的形态，并将继续保持着传统的发展道路。其生存的基础始终建立在自给自足的自然经济之上，而外商的到来和商品的交换又使得整座城市商业经济一直呈现出一种繁荣兴盛的表象。

二、外国资本主义的入侵与寄货港的开辟

1840 年鸦片战争爆发，外国资本主义先用“钢铁大炮”强行打开了中国的大门，摧毁了清王朝帝国万世不变的统治秩序，然后又在经济上开始用“商品重炮”强力冲击和瓦解自给自足的自然经济。通商口岸的开辟，使得外国资本主义直接对华进行商品倾销，对外贸易迅速发展，城乡商品经济日趋活

① 政协常德市委员会文史资料研究委员会、民建常德市委员会、常德市工商业联合会编：《常德市文史资料》第 2 辑，内部发行 1986 年版，第 2 页。

② 常德市志编纂委员会编：《常德市志》，中国科学技术出版社 1993 年版，第 2 页。

③ 常德市志编纂委员会编：《常德市志》，中国科学技术出版社 1993 年版，第 2 页。

④ 政协常德市委员会文史资料研究委员会、民建常德市委员会、常德市工商业联合会编：《常德市文史资料》第 2 辑，内部发行 1986 年版，第 2 页。

跃，中国社会经济结构内部发生新的变化，自给自足的封建自然经济基础逐步解体。

当外来冲击力直接影响着中国社会发展的历史进程和发展方向时，此时的常德却因偏居内地，依然延续着传统的发展道路，封建的自然经济始终占绝对统治地位，商品经济虽然继续发展，但仍然局限在手工制作和土特产品转口贸易的狭小范围内。外国资本对当时中国的冲击力，丝毫没有动摇常德绵延两千余年的封建经济基础，就连中国内部开展得轰轰烈烈的洋务运动，也基本上没有带给常德经济任何的影响。有人这样评述当时的湖南："自鸦片战争至英法联军之役，中国所发生的'三千年'变局，湖南人是无动于衷的。湖南人的守旧态度，有似一口古井，外在的激荡，没有引起些许涟漪。所以当自强运动在沿海地区进展的时候，湖南人仍在酣睡之中。三十余年的自强运动，于湖南人几乎完全是陌生的"。[①] 湖南即如此，更何况当时偏居湖南内地的常德了。

鸦片战争之后的很长一个时期，外国资本主义都未能入侵常德，但贪得无厌的帝国主义列强是绝不会就此止步的。中日甲午战争之后，帝国主义列强加快了在中国的经济扩张，并逐渐从沿海向内地渗透。迫于帝国主义列强长期施加压力，1899 年 11 月，岳州（今岳阳）正式开埠设关，开外国资本主义经济势力入侵湖南之先河。岳州开埠后，帝国主义列强得寸进尺，妄图进一步侵入湖南内地。1902 年，日本政府向湖广总督张之洞提出希望"长沙、常德开口岸"。于是，1904 年 7 月清廷不得不正式开长沙为商埠。长沙开埠不久，日本又要求在常德和湘潭两地开埠，1905 年 4 月向湖南当局提出交涉。迫于列强的压力，湖南巡抚端方以"顾各国约开口岸，动多牵掣，实费磋商。或此国所索专界，而别国借口均沾；或甲国业已见行，而已国又来反驳。诚不如自开商埠，犹足顾主权而防流弊"为由，于 1905 年 5 月 5 日奏请清廷将常德、湘潭两地"自开商埠"。奏折中说："臣查湖南全省商务，本以常德、湘潭为两大市场。盖滇黔百货输委中原，由沅水经流以达长江之域，无不以常德为停储改运之区，……拟任以来，即电致上海商约大臣吕海寰，盛宣怀，略谓常德、湘潭两埠，因现拟自开，请将此两埠划出，勿入条约"，并且提议将常德城沅江南岸善卷村河洲划为"将来各国商家租建之区"，"该处关务监督，常德应

① 张朋园：《湖南省现代化的早期进展》，岳麓书社 2002 年版，第 137 页。

归岳州关监督兼办”。[①] 清政府得此奏后，认为：“湖南近年风气大开，正宜扩充商业。该抚以常德、湘潭为全省商务最盛之区，请于该处自辟商场，以期保守主权，自系切要办法”。因此，于1905年8月准端方所奏：“如所议行”。[②] 常德、湘潭自开商埠就此纳入了湖南省府的议事日程。但是，官方屈服于列强威逼的行为遭到了常德人民的强烈反对。1906年2月，主持常德开埠事宜的岳常澧道韩庆云来常德筹备将常德城沅江南岸地带辟为通商租界时，学生群众与爱国士绅群起反对，集会呈文“具控到京”，留学生多人“邀集郡城八省三堂董事，在育婴堂会议商埠之事宜”，计议向韩庆云“面陈利害，并公禀省城洋务局力争”。清廷终未敢将常德、湘潭两地贸然开埠。但列强各国商轮则根据《内港行轮章程》，仍行驶至常德港运输客货，并在常德城沅江两岸和津市的澧水沿岸大肆租赁栈房和码头，常德实际上成为外商的“寄货港”。常德“寄货港”的开辟，标志着常德商岸正式对外开放。从此，外国资本主义更加顺畅地进入常德，一方面冲击着常德传统的自然经济，另一面又不断地带来新的思想观念和社会生产方式。常德面临新的更大的机遇与挑战，不断加快早期城市现代化的步伐。

三、常德现代化的发生

1840年鸦片战争以后，中国逐渐被强行纳入资本主义世界体系。外力的作用诱使中国社会内部结构发生变革，迫使中国改变了社会的发展方向和历史进程。在饱受列强欺凌、被迫对外开放的环境中，中国迈着踉跄的步伐，踏上了曲折艰难的现代化之旅，先后走过了洋务运动、维新运动、清末“新政”等历程，经历了政治、经济、文化等领域的变革。至19世纪末20世纪初，处在历史潮流漩涡中的常德在外力的渗透之下，也不自觉地启动了追求现代化的脚步，并层层推进，步步深入。

1. 经济领域现代化的发生

常德是一个因商而兴的城市，因此，常德城市早期现代化的主要驱动力是商业的现代化。在外国资本主义未侵入湖南以前，常德仅限于本土的转口贸易。在岳州开埠、湖南的大门向列强打开以后，常德的商贸市场开始与世界资

---

① 《湘抚端方自开商埠筹办情形折》，《端忠敏公奏稿》卷5。转引自周石山：《岳州长沙自主开埠与湖南近代经济》，湖南人民出版社2001年版，第126页。

② 朱寿朋编：《光绪朝东华续录》卷195，上海集成图书公司1909年版。

本主义市场发生联系，进出口贸易逐渐发展起来。常德辟为“寄货港”以后，进出口贸易进一步繁荣发展。商业的发展尤其是对外贸易的发展客观上又促进了产业的勃兴和商业资本的积累，推动常德城市产业、金融等多方面不断趋向现代化。

常德现代商业的兴起最主要的表现就是与国际市场接轨的进出口贸易的繁荣。自岳州开关以后，常德有大量的农副产品和原材料经过岳州关出口，主要有大米、蛋品、莲子、麻、饼肥、猪鬃、肠衣、牛皮、茶叶、锑、雄黄、药材等，产品主要销往港澳地区和英、美、日、俄、德、东南亚各国。据载，清光绪二十八年（1902 年），岳州关直接输往其他口岸或转口出口大米 100759 担（多来自常德，下同），二十九年（1903 年）出口 344212 担，三十年（1904 年）出口 257673 担，三十一年（1905 年）开始大幅度跌落，到光绪三十三年（1907 年）跌至 47994 担，翌年又增至 788672 担，是清末口最多的一年。清光绪二十九年（1903 年），经岳州关运往通商口岸出口棉花 410 担。光绪二十七年（1901 年），经岳州关运往通商口岸出口锑砂 11 担。光绪二十九年（1903 年），出口锑砂 117472 担。光绪三十二年（1906 年），出口生锑 12314 担，锑砂 20144 担。光绪二十七年（1901 年），常德始有药材出口。光绪二十九年（1903 年）出口值为 3214 关平两。宣统元年（1909 年），出口值 2229 关平两。[①] 在被辟为“寄货港”以后，列强开始不断设立洋行，成为常德进出口贸易的主要中介，并直接促进了常德进出口贸易的繁荣与发展。据载，当时川南、黔西以及沅水上游辰、酉两河的桐油、牛皮、倍子、冰碱、生漆、矿砂等都运集常德，由洋行收购出口，全年出口贸易金额不下数千万银圆。[②]

在大量农副产品和原材料不断出口的同时，外国的一些商品也不断通过不同途径进入常德。常德输入洋货以棉织品和其他纺织品为多，还包括煤油、建材、五金、交电等。据载，早在同治元年（1862 年），常德由汉口转口进口煤油 160500 箱，澧州 80000 箱，桃源 10000 箱，石门 60000 箱。[③] 同治十三年（1874 年），英国在华成立中印航业公司（后称怡和公司），英国石油沿长江进洞庭湖，深入常德腹地。同年，美国第一艘商轮“中国皇后号”进入黄埔港，美国石油逐渐输入常德市场。光绪十七年（1891 年），澧州进口美国石油

① 常德市地方志编纂委员会编：《常德市志》第 27 编《出口贸易》，湖南人民出版社 2002 年版。

② 政协常德市委员会文史资料研究委员会、民建常德市委员会、常德市工商业联合会编：《常德市文史资料》第 2 辑，内部发行 1986 年版，第 5 页。

③ 常德市地方志编纂委员会编：《常德市志》第 27 编《出口贸易》，湖南人民出版社 2002 年版。

58150 箱，俄国石油 12800 箱；常德进口美国石油 79650 箱，俄国石油 10650 箱。[①] 光绪三十三年（1907 年），英国亚细亚石油公司来常德建油栈，输煤油于常德市场。清同治十年（1871 年），外国五金产品经汉口进入常德，主要有铁丝、元钉、铅锭、铝锭、锡锭、钢丝等；五金工具有锤、钳、锥、刀、剪、锉、锁、灯具等，以美、英等国的五金产品为多。

常德进出口贸易的繁荣是建立在列强不断进行资源掠夺的基础之上的。由于生产力之间的差距，列强先在常德不断倾销煤油、布匹、百货等廉价物品，然后又从常德以低廉的价格收购大米、蛋品、莲子、麻、饼肥、猪鬃、肠衣、牛皮、茶叶、锑、雄黄、药材等土特产和原材料物品。因此，这种贸易是带有殖民主义性质的。

常德传统工商业结构的更新主要体现在两方面：一是新兴商业行业的出现，二是近代民族工业的兴起。

首先，在本土传统商贸的继续发展和与资本主义市场接轨的进出口贸易繁荣兴盛的带动下，常德商业市场开始出现许多新兴行业。鸦片战争后，随着外国商品的不断涌入，民族百货业和纺织工业首先发展起来。百货市场初为各类杂货店实行分式综合经营，后来逐步独成行业。为了抵制外国棉纺织品的倾销，常德绸缎匹头业骤然兴起。光绪二十一年（1895 年），有广东人在常德开办“东京华”照相馆，是为常德照相业之始。尔后一名教育界人士开办“红泥阁”照相馆。光绪二十四年（1898 年），西药经营业开始出现，美国医生罗感恩和夫人在常德市东门创办广济诊所，为民诊病，亦兼营西药。光绪三十一年（1905 年）前后，杨志明在常德城首开“南洋药房”，经营“戒烟丸”和治疗“花柳病”（性病）的西药。后由于经营西药经验不足，加上药价昂贵，地方民众难以接受，生意清淡，而改为“武陵花馆”。[②] 常德辟为“寄货港”以后，煤油销售和卷烟批发业也随着洋行的出现而产生。光绪三十四年（1908 年），英商亚细亚、美商美孚和德士古相继在常德设立油栈，倾销煤油。光绪三十三年（1907 年），英、美烟公司在常德大高山街设立卷烟销售机构，在常德其他主要县城设代理机构，办理卷烟批发业务。

其次，在外国商品和资本的强烈刺激下，资本主义生产理念不断深入，常德近代民族工业逐渐兴起。其中发展较快的主要是棉纺织业。鸦片战争后，洋

① 常德市地方志编纂委员会编：《常德市志》第 27 编《出口贸易》，湖南人民出版社 2002 年版。

② 常德市地方志编纂委员会编：《常德市志》第 27 编《药品》，湖南人民出版社 2002 年版。

纱洋布以质优价廉的优势逐渐占领传统的土布市场。为了提高土布质量以抵制洋货，常德各地开始寻求改善生产工具和经营方式，振兴民族工业。光绪二十三年（1897 年）八月，张开朗在桃源县上东街开办张茂兴染织工厂，生产土布、花布，为常德最早的织布厂。光绪二十八年（1902 年），汉寿县令赵从嘉倡办工艺厂，从事织布染布。光绪三十年（1904 年），朱世善在常德城内东正街开办宏昌工厂，生产各种土布。[①] 宣统元年（1909 年），常德文益纱厂开工，有工人 206 名。这些早期兴办的工厂，虽然生产规模较小，但是标志着传统的手工生产作坊开始向近代民族资本主义工厂转型。常德辟为“寄货港”以后，随着一些外国的近代人才、技术、企业经营理念的不断传入，常德本地商绅开始探索兴办近代民族公司企业。光绪三十二年（1906 年）一月，石门人覃雯章在石门县西北乡磨岗隘开办股份制宝石公司，织造各种布匹，为常德最早的织布合股公司。光绪三十四年（1908 年），李棣初在常德城内大兴街开办股份制协兴公司，织造布匹。津市人龙于成、马恒益、杨芝堂等，采用民间集资办法，在津市汤家巷开办津市惠中纺织公司，有工人 120 人，铁织机 8 台，木织机 50 台，年产布 1.68 万匹，为当时常德规模最大的织布工厂，生产布匹、素色毛巾等。[②] 除了棉纺织业之外，其他行业工业也有所发展。光绪三十一年（1905 年），武陵县牛鼻滩创建吉泰诚锅厂，职工达 40 余人，资金 2 万元，年产铁锅 1.92 万口，畅销省内外。常德城外沅江边皇经阁、落路口、南站沙滩河 3 处先后办起造船场，能制造载重达 5—100 吨的数十种船只。[③]

随着常德商业贸易的不断发展和外国资本主义的不断侵入，为了加强相互之间的商贸联系，同时为了增强自己的力量以对抗外国资本主义竞争的威胁，常德本地商人开始团结起来以谋求成立一定的商会组织。光绪二十九年（1903 年），清政府为了振兴实业，设立了商部，并于次年初制定了《商会简明章程》，同年三月又制订《大清商务总会章程》，发布“劝办商会谕帖”。《商会简明章程》规定，各省垣及通商大埠成立商务总会，府州县设立商务分会，贸易较为发达的集镇则设立商务分所。为了给予商会较高的社会地位，规定各董常川来署，不必穿公服，禀复各件亦不必拘以公犊体制。商务总会只对总督巡抚用“呈”，对布政使、按察使以下地方官用“移”，表示同等地位。

① 常德市地方志编纂委员会编：《常德市志》第 21 编《棉纺织》，湖南人民出版社 2002 年版。

② 常德市地方志编纂委员会编：《常德市志》第 21 编《棉纺织》，湖南人民出版社 2002 年版。

③ 陈国华主编，中共常德市委党史资料征集研究办公室：《中共常德地方史》第 1 卷，中共党史出版社 2004 年版，第 3 页。

在清政府的倡导与自身意向的促使下，常德商人于光绪三十一年（1905 年）开始积极筹备工作，次年初，呈报商部批准设立了“常德商务总会”，地址设在东门永安街（今人民中路）。[①] 常德商务总会的成立，对调节和缓和本地帮派、行业之间的互相倾轧，以及抵制洋货、促进民族工商业的发展起到了一定的积极作用，同时标志着市民意识的觉醒和地方政府试图挽回利权的决心。

2. 交通现代化的起步

常德交通的现代化是伴随着近代湖南交通现代化的产生而起步的。之所以称之为现代交通的起步，是因为采用机器发动的轮船开始出现，并逐渐取代传统的依靠自然力、人力的木制帆船作为航运工具。

清朝末年，商品经济的发展已促使常德水运业形成相当规模。当时往来常德水域运输的船只主要是帆船。光绪二十二年（1896 年），湖南巡抚陈宝箴推进新政，着力改善省内交通。次年，成立鄂湘善后轮船局。同年九月，鄂湘善后轮船局驻长沙的南局公董蒋德钧等经陈宝箴批准，租用抚院官轮“长庆”“湘帆”“慈航”等火轮船，分别试航长沙至湘潭、常德、岳州（今岳阳）等航线，常德始有轮船航行。光绪二十四年（1898 年）四月二十八日，鄂湘善后轮船局正式开航，南局的一艘客轮由长沙载客驶向常德，开辟了长沙至常德的第一个航班。从此，常德水路运输由单一的木帆船发展到轮船。光绪二十五年（1899 年），岳州开为商埠，外国资本主义涌入湖南，外轮开始驶入内河。次年，日本英佛矿业会社一艘浅水汽轮由岳州驶入常德，此后，经常有外轮在常德水域航行。光绪二十九年（1903 年），士绅龙璋邀集商贾在长沙开办了一家较大的开济轮船公司。[②] 该公司从江苏买进四艘较大的火轮，开辟了多条航线，有航班定期航行于长沙至常德之间。光绪三十二年（1906 年），开济公司又添置永发、聚兴二轮，航行于衡州（今衡阳）、常德之间。常德被辟为“寄货港”以后，外国资本主义进入常德，英国大古洋行“湘潭”轮开始航行常德，并于次年在常德大河街营建码头、泵船、仓库、货棚等设施。同年，日清汽船株式会社在常德设驻在员，经营轮船运输。[③] 从此，常德水域出现外国轮船与本国轮船竞相经营的局面，水运业颇有欣欣向荣之势。

---

① 政协常德市委员会文史资料研究委员会、民建常德市委员会、常德市工商业联合会编：《常德市文史资料》第 2 辑，内部发行 1986 年版，第 7 页。

② 刘泱泱：《近代湖南社会变迁》，湖南人民出版社 1998 年版，第 366 页。

③ 常德市志编纂委员会编：《常德市志》，中国科学技术出版社 1993 年版，第 243 页。

3. 邮电通讯的产生

常德现代邮政始于清光绪末年。光绪二十二年（1896 年）大清邮局正式成立，光绪二十五年（1899 年）邮政业务扩至湖南常德。12 月 3 日，继长沙之后，常德成立大清邮政“常德邮政支局”，“办公地址处于常德城中心和繁华地带，房子坐落在绿树环绕之中，很适合我们的计划和需要，结构很好，保持着极好的状况，前面是常清街——贯穿常德最好的街。”① 当时，邮政事务归海关总税务司掌管，常德境内邮政机构隶受岳州海关税务司。光绪三十年（1904 年）十月，总税务司按海关例，将全国邮区以海关辖区为标准进行划分，湖南省划分为长沙、岳州两邮界，管理全省邮政事务，常德邮政支局划归岳州邮界管辖。嗣后，常德境内各县（市）也相继成立邮政支局或邮政代办支局。

宣统元年（1909 年），因常德是“除长沙省会以外全省最要之地方”且“此事均邀官商各界赞成”，岳州邮界总局迁往常德。宣统二年（1910 年）四月初一，长沙府、常德府（岳州）两邮界均改为副邮界，拨归汉口邮界管辖。宣统三年（1911 年）五月，岳州副邮界取消，正式改为常德副邮界。长沙、常德两副邮界仍归汉口邮界管辖，长沙管辖湘中、湘南部分的邮政支局及邮政代办支局，常德管辖湘北、湘西部分的邮政支局及邮政代办支局，计有常德、津市等自办总局 11 个，自办城市支局 1 个，安福（临澧）、安乡、澧州（澧县）、龙阳（汉寿）、桃源、慈利、石门等委办代办支局 61 个，合计 73 个分支机构。同年（1911 年）5 月，邮政脱离海关，长沙、常德副邮界总局改称邮政分局，属汉口邮政总局领导。②

常德自清末创办现代邮政，即办理信函、明信片、新闻纸、印刷物等函件业务、国内普通包件业务和包裹保险及代费收价等业务和国内普通汇票业务。创办之初，由于一般民众尚无用邮习惯，故业务不多。常德邮局的邮件运输基本靠水路，并以委办轮船邮路为主，浅水季节就借用民船，时有常德至长沙水道邮路，利用鄂湘善后轮船局的小轮，代运往来长沙方向的邮件。1904 年后，英、日等国“招商”“怡和”“太古”轮船公司，定期有往来常德的船只代运邮件，沿途按转的地方有常德牛鼻滩、坡头、茅草街、沅江、泚湖门、长沙。光绪三十四年（1908 年）常德辟有至岳州（岳阳）委办轮船、民船邮路，运

① 瞿新辉主编：《常德地区志・邮电志》，中国物价出版社 1993 年版，第 16 页。

② 瞿新辉主编：《常德地区志・邮电志》，中国物价出版社 1993 年版，第 17 页。

输往来常德大宗包裹和重件，少水季节，当两港汽船暂停时，每6—7天就租船运送一次，从常德到岳州，根据天气平均需4—12天，从岳州到常德的邮件大约50%是常德当地的，35%是贵阳的，其余15%是沿常德到贵阳间路段的。常德的邮运服务，浅水季节完全依靠岳阳到常德这条路线。常德至贵州省的邮件，须经洪江，1909年前常德已辟通至洪江、至贵阳的水道邮路。常德至洪江，沿途经河袱、椰市、桃源、辰州（今沅陵）、水溪抵洪江，通过租用渔船运送邮件和包裹。[①]

常德有线电报的举办，始于光绪末年。光绪十六年（1890年），湖广总督张之洞为沟通湖南、湖北两省通信联系，奏准荆州商局架设自沙市经澧州（今澧县）、武陵（今常德）、龙阳（今汉寿）、益阳、宁乡至长沙电报线路，光绪二十三年（1897年）五月竣工。光绪三十年（1904年）四月，常德成立“常德电报官局”，局址设于大西门，系租赁民房，创办人吴太保即留在局内负责，并在苏家渡设立分支机构，收发官商电报，隶受于上海电报总局管辖。[②] 常德电报官局装设莫尔斯电报发报机一部，与长沙直通电报，组成境内第一条有线电报直达电路。

四、政治领域现代化的发生

20世纪之初，伴随着清末“新政”的推行，常德现代市政管理制度开始萌芽，现代市政管理机构逐渐出现。光绪三十一年（1905年）九月，清政府正式设立巡警部，统管全国警察事务，是为中国现代警察制度的起源。同年，常德府武陵县创设巡警局，县知事兼任局长，下设稽查兼发审，文案兼收支、庶务、教务，有骑马警兵伍长1名，骑兵4名，司法警兵伍长1名，司法警兵4名，杂役4名，不满600户的乡镇设警兵分防处。光绪三十三年（1907年），巡警署内置警务长，设教训所、看守所、消防队，下设的分防处改设为四个警务区。宣统三年（1911年），武陵县共有长、官、警、兵153人。[③] 从光绪三十二年（1906年）年开始，随着新政修律的开展和深入，清政府在实行官制改革的过程中，参照西方“三权分立”的模式，开始进行一系列有关司法体制的改革。同年（1906年），常德开始实行司法改革，司法与行政分开，成立

① 瞿新辉主编：《常德地区志·邮电志》，中国物价出版社1993年版，第94页。
② 瞿新辉主编：《常德地区志·邮电志》，中国物价出版社1993年版，第21页。
③ 常德市志编纂委员会编：《常德市志》，中国科学技术出版社1993年版，第530页。

了常德地方审判厅，建址于常德城区考棚街（后改为法院街），为四级三审制之第二审级，兼辖武陵县民、刑案件第一审，内设刑事、民事二庭，开始施行陪审、回避、辩护、公开审判制度，执行起诉、预审、上诉，判决等程序，司法制度开始脱离封建模式。[①] “依照九年预备立宪进程，宣统二年（1910 年）应该设立各级审判厅及监察厅；省城设高等厅、府州设地方厅、州县设初级厅”。[②] 因此，宣统二年（1910 年），清廷在常德始设地方检察厅，为常德现代法律监督制度的萌芽。现代警察、审判、检察机构在常德的陆续建立，标志着常德的现代市政管理体制形成雏形。但是由于当时社会环境的制约，现代市政管理体制未能得到良好的发育。不管怎样，清末常德市政管理制度的现代化已然破壳而出了。随着与资本主义经济文化的进一步密切，常德现代市政管理必将在破除传统体制的道路上顽强地前进。

甲午中日战争以后，中华民族危机和社会危机日趋严重，但是腐朽的清政府依然无力挽救大局。戊戌变法的失败，证明了资本主义改良的道路在中国是行不通的。随着西方民主平等思想的广泛传播，先进的知识分子逐渐认识到：只有推翻腐朽的清政府和残暴的帝国主义，才能救国家于生死存亡之际，救人民于水深火热之中。从此，一些先进的知识分子逐步转变为民主革命人士，投身到推翻清王朝的革命活动中。20 世纪之初的常德，由于深受封建主义和帝国主义的双重压迫，一些民主进步人士也先后投入到革命活动之中。

光绪二十六年（1900 年）七月，浏阳人唐才常秘密建立了自立会，并在汉口英租界组建自立军总机关，准备秘密发动湖北、湖南、安徽、江西各省起义，同时派人到常德发展会员，常德人何来保、赵必振立即响应，联名要求加入自立会。汉口总机关接受何来保、赵必振的申请，并指派他俩负责组织常德自立军。八月，负责湖南自立军会务的常德人蔡钟浩来常德巡察，力促常德组织自立军。何来保、赵必振便积极联络各方人士，设立常德自立军驻常机关，发展自立军力量，准备响应汉口“自立军”起义。不幸的是，汉口总机关于八月二十一日被清吏破获，湖广总督张之洞下令将唐才常等 20 多人处死，并密电各省、府捕杀起义人员。湖南巡抚俞廉三派人密来常德，按名册缉捕自立军人员。何来保急与赵必振、蔡钟浩商议，决定暂避乡间，图谋再举。赵必振

① 中国人民政治协商会议湖南省常德市鼎城区委员会文史资料研究委员会主编：《常德县文史资料》第 6 辑，内部发行 1990 年版，第 29 页。

② 张朋园：《湖南省现代化的早期进展》，岳麓书社 2002 年版，第 203 页。

化装外逃脱险，经澳门东渡日本。何来保、蔡钟浩不幸被清吏追踪捕获。在押送长沙途中，沿途劳苦大众自发相送，何来保遂作《绝命词》四章，其一云："锒铛铁锁出围墙，亲友纷纷送道旁，三百健儿齐护卫，万头钻孔看何郎。"① 9月，两人同时在长沙浏阳门外从容就义。时年，何来保28岁，蔡忠浩24岁。

光绪三十年（1904年）二月，华兴会在长沙成立，黄兴为会长，常德桃源人宋教仁为副会长。华兴会提出"驱除鞑虏，复兴中华"的政纲，准备在长沙等地举行反清武装起义。同年下半年，华兴会策划在慈禧太后七十寿辰时于湖南长沙、岳州（岳阳）、衡阳、宝庆（邵阳）、常德分五路同时起义，宋教仁负责常德路的起义组织工作。九月，宋教仁回常德城筹备起义，并吸收刘复基和在常德西路师范学堂读书的蒋翊武等人加入华兴会共谋大事，积极准备武装起义。蒋翊武以西路师范为据点，帮助宋教仁做了许多秘密联络工作。刘复基等人协助宋教仁在城内建立了湘西联络总站。不料，长沙一路起义因泄密而失败，宋教仁被迫逃往日本，蒋翊武受此事牵连而被校方开除，刘复基亦改名后隐匿于常德城北门外柳叶湖乡间。此后，刘复基、蒋翊武继续参加反清活动，并相继加入同盟会。1911年10月，他们共同参与领导了推翻清王朝的武昌起义，刘复基不幸被捕，慷慨就义，年仅28岁。

武昌起义后不久，湖南宣布独立，成立湖南军政府。常德同盟会成员陈孝骞、梅景鸿得知消息后，立即邀约革命党人陈鹤翔等30余人，响应起义，并于宣统三年（1911年）十月二十四日在考棚成立常德军政府。他们大呼口号，大造声势，常德知府闻讯逃走。同时，常德军政府电告湖南军政府都督焦达峰，请求派员领导，并通知常德府、武陵县衙，武陵知县廖世英表示交出大印，承认军政府。常德军政府是湘西北唯一的军政府，也是辛亥革命的一大成果。然而，省城不久发生政变，陈孝骞不幸牺牲，时年25岁。立宪派夺取了革命派胜利的果实。

五、文化、教育、卫生领域现代化的发生

现代图书事业是城市现代化文明程度的一个重要标志。随着教育现代化的起步，现代图书事业在常德逐步出现。光绪二十八年（1902年），在西路师范学堂负责人熊希龄的支持下，唐承随在玛瑙巷旁创办常、澧一带第一家专营新

① 常德市地方志编纂委员会编：《常德市志》第15编《人物》，湖南人民出版社2002年版。

式书刊的“启智书局”，这属于官办的内部书局，是为了适应当时教学改革的需要而设立的，主要发行教材讲义。随着文教事业的发展，光绪三十二年（1906年），常德西路师范学堂在校内设置了一个图书局，专门从事翻译和改编国内外的教材，供应当时随之兴起的新式学堂的教材之需。光绪二十九年（1903年），由浏阳人雷光宇发起，公众捐资，在常德吕祖庙（今皇经台附近）创办了“常德图书馆”。据考证，这是全国第一家以“图书馆”命名的图书馆。[①] 该馆开办后，每天有数十人借阅图书。两年后，武陵县令以其藏书不多、经费短缺为由，将其改为师范传习所。继之，光绪三十三年（1907年），澧州（今澧县）创建通俗图书馆，是常德第一个县级图书馆。至民国以前，由于当时的社会条件限制，常德图书机构建立的并不是很多，但是，它们毕竟点燃了常德现代图书事业的星星之火，开阔了人们的视野，为当时的部分师生和社会人士提供了阅读的场所，起到了传播知识的作用。

中日甲午战争以后，面对内忧外患，同时受湖南维新变法运动的深刻影响，常德政界和知识界中具有爱国思想的人士开始酝酿教育制度的改革。光绪二十四年（1898年），维新派志士戴展诚等人在城区东湖巷创办明达学堂，提出“明经义、达治事”为教育宗旨，开设西学课程，开常德教育改革之先河，但是后因戊戌变法失败而停办。之后，清末“新政”在全国全面推行教育改革，其中重要的一条内容就是废八股、设学堂、奖励留学，直接促进了常德教育事业现代化的起步。

在全国推行教育改革的大背景下，常德的一大批新式学堂应运而生。光绪二十八年（1902年），常德知府朱其懿和被罢官在家的维新人士熊希龄在常德城内玛瑙巷创办湖南公立西路师范讲习所（今常德市一中），次年改名为湖南公立西路师范学堂（简称西路师范），是沅水、澧水流域师范教育的发端，也是湘西北第一所高等教育学堂。随后，武陵县、桃源县相继设立初级师范学堂。是时，师范学校的学生不仅免交学费，而且学堂免费提供膳宿、学习用具、衣服、医疗等，学生毕业后都有充当小学教员的义务。西路师范学堂的创立，开常德办新式学堂之风气，此后新式学堂不断涌现，盛况如雨后春笋。光绪二十九年（1903年），常德知府朱其懿在武陵县城大善寺创办常德府立官办常德中学堂，为西路师范的附中，当年招收学生120人，此为常德境内普通中

① 中国人民政治协商会议湖南省常德市武陵区委员会文史资料研究委员：《武陵文史》第5辑，中国人民政治协商会议湖南省常德市武陵区委员会学习文史委员会1989年版，第142页。

等教育之始。同年，熊希龄等又在澧县创立澧州官立中学堂。随后，武陵县私立三益中学堂、桃源县官立中学堂、私立峻德中学、懿德中学、津兰中学、石门县官立中学堂相继创办。到1907年，仅安乡、石门、武陵、桃源4县，就兴办学堂53所，在校学生达2145人。[①] 常德被辟为“寄货港”以后，英、美、德、日等帝国主义势力逐渐渗入常德，开洋行，建教堂，同时也涉及教育领域。光绪三十四年（1908年），美国教会“长老会”分别创办私立俊德中学堂和私立懿德女子中学堂，为常德城有外国教会学校之始。[②] 至宣统三年（1911年），常德安乡、龙阳（今汉寿）、安福（今临澧）、桃源、石门等县已有新式学堂120所，在校学生4091人，其中武陵县县城就有16所。[③]

这一大批新式学堂的出现，打破了传统的封建教育体制，成为常德培养现代新型知识分子的摇篮。如西路师范创立，就一改过去儒学陈腐的教育观念和教育体制，废科举，兴科学。在教员方面，大量聘用留学归来以及有维新思想的杰出人才，同时还聘请了一部分外国教员。在教学内容上，开设有英文、东文（日语）、数学、理化、博物、教育心理、法政、音乐、图画、体操等现代教育课程。在招生方面，选招湘西北30多个县的拔尖学生。[④] 因此，该校成为人才俊杰汇集之地，为常德培养出一大批具有新思想的进步知识分子。

伴随着新式学堂的不断出现，常德现代教育行政体系也初步建立。光绪二十八年（1902年）七月，清廷颁布《钦定学堂章程》（时称“壬寅学制”），这是中国近代首次由中央政府颁布的全国性学制系统。“壬寅学制”颁布后，常德府设湖南省西路学务处，统辖沅澧流域4府、5厅、2州、25县教育，其职由常德知府朱其懿兼任。[⑤] 光绪三十一年（1905年），科举制度废止，清廷批准成立学部，标志着中国近代第一个正式的教育行政管理机构的诞生。常德地方教育行政机构也随之改革，县设劝学所，区设劝学员，总管地方学务。至此，常德形成了一套新的教育行政体系。

清朝末年，西方医药伴随着传教士而传入常德。早在清同治九年（1870年），西班牙传教士在桃源县城建立“天主堂”传教，在教堂设立西药房。虽

① 湖南省教育史志编纂委员会编：《湖南近现代名校史料1》，湖南教育出版社2012年版，第476页。

② 常德市志编纂委员会编：《常德市志》，中国科学技术出版社1993年版，第621页。

③ 陈国华主编：《中共常德地方史》第1卷，中共党史出版社2004年版。

④ 陈国华主编：《中共常德地方史》第1卷，中共党史出版社2004年版。

⑤ 常德市地方志编纂委员会编：《常德市志》第10编《教育》，湖南人民出版社2002年版。

然其早期目的是吸引当地民众，以医促教，但是它首次打破了常德传统医药文化，使民众耳目为之一新。光绪二十四年（1898年），美国长老会派牧师柏思登和医生罗感恩夫妇到常德东门外二铺街设堂传教，同时开办广济诊所，为常德城区有西医之始。罗氏夫妇躬事医、护、药、检等医务，有一台显微镜和少许药品器械，除进行血、尿、粪等常规检查外，还进行脓肿切开引流及体表肿瘤切除，日门诊约20人次。光绪二十七年（1901年），广济诊改名为广济医院，是当时湖南最早的西医院之一。罗感恩任院长，有工作人员12人，院房155.6平方米，开病床20张，日门诊30多人次。[①] 至民国成立，常德只有广济医院一个西式医疗单位和若干家私人中医诊所，现代医卫事业并未有所发展。但是广济医院客观上传播了西方医学的先进技术，对常德现代医卫事业的发展起到了启蒙作用。

第二节　民国前期常德现代化的缓慢发展

一、政治领域现代化的发展

1. 现代市政管理体系的初建

中华民国建立后，废除了清朝时期府、厅、州的建置，实行省、道、县的三级行政体制。新的行政体系由此自上而下建立，常德的行政机构也随之变更。常德县设知事一人，知事由省督军遴选，成立县知事公署。县知事公署下设秘书室和一、二、三科，秘书室职责主要是办理机要，审核上下行文，协助知事处理所有重大事务，一、二、三科分别主管民政及户籍、地方财政及钱粮、地方建设及教育等。

这一时期，县政权直属的市政管理机关有：

公安局。1912年，巡警局改称巡警署，由县知事兼任署长。1927年改称公安局，设勤务督察室和一、二、三课，以及警察队、侦缉队、消防队、济良所、卫生专员。局下的警务区改为公安分局和分驻所。[②]

劝学所。设所长一人及课员五六人，专办地方小学校业务。

① 常德市志编纂委员会编：《常德市志》，中国科学技术出版社1993年版，第682页。

② 常德市志编纂委员会编：《常德市志》，中国科学技术出版社1993年版，第530页。

救济院。设院长一人，办事员数人，下辖孤儿院（收弃婴）、寡妇堂（守节妇女）、体仁堂（收漂流尸体或穷人无力安葬的）、乞丐收容所。

妇女联合会。管妇女工作，提倡男女平等班、生产自救班。

城堤局。管城堤修防等工作。①

1926年，北洋军阀在湖南的统治结束，湖南省政府旋即成立。随之，常德县知事公署改为常德县政府，县长由省政府任免。县政府任设秘书室和一、二、三科，增设会计室。县属机关设立了教育局、财政局、财政委员会、县总工会等，其他机关名称不变。后公安局改称警察局，城堤局改称城堤委员会。

早在清末，常德地方司法与行政已经分开。民国期间，常德审判与检察时而分设，时而合署。1914年4月，北洋政府将全国三分之二的地方审判厅和全部初级审判厅撤销，湖南仅留长沙和常德审判厅。常德审判厅内设简易庭，专司常德县之第一审案件。1923年，设立常德初级审判厅，管辖常德县第一审民刑案件。1927年初，审检合署，改称常德县控诉法院。南京国民政府建立后，因常德属于甲等大县，改常德县法院为常德地方法院，并于院内设立检察处，行使检察权，有院长、检察官、推事、书记官、录事等10余人，法警若干人。与当时的县政府为平行机构，属省高等法院领导，只处理一般的民事诉讼和部分刑事案件。1935年以后，战乱频繁，院务基本停顿。②

2. 党派群团的涌现

民国以前，封建政府视政党为洪水猛兽，严禁人民集会结社，因此无公开的政党组织。但自民国建立以后，随着民主共和制逐渐深入人心，“集会结社，犹如疯狂，而政党之名，如春草怒生，为数几至近百”。在此背景下，常德境内的党派群团组织也不断出现。

最先在常德境内成立的政党组织是国民党。1912年春，常德人张炯回常德组建同盟会常德支部。同年8月，同盟会常德支部改名为国民党常德支部。随后，澧县、桃源、汉寿也相继成立国民党县分（支）部。国民党常德地方组织成立早期，曾组织过群众反帝运动，为抵制帝国主义的侵略做出了积极贡献。但在“敬日事变”之后，国民党常德地方组织纷纷走向反动。

---

① 中国人民政治协商会议湖南省常德市武陵区委员会文史资料研究委员：《武陵文史》第6辑，中国人民政治协商会议湖南省常德市武陵区委员会学习文史委员会1990年版，第192页。

② 中国人民政治协商会议湖南省常德市鼎城区委员会文史资料研究委员会主编：《常德县文史资料》第6辑，内部发行1990年版，第30页。

中国共产党常德地方组织也逐渐建立起来。五四运动后，马克思主义迅速在常德传播，一些进步青年先后组织和参加马克思主义研究团体，学习、研究和传播马克思主义。1925年，随着反帝反封建斗争热潮的到来，中国共产党常德特别支部在省立二师正式建立，随后，其他各县也开始创建党的组织，到1926年11月，汉寿、安乡、桃源、临澧、石门、慈利分别建立党的特别支部，澧县建立党部委员会（下辖12个支部），常德成立29个直属常德特支的支部。从此，中国共产党领导下的工农运动和革命运动在常德境内蓬勃发展起来。

伴随着政党组织在常德的建立，一些群众团体组织也在常德不断涌现。

首先是工人团体。1922年1月，常德劳工会成立。劳工会成立初期，组织工人进行经济斗争，发挥过积极作用，以后陷入帮会性质。1925年12月，省工运特派员彭惟一成立共产党领导下的常德市篓业工会，在篓业工会的影响下，烟业、理发业、织袜业等也相继成立工会。1926年9月，常德总工会成立后，和劳工会进行斗争，最后查封该会。是年，常德、津市、汉寿、澧县、石门、桃源、临澧、安乡等县市先后建立工会组织。工会组织建立后，为了摆脱政治上的残酷压迫和经济上的严重剥削，工会领导工人们展开了一系列自发的政治斗争和经济斗争。

其次是青少年团体。1919年五四运动后，马克思主义和一些进步书刊传播到常德，为建立团组织打下了思想基础。1922年初，省立二师学生蒋希清、严正谊、左天锡等十余人发起成立马克思学说研究会，积极发展会员。不久，该组织的主要成员都加入了中国社会主义青年团，组建团的小组，至6月，团员发展到35名。6月12日，秘密召开团员大会，成立中国社会主义青年团常德地方执行委员会，至1923年4月，团员发展到60余名。1924年5月，中国社会主义青年团常德地方执行委员会更名为中国社会主义青年团常德特别支部。1925年1月，改名为共产主义青年团常德特别支部。1926年1月17日，扩大为共青团常德地方执行委员会。1927年底，共青团常德地委遭到国民党反动派彻底破坏，组织机构被迫取消。中国共产主义青年团常德地方组织虽然存在时间不长，但它领导常德境内青年不断组织反帝爱国运动和反对封建军阀的斗争，为常德的社会进步做出了积极贡献。

最后是妇女团体。1918年，蒋胜眉联合一些知识界女性成立“妇女俭德会”，是为常德最早的进步妇女组织。1919年7月，省立二女师和女子职业学校的女生，受五四运动反封建礼教的影响，自发成立“妇女天足会”。1922年

6月，社会主义青年团常德地方执行委员会成立，内设妇女运动委员会。同年10月组建常德女界联合会。1926年6月，成立直接由中共常德地方执行委员会领导的常德妇女协会，协会成立后，积极协助当地党组织开展地下工作。

二、经济领域现代化的发展

1. 现代工商业的发展

民国建立后不久，恰逢第一次世界大战爆发，帝国主义无暇顾及中国，常德民族工商业获得短暂而难得的发展机遇。这一时期，进出口贸易持续增长，手工业不断扩展，商业市场繁荣，保险、金融业等逐步兴起，现代工业崭露头角。但是好景不长，封建军阀混战兴起，一时兵荒马乱、腥风血雨。20年代末爆发的世界性经济危机又波及常德小城，使得常德市场萧条，百业凋零。至危机过后，才逐步恢复起来。

进出口贸易是常德商业发展的一个主要方面，尤其是在帝国主义加紧侵略中国的民国初期，大量洋行在常德设立，直接促进了常德进出口贸易发展。

表6-1　寄货港开辟后外商在常德设立洋行一览表

名称	国籍	经营项目	开办年份	开办地点	备注
亚细亚下关油栈	英国	煤油	1907	盐关	二铺街设有康福煤油公司
安利英牛皮厂	英国	皮革	1918	皇经阁	附设纸烟经销处
日清公司	日本	货运	1910	仁智桥	
日华公司	日本		1910	大河街	
三井洋行	日本		1912	大河街	
三菱洋行	日本		1912	大河街	
新隆洋行	日本			府坪	
戴生昌轮船公司	日本	货运	1912	下南门	
弘旗洋行	日本		1912	常清街	
美孚公司	美国		1912		
福中公司	美国		1912		
立兴洋行	法国		1912		
美最时洋行	德国		1912		
瑞成洋行	德国		1907	大河街	为安利英取代，兼营保险
彩松洋行	德国	颜料	1912		
老沙逊	欧洲		1912		
太古轮船公司	英国	货运	1931	上南门	兼营糖类、水火保险业，1939年歇业
怡和轮船公司	英国	货运			兼营糖类

续表

名称	国籍	经营项目	开办年份	开办地点	备注
德士古公司	德国				
丸三公司	日本			下南门	
安利英洋行	英国		1933	水巷口	兼营保险
英太平	英国		1933		兼营保险
宝丰	英国		1932		兼营保险
鼎新	英国		1932		兼营保险
北美洲	美国		1935		兼营保险

资料来源：常德地区志编纂委员会编《常德地区志·政务志》，中国社会科学出版社 1991 年版。

从上表可以看出，直至抗日战争爆发以前，有 25 家外商洋行和公司在常德设立，前期日、美居多，主要是因为当时各国忙于第一次世界大战，美、日乘机进入常德抢占中国市场；后期英、美居多，主要是因为当时国民党政权成立以后实行亲英美的政策，英、美能够顺利地进入常德。这些相继成立的洋行，在常德大量倾销洋货，同时又大批采购桐油、牛皮、五倍子、土碱、生漆、矿砂等农副土特产品，成为列强在常德倾销商品和掠夺原料的直接机构。虽然其主观目的是带有侵略性质的，但在客观上引进了新的资本主义经营理念，带动了常德地方商品经济的发展，尤其是进出口贸易的发展。据载，常德经岳阳海关出口的商品，1919 年为 7.8878 万关平两，1922 年增至 16.5815 万关平两。[①] 1929 年，第二次世界经济危机爆发，资本主义各国生产力下降，直接影响到常德的进出口贸易，作为主要出口行业的桐油业出口贸易锐减，造成了油行业的不景气。直至 1933 年，世界经济危机过去，常德的进出口贸易才开始复苏。1934 年，输入常德的商品年总值 211.34 万元，其中煤油 70 万元，毛织品 45 万元，食糖 44 万元，棉织品 20 万元，纸烟 14.4 万元，面粉 8 万元，茶叶 2.34 万元，汾酒 1.2 万元。煤油、棉、毛织品及白糖、面粉等来自英、美和荷兰，红糖和纸烟则从四川、汉口运来，常德本地所产的谷、棉、鱼、豆、牛皮、皮箱、大布等年输出总值 958.52 万元，大布销贵州、四川，其他商品主销汉口、长沙及湘西一带。据 1936 年《湖南年鉴》统计：常德牙行增至 459 家，其中大宗商品出口有谷米 50 万担，棉、鱼各 20 万担，桐油 24

① 湖南省地方志编纂委员会编：《湖南省志》第 13 卷《贸易志》，湖南出版社 1990 年版，第 139 页。

万担，朱砂 200 吨，莲子 26000 担，碱 12000 担，茶叶 8400 担，木材 60 万两码。①

常德商业发展的另一方面表现在牙行始终不衰和专营商号店铺日兴。1917 年，常德牙行发展到 238 家。1917—1920 年新领牙帖开行 102 家，常德牙行增至三百家之多，商业更趋兴旺。同时，出现经营土布发家的“李亨太”和“蒋万新”、号称棉纱大王的“戴荣庆”纱号、积累百万资财的“谦记绸布号”等一批商贾大户。1929 年《湖南全省农矿统计概要》载：常德有粮食行 60 余家，363 人，资本 15200 银圆；花行 10 家，出货行 70 余家，药材行 12 家，共 300 余人，资本 4 万银圆。之后，受第二次世界经济危机影响，各行各业相对凋敝。1933 年，始有起色。据《中国实业志》载，这一年“常德城区二十九种之要商业，共有商店八百七十八家，资本总额二百四十七万三千多银圆，营业额达九百零二万五千多银圆”。其中资本最为雄厚是 10 家油行业，有 40 万元，占商业资本总额的 16. 17%；年营业额最高的是 19 家绸缎匹头业，有 200 万元，占总营业额的 22. 16%。

表 6 – 2　1933 年常德 29 个行业情况

商业类别	商店户数	资本额（银圆）	百分比	全年营业额（银圆）	百分比
苏广百货业	65	215900	8. 73%	1243500	13. 78%
银楼业	46	58560	2. 37%	600000	6. 65%
帽业	31	9300	0. 37%	160000	1. 77%
绸缎匹头	19	142000	5. 74%	2000000	22. 16%
针织业	58	130000	5. 26%	350000	3. 88%
碓槽粮食业	47	125000	5. 05%	310000	3. 43%
色纸业	20	25000	1. 01%	50000	0. 55%
谷米业	26	25000	1. 01%	182000	2. 02%
酱鼓磨业	19	50000	0. 22%	145000	1. 61%
纸烟业	19	55555	2. 24%	150000	1. 66%
皮毛倍莲业	18	165700	6. 70%	348000	3. 86%
丝业	49	50000	2. 02%	140000	1. 55%
印刷业	39	4000	0. 16%	15000	0. 17%
膏辣土果业	12	7500	0. 30%	21400	0. 24%
篾业	21	4500	0. 18%	8700	0. 10%

① 中国人民政治协商会议湖南省常德市鼎城区委员会文史资料研究委员会主编：《常德县文史资料》第 1 辑，内部发行 1985 年版，第 102 页。

续表

商业类别	商店户数	资本额（银圆）	百分比	全年营业额（银圆）	百分比
油盐烟蜡业	65	250000	10.11%	600000	7.09%
染业	30	160000	6.47%	400000	4.43%
布业	50	148950	6.02%	500000	5.54%
靛青颜料业	7	130000	5.26%	200000	2.22%
南货斋业	8	89000	3.60%	270000	2.99%
竹木寿坊业	28	40000	1.61%	100000	1.11%
豆麦业	10	25000	1.01%	60000	0.66%
棉花业	9	12000	0.49%	74000	0.82%
书业	8	20000	0.81%	30000	0.33%
衣业	15	17000	0.69%	38000	0.42%
油行业	10	400000	16.17%	600000	6.65%
杂粮种子业	48	15000	0.61%	40000	0.44%
纱业	13	105000	4.24%	200000	3.32%
酒业	88	38000	1.54%	50000	0.55%
合计	878	2473510		9025600	

资料来源：中国人民政治协商会议湖南省常德市鼎城区委员会文史资料研究委员会主编：《常德县文史资料》第2辑，内部发行1986年版，第13—15页。

至抗日战争爆发前夕，随着国际国内市场形势的好转，常德其他行业都取得了新的发展。其时，有旅栈70家，茶楼酒馆28家，较大的绸布号18家，牙行最多时增至459家。其他如谷米、棉花、茶油、中药材、竹木、牛皮、朱砂、水银等，年营业额就为185.86万银圆。① 可见当时商贸市场之旺盛。

民国成立以后，常德的地方手工业如雨后春笋般茁壮成长起来。1912年，因外国缝纫机大量输入中国，只适用机制棉线（“洋线”），常德城内创办第一家线店“刘义茂线店”，生产蚕丝制线和机制棉线。1915年，南京人李光炘来常德与朱斯如、马桂生、许盛坤各集资200银圆，在常德开设了“金陵皮场”，以生产箱面革、鞋面革、烤底革产品为主，后改为“金陵皮革厂”，成为当时名噪省内外的制革厂家。② 第一次世界大战期间，常德手工业得到很好

① 中国人民政治协商会议湖南省常德市鼎城区委员会文史资料研究委员会主编：《常德县文史资料》第6辑，内部发行1990年版，第77页。

② 中国人民政治协商会议湖南省常德市武陵区委员会文史资料研究委员：《武陵文史》第6辑，中国人民政治协商会议湖南省常德市武陵区委员会学习文史委员会1990年版，第76页。

的发展机遇，碾米、电光布、卫生巾、造船、织布、针织、制伞等业相继发展，到1915年全区已有手工业工场和企业公司40余家。特别是纺织行业，仅常德城就有织布机户500余家，织机1100台。随后，因军阀混战，时局不稳，常德手工业发展其本停滞。20世纪30年代，世界经济危机过去以后，常德的手工业再度兴起。在此时期，一家贫民工厂创办了，吸收工人146人，从事湘绣、线纱袜、藤制品、衣服等生产。较具规模的玻璃、针织、制革、染织、制伞、皮箱、肥皂、湘绣等手工业有了46家，年生产总值达30多万元。其中，玻璃厂2家，年产玻璃制品2000篓；肥皂厂4家，年产肥皂18800箱；织布业5家，年产棉布1620匹；毛巾业2家，年产毛巾6000打；针织业10家，年产丝、线袜24800打；制伞业6家，年产纸伞10000把；制革业9家，年产皮3000张；皮箱业6家，年产皮箱7000口；湘绣业3家，年产湘绣品1400件。上述产品不仅远销省内外，而且在国外都享有盛誉。如1925年，在巴拿马“万国博览会”上，常德“任和森皮箱店”制作的“常汉箱”荣膺一等奖。在手工业发展至鼎盛时期的1946—1947年，年产纹布达10万匹，袜子20万打，皮革底皮70200市方尺，棉皮75000市方尺。[①]

2. 现代工业姗姗起步

常德现代工业起步较晚，迟至于20世纪20年代左右。它的萌芽主要始于电力工业。1916年，由龚树堂等人集资5万元，在津市创办境内第一家小火电厂——昌明电灯公司，开创办电力工业之先河。该公司购置2台蒸汽引擎发电机组，总容量20千瓦，发直流电供照明，供电130户，计400多盏电灯，年售电量约1.92万千瓦时。[②] 1917年9月，胡鼎珊和罗北鼎等人经常德县知事呈请省署立案获准，集股银11万两，在常德大河街太古码头创办“朗朗电灯公司”，当时仅拥有1台美国慎昌生产的100千瓦蒸汽引擎发电机组，发电只供城内商业照明之用。嗣后，市区人口渐增，手工业有所发展。公司于1918年又扩建1台同类型号的发电机组。1921年，朗朗电灯公司因街邻失火，烧毁广房和机器，无力修复而停办。1922年，由常德商界蒋伟丞、李季洪、余罗生等20余人发起，呈报省批准立案，创设鼎新电灯股份有限公司，额定

① 政协常德市委员会文史资料研究委员会、民建常德市委员会、常德市工商业联合会编：《常德市文史资料》第2辑，内部发行1986年版，第15页。

② 常德市地方志编纂委员会编：《常德市志》第25编《交通 邮电 电业》，湖南人民出版社2002年版。

股本大洋 20 万元，实收 17. 79 万元，厂址设在大西门外龙王庙石柜，事务所设在北观音巷（今建民巷）。在设备方面，创办时购进 1 台美国生产的 225 马力蒸汽引擎发电机组，三年后扩建 1 台同类型机组。1929 年，购置 1 台德国产 500 马力柴油发电机组，3 台发电机组总容量 691 千瓦，居湖南省第二位。在公司管理体制方面，公司最高权力机构为股东大会，厂务决策由董事会负责，经理、协理由董事会选举产生，公司下设工程、营业、会计、材料、调查、机务、文书 7 股。公司创办之初有职工 33 人，到 1903 年，公司共有职工 60 余名，经理王相情、协理李家洪、主任技术员杨湘曙。在供电方面，创办当年公司在城内架设输电线路约 7 公里，输送 2200 伏、220 伏、50 周波的三相交流电，一般每天下午 6 时至次日凌晨 6 时供电。1933 年，常德市政当局为抗洪排渍在城北低洼处安装了 2 台 45 匹马力的抽水机，故多雨季节，便二十四小时连续发电。从此，公司不仅供应商店营业和群众照明用电，而且担负着城区排渍和制革、碾米等工业用电的供应。据 1933 年《中国实业志（湖南省）》载：常德市所装电灯总数为 2088 盏，表 54 万度（另有电力表 6000 度），电灯用户 2109 户。其中属于工厂用电 3 户，家庭用电 828 户，商店用电 1102 户，政府机关及公务人员住宅用电 176 户，路灯 423 盏（只收半价）。工厂、商店、家庭三种用户中，装电表者为 508 户，包灯者计有 1425 户。公司创办初期，营业情况良好。后期，受政局混乱影响，经营每况愈下，甚至亏损严重。1940 年，侵华日军南下，该公司将柴油发电机组卖掉。1942 年抢拆一台蒸汽发电机组，运至沅陵安装，另一台机组被日机炸毁，公司随之歇业。①

常德电力工业的初建标志着常德现代工业初呈端倪。但是，电力工业的产生并没有带动常德地区的机器工业大生产，而仅仅供生活用电和小工业用电。因此，常德工业现代化的发展还任重而道远。

3. 金融、保险等辅助商业颇具成效

商品经济的活跃，市场交易的繁荣，促使常德金融、保险等辅助商业相继兴起，且颇具成效，主要表现为金融领域传统钱庄与现代银行并存，保险业应运而生。

钱庄是中国旧式金融业的主体，从其产生与发展的情形来看，它既承接了旧式金融业（如当铺、票号）之历史，亦开新兴金融业之先河，为银行的发

① 常德市志编纂委员会编：《常德市志》，中国科学技术出版社 1993 年版，第 180 页。

展创造了条件。据载，“清末民初，常德银钱业一时颇有蓬勃气象，全市钱庄计有三十家之多，官钱局有两家，一为湖南官钱局，一为裕宁官钱局。”民国肇建，官钱局更名为湖南银行，与实业银行、矿业银行适成为常德鼎足而立之三银行。[①] 1918 年，湖南银行因滥发钱票倒闭，累及钱庄及其他各业，许多钱庄因挤兑风潮而宣告破产，金融陷入混乱。至 1928 年，渐有恢复，陆续开业的钱庄，有吉庆裕、义厚成、慎吉祥、春和福、裕大、利商、元昌、德顺、厚余、协通、同益、新安、志大、光裕长、恒德、恒昌源、益市、兴记、义孚等十九家之多。[②]

国民政府统治时期，银行业逐渐兴起。1935 年，湖南省银行在常德设立分行。随之，国民政府开设的中央、中国、交通、中国农民银行都在常德开设支行或办事处。当时还有聚兴诚、复兴、大懋等私营银行，这些私营银行都是官商合办，具有一定的资金力量。[③] 另一方面，因受到国民党官僚垄断资本的压制，钱庄的发展数目减少，但亦为重要金融机构。到 1934 年，据《常德县之工商业现况》调查记载：“常德钱庄现存者计有德昌源、光裕长、兴记、同益、厚余、志大、义孚、顺德等八家，资本总额为十八万二千银圆，每家资本平均在二万三千银圆左右。其中以光裕长钱庄资力较厚，约六万银圆。义孚钱庄有资本一万二千银圆，为该地钱庄资本之最小者。德顺钱庄本身资本有四万银圆，还有‘附存’（股东长期存入钱庄计息的存款）四万银圆，实际拥有资本八万银圆。由于资金雄厚，崇尚信誉，该庄放款竟达五、六十万银圆的架子。”[④]

常德的保险事业始于 1915 年。其时，英商安利英洋行来常办理进出口货物，附带经营水、火保险；之后，太古（英）、瑞成（德）、先施（华）、水安（华）等公司先后来常德办理保险。20 世纪 30 年代，先后有多家外商洋行和华商保险公司在常德开设保险业务。据 1934 年《常德工商业之现状调查》，是时，在常德设有保险机构或代理人的计有：安利英（英）、太古（英）、先

---

① 政协常德市委员会文史资料研究委员会、民建常德市委员会、常德市工商业联合会编：《常德市文史资料》第 2 辑，内部发行 1986 年版，第 94 页。

② 中国人民政治协商会议湖南省常德市鼎城区委员会文史资料研究委员会主编：《常德县文史资料》第 6 辑，内部发行 1990 年版，第 87 页。

③ 中国人民政治协商会议湖南省常德市武陵区委员会文史资料研究委员：《武陵文史》第 10 辑，中国人民政治协商会议湖南省常德市武陵区委员会学习文史委员会 1994 年版，第 71 页。

④ 政协常德市委员会文史资料研究委员会、民建常德市委员会、常德市工商业联合会编：《常德市文史资料》第 2 辑，内部发行 1986 年版，第 95 页。

施（华）、永安（华）、华太平（华）、英太平（英）、宝丰（英）、鼎新（英美）、北美洲（美）、联泰（华）、中国（华）、华安（华）等12家保险公司，主要经营水、火保险，唯华安公司经营人寿保险，每年保费收入共3.65万银圆，其中鼎新有8000银圆，为最多；华安只有500银圆，为最少。保险业务设立初期，因商人无保险习惯和保费过昂，保险业务较少，随着时间的推移和保险行业的完善，保险业务遂逐步发展。但自卢沟桥事变后，各保险公司在常德的机构相继撤退或撤销。

4. 商会组织的发展

民国以后，常德商会组织继续发展，但是由于政局动荡，其历程跌宕起伏。五四运动时期，为抵制日货，常德学生掀起了“抵制仇货，提倡国货”的爱国运动。受此影响，常德总商会成立了“国货维持会”，在商民中开展提倡国货、查禁仇货的宣传工作，并将查出的日货当众烧毁，告诫商民从此勿卖仇货，推销国货，得到了工商界爱国人士与全体民众的支持和拥护。由于军阀混战，常德经常受到过往军阀部队的骚扰，工商业发展受阻，为维护商民利益，总商会经常困于支差派款。大革命时期，工农运动高涨，常德商民在中共党组织的领导下，建立了“常德商民协会”，“商协”规定牧师、买办、劣绅、贪官污吏、外国商人不得参加，其主要任务是：保护商贾正当利益，禁止滥税滥票，反对奸商操持金融、垄断粮食，查察兜售洋货，鼓励经销国货，反对帝国主义和军阀势力。[①] 国民政府建立以后，无法包容“常德商民协会”的革命精神，为加强对工商业的控制，下令撤销了商民协会。之后，在国民党的统治下，常德商会组织历经两次改组。1930年8月15日，总商会经国民党常德县党部核准，召开会员代表大会，通过章程，将总商会改名为“商会”。1932年8月，常德商会再次改组，下辖同业工会39个、区商会5个，会员总数为1707人。[②] 改组后的商会除了应付军差派款外，进行各行议价、调节商务纠纷外，还举办了一些公益活动。

三、交通现代化的发展

民国前期，常德的交通业随着政治、军事方面的需要和经济的发展不断取

---

① 政协常德市委员会文史资料研究委员会、民建常德市委员会、常德市工商业联合会编：《常德市文史资料》第2辑，内部发行1986年版，第10页。

② 政协常德市委员会文史资料研究委员会、民建常德市委员会、常德市工商业联合会编：《常德市文史资料》第2辑，内部发行1986年版，第16页。

得新的成就。民国以前，常德的交通运输以内河航运为主；民国以后，湖南在全国首开建筑公路之风气，随之，常德的陆路交通得到发展。同时，邮电通讯事业也取得了新的发展，电话产生。

1．航运业

清末，常德已有轮船航行于沅水流域和澧水流域，并出现外轮与民轮相争的局面。民初，常德的航权基本为外商所掠夺，仅有少数华轮偶尔行驶。如常德至汉口线，全由日本的日清公司和英国的太古公司把持航行权。1914 年日本戴生昌轮船公司在长沙成立，有轮船 20 余艘和客货驳船 10 余艘往返于长沙至衡阳、益阳、常德、津市等航线。1917 年，戴生昌轮船局在常德营建码头，扩展业务，常德的轮船运输基本上为其独家垄断。①

航运权被外商所垄断，促使一些有志之士转向投资航运业，民营航运业逐步兴起。1913 年，商人吴鹤洲购置“通和”轮船，专营长津航线的客货运输，业务颇旺。于是行驶此线的轮船日益增加。1917 年 4 月，航商吴鹤洲、吴伯熙、郭梅舫、张师佑、王毓麟等人组成长津六轮公司，有轮船 6 艘，总公司设长沙，津市设分公司，实行轮班派船，各负盈亏。1923 年，长津线上又增 3 艘火轮和 10 艘客货驳，并在长沙、安乡、津市购置专用码头，配备趸船，长津六轮公司更名为长津轮驳公司。② 澧水流域民营航运业渐趋旺盛。

1919 年，北洋军冯玉祥进驻常德，目击沅水流域“航权外落”，亲自发动常德商会会长郑连苏和众油商，筹组普济轮船公司，以夺回航权。同年 9 月，普济轮船公司正式营业，该公司的轮船主要航行于常德至汉口、长沙、衡阳等航线，与戴生昌轮船公司抗衡。③ 随之，常德城相继开办的轮运公司有民众、富利、震兴。1929 年，长沙、常德绅商罗尔瞻、王新民等为抵制外辱，集资组建民众轮船公司，专行驶常长航线，1930 年 5 月正式航行，与戴生昌轮船公司竞争，由于当时正值日本企图攻占东北，常德民众出于爱国热忱，都不乘坐外国轮船，使得戴生昌轮船公司于次年倒闭。到 1934 年，常德城共有轮船公司 4 家，轮船 12 艘，主要航线有常德至汉口、常德至长沙和常德至桃源，

---

① 常德市志编纂委员会编：《常德市志》，中国科学技术出版社 1993 年版，第 243 页。

② 常德市地方志编纂委员会编：《常德市志》第 25 编《交通 邮电 电业》，湖南人民出版社 2002 年版。

③ 常德市志编纂委员会编：《常德市志》，中国科学技术出版社 1993 年版，第 243 页。

年营业额为12.68万（银）元。[①] 从此，民营航运业逐渐取得了主动地位。

2. 陆路交通

1913年，湖南都督谭延闿开始筹建长潭军路，至1921年建成通车。这是全国第一条公路，开建筑公路风气之先。自20年代中期，常德始建公路。湖南省于1925年设立湘西公路局，开始测量常德至桃源达段线路，准备在原有驿道的基础上加宽改建。1927年5月正式开工建设，至1928年竣工通车，全长35公里，修建的路面，宽为8米，铺卵石沙子5米，除涵洞用砖石砌造外，一些桥梁都是本桩便桥。[②] 南京国民政府建立以后，施行筑路反共的反动政策，直接推动了常德的公路交通发展。常德至长沙公路于1928年11月初动工兴建，至1930年9月建成通车。该路是按原有大路拉直修建而成的，路面较宽，为12米，全为卵石路面。桥梁改为石橙木面，具有半永久性，当时被誉为湖南的"模范公路"，全长181公里。[③] 到抗日战争前夕，又先后有常（德）澧（县）、澧（县）津（市）、常（德）沅（陵）、澧（县）东（岳庙）公路相继建成，加上常长公路，总长达458.336公里。[④] 至此，常德的公路网初步构成。

伴随着公路的兴建，常德的公路汽车运输机构产生。1928年7月，常德至桃源公路通车以后，湖南省第二汽车路局在常德城设常桃段管理处，下辖常德站（今北站）。该站位于市区大西门外莫公桥（即今人民路附近），占地面积607.75平方米，由省局调拨8辆汽车，从事客货运输。1930年，长常公路建成通的车，在常德营运业务由新设的德山车站负责。1934年，常德汽车南站建立，隶属湖南省公路局长（沙）常（德）管理处，地址在今武陵镇原长常公路终点处，占地面积为442.76平方米，负责长沙至沅陵段在常德以及常德至沅陵的营运业务。[⑤]

总之，这一时期，常德的公路交通从无到有，并取得了较大的成就。虽然

① 中国人民政治协商会议常德县委员会文史资料研究委员会：《常德县文史资料》第4辑，内部发行1988年版，第19页。

② 中国人民政治协商会议常德县委员会文史资料研究委员会：《常德县文史资料》第4辑，内部发行1988年版，第25页。

③ 中国人民政治协商会议常德县委员会文史资料研究委员会：《常德县文史资料》第4辑，内部发行1988年版，第25页。

④ 常德市地方志编纂委员会编：《常德市志》第25编《交通 邮电 电业》，湖南人民出版社2002年版。

⑤ 常德市志编纂委员会编：《常德市志》，中国科学技术出版社1993年版，第247页。

其产生的主观目的是为了便于军事行动，维护反动统治，但在客观上又促进了常德与其他城市的物资交流，带动了经济的发展。

3. 邮电通讯

进入民国以后，常德的邮电通讯事业继续发展，电话产生，邮政电报业务随着商业的发展业务量不断增多，机构也随之不断改革。

1914年1月，全国邮政机构实行新区制，取消邮界和分局，湖南设邮务管理局，常德副邮界改为邮务局，并按业务量被厘定为一等邮务局，管辖3所三等邮局和8所邮政代办所。[①] 其时，全省一等局仅常德、岳州（今岳阳）两处，可见当时常德商业之繁盛。1931年9月，湖南邮务管理局改为湖南邮政管理局，常德一等邮务局相应改为常德一等邮政局，其所辖支局及代办所，分别改为邮政支局或邮政代办所。

1912年，常德电报局因业务量增长厘定为二等电报局。嗣后，常德境内各县相继开办电报业务，时值军阀混乱，民众迁徙流离，异地传递信息频繁，促使常德电报业务大幅增长。1925年常德电报局去报达4万余份。[②] 同时，常德与外地的电报线路也不断开设，至抗日战争前夕，常德与长沙、益阳、沅陵、洪江、沙市等城市都有电报往来。

电话出现在常德始于20世纪20年代。1925年1月，由常德商民王新民、曾显庭等发起，筹集资金4万元，购置200门磁石交换机一部，于常德市内创办全省第一家市话股份有限公司——常敏电话公司。[③] 创办之初，由于电话联系方便、快捷，深受工商界欢迎，营业颇为兴旺，市话用户逐年增加，1931年市话用户已达120户。之后，由于常德商业发展受挫，市话业务亦随之下滑。至1933年，市话装机用户减至88户。[④] 1935年，该公司改组，次年让渡常德通达电话公司继续经营。1934年，常德开始创办长途电话。当年8月，常德至长沙长途电话专线开通，省政府在常德设立“长途电话营业处”，办理湖南省内长途电话业务。翌年7月至9月，湖南省长途电话工程处架设常德至津市、沅陵、椰市的三条长途电话通信专线，境内各县相继设立长话代办处办理长话业务。然而，电话在常德虽已产生，但其作为新生事物并不发达，并没

---

① 常德市志编纂委员会编：《常德市志》，中国科学技术出版社1993年版，第256页。

② 常德市地方志编纂委员会编：《常德市志》第25编《交通 邮电 电业》，湖南人民出版社2002年版。

③ 瞿新辉主编：《常德地区志·邮电志》，中国物价出版社1993年版，第28页。

④ 常德市志编纂委员会编：《常德市志》，中国科学技术出版社1993年版，第258页。

有为当时的城市经济带来多大的影响。

四、农业的进步

民国肇建，常德的农业没有发生质的变化，依然是传统落后的自然经济占绝对优势。但农业是根本，牵系着社会其他领域的发展。因此，随着观念的更新和社会的进步，常德农业中逐步出现一些新的变化，主要表现为农业科技与农业合作的出现。

常德的农业科技首次出现于1919年。当时，冯玉祥镇守常德，他从农林事业出发，在常德乾明寺建立了常德农事试验场，准备利用山林、水田、熟地进行试验，研究改进农林事业，但因军阀混战，业务没有开展起来。1929年，常德县政府派人接管农场，并拨给经费，在山上营造了近千亩杉木林及两百亩无核蜜橘果园，算是农场的鼎盛时期。[①] 该农场虽然成效不大，但成为常德农业科技事业之嚆矢。国民政府成立以后，继续注意推广农业科技，发展农作物生产，湖南的农业科技推广工作得到了较大的发展。

1929年，湖南省建设厅在长沙开办省农事试验场，同时在常德设立了分场。主要从事水稻、果树、栽培、病虫害的防治、肥料的使用、农具的储藏等。次年，湖南省棉业试验场成立。1931在常德河洑建立常德棉场。1932年在澧县官垸建立“湖南省试验场澧县棉场”，又称“滨湖植棉指导所”，租佃澧县教育局96亩多土地做试验。这两个棉场都属于省棉业试验场的分场。1935年2月，湖南省改进所在常德的门板洲五福局（现安乡县陈家咀）建立常德稻场，有耕地百余亩。[②] 这些农业科技机构的建立，虽然数量不多、区域有限，但为当地农业生产提供了技术支持，冲击了传统的农业生产观念，无疑是有进步意义的。

1932年，湖南省建设厅设立了合作事业设计委员会，着手推行湖南农业合作事业。常德的汉寿、澧县、安乡三县棉农参与了湖南棉业试验场在洞庭湖沿岸各县组织棉农开展的合作运动，在合作运动中，棉业试验场组织生产运销合作社，扶植棉农经济，增加生产能力，推广科技，免除中间商人的剥削，以社员10人为一组，棉农入社须填志愿书，遵守合作事业规则，推选代表并召

---

① 中国人民政治协商会议湖南省常德市武陵区委员会文史资料研究委员：《武陵文史》第5辑，中国人民政治协商会议湖南省常德市武陵区委员会学习文史委员会1989年版，第268页。

② 高铁珊主编：《常德地区志·国营农场志》，中国物价出版社1993年版，第3页。

开代表大会。由社员缴纳股金，生产特别困难者可由合作社贷款，由棉业试验场提供技术，棉花由合作社经销。[①] 棉农合作事业的开展，直接推动了这些地方的棉花生产，为今后的农业合作事业推广提供了范例。

五、文化、教育和卫生领域现代化的发展

民国前期（1912—1937 年），随着政治的进步与经济的发展，常德的文化事业不断取得新的成就。

首先是电影的出现，丰富了常德人民的日常生活内容。1927 年，常德大舞台戏院首次放映英国无声影片《伏尔版克斯》。次年，建成常德城第一家专业电影院——光华电影院，有座位 1000 个。[②] 之后，相继有电影院建立。30 年代初，常德开始放映有声电影。至抗战爆发之前，常德地区先后有私营电影院 5 家，兼放电影的戏院 3 家，其中常德光华电影院和新世纪电影院影响较大。[③]

其次是报纸的产生，为传播知识、沟通信息、引导公众舆论起到了重要作用。这一时期，有记载的民间报有 17 种（见表 6－3），其中较有影响的有：《沅湘日报》，该报宣扬民主共和，敢于揭露社会黑暗面，有明显的进步倾向；《常德大公报》，主要介绍商品信息，深得商民青睐；《澧报》是颇有影响并且倾向革命的地方报。有记载的机关报有 7 种（见表 6－4），其中较有影响的有《湘西民报》和《常德民报》。前者是常德最早的“官报”，实际上是中共常德地委宣传革命、宣传北伐的舆论阵地；后者是国民党常德县党部机关报，其内容多为国际国内新闻、战事动态、时事评论等。

① 刘国武：《抗战时期湖南的现代化》，甘肃人民出版社 2006 年版，第 74 页。

② 瞿新辉主编：《常德地区志·邮电志》，中国物价出版社 1993 年版，第 703 页。

③ 常德市地方志编纂委员会编：《常德市志》第 11 编《文化·卫生·体育》，湖南人民出版社 2002 年版。

表 6－3　民国前期（1912—1937 年）民间报一览表

报纸名称	创刊时间	刊期	开版	终刊时间
沅湘日报	不详	日刊		1930 年前后
常德大公报	1932 年	日刊	对开 4 版	1945 年
澧报	不详			不详
铎报	1937 年 1 月	日刊	4 开 4 版	1940 年
建设日报	1919 年前后			
常德通俗日报	1920 年前后			1922 年
群言日报	1922 年前			1925 年
湘西日报	不详			1923 年
大中日报	1922 年 10 月	日刊	对开	1926 年
沅声日报	1924 年 1 月	日刊	对开 8 版	
民声日报	1926 年 4 月			
商务日报	1927 年前后			1928 年
迅雷日报	1933 年 9 月		4 开	1935 年
西声报	1922 年			
澧光报	1931 年		4 开 4 版	1933 年
澧声报	1933 年 5 月	日刊	4 开	1936 年
晨曦晨报	1934 年			
晓报	1936 年 10 月	日刊	4 开 4 版	1938 年 11 月

表 6－4　民国前期（1912—1937）机关报一览表

报纸名称	创刊时间	刊期	开版	终刊时间
湘西民报	1926 年 8 月		对开	1927 年 5 月
常德民报	1929 年 9 月			
汉寿民报	1926 年 10 月	2 日刊		1949 年 7 月
临澧民报	1926 年 12 月	3 日刊		1927 年
澧县民报	1926 年	日刊	4 开 4 版	1949 年 7 月
安乡民报	1930 年 10 月	5 日刊	对开 4 版	1949 年 7 月
石门民报	1934 年 4 月	3 日刊	4 开 2 版	1949 年

最后是图书文化事业的继续发展。民国以后，书局、书社数目增多，但书店规模一般不大。1923 年，师范传习所（原常德图书馆）与县通俗讲习所合并，称县通俗教育馆。1929 年，改称民众图书馆，其他各县也相继成立民众图书馆。后因时局变迁，管理紊乱，藏书大多流失，馆舍也为驻军所毁。1931

年，县政府拨款修建馆舍，馆藏各类图书达 21 万册。1937 年，与民众教育馆合并，改称民众教育馆图书室。[①]

民国前期（1912—1937 年），常德不断改善教育机构并完善教育管理体制，教育行政机构历经劝学所、教育局、教育科 3 次改名，推动教育持续保持发展势头。初年，推行国民教育，同时受辛亥革命和五四运动影响，常德兴起办学的高潮，后因受常德“敬日事变”阻碍，有所停顿，政局稳定后，各级教育又恢复发展。

这期间，初等教育逐步兴起，公立与私立学校并举。1912 年，学堂一律改为学校，小学分初、高等两级。新文化运动期间，政府提倡私人办学，至 1922 年，常德城内共有小学 50 所，其中，省立、县立、区立有 20 所，私立 30 所。国民政府成立以后，小学又有所发展，1930 年，城区的公立小学增至 29 所，私立小学数目依然为 30 所，学生达到 5208 人，入学率为 66.3%。之后，为贯彻国民政府《实施义务教育法大纲》，政府先后兴办一批“短期小学”，吸收贫困学童免费入学，初等教育得到进一步发展。[②] 至 1934 年，常德全境 7 个县（缺慈利）共办初等小学 2894 所，高等小学 67 所，短期小学 5 所，学生达 11.73 万人，教职员 6138 人。

中等教育结构多元化，普通、师范、职业三类学校并立。1937 年，湖南省立第二中学校（前身为常德府中学堂）与湖南省立第二师范学校（原西路师范学堂）合并，改为湖南省立第二初级中学校。[③] 自 1922 年起，常德城内私立中学教育有较大发展，但官立普通中学发展始终较为缓慢。同时，师范教育也很缓慢。由于民初实行男女分校制度，1912 年，桃源县城新建了湖南省公立第二女子师范，同时期还有湖南公立第二师范（原湖南公立西路师范学堂，属于男校）。1925 年，有人创办了私立湘西艺术师范学校，培养音乐、绘画人才，但只存在了三年。1931 年，县教育局创办乡村师范学校，三年后并入常德县立中学，成为师范部，共毕业了三个班，后停办。[④] 常德职业中学的发端始于 1913 年，常德县商会创办了常德第一所职业技术学校——常德县商业学校。此后职业学校不断发展，先后有湖南省立第二甲种工业学校、常德县

① 常德市地方志编纂委员会编：《常德市志》第 11 编《文化 · 卫生 · 体育》，湖南人民出版社 2002 年版。

② 常德市志编纂委员会编：《常德市志》，中国科学技术出版社 1993 年版，第 614 页。

③ 常德市志编纂委员会编：《常德市志》，中国科学技术出版社 1993 年版，第 621 页。

④ 常德市志编纂委员会编：《常德市志》，中国科学技术出版社 1993 年版，第 642 页。

立女子职业学校、湖南省立第二职业学校等陆续创办。至1932年，仅常德县、汉寿县、澧县和慈利县就办起了7所，在校学生480人，教职工118人。①

常德的高等教育虽已有所萌发，但在整个民国期间都没有发展起来。仅有1936年创立的“私立常德国医专科学校”，三年后即停办。

综上所述，在民国前期，常德教育虽然各级教育发展不够平衡，但教育结构呈现多元化，学校整体规模不断扩大。教育的发展推动了新兴科学知识和西方民主平等思想在学校中广泛传播，为国家培养了大批新型青年人才，使之成为推动常德乃至中国社会进步的重要力量。

民国前期（1912—1937年），常德的卫生事业发展进程缓慢。一是因为中医文化传统根深蒂固，西医文化始终只占附属地位。二是因为政局动荡，政府对卫生事业的发展没有引起足够重视。但总体而言，卫生事业相对来说还是有所进步。清末，现代医疗卫生机构已在常德发轫，但只有广济医院一家西医医疗单位和十几家中医诊所。1915年，原广济医院迁入新址，规模相对扩大，于是改名为广德医院，并在桃源开设了问津分院。初期，医院病床增至50张，工作人员增至近20名，日门诊量达到约50人次。并附设一所广德高级护士职业学校，为省内教会医院培养护士。医疗技术较为先进，能够开展一些小型手术。② 次年，从山东齐鲁大学毕业的余贲周在津市商会街创办了现常德境内第一家的私营西医诊所——普爱诊所。③ 另外，专营妇科的诊所也于1930年在常德出现。当时湘雅产科医学校产科士李琼莹和李岱芳在城内开设了第一家妇产科诊所，开展妊娠检查和产科手术，实行“一躺三消毒”的新法接生。此后，卫生机构逐步增多。

第三节　民国后期常德现代化的曲折进程

一、政治领域现代化的进展

这一时期，常德现代市政管理制度的进步主要表现为市政管理体系的扩大

① 常德市地方志编纂委员会编：《常德市志》第10编《教育》，湖南人民出版社2002年版。

② 常德市志编纂委员会编：《常德市志》，中国科学技术出版社1993年版，第682页。

③ 常德市地方志编纂委员会编：《常德市志》第11编《文化·卫生·体育》，湖南人民出版社2002年版。

和民意机关的设立。

1937年全民族抗战爆发后，国民党调整了行政区划，湖南省普遍推行行政督察区制度，常德属于第二行政督察区（后改为第四区）。为了适应抗战的需要，常德县政府组织扩大，政府内共设五科三室。五科为民政科、财政科、教育科、建设科、军事科；三室为秘书室、会计师、军法室。秘书室又下辖户籍、收发、监印、出纳、缮写、无线电台、电话班、度量衡检查所等十多个小室。① 1939年，国民政府开始推行新县制，为实行新县制，常德市政机构进一步扩大。抗战胜利后，国民党政权逐步走向崩溃，常德市政一直较为混乱，但机构与战时差不多。

1944年5月，国民党召开第六次全国代表大会，通过“促进宪政实现之各种必要措施案”，其中第三条措施内容要求立即成立省、县各级参议会。随之，常德县组成了临时参议会，临时参议员由声望较高的当地士绅担任。临时参议会每三个月开会一次，主要是听取县长工作报告和审议有关民政、财政、建设、教育、军事等方面的施政方案。② 抗战胜利后，临时参议会奉命撤销，正式参议会于1946年成立，议员从所有基层乡镇竞选产生，但在竞选过程中，国民党各党派之间拉帮结派、明争暗斗，目的只为控制参议会。因此，当时的参议会，美其名曰民意机关，但基本上为少数统治者所操纵，实质上是国民党玩弄政治民主、假意还政于民的虚设机构，对于民众疾苦丝毫不关心，更何谈民众的政治参与。然而，参议会的设立毕竟给常德带来了政治现代化的新模式。

卢沟桥事变后，全国民众同仇敌忾，每一个爱国的人都想为救国救民出一分力，在这种普遍高涨的抗日救亡氛围中，常德的一些进步青年、学生、教师、商人、工人和中共地下党员等都自发地组织起来，纷纷开展抗日救亡活动，支援祖国的抗战。

青年学生始终站在时代的前沿。卢沟桥事变发生后仅十几天，常德省立中学的进步学生粟泽元、殷廷禄等人就发起组织“常德县学生抗敌后援会”（简

① 中国人民政治协商会议湖南省常德市武陵区委员会文史资料研究委员：《武陵文史》第6辑，中国人民政治协商会议湖南省常德市武陵区委员会学习文史委员会1990年版，第194页。

② 中国人民政治协商会议常德县委员会文史资料研究委员会：《常德县文史资料》第4辑，内部发行1988年版，第2页。

称学抗会），并通过了《常德县学生抗敌后援会成立宣言》。[①] 他们积极组织学生到城内和附近郊区开展抗日救亡的宣传工作，介绍抗战爆发形势，教唱抗日歌曲。正当学抗会进一步开展抗日救亡爱国宣传的时候，国民党常德县党部却勒令其禁止活动，将其扼杀在摇篮中。但是，国民党根本就无法阻止民众抗日救亡的步伐。1937 年 10 月，常德城东门外斗姆阁小学教师刘振之、陈克难和王泽民等发起组织抗日救亡歌剧社，次年并入中共湖南省委派遣来常的“一致抗敌流动宣传队”，共同开展有声有色的抗敌宣传工作。[②] 1938 年春，从省外回常的戏剧工作者陈卓猷和从北平回湘的清华大学党员女大学生黄绍湘等发起组织抗敌工作团，主要是通过戏剧发动抗日宣传，可不久又被强令解散。同时，中共常德特支成立，地下党员积极到常德的中学进行串联，组织了适合青年特点的抗日青年同盟和民先队。他们在常德积极传播中国共产党关于抗日救亡的主张，得到了广大民众的拥护。之后，在中国共产党的领导下，常德其他各县的民众抗日救亡活动也蓬勃发展起来。

在国难当头的危急时刻，常德的商人与工人也表现出高度的爱国主义精神。抗战期间，常德商会组成抗敌后援会，发动各业商民慷慨捐输，支援抗日。开展了各行各业每人捐献一块银圆的“七七”献金和“献机救国”活动，其中油行业当仁不让，积极响应这一号召，每家捐献了三百至五百银圆，全行业共捐献五千银圆，在常德名列前茅。同时，为开赴前线抗日的过境部队筹措柴草、募集寒衣，募款购买毛巾、肥皂、香烟、水果、糕点等物品，慰问过境伤员，并募款施放年米，救济灾民。1943 年 11 月，常德保卫战打响后，常德工人组成战时服务队，参加守城保卫战，帮助守城部队修战壕、炮台、设置路障、修筑碉堡，组织战地担架队、收容队，冒着枪林弹雨救护伤员，支援守城战斗。[③]

这些民众抗日救亡活动的开展，表现出常德人民团结一致、共同抗敌的高度爱国热情，为支援抗战、推动战争的胜利进程做出了重大贡献。

---

① 中国人民政治协商会议常德县委员会文史资料研究委员会：《常德县文史资料》第 4 辑，内部发行 1988 年版，第 3 页。

② 陈国华主编：《中共常德地方史》第 1 卷，中共党史出版社 2004 年版。

③ 《常德地区志 · 党派群团志》，中国文史出版社 1993 年版，第 3 页。

二、经济领域现代化的波折

1. 现代工商业发展的曲折历程

抗日战争爆发以前，常德现代工商业的发展可谓生机勃勃，进出口贸易繁荣，牙行与商铺兴盛，现代工业文明初现魅力，手工业欣欣向荣，金融、保险等辅助商业颇具成效。若是沿着这种正常的步伐继续发展下去，常德工商领域的现代化事业必将取得不小的成就。然而，抗日战争的爆发，斩断了常德工商业现代化的进程，使其在风雨飘摇的境况下饱受战争的摧残。其中，又以常德会战为分水岭。会战之前，常德作为抗日战争的后勤补给基地，带动了工商业短暂的畸形发展，但由于经常遭受日机的轰炸骚扰而渐变萧条；会战之后，伴随着战争形势的好转和抗战的胜利，常德工商业又有所复苏，但很快又因内战的爆发而急转直下。

1937 年 7 月 7 日，“卢沟桥事变”爆发，日本帝国本义发动了全面侵华战争。不久，上海、南京失守，武汉、广州相继沦陷。处于后方的常德局势相对稳定，于是，大量的难民不断涌入常德，致使常德城市人口剧增，由战前的 5 万多人增到 20 余万人。① 逃难至此的难民们为维持生计，有资本的就从事饮食、客栈或汽车运输等服务业，有技术的就开个作坊从事小修理、小翻砂、手工卷烟等手工业或开设机器修理厂等。人口规模的聚集，促使当时市场呈现一片畸形繁荣。以饮食服务业为例。当时市场上著名的饮食店有清真万成轩食社（今清真第一春），为南京难民火介眉所开设，主营清真饭菜、高档素席、各种名菜、各类小吃。所产白油板鸭、烤鸭、盐水鸭，尤具特色，年销售约 1.5 万只，与透味油鸡、皱皮扣牛肉、粉蒸牛肉、冬笋烧牛蹄筋、清炖牛肉汤，并称为常德的“八大名菜”。另外，由于流动人口众多，仅汽车南站一隅，旅社突增 10 余家，城区旅社、客栈发展到百来家。② 同时，制革、制鞋、染织、针织等手工业也都较以前有所增加。

然而，这些表面的一时繁盛，实际只是战火未及之前的惨淡经营。1938 年 10 月武汉沦陷后，日寇飞机开始轰炸常德，致使城内经常火光冲天、烟雾弥漫，商铺房屋被毁，厂房设备被炸，全城人心惶惶。随着战争

---

① 常德市志编纂委员会编：《常德市志》，中国科学技术出版社 1993 年版，第 21 页。

② 湖南省地方志编纂委员会编：《湖南省志》第 13 卷《贸易志》，湖南出版社 1990 年版，第 140 页。

形势的日益严峻，全市比较大的行业如油行、绸布、百货、南货、茶叶、金银等业的大户都纷纷疏散下乡，或西迁沅陵、所里，或远至贵阳、重庆。手工工厂被迫停产，手工业者不得不踏上背井离乡之路，逃避灾难。城中唯一的现代工业企业——鼎新电灯股份有限公司，也因受到日机的轰炸设备被毁而关闭。继续留在城内的，大都是些不愿离开的中小商民和日谋生计的贫民，他们每日白天躲在城郊，黄昏又陆续回到城中开门营业。故当时整个工商业状况是小户增多，大户减少，资金脆弱，业务萎缩。到1943年常德会战前夕，为避免南京大屠杀的悲剧重演，当地驻军和政府组织全城实行有计划的大疏散，常德的工商业停滞。常德会战从11月2日开始到12月20日结束，历时50天，整个常德基本上化为瓦砾，损失惨重。尤其是日寇侵入城内后，烧杀劫掠，无恶不作，致使全城数万人倾家荡产，家破人亡。据一九四六年《常德县商会工作概况报告书》记述："常德沦陷一星期后，日本侵略军撤走，市民陆续回城，市区惨遭破坏，化为瓦砾，商人物资疏散四乡者，大部丧失殆尽，复业无资者，触目皆是"，"全城货物，直接损失总值为法币八百余亿元"。《湖南大公报》报道：仅常德县（市）一隅，被毁民房约万栋、商家七千余户，"人民受难程度之深，地方糜烂幅员之广，为抗战七年来各战场、各战役之最"。①

常德会战之后，日寇退到长江以北，部分商民陆续回城复业，但由于时局未稳，基本上都是些工商小户勉力经营，很多逃散在外的工商业大户都处于观望态度，因此，工商业的恢复无所进展。1945年8月14日，日本政府宣布无条件投降，抗日战争终于取得了伟大的胜利，全国人民欢欣鼓舞，纷纷投入到重建家园中去，原来疏散四乡和迁移湘西、川黔一带的各业大中户，也迅速回到常德筹备复业。战后人心思治，人人都以为赢得了一个和平的经济建设新时期，从事工商业的热情高涨，并且战前从常德迁移出去的一些工商大户都保存有一定的经济基础。因此，不到半月，常德又是商贾云集，店铺林立。据载，同年11月，市区有80个行业得到了恢复，有1068家先后开业，资金拥有7973万元（法币）（详见表6－5）。

① 政协常德市委员会文史资料研究委员会、民建常德市委员会、常德市工商业联合会编：《常德市文史资料》第2辑，内部发行1986年版，第18页。

表 6－5 1945 年各行业户数、资金数统计表

业别	户数	资金（万元）	业别	户数	资金（万元）
糖坊	1	0.5	染业	16	45
磨坊	4	3.4	旅业	29	115.5
烘糕	3	2.5	印刷	11	49.6
红纸作坊	1	0.5	木器	2	51
澡堂	2	13	书业	10	77
煤业	6	42	铜器	11	26.5
窑业	1	4	刀剪	2	6
锯木	6	14	算盘	1	0.1
银楼	40	296.6	绸布	15	1140
百货	45	148.1	镶牙	5	2.4
针织	26	85	电料	3	11
纸烟	52	352.1	喜轿	2	10
化装	1	5	花粉	1	0.5
布业	25	477	县银行	1	1000
南货	25	378.5	纸业	8	19
伞鞋	6	6.7	饮食	34	66.3
杂货	54	103.6	钟表	10	13.5
粮食	36	79.5	帽业	20	28.8
木业	27	53	麻线	5	2.9
蛋业	10	13.5	西服	27	98.3
新药	15	112	丝业	19	80.6
槟榔	6	4	衣业	50	39.4
碱水	4	9	土纸	8	19
土果	14	49	香业	7	6
代庄	1	40	猪行	1	1
卷花	12	15	槽坊	5	12.5
酒业	8	18	机面	1	0.5
盐业	20	386	酱鼓	22	283.4
球纸	3	3.5	烟蜡	25	63
山货	32	120	对联	5	3.1
腊味	10	11.5	笔墨	15	63
机器	2	2	瓷器	12	105
镜箱	10	10.2	染织	3	18
五金	10	77.8	棉花	5	170

续表

业别	户数	资金（万元）	业别	户数	资金（万元）
颜料	6	150	糕饼	7	5
钉铜	7	20	色纸	14	100.2
纱业	5	18	漆业	2	6
茶叶	17	19.5	照相	5	6.5
制笔	72	152.9	肥皂	3	11
油业	13	872	国药	22	194

资料来源：《常德市文史资料》第1辑，内部发行1985年版，第102页。

从上表可以看出，战后手工业、商业、金融等各业都有所复苏。迄至1946年，发展速度更快。仅据50个商业行业的统计，商店已发展到2028户，资金为13336.8万元（法币），甚至超越了抗战前工商业的规模。

但是战后的兴盛也仅为昙花一现。1946年7月，国民党当局不顾国家利益和人民疾苦，悍然撕毁协议，掀起全面内战，常德的民族工商业又面临着新的摧残。由于内战军费开支庞大，造成了严重的财政赤字。为了弥补巨额赤字，国民党先是大肆增加捐税，使工商业户头上的税负越来越重。1947年10月，全县仅营业税就追加二亿三千万元，同时又要捐献附加税三亿八千万元，捐税一加再加，商民无力负担。商会只得发动商民联合请求核减，取得了一定的效果。① 继之到1948年8月，为了挽救即将崩溃的经济，国民党当局又发行金圆券。但不到一个月，通货恶性膨胀，物价一日数涨。省内长沙首先出现抢购风潮，各地也相继相继发生抢购大米、食盐、油类和布匹的现象。“10月中旬，常德的华南、合记、亚细亚等三家煤油公司每天被抢购者挤得水泄不通，限购量由开始的五斤减到后来的四两。而抢购的人却越来越多。米和猪肉被抢购得只有黑市交易。”② 由于人民群众完全丧失了对国民党政府新货币的信任，在商品交换和工资支付中，都自发改为实物比价折算或公开使用银圆，抵制“金圆券”的流通。随着人民解放战争的迅猛发展，国民党驻军也加紧搜刮商民，时而要求购置三百套办公桌椅床铺，时而要为县自卫队筹粮两千担。特别是驻军汪援华部（汪为暂编第五师师长）更是打家劫舍，强买强卖，闹得一些商店特别是小商贩不敢开门营业，汪后来窜逃时，又向商民勒索所谓

① 政协常德市委员会文史资料研究委员会、民建常德市委员会、常德市工商业联合会编：《常德市文史资料》第2辑，内部发行1986年版，第23页。

② 湖南省地方志编纂委员会编：《湖南省志》第1卷《湖南近百年大事纪述》，湖南人民出版社1959年版，第859页。

应变费 13000 银圆。①

在这种通货恶性膨胀、物价瞬息万变和国民党地方驻军肆意搜刮的状况下，使常德工商业遭受了沉重的打击，困境愈陷愈深，绝大部分商店币增货少，工业和手工业生产一蹶不振，不少商户被迫关门停业。至解放前夕，据当时对私营工商业进行的财产登记，全市共有 5966 户（包括摊贩及郊区工商户）。其中商业 3906 户，工业、手工业 2060 户，资金共为 3010300 万元（旧人民币），从业人员（包括工人、学徒）15688 人。② 常德解放后，在中国共产党的领导下，常德的工商业从此开始了新的篇章。

2. 交通现代化进程的坎坷

抗战爆发前，常德的交通得到了较快的发展，公路网络基本形成，民营航运业渐趋兴盛，邮电结构不断完善。随着抗战的爆发，常德的交通业也逐步转入战时轨道。初期，由于常德作为抗战后勤补给基地，公路与轮船运输和邮电通讯为战时服务起到了很大的作用。后为阻挡日军入侵的进程，避免资敌利用，公路遭到很大的破坏，航运业也遭受很大的损失。邮电业也在战火中曲折发展。

抗战初期，由于国民党军队连连溃退，难民不断迁移，常德的公路运输异常繁忙，并临时开辟了省外运输。抗战前，常德汽车运输一般只达沅陵，抗战后，则可达贵阳、重庆。另外，据湖南省公路管理局统计，1938 年常醴桃段旅客运输共 259152 人，平均每月运输 21596 人，占当时全省运输旅客总量的 20.25%。货物运输平均每月有 32.3 吨。③ 可见当时常德的公路运输对抗战起了重要的作用。1938 年武汉沦陷后，日军不断向湖南进攻，为了阻挡日军机械化部队的攻势，国民党当局下令对公路实施全面破坏。当时，常德有三条公路线：常德至长沙线，有约 42 公里；常德至桃源线，有约 11 公里；常德至澧县、慈利线，有约 74 公里；共计 120 多公里，规定每隔 30 米，在公路横断面上挖成 10 米宽、5 米深的深坑。由县政府按照《全民义务劳动条例》征集民

---

① 中国人民政治协商会议湖南省常德市鼎城区委员会文史资料研究委员会主编：《常德县文史资料》第 6 辑，内部发行 1990 年版，第 77 页。

② 政协常德市委员会文史资料研究委员会、民建常德市委员会、常德市工商业联合会编：《常德市文史资料》第 2 辑，内部发行 1986 年版，第 30 页。

③ 中国第二历史档案馆藏馆藏：6/272，建设统计，湖南省建设厅 1939 年 10 月编制，第 101—103 页。转引自刘国武：《抗战时期湖南的现代化》，甘肃人民出版社 2006 年版，第 180 页。

工进行破坏。[①] 经过数月时间，常德境内的公路全部被彻底破坏，陆路交通状况又倒退到民国以前。公路破坏后，一定程度上减缓了日军进攻常德的进程，但同时也影响了国民党部队对常德的增援进程。

抗战胜利后，政府又下令修复公路，仍由各县征用民工义务修路。由于公路破坏多年，甚至有些地方都变为农民的耕地，修复历程费尽周折，并且修复后质量大不如从前。后来又因为内战爆发，公路运输也是惨淡经营。常德解放前夕，为阻挡解放军的进攻，国民党部队溃退时又破坏部分路段和桥梁，致使常德陆路交通再次倒退。常德解放后，常德陆路交通进入建设的新时期。

1937 年全民族抗战爆发后，外轮基本上都从湖南内河撤出，民营航运业从此完全取得支配地位。抗战初期，日寇侵占了长江下游地区，长江水域的一些轮船为躲避轰炸，多集中于常德沅水、澧水流域一带，使常德成为大后方物资主要集散地和中转口岸。1938 年 9 月，从汉江驶入长沙的轮船有 66 艘，至常德的有 16 艘。[②] 这临时增强了常德的内河航运能力。但武汉沦陷后，常德境内的轮船也经常遭到日机的轰炸，加上日军封锁了长江，常德的民营航运业根本无力求得发展。尤其是在 1943 年以后，日寇攻入湖南境内，战火连绵，累及湘、资、沅、澧及洞庭湖一带的部分轮船、趸船、码头、栈房，损失惨重。仅在常德损毁的轮船就有 13 艘，轮运业遭受空前浩劫。1944 年夏，湖南省内河少数幸存轮船集结在常德、津市一带，经营短途航运业务。1945 年春，长津轮船公司经理王毓麟联合一批常德和撤至常德的轮船公司股东，在津市成立湘西航轮联合局，于常德、桃源设分局。次年该局改组为湘西航轮股份有限公司，共有轮船 12 艘，先是在津市、常德、桃源、椰市等地营运，后恢复长（沙）常（德）、长津（市）、长汉（口）等航线业务。抗战胜利后，常德轮船运输呈现畸形繁荣。1947 年 3 月，湘西航轮股份有限公司又在汉口、宜昌、衡阳办事处，一度拥有火轮 25 艘、汽船 4 艘、客驳 12 艘、货驳 16 艘，总吨位达 3179. 53 吨，经营常德、津市、汉口、长沙、衡阳等地之间 12 条航线。1948 年，由于恶性通货膨胀，国统区经济面临崩溃，航运业务萧条，湘西航轮股份有限公司宣告散伙，只剩下原有的几家小公司。常德解放时，仅存民

---

① 中国人民政治协商会议湖南省常德市委员会文史资料研究委员会：《常德市文史资料》第 1 辑，内部发行 1985 年版，第 24 页。

② 中国历史第二档案馆编：《中华民国史档案资料汇编》第 5 辑第 2 编《财政经济》（十），江苏古籍出版社 1994 年版，第 73—74 页。

众、复华、宏安、楚利等轮船公司，仅有小火轮 10 余艘。[①]

抗日战争期间，由于常德遭受日寇的侵犯，工商业无所发展甚至停滞，百姓流离失所，加之战时交通紧张，邮政业务在战火中勉为经营。为保证政府和军队的机要文件、信函归的寄送，常德临时开设有军邮组（所）。抗日战争结束后，各邮局军邮组（所）撤销，政府和军队的机要文件、信函复交邮局寄送，并且工商业经济有所恢复，常德邮政业务有所回升。但很快国民党发动内战又致社会动荡，民不聊生，邮政业务又每况愈下。

电讯业作为一个特殊的行业，在这一时期取得了相对较大的发展。作为现代化的通信手段，电报、电话等在战争中的作用尤为重要。因此，抗战时期，国民政府对电讯业实行统制。适应战时的需要，常德的电讯业规模有所扩展。电报方面，由于战时报发业务剧增，常德成为中心转报局和长话接转局，电报局也由原来的二等升为一等局。常德的电报线路直达口岸扩充到衡阳、恩施、重庆等地，电报直达电路发展到 12 条。电报内容主要以军政情报为主。1944 年 7 月，常德电报局又改为常德电信局。1948 年，常德有线电报电路发展到 15 条，常德至益阳、桃源、安化、椰市电路使用音响机发报。[②] 电话方面，市话业务并入常德长途电话营业处。1938 年 9 月，长途电话营业处改为常德长途电话分局，并先后开通常德至慈利、临澧、沙市、新化等地长话线路。同时，常德被交通部列为全国长途电话干线局之一，纳入全国长途电话通信网，负责中转各省至贵州的长途电话。1944 年，常德的长途电话直达线路有常德至益阳、汉寿、马迹塘、安化、沅陵、椰市、慈利、临澧、津市 9 条。1946 年，常德长途电话分局又更名为常德电话局。1948 年，常德长途电话交换设备增加到 5 部。[③] 常德解放时，部分电报、电话线路遭到国民党溃退部队的破坏，但解放后很快修复。1949 年 10 月，原常德电报局和电话局合并，成立“常德电信局”。

三、文化、教育和卫生领域现代化的进展

民国后期（1938—1949 年），大战纷起。虽然失去了安定的社会环境，但为了稳定民心、激励民众团结一心抗日，适应战时文化服务的需要，常德文化

① 常德市志编纂委员会编：《常德市志》，中国科学技术出版社 1993 年版，第 243 页。
② 常德市志编纂委员会编：《常德市志》，中国科学技术出版社 1993 年版，第 255 页。
③ 常德市志编纂委员会编：《常德市志》，中国科学技术出版社 1993 年版，第 257 页。

事业依然在磨难中前进，并不断创造出新的成果。

首先，常德新闻文化事业在原来的基础上继续发展，新创办的报纸达15家。1938年创刊的报纸有《自强日报》《干报》《阵中日报》；1939年创刊的报纸有《新潮报》《常德日报》《朗江晚报》；1947年创刊的报纸有《新中日报》《凯报》《民众日报》《民锋日报》；1948年创刊的报纸有《自由晚报》《建设报》《正风报》；1949年创刊的报纸有《常德吼声》《民主报》。其中，《新潮报》和《新中日报》两家为机关报。《新潮报》由国民党第十二集团军司令部和洞庭湖警备司令部创办，于1939年9月1日在桃源陬市创刊，后迁到常德大高山巷。该报四开四版，主要立足于抗战宣传，稿件多为转载、翻译中外各报刊中有关对日作战的新闻资料以及前线战报，加上收抄国民党中央社电讯稿和《大公报》《新华日报》上的文章，另在副刊中定期刊出《保卫黄河》《我们在太行山上》《义勇军进行曲》《八百壮士》等当时流行的抗战歌曲，以便部队和民众教唱。由于内容较丰富，印刷清晰，受到民众和部队欢迎，日销3000余份。不久，报纸名称改为《新潮日报》。1943年因常德会战迁往沅陵，后停刊。1946年在长沙复刊。《新中日报》于1947年3月16日创刊，是常德县三青团机关报。报纸为日刊，4开4版。它是国民党与三青团之间争权夺利的产物。后来该报逐渐倾向共产党，揭露当时社会的黑暗。1949年7月30日，人民解放军接管此报。此后，开始刊登大量新华社电讯，同年8月10日终刊。

其次，图书文化事业也在原有的基础上不断发展。抗战时期，一些进步人士陆续办起专营进步书刊的书店，如新知、金城、自力、大上海、生活、大中、和文艺等，但是这些书店都先后遭到国民党的迫害。1942年，国民政府的国家出版事业管理局在常德大西街设立分支机构“中国文化服务社常德支社”，后改为文化服务社，主要经营中小学教科书，兼营文具。[①] 据统计，全民族抗战期间，先后开设图书文具纸张店51家，其中以图书为专业的11家，以图书为主兼营文具的11家，以纸张文具为主的29家。抗战胜利之后，图书文具纸张店发展到59家，其中以图书为主兼营文具的15家，以文具力主的23家，以纸张为主的21家。[②]

---

① 常德市志编纂委员会编：《常德市志》，中国科学技术出版社1993年版，第702页。

② 中国人民政治协商会议湖南省常德市武陵区委员会文史资料研究委员：《武陵文史》第5辑，中国人民政治协商会议湖南省常德市武陵区委员会学习文史委员会1989年版，第113页。

最后，电影作为民众日常文化娱乐活动的重要内容，在抗战期间曾因遭日机轰炸而一度停止。战后，一些影院又相继出现，如新世纪电影院、滨湖电影院、新新电影院、武陵电影院、民众电影院。到常德解放前夕，共有电影院7家，兼放电影的戏院11家。[①]

民国后期（1938—1949年），常德的教育事业在战火纷飞的非常时期历经磨难。虽然高等教育基本上没有取得进展，但是中等教育和初等教育在抗战初期和战后短暂的和平时期得到了较大发展。

中等教育方面，师范教育和职业教育发展缓慢，但普通中学发展较快。抗战初期，由于长江下游沦陷地区逃难居民的纷纷涌入常德，人口聚集，要求入学的学生也相应增加。另外，依据当时国民党兵役法规定，在籍中学生缓役，于是一些不论贫穷还是富裕的家庭，都千方百计地送自己的子女进入中学就读，以逃避国民党的抽丁，致使中学人数激增。在这种情况下，一些私立中学应运而生。至1943年，有渔父初级中学、民治中学、白云初级中学等三所私立中学相继成立。1941年，省立常德中学改办为湖南省立第四中学。常德会战前夕，为躲避敌机的轰炸，所有学校纷纷迁往城郊或周围各县农村地区，但城区所有学校设施都毁于日寇侵略的战火中，对战后的复校工作造成了很大的困难。1945年抗战胜利后，外迁的师生陆续返城重建校园，一批私立中学也乘势兴起。短短的四年时间（1945—1948年），就有春芳初级中学、明义初级中学、伯高初级中学、光汉初级中学、中兴高级中学、四维女子中学、大志初级中学、启智女子中学等八所私立中学先后创办。[②] 到1949年7月常德解放时，全境有中学25所，在校学生3734人（高中495人），教职工508人（专任教师371人）。[③]

初等教育方面，小学教育有起有落。抗战前四年，受战火影响，常德的小学数量有所减少。国民政府新县制推行后，湖南省政府于1940年6月颁布了《湖南实施国民教育五年计划纲要》《湖南省各县保国民学校及乡镇中心学校实施办法》等文件，要求各县在5年内完成设校规划和实施国民教育计划。[④] 在这些政策的推动下，常德在乡、镇设中心国民学校，在保设国民学校。1942

① 常德市地方志编纂委员会编：《常德市志》第11编《文化·卫生·体育》，湖南人民出版社2002年版。

② 常德市志编纂委员会编：《常德市志》，中国科学技术出版社1993年版，第634页。

③ 常德市地方志编纂委员会编：《常德市志》第10编《教育》，湖南人民出版社2002年版。

④ 刘国武：《抗战时期湖南的现代化》，甘肃人民出版社2006年版，第240页。

年，全境8县187个乡、镇共设中心国民学校184所，2184个保共设保国民学校2810所。在公办小学设置的同时，各县均创办有一定数量的私立小学。常德会战期间，所有小学或停办，或迁往周边农村地区。抗战胜利后，各小学又相继有所恢复，但内战再起，教育经费奇缺，小学教育又渐趋萎缩，到1949年上半年，小学减少至2544所。[①]

抗日战争时期，由于内迁人口聚集，加之战争造成的创伤，使常德境内的病人数量不断增多。但当时常德的卫生机构依然只有一家广德医院和少量的中西医诊所，根本无法适应战时的需要。因此，急需建立新的卫生医疗机构来救死扶伤。这一时期，国民政府也因战争的影响对卫生事业比较重视，积极推广卫生机构的建设。在这样的背景下，在战争爆发不久后，常德境内各县先后设立了卫生院等卫生机构。至1940年，常德城设卫生分院1个，卫生所2个，巡回卫生工作队1个，湖南省驻常德县妇婴卫生员训练所1个。[②] 这些机构的设立对当时伤病的及时救治起到了重要的作用。另外，战争还催生了常德卫生防疫事业的开始。1941年，日军在常德投放鼠疫病菌，导致大量平民死亡。疫情发生后，湖南省政府即派出技术人员与地方组成常德防疫处，设留验所、隔离病院、检疫站，在疫区开展预防注射，治疗抢救病人。[③] 经过各级医疗机构两年的努力，才得以控制病情。次年，常德防疫处扩充为湘西防疫处。

抗战胜利后，常德卫生事业又有所进展，1946年7月设立了湖南省立常德医院。同时，一些受过西方医学教育的学生和军人回乡后也纷纷设立私人医院与诊所。到解放前夕，常德城区共有2家教会医院、1家省立医院、2家私人医院、49家私人诊所，病床80张，中西医药卫生技术人员100多名，剖腹手术为当时最大手术。[④]

虽然这些机构存在设施简陋、规模不大、人才缺乏等不足，但是它们为推动常德卫生事业的现代化进程了起到了极大的作用。

---

① 常德市地方志编纂委员会编：《常德市志》第10编《教育》，湖南人民出版社2002年版。

② 常德市志编纂委员会编：《常德市志》，中国科学技术出版社1993年版，第673页。

③ 常德市地方志编纂委员会编：《常德市志》第10编《文化·卫生·体育》，湖南人民出版社2002年版。

④ 常德市志编纂委员会编：《常德市志》，中国科学技术出版社1993年版，第673页。

第七章　益阳城市现代化进程的开展

益阳地处湘中偏北，资江中下游，收揽沅、澧两水尾间，背倚雪峰山脉，面朝洞庭湖，东临岳阳、长沙，南连娄底，西接怀化，北靠常德。它既是资江流域的物资集散地，也是历代益阳地区州、县的政治、经济和文化中心。

益阳历史悠久，文化源远流长。据考古发现，益阳地区远在旧石器时代即有先民在此繁衍生息。新石器时代，因洞庭湖陆升，益阳人民逐水聚居，以原始农业和家畜饲养为生。春秋战国时期，益阳为楚国之辖地。公元前 221 年，秦统一中国置郡县时，益阳因“在益水之阳，因名”[①]，是为区境置县之始。西汉为长沙郡之地。三国移属衡阳郡。宋为潭州、岳州、朗州地。元升益阳县为州，属潭州路。明为长沙、常德、岳州府地。清为长沙、常德府及南洲直隶厅地。民国为益阳县。自此至中华人民共和国成立，益阳建制未有多大变化，只是在清咸丰二年（1852 年），太平军攻占益阳，曾一度改名为“得胜县”。1940 年 4 月至 1949 年 7 月，湖南省设行政督察区，第五区设治于益阳县，辖益阳、湘乡、宁乡、安化、沅江、汉寿六县。期间因日军大举进犯，湖南部分地域沦陷，各行政督察区的建置名存实亡。

益阳自置县以来，境域范围几经变迁。秦置益阳县时，包括今桃江、安化、新化、冷水江、沅江等县市全部及宁乡、涟源、新邵等县市的部分地方。由于经济发展，人口增长，吴太平二年（257 年），析置新阳县（今宁乡市），吴宝鼎元年（266 年），析置高平县（今新化和新邵县的部分），县域开始划小。南北朝时期（420—589 年），巴蜀流民徙入荆湘，县内人口增多，先后析置湘阴县、药山县（今沅江市）。宋时先后析置新化县、安化县。清末又析置南洲直隶厅（今南县）。此后至民国时期，益阳县大体辖今益阳市、桃江县地域。

① 益阳县地方志编纂委员会编：《益阳县志》，湖南人民出版社 1999 年版，第 63 页。

益阳扼资水咽喉，古已有“吴蜀门户”之称，是湘中北战略重镇，为历代兵家必争之地。三国时，吴、蜀曾屯兵相峙于此，留下甘宁垒堡、关羽单刀赴会、鲁肃筑堤以拒刘备等史话。宋时岳飞、杨么大战洞庭湖，明末张献忠、李自成农民起义进出益阳。清咸丰二年（1852 年），太平军攻取长沙不克，绕道取益阳，然后挥师越洞庭，直取岳阳。辛亥革命后，南北军阀混战，益阳成为要冲，驻益军旅易帜频繁。

作为传统城市，益阳充分发挥着该地区政治、军事中心的重要作用。近代以来，益阳的经济功能大大增强，已不再附属于政治，而成为决定城市地位的另一个先导因素。

第一节　清末益阳城市现代化的起步与滥觞

一、近代以前益阳城市经济的境况

益阳由于其丰饶的物产、优越的区位优势和勤劳朴实的人民，开发历史悠久，自古以来商业发达，贸易昌隆，商贾云集。

从境内发掘的商周遗址证实，商周时期益阳已有发达的经济生活。春秋战国时期，境内人口逐增，并沿资江向西扩展，由平原发展到丘岗地带，聚村而居，生产稻谷和麻类。秦初置益阳县至汉代，曾有一段较长时间的安定过程，境内农业生产发展较快，人口迅速增长，成为京都长安“近图荆楚，远图百粤”的必经之地。唐时倡商重贾，植种茶、麻，并在县城逐渐形成竹木集散地。宋代，粮食生产继续发展，蚕桑业较为发达，全县每年以 488 斤蚕丝代税，益阳成为著名竹木商埠和竹器市场。元代，境内湖区始修河皮、油麻等 12 垸，全县经济发展，人口增长。明代，城镇分布大体定型。至万历十年（1582 年），全县人口 31636 人，今兰溪、泉交河、沧水铺等镇已发展为具有一定规模的农村集市。①

清代，随着商品性农业的发展及随之兴起的家庭手工业、手工作坊的促进，益阳成为资江下游和洞庭湖区的土特产品聚散地，以出产和经营竹木、土纸、水产、蛋品、稻米、纸伞、染织品、铁锅等闻名远近，而有“银益阳”

① 益阳县地方志编纂委员会编：《益阳县志》，湖南人民出版社 1999 年版，第 3 页。

之称。康雍年间，清政府采取招抚流亡、鼓励垦荒、整顿田赋、摊丁入亩等措施，益阳农业得到很大发展，益阳人口也大量增加，始有竹木加工、酿酒、冶炼、文化用品和编制等小型手工业作坊。至乾隆时，私营商业发展，商业市场渐趋繁荣，益阳即已成为资江下游和洞庭湖区的著名商埠。其时，商品米、生猪、鲜鱼、竹木自给有余，销往县外者渐增；手工业发达，竹器、纸伞、铁锅等驰名全国，远销国外。[①] 经数百年的发展，在城区成为著名商埠的同时，境内其他水陆交通便利之处也陆续演变出一批货物集散码头和商品交换墟场。据乾隆《益阳县志》载，这类集市主要有：邓石桥、沙田铺、衡龙桥、茈湖口，侍郎桥、岩子潭、欧公店、谢林港、龙子山、舒塘、鲊埠、鸬鹚渡等。

时至近代，益阳商业渐入佳境，行业众多，商家云集，商品交换活动日趋频繁，以致“车船辐辏，物阜人夥，省门以西，无与为比”。据同治《益阳县志》记载，益阳本地人“勤于农桑，拙于工贾。大约工匠所业，不过木、石、陶、瓦、皮、铁、织、染之类，民所需，工乃常习，此外细巧之技，多取资外方，贸易则谷米竹木纸笱之属，本地所产，外客集焉，故多开充牙行，或自行囤贩，次则屠沽小肆，其余诸货，则皆苏杭闽广豫章诸省客商营运，居奇于此，盖益滨资水，上通宝邵，下达江湘，舟楫流通，百货易集，故有金湘潭、银益阳之称。”需要指出的是，此时益阳的经济仍以传统自然经济为主，如果说二十世纪以前益阳的商品经济有所发展，那大多是外省（地）商人在益阳一带从事商品的买卖交易活动，益阳本地的商人却因“拙于工贾”为数极少，无法掀动商品经济的大潮。

益阳城市经济的兴盛始于商业贸易。明清以来商品经济的发展不断冲击着传统的封建自然经济，使得益阳城市的经济功能逐渐突出，为益阳从传统的城市走上现代化的道路奠定了基础。但是，这一阶段的益阳仍是以小农业和小手工业相结合、自给自足的自然经济为主的社会，城市工业还比较薄弱，商业也以传统商贸为主，并不具备城市现代化的各种因素。

二、世纪之交益阳城市现代化的滥觞

鸦片战争以后，在西方资本主义国家的军事和经济侵略下，中国自给自足的自然经济逐渐遭到破坏，一些资本主义的近代企业首先在交通便利的沿海沿江城市和比较发达的地区出现，使城市结构和功能随之发生近代转型。然而，

① 益阳县地方志编纂委员会编：《益阳县志》，湖南人民出版社1999年版，第147页。

甲午战争以前的益阳同省内其他城市一样，仍以小农经济和传统手工业相结合为特征的自然经济占主导地位，风气闭塞，加上湘人保守势力顽固，使得益阳城市现代化启动遭到延缓。至十九世纪末二十世纪初，随着西方资本主义势力的渗透和新政运动的开展，益阳的现代化才开始显现出发轫之迹兆，经济领域发生了若干变化，社会政治及阶级关系也出现了新的因素，思想文化领域开始朝着新的方向演进，城市现代化徐徐启动。

益阳现代化的曙光是在19世纪末依稀出现的。由于益阳所处的地理位置和交通、历史条件促使它作为传统的商业性地区中心城市迅速崛起。自广州、汉口成为通商口岸后，由于长江中下游和汉口等地对农产品的需求，洞庭湖区境得以大量开辟，益阳借机发展为资江中下游和湘西北地区的物资集散地，商业渐趋繁荣。大米、鱼类、竹木、纸伞、铁锅、土纸等手工业产品大量出口，每年成交额达几百万两白银。随后，西方资本主义经济势力进一步渗透，陆续在益阳开洋行、设公司、建码头、辟航线，封闭的自然经济受到了强有力的冲击，农业产品的商品化进一步增强。益阳与国内外市场的联系也逐渐加强，商业贸易范围迅速扩大，从传统土货贸易逐渐向以土洋货物贸易为主转变。随着商品生产和商品交换的扩大，商业逐渐成为益阳城市的经济主体，商业作为城市发展的主要动力的作用得到充分体现。

除原有传统行业外，近代工矿业和交通运输业亦缓慢兴起。在开明官绅的积极倡导和大力推动之下，益阳的近代工矿实业开始艰难起步，先后开办兼善、久通、弘毅等公司，采掘硫黄、锑等矿产，尤其是板溪锑矿的半机械化的开采开了益阳近代工业之滥觞。此外，冶铸、纺织和食品加工等传统手工业中也逐渐显现资本主义经济因素。益阳近代交通也于此时发端。19世纪末“鄂湘善后轮船局”首辟益阳航线，此后外国洋轮纷纷进入，益阳民营航运业也应运而生，以蒸汽为动力的轮船开始出现在内河航运中。交通运输业的发展极大地推动了近代商业的发展，也使益阳作为近代商业城市迅速崛起。近代商业城市的兴起又促进了商品生产和商品交换的进一步扩大，使新的商业区在城市出现。益阳城区15里长街，舟车辐辏，商贾云集，百货流通，与湘潭并称为“金湘潭、银益阳”，城市的经济功能迅速提升。

文教、邮电等社会公共服务的现代化逐渐启动。传统教育开始向现代教育转变，书院改为学堂，新式学校陆续开办；近代邮政电讯事业于光绪二十八年（1902年）发轫；益阳信义医院等现代医疗卫生机构开始兴办。同时，政治民主化也逐渐推进，新式机构团体相继建立，民主共和政治思潮和社会动员涌现。这些都展示着十九世纪末至二十世纪初益阳已经开始由传统社会向具有现代特质的崭新社会形态转变。

三、经济与公共服务现代化的启动抉择

1. 商品市场经济的发展

从经济形态看，城市的现代化即是自然经济社会向以市场为导向的商品经济社会转变。十九世纪末二十世纪初，面对欧风美雨的冲击和洗礼，岳州、长沙先后成为对外通商口岸，常德、湘潭相继辟为“寄货港”，外国侵略势力在湖南迅速扩展，外国商品如潮水般涌入益阳地区，而本地的土货商品也源源不断地流向外地，近代益阳商品经济如火如荼地发展起来。伴随着商品市场经济的发展，传统的经济运行机制和贸易方式发生变革，益阳开始了由传统向近代转型的艰难历程。

益阳传统贸易主要为墟集贸易和城市贸易，交易市场极为狭小，贸易的内容主要是小生产者的产品交换。商品经济虽然发展到较高水平，但它仍然仅仅是自然经济的补充，并未成为人们经济活动舞台上的主角。19 世纪末，在外国资本主义廉价商品输入和原料掠夺的冲击下，益阳的经济贸易发生了巨大变革，近代市场逐渐形成和发育，商品经济迅速发展并逐渐成为经济活动的主流。清光绪十七年（1891 年），美国美孚煤油公司的轮船“美山”号，装煤油 300 吨，从上海第一次驶进益阳。美孚煤油公司还在益阳西流湾设立经销处，这是外商在益阳的第一个经销处。此后，美、英、日、德、挪威、瑞典等国商人陆续入境，相继在益阳设立轮运和经销机构，发展商业。他们廉价收购农副产品，并大量倾销棉纱、棉布、煤油、洋火、呢绒、五金及糖、烟、酒等多种外货，自此，洋货源源不断地流入，益阳的商品构成发生了明显的变化。在进口商品中，传统的贸易以湘西北及滨湖地区的农副产品为主，外商大量入境后，机制纺织品、化工产品等的输入量明显增加，并在益阳贸易中的比重逐渐加大。同时，出口商品结构也发生了很大变化。传统的益阳出口贸易主要以城乡农民和手工业者为服务对象，商品主要是粮、布、苎麻、茶叶等，手工业品不占主导地位。伴随着资本主义倾销商品和掠夺原料，益阳国内贸易范围逐渐扩大，并逐渐和海外贸易紧密衔接，益阳流通商品的种类发生了巨大的变化。一是商品性农产品出口量逐渐增多，尤其是皮蛋、咸蛋、鲜蛋、小竹器等土特产品开始成批向远洋出口，外销量逐渐增大。二是境内的工商业产品也向外出口。清光绪二十二年（1896 年）板溪锑矿开采的矿砂开始向外输出。光

绪三十四年（1908 年），板溪锑矿采用西法冶炼锑砂，锑矿产品也开始出口。另外，益阳铁锅产业兴盛，年产铁锅约 4000 吨，出口量大增。此后，日、美等国商人纷纷在益阳开设洋行，并由当地商人代理收购篾丝、竹器、纸伞等手工产品销往国外。当时没有专门的对外贸易机构，工农业产品由私商和外国洋行间接进行出口贸易。出口的商品大部分由水运至汉口、上海等口岸，由私商、洋行转销远洋。工农业产品的交换，不仅改变了商品贸易的结构，扩大了商品市场，也破坏了自给自足的自然经济基础和小型分散的手工业经济，从客观上促进了益阳城乡商品市场经济的发展。

近代商品市场经济的发展也为新式商业组织的产生提供了条件。自岳州、长沙开埠后，外商陆续来益开办洋行，设立经销处，大量倾销廉价商品，使益阳境内传统手工业受到严重冲击，其中大布销售受挫尤为严重。[①] 为挽回利权，复兴民族商业，益阳商民按照清廷制定的《商会法》于光绪三十二年（1906 年）成立商务分会，南县、沅江和安化东坪也都成了商务分会，试图与外商抗衡。商会是市场经济的产物，是城市商品经济发展的重要表现之一。具有现代意义的商会在益阳落地生根，对推动益阳经济发展和社会进步起到了一定作用。与此同时，随着工商业的发展，从事商业经纪活动的牙行[②]也逐渐兴盛。清末，益阳商品经济十分活跃，城乡经济日趋繁荣，牙行不仅门类渐广，而且数量更趋增多。据湖南调查局调查，1912 年市内有笋、广货、棕、篥、膏矾、南竹、酒、油、盐、铁、纸、粮食、鱼、石灰、烟、枯饼、瓷器、水果、洋油、猪、布、煤炭、靛青业共 25 行，牙行 117 家。至 1916 年，牙行发展到 211 家。[③] 商会、牙行等市场中介组织的盛行，极大促进了益阳商品经济的发展。

正如马克思所说："商业依赖于城市的发展，而城市的发展也要以商业为条件，这是不言而喻的。"[④] 城市商品经济的发展，推动城市区域扩大和人口增加，并成为城市现代化的重要标志。益阳沿资水 15 里长街，各种店铺、堆

---

① 如光绪年间，益阳年产大布百万匹，至宣统末年（1911 年）即下降至千余匹。见湖南省益阳地区地方志编纂委员会编：《益阳地区志》，新华出版社 1997 年版，第 1269 页。

② 中国古代和近代市场上为买卖双方介绍交易、评定商品质量、价格的居间行商。

③ 湖南省地方志编纂委员会编：《湖南省志》第 1 卷《贸易志 · 商业》，湖南人民出版社 1990 年版，第 129 页。

④ ［德］马克思、［德］恩格斯：《马克思恩格斯全集》第 25 卷，中共中央马克思恩格斯列宁斯大林著作编译局编译，人民出版社 1974 年版，第 371 页。

栈、集贸场地、钱庄、牙行林立，凡资水干流与支流汇合处，洞庭湖泊船口岸及人流较多的路边，都办起了私营商店。至1911年，益阳城区及护城区面积共23万平方公里，大体相当于现今城区面积，总人口4.13万人。其中，城内区1.12万人，护城区0.39万人，头堡0.85万人，二堡1.34万人，三堡0.43万人，人口密度平均每平方公里1796人。[①] 城市人口的集聚和城市规模的扩大，无疑是城市现代化的一个重要标志，为城市现代化的起步奠定了物质基础。

2. 工矿业崭露头角

近代工业的兴起和发展是城市现代化最主要的标志，也是主要的推动力。随着清政府振兴实业政策的转变和西方文明的日渐渗入，近代工矿业也开始在益阳崭露头角。

益阳的近代工业是在传统手工业的基础上发展起来的。明末清初，一些能工巧匠办店设坊，从事铁、木、竹等专业手工业生产，这是益阳工业的起点。19世纪后期，随着手工业自身的发达，在某些方面已经向商品经济发展，出现了分工细密、生产规模日渐扩大的情况。资水上游的竹木、矿石及洞庭湖平原的粮油棉不断集中于城市交易，加上外地技术的传入，手工业的行业分工进一步细化，逐步向专门化发展。如木器业分为大木、小木、车木、园木、雕花、寿枋；竹器业分为大郁、小郁；铁器业分为刀剪、铁钉、铁锚；制伞业分为伞柄、伞骨；皮革业分为制鞋、皮箱；文化业分为粉笔、毛笔、砚墨、纸张，等等。[②] 行业内部的分工也有所发展，原先生产工序由一人包干到底发展到粗坯、成型、加工等依次由众多的工人分别完成，反映出商品生产的特点。手工业在专业化发展的同时，还出现了一些较大规模的工场作坊，益阳最初的资本主义经济因素即萌芽于这些厂坊之中。此类作坊主要集中在冶金、矿业、纺织和食品加工等行业。如铸锅制造行业，早在明朝城区及对河宝林冲各处即开办有铸锅厂，制造锅鼎农具。近代以来，益阳的铸锅业迅速发展，并出现了较大规模的手工业作坊。至光绪年间，锅厂设于城区者11家，宝林冲7家，三里桥2家，工人2000余，平均每家百余名工人。[③] 益阳锅鼎声名远播，产

① 益阳市志编纂委员会编：《益阳市志》，中国文史出版社1990年版，第55页。

② 益阳市志编纂委员会编：《益阳市志》，中国文史出版社1990年版，第211页。

③ 林增平、范忠程主编：《湖南近现代史（1840—1949）》，湖南师范大学出版社1991年版，第162页。

品远销长江流域及长城内外，素有“广锅”之称。食品加工、纺织、造纸和采掘业也应时而兴，都相继建起了为数不少的手工作坊。由于分工细化、手工作坊规模的扩大，手工业逐渐向商品生产发展，外销大增。其时，益阳的铁锅、土纸和竹器生产均居全省首位；纺织品生产也仅次于长沙；锑品、味蛋、竹器、铁锅等产品畅销国内外。

益阳近代工业中，创办最有成效的是矿业。益阳境内矿产资源丰富，有锑、锰、铁、铅、煤、硫黄、石灰石等多种。随着铁锅制造业的兴起，益阳的冶铁业曾经盛极一时。清同治八年（1869 年），益人张少良、周立春等开办兼善公司，于灰山港伍家坳开采硫黄矿，有工人百余人，年产矿 300 吨。[①] 光绪二十二年（1896 年）起，湖广总督张之洞下令免收硝硫税厘，益阳伍家坳、金光山、石牛江、岩子潭一带的采磺业又获得发展。可惜土法制炼，产品不纯，不能与舶来品竞争。清末，资江南岸志溪河中游附近石灰石也开始开采，并形成了土法采掘煅烧农用石灰的基地，但开采技术落后，机械化程度不高。这些采矿公司的开办，虽都用传统方法开采，机械化程度不高，尚称不上现代工矿业，但却对其后在益阳进行的现代化起了奠基作用。

板溪锑矿——益阳工业现代化的嚆矢。清光绪二十一年（1895 年），随着维新变法运动的兴起，湖南巡抚陈宝箴慨然以湖南开化为己任，“广辟利源”，推行新政，特别注重发展工矿企业。他获悉板溪有锑矿，便委派专人来益阳勘探，置地 3000 余亩，募集穷股，在板溪开设中路久通矿物公司，就地开采锑矿，益阳近代矿业随之发端。但由于锑矿开采冶炼技术不佳，设备简陋，获利甚少，试办数年，无大成绩。光绪二十五年（1899 年），矿商梁焕奎以巨资顶承久通公司，矿山由官办转为商办，大获发展。益阳因此成为湘省近代矿业的发祥之地。此后，办矿者采取各种措施使板溪锑矿的现代化程度逐步提高。首先，培养矿业人才，延聘技师，采用西法冶炼。梁焕奎精通西学，富有开拓精神，他接办板溪锑矿后不久，被派往日本任湖南留日学生监督。他在日本期间，注意学习矿业知识，回国后即任湖南矿物总局提调。他重视办实业学堂，培养采矿、化验、机械等人才，并先后资助三个弟弟分别留学日、美，学习矿业。稍后，梁氏兄弟以巨款从法国引进一种将低质锑砂提炼成纯砂的炼法——赫伦土米德炼锑法，并延聘法国机械师回国。1908 年，梁氏兄弟于长沙将久通公司正式扩充为华昌炼锑公司，并在益阳板溪、木李坪等地设采炼厂。其

① 益阳县地方志编纂委员会编：《益阳县志》，湖南人民出版社 1999 年版，第 245 页。

次，购置机械设备，提高采掘、运送机械化程度。梁焕奎从法国引进先进提炼之法后，又从法美等国购置采掘和蒸馏炼制机器、炼炉，并自置了轮船，在板溪矿山修建了排水、通风、卷扬等机械设备及专用送矿铁路。由于技术新、设备精良，华昌公司奏准获得 10 年专利权，“在湖南专办十年，无论何国官商不得在中国境内设同样之炉座，亦不得在湖南境内设他样炼锑之炉座”①。由于采用先进方法采掘和冶炼，板溪锑矿产量不断增加，所炼纯锑成色甚高，产品十分畅销。宣统三年（1911 年），华昌公司产锑 2060 吨，约盈利 4000 两银。② 除板溪锑矿外，光绪二十五年（1899 年），私营弘毅锑矿公司亦在境内将军山开办将军山锑矿，但规模远不及板溪。

这一时期益阳工矿业的起步有两个特点：其一，商办企业资力有限，规模不大，数量不多；其二，工业方面仍以手工生产为主体，近代矿业发展迅速，但工业经济在益阳城市经济结构中不占主导地位。终近代时期，益阳主要还是一个商业城市，总体上仍处于工场手工业向机器大工业过渡的阶段。

3. 轮船运输业的兴起

益阳近代交通运输业肇始于内河航运业，其标志是内河航运中开始采用蒸汽动力的轮船作为交通工具。随着商业贸易的逐步扩大和外轮入侵，传统的木船、竹木排筏运输逐渐被汽船、货轮所代替，益阳轮船运输业由此兴起。

外国轮船是最早出现在益阳的现代化交通工具。光绪十七年（1891 年），美国美孚煤油公司“美山”号轮船自上海运煤油 300 吨抵达益阳，为外轮进入益阳之始。但这次美商轮船仅是为其公司寻求市场而进行的一次试航，尚未开辟航线。光绪二十一年（1895 年），英商太古公司鉴于美孚公司的“美山”号轮已进入益阳港，于是也继起侵入益阳内河，并于大码头设轮船经理处，正式开辟内河航线。是时，太古公司有两艘轮船，一为“城步”号，一为“长洛”号，另有十几艘铁壳拖驳子，以汉口至常德为主线，以益阳、沅江、津市为副线，一共 4 埠，作为其业务活动范围，往返于汉口至四埠之间，专运货物。由于轮船运输的速度比木帆船快捷，商人为了加快资金周转，纷纷要求由轮船运输。益阳的南货、绸布等行业，纷纷函电驻汉口庄客，指定将货物由太古轮船如期运抵，因此生意极为兴旺。1900 年至 1901 年，日商汽船株式会社的“日清公司”和“戴生昌公司”接踵而至。“日清”专营货运，拥有“松

① 梁培肃：《湖南华昌炼锑公司经过略述》，《湖南矿业杂志》第 178 号。

② 湖南省益阳地区地方志编纂委员会编：《益阳地区志》，新华出版社 1997 年版，第 1180 页。

力”“柏丸”“梅丸”“桃丸”四号轮船，亦配有拖驳十余艘；“戴生昌”专营客运，有“彩云”“彩霞”两轮，在二堡设有码头和售票处，往返于益阳、沅江、常德、津市、汉口之间。① 这些外轮的驶入，其目的固然是进行经济侵略，却在客观上开辟了益阳的近代轮船运输业，是益阳交通运输业在近代的重大转折。

在外国资本主义的示范和刺激下，一部分益阳有志之士也开始经营实业，相继办起了现代轮船公司，益阳民营航业应运而生。光绪二十四年（1898年），在新政的催动下，湘省即成立了鄂湘善后局，并开辟了长（沙）益（阳）航线。光绪二十七年（1901 年），邑人徐之浦购汽轮和帆船各一艘，经营益（阳）沅（江）、益（阳）长（沙）客运，为益阳首家私营轮运。但因戴生昌公司采取降低票价甚至无偿乘船的办法与之竞争，遂于光绪二十九年（1903 年）倒闭。此后，随着城乡商品经济的发展，贸易往来频繁，益阳民族轮船运输业逐渐兴起。加上轮船附载便捷，轮船代替木帆运输，已成为发展趋势，经营轮船可以获得高额利润，极大吸引了益阳绅商投资轮船运输业。1903年，谢典序、萧太烈在沅江开办指南轮船公司，重营益（阳）沅（江）客货运输。此外，宣统元年（1909 年），胡祖咏、黄运藩等还在长沙南门外西湖桥创建“益安码头”，自始两邑之船到省城始有埠可停。② 轮船航运业的发展，大大缩短了商品运输里程和周转时间，降低了运输费用，对推动地区交流、扩大商业贸易起了突出作用。

近代轮船运输业的兴起及其发展，拉开了益阳交通现代化的序幕，是益阳城市现代化滥觞的重要标志。但是，就整个益阳近代交通而言，现代化因素还仅限于航运方面，陆路运输仍延续着传统运输方式，尚无现代铁路和公路的建设。而且，轮船航运事业也尚在起步阶段，仍呈现出资本少、规模小、基础设施简陋的特点。

4. 近代邮电业的发轫

现代邮政、电讯的创办，不仅是人们彼此联系的需要，也是城市社会、经济现代化实现的必要条件。益阳的近代邮电事业发轫于清末时期。当时，新兴的通讯方式主要有邮政和电报，而电话直到民国时期才得以使用。

---

① 益阳市政协文史资料委员会：《益阳市文史资料》第 11 辑，益阳市政协文史资料委员会 1989 年版，第 11 页。

② 益阳市交通局编：《益阳市交通志》，益阳市交通局 1990 年版，第 9 页。

益阳旧时的通信靠的是驿站，直到清末近代邮政实业才开始萌生，其主要表现是：邮政机构的建立，邮递线路的扩充。光绪元年（1875 年），长沙曾森昌、全泰盛两家民信局于益阳大码头沿河一带开设分号，开办民间寄递事宜。光绪二十二年（1896 年），清政府设总邮政司后，规定民信局须向邮政机构登记挂号后才准营业，同时颁布了邮件过磅条例，规定民信局的邮件一律封成总包，送交邮政机构发送。光绪二十七年（1901 年），清政府在益阳开始办理邮政业务，并于次年一月建立邮政代办支局（定为三等局），开始收寄官署文件和民间信件，兴办汇兑、包裹等多种业务，益阳近代邮政兴起。其时，代办支局仅有员役 3 人，每天沿户收集、投递邮件一次。光绪二十九年（1903 年），又开设了头堡、三堡、城内、三里桥 4 个固定信箱和马迹塘、鲊埠、三堂街、兰溪、舒塘、桃花江、沙头、东坪、黄沙坪、江南坪、小淹、大福坪、唐家观等 13 处村镇代办所。[①] 邮递线路除城区外有 3 条：向西可至安化，向东至沙头，向南过兰溪、泉交河、朱良桥至靖港，总长约 195 公里。[②]

光绪二十二年（1896 年），为沟通湖南、湖北两省通信联系，陈宝箴与张之洞商议奏请荆州商局架设自沙市至长沙的电报线路，电线曾途经益阳。光绪二十四年（1898 年），英国人架设长沙至常德的单线电报线，路经益阳，并在县知事公署设电报台，专为官用。至光绪三十三年（1907 年）五月，益阳成立电信局，与邮政局并存。从此，益阳开始用电报传递消息，办理官、绅、商、民电报业务，线路有益（阳）长（沙）、益（阳）常（德）两条。尽管开办初期邮务不忙、报务清闲，覆盖范围也还很不广泛，但新型通信工具在益阳的初步应用，终究是益阳近代交通事业的一大变革。

随着邮电事业的拓展，益阳与其他地区的联系日益加强，逐步改变了封闭落后的状态。

5. 现代医卫事业的显露

清中叶以前，益阳的行医施药由民间承担，医者或坐堂问诊，或挂牌行医，或走村串户，或亦医亦药。随着外国基督教会在益阳开办医院和诊所，益阳现代医药卫生事业得以兴起。

光绪三十一年（1905 年），挪威基督教信义会医生倪尔生一行来到益阳。他们一边传播教义发展信徒，一边施医救人、筹办医院。初至益阳，倪尔生在

① 其中东坪、黄沙坪、唐家观、江南、小淹、大福坪等 6 处村镇代办所在安化县境内。

② 益阳市交通局编：《益阳市交通志》，益阳市交通局 1990 年版，第 223 页。

益阳开办了一所西医诊所，后在光绪三十二年（1906 年）正式在桃花仑创办信义医院。倪尔生亲自任院长兼医师，挪威耿白生小姐等两人担任护士，雇中国学徒 4 人。初建的信义医院拥有房屋 9 栋，病床 60 张。初创时期，因益阳民众对西医尚存疑虑和偏见，前来医治者并不很多，门诊量仅 20 人左右，年住院量不及 200 人次。[①] 随后，信义医院用实力打消了人们的疑虑，门诊量逐年提升。信义医院除医治平常病例外，还进行医学研究。宣统三年（1911 年），信义医院医生佛格特粪检，于城区发现 2 例日本型虫种血吸虫病患者。[②] 此后终民国时期，信义医院一直是益阳设备最为齐全、医术最为精湛的现代医卫机构之一。益阳首家中医医院为来苏医院，建于宣统二年（1910 年）。同时，沅江、南县亦相继开办多家私营医院。与医卫机构创办同时，西药传入益阳，但尚无经营西药的专业药店。至清末，全县城乡大小药店总计 50 余家，主要为中医药房。[③]

这一阶段益阳虽然出现现代医卫机构，但是它们一般只有一二名医生，缺少护士、基本没有护理，而且设备简陋，大多也只能治疗一些一般疾病。但这些近代西式医院，在医学教育、护士教育、医药卫生等方面处于领先地位，益阳现代医卫事业迈出了步履蹒跚的最初几步。

四、政治现代化的起步

1. 政治动员的开始

阶级斗争是“历史的直接动力”，是“现代社会变革的巨大杠杆”。[④] 十九世纪末二十世纪初，西方资本主义经济势力向湖南内地进一步渗透，大量的外国商品涌入和大批原材料的输出，刺激了地方资本主义的发展，也使得资产阶级逐渐形成并发展壮大；帝国主义的侵略和清朝统治的日趋腐败，进一步激发了人民为挽救民族危亡而进行的反帝反封建斗争；各种新式学堂的创办和新知识、新思想的传播，则使益阳人民特别是青年知识分子的思想发生了巨大变化，促使他们日益增长的忧患意识逐渐转化为政治动员。为了救亡图存，他们反侵略、争民主、要共和，纷纷投入到革命的行列，开始了日益广泛的政治

① 湖南省益阳地区地方志编纂委员会编：《益阳地区志》，新华出版社 1997 年版，第 711 页。

② 益阳市志编纂委员会编：《益阳市志》，中国文史出版社 1990 年版，第 11 页。

③ 直到 1913 年，中美大药房在益阳挂牌开业，才有了西药商店。

④ ［德］马克思、［德］恩格斯：《马克思恩格斯全集》第 34 卷，中共中央马克思恩格斯列宁斯大林著作编译局编译，人民出版社 1972 年版，第 383—384 页。

动员。

革命是政治现代化的前提和助产婆。光绪三十二年（1906 年），益阳首批留日学生之一、同盟会会员姚宏业在上海创办“中国公学”，积极鼓吹民族、民主革命，因忧于时弊，活动受阻，于悲愤之余，在上海黄浦江蹈水殉国。他的爱国行径极大地激发了湖南人民的民主革命热情，人们为其举行了规模浩大的公葬仪式。益阳革命志士夏思痛流亡日本，周游南洋募集革命经费，呼号鼓动革命，数次策划、参与自立军起义和反袁起义。革命党人刘承烈受黄兴派遣，于宣统三年（1911 年）回益阳制造炸弹，以响应广州起义。起义失败后，刘承烈回湘协同焦达峰等人在湘继续开展反清武装起义。此外，还有不少深受民主革命思想影响的益阳籍革命志士辗转省内外，在各地高举义旗，为民主共和而奋斗，为辛亥革命前后的政治动员做出了自己的贡献，如曾传范①、陈汉卿②、卢性正③，等等。这些革命志士还在家乡进行政治动员，广播资产阶级革命的火种，推动了辛亥革命的发展，促进了益阳的政治现代化。

与此同时，农民阶级也不屈于统治阶级的压迫，自发组织起来进行斗争。宣统二年（1910 年），灾荒严重，境内数以万计的饥民掀起反饥饿斗争，是年 2 月，岳家桥车塘饥民贺礼仁、周晓山等聚众向富户索粮，但旋遭县衙派兵镇压而失败。5 月，欧江岔农民宋祁山组织饥民“反饥饿，反闭粜，反贪污”斗争，攻克团防局，焚烧米店碓坊近百家，后上四方山扎营。省城出动巡防营前往弹压，亦不能止，“乡间聚众强食排家饭者仍络绎不绝”④。这些斗争，虽均遭清军镇压，但是鼓舞了益阳人民的政治斗争，有力打击了清政府的封建统

---

① 曾传范（1884—1952），字绍欧，益阳反清反袁志士。光绪三十二年（1906 年），经黄兴介绍，加入同盟会。光绪三十四年（1908 年），赵声、朱执信等革命党人在广州举义，曾传范等人创立反清团体保亚会，动员广州巡防营发动反清武装起义，但因起义计划败露而失败。1911 年，曾传范还参加了黄兴领导的黄花岗起义。辛亥革命成功后，见袁世凯阴谋复辟帝制，极为愤慨，于是奔走呼号，与同志分头联络资江流域会党，设机关于益阳家中，积极准备反帝起义。

② 陈汉卿（1882—1952），益阳四方山廖家坪人。辛亥革命前后，与黄钺、李燮和、陈其美、钮永建等奔走革命，不遗余力。武昌起义爆发后，在上海组织起义，亲冒枪林弹雨，殊死战斗，立下不朽功勋。后在上海革命政权沪军都督府任参谋，为巩固政权、维持地方治安，做了大量工作。袁世凯主政后，陈汉卿不屑高官厚禄，返回益阳。

③ 卢性正（1872—1912），益阳桃江人，辛亥革命前后，曾追随夏思痛，暗中联络志士成立革命团体。1911 年参加广州起义。起义失败后回籍，联络焦达峰等人在湘首举义旗，宣布独立。后主政益阳，兴办教育，颇有政声。不久赴南京，与黄兴成立长江下游总司令部，并任副总司令。终因积劳成疾，于 1912 年逝世。

④ 杨世骥：《辛亥革命前后湖南史事》，湖南人民出版社 1958 年版，第 167 页。

治，也为辛亥革命在益阳的发展积累了坚实的群众基础。

1911 年 10 月 10 日，武昌起义爆发，全国各地纷纷响应，益阳摄于湖南都督府的传檄，也于同年在欢呼声中宣告和平光复，结束了封建专制制度在益阳的统治，开辟了益阳城市现代化的新纪元。

2．新式机构的创建

晚清时期，清政府在国内外严峻形势的迫使下，为了挽大厦于将倾，宣布实行新政，进行改革。光绪二十八年（1902 年），受直隶总督袁世凯的奏请，清廷颁布警察章程，命各省遵办。光绪二十九年（1903 年），湖南成立警务局，自此湖南有了正式而合法化的警察制度。此后，由于开明巡抚赵尔巽、端方等的重视，警察制度得以推及各州县。光绪三十年（1904 年），益阳在保甲局的基础上改设警务分局，由知县兼任局长，兼理社会治安。光绪三十二年（1906 年），警务分局改为巡警局，由省巡警道委副局长一人驻局办理警务，还在一、二、三堡设立警察分署。接着，南洲直隶厅（今南县）、安化、沅江也相继设巡警局。其时，益阳县局为一等局。至宣统三年（1911 年），全县有警员近百人①，划分为 4 个区域，设立岗位 30 个。“警政的兴起是我国城市管理向现代化方向转变的重要标志性事件，对中国城市现代化进程意义十分重大。”② 就益阳城市管理体制本身而言，其最具标志性的现代化制度也是城市警政制度的建立。虽然当时益阳警政未能得到很好的发育，规模不大，但昭示着益阳行政管理体制的现代化，为益阳城市管理制度的近代变迁指明了方向。

随着近代教育事业的蓬勃发展，新式的教育行政机构也开始出现。光绪三十二年（1906 年），益阳裁退教谕、训导，设学务公所，次年改为县劝学所，作为全县教谕行政机构，管理学产和办学事务。初废科举，不但学生不习惯进入所谓洋学堂，即群众亦存漠视心理。所以，当时劝学所除管理学校教育外，还得用力宣传学校教育之利，动员学生入学接受教育。

作为新式工商行政管理组织的商会也应运而生。光绪中叶，清政府倡导振兴商务，各县商务会纷纷建立，并基本取代行会职能，代替官府管理工商业和市场。光绪三十二年（1906 年），为挽回利权，复兴民族商业，益阳工商业人

---

① 包括警官 9 人，其中警务长 1 人，区官 4 人，巡官 4 人；巡长 4 人，巡警有 96 名；拘留所设看守长 1 人，看守巡官 3 人；消防队有队长 1 人，队兵 20 人；另有清道夫 4 人。（见湖南省益阳地区地方志编纂委员会编：《益阳地区志》，新华出版社 1997 年版，第 452 页。）

② 何一民主编：《近代中国城市发展与社会变迁（1840—1949）》，科学出版社 2004 年版，第 8 页。

士按照清廷制定的《商会法》成立商务分会。益阳商务分会在发展商业、工商管理和维护商界利益等方面曾起到了一定的作用。

五、传统教育向现代教育的转变

清朝末年，世变日亟。鉴于列强侵略，国权日损，一部分有识之士力主变法维新，视改革教育为强国要图，以致创兴新式教育。此后，清政府迫于形势，为维护其岌岌可危的统治，被迫顺应潮流，实施“新政”，终于光绪三十一年（1905 年）废科举和兴学校，这是一个巨大的变迁。正如历史学家陈旭麓称：“晚清新政中最富积极意义而有极大社会影响的内容当推教育改革。”[①] 益阳的教育事业在这种大背景下蓬勃发展，实现了传统向现代的转变，一方面各传统书院纷起变章，改课实学、新学；另一方面新式学堂、学校次第建立。

首先是书院改制。龙洲书院建于明嘉靖三十年（1551 年），在益阳闻名遐迩，经数载不衰。明清以来，龙洲书院为益阳最高学府，凡邑中文人及科学人士，绝大部分孕育于此。光绪二十六年（1900 年），在戊戌维新思想影响下，龙洲书院即增设新学，改“八股”为策论，提倡科学，设国文、修身、化学、物理、史事、舆地等科。但增设新学并不能改变书院的传统性质，根本性的变革还在于改书院为学堂。光绪三十年（1904 年），废书院，办学堂，新学兴起。龙洲书院遂改为益阳小学堂，为开益阳近代教育先河的一所学校，标志着益阳新教育的开端。光绪三十一年（1905 年），该学堂正式改为益阳省立高等小学堂，遵照钦定学堂章程办理学务。箴言书院是胡林翼于咸丰三年（1853 年）所建，时与龙洲书院驰名益阳内外。建立之初，箴言书院就非常注重经世致用之学，其课程中的“治事”一门，就包括了军事、地舆、政治、农桑四类书目。光绪三十一年（1905 年），箴言书院也顺应潮流，开始了从传统书院向现代学堂的变革，改为箴言学堂。书院改制为学堂，顺应了当时全国发展近代教育的历史趋势，益阳学子开始接受新式社会科学和自然科学知识，对启迪现代文明起了先导作用。

新式学校的渐兴。20 世纪初，受国民教育思想的影响，益阳对初中等教育尤为重视，相继开办了许多新式中小学堂。在初等教育方面，益阳于光绪三十一年（1905 年）在乾元宫创办育才小学堂（1924 年改名益阳县第一区立高级小学）。同年，挪威湘中信义会获准于资水南岸开办私立信义小学堂。光绪

① 陈旭麓：《近代中国社会的新陈代谢》，上海人民出版社 1992 年版，第 246 页。

三十三年（1907 年），城内郭姓族人在五马坊郭氏宗祠创办郭氏宣仪小学堂。至民国前夕，全县先后办有小学堂 7 所，其中县城育才小学堂、兰溪高等小学堂、三里高初两等小学堂为公办，其余 4 所均为宗族私办。①

在普通中学教育方面，益阳有普通中学堂始于光绪三十二年（1906 年）创办于北门大造局（后停办）的文溥中学堂。同年 10 月，挪威信义会于桃花仑创办信义中学堂，学制 4 年。次年，益阳旅省学界人士还在长沙创办益阳驻省中学堂（1912 年并入长郡联立中学）。为了解决办学中师资紧缺问题，这一时期益阳还开办了师范学堂。光绪三十一年（1905 年），益阳师范学堂建于县城猫咀村，招生 40 名，后于光绪三十四年（1908 年）改为益阳县小学教员养成所。② 宣统二年（1910 年），益阳县署还曾在县城北门大造局建实业中学堂，招预科生一班，不过不久即停办。

学制课程和教学方法的革新。清代的私塾教学多为注入式，即塾师个别点教，学生背诵，书院则教以“八股文”。两者内容俱显空泛，教学形式呆板。光绪二十六年（1900 年），在“戊戌维新”思潮影响下，龙洲书院改“八股”为策论，开设国文、修身、物理、舆地、史事等科。光绪二十九年（1903 年），益阳推行清廷颁布的《奏定学堂章程》（称癸卯学制），进行学制课程改革。该学制明确以“忠君、尊孔、尚公、尚武、尚实”为教学宗旨，学制分为初小 5 年，高小 4 年，中等教育 5 年。在课程设置方面，初等小学有修身、读经讲经、中国文学、算术、历史、地理、格致、体操 8 门，每周授课不超过 30 小时；高等小学课程在初等小学课程的基础上增加图画，共 9 门，每周授课 36 小时；中学课程有修身、读经讲经、中国文学、外国语、历史、地理、算学、博物、物理及化学、法制及理财、图画、体操 12 门，每周授课 36 小时。③ 虽然传统的读经讲经在学校教学中仍占有相当比重，但以算学、物理、化学、外国语、体育、法制等为代表的近代科学技术知识开始列为学校正式课程得以传授，无疑是一种难能可贵的转变。在教学方法上，此时也开始实行班级授课制。随着学校规模迅速扩大，学生人数日益增多，教学内容不断更新，课程数量显著增加，传统的个别教学制已经不能适应社会发展的需要。书院改为学堂后，始由个别教学改为课堂教学，将一定数量、程度相当的学生编成班

① 益阳县地方志编纂委员会编：《益阳县志》，湖南人民出版社 1999 年版，第 495 页。
② 益阳市志编纂委员会编：《益阳市志》，中国文史出版社 1990 年版，第 414 页。
③ 益阳县地方志编纂委员会编：《益阳县志》，湖南人民出版社 1999 年版，第 507 页。

级予以讲授。与此同时，在晚清政府的推动下，益阳也开始了地方教育行政机构的改革，于光绪三十三年（1907 年）设立了劝学所，总管地方学务。从此，益阳有了近代教育行政机构，确立了现代化的教育体制。

新式的知识，自以新式的学校、报纸、杂志为代表，凡有其一者，亦可说城市现代化已经起步。[①] 清末，益阳的报纸、杂志等传播工具仍一概全无[②]，但是传统的书院纷纷改为新式学堂、新式学校争相建立、西洋的致用新知列入学校课程，现代的科学技术和新式文化知识开始源源不断地涌入益阳。如此，亦可说益阳的城市现代化已经起步。

十九世纪末二十世纪初，清政府为了挽救岌岌可危的统治进行了一系列的改革，实施了一些有利于现代化发展的措施，但是这种自上而下的以政治为推动力的现代化对益阳城市现代化进程的影响极为浅薄。政治领域的现代化也仅限于出现了一些新式的行政团体机构和初步的政治动员，并无太多实质性的建树；清末始有肇端的经济领域的现代化虽给益阳带来一时的新象，但也仅仅是转变的开始，益阳的工商业仍未从传统手工业中摆脱。另外，兴建新式学堂、建设邮电交通、开办现代医卫机构等等，都有传统向现代转变的迹象，但规模不大、质量不高，影响力也是极其有限的。然无论如何，益阳城市现代化已经初见端倪，并为此后城市的发展指明了方向。

第二节　北洋政府时期益阳城市现代化的逐步推进

一、军阀混战与内政的混乱

益阳地处湘中，扼资江之险，是当时省会长沙通往湘西的门户，战略地位十分重要。辛亥革命以后，南北军阀为争夺地盘，拉锯其间，征战不休，使得益阳境内战祸连绵，内政紊乱，岁无宁日。1912 年，益阳改县署为行政厅，次年改为县公署，知县改称知事。至 1927 年 8 月，县公署又改称县政府，知事改称县长。在此期间的 14 年中，由于军阀混战，政局动荡，曾 23 易知事，

① 张朋园：《湖南现代化的早期进展（1860—1916）》，岳麓书社 2002 年版，第 389 页。

② 这一时期，益阳也有一些书纸印刷店铺及书店，但大多承印出售各种经史小册及神佛迷信、古籍图书，对新知识的传播作用不大。

其中仅1923年就更易知事4次。辛亥革命后的1912年至1913年9月，县行政厅受湖南省都督谭延闿制约。1913年10月，袁世凯委汤芗铭督湘，县公署遂受北洋军统治。1916年7月，汤芗铭被迫离湘，境内复受谭延闿控制。1917年秋，境内成为南北军阀的混战场所，廖湘芸所组护国军（称湘中游击队）千余人进入益阳驻扎。1918年6月，北洋军皖系张敬尧部攻入益阳，南军廖湘云败走常德。1920年6月，北洋军张敬尧部再撤离湖南，谭延闿、赵恒惕联合主湘。同年11月，谭、赵内讧，赵恒惕逼走谭延闿独主湘政，益阳又为赵恒惕控制范围。1923年，湖南军阀赵恒惕、谭延闿混战，谭延闿部战败，所属湘西镇守使蔡钜猷部退驻益阳。同年，湘军第一师贺耀祖部又驻益阳。1926年7月，北伐军进入益阳，湘军贺耀祖部逃窜，益阳革命政府建立。1927年“马日事变”后，益阳一直由国民党控制。

南北军阀混战，益阳境内驻军增多，过境部队频繁，抓丁掳夫，逼索供需，人民深受其害。1921年11月，境内溃兵勾结土匪，横行乡里，抢劫商店，搜刮钱财。1923年9月，湘西镇守使蔡炬猷部进驻县城，勒索商会缴纳10万银圆。后蔡军败走，赵恒惕所属贺耀祖部占领县城，商会再遭勒索。3年内，全县被勒索近60万银圆。[①] 除益阳县外，湘军第五混成旅驻南县期间，也纵兵殃民，派捐索款，使南县“金融搜刮殆尽，人民骨髓皆枯”。安化也为南、北军阀占驻，对峙多年，各地因地为粮，掳青壮年为苦役，农田无暇耕作，多被荒废。其他各地情形也大致如此。

北洋政府时期，虽然益阳处于军阀混战和内政混乱之局面，不利于现代化事业的平稳较快发展，但城市的现代化进展顺应潮流，已成趋势，各项现代化事业并未就此却步。同时，军阀统治者为了政治和军事斗争的需要，也实施了一些有利于资本主义经济发展的措施。所以，益阳手工业和商业得以在时兴时辍中持续发展，现代工矿业乘势而起；文教事业也伺机发展，现代教育理念、新式知识得以迅速传播。同时，政权的更迭频繁又使得对社会的控制相对放松，各类党派群团纷纷成立，民主运动此起彼伏，制度建构日臻完善。另外，新旧社会的交替，也使得人们衣食住行等物质生活、精神生活和社会交往发生了深刻变化。

① 益阳县地方志编纂委员会编：《益阳县志》，湖南人民出版社1999年版，第22页。

二、经济现代化的继续推进

1．商业和手工业的艰难缓进

民国初期，军阀混战于境内，益阳商业一度凋零，及至时局稳定，贸易又转向兴隆，市场日益兴旺。这一时期，益阳手工业生产也在时兴时辍中略有进展，在传统的手工业获得复兴之时，还兴起了一些发达的手工业集市和闻名遐迩的品牌。

民国肇创，结束了中国数千年的封建统治，在新的政治体制下，益阳工农业生产逐步恢复发展，成为湖南省重要的产粮、产鱼、产棉、产茧地，商业日渐繁荣。为适应商品经济的发展，介绍买卖双方成交收取佣金的牙行、货栈兴起，多设于资江沿岸的重要港口集镇。据统计，1912 年益阳有各种商业行业 25 类，其中牙行 211 家。[①] 工商行会的兴盛，标志着商贸业有了较快的发展。

迨欧战以后，益阳进出口贸易大有起色，取得了迅速发展。其时，对外贸易以轻工、农副产品为主，出口商品主要有大米、鲜蛋、皮蛋、咸蛋、茶叶、苎麻、棉花、木材、竹器、水竹凉席、土纸、各种皮张、锑矿砂、铁锅、雨伞、纽扣、药材等二三十个品种。益阳土特产品远销海外的同时，外商洋货也充斥着益阳市场。1918 年起，外货充斥益阳地区进入高潮时期。这期间分属英、美、德 3 国的美孚、德士古、亚细亚、德孚等公司及在长沙的太古、怡和、谦信、南星等洋行都先后委托私商代理在益阳布点倾销外货。外国洋行虽在一定程度上带动了益阳矿产品和农副产品的出口，但其倾销工业产品、日用百货，对益阳的传统工商业、新兴的民族工商业的打击是不言而喻的。其时，煤油、颜料、西药、香烟、食糖的市场，几乎都被外货占领。据原德士古公司在益阳代理人张永年反映及历史材料综合计算，当时益阳年销煤油（含机油、汽油在内）为 6 万对（折 1800 吨），年销售金额为 60 万银圆；怡和车糖（食糖）年销量 1800 包（每包 150 斤，1 市斤为 16 两，每 100 斤价 10.5 银圆），年销售额为 28350 银圆；拜耳新药（治传染病等）年销售额 2400 支（每支 2.1 银圆），年销售金额为 5040 银圆。[②] 日本商人也不甘示弱，争相开辟益阳市场，日货蜂拥而至。据湖南各县调查笔记引证 1919 年 6、7 月资料载：“所

---

① 益阳县地方志编纂委员会编：《益阳县志》，湖南人民出版社 1999 年版，第 260 页。

② 益阳地区对外经济贸易志编纂委员会编：《益阳地区对外经济贸易志》，益阳地区对外经济贸易志编纂委员会 1989 年版，第 161—162 页。

有行驶湘江等处小轮船，多为日商代（戴）生昌所有。布料、油、棉，各种杂货用品外货多与国货，尤以英、日货为多。”① 此外，棉纱、布伞、布匹、火柴、肥皂、铁锁等日用消费品也多由商人从上海、汉口、广州引进，舶来品充斥着益阳市场。五四运动爆发，益阳各界发动维护国货运动，举行焚烧日货大示威，洋货进口才受到限制。但自1921年始，舶来品又日渐增多，贸易又迅速发展起来。直至1926年革命军出师北伐，贸易才大减。

北洋政府时期，益阳手工业生产较清末有所发展。一方面，传统的手工业获得复兴，土纺土织、土纸、熬房、竹器及陶瓷加工等日趋完善，产量亦有增加。据1914年湖南省实业司工商调查，益阳较大的工商行会有泥木业、伞业、屠商、槽碓磨、竹器、药业、衣庄、纸行纸商、线业等9个。益阳县城堡镇在省实业司注册登记的公司有经营人力车业的利益公司等8家，总计资金6万银圆，钱庄12家。② 另一方面，境内还兴起了一些发达的手工业集市和品牌产品，如杨林坳的楠竹篾席、茅竹湖的水竹凉席、沧水铺的纸伞、宝林冲的铁锅、笔架山的斗笠、兰溪的织布业等，都曾闻名遐迩。益阳遂成为全省工业尤其是手工业比较发达的城镇之一。

竹器编制业声名鹊起。益阳竹器早在明代即成行业，从业者遍布城市、乡村，产品在街头巷尾处处皆是。辛亥革命以后，益阳的竹器编制业声名鹊起，资江河岸十里长街上竹器手工业作坊和店铺鳞次栉比，多不胜数。产品中以小郁竹器、水竹凉席和竹柄竹骨雨伞较为有名，其中水竹凉席更是声名远播。水竹凉席曾系朝廷“贡品”，有“薄如纸、明如玉、平如水、柔如帛”的赞誉，品种有多种规格的卧席、枕席、坐席等，制作工序十分考究，是祛暑降热、美观耐用的佳品。1915年，益阳水竹凉席参加巴拿马万国博览会，获银奖杯，因此驰名国外，产品远销14个国家和地区。③ 此外，还有篾席、篾器、竹椅、篾丝、纤缆等制品。

益阳纸伞业迅速发展。湖南的纸伞工业发达最早，全省各地都有出产，而以益阳的伞产量为最高，兴旺时期，年产量达120万把以上。民国初年，益阳境内老石祥兴、蔡义大的伞最为有名；西门口夏鸿泰的伞最讲究质量；曾同

---

① 益阳地区对外经济贸易志编纂委员会编：《益阳地区对外经济贸易志》，益阳地区对外经济贸易志编纂委员会1989年版，第162页。

② 益阳市政协文史资料委员会：《益阳市文史资料》第12辑，益阳市政协文史资料委员会1990年版，第44页。

③ 益阳市志编纂委员会编：《益阳市志》，中国文史出版社1990年版，第243页。

丰、曹永兴、谢泰顺、阳泰和、陈裕泰等伞店的伞远销汉口，并很有信誉。这些伞店所用原材料及配件都是优质的，成本较高，出售价也略高于普通伞，如爱惜使用，一般可用 3 至 4 年不坏，其坚韧耐用的程度超过普通产品 4 倍。民国时期，为适应纸伞业的迅速发展，曾在三里桥修建“公输店”，各伞户每年定时都来此开祭会餐，商议伞价、工人工资以及吸收新会员等事宜。此外，1921 年三里桥、宁家铺、泉交河三个产地组成一个名叫“宁三泉”的伞庄，还在汉口设庄，并设有大仓库，由益阳运到汉口，生意颇为兴盛，一直到抗战初期，才因日寇犯境而歇业。①

食品业略有进展。食品业中较有影响者为松花皮蛋。自清乾隆年间起，松花皮蛋加工业就在益阳兴起。到 20 世纪 20 年代，益阳松花皮蛋作为一种新兴的食品加工业逐步发展起来，并成为闻名中外的商品。据民国《益阳县志》记载：东、西二门外皮蛋行十数家，收买西乡鸭蛋，制成松花皮蛋，运往汉口、宜昌各处，称为“益阳皮蛋”。② 制面业也有发展。民国以前，益阳当地人吃面主要是从外地购进或者手工扯挂面。直到 1918 年，益阳郭姓人士在三堡创办利生和面厂，成为益阳城首家机制面厂。该厂有磨石 4 台，日本造面机 4 部，流动资金 2000 余元（银圆），雇工 4 人，生产面粉和人工机制面条。每年收购麦子 500 石左右（每石约 120 斤），每天能生产面约 1000 斤。③ 由于是独家生产，因此生意兴隆，基本上没有货物积压。继利生和创办面厂不久，1919 年利人洪（位于东门内，是当时益阳较大的南货店之一）也开始兼办面厂。该店资金雄厚，以经营南货为主，兼营酱园、磨坊、熬屋。为办面厂，特意添置面机 4 部、发电机 1 台，自行发电。因此，磨坊、面机均用电力带动，生产能力较强，具有较大的竞争力，每天生产面粉 2000 斤，面 1500 斤左右。④ 酿酒、肉食水产品及副食品业也有一定发展。

此外，益阳烟业、皮革制品业等其他手工业也有很大发展。益阳烟业，始于清同治年间，烟号所售之烟多为草烟及切丝烟，供旱烟壶吸食。1916 年，

① 益阳市政协文史资料委员会：《益阳市文史资料》第 11 辑，益阳市政协文史资料委员会 1989 年版，第 62 页。

② 张翰仪、李裕掌修，徐謇儒纂：《益阳县志》卷 4《食货》，民国二十一年刊行。

③ 益阳市政协文史资料委员会：《益阳市文史资料》第 15 辑，益阳市政协文史资料委员会 1993 年版，第 152 页。

④ 益阳市政协文史资料委员会：《益阳市文史资料》第 15 辑，益阳市政协文史资料委员会 1993 年版，第 152 页。

益阳市场上已有卷烟出售，多为英美烟草公司经营，年销约5.5万条。1923年，刨烟、切烟也在益阳兴起。刨烟称云香烟，供水烟袋吸用，切丝烟供旱烟壶吸用。[①] 皮革制造业到20年代发展到20多家，其中牛皮作坊3家，主要做木屐、油鞋，又生产制成革。铁锅铸造业一直是益阳的传统手工业。民国初年至1916年，每年贸易额达120万银圆左右。1919年至1923年间，产量有所下降，年销售12万元左右。[②] 造纸业也发展迅速，至1920年境内已有常年纸棚2600个，产品销往武汉等地。[③]

2. 现代工矿业的初步发展

民国初年，湖南省政府推行鼓励发展资本主义经济的政策，推动了益阳民族工商业的继续发展。又适逢欧战爆发，欧洲列强忙于战争，暂时放松了对湖南的经济侵略，加之因战争的消耗，需要大量军工原料为战争服务，给益阳民族工商业尤其是矿业的发展提供了契机。这一时期，益阳矿业经初步发展，至第一次世界大战期间进入飞速发展时期，现代化程度逐步提高。境内纺织、电力等近代工业也获得了较快的发展，达人工业社、珍记袜厂、资阳工厂和长明电灯公司等一批私营近代工业企业陆续建立。

3. 矿业出现“短暂的春天”

益阳板溪锑矿建成以后，经初步发展，到第一次世界大战期间，因战争的消耗使锑矿产品出口猛增，出现了“短暂的春天”。此后，因改变经营管理方式、引进西方先进技术，矿业现代化程度逐步提高。

第一，引进新式管理人才，管理方式逐步科学化。在管理体制上，益阳锑矿不断尝试着适应生产的体制改革。梁焕奎在板溪锑矿经营不善时筹资接办，由官办改为民营，这是板溪锑矿的一次重大改革。此后，梁焕奎又聘任谙熟矿物的谌湛溪[④]主持矿务，致力于西法冶炼。1924年，板溪锑矿扩大招收商股，与华昌炼锑股份公司合并，组成维益久通公司。以致欧战终了，锑砂价格大跌，但因组织完善，经营得法，公司仍获盈利。在生产管理方面，随着机械化

---

① 益阳市志编纂委员会编：《益阳市志》，中国文史出版社1990年版，第311页。

② 益阳市志编纂委员会编：《益阳市志》，中国文史出版社1990年版，第298—299页。

③ 益阳县地方志编纂委员会编：《益阳县志》，湖南人民出版社1999年版，第21页。

④ 谌湛溪（1882—1958），贵州平远州人（今织金县），少时入贵山书院攻读，1899保送至京师大学堂学习，1904年赴美留学，获哥伦比亚大学矿冶系博士学位，此后又当选英国皇家学会会员，被英国皇家学院评为世界探矿专家之一。1909年回国后，被清廷委以“矿务大臣”，主持矿山勘探。1912年任益阳板溪锑矿总工程师。

程度的不断提高，采炼规模的扩大，工人人数不断增多。湖北、江西、四川等地的破产农民，纷纷来此谋生，矿工发展到2000余人。

第二，机械化程度不断提高，开采方式逐步现代化。建矿伊始，板溪锑矿的机械化程度并不高，设备简陋，许多工序依然采用传统的手工方式，获利甚少，以致入不敷出。随着矿山开采的不断深入，益阳锑矿的机械化程度逐步提高，尤其是欧战爆发，锑价骤涨，华昌获利丰厚，遂加大了资金投入，陆续购置机械，矿山的机械设备日渐增多，颇称完善。随着机械设备的不断增加，其开采方式也逐步现代化。1916年，板溪锑矿改用“西法”，由矿师谌湛溪主持工程，开始采用平硐斜井开拓，正规房柱法采矿，风钻凿岩，轻轨车运输，卷扬提升，电灯照明，机械排水，逐步进入盛采期。[①] 因运输困难，板溪锑矿还于1917年兴筑了自矿区至鸬鹚渡黄沙洲13公里的轻便铁道，由两个火车头和20余辆车厢运送。此后，锑矿出产的矿砂自板溪以轻便铁道运至黄沙洲，黄沙洲至桃花江采用火排水运，再由舟运至长沙冶炼。生产设备和生产方式的改进使得益阳板溪锑矿的生产蒸蒸日上，进入鼎盛时期。

第三，产量迅速增加，劳动生产率不断提高。由于矿业获利颇丰，加上经营得法，并采用先进技术，产量大增。华昌公司板溪锑矿在长沙炼厂设锑冶炉24联，纯炼炉19排，长腔拱砂炉15座，并与安化、新化等地设采矿场及提炼厂，日产纯锑高达30吨，年产高达6000余吨，锑价每吨高达2000余元，年获利10万元。[②] 以后，邵阳、安化、新化所产之锑，均由水路运至益阳，故锑品增加。1924年，锑价回升到每吨400—800元之间，板溪再就山设厂，兴工复办，产量回升。至1927年，板溪锑矿出产锑砂10346吨，纯锑834吨，锑养849吨。[③]

以上诸多事实说明，益阳锑矿逐渐步入了现代化的发展历程。另外，受第一次世界大战影响，锑价猛涨，官绅豪商竞相办矿，益阳顿增52厂，除了板溪锑矿，境内西冲、泗里河、王家村、樟溪等地纷纷开办私营小型锑矿，先后由弘业、乐陶、德星聚等锑矿公司经营。这些私营公司仿造华昌赫氏冶炼炉，由单纯的采矿转向采炼结合，大获利润。但因欧战结束，锑价暴跌，华昌公司

① 谷兴荣等：《湖南科学技术史》（一），湖湘文库编辑出版委员会、湖南科学技术出版社2009年版，第913页。

② 桃江县志编纂委员会编：《桃江县志》，中国社会出版社1993年版，第219页。

③ 张人价：《湖南之矿业》。转引自曾赛丰、曹有鹏编：《湖南民国经济史料选刊》（三），湖南人民出版社2009年版，第132页。

亏本，久通公司也受牵连，维持至1920年停产，境内其他小型采炼厂也相继倒闭。1924年后，锑价有所回升，板溪维益久通公司、德星聚、乐陶、弘业等锑矿公司又陆续复业。此外，还新开了几家新的民营公司，如维大、阜康、鼎新、资湘、顺和、泰和、益记、道善等。

煤矿的开采也取得了一定成效。民国建元后，益阳县政府设实业科，负责煤炭开采管理。初时，各矿多沿用旧法采煤。1913年，同益煤矿公司购置蒸汽泵排水，亦用新法进行开采。次年，湖南省颁布新矿业条例，凡获准发照的煤矿，其产权皆受政府保护，一时煤矿业迅速崛起。当年，仅连河冲矿区便相继办起阜湘、益丰、同益、永新、光复等11家小煤矿公司。1915年，蒋伍桂、符立乔等集股创办富源煤矿公司，于十一里五斗岭、鸡窝等地开采煤矿，日产量10吨左右。① 蒋有胜等在五斗岭开办裕民公司，注册资本50000元。其他如同益、永祥公司分别购买部分机械排水设备，矿工经常保持在150人左右。

益阳矿业生产的发展，是由于一战对军用原料需求的刺激而进入一个“短暂的春天”。然而这种畸形发展的矿业经济，只是昙花一现，随着大战的结束，帝国主义卷土重来，经济侵略变本加厉，给民族资本主义工业以极其沉重的打击，益阳矿业也由大战时短暂的繁荣转入了战后的跌落态势。

4. 纺织工业的突飞猛进

辛亥革命后，在“振兴实业，堵塞漏卮”口号的影响下，益阳工商界有志之士因地制宜，开始在益阳兴建近代机器纺织工厂，先后有达人工业社、珍记袜厂和资阳工厂等具有资本主义性质的近代企业建立。

达人工业社。1918年，益阳信义会五马坊福音堂牧师颜郁文等购置手摇袜机8台，租赁城关学门口胡文忠公祠为作坊创达人纺织厂，由其妻潘汉华传艺织袜。自此，益阳开始有针织工业生产。1924年，纺织厂正式改称达人工业社。次年，达人工业社从上海购进6台电动袜机，在湖南率先使用电动袜机织袜。机械动力的增加表明工业技术装备水平的提高，明显地反映出工业化水平的进步。达人工业社生产的达字牌袜子，20年代初还曾在“北平国货陈列馆”和“湖南国货陈列馆”展出。② 随着机器电动袜机的应用，达人工业社产品产量日益增加，行销渐广。不久仿效者甚多，很快形成一个行业。

① 益阳县地方志编纂委员会编：《益阳县志》，湖南人民出版社1999年版，第19页。

② 益阳县地方志编纂委员会编：《益阳县志》，湖南人民出版社1999年版，第230页。

珍记袜厂。1919 年，家庭妇女李玉珍自筹资金 38 元，购买手摇袜机 1 台、洋纱 4 公斤于太平街创办家庭织袜作坊，定牌“珍记”。袜厂采用人造丝为原料，全年出产男女大小袜共 9 万打，为全省出袜最多之厂。珍记袜厂的产品除在当地行销外，还外销宁乡、安乡、安化、常德、汉寿、南县、津市、新化、沅江等地。

资阳工厂。1921 年冬，手工业者李云绕、汤汉钦、王益源、杨晋福等人集资于白马山租店为坊成立了合作织布厂。其时，织布厂有木织布机 6 台，踩石 1 副，生产单一的窄幅“土布”。1924 年，合作织布厂扩大股东到 17 人，股金扩充至 6000 银圆，男女工人 100 多人。同时，工厂扩大场地，充实设备，改手丢梭为拉动往返梭，提高了功效。经股东会议确定，定名为资阳工厂。据民国《益阳县志》称：“领证开布行者十余家，东门外的白马山资阳工厂有机数十台，男女二百数十人，织出布花色，染水均好”。[①] 该工厂出产的“资阳青布”久负盛誉。

此外，还有人力、资华、生生、力行、双线成、晏柏记、镇新、民生等 30 余家小纺织厂相继建成。纺织工业的突飞猛进，标志着益阳民族资本主义已有进一步发展，但除少数企业采用先进技术和机械设备外，绝大多数企业资金少，规模小，技术落后。

5. 电力工业的初步发展

晚清时期，电力应用得到了迅猛发展，上海、津京地区率先开办电厂，并开始使用电力。益阳最早使用电能是 1915 年，商人刘舜卿等在县城三堡四溪码头集资组建了长明电灯公司，为益阳境内开办电力工业之始。1917 年，湖北人齐兴美于城堡镇创办电灯公司，供应商民照明用灯 800 盏，但对于电力工业这门新兴工业毫无管理经验，且用户较少，因此电厂亏赔殆尽，仅办两年就不得不关厂停业。1919 年，县商会又于城区乾元宫河街开设普明电灯公司，配备英国造 50 马力发电机组，照明用灯 8000 余盏，供电范围西至临兴馆，东达学门口。但亦因经营不善，亏损甚巨，于 1931 年倒闭。[②] 北洋政府时期，虽然民族资本在益阳办电步履艰难，但电力工业终究在益阳迈出了步伐，带动了益阳早期的动力革命，使益阳逐渐步入了电气时代。

以上列举了益阳在这一时期具有现代特征的几个产业的代表企业，它们是

① 张翰仪、李裕掌修，徐謇儒纂：《益阳县志》卷 4《食货》，民国二十一年刊行。

② 益阳市建设委员会编：《益阳市城市建设志》，益阳市建设委员会 1999 年版，第 100 页。

该时期益阳规模较大的企业，在湖南也有较大的影响力。这些厂矿企业对益阳的现代化及社会经济的发展起了十分重要的作用。从此，益阳的城市功能逐渐由近代商贸运输口岸城市转向工商兼之的近代工业城市，并使得现代工业主义元素逐渐向经济、政治、文化各个领域渗透，从而引起了益阳地区社会各方面的深刻变迁。

三、政治现代化的新进展

1. 政治参与的进一步扩大

市民参政，是指市民个人或群体通过一定途径和形式向政府及其领导人员提出各种要求和建议（亦称市民的利益表达），向有关部门进行检举揭发，行使选举、罢免、监督等权利，阻止或促成某项政策的行为，参与城市管理与决策的各项活动。[①] 民国共和，市民政治参与进一步扩大。一方面，效仿西方现代议政制度，推行“议会制”，设立权力议政机构，并扩大了基层和地方选举的范围和力度；另一方面，作为一种方兴未艾的市民利益表达渠道，教育界、商界、工人农民纷纷成立社会团体，通过各自集团对市政管理和决策施加有效影响，实现其利益要求。

民国肇造，各地纷纷效仿西方资本主义国家所谓“政治民主”，实行地方自治，推行“议会制”。1912 年 8 月，益阳县议事会成立，下设法律、财政、廉政、教育、请愿、惩罚 6 股。议员按人口比例分配到镇，由各镇士绅选出。当时全县 7 镇，选出议员 40 人，后增至 53 人。议长、副议长由议员互选，报县知事查照，转省都督、民政司备案。议事会设常驻议事 7 人，由各镇从议员中各推选一人担任，但正、副议长所在的镇不另举常驻议员。议事会的职责规定为决定和检查全县经济预算及其执行情况，议决全县兴革事宜，选举、弹劾行政机关人员，处理镇议事会不能处决的事项等。在基层，益阳各镇（城堡、护城、鲊埠、桃江、大桥、泉交河、兰溪等 7 镇）也设有议事会。基层议事会由镇民代表（实际是绅士）公举议事会成员，正、副议长也由镇议员选举产生，其职责是负责审议、决定全镇兴革事宜。益阳各级议事会不仅对全县有关教育、实业、卫生及地方财政事务具有广泛的议决权，对地方长官也有一定的监督权。它们的设立为地方绅商参政提供了一个合法化的途径，对益阳城市

① 马彦琳、刘建平主编：《现代城市管理学》，科学出版社 2004 年版，第 70 页。

各方面的建设与现代化趋向都有积极的推动作用，无疑是政治现代化的一个重要表征。

袁世凯镇压“二次革命”后解散国会，并下令停办各级自治。各县议事会全被解散，益阳议事会亦中止活动。直到1920年，随着湖南省自治运动的开展，湘省各县议事会得以重新恢复。恢复后的益阳县议会按照省“选举事务所”分配的名额，选出刘厚桐、汤日新、黄孟祥为省议员，代表益阳参加省议会，参与讨论湘省军务、财政预算、税收、教育、实业、司法等事项，对推动地方各方事物起了一定作用。[①]

益阳特别法庭的设立，乃益阳政治现代化进程中的又一个亮点。1927年1月，由政府、党部、农协、工会、学联等联合成立了一个特别法庭。在各方的推动下，特别法庭成立后立即开展了对地主豪绅及贪官污吏的惩治、经济清算和减租减押斗争。特别法庭的成立，可以说是益阳政治现代化进程中的一朵奇葩。从组成来看，除了政府、党派，工人、农民和学生也成为法庭成员，且发挥着重要作用；从采取的措施看，特别法庭成立伊始即实施了诸如逮捕益阳盐霸、榷运局正办周天爵，通缉泉交河镇团防局长曹明阵，处决县团防总局局长张介藩，处决大土豪劣绅符虞轩、杨锡庚等一系列重大举措，在益阳产生了重大影响。至5月，特别法庭共判处了15名不法豪绅死刑。[②] 可惜“马日事变”后，曹明阵等反动势力卷土重来，特别法庭即不复存在。

此外，工人、农民、商界、教育界还成立了专门的团体，要么通过合法渠道建言献策，要么采取游行示威等方式表达各自的利益诉求。1915年，城区教育界集会游行，联合反对袁世凯与日本帝国主义签订“二十一条”；1919年，城内学生、工商界人士举行示威游行并焚烧日货，发动维持国货、抵制日货的斗争，声援“五四”爱国运动；1926年初的元宵节夜晚，农民、工人、市民组织了“龙灯队”，一边散发传单，一边演唱《诉苦歌》，并向当局交涉，要求减免苛捐杂税。市民通过这种群体方式表达政治意见和要求，必然会对政治运作过程产生一定的影响，这也是政治民主化的一种表现。

2. 政治体制的渐趋完善

20世纪初，随着统治危机的加剧，清政府被迫开展政治制度变革，现代

① 此外，益阳妇女的参选议员也是值得称道的。女子参政，是社会进步的象征，也是政治现代化发展的重要表现。《湖南省宪法》公布后，益阳女界也投入了竞选议员的高潮，并通过力争有几位妇女成功当选为县议员。

② 益阳县地方志编纂委员会编：《益阳县志》，湖南人民出版社1999年版，第23页。

政治体制初步萌发。继之，民国成立，政治体制的现代化逐步启动，西方国家的现代文官系统和公务员制度被逐步引进，现代化的行政、立法和司法各司其职的政治体制逐步确立，并渐趋完善。

首先，县署行政组织日益完善。北洋政府统治时期，虽然军阀混战不止，内政紊乱，民生凋敝。但是，自 20 世纪初开始启动的政治现代化进程却没有因此而中断，在县级行政制度方面也是如此。辛亥革命后，南京临时政府和北洋政府先后颁行了《划一现行各县地方行政官厅组织令》《县官制》，对县公署组织进行了旨在以科层机构和正式公职人员承担行政职能的改革，益阳的行政机构也随之变更。1912 年，益阳县署改行政厅，知县改为行政厅长。次年，实施县制，行政厅改称知事公署，行政厅长改称县知事，总揽全县政事。县公署设文牍、收发、庶务 3 个事务处，承办公署内具体事务，公署下设民政、警务、财政、教育 4 科和厘金局，并设县有财产管理处，管理现有公产、学田、义仓和税捐等事务，县的地方行政区划为镇、里、团、牌。虽然北洋政府时期的县署行政体制尚不成熟，县知事也是频繁更易，但这种科层式的管理系统的重要性日益增强，成为政治现代化的一个重要表征。①

其次，司法与警政渐趋完备。在清末维新运动中，现代司法和警政已初现益阳。辛亥革命后，在新旧政体嬗变的过程中，益阳司法和警察行政制度继续推进，渐趋成熟和完备。民国始建，遵照《中华民国暂行法院编制法》，实行四级三审制②。湖南省遂于该法颁布当年成立司法司，并派司法委员来益阳指导管理刑、民诉讼。1912 年 10 月，在司法司的指示下，益阳于行政厅之旁设地方审判、检察分厅，兼理初级审检所事务。至此，在清末政治改革中分而未分的地方司法权和行政权终于分开，益阳第一次实现司法与行政分署办公。同年，废警务局，设县警察分局，另在县城设 3 个巡警署。自此，益阳始有警察、审判、检察机构，司法部门开始按法律程序独立办案。1913 年，汤芗铭任湖南督军，取消地方自治，裁撤审、检机构，益阳审、检厅遂于是年撤销，仍以知事兼理司法，县公署内置帮审员（1916 年改称承审员）数名，秉承县

① ［以］S. N. 艾森斯塔特著，张旅平译：《现代化：抗拒与变迁》，中国人民大学出版社 1988 年版，第 125 页。

② 初级审判厅，为普通案件的第一审机关；地方审判厅，为普通案件的第二审机关和特别案件的第一审机关；高等审判厅，为普通案件的第三审（终审）机关和特别案件的第二审机关；大理院，为法令属于大理院特别权限的案件之初审亦即终审机关，亦为不服高等审判厅判决的案件之第三审（终审）机关。

知事意旨审理案件，兼及检察事务。1915 年，警察分局又改为警察所，并在规模较大的集镇设警察分所，还增设了水警分署（后改称水警分局）。1922 年，赵恒惕主持湘政，施行“联省自治”，制定颁布“省宪”。1923 年 8 月 13 日，依照《湖南省宪法》规定，益阳设置初级审判厅和初级检察厅。1926 年，北伐军至，改组县公署，一并裁撤初级审检厅，仍以县知事（次年称县长）兼管司法。[①] 1927 年，设益阳司法委员公署，综理司法行政和诉讼事宜。警察所也于此时改称公安局，裁警察分所。这一时期，虽然现代城市管理制度的重要一环——警政与司法不断推推进，但法院与检察共居一体，司法体制尚待完备，且贿赂盛行，讼师为害，常有颠倒黑白、真凶漏网、无辜罹难之事发生。

最后，各级议事会等权力议政机构的设立。民国初年曾实行所谓地方自治，地方各县纷纷设立议事会。益阳于 1912 年设立了县议事会，并在基层各镇设立议事会、董事会，作为议政机构负责议决当地兴革事宜，但是因政局动荡，时设时撤，具体设置情况，前有提及，兹不赘述。

3. 党派群团的不断涌现

随着民众政治参与意识的增强和社会各阶层力量的强大，为了争取本阶层、本集团的政治经济利益，他们开始积极谋求建立各种组织、团体，各类党派群团开始在益阳蓬勃发展起来，成为近代益阳城市社会形成的重要基础。

政党是民众政治参与的工具，争取政治权力的斗争不能不采取组织化的形式。北洋政府时期，国民党、共产党等组织先后在益阳成立。最先在益阳境内成立的政党组织是国民党。民国成立伊始，即有国民党人士来益阳发展国民党益阳分支部[②]，但不久国民党组阁失败，袁世凯下令驱散国民党，益阳分支部也停止了活动。1922 年起，国民党员张介藩、何钟杰等先后在益阳秘密筹建国民党组织。初建时的国民党组织，处于秘密活动阶段，只宣传党的宗旨，秘密发展党员。1926 年 7 月，国民革命军北伐至益阳，国民党开始公开活动。“中国国民党益阳县临时党部”成立，下设组织部、农工部、青年部、妇女部、宣传部、商民部和监委，并在桃江、兰溪、护城镇和桃花仑成立国民党区分部。是年冬，召开第一次党员代表大会，成立中国国民党益阳县党部，选举

① 同时，按照旧规仍在县政府设承审员数名，处理全县刑、民案件，称承审员制度。

② 1912 年 10 月，国民党湖南支部派曾宗鲁至益阳，成立国民党益阳分支部。一些遗老阔少、立宪派人士争相入党，时有党员 700 余人。（见益阳县地方志编纂委员会编：《益阳县志》，湖南人民出版社 1999 年版，第 410 页。）

产生第一届县党部常务委员。“马日事变”后国民党右派掌权，各级国民党组织被迫解散。国共合作时期的国民党益阳党部为团结各革命阶层的同盟，在执行“联俄、联共、扶助农工”三大政策和反帝反封建的斗争中，做了很多有益的工作。

共产党组织在益阳的建设。益阳的中国共产党地方组织始于1924年6月成立的金家堤党支部，这也是湖南的第一个农村党支部。星星之火，可以燎原，燃烧的革命火种迅速在益阳各地播撒。从第一次国内革命战争时期到解放战争时期，益阳县曾先后成立了中共益阳地方执行委员会、中共益阳特区委员会、中共益阳县委员会、中共益阳区工作委员会。至1927年5月，益阳有区委5个、党支部38个，党员700人，是新中国建立前益阳县内党员人数最多的时期。[①]“马日事变”后，在白色恐怖下，党的活动转入地下秘密斗争。共产党益阳地方组织的建立，为推动益阳工农群众运动的开展和国民革命大潮在益阳的兴起创造了有利条件。

工会组织。随着近代工业的发展，益阳工人阶级的队伍迅速成长，至大革命前已有工人3600多人，加上板溪锑矿2000多矿工以及7个区镇的各行业工人，共有2万余人，是一支以矿山、冶炼、纺织、码头、运输、手工业和店员工人为主体的工人阶级队伍。[②] 工人阶级不断壮大的同时，开始筹建自己的团体机构——工会。1925年6月，在中共兰溪学校支部帮助下，兰溪镇最先成立泥木、染织、铁业、篾行、理发等13个行业工会。翌年，在产业工人集聚地——板溪成立了“湖南省久通公司矿业工会”，此后又在鲊埠、马迹塘建立了各行业工会。1926年，大革命高潮席卷益阳，中共益阳县委因势利导，于11月15日召开了益阳县第一次工人代表大会。其时，到会代表95人，正式成立益阳县总工会。同时，按行业分别成立分工会19个，共有会员3670余人。[③] 同年12月，又在马迹塘成立“益阳县总工会鲊埠镇办事处”，下辖24个行业工会，会员4000余人。[④] 县总工会还成立了工人纠察队，作为工人的自卫武装。“马日事变”前夕，益阳总工会被国民党驻军捣毁，各基层工会亦被强行封闭。

---

① 益阳县地方志编纂委员会编：《益阳县志》，湖南人民出版社1999年版，第3795页。

② 益阳市总工会编：《益阳市工人运动史（1919—1986）》，内部发行1988年版，第4页。

③ 湖南总工会益阳地区工作委员会编：《益阳地区工会志（1914—1988）》，黄山书社1993年版，第22页。

④ 益阳市总工会编：《益阳市工人运动史（1919—1986）》，内部发行1988年版，第121页。

农民协会。1925 年 5 月，在中共金家堤支部的指导下，兰溪金家堤农民协会成立，是为益阳第一个农民协会。后在兰溪、长春、泉交河、沙头、桃江、鲊埠等区、乡分别成立了农民协会。1926 年 7 月，北伐军进入益阳，农民运动进入公开活动时期。两个月内，益阳共成立农民协会 105 个，会员发展到 65680 人。[①] 9 月下旬，召开益阳第一次农民代表大会，成立县农民协会。至次年 5 月，乡农民协会增至 400 个，会员 20 万余人，益阳成为湖南农民协会会员最多的县份之一。农民协会还成立农民自卫军，有 8 个中队、3000 支枪。[②]“马日事变”后，轰轰烈烈的农民运动被扼杀。农会组织发动农民开展“清剿团防”“反霸肃匪”“惩办不法豪绅”等斗争，对工农革命的发展起了积极的推动作用。

青年组织。1924 年 3 月，社会主义青年团益阳特别支部在兰溪金家堤成立。1926 年 9 月，在中共益阳地方执行委员会的领导下，又成立了共产主义青年团益阳地方执行委员会。“马日事变”后，团组织遭到破坏，活动停止。

妇女组织。1926 年 8 月，以县女子职业学校为中心，成立城区女子联合会，继而在兰溪、桃江、鲊埠、泉交河等镇成立女子联合会。12 月，益阳女界联合会成立。该会成立后，提出“天下兴亡，女子有责”“不信鬼，不信神，女子革命闹翻身”等口号，积极宣传妇女解放、男女平等等进步思想，动员和组织妇女同封建礼教作斗争。[③]

工商组织。为适应和促进工商业发展，益阳商务分会于 1912 年 6 月成立，负责办理各商业行会入会手续，管理工商业的开业、歇业、经营及同行议价等事宜。1926 年，商务分会改称商民协会。由于军阀混战，境内商绅为保境安民，还成立了商团武装，组编整训。商会成立初期，在协调商人内部纠纷和帮派行业之间的矛盾，争取工人福利、改善劳资关系，查禁销毁日货，削弱外国工商业垄断势力，抵制帝国主义的经济侵略，发展民族工商业等方面做了不少有益的工作。

此外，新式知识分子还组织了不少团体，如教育会、“公民自治会”、学生联合会等，这些组织积极传播新思想、新文化，开展资产阶级思想启蒙运

---

① 益阳县地方志编纂委员会编：《益阳县志》，湖南人民出版社 1999 年版，第 413 页。

② 益阳县地方志编纂委员会编：《益阳县志》，湖南人民出版社 1999 年版，第 380 页。

③ 广大妇女走出家门，参加游行示威、站岗放哨等革命活动，并涌现出了一些代表人物，如泉交河镇女子联合会会长兼镇纠察队长邱桂香，巧夺团防局枪支，使敌人闻风丧胆；又如年仅 16 岁的兰溪镇女子联合会会长余也明，带领妇女剪巴巴头、放裹脚，上街宣传平等闹革命，等等。

动，丰富了益阳人民的政治文化生活。

4. 民主运动的高涨

北洋军阀统治时期，益阳人民为了寻求救国救民的真理，从长沙、北京等先行地区引进革命火种，掀起了轰轰烈烈的民主革命运动。

组建护国军，反对袁世凯倒行逆施。1916 年 1 月 1 日，袁世凯称帝，汤芗铭下令省内各县改元“洪宪”。2 月，革命党人鄢永成、廖湘芸等受孙中山派遣，回益阳组织护国军反袁驱汤。1917 年 8 月，廖湘芸所组护国军（称湘中游击队）千余人进驻益阳县城，为驱逐汤芗铭势力发挥了重要作用。

声势浩大的反帝爱国运动。随着帝国主义侵略的不断深入，益阳人民更加认识到帝国主义的狰狞面目，纷纷起来进行反对侵略和保护主权的斗争，在益阳各处开展抵制外货运动。1919 年，“五四”运动爆发，在长沙爱国热潮的影响下，益阳也迅速掀起了抵制日货的爱国运动，学生、工人及各界爱国人士组织集会游行，查禁焚烧日货。1919 年 5 月，益阳县立第一高等小学、信义中学及各镇高等小学学生代表集会县城教育坪，声援“五四”爱国运动。7 月 10 日，工、农、商各界于城区学门口文昌阁集会，游行示威，组织日货禁查队焚毁日货。工人和学生还组成演讲团，到街头、商店、船埠等处进行抵制日货的宣传讲演。[①] 游行演讲震撼了益阳，一时全城工厂罢工，学校罢课，商店罢市，数以千计的工人、学生及市民涌向街头，高呼“打倒帝国主义”“还我山东”“废除二十一条”“抵制日货”等口号，举行声势浩大的游行示威活动。城内群众还自发组织起来，分赴全城各有关商店搜查日货，最后将没收的全部日货，堆集在城内学门口的柳树坪集中焚毁。从此，日本商品在益阳市场上不敢肆意销售，连日商轮船也不敢驶入益阳港达数月之久。[②] 1924 年 11 月，信义中学百余学生为反对教会人员侮辱中国学生，群起退学，开展反帝爱国运动，持续了 5 个月，影响省内外。1925 年，上海“五卅”惨案的噩耗传到益阳，激起了益阳人民极大的民族义愤。6 月 12 日，中共党员袁铸仁发动和领导益阳各界爱国人士，响应湖南省“雪耻会”通电，发起成立“雪耻分会”，

① 传单上的《国货歌》写道：“我是中国人，该用中国货，中国货物多么好，质地坚固价又巧，人人都能用国货，金钱不致往外跑；有了金钱办事业，四万万同胞都吃饱；有了金钱造枪炮，帝国主义不难打倒。爱国的人民，认定国货是瑰宝；无论饮食和服用，不是国货我不要；大家抱定这颗心，始终都要用国货；切勿五分钟热度，被外国人窃笑。”（见益阳市总工会编：《益阳市工人运动史（1919—1986）》，内部发行 1988 年版，第 5 页。）

② 益阳市总工会编：《益阳市工人运动史（1919—1986）》，内部发行 1988 年版，第 5 页。

声援“五卅运动”。15日，工、商、农、学各界2万多人集会县城文昌阁，举行反日、反英示威游行，查禁焚毁日货，宣布对日、英“五项经济绝交公约”①，开展抵制“仇货”的爱国运动。7月上旬，县城、桃江、鲊埠等镇也发动集会游行，高呼“打倒帝国主义”的口号，散发传单，焚烧日货。益阳人民抵制洋货、振兴国货的爱国运动，打击了帝国主义侵略的嚣张气焰，促进了民族工商业的发展。

工农革命运动风起云涌。随着近代工业的发展，益阳工人阶级的队伍迅速发展，工会组织如雨后春笋般在各行业涌现。为了维护团体的地位和利益，各工会纷纷开展反对封建剥削、抵制外国侵略的斗争。与此同时，农民阶级也组织起来，成立农民协会，开展争权革命运动。他们还分别成立了工人纠察队和农民自卫军（后联合成立工农自卫军），打击不法豪绅，惩办贪官污吏，收缴团防武装。益阳工农革命运动风起云涌，以多种形式与反革命势力进行斗争，为湖南省农民运动和武装斗争活跃地区之一。益阳城区的工农诉苦灯会②；店员工人的反解雇斗争③；益阳民众惩治不法豪绅，平抑盐价，清仓赈灾④；板溪矿工反对资本家的斗争⑤；鲊埠镇工人的反工贼斗争⑥，等等，都在党和县总工会的组织领导下，取得了接二连三的胜利。这些声势浩大的工农运动与反对北洋军阀的军事政治斗争，互相配合，互相促进，使反动豪绅、奸商老板惶

① 即不运、不买、不用英货、日货；不供给英、日商人劳力；不用英、日货币及到英、日银行存款；不搭英、日轮船；不供应英、日商人所需的原料、燃料和粮食。

② 1926年初的元宵节，由益阳地下党员负责发动组织城区的码头搬运工人、排筏工人、店员工人、手工业工人和人力车夫等与市民配合，采取城乡配合，联合行动的方式，借以控诉军阀和地主阶级的残酷剥削的一次大规模的革命宣传活动。

③ 1927年2月，益阳城区各业工人互相串连，联名向县总工会、县公署、国民党县党部提出呼吁和请愿，控告李寿记工厂老板无故解雇工人，要求保障工人合法权益，做出公正处理。最终县政府和国民党党部召集各公法团体负责人和劳资双方代表协商，达成4条协议，规定不准无故解雇工人，反解雇斗争取得了胜利。

④ 如惩办榷运局正办周天爵、智除龙麟镇团防局长张介藩、平息革命军叛军陈光中部对益阳的袭击，等等。

⑤ 1926年11月，板溪锑矿工会为维护工人权益，摆脱资本家和棚头的剥削压迫，发动工人向矿主和棚头开展的一场声势浩大的争夺矿山管理权的斗争。经斗争，矿区按棚为单位分别成了工会分会，并向矿主提出了维护矿工福利、争取工资待遇等要求。矿方摄于工人阶级的威力，同意执行各项要求。

⑥ 1927年4月，益阳县总工会鲊埠镇办事处所属马迹塘南货、药材店员联合工会执行委员詹道嘉，受劣绅汪若元的金钱收买，勾结少数反动店主，公开宣布反对办事处。工会办事处在15个行业工会的支持下，对詹道嘉进行了清算斗争。4月27日，《湖南工人日报》在“工人之声”专栏中，以《益阳鲊埠镇工人之胜利》的醒目标题，报道了这一重要消息。

惶不可终日。

当益阳民主运动如火如荼进行之时，沅江、安化等县的爱国运动也在蓬勃发展。“五四”时期，沅江、安化、南县等县纷纷举行抵制日货游行示威，并组织爱国宣传讲演团，唤醒工农民众。1922 年，沅江篾行工人为保住码头业权，联合各商家罢市开展保业权斗争；1923 年 5 月，沅江学生和爱国工农群众大游行，查封日货，捣毁日商戴生昌轮船设在县城的总票房门面；1923 年 6 月，南县工人、教职员、学生、商民为声援长沙“六一惨案”①，实行三罢（罢工、罢课、罢市），成立南县国货维持会，后收回了三仙湖戴生昌日轮码头；1924 年 12 月，安化县组织举行“追悼列宁逝世大会”，并组织宣传队在街上宣传，唤醒工农群众；1925 年 4 月，安化也发起举行“追悼孙中山逝世大会”，并印发特刊，号召工农群众继承孙中山遗志，进行反帝反封建斗争；1925 年，安化县城工、商、学各界联合成立“安化县收回东门外大沙坪委员会”，集体向县署请愿，迫使意大利教堂无条件退回大沙坪。至 1925 年，安化、南县、沅江等县相继成立雪耻分会，并举行游行示威，全区形成反帝高潮。工人革命热情之高，声势之大，前所未有。

四、民众社会生活的嬗迭

1．西方宗教文化的传播

随着益阳门户的开放，西方传教士纷至沓来。他们兴建教堂，发展教徒，创办学校、医院，兴办慈善事业，各种科学技术、宗教文化开始陆续传入益阳。这给益阳的思想文化和社会带来了一定的影响，促进了益阳社会的现代变迁。

在相当长的时间内，传教士一直是西方文化传播的主体。益阳地处内地，在鸦片战争以前未曾受过外国的直接武装侵略或经济侵略。十九世纪末二十世纪初，西方各种势力开始向益阳逐渐渗透，尤以西方宗教传播为迅速。据民国《益阳县志》记载：“益阳之有教堂，自光绪二十七年始。英吉利人任善述、瑙威（挪威）人原明道来益阳租地，设教堂，英名循道会，瑙名中华信义会，未几意大利人来益阳传天主教，初不过租房数间开堂讲道而已，宣统二年，信义会永租城内五马坊地基以建筑总堂。民国二年，天主教永租头堡乾元宫下首

① “六一惨案”是指 1923 年 6 月 1 日长沙大金码头工人、学生被日本水兵打死打伤事件。

地基以建筑天主堂，旋陆续各于诸市镇设立分堂……”[①] 此后，陆续有挪威、芬兰、美国、丹麦、德国等近百名外国教牧人员来益阳传教。至20世纪30年代，上述各教会在益阳都取得了很大的发展（见表7－1）。

表7－1　20世纪30年代益阳教会发展情况表

教会名称	初创时间	重要传教人物	隶属情况	设堂情况（截至1932年）	教徒人数（截至1932年）	备注
循道公会	光绪二十七年（1901年）	英籍牧师任善述、毕修、古永福、潘烈，益阳籍吴一堂	英国差会	有1个总堂，10个分堂和支堂	594	新建时称伦敦会；曾创办新民女校（后更名为仁德小学）
天主教	光绪二十七年（1901年）	意大利籍涂雅风	意大利差会	有1个总堂，14处分堂。另有常德教区（属西班牙差会领导）的沅江公堂，设分堂1处	729	曾创办信德初级小学、崇实女子职业学校，还在沧水铺、泉交河和城内办有医院
中华信义会	光绪二十八年（1902年）	挪威籍原明道、赫资伯，益阳籍刘复生	挪威差会	有2个总堂，14个分堂和支堂，1个讲道所	1632	还开办有教育、卫生、慈善等事业，如信义大学、信义中学、信义小学、信义女子师范学校、信义医院、育孤院、瞽目院等；曾成立益阳信义会和湘中信义会
基督教复临安息会	民国元年（1912年）	美籍怀德应，益阳籍谭绍真、李晓辉，衡山籍旷寿庭，岳阳籍薛慕道	隶属美国差会	有1个总堂，1个支堂	210	该会驻长沙府正街另一教会也曾派人到益阳传教，并成立祷告所

① 张翰仪、李裕掌修，徐謇儒纂：《益阳县志》卷13《外务》，民国二十一年刊行。

续表

教会名称	初创时间	重要传教人物	隶属情况	设堂情况（截至 1932 年）	教徒人数（截至 1932 年）	备注
真耶稣教会	民国八年（1919 年）	益阳籍陈溪庭（又名陈提门）	多由国人自办	有 1 个总堂，9 个分堂和支堂	576	抗战后期，进入重大发展时期。下属有区会 28 个，教堂、祷告所 27 个，发展教徒 2000 余人

资料来源：（清）张翰仪、李裕掌修，（清）徐謇儒纂：《益阳县志》卷 13《外务》，1932 年刊行；益阳县地方志编纂委员会编：《益阳县志》，湖南人民出版社 1999 年版。

在西方宗教势力传播的同时，外国文化影响也逐渐渗透到益阳社会生活的其他方面，从娱乐到衣着，到新的街道布局和建筑设计，客观上促进了益阳城市现代化的发展。其中，对益阳影响最深和改造最大的当属挪威信义会，它们在向益阳民众传统宗教文化的同时，积极开办学校、兴建医院、创办慈善。首先是发展教育，兴办新型学校。信义会先后在益阳建成和完善了信义小学、信义中学、信义大学、信义女子师范等学校，这些新式学校无论从教学理念、学习方法以及所授的知识，都优秀和超前于其他学校，对传播了西方先进文化知识、促进社会的进步起了重要作用，而且培养了一批的杰出人才。[①] 其次是关心医疗，筹办信义医院。具有现代医学理念的信义医院在益阳落成，首次在益阳引进了西医。从此，益阳开始迈向现代医学文明。再次，心系大众，开办慈善事业。信义会率先在益阳兴办慈善事业，先后创办育婴堂和瞽目院，收养贫苦无依的婴儿及盲人，并授以文化知识和劳动技能。最后，信义会还开办电讯、修筑西式教堂等。信义会的这些公益事业，深刻地影响着近代益阳的城市现代化进程，并深深地融入了益阳人的日常生活之中。

西方宗教的布道过程实际上就是一种文化传播的过程。为了能迅速在传播地发展教徒，各教会势必要充分认识、适应和吸收本土文化，甚至有意识地利用中国传统思想和本土传统文化中某些和西方教义一致或可以接受的内容，来为传教活动服务，这就促进了相互间的融合和改造。如果说商业航运文化是益

① 其中还有一些在全国各个行业较有影响力的杰出人才，如中华革命党李唐烈士；红军第四军参谋长兼十一师师长曾士峨；著名外交家、社会活动家何凤山；中宣部原副部长、著名马克思主义文艺理论家周扬；医学教育家、中国科学院院士张孝骞；台湾著名女作家谢冰莹，等等。

阳的主流和传统文化，挪威人新创的信义文化则可称之为西方文化和现代文化。在当时各地教会案件此起彼伏的年代里，这种溶于一城而价值观和世界观完全不同的两种文化，一直和睦相处，从未发生过过激的矛盾冲突，并且优势互补、和谐发展，共同组成了开放多元的益阳城市文化。

2．民众物质生活的演变

一种文化对于异质文化的吸纳，往往开始于最表面的生活习尚层次。[①] 现代西方文化就是首先从物质生活层面打开缺口，尤其是从衣、食、住、行等生活习俗方面进行演变，然后逐渐改变中国传统。随着外国洋轮进入益阳和工商业的繁荣，到益阳的外地人和外国人日益增多，他们给益阳带来了现实的好处，即各种现代化的设施和生活方式。随着民众对这种“好处”的追求、模仿，近代物质文明得以逐渐渗入到人们的现实生活之中，从而促进了民众物质生活的演变。

着装方面，女人开始放足，男人开始剪发，衣着装束逐渐便宜美观。清代定制，男人蓄辫，女人缠足。进入民国，政府严令禁止女子缠足、男人蓄辫，风气日开。发式因人而异，总体上提倡蓄短发，平民男子多剃光头，其他则多蓄西式头。妇女婚前蓄长辫，婚后蓄短发，一般不烫发。传统服饰的基本样式也有了很大突破。此前，在冬春时节，富商大绅多着长袍马褂，戴红顶瓜皮帽或皮帽，平民百姓则穿棉裤棉衣；遇暑热天气，较富裕男士穿麻、绸长衫，女人着丝、麻织右开襟衫袍，劳动人民则穿帆布短衫。随着西式服饰的传入和风气的开化，益阳人民的服饰由松衣宽带趋向短小便捷，烦琐佩饰趋于简单明快。男子多穿长袍但不套马褂，有时戴礼帽，大多时候则着便装，开胸对襟。中青年男子或学生盛行学生服、中山装或西服。农民着短衣、长裤，系腰围裙，戴瓜皮帽或缠纱织头巾。公务人员和乡绅多戴怀表，穿皮鞋，手持“文明棍”，戴“拿破仑帽”。妇女多穿大襟衣，城镇妇女还穿旗袍、短裤、短裙。女学生则盛行蓝色短装、短裙。[②]

饮食方面也发生了变化，但变化并不明显。家庭饮食，因洞庭湖区盛产稻米，益阳民众在一般年景下，以蒸煮米饭为主食，蔬菜和罈制辣味、腌菜为佐食，间食鱼肉。若遇荒歉之年，则配合蚕豆、红薯类为食，用食顿数也改日食

---

① 严昌洪：《社会转型与风尚演变——民国社会风俗变革的若干特点》，原载《民国研究》第2辑，南京大学出版社1995年版，第203页。

② 益阳市志编纂委员会编：《益阳市志》，中国文史出版社1990年版，第515页。

三餐为日食两餐。逢年过节或宴请宾客，富有的人家，多买肉打酒，或杀鸡宰鸭。平民百姓则用晒制干菜、腊八豆、腐乳或腌制鱼肉招待。益阳人们还喜用糯米做甜酒、做粑粑。烹调佐料多为蒜、葱、韭菜或豆豉、胡椒、辣椒等，酱油、醋为家庭常用之物。

清代，益阳城区有大的酒馆十余家，均是单层建筑的“地楼馆”形式，经营筵席、炒菜、面点。民国期间出现了楼台花圃，经营业务也有所增加，包办筵席、随堂炒菜、便餐小饮、面食包点，另有清茶，即所谓茶楼酒馆。其时，较有名的有涤华楼、仙鹤楼、富春楼等酒馆。1923 年，在鹅羊池畔开设了养性花圃，除包办筵席、堂菜、茶点外，还内设楼台雅座、高级客房、盆地浴室、西式理发厅等设施，甚为豪华。此后，相继开业的花圃还有秾积花圃、救济花圃，皆设于街后清幽之处，以经营筵席为主，兼及其他。城区一般酒馆还有仙鹤楼、天然、万春楼、聚丰园、九馨阁、迎宾、邱鸿兴、醉月、小蓬莱、泌香居、庆洲等十余家。每逢过年过节，不少富裕人家都去这些酒馆餐厅订做饭菜筵席，而且这种现象大有向普通人家蔓延之势，这反映了社会的进步和市场经济的繁荣。除此之外，益阳还形成了许多地方风味小吃，如紫鸿春的包点、盛光保的米粉、苏楚江的甜酒、易鸭婆的发巴巴、蔡伏林的糖巴巴、王菊轩的糯米汤丸等，均负盛名。各乡镇墟场亦有饮食门店，但为数甚少，多是小吃摊点。①

民众于主副食外，尚有嗜茶饮酒习惯。益阳居民喜喝泡茶，可追溯至汉代。宾客到访，便以烹碗泡茶相待，称之为“请茶”。茶摊、客店有客人来，先呼“客咀！客咀！呷杯茶咀”。街坊路口亦有茶亭施茶，以方便行人。节日或贵客临门，富有人家除泡茶外，还辅以瓜子、糖果、糕点相待。② 由于人口流动和工商业的发展，各地饮食习俗也相互交流，许多具有地方风味的食品逐渐为更多异地人知晓和认同，并发展成为手工业，制成品外售。如益阳的松花皮蛋、擂茶③、金花腐乳、麻辣肉条等等。

居住房屋方面，因民居建筑具有耐久性，传统住宅建筑模式亦有较稳定的传承性，在演变的速度和力度上远不及衣食习俗。因此，在近代新式建筑出现

① 益阳县地方志编纂委员会编：《益阳县志》，湖南人民出版社 1999 年版，第 288 页。

② 益阳市志编纂委员会编：《益阳市志》，中国文史出版社 1990 年版，第 514 页。

③ 益阳民众常用的一种饮品。制作时用生芝麻、花生米、茶或草药（香草、黄花、香树叶、牵藤草等）放进擂钵捣碎，而后加开水、白糖或食盐冲服。居民平时饮茶，则普遍使用瓦罐壶烧开水冲服。擂茶既可作食用，又可作药用；既可解渴，又可充饥。因此，深受益阳人民喜爱。

的同时，传统住宅仍大量存在，大多住宅仍是清代的产物。至民初，益阳城市的寺、庙、亭、阁和普通民宅仍然继承着传统的以木结构为主的建筑风格，结构和外形并无太多变化。至今保持原貌且较有代表性的如益阳市文昌阁、栖霞寺、白鹿寺、裴公亭等。城区麻石街道两旁房屋系青砖木瓦结构，围以高墙，多前为铺面，后为卧房、作坊、仓库、杂屋等。三堡靠河岸一带多吊脚楼，又名“吊楼子”，此房多为没有地皮的船民或商民居住，城区贫民多居小巷矮屋，郊区贫民多住茅屋，富户室内摆设排柜、书案、梳妆台、宁波床等，贫家只有木架子铺和几件简陋用具。[①] 二十世纪二三十年代，各种西式建筑出现，一般为砖木结构两层楼房，新式洋房不断进入益阳民众的视野。与其他城市一样，教堂往往是本地最早的洋式建筑，其他如机关、学校、企业的建筑也逐渐采用新式，当时的养性花圃、秾积花圃等即是采用现代楼阁建筑风格。在洋房的示范和影响下，以后富裕人家新建房屋时也都模仿西式建筑。洋式住宅虽在益阳凤毛麟角，但打破了传统的观念和建筑模式，推动了市民居住条件的改善。

出行方面，旧时贫者陆路多步行，富者多坐轿，水上乘木筏小船。轮船、汽车在益阳出现后，人们出行多乘轮船，上溯至邵阳、长沙、湘潭，下与常德、岳阳等地可朝发夕至。陆路出行，以轿子、人力车和自行车为代步工具。清末民初，益阳就有喜轿行和长途轿行。喜轿行是用“茶担”招牌形式，还经营婚丧嫁娶需用的各种物件。时有郭二喜、万福记、东记、廖保顺、曾昌炽等家轿行。[②] 益阳有人力车是在民国初年，时有汉记、亭记、树记、新记、合记和救济院等家车行从事乘客或载物运输业务。还有一种黄包车，式样与人力车一样，不过装饰比较豪华。益阳有少数豪绅富贾购置自用，自雇车夫，作为长期代步工具。民国初期，自行车也传入益阳。先是挪威的个别基督教徒骑自行车在市内推销宗教书籍，后当地市民也购买自行车作为出行工具，但为数不多。长益公路建成通车后，益阳设有汽车站，市民开始以汽车为旅行工具，但当时汽车尚未普及，路面也很少见汽车过往。

上述之外，益阳民众物质生活的其他方面也多有变迁，兹选照相、理发、洗染、洗浴等数则演变略为记述。清末，益阳尚无从事照相业务的专店，唯偶有外来流动摄影者。益阳第一家挂牌开店的照相馆是 1912 年在三圣殿开设的

① 益阳市志编纂委员会编：《益阳市志》，中国文史出版社 1990 年版，第 515 页。

② 益阳市交通局编：《益阳市交通志》，益阳市交通局 1990 年版，第 127 页。

“镜中楼照相馆”，但因技艺欠精、设备简陋，且资金短缺，未待拓展业务即关门倒闭。1914 年，长沙人余海源在益阳城区又开设了丽华人像摄影社，经营人像摄影、冲晒放大等业务。至 20 世纪 30 年代，本来真、如吾阁、曙光、耀光、二我相继开业，其中以曙光规模较大，铺面气派，开设时间长。① 清代，民留小辫，城内理发业不发达。民国期间，城镇理发店增多，乡村多为串乡理发。30 年代，聚庆街的“周政记”、群众街的“中南”、城西街的“新美”等 10 余家夫妻小店相继开业，较大理发店始用手工推剪和火筒吹烫。②民国时期，城区有洗染店 8 家，一般都为夫妻店，其经营方式为上门服务，挑篮沿街叫喊。1925 年，养性花园设搪瓷浴盆 12 个，兼有擦背、按摩、修脚等项目，入浴者不少。此后环球旅社、益阳商号皆办浴池。③

五、社会生活和交往方式的变换

社会生活和交往方式的改变，是政治、经济现代化的必然结果，也是社会现代化的重要标志。马克思曾言：“物质生活的生产方式制约着整个社会生活、政治生活和精神生活的过程。”④ 在传统农业社会向近代工商业社会的转型过程中，益阳市民的生活方式和交往方式也经历着根本性的变换，主要体现在婚姻习俗、节日习俗、社交礼节和娱乐方式等方面。

1. 婚姻习俗的变迁

近代以前，男婚女嫁全凭“父母之命，媒妁之言”，讲究门当户对。从议婚到完婚整个过程，十分讲究，手续繁缛，而且封建包办性、迷信性、等级性都非常浓厚。特别是有一些婚姻陋俗残酷压迫人性，如幼年订婚、指腹为婚、表兄妹近亲结婚、童养媳婚、重婚、纳妾、“冲喜”、歧视寡妇再婚等陋俗，为当时社会普遍现象。随着西俗东渐，妇女解放思潮的传播和革命运动的冲击，存在诸多弊端的传统婚俗自然也面临着近代转换的时代性任务。婚礼仪式趋向简化，迷信色彩减弱，凡新娘上轿前的啼哭、拜天地和拜祖先等仪式被逐渐摈除。除此之外，传统婚姻习俗中的早婚、童养媳婚、家庭中的男尊女卑等习俗和观念也都悄然发生着变换。

① 益阳市志编纂委员会编：《益阳市志》，中国文史出版社 1990 年版，第 320 页。

② 益阳县地方志编纂委员会编：《益阳县志》，湖南人民出版社 1999 年版，第 289 页。

③ 益阳市志编纂委员会编：《益阳市志》，中国文史出版社 1990 年版，第 320—321 页。

④ ［德］马克思、［德］恩格斯：《马克思恩格斯选集》第 2 卷，中共中央马克思恩格斯列宁斯大林著作编译局编译，人民出版社 1972 年版，第 82 页。

同时，在继承花轿迎娶（虽然逐渐出现由马车或轿车替代花轿，但其象征意义依然如故）、大搞喜庆气氛等传统习俗的基础上，还逐渐兴起了新式结婚，出现了一些新的婚俗。新式结婚提倡男女双方自由恋爱，打破“门当户对”“媒妁之言”的传统，嫁娶多遵从男女双方当事人的意愿。民国时期，益阳城还多有不办嫁妆、不坐花轿、没有媒妁之言也照样结秦晋之好的“文明结婚”者。这种婚俗“一般用戒指或登报定婚，婚礼简单，只须由介绍人、主婚人、证婚人致词，新婚夫妇着礼服，戴红花，互行鞠躬礼，向宾客致谢，并备茶点糖果分送在场亲友，或设宴招待宾客。机关团体当时亦倡导集体婚礼”。[①] 一般而言，城市在接受新式事物方面，往往走在农村前面。当时益阳城市虽已有文明结婚和集体婚礼出现，但是在广大农村仍普遍地实行旧婚礼。此外，丧葬、寿诞、贺生等其他习俗也在不同程度地沿袭旧习的同时，简化繁缛仪节，淡化某些迷信内容，有的还与时俱进充实了丰富多彩的内容。

2. 节日习俗的演变

民国时期，益阳节日习俗的演变与全国大体一致，因传统节日具有长期的继承性和可变性，传统节日绝大部分传承下来的同时也陆续出现了一些新节日，如春节、元宵、端午、中秋等重大节日全部得以传承，与这些传统节日密切相关的娱乐活动，如春节的舞龙、舞狮，元宵节的花灯，清明节的放风筝、踏青郊游，端午节的赛龙舟、兰溪山歌比赛，农历七月十五放河灯等不仅一直传承下来，并随着经济社会的发展，而具更大的规模和更多的经济、文化色彩。同时，节日中宗教迷信色彩和封建宗法观念有所淡化，出现了一些新的节日习俗和新式活动，散发出新时代的气息。如端午节原本为纪念伟大诗人屈原的传统节日，时至近代，它的纪念意义已不甚突出，而娱乐性、竞技性的赛龙舟以及更具积极意义的兰溪镇的山歌比赛等活动则越来越受到人们的重视和喜爱。另外，节日期间也越来越多地举办各种戏剧、杂要、歌舞演出和游街市、逛庙会等活动，而且规模也越来越大，娱乐和商业活动的气息愈来愈浓厚。辛亥革命后，益阳也陆续出现了一些纪念重大政治事件或为世界潮流所影响的新节日，如 1 月 1 日中华民国成立纪念日、3 月 8 日的妇女节、5 月 1 日的劳动节、5 月 4 日学生运动纪念日、10 月 10 日的双十节等，节日期间还举办各种规模不小的庆祝活动。

---

① 益阳市志编纂委员会编：《益阳市志》，中国文史出版社 1990 年版，第 518 页。

3. 社交礼节的嬗变

相对于婚葬礼俗、节日习俗而言，人们的社交礼俗是更为广泛、常用的一种礼俗。在严格的等级制度和浓重的尊卑观念盛行的封建社会中，谒见长辈一般要免冠俯伏，三跪九叩，打千请安。进入民国，由于民主平等思想的传播和民主革命中对封建旧俗及相应的社交礼俗的废止，除世家大族在拜年、拜寿、结婚拜堂时或沿袭封建礼俗外，百姓人家则基本废除了这些繁文缛节。接待宾客也由作揖、打拱演变为鞠躬、免冠、握手等。“大人”“老爷”称呼，民国时已逐渐被“先生”“君”等称谓所取代，亲切自然，且表示互相尊重，人际关系有了很大的改善。当然，这种新式的社交礼仪主要通行于城市，在上层社会，在公职人员和知识分子中间，一般民众尤其是广大农村地区仍然盛行旧礼节。但是，随着人们物质生活和精神文化生活的进一步丰富和提高，封建旧礼俗必定逐渐被相对平等、文明、便捷而易于表达感情的新式礼俗所取代。

4. 文化娱乐活动的更新

报纸和书店等大众传播媒介的出现，不但为传播知识、引导舆论起了重要作用，更是丰富了人民的文化生活。20 年代中期，益阳开始发行报刊，开办书店。1925 年，益阳城区开设邓正葵、德记两家报社，经销上海《申报》《新闻报》、天津《大公报》《国民日报》等报纸业务。[①] 随着现代文化教育的发展，益阳各书店开始到长沙、汉口采购中小学教科书，同时还购销各种专业用书和字典、词典、地图、挂图等。有的书店还经营上海广益书局、达文书局出版的彩面章回小说，如《三国演义》《水浒传》《西游记》《说唐全传》《聊斋志异》《杨家将演义》等古典小说。[②] 报纸和书店等大众传播媒介的出现，在传递各种信息的同时，也潜移默化地改造着益阳社会，改变着人们的价值观念、行为取向和生活方式。但不可否认的是，也正是益阳的报纸等传播媒介的姗姗来迟，延缓了益阳民众接受现代化观念的进程。

休闲娱乐是人们生活不可或缺的重要组成部分。随着城市现代化的不断发展，社会闲暇时间逐渐增多，如何善度闲暇，成了一个社会性问题。民国以前，益阳“民间常有弹词、清唱、快板书等曲艺活跃于茶楼酒肆；三棒鼓、莲花闹、拉洋片游列街头；元宵节龙舞、狮舞、虾舞、蚌舞、跑竹马、地花

① 益阳市交通局编：《益阳市交通志》，益阳市交通局 1990 年版，第 9 页。

② 益阳市政协文史资料委员会：《益阳市文史资料》第 11 辑，益阳市政协文史资料委员会 1989 年版，第 66 页。

鼓、采莲船等游戏于闹市。”① 辛亥革命后，由于西方文化的影响和人们思想观念、生活方式的变化，在日常的娱乐活动中，一些带有封建内容和低俗趣味的旧式娱乐方式逐渐衰微，而富有时代气息的新潮娱乐活动逐渐传入益阳，受到越来越多人的喜爱。体育运动是人们欢度余暇生活的一项重要内容，对丰富社会文化生活，满足精神生活需要有重要作用。益阳地区历有武术、举重（举石锁、石磨、石杠）、抵劲、角力、耍板凳等传统体育活动，常活跃于传统节日。二十世纪二三十年代，现代体育项目开始引入益阳，各种球类、田径、拔河、游泳等现代体育活动广泛传播，并不时地组织一些比赛竞技，深受市民欢迎。现代戏剧的传入也使得民间文艺活动更加丰富多彩。民国时期在传统的大众娱乐活动如花鼓戏、木偶戏、皮影戏和龙灯、舞狮等演变发展的同时，音乐、舞蹈等文艺形式也逐步在各学校出现，话剧（俗称“文明戏”）开始传入，给市民带来一种崭新的艺术形式，丰富了市民的生活。适当而健康的休闲娱乐活动是人们的一种精神享受，它不仅使人们在繁忙的劳动之余获得积极性休息，还可以陶冶情操，愉悦身心，培养高尚的品格。

5. 社会陋俗的改良

民国初年，益阳社会动荡，政局变迁，天灾兵燹频仍，加上市民文化素质较低，封建传统观念根深蒂固，迷信、吸毒、宿娼、赌博和械斗等恶风陋俗泛滥，广传“宁乡人靠塘坝，益阳人靠菩萨。”为消除这些恶风陋俗，政府机关和民间人士多次发动各种形式的移风易俗活动，积极开展宣传教育、劝导和示禁，有力地促进了社会陋俗的改良。

益阳人民在宗教信仰方面，历来除了正宗的佛教、道教、伊斯兰教和基督教外，城乡较普遍地信奉鬼神。不少百姓把生产生活的丰歉好坏，寄托神灵保佑，以致崇拜诸神，迷信甚多。益阳人民奉关圣为“龙天菩萨”，“全年三百六十天，庙祀四百八十祭”，仅关庙126处，占寺庙总数的2/5；② 民间还崇信诸天菩萨，即“廿四位诸天”，拜神保佑，祈祷早脱厄运；对观音菩萨也很是信奉，除庙祀外，还立观音像于家中。民国《益阳县志》载：“邑俗崇信佛教。然信佛，不如信观音菩萨。凡许愿吃斋、讲香诵经者，皆观音也。大抵关圣庙内必有菩萨，观音庙内必有关圣。”③ 由此可见敬奉观音、关圣之风相当

① 益阳市志编纂委员会编：《益阳市志》，中国文史出版社1990年版，第454页。

② 益阳县地方志编纂委员会编：《益阳县志》，湖南人民出版社1999年版，第605页。

③ 张翰仪、李裕掌修，徐謇儒纂：《益阳县志》卷13《外务》，民国二十一年刊行。

盛行。另外，益阳人民还信奉社神、灶神、杨泗、南岳、财神、洞庭王爷、火神、文昌帝君等。此外，益阳民间还有看相、算命、测字、求签、圆梦择日、看风水、喊魂等民间方术和渗透于生产、生活诸方面的各种禁忌。这些封建迷信带有浓厚的封建性和落后性，不利于人们的健康和生计，有的甚至破坏社会秩序，阻碍社会进步。随着西学西俗的传入和益阳社会经济、科学技术、政治体制、文化教育等各个方面的现代化发展，鬼神迷信、八字、风水的观念也渐进地被变革和破除，封建迷信活动逐渐在生产生活中被淡化。

近代以降，鸦片开始传入益阳。渐而，城区和城郊开设了不少烟馆，仅石头铺、腰铺子、叶家河、兰溪等地，就有烟店百家，吸毒者日增。辛亥革命后，政府兴利革弊，发出禁绝鸦片命令，人民群众也积极配合，采取张贴漫画、演习宣传等方式，一时掀起了轰轰烈烈的禁烟运动。1915 年，政府设县禁烟局，禁止吸食鸦片，此后还成立禁烟委员会，告诫人民禁种、禁售、禁运、禁吸鸦片，对不遵守法令者处以罚款、拘役以致死刑。同时，这一时期还开设了戒烟医院、戒烟所、资助贫民戒烟所等戒烟设施，由公安局、城堡区公所负责戒烟。这些措施对禁烟起了一定作用。此外，宿娼、赌博、发放高利贷等社会积弊也气焰甚旺，政府和民间人士也曾发动各种禁令和活动，以推动革除陋俗。随着社会陋俗的不断革新，益阳人民也不断向科学与文明迈进。

六、城市交通的经营与维持

轮船运输业继续发展。辛亥革命之初，革命党人主持湖南交通，对外轮有所制约，对民轮有所扶持，民营航业曾出现生机，“五轮”“指南”“开济”等公司即于此时应运而兴。晚清时期，行驶于长沙、益阳间的“长江”“志远”“鸿钧”“新庆华”“新江源”等轮船，因受外轮排挤，各轮船主为竞争图存，遂组建“五轮公司”。1914 年，五轮公司正式定名为“长益南五轮公司”，设址于益阳石码头。其经营方式采取轮流派班、各轮独立核算的办法，经营客、货运输。五轮的主要航线有益阳至长沙、南县、津市、汉口、桃江 5 条。另外，1911 年，由邓鸣球、萧庭堂等承顶开济指南轮船公司，稍后又在益阳设分公司，与日本戴生昌轮船局竞争航务。但不久，北洋军阀把持湘政，战火不断，各军阀循环消长，逞其凶残，强征船舶；而外轮又得军阀之保护，为所欲为，或寻衅以制造事端，或违禁走私以扰乱经济，或垄断航运市场以挤垮民轮公司，致使境内民轮长时期亏损停运。五四以后，工农运动兴起，益阳、桃江、南县等地抵制洋货、挽回航权的群众性斗争持续进行，有力地打击了外轮的横行霸道，各民族航商借机发展。他们或改组联合，或新建公司，以图发展。本期在益阳注册开业的有“长久”“长益”“资江”“宝信”等轮船公司；“五轮”公司也改组为“民权”公司，指南公司则并入开济公司，并在此基础上发展成为两个全省性的大公司。[①] 五轮公司还从湘潭聘请掌墨师陈梓修来益，在碓臼码头建造“联志”号客轮，开益阳自造轮船之先河。这一时期的轮运能力也大为提高，10 吨毛板船可在平水时从益阳城上溯至邵阳城；而涨水时 70 吨至 100 吨毛板船可从邵阳城直下益阳城。通航能力的提升，加速了益阳商业流通的速度，促进了商业贸易的兴盛。

陆路交通开始变化。益阳是长沙通往湘西北的重要城市，也为历代长沙通往贵州的湘黔大道的必经之地。民国初期，陆路交通开始变化。1925 年 12 月，在省议会中的湘中和湘西部分议员，分别组成“省道筹备处”筹划兴建公路。不久，湖南中路筑路会议召开，决定创设中路汽车路局（即湘中汽车路局），拟定中路（湘中）19 县筑路计划。其中长（沙）益（阳）路和安（化）益（阳）路分别列为第一、第二期工程。次年 2 月，湘中汽车路局正式宣告成立。7 月，筑路会议常驻委员会组成。湘中路局的筑路计划有长沙至益阳的公路，因路局职员与常驻委员会发生权益之争，无所进展。1926 年 2 月，湘西筑路会议召开，并成立湘西汽车路局。湘西汽车路局的筑路计划很大，其中就有常德至益阳一线，不过直到 1928 年方才动工修建。铁路方面，唯有 1917 年板溪锑矿修筑的一条长 10 公里的专用轻便铁路，是为益阳地方铁路建设之始。但是，这条铁路乃板溪锑矿运送矿砂的专用铁路，对交通现代化的变迁影响甚微。此后至新中国，益阳再无铁路的建设。这也成为阻碍益阳城市现代化发展的重要瓶颈，制约着益阳经济的发展。

七、教育和医卫事业的拓展

1. 教育事业的持续进步

北洋政府时期，由于政府对国民教育的推动和五四新文化运动的影响，益阳文教事业大为拓展。这期间，益阳各学堂普遍改称学校，公立与私立学校如雨后春笋纷纷建立，各学校均按新颁学制办学。同时，教育机构不断改善、教育管理体制也渐趋完善，所有这些都进一步推动了益阳教育从传统向现代化的

① 益阳市交通局编：《益阳市交通志》，益阳市交通局 1990 年版，第 85 页。

转变。

教育行政机构日渐健全。晚清时期，根据清政府1906年劝学所章程规定，各县相继设立劝学所，作为正式的县级教育行政机关。民国初年，劝学所被废，在县署内设第三科专掌或兼管全县教育事务。1919年复设劝学所，以县知事（县长）为监督，另设总董（后总董改为所长）一人，综核各学区学务，各学区设劝学员一人，协助总董推行教育。其时，劝学所所有成员，非识时务、懂新学者，不能充任。[①] 随着教育业务的扩大，劝学所已不能很好发挥其作用。1923年，乃将劝学所改为教育局。教育局职责范围进一步扩大，设局长一人总其事，下设一课、二课、教产经理[②]、督学、庶务、文牍及义教委员会等，计划、设施、考核中小学与义务教育等事宜。教育局成立之后，为便于管理学校，还在所属各镇各设学务处一所。从劝学所到教育局的变革，大大提高了教育行政效率，促进了地方教育的发展。除了行政机构外，还有一些社会团体也对新式教育的发展发挥了十分重要的作用，如1913年成立的益阳教育会，教育会成立后极力倡兴教育，广泛参与社会事务，在益阳政治生活中扮演了重要的角色。

各级各类现代学校渐次开办。这期间，益阳公立与私立学校如雨后春笋般涌现。其中较有名的公立学校有：乙种师范，设猫咀冲；教员讲习所；（龙洲师范成立后，上列两种师资培训地方即停止。）县立第一高等小学堂，原称益阳官立小学堂即龙洲高小；第二高等小学堂，设在原箴言书院；第三高等小学，设鲊埠寺村，后改为县立第四区高小；模范国民小学；县立龙洲师范学校[③]；县立女子职业学。另外所属7镇（鲊埠、桃江、大桥、泉交、兰溪、护城、城堡）都设高级小学一所，共计7所，另有驻省中学一所。地方或自行筹办与族姓筹办的学校有：私立信义大学[④]、信义中学堂[⑤]、信义小学、信义

---

① 这时期，益阳县劝学所历任负责者有罗德源（前清举人，曾留学日本）、曹明毅（或庵）、夏赞熙（范廷）、刘涤非、周光汉等，都是谙熟新学，学贯中西之人。

② 教产经理员是由县教育会、县立各学校、县立各教育机关选出合适人选，并由县政府会议决定委任。局长指挥并监督教产经理，教产经理也可以监督局长，这样互相牵制，就为县教育经费的独立而不被挪为他用提供了保证。

③ 1925年成立，初与第一高等小学合校，翌年高小停办。1926年扩充师范班，定名为益阳县立龙洲师范学校。该校历届毕业学生充实和改善了益阳师资队伍，对益阳基础教育事业的发展起了先锋与骨干作用。

④ 1921年瑞典信义会与挪威信义会于桃花仑联合创办。1923年秋建成开学，首届招生30名。设文、理两科，文科设欧洲方言系与社会科学系，理科设数理系与生物系。1929年停办。

⑤ 1923年林伯陶等在桃花仑创办。次年，易名为私立信义初级中学。

女子师范、风自高小（板溪风景市）、松风高小（三堂街）、熊湘高小（设大栗港，原名绳武高小），梅林高小（桃江沙田湾）、卜氏日知高小、求是高小、江南小学、乾元高小（后改为县立第一区高小）、豫章小学、五福小学，四维小学、仁德小学、修德小学（修山）、李氏卓世小学（大桥）等，至其他各里、团虽有国民小学，但大多各行其是，类似改良私塾，其数字亦无从统计。①

学科设置和教学内容不断改进。民国肇兴，益阳当局改学堂为学校，课程设置基本上按教育部的规定操作，至1922年基本执行“壬子癸丑学制”②，其教育方针为“注重道德教育，以实利主义教育、国民军教育辅之，更以美感教育完成其道德”③。学制为初小4年、高小3年、中学4年。初等小学课程有修身、国文、算术、手工、图画、唱歌、体操7门，女生增开缝纫课。高小课程较初等小学增加历史、地理、理科3课，男生增开农业，女生增开缝纫。中学课程有修身、国文、外国语、历史、地理、数学、博物、物理、化学、法制经济、图画、手工、乐歌、体操共14门，女生加开家事、园艺、缝纫。1922年11月，“新学制”（也称“壬戌学制”）颁布，湖南各校于次年渐次实施，益阳也开始普遍执行。新学制的颁行使得近代教育体制进一步完善，教育事业也得到了相应发展。该学制将小学学制定为6年（初级4年、高级2年）、中学为初中3年、高中3年。小学课程有国语、算术、卫生、公民、历史、地理（后4科初小合为社会课或常识课）、自然、体育、音乐等科。中学采用学分制和选课制，初中一般设公民、国语、数学、历史、地理、物理、化学、动物、植物、生理卫生、外国语、音乐、美术、体育、劳作、童子军等课；高中不设劳作、美术、童子军、动物、植物、生理卫生，另设伦理、生物、军训，其余与初中同。④ 其中，现代体育项目的引进，成为文教事业拓展的一大标志。清末，益阳各学堂始设体操课，内容为兵式体操和普通体操。民国以来，随着整个教育体系的逐步完善，体育在整个学校教育中的地位日益突出。至

① 中国人民政治协商会议益阳县委员会文史资料研究委员会编：《益阳县文史资料》第2辑，益阳县委员会文史资料研究委员会1985年版，第40页。

② 但是，益阳各阶段课程设置也不时有相应调整，如1915年2月，袁世凯称帝前颁布《特定教育纲要》，规定在小学教育中恢复读经，是年7月和11月，高等小学和初等小学先后恢复读经课程。

③ 教育部总务厅文书科编：《教育法规汇编》，1919年版，第87页。转引自周秋光、莫志斌主编：《湖南教育史·近代卷》，岳麓书社2002年版，第308页。

④ 益阳市志编纂委员会编：《益阳市志》，中国文史出版社1990年版，第412页。

1922 年，益阳学校的体操课逐渐改为体育课，教学内容增加。同时，随着欧美体育的传入，现代体育项目开始引入境内。学校体育内容逐步以田径、球类、体操、游泳等项目为主，课外活动多为跳绳、拔河和踢毽子。[①] 民国初期的益阳各类学校，在教学内容上的最大改进是逐步取消前清读经讲经的课程，代之以国文，向学生传授的不再是封建性的忠君、尊孔思想，而是共和国的民主、自由思想。同时，教育内容还特别重视美感教育、实利教育等，并融入了科学和民主的内涵，使教育更加符合资产阶级民主主义的精神。

教学方法因近代西方先进教育理念的传入而发生很大变化。各初级小学多为复式班教学，部分教师对复式班的编班、排座、编制课表、设计课时计划和课堂教学艺术等曾摸索出一些有益经验。在直接教学中，同时兼顾间接教学，并贯彻练习、类比、兴趣、准备、自动、个性适应、手脑并用等原则。五四运动后，益阳各校还曾采用德国人赫尔巴特学派的“预备、提示、联想、总括、应用”五段式教学法。后来全国教育界引入美国杜威学派的“设计教学法”，亦多为益阳各校采用。与此同时，政府还明令取缔私塾，禁止体罚学生。[②]

2. 医疗慈善事业的发展

北洋政府时期，由于政局动荡，政府并未对卫生事业的发展引起足够的重视，益阳的医卫事业进展缓慢。但相比之前，还是有所进步，尤其以信义医院的发展为标志。创建于 1906 年的信义医院，在这一时期规模进一步扩大，于 1915 增设开刀、看病、待诊等室，年门诊量近万人次，住院量 770 多人次，连益阳周边的邻县如安化、宁乡、湘乡、新化、岳阳、华容、宜昌等地都有病人前来就诊。1921 年后，该院陆续招聘本地医生和员工，又增设部分科室。湘雅医学专门学校毕业生梁鸿川、谢葆灵等也到信义医院应聘从医。1923 年后，增设特别病室和产科室；医院建筑面积增至 1000 多平方米，其中医疗用房 500 多平方米；年门诊人次超万，年住院量 1200 人次左右。[③] 此外，1913 年中美大药房在益阳大码头正街选牌开业。从此，益阳开始有了私人经营的西药商店。此后，卫生机构也逐步增多。

同时，社会救济事业也有一定发展。北洋政府时期，水旱灾害频繁。每遇重大灾荒，益阳政府都成立赈灾委员会以事救济。1922 年，由于上年大旱，

---

① 湖南省益阳地区地方志编纂委员会编：《益阳地区志》，新华出版社 1997 年版，第 669 页。

② 益阳市志编纂委员会编：《益阳市志》，中国文史出版社 1990 年版，第 427 页。

③ 湖南省益阳地区地方志编纂委员会编：《益阳地区志》，新华出版社 1997 年版，第 771 页。

全县灾民11万以上，加上安化、新化、宁乡等地饥民来益阳乞食者甚多。县议事会多次向省赈灾委员会申报灾情，乞求赈济，得赈麦56万多斤。[①] 县政府还颁布“维持民食办法”，成立平粜事务所、民食维持会，开仓放赈，施舍米粥，以缓灾情。在慈善事业方面，早在光绪三十一年（1905年），挪威信义会传教士倪尔生夫妇就曾创办育婴堂，收养贫苦无依婴儿。到民国时期，育婴堂进一步扩大规模，至1920年定额50名。育婴堂定保姆照料养育，并培养生活卫生习惯，还供读书至小学毕业，18岁时停止经济援助。育婴院从办院起至1927年，共收养婴儿130名。1913年，倪尔生还在资江南岸碧津渡附近设瞽目院，收养盲人授以盲文文化知识，传授织造罗布手巾等技术，1916年后迁至桃花仑。至1933年，瞽目院共收养成年盲人76人、盲童113人。入院盲童均受4年盲文义务教育，毕业后入院设工作部织布，独立生活。[②]

辛亥革命确实带来了民国以后的混乱，但推翻君主专政，建立民主共和，有划时代的意义。在新旧政权的嬗变过程中，为了适应新的政治经济局面，益阳行政体制进行了革新，成立了议事会等议政机构，司法与警政也日趋完善，各类党派群团不断涌现，民主运动亦日渐高涨。在经济领域，民国初期由于政局不稳、战乱频仍，益阳市场一度凋零，及至时局稳定，工农业生产逐步恢复发展，贸易又转向兴隆，尤其对外贸易发展迅速。在手工业继续发展的同时，矿业受第一次世界大战的影响，出现了“短暂的春天”，不过一战结束后，矿业又一落千丈。纺织、电力等工业突飞猛进，先后创办达人工业社、珍记袜厂、资阳工厂、长明电灯公司、普明电灯公司和“五轮公司”等具有资本主义性质的现代工业企业。在文教领域，教育当局革新教育行政机构，教育制度逐步确立和完善，各类各级学校如雨后春笋般建立。教学内容也取消讲经读经，改传授忠君、尊孔等封建思想为民主、自由思想。城市交通和医疗卫生事业也进一步扩展，但相对而言步伐缓慢，效果不甚明显。与此同时，居民社会生活悄然发生改变。随着市场经济的运行和西学的冲击，传统价值观被渐次放弃，传统生活被逐渐打破，无论是居民的衣食住行，还是社会交往都有不同程度的变异和更新。总而言之，北洋政府时期，益阳的城市现代化在军阀混战和内政混乱的夹缝中逐步推进，取得了一定成效。

① 益阳县地方志编纂委员会编：《益阳县志》，湖南人民出版社1999年版，第475页。

② 益阳市志编纂委员会编：《益阳市志》，中国文史出版社1990年版，第497页。

第三节　国民政府时期益阳城市现代化的曲折发展

一、国民政府前期益阳城市现代化的进展

1. 工商商业贸易的发展

二十世纪三四十年代，湖南政局处于相对稳定阶段，益阳视资源条件和社会之需求，大力兴建厂矿企业，推进工商各业，或官办、商办，或合资生产，或独立经营，颇见成效。电力、印刷、造纸、机械、化工、采矿、冶炼、纺织、食品加工等行业初步形成，益阳的民族资本主义工商业的发展在继一战期间的高峰之后出现第二个高峰。

益阳商业，素称发达。近代以来，百业俱兴，牙行林立，商业兴隆，发展较快，到国民政府时期更有发展。城区街道商铺林立，人流不息。1929 年，全县较大商铺2023 家，从业人员 11021 人，共有资本 187.5 万元（银圆），主要经营绸布丝织品、衣帽鞋袜、油烟粮食、山货五金、药材燃料、文化用品及其他日用品。[①] 对外贸易方面，1929 年全年益阳商品出口总值达 584 万元，多为稻谷、棉花、苎麻、竹木、土纸、纸伞、鱼类、湘莲等，其中稻谷外销 50—60 万石；进口总值 1039.4 万元，多为食盐、布匹、煤油、烟草、棉纱、海味和面粉等。[②] 这一时期，南县、安化、沅江等县私营商业也有一定发展，综合统计如下：

表 7－2　1929 年四县私营商业基本情况表

县别	私商家数（个）	从业人员（人）	资本额（万元）	平均每户商店		商户占全县总户（%）
				从业人数（人）	资本（元）	
益阳	2023	11021	158.99	5.40	786	1.53
南县	1338	5039	81.60	3.80	610	2.97
安化	1224	3763	56.40	3.10	461	1.37
沅江	506	2607	65.97	5.20	1304	1.07

资料来源：湖南省益阳地区地方志编纂委员会编《益阳地区志》，新华出版社 1997 年版，第 1270 页。

① 益阳县地方志编纂委员会编：《益阳县志》，湖南人民出版社 1999 年版，第 266 页。

② 益阳县地方志编纂委员会编：《益阳县志》，湖南人民出版社 1999 年版，第 290 页。

进入20世纪30年代，商户、商店较前更有增加，商户占人口总户数比例也有提高。据《中国实业志》记载，1935年益阳、安化、南县、沅江四县商店较1929年增长61.18%，达到8321户；商户占总户数的比例由1.62%增加到2.98%。至抗战爆发前夕，益阳工商同业公会发展到34个，会员1018家，商号和手工业作坊遍布全城。其他市镇如桃花江有较大商号80余家，兰溪有60余家，泉交河有80余家，沙头也有50余家。[①] 同时，各行业盈利能力增强，经济效益显著提高。据《湖南省国货陈列馆月刊》发表的"益阳各行业盈亏调查"统计，1934年益阳城区绸布、粮行、南货、油盐4个行业的72家商店中，盈利的61家，其中盈利8000元（银圆，下同）以上的8家，5000—8000元的14家，3000—5000元的14家，1000—3000元的18家，500—1000元的7家，另有10家保本微利，亏本的仅有一家。[②] 另外，各商品的销售量也日益增加。市场上，传统商品贸易占很大比重[③]，外国货也与日俱增。其中，煤油在1931—1934年销量就达1500吨，年平均销量375吨。1930年后，卷烟销量日益扩大，年销哈德门及其他牌号香烟万箱以上。此外，棉纱、布匹、布伞、肥皂、火柴、铁皮锁等日用消费品，也多由商人从上海、汉口、广州购进。益阳的转口贸易规模进一步扩大，资江上游及滨湖各县的大商号，也多到益阳进货。

1937年，全民族抗战爆发，沿海城市及武汉等地相继沦陷，沦陷区部分工商户纷纷内迁；同时，外商纷纷离境，洋货随之减少，益阳境内商业店铺大增，遍布十五里长街，出现暂时"兴旺"景象。据1938年《湖南各县调查笔记》记述：益阳地区"自东关至接龙堤街口，长十五里，人烟稠密，纯属市廛"，"二堡大码头一带，西式石库门面，鳞次栉比，竞丽争华，长沙、汉口各埠益阳商号，坐庄充厢，俗称银益阳，良有以也。"[④] 到1941年，益阳城区有同业公会48个，入会的商店由抗战爆发前的1018家增加到2690家。[⑤] 由于转口贸易的带动及沦陷区工商企业内迁，益阳、安化、南县等地集镇市场也日益增多。益阳城镇骨干市场主要分布在资江沿岸，以城区为中心，沿江西上为新桥河、桃花江、大栗港、三堂街、马迹塘，沿江东下为三里桥、沙头、兰

① 益阳县地方志编纂委员会编：《益阳县志》，湖南人民出版社1999年版，第260页。

② 湖南省益阳地区地方志编纂委员会编：《益阳地区志》，新华出版社1997年版，第1270页。

③ 主要有竹木、煤炭、竹器、鱼虾、茶叶、土纸、粮食等传统商品。

④ 益阳市商业局编：《益阳市商业志》，益阳市商业局1991年版，第1页。

⑤ 湖南省益阳地区地方志编纂委员会编：《益阳地区志》，新华出版社1997年版，第1270页。

溪、泉交河，长益公路沿线则以沧水铺市场较大。当时，益阳县的兰溪镇、南县的九郡、三仙湖和沅江县的草尾等集镇皆有“小南京”、“小上海”之称；战略大后方的安化县，更是出现了前所未有的繁荣。到抗战后期，由于交通梗阻，商品进出困难，商业日趋式微。城区沦陷后，市场一度疏散，经济陷入萧条。

2. 工矿业的迅速发展

国民党湖南省政府成立后，由于政治的相对稳定和省政府实行了一些发展实业的措施，益阳的工矿业得到迅速发展。1930 年，建设厅为了统一全省官矿之营业，设立矿产营业处，负责调查市场情况，推销矿产。1933 年 5 月正式成立湖南锑业联合贸易处，联合全省锑商，统筹锑矿之生产与运销。经过矿产营业处的努力，湘省锑业此后基础逐渐稳固，益阳锑业也因此大获发展。

表 7－3　1933 年益阳、安化两地锑矿公司及经营概况

县别	公司名称	资本数	职员数	工人数	全年纯锑产量（吨）	全年产值（元）
益阳	鼎泰公司	5500	3	20	56	11200（200 元/吨）
	丝业公司	15000	8	32	150	30000（200 元/吨）
	久通公司	100000	57	334	800	160000（200 元/吨）
	资湘公司	6000	2	24	10	2000（200 元/吨）
安化	通和公司	30000	25	478	1800	360000（200 元/吨）
	富沅公司	10000	20	320	720	144000（200 元/吨）
	阜新公司	25000	23	260	720	144000（200 元/吨）
	建兴锑矿有限公司	1420	2	282	160	36800（230 元/吨）
	楚华公司	126000	2	200	170	39100（230 元/吨）

资料来源：李会刚《湖南工业经济发展历史及展望》，湖南人民出版社 1987 年版，第 156 页。

此后，私营锑矿、金矿、锰矿、钨矿及小煤窑等，在山区多有新建。据《湖南实业志》载，20 世纪 30 年代中期益阳煤矿矿区约有数千亩，主要由永祥公司、同益煤矿股份有限公司等负责开采，销路主要以汉口及当地为主。其中同益全年产量 4000 吨，全年销售总值达 2 万元（银圆）。[①] 抗战爆发后，北煤南运受阻，湖南煤矿开采因此兴起，先后兴办 40 多家私营小煤矿。其中，稍大的有利济、应普、湘益、鸣镇等公司，矿产品则主要销往长沙、湘潭等地。

① 朱羲农、朱宝训编纂：《湖南实业志》（二），湖南人民出版社 2009 年版，第 787 页。

纺织工业迅猛发展。20 世纪 30 年代，纺织工业各厂机械化水平进一步提高，产品质量越来越好。“达人”“珍记”两厂共拥有衣机 173 部，占当时全省衣机总数的一半以上。其中，达人工业社还拥有 6 架电机。[①] 这一时期，资阳工厂快速发展，有全铁织机 60 台，并逐步采用动力驱动。由于经营得当，讲求信誉，资阳的布匹连长沙的九伦青布和以后兴起的“资华”“和平”等牌号的产品都望尘莫及。到 1937 年前后，益阳有针织厂（坊）17 家，袜机 1500 多台，从业人员 750 人。[②] 抗日战争爆发后，因棉纱输入受阻，益阳农村土纺土织兴盛一时，纺织作坊不断增多。是时，益阳从事土纺土织的农民有 10 万人以上，占总人口的 1/5。兰溪及其附近以织布为业者 1000 余户，机头 3000 余架，并有弹花、扎花、踩染等配套技工及作坊。[③] 除益阳外，1940 年安化县还首创制摇纱、紧纱两用机，使木机纺出的纱能用作经纱。到 1931 年，安化、沅江、南县的纺织厂（坊）也已发展到 148 家，尤以安化县为最多，达 136 家。[④]

造纸印刷业生产扩大。据 1935 年《中国实业志》载，仅益阳、安化两县即有纸槽 8160 个，年产纸 31545 吨，占全省竹制纸总量的 82.3%。后因外地机制纸销量日增，益阳土纸生产稍减。抗战爆发后，用于文书的土纸生产一度回升。益阳浮邱乡肖劲秋和碧云寺的和尚先后创办纸厂，生产文书用纸，行销川、黔等省。另据 1941 年湖南省银行经济研究室调查资料载，当时益阳共有纸槽 952 座，从业人员 3210 人，生产各种用纸。40 年代，国内不少地方扩大机器造纸，国产机制纸产量、品种相应扩大，以购销国产机制纸为主的书纸行业迅速发展。其时，益阳以印刷为主要业务的有姚太华印刷局、太和永印刷局、智信和印刷社、益青文化服务社、永湘裕印刷作坊、精华印刷厂等。[⑤]

电力工业的进展。自 1931 年普明电灯公司停办后，益阳城区一度 4 年无电，直到 1935 年鼎益电气股份有限公司的成立才结束无电局面。该公司配备法国造 120 匹马力发电机组一套，装机总量 100 千瓦，供电范围上起三堡，下至汽车路，使商民照明更加方便，但因亏损，于 1944 年为新成立的长明电气

① 全省除了达人工业社 6 架电机和长沙夏德昌外的 4 架外，省内其他各厂均用手摇机。

② 益阳市志编纂委员会编：《益阳市志》，中国文史出版社 1990 年版，第 221 页。

③ 益阳县地方志编纂委员会编：《益阳县志》，湖南人民出版社 1999 年版，第 243 页。

④ 湖南省益阳地区地方志编纂委员会编：《益阳地区志》，新华出版社 1997 年版，第 1108 页。

⑤ 益阳市政协文史资料委员会：《益阳市文史资料》第 11 辑，益阳市政协文史资料委员会 1989 年版，第 67 页。

股份有限公司购买重组。长明电气股份有限公司在沿途设4台变压器，总容量105千伏安。但因日寇逼近城区，长明电灯公司又屡遭日机轰炸，损失甚巨，未能发电。抗战胜利后，才开始供电。同期，南县也在县城办小电厂3处，装机容量105千瓦，安化县城办电厂一处，装机容量7千瓦，均用于照明。惜抗战时期，电厂大部分被破坏。

食品加工业、冶铸业也有一定发展。1931年，益阳商人甘仲亭投资开设恒丰米厂，采用汽车引擎发电、机器加工粮食，日碾稻谷百担上下。进入40年代，各城镇机米销路日畅，县城、兰溪、马迹塘等地，相继开办私营米厂。同时，磨粉业也开始用机器磨面。1930年，商人陈新民于城区开设生生机器面粉厂，有资本6000元（银圆），工人11人，年产面粉400石。[①] 机器米厂出现后，食品、饮料工业逐渐发展成为益阳第二大工业。冶铸业是益阳的传统优势工业，这一时期铁锅铸造仍然保持良好发展势头，较有规模的锅厂有祥和铁厂、阜南锅厂、恒福永记、宝成锅厂等。据1935年《中国实业志》统计，全省锅产量仍以益阳居首，年交易量达100万两（银子）以上，为湘省各县之冠。[②]

益阳还兴起了一些新的工业门类。机械工业始于1929年。安源煤矿工人陶德身首创陶同兴机械厂于大码头，有6尺车床两台，手摇钻机一台，生产石印机拖条，兼营其他手工修理业务。之后，城区先后开办金益机械厂等4家小型机械修理厂，有工人30余人。[③] 1937年，军政部兵工署第十一兵工厂迁安化县烟溪，规模之大为益阳等地机械厂不可比。但经营数年后，因生产出现亏损迁出安化县。1931年，市民曾松田在益阳城区临兴街独资开办益兴肥皂厂，手工生产螃蟹牌肥皂，首开益阳日用化学工业之源。之后，黎德之、杨运生等人又先后创办民生、达生、太平洋、九如、五大洲、天成、如意、自力、光大等10家肥皂厂（坊）。[④] 沅江也于这一时期建立湖南酒精厂和樟脑油炼制厂。造船业也有进展。益阳造船业始于1924年，其时邑人聘请湘潭“掌墨师”陈梓修在碓臼码头造成木质轮船“联志”号，是为益阳造船业之始。1931年，长沙至常德公路修通，益阳建立汽车渡口，需“板划子”“汽划子”装载汽车

① 湖南省益阳地区地方志编纂委员会编：《益阳地区志》，新华出版社1997年版，第1119页。

② 湖南省地方志编纂委员会编：《湖南省志》第9卷《工业矿业志》，湖南人民出版社1989年版，第346页。

③ 益阳市志编纂委员会编：《益阳市志》，中国文史出版社1990年版，第223页。

④ 益阳市志编纂委员会编：《益阳市志》，中国文史出版社1990年版，第224页。

过渡，湖南公路局设计图纸、木捻工梁楚材等人承揽木质船体建造工程，请“掌墨师”照图纸放样。汽划子机器安装则由大码头陶同兴机器修理厂承包。从此，益阳木捻工人掌握了制造平舱渡船的技术。[①]

国民政府前期，益阳的近代工矿业取得了显著的成效，奠定了益阳近代工矿业的雏形。尤其是冶炼、电力、纺织、食品加工、印刷、造纸、机械、化工等工业初步形成，经济产业化程度进一步提高，传统商强工弱的经济结构得到优化，使益阳城市功能发生了重要的转变。可惜，这种良好的发展势头并未持续太久。1944 年益阳被日寇攻陷，短暂的工业化进程旋即被迫中断，成果几乎罄尽。

3. 金融机构的恢复重建

北洋政府时期，益阳的金融业有一定发展，但因湖南银行的倒闭，益阳各银行分支机构也相继倒闭。国民政府成立后，军阀混战局面结束，湖南政局处于相对稳定阶段，钱庄、当铺等旧式金融机构一度恢复，银行也开始重建。这一时期先后开设的钱庄有裕记、万顺福、吉庆长、谢新泰、德胜先、均裕、汇源长、周盛、义源、庆益长等。[②] 这些钱庄有专营，也兼营棉纱、颜料、煤油、纸张以及百货等业务，主要服务于进出口贸易和资本主义工商业，经营方式也多采用划拨结算、期票贴现等资本主义经营方式和内容。因此，尽管它们仍保留原有的封建性，但实际上已逐渐转化为资本主义性质。

益阳官办金融机构始于清光绪三十一年（1905 年）湖南官钱局在益阳设立的子局。民国初元，交通银行长沙分行、江西银行、湖南实业银行、湖南矿业银行均先后在益阳设立支店，但历时不久都相继停业。直到 30 年代，益阳的金融机构方才重建，并不断扩展业务。1933 年，湖南省银行在益阳设立承兑处，后改为办事处，有办事员 12 人。1937 年，办事处再升格为支行，设会计、出纳、营业文书、公库 5 个系和电台，人员增至 30 人，并代理县金库业务。此外，湖南省银行还先后在南县、沅江、安化等地设分理处，后都升为办事处。益阳的金融体系经过恢复重建，已初步建立起来，并在集中资金发展当地经济起了促进作用。

信用合作社。1932 年，益阳将收回的中国华洋义赈救灾总会湖南分会借给受灾农户的美援麦子变价推行合作事业，发动灾民组织信用互助社。1934

① 益阳市交通局编：《益阳市交通志》，益阳市交通局 1990 年版，第 160 页。

② 李儒珍主编：《益阳地区金融志》，湖南地图出版社 1993 年版，第 24 页。

年，益阳首建生产、运销、信用3种合作社，其中以信用合作社发展较快。至1935年，益阳共建信用社24个。40年代，县城、大栗港乡等地还建有食盐消费合作社，其时益阳共有联合社1个，单位社166个。[①] 此后，益阳合作社事业继续发展，曾被誉为湖南省合作事业健全区域。合作事业的倡办，使得益阳农村的借贷更为方便，有助于农业生产的恢复和发展，对推动农村商品经济的发展也起了一定的作用。

此外，保险业也于此时在益阳落地生根，但尚无专业保险机构。1932年，益阳首次举办保险[②]，因时局动荡，经济萧条，加之人们对保险业陌生，投保者甚少。1941年，湖南省银行益阳支行承办长沙太平保险公司保险业务，在益阳开办运输平安险。此后，益阳再经办水火、物产等各项保险。但是，好景不长，由于国民政府发行法币，禁用市票，钱庄遂渐次萎缩，纷纷紧缩银根，后复受抗日战争影响，业务更趋萧条，存款无几，直至卷资疏散或停业。

4. 农业领域的新变化

民国时期，益阳农业的现代化进程相对比较缓慢，但随着观念的更新和社会的进步，也逐步出现了一些新的变化。

改革水稻耕作制度、改良品种。清代，因受种子、技术、劳力、肥料和水利条件的限制，境内水田多实行一年一熟制，收获后耕地即轮为冬闲。只有滨湖垸田有少量早、晚两季水稻。民国中期，湖区双季稻面积进一步扩大。据“湘米改进委员会”调查，1937年，全县种双季稻20.07万亩，占稻田面积的20%。[③] 整个益阳地区（包括当时的益阳县、安化县、南县、沅江县）全区约种双季稻69.9万亩，占当时稻田总面积的25.2%。20世纪30年代，水稻种植已有早、中、晚三季。据民国《益阳县志》载，其时“稻有早、中、晚三种。早者春社时浸种，谓之社种。次则清明下种，谷雨下泥……秋前可获中稻。秋后处暑前可获最晚者，名重阳糯，亦名冬黏，九月始收。”[④] 同时，30年代益阳湖区垸田还大面积种植再生稻。[⑤] 因益阳滨湖地区灌溉便利、土壤肥

① 益阳县地方志编纂委员会编：《益阳县志》，湖南人民出版社1999年版，第267页。

② 1932年，上海商业储蓄银行长沙分行代理宝丰保险公司，雇人在益阳城区对油烟、绸布等业开办火灾保险。

③ 益阳县地方志编纂委员会编：《益阳县志》，湖南人民出版社1999年版，第149页。

④ 张翰仪、李裕掌修，徐謇儒纂：《益阳县志》卷4《食货》，民国二十一年刊行。

⑤ 稻田收获后，不立即耕地改种其他作物，田内水分尚足，肥料亦有剩余，气候温暖，尚适于水稻生长，于是遗留在田内之残株，萌芽生茎，开花结果，成为再生稻。

沃，种植甚多。棉花良种得到进一步推广。民国以前，益阳境内棉花品种以铁籽棉、白籽棉为主，大都产量低、纤维短、品质不高。民国初年引入北棉和通州棉，多在湖区种植。1920 年，益阳又引进美国陆地棉，约比地方棉种增产一倍。[①] 蚕桑业也有一定发展。1912 年，湖南省农务总会和实业公司为推广夏秋蚕生产，租得益阳县桑园该社省蚕桑试验站，仿日本风穴冷藏蚕种办法，在浮邱山建起蚕种冷库（后因风灾被毁）。1916 年，益阳正式成立采桑局，养蚕缫丝，一时称盛。此后，益阳、南县、沅江等地蚕桑生产发展加快。据 1935 年《中国实业志》载，益阳是当时全省 10 个蚕丝主产县之一，全县植桑 1000 亩，年产蚕茧 400 担，占全省产量的 14.2%。民国时期，政府倡导植树造林，林业也受到一定的重视，境内造林逐渐增多，但因管理不善，成效甚微。1935 年，益阳县农场植树 78420 株，成活 6230 株，成活率仅 7.9%。[②] 经济作物种植面积扩大，成为专门的商品生产，使手工业从依附于农业的附属地位中解脱出来，成为独立的手工部门，促进了手工业向商品经济的发展。如益阳松花皮蛋作为一种新兴的食品加工业，逐步发展起来，并成为闻名中外的商品。又如安化的茶叶也迅速发展起来，1915 年红茶于巴拿马国际博览会曾获金质奖，蜚声中外。

民国时期，益阳的农业耕作工具极少改良，绝大部分较为简陋。据民国《益阳县志》记，当时主要的农具有松泥者、拌禾者、晒谷者、制米者 7 类。[③] 另外还有一部分运输、加工工具，应用也比较广泛。但言农具革新，只有三四十年代滨湖地区个别农户试探性地购置过抽水机、拖拉机用于排灌、垦荒，但利用率都很低。[④] 从整体上讲，益阳人民仍是用粗笨的旧式农具进行耕种，靠繁重的肩挑背负从事运输，各项劳动离不开人力和畜力。

益阳倡新供销合作社，是为农业的另一新变化。信用社设立后，开始向区

---

① 湖南省益阳地区地方志编纂委员会编：《益阳地区志》，新华出版社 1997 年版，第 929 页。

② 益阳县地方志编纂委员会编：《益阳县志》，湖南人民出版社 1999 年版，第 196 页。

③ 张翰仪、李裕掌修，徐謇儒纂：《益阳县志》卷 4《食货》，民国二十一年刊行。

④ 1930 年，南县某农场曾购进 1 台美国制造 32 匹马力轮式拖拉机。1931 年，南县某垸业主购置 4 台烧木炭的抽水机，经安装试用，但因故障未发挥作用。1937 年，沅江人聂士达也曾安装 17.5 马力的抽水机，用于排渍，亦因设备老化，一年后便停用。1940 年，沅江农民还创制了水平旋转风斗型风力车，功效高于 3 部龙骨水车。1932 年，安化农民梁见龙创造高坎提水庠水车，其功效能顶 8 张牛车。安化茶场也先后研创出“绍裘式”木制揉茶机、手摇筛分机和轧茶机等制茶极具，并对焙笼、焙心进行了改良。这些农具改良，虽然只是个别性使用机械农具，但也在一定程度上提高了农业生产技术，改进了生产效率，为以后的农业机械化进展做了铺垫。

内农民放贷。这在一定程度上缓解了农民资金紧张状况，但贷款全掌握在信用社高层手中，农民借贷要殷实户担保和两户农民联保，较贫苦者便难以借到。

从总体来看，这一时期的农业仍然是精耕细作的传统生产技术，农业生产率依旧十分低下，加上狭小农村市场对城市消费需求不足，使得农业不仅不能给工业发展提供支援，而且工业利润有很大部分向传统农业回归，这就大大延缓了城市的工业化进程。

二、政治现代化的曲折演进

1. 党群组织的曲折发展

大革命失败以后，在北伐战争中发展起来的国民党新军阀提出“宁可错杀三千，不可放走一人”的反动政策，大肆屠杀共产党人和工农群众，妄图彻底消灭革命力量。益阳国民党右派也秉承湖南省“救党委员会”旨意，疯狂向革命派进攻。他们启用反动团防局，重组地主武装，破坏北伐时期建立起来的各种革命组织，大肆屠杀中共党员。1928 年 4 月，“湖南全省清乡督办署”成立，并将全省划分为若干“清剿区”。益阳也成立了“清乡委员会”，组织了“清乡队”“挨户团”“铲共义勇队”“保安团”等反对组织，对工人、农民进行“反攻倒算”，围剿共产党员。国民党新军阀的“清乡”，是“马日事变”后的又一次疯狂进剿。大批共产党员被抓捕，遭受严刑拷打和杀害；党的组织遭到严重破坏，革命力量受到极大摧残。但是，国民党新军阀的疯狂镇压，并未能彻底扑灭革命的火焰。

1927 年 5 月，“马日事变”后，益阳政治形势骤变，中共益阳党组织遭到破坏。国民党大肆屠杀中共党员，近百名共产党员惨遭杀害，300 余名共产党员和工农运动骨干被通缉，全县党员减少到 50 余人。但在白色恐怖下，共产党员仍坚持秘密斗争。1928 年 1 月，在城内罗明巷成立了中共益阳县委。同年秋，县委机关又遭破坏。1929 年，在中共湖南省委的指示和帮助下，先后成立了益阳临时县委和中共益阳县委。次年，益阳重建桃江、白鹿两个区委和 13 个党支部，发展党员百余人。但 6 月和 9 月，党组织又两次遭到破坏，桃江、白鹿等区委负责人多被杀害，党员和工农骨干被通缉者达 330 多人。1931 年 2 月，中共湖南省委在常德被破坏，益阳县委也停止活动。4 月，洞庭湖特区苏维埃政府成立，在益阳建立支部。次年 10 月，洞庭湖特区派员来益阳，相继建立了益阳、沅江、汉寿 3 县联区苏维埃政权，益阳还成立了万家山乡苏维埃政府。但 1933 年 8 月，随着洞庭湖特区遭破坏，益阳各党组织遂又中止活动。1935 年 5 月，在城区东门外重建中共益阳支部，党的组织恢复活动。1938 年 5 月，成立中共益阳县临时委员会，7 月，正式成立中共益阳县委员会，并兼管沅江县党的工作。至 1939 年 2 月，建立了沅江、白鹿、兰溪、滨资、桃江等 5 个区委及大栗港中心支部和 10 个支部，全县共有党支部 50 个，党员 400 多人。[①] 同年 6 月，“平江惨案”发生，国民党反共活动加剧。1941 年 1 月，“皖南事变”发生，国民党发动第二次反共高潮，境内党组织遭到严重破坏。

在这期间，共产党建立了自己的青年组织，但在反共高涨中仍不免惨遭破坏。1938 年 9 月，在益阳县委领导下，中共益阳县委青年工作委员会和中华民族解放先锋队益阳总队成立。继而在蔚南女子中学、龙洲师范、作育学校和桃江区、大栗港等地先后成立“民先”组织。至年底，共建“民先”中队、小队 30 多个，有队员 200 多人。“民先”组织自成立以来，积极组织爱国青年开展抗日救亡宣传活动，有力地支持了益阳民众的抗日斗争。可惜，在稍后的国民党第二次反共高潮中亦惨遭破坏，停止活动。[②]

工会组织屡遭破坏。“马日事变”后，益阳工会被捣毁，工会骨干大多或死或逃，工人运动进入低潮。抗日战争时期，工会组织得到一定的曲折发展。1938 年秋，中共益阳县委设立职工总支，以原有的行业工会为基础，建立基层分会 40 多个。次年春，益阳县总工会恢复，全县基层工会发展到 120 多个，会员两万多人。[③] 1941 年 1 月，“皖南事变”发生，国民党发动第二次反共高潮，城区的国民党加紧反共，不少工会积极分子惨遭杀害。3 月，县总工会领导权被三青团益阳分团筹备处攫取，工会成为统治压迫工人的工具。自此，益阳县总工会领导权为国民党、三青团所操纵。

在共产党和群众组织普遍遭到摧残的时候，国民党及其青年组织却得到强势发展。“马日事变”后，益阳的国民党组织为右派把持，进步党员有的逃亡在外，有的被清除出党，国民党公开走向反动，并开始疯狂镇压共产党的活动。1928 年 9 月，国民党益阳党务指导委员会成立，下设组织、宣传、训练、财务 4 个部。1930 年，国民党益阳党务委员会创办《益阳民报》，作为该党组织的喉舌。1932 年 11 月，改称国民党益阳党务整理委员会，机构仍旧。1938

① 益阳县地方志编纂委员会编：《益阳县志》，湖南人民出版社 1999 年版，第 382 页。

② 益阳县地方志编纂委员会编：《益阳县志》，湖南人民出版社 1999 年版，第 414 页。

③ 益阳县地方志编纂委员会编：《益阳县志》，湖南人民出版社 1999 年版，第 410 页。

年7月，复改称中国国民党益阳县党部。此后，益阳县党部组编区党部、区分部，并在保长培训班和机关中集体发展党员。至1940年5月，有直属区分部39个，党员2555人。到1944年，党员发展到5787人。①

三民主义青年团的建立。1939年1月，三民主义青年团益阳分团筹备处成立，历经6届，于1944年成立分团干事会。三青团益阳分团受命于国民党县党部，参与反共反人民的活动。分团筹备处成立后，即在乡、镇和中学发展团员。到1943年，在乡镇发展区队，并在信义中学、五卅中学、龙洲师范、南京美术专科学校、育才中学、蛇山中学、沅江师范等校成立了区队。不久，又在五福中学、资江商业职业学校、县立中学、县立职业学校、诚达会计职业补习学校建立了区队。

2．新的政治体制的构筑

进入20世纪30年代，湖南政治环境比较安定。为了稳定社会秩序，巩固其统治，遵照国民党中央的决策，益阳也开始构筑新的政治体制。

1929年，按照国民政府公布的《县组织法》，益阳县长公署改为县政府，设县长一人，由省政府任用之，综理县政监督。政府内设两科，下设财政局、教育局、建设局（后因经费困难未设）和公安局，各设局长一人，由省政府主管各厅考选委任。② 同时，还设立了省税收征收处，统一征收田赋、契税、屠宰税、牙贴、当税等。1934年，县税务局成立，赋税改由税务局统一征收。1937年，各县政府裁局改科，一般设有秘书室及民政、财政、教育、建设、军事、地政、社会等科和卫生局、警察局等机构。1940年，湖南省实行新县制，益阳遵照执行。依照《县政府组织规程》，县政府设秘书室、会计室、合作指导室、警佐室，及财政、民政、教育、建设、军事、粮政共6科4室，实际设置少于此数。③ 此后时设时撤，增减无常，名称亦有更换。

司法机构方面，1936年，根据南京国民政府颁布的《县司法处组织条例》，益阳在南门口设立司法处，负责民、刑案件审理。司法处废弃承审员制

---

① 益阳市志编纂委员会编：《益阳市志》，中国文史出版社1990年版，第79页。

② 财政局掌征税、募债、管理公产及其他地方财政事项；教育局掌关于学校、图书馆、博物馆及其他文化事业之事项；建设局掌关于土地、森林、水利、道路、桥梁工程及其他公共事业之事项；公安局掌警卫、消防、防疫、卫生、森林保护等事项。

③ 湖南省益阳地区地方志编纂委员会编：《益阳地区志》，新华出版社1997年版，第314页。

度，案件由审判官审判。每年受理民、刑案件1000件左右。[①] 但这一时期各司法和公安机关多为官绅豪强服务，少为平民百姓做主，所谓“官家衙门八字开，有理无钱莫进来”，实乃当时司法情况的真实写照。

公安机关也有所变革。1929年后，益阳等县警察所先后改名公安局，警员人数有所增加。1932年，全省决定裁减警员，益阳县仍保留公安局，其他如南县、沅江、安化警务机构均改为县政府公安科。抗日战争时期，国民政府着手强化警察机构，实行警、军、宪合一的警察安保体系。是年，按照省政府颁发的《县警察机关组织暂行规定》，益阳公安局改为城堡警察所，南县、沅江、安化等公安科均改为警佐室。1939年，益阳公安、政务、保安3警合一，各县警察机构一律改为警察局。各较大集镇如泉交河、兰溪、新市渡、桃江、马迹塘等皆设警察所，一部分区、乡设派出所。1940年，水上警察队由沅江水上警察分局改属益阳县警察局管辖，管理资江马迹塘至沙头段和甘溪港、兰溪等水上交通船只。1944年，日军入侵，各县警察局改建成警察大队，由抗敌自卫团统一指挥，曾与驻军共同阻击日军入侵。[②]

益阳的行政管理改革措施，除以上行政机构的变革外，还特别重视加强地方管理。在治安管理方面，北洋政府时期，益阳就曾设立禁烟局，名为禁止吸食鸦片，实则收税以充军饷，故而吸食鸦片烟者非但屡禁不止，反而越发增多。为此，1935年县政府成立禁烟委员会，告诫人民禁种、禁售、禁运、禁吸鸦片，对不遵守法令者处以罚款、拘役，甚至死刑。与此同时，益阳设有戒烟医院3家，戒烟所4所，资助贫民戒烟所7家，由公安局、城堡区公所负责戒烟。这些措施对禁烟取得一定成效。在户政管理方面，民国时期，户政改由民政部门管理。1932年，国民政府实行保甲编组（10户为一甲，10甲为一保），按户联结管理。此后，户籍管理专由民政科负责。在市政管理方面，30年代后，益阳城区开始设立清道夫清扫街道，部分主要街道也进行拓建，并有少数小型花圃园林陆续建成。其时，政府用于市政建设的资金尚很有限，多靠市民集资兴建，所以市政设施建设较少，且不具规模。另外，在基层管理方面，30年代湖南省政府实行“地方自治”，在基层推行保甲制度，废镇、里，划区，统一设置区、乡（镇）、团3级。区、乡（镇）分别成立公所，为县政

① 据《湖南年鉴》（1935）统计为例，益阳县政府是年收结民、刑案件1218件（还有大量乡、保、族氏处理的不在此列）。（中国人民政治协商会议益阳县委员会文史资料研究委员会编：《益阳县文史资料》第5辑，益阳县委员会文史资料研究委员会1988年版，第123页。）

② 益阳市志编纂委员会编：《益阳市志》，中国文史出版社1990年版，第115页。

府辅助机构。1935年，又废团改保，乡镇以下编为保甲。保甲组织有“管、教、养、卫”[①]4项任务。1938年又撤区并乡合保。1940年后，按照新县制进一步加强地方管理，扩大乡（镇）规模，加强乡（镇）权力。

三、城市建设的现代化进展

由于人口的增加，商业的繁荣，促使城市的功能日趋完善，城市街道布局显现城市现代化的雏形。旧时益阳城区，各式房屋密布，街道迂回曲折，整个城市空间狭小凌乱。民国以来，益阳的城市街道布局进一步优化，至30年代逐渐形成了笔直畅通且经纬交错有序的网格状布局。由于人口增加，密度愈来愈大[②]，在原先城区的基础上不得不向外发展，便有了城内和城外的分别。城内有正街、后街、河街，另建有横街自南贯通北门，公廨较多。城内干道自东门至西门贯穿城区，东门至五马坊称东正街，五马坊至北正街口称南正街，北正街口至西门称西正街，从南正街与北正街交接处向北直通北门，称北正街。城外自西门至临兴馆，正街为麻石路面，河街为泥土路。自临兴馆至将军庙有河街、后街，均与正街平行，并有南北走向的巷道相连，形成较密的路网，自将军庙至接城堤仅一条狭窄的砾石路面街道。[③] 城外自古即有客栈、店铺，后因资水舟楫往来增加，陆续建成街市，俗称堡，有头堡、二堡、三堡。头堡自贺家桥至轩辕殿，有上江、金城东、金城西、志乐、乾元、长永、福星、太临、民乐、聚兴、临兴街等；二堡往西续至仁和码头，有廉让、有庆、清乐、世庆、福庆、永清、畅清等街；三堡再西至接城堤，有聚庆、新兴、清胜、瑞庆、涌泉等街。干道之外，还有为数不少的街巷。据1933年《益阳县志》记载：城内有12街、9巷；头堡有12街、30巷；二堡8街、20巷；三堡5街、18巷。共有82条巷道通往河边及后园堡。南岸有三里桥至铁铺岭一条长约1公里的街道，以纸行、纸伞、扎棉花店、铁铺为主，年关、节日热闹非凡。县治西南李家洲有一条约长200米的街道。[④] 40年代初，城区街道又进一步翻修

---

① “管”，即清查户口，稽查出入境民，监视居民言行；“教”，即进行党化教育；“养”，即摊派各种捐税；“卫”，即组织民团，协助抓壮丁，维持地方秩序。

② 据张朋园估计，30年代的益阳城市人口已有90000人，人口密度达70866，人口总数和密度均是民国初年的2倍。（见张朋园：《湖南现代化的早期进展1860—1916》，岳麓书社2002年版，第385页。）

③ 益阳市志编纂委员会编：《益阳市志》，中国文史出版社1990年版，第181页。

④ 益阳市交通局编：《益阳市交通志》，益阳市交通局1990年版，第115页。

拓宽。1942 年，当局组织各公法团体成立修街委员会，拓宽翻修城区正街（东起东门外，西止新石堤）。1942 年动工后，汽车路到大码头段，当年即完成。路面铺龟背式麻石，街宽由 2—4 米拓宽到 6 米，两旁还横铺条石，为人行道。与此同时，将原中央暗沟改到街道两侧，作下水道用。1943 年日军大举进攻湖南，益阳城区屡遭日机轰炸，居民大多疏散离城，街道拓宽工程遂停。截止益阳沦陷前，城区大小街巷共计 70 余条，面积约 40402 平方米，人均道路面积为 0.86 平方米。①

益阳城市建设突飞猛进，城市规划已具雏形，城区面貌发生了巨大的变化。城区面积扩大到 2.4 平方公里②，常住人口已有 9 万，整个城市功能分区明确。大体布局，城内为县治所在地，是政治、文化中心。城西至接城堤，依托水运，形成商埠，是资水流域和滨湖地区物资的主要集散地。城区头堡主要贸易竹木、谷米、鱼虾、煤炭、竹器等土特产品；二堡贸易以南货、绸布、药材、颜料等外货为主，并经营旅栈、茶楼等服务业。水运发达，商业繁荣，沿河码头相应成形；街巷经纬交错，构成网络，商店作坊，鳞次栉比。对此，1933 年出版的傅角今著《湖南地理志》做了详细的记述：其时“县城濒资水北岸。城周四里余，辟东、西、南、北四门。县政府在城南。城内市况不盛。繁荣街道在西门外，沿江延长十五里，分头、二、三三堡，河、正、后三街。头堡系本县人营业之区域，贸易以竹器、衣服、水果、鱼、皮蛋各业为最盛；二堡为全市适中之点，洋楼画阁，金碧辉煌，市况之盛，不让长沙、汉口。贸易以苏浙商之绸缎、金珠，江西商之药材，长沙商之洋货，及本地商之油烟南货为盛。以上为正街。若河街，则头堡多山货铺、柴厂、竹木、木厂、木炭厂，二堡多旅店、粮食行、茶楼酒肆，三堡因江岸淤浅，市民多吊楼背水而居。商场后市街，则为下流娱乐场所。”③ 民国时期的益阳城市规模大有拓展，城市功能也日臻完善，充分显示了城市现代化的早期雏形。

城市建设的现代化与城市建筑的发展是同步进行的，多元化的城市建筑风格既是城市发展的基础，又是城市发展水平的反映。益阳盛产木材，又为木材集散地，传统建筑自古以木质结构为主。至民初，益阳城市街道两侧建筑仍然继承着传统的以木结构为主的建筑风格，也有零星砖瓦结构的西式建筑。20

① 益阳市志编纂委员会编：《益阳市志》，中国文史出版社 1990 年版，第 181 页。

② 据 1948 年编印的《益阳县行政区域及概况》记载。

③ 傅角今：《湖南地理志》，湖南教育出版社 2008 年版，第 423 页。

世纪二三十年代，不少土木建筑专家从长沙来到益阳传播新式建筑设计技术，城区西式和中西结合式的建筑逐渐增多。这类建筑一般为砖木结构两层楼房，讲究内外装饰和牢固实用的建筑风格，多为教堂、学校、机关、企业建筑所采用，较有代表性的如1922年建造的信义大学教学楼、益阳基督教堂、养性花圃、秾积花圃等。另外，街道两侧的商业铺面建筑也是风格迥异，艺术精湛，据民国《益阳县志》载，益阳近代建筑"门面壮丽不减省城坡子街也，其房屋深者九进，浅者亦三四进。"① 益阳城市的建设模式对资江上游的邵阳、安化、新化等城市建设也产生了重要的影响，他们纷纷仿照益阳城建风格，还流出"银铸的益阳"的说法。

另外，城市公用事业也得到了相应的发展。长途电话、市内电话业务相继开通，邮电网络进一步扩充；长（沙）益（阳）、益（阳）常（德）公路建成，轮船运输也增辟航线；鼎益、长明等电力公司建成供电。同时，排水管道和环境卫生都有了进一步改进。这一切表明益阳城市建设也走上了现代化的道路。

1. 陆路交通现代化的肇端

随着益阳市场的开拓，商旅往来日增，物资交流日频，传统的运输方式已不能适应不断扩大的商品运输量和流通范围的需要，反而成为益阳城市现代化的严重桎梏。因此，开辟新的运输方式、引进先进的交通工具以加速现代化交通运输业的发展已经刻不容缓。

益阳陆路交通在1929年前，仅有古驿道、大道和乡道，靠步行或以畜力、人力的架子车、轿子及人力车等为运输工具，尚无现代陆路交通。直到1928年，长（沙）益（阳）公路的修建重新提上日程②，由第一汽车路局开始测量，并沿古湘黔官道边测边修。次年，长沙至益阳段竣工，全长93公里，是为益阳陆路交通现代化的肇端。此路经过益阳路段为从宁乡菁华铺入益阳境，至益阳与汉寿交界的牛鼻铺为止。自此，益阳陆路交通逐渐由马车驿道向公路运输发展。另外，益阳至常德段也于1928年6月起由第二汽车路局开始修筑。此段自益阳、汉寿交界的牛鼻铺起，至常德南郊德山止。1930年8月，嗣以机构变更，由湖南全省公路局续修。至11月1日，长（沙）常（德）公路全

① 张翰仪、李裕掌修，徐睿儒纂：《益阳县志》卷2《建置》，民国二十一年刊行。

② 早在1925年，湖南中路筑路会议即拟定修建长（沙）益（阳）路和安（化）益（阳）路，但由于权责不一，无所进展。

线竣工，益（阳）常（德）段建成。该路路基宽7米，路面宽4.5米，全部为泥结碎（砾）石路面。益常段建成后，益阳开始有汽车运输。1938年，沅（江）益（阳）公路的修建也开始提上日程，该工程由沅江至迎风桥，续接长常公路，全线长26.3公里（益阳辖6.45公里）。是年，日军侵湘，国民政府提出毁路御敌战略，该路被迫停工。

随着现代公路的修建，公路渡口、汽车站等交通基础设施和现代道路管理也应运而生。1931年10月，益阳汽车渡口动工修建，翌年竣工，耗资1.4万银圆，是为全省第一个汽车渡口。在此之前，公路发展近千余公里，跨越湘、资、沅诸水渡口凡10余处，车辆至渡口，均不过河，而在两岸设站，分区间营业，以木船或汽船拨运客货行李。益阳汽车渡口修建后，渡船用汽船（拖轮）牵引过渡，每次需时约15分钟。从此由长沙至常德，车辆可直达，商旅往来，极称便利。[①] 此后至1940年，城区在不足8公里的沿河线上，设有渡口12处，仅将军庙、大渡口、碧津渡等主要渡口就有渡船20余只。[②] 益阳公路通车以后，省公路局在益阳城区资水南北两岸各设售票所，在沧水铺设售票所，在衡龙桥设代办所。当时，过往车辆极少，日无固定班次。1936年湘运益阳汽车站建成，站址约在今益阳市汽车站，占房面积140平方米，属三等站，职工3人，日发送益阳至长沙、益阳至常德客班车各一次和接送少量过路客班车。[③] 在道路管理方面，自1931年起，益阳设公路分段，隶属常德总段。沿线设有道班，每班10余人，负责日常养护工作。各项交通基础设施的完善，使得过往车辆逐渐增多，尤其是1937年全民族抗战爆发后，经过益阳城区的客运车辆更是频繁。据当时统计，单从长沙运送伤兵至益阳、常德等地，就连续发车700余次；抢运战区撤退的孤儿千余人；还有由外省辗转乘汽车至益阳者也不少。[④]

陆路交通取得很大进展的同时，轮船运输业方面也有新的变化。这一时期，民营航业虽然发展很快，但经营仍然十分艰难。为此，各轮船公司开始寻求在联运、联合中求发展的道路。长益南五轮公司也为“时势所迫，非组织团体，统一调度，不足以图业务进展”[⑤]，于1936年5月改组为湖南民权轮驳

① 益阳市交通局编：《益阳市交通志》，益阳市交通局1990年版，第108页。
② 益阳市交通局编：《益阳市交通志》，益阳市交通局1990年版，第58页。
③ 益阳市交通局编：《益阳市交通志》，益阳市交通局1990年版，第137页。
④ 益阳市交通局编：《益阳市交通志》，益阳市交通局1990年版，第132页。
⑤ 江天凤主编：《长江航运史·近代部分》，人民交通出版社1992年版，第395页。

股份有限公司。改组后的民权公司拥有客货驳船3艘，40—70吨的小轮7艘，并增辟益阳—桃江、益阳—汉口两线。码头设施也较前有所完善。民国初期，益阳港区仅有6个码头（上么、下么、人和、永清、石码头、白马庙、向家）。之后，外埠商人相继建有苏州、徽州、邵阳等码头，本地商人也建有韩家、文家、益兴等码头。接着，英商建有太古洋行和亚细亚煤油起卸码头，美商建有正太煤油码头。①

城市交通现代化的发展，不仅意味着各地之间的闭塞落后被打破，而且对促进益阳区域经济的形成、加快城市现代化步伐无疑发挥了积极的促进作用。但是，这一时期益阳现代交通尚在起步阶段，相对于益阳地区的广袤土地和众多的人口而言，具有现代意义的交通基础设施和运输装备寥若晨星，对社会变迁的影响也十分有限。

2. 邮电网络的扩充

民国时期，益阳邮政和电信事业于步履艰难中曲折发展。民初，益阳近代邮政、电信逐步兴起，但因军阀混战，组织复杂，发展很是缓慢。到国民政府时期，邮电网络进一步扩充，邮政电讯事业迅速发展。

电话为交通利器，清乡剿匪时期，尤赖以传达军情。1929年，国民政府为了“剿共消息务取灵通”，曾在城内架设电话专线。机、线由县政府动用公款开支，电杆就地征用，线路由“团防局”管理，可通往长沙清乡司令部、县“剿共指挥部”、“铲共义勇总队部”及宁乡、安化、沅江等县团防局，共有益阳—兰溪、益阳—泉交河、益阳—桃江、益阳—大桥乡、益阳—护城乡、益阳—鲊埠、益阳—大福坪、益阳—宁乡、益阳—沅江等9条线路。② 20世纪30年代，益阳电报局又开办了长途电话业务，大大扩充了邮电网络。1933年，益阳电报局用电报线路开通长途电话，湖南省长途电话工程处也于益阳城关区设营业分处，开办长途电话业务。其时，长话业务只开放传呼，5分钟为一次，按次收取话费。次年8月，省长途电话局益阳营业处又开通了与长沙、常德、汉寿、宁乡等地的通话业务。③ 抗战时期，新开放“笔录电话”，按普通电话资费计算。1939年8月18日，日军飞机轰炸益阳，杆线被炸，长话业务

① 益阳市交通局编：《益阳市交通志》，益阳市交通局1990年版，第29页。

② 益阳市交通局编：《益阳市交通志》，益阳市交通局1990年版，第227页。

③ 收费标准仍为5分钟制。资费按益阳至长沙、宁乡、沅江为0.30元，汉寿为0.40元，常德为0.45元。（见益阳市交通局编：《益阳市交通志》，益阳市交通局1990年版，第227页。）

一度停办。此时期，市内电话业务也破茧而出，电信网络进一步增大。1933年，益阳电报局于益阳县城首次开设专线电话用户，市内电话由此起步。1936年，益阳城区开始架设电话杆线，省长途电话局益阳营业处也在益阳城区开办专线电话用户 40 余家。除益阳外，南县、安化、沅江等县也通过县政府电话室设少数用户。邮电网络扩充的另一个表现在于农村电话业务的开办。1928—1929 年，益阳、南县、安化开始架设乡村电话，但也仅限公务通话，尚不挂发私人电话。抗战结束后，开始部分开放私人电话，并酌情收取通话费。

电报业务范围也较前有所扩大。1933 年，益阳电报局利用空余电报电路开办电话业务，有报作报，无报通话，以此增加业务收入。1934 年创设无线电报。抗日战争期间，为适应当时需要，又增办特快、夜信、专送等特别业务。1941 年起，益阳、沅江等县无线电报开放商务业务，工作量较前增加。①

同时，因战争需要，益阳邮政事业由于军邮的开通得到迅速发展。抗日战争初期，为便于处理省内各地驻军邮件，邮政部于 1938 年 5 月从益阳等地抽调一批员工转作军邮。次年 5 月，根据湘鄂军邮总视察员第 36 号通令，设第五分段（后改为八分段），视察员驻益阳，兼视察普邮。管辖区域有益阳、汉寿、沅江、宁乡和靖港。长沙大火后，战事吃紧，大批外地的单位、学校、厂商迁入，益阳、安化、沅江等地邮政事业都有所发展。至 1942 年 4 月，益阳、安化、沅江、南县 4 地邮政局增至 8 个，分设于益阳、沅江、南县、安化城区和桃花江、马迹塘、草尾、等地，邮政代办所增至 96 个。② 次年，益阳邮政局升格为二等局。但不久益阳等地沦陷，各邮政、电报局基本撤迁。这一时期城市邮政电信业取得了长足发展，主要原因在于“剿匪”和战争需要，但客观上对于沟通益阳与省内外的联系起了积极的作用，使信息交通更加便利，有利于益阳区域经济的形成。

3. 文教事业的兴盛

随着国民政府在全国地位的稳固，以及经济状况的逐步好转，益阳文教事业也渐形发达之势，其主要表现有以下几个方面：

其一，报刊的公开发行。益阳有报纸正式公开发行，始于 1930 年国民党益阳县党部创办的《益阳民报》。《益阳民报》是一份 4 开 4 版日报，用老 5 号字铅印，益阳县党部还在所辖龙麟镇、兰溪镇、大桥镇、泉交河镇、桃江

---

① 湖南省益阳地区地方志编纂委员会编：《益阳地区志》，新华出版社 1997 年版，第 1415 页。

② 湖南省益阳地区地方志编纂委员会编：《益阳地区志》，新华出版社 1997 年版，第 1489 页。

镇、马迹塘、鲊埠镇、三堂街、沙头、新桥河、池水铺、朱良桥等地设立了12个派报社，日发行量700—800份。[①] 1937年全民族抗战爆发，《益阳民报》副刊上相继发表了不少宣传抗日的文章，报纸发行量一度增加。1944年3月，三民主义青年团益阳分团又创办《青年日报》，但因日军入侵未及3个月而夭折。1944年，原《益阳民报》《青年日报》部分人员于桃江联合创办《湘五日报》，为3日刊、4开两版油印报。虽然这一时期的报纸乃国民党右派为了配合其所谓"清党"大造反革命舆论而办，但对开通风气、传递信息还是有一定的作用。[②]

其二，电影和现代剧目的传入。电影是由照相术发展起来的一种现代化文化娱乐方式。1928年，益阳城区向家码头"宝聚钱庄"从上海购回电影放映机和影片，在庄内放映，为益阳放映电影之始。1929年8月，益阳城区首家电影院——资江电影院成立开业。开演之时，"各机关法团，普送入场券，观者人山人海，甚为拥挤云"。[③] 自资江电影院之后，"民众电影社""明星电影院""亚新有声电影院"[④] 等相继建立。此后，省教育厅根据教育部颁发的《各省市实施电影教育办法》，成立官办"湖南省电化教育巡回队"，在省内各县开展电影施教活动。从1937年起，"湖南省电化教育巡回队"也经常到益阳各地巡回放映。1937年8月、1938年11月，省电化教育巡回队即2次至益阳试映《蒋委员长返京》《塞外风光》《我们的首都》《绥远军容》《百灵庙之役》等无声黑白片，先后受教人数达4500人次和76000人次。1939年至1940年，电化教育巡回队又相继携带《上海抗战》《童子军》《救护》《防空》等无声黑白片到益阳县境巡回放映。[⑤] 1944年湘北、湘东与湘中地区沦陷，各队设备损坏殆尽，电影施教活动处于停顿状态。

1937年起，歌剧、话剧、歌舞剧等现代剧目也开始传入益阳。1938年，

---

① 益阳市志编纂委员会编：《益阳市志》，中国文史出版社1990年版，第461页。

② 这一时期，中共地下组织也曾发行《赤光》旬刊，宣传土地革命政策，揭露贪官污吏和地主豪绅暴行，但只是秘密发行，销量不大。

③ 益阳市政协文史资料委员会：《益阳市文史资料》第12辑，益阳市政协文史资料委员会1990年版，第117页。

④ 亚新有声电影院开业于1936年，是益阳最早放映有声黑白电影的影院，但只维持至当年12月即歇业。次年，亚新电影院换租场地重新开业，但又因卢沟桥事变，影院改伤兵医院，遂于是年冬停映。

⑤ 益阳市政协文史资料委员会：《益阳市文史资料》第12辑，益阳市政协文史资料委员会1990年版，第118—119页。

“蔚南剧社”和“益阳战地文化宣传服务队”相继成立，为动员广大人民拥军抗敌，演出抗日救亡话剧《游击队》《保卫家乡》等，引起了很大的反响。同年，上海国魂抗战剧团在五之园戏院首次演出现代歌舞，轰动益阳城。1940年，国民党某师政治部宣汉剧团，在益阳演出《卢沟桥》《烟苇港》等大型话剧，并动员当地戏剧爱好者，以“号角剧团”名义联合演出《群魔乱舞》《战歌》《打鬼子去》《万溶江》等剧目，戏剧舞台日趋活跃。1940年后，因战事频繁，益阳戏剧舞台渐趋萧条冷落。①

其三，社会教育的普及。现代化涉及新知识、技术和社会组织方式的延展，需要功能性识字率的拓宽，不能只局限在社会上的一小部分人当中。② 作为学校教育的重要补充，社会教育越来越显示出不可替代的作用。国民政府时期，益阳的社会教育获得了很大发展。图书馆、民众教育馆及各类补习学校相继建立，越来越多的民众通过这些载体学习接受了新知识和技艺，为益阳城市现代化提供了很可取的基础。

民国肇创，省政府曾三令五申要求各县兴办图书馆，但益阳因民穷财困，几乎未有涉及。国民政府初期，益阳始有图书馆，功能以展览图书为主。30年代，图书馆内开设无线电收音室，每天收录中外时事新闻，并摘要誊写成壁报张贴公布。后图书馆亦改为民众教育馆，并进一步扩大规模，举办民众识字班、缝纫班，还搞过一些体育活动，影响不小。另外，成人教育也有所发展。国民政府成立初期，益阳平民教育迅速发展，不少农民、工人入夜校学习，成就显然。③ 40年代，教育当局采取恢复社会教育的措施，把全县划分为32个小学区，每区分设短期义校一至两所，或民众学校一所（义校与民校校址不固定）。为照顾农民白日工作，短期义校还在晚上加办民众夜学，并规定日校与夜校学生都得推行“小先生”制。④ 平民夜校的开办，在乡村教育还不发达的时候，对扫除文盲、普及文化知识具有一定促进作用，也为后来国民教育的发展，奠定了良好的基础。

---

① 益阳市志编纂委员会编：《益阳市志》，中国文史出版社1990年版，第446页。

② ［美］吉尔伯特·罗兹曼：《中国的现代化》，江苏人民出版社1995年版，第246页。

③ 1929年，中共党员江诗咏于长春乡倡办农民夜读班。1930年，龙洲师范在铁铺岭开办初小制民众夜校，吸收附近搬运、制伞工人入学。1935年，益阳县教育局于金花湖开办益阳县第64短期义务小学，附设民众班，学制1年。同年，民众教育馆于学门口创办民众识字班，有市民30余人入学。1938年，蔚南女子中学师生在田家湾办民众夜校，以《战时民众识字课本》为教材，结合宣传抗日。

④ “小先生”制，即日学与夜校学生放学回家后，必须向不识字的家长、兄弟、姊妹、邻居，传授自己所学的知识，分别由学生考查成绩，短校教员不定期进行抽查。

其四，学校教育依旧扩大规模，大增数量。20 世纪三四十年代，相对沿海、华北等地而言，深处内陆的益阳局势较显平和，为学校教育的发展提供了一个难得的生长空间，加上益阳教育界师生艰苦卓绝的奋斗及当局增加教育的投入、加强学校管理等措施，益阳教育事业一度得到发展，学校数量大增。

小学教育方面，1940 年起益阳推行《国民教育计划》，乡设中心国民学校（高等小学），保设国民学校（初级小学）。至 1941 年，全县有乡中心国民学校 30 所，保国民学校 430 所，私立高等小学 20 所，私立初级小学 567 所，公立中等学校附属小学 2 所，共计 1049 所，在校学生 49211 人（其中女学生 444 人），学龄儿童 14.5 万人，入学率为 34%。[①]

普通中学方面，1939 年先后创办私立蛇山初级中学、私立求实中学。1940 年创办青年中学。1942—1943 年创办私立式南初级中学、私立五福中学、林翼初级中学、县立初级中学。1944 年创办私立湘山初级中学、私立蜚英初级中学、私立世清中学。此外，抗战时期还有 4 所外地中学迁入（从长沙迁来的私立育才初级中学和私立蔚南女子初级中学、从南京迁来的私立五卅中学、从南县迁来的私立湖西初级中学）。

中等职业教育方面，1929 年创办私立彦荣女子职业学校，设缝纫、织布、织袜专业。1938 年，南京美术专科学校迁至益阳。同年，私立涵德女子职业学校也从长沙迁至益阳桃江。1941 年 9 月，汉口私立诚达会计科职业补习学校迁城内，改名为私立诚达会计职业补习学校。1942 年，益阳县商会于鹅羊池畔创办私立资江商业职业学校。此外，益阳县立女子职业学校办学规模也进一步扩大，常年在校学生约 300 人，教职工 20 人左右。[②]

师范教育方面，1941 年益阳龙洲简易师范学校改为中等师范学校，但仍保留简师班。学制为简师 4 年、中师 3 年。同年，又创办了湖南省第五师范，是为益阳唯一的省办学校。师范学校创办的同时，政府还组织中、小学教师进行培训。据 1941—1943 年统计，暑假办国民教育师资训练班共 6 期，培训教师 404 人次。师范教育的发展，为益阳培育了大批优良师资，改善了益阳中、小学师资素质。

教育内容方面，进行课程改革，全授新学课程。1928 年，颁布三民主义教学宗旨，对“新学制”进行修改，实行“戊辰学制”（又称“现行学制”）。

① 益阳县地方志编纂委员会编：《益阳县志》，湖南人民出版社 1999 年版，第 496 页。
② 益阳县地方志编纂委员会编：《益阳县志》，湖南人民出版社 1999 年版，第 416 页。

1932 年，废除中学综合制，分设中学、师范、职业 3 种学校。小学课程除原有科目外，高级小学增设童子军、纪念周，初级中学设公民、算术、代数、国语、几何、历史、三角、物理、地理、动物、植物、化学、生理卫生、英语、美术、音乐、体育、童子军、劳作；高级中学设公民、国语、代数、三角、几何、解析几何、地理、历史、化学、物理、生物、英语、音乐、军训、体育。①

4. 慈善和医卫事业的前进

30 年代，湖南省慈善事业，风靡一时。益阳的慈善事业也受其影响，民间慈善事业迅速崛起。时有慈善堂、乐善堂、从善堂、恻忆堂和苏州、湖北、山陕、福建、江西、黄洲、江神、五县、新化、湘乡、长沙等会馆，这些会馆或敦洽乡情，力行善举，或为贫苦者死施棺、病施药、寒施衣、饥施粥，或设置义茶亭、义渡局，虽实际作用有限，但对饥馑荒歉确有所赈济。这一时期，官办育婴救济事业也有所发展。1928 年初，经益阳县务会议议决开始筹办孤儿院，10 月建成。后因国民党内政部通令开办县区救济院，益阳孤儿院遂改为救济院。救济院初设孤儿、育婴两所，后逐年增设养老等项。到 1934 年救济院扩为孤儿、育婴、养老、施医、贷款 6 所，主要收容那些因子女过多、重男轻女而弃的婴儿抚养，并开始收养孤儿、鳏寡孤独、残疾人等其他人员。这些慈善救济事业的发展虽然不能根本上解决人民生活的问题，但对暂时性地稳定社会秩序，缓解人民生活的疾苦起到了一定的作用，不失为一种社会生活进步的表现。

医疗卫生方面，信义医院依旧引领益阳医卫事业前进。三四十年代，该医院医疗技术较前大有改进，开始分设内科、外科、花柳科等科进行专门治疗，还能够进行一些剖宫产、膀胱取石、卵巢囊肿摘除、阑尾切除等中小型手术，门诊和入院治疗者逐年递增。抗战期间，为了抢救伤员，应对流行病爆发，信义医院前后多次扩建病房，还在城区五马坊、安化、新化、宁乡等地开设分院诊所，并成立了临时野战医院，大量收治伤员。信义医院的快速发展还带动了益阳其他医疗机构的建设，城区陆续开办了不少私立诊所、药店，益阳遂成为资水中下游和滨湖临近诸县的医药卫生中心。

由于战争的影响，国民政府也更加重视卫生事业，大力兴建医疗卫生机

① 益阳县地方志编纂委员会编：《益阳县志》，湖南人民出版社 1999 年版，第 508 页。

构。1939 年，建成了益阳公立卫生队，次年改建卫生院，随后相继在各乡镇也设立了卫生所。[①] 益阳公立卫生医院和乡镇卫生所建立以后，政府明确卫生院管理城乡环境卫生、中西医院的检查发证，并不时开展卫生普及活动。在预防、保健方面，这一时期益阳虽尚未设卫生防疫专门机构，但是自县立医院成立后，即有专门负责妇幼保健、种牛痘和与预防注射等工作。1940 年成立的益阳县育婴所，除收养弃婴外，还负责查验婴儿健康。医疗卫生事业的进步显而易见，也反映了这一时期益阳的新变化。但因受制于益阳整体落后的政治经济状况，益阳的医卫建设仍存在速度缓慢、水平有限、设施简陋等不足，且入院检查或医治者仍限于城区少数居民。

四、抗日救亡运动的蓬勃发展

抗日战争初期，益阳人民为支持驻军抗击日本侵略，积极开展拥军抗敌斗争。1937 年 11 月，益阳抗敌后援会成立，发动和组织群众开展宣传、慰劳、募捐等活动，组织战地服务团，募集捐款和寒衣慰劳前方战事，慰问伤兵，救济难民。中国共产党也成立了益阳县委青年工作委员会、中华民族解放先锋队益阳总队，组织青年开展抗日救亡活动。各工会组织也成立了抗日救亡后勤部，下设工人运输队和担架队。[②] 除此之外，社会各界还经常举行募捐、募寒衣支援前线，掀起了益阳民众的抗日浪潮。1944 年，部分日军深入湘中、湘西地区，益阳各地军民奋起开展了各种形式的抗日武装斗争。7 月，益阳成立武力总队，由县长兼总队长，下编 6 个大队，10 月改称自卫总队，11 月改称抗敌自卫团，队伍扩编成 8 个联乡大队。抗敌自卫团成立后，积极配合驻军参与战斗，抗击日军，共对日作战 9 次，毙伤日军百余人。[③] 此外，益阳警察也加入阻击日本侵略军的行列。1944 年 5 月，日军对益阳城区进行“扫荡”，益阳警察局及龙麟镇警察 40 余人掩护群众疏散，于七星庙一带阻击日本侵略军，敌伤亡数十人，群众成功疏散。

如火如荼的抗日宣传活动。教育界师生纷纷投入到抗日宣传活动中，宣传

① 至 1942 年，益阳县有泉交河、沙头、沧水铺、兰溪、新桥河、岩子潭、大桥、新市渡、石牛江、桃江、马埠等 11 所乡镇卫生所。

② 工人运输队由人力车、轿坊、箩行等 3 个行业的工人组成，保证抗日前线所需物资的安全转运；担架队在救护伤员，抢运物资等方面发挥了很大的作用。

③ 1945 年 5 月上旬，抗敌自卫团龙麟中队副队长孙汉卿还曾击落一架日军负伤飞机，击毙日军飞行员空军少佐，湖南省政府主席薛岳以特号电传对其进行嘉奖。

抗日救国，动员全民抗日。蔚南女子中学、龙洲师范、作育学校、大栗港战时民校等学校通过学生会组织，团结进步师生，组织讲演队、剧团、歌咏队等，深入部队、工厂、农村，演出抗日救亡话剧，教唱抗日歌曲，宣讲抗日救国道理。后来这种方式，推广到城区各中小学，桃江、大桥、鲊埠、兰溪等乡学校也纷纷仿行，很好地动员了益阳民众积极参与抗战。为了唤起民众参加抗日，益阳各层工会也积极组织工人参加兵役宣传周、台儿庄胜利祝捷、“七七”献金、“八一三”纪念等大会，壮大了抗日宣传力量。织造业和靴鞋业工会还以抗日救亡为主题出墙报、贴标语，组织工人办夜校学文化，十分热火。还有的工会还组织会员以聚众谈话会的形式宣传抗日救亡。[①] 在宣传动员过程中，益阳有志之士还充分利用现代新剧，编入抗日爱国题材，以喜闻乐见的形式动员全民抗战。1938 年，“蔚南剧社”和“益阳战地文化宣传服务队”相继成立，并深入城乡组织各种形式的抗战话剧公演，以鼓舞群众支援抗日。1940 年“益阳楚剧抗敌宣传队”成立，演出新编现代花鼓戏宣传抗日，很受群众欢迎。此外，上海国魂抗敌剧团、宣汉剧团（后与当地“青年剧社”组成“号角剧团”）、“湘剧抗日第五队”（由田汉组织）等剧团也频频来益阳演出现代抗战剧目，进行抗日动员。1939 年，在中共领导下，益阳城市贫民和进步青年在益阳鹅羊池畔秘密成立“湖南青年抗敌宣传团”，团员们分头在益阳街头演说，张贴标语，进行各种形式的宣传鼓动工作。1940 年，“武汉日报战地文化服务总队”也来益阳与“湖南青年抗敌宣传团”汇合，采取多种形式在城区等地开展抗日宣传活动。益阳人民还乘中华民国政府军事委员会副委员长冯玉祥视察益阳之机，邀请其发表抗日演说。[②] 这些抗日救亡的宣传活动，为动员群众抗日起了重要的作用，有力地推动了抗日救亡事业的发展。

在开展抗日救亡宣传的同时，益阳各界也积极开展对日经济绝交抵制仇货斗争，抵制日本帝国主义的经济侵略，维护民族利益。仇货斗争有力地打击了日本帝国主义在益阳的势力和奸商的不法行为，教育了广大人民群众，伸张了民族爱国正气。

五、日本侵略者的破坏和兵燹后的沦沉

抗战以前，益阳政治社会相对比较稳定，工商经济发展迅速，现代化建设

① 益阳市总工会编：《益阳市工人运动史（1919—1986）》，内部发行 1988 年版，第 28 页。

② 1938 年 8 月，冯玉祥于城区体育场万人集会上演讲。他援用“覆巢之下，焉有完卵”的典故，阐明了抗日救国的大道理，激励军民坚持抗日。

保持着良好的势头持续向前发展。可惜好景不长，益阳被日寇攻陷，短暂的现代化建设旋即告罄。兵燹之后，经济退步，现代化沦沉，一时无力恢复元气。

抗日战争时期，日本对益阳的侵略首先是从空中侵袭开始的。1937 年 12 月 2 日，日机首次轰炸城区。此后，日军飞机对益阳的空袭连年不断，直至完全攻陷益阳。其中规模较大的几次有：1940 年 11 月 3 日，日机轰炸益阳电灯公司、人和码头后街一带，死 387 人，伤 1521 人；1941 年 11 月 16 日，日机 2 批 19 架轰炸城区将军庙至木瓜园一带，炸死 1300 余人；1943 年，日机多架分 3 次向城区投掷燃烧弹，三堡罗明巷至将军庙、汽车路至临兴巷一带，通街化为灰烬；[①] 1944 年 4 月 22 日，两架日机轰炸兰溪镇，投掷了大量燃烧弹，一连数日，兰溪黑烟满天，河水欲沸。据统计，日机狂轰滥炸益阳不下 15 次，造成了严重的灾难。益阳城乡街市墙颓屋倒，市肆被毁夷殆尽，难民流离失所，财产损失无法估计。

1944 年 6 月 7 日，日军入侵，县城沦陷，资江沿岸随后亦沦于日军铁骑蹂躏之下。此后至 1945 年 9 月益阳光复，日寇在益阳烧杀抢掠，奸淫掳劫，手段凶残狂暴，给人民带来深重灾难。据 1945 年《湘灾实录》载：日军侵略时期，益阳全县兵祸共死亡 6959 人，伤 9636 人，烧毁房屋 22070 栋，劫走粮食 86749 石，抢杀耕牛 1494 头，物资损失总值 2488 亿元（法币）。其他如南县、沅江、安化等县亦未免其蹂躏，损失惨重。据南县、沅江两县统计，抗战时期，累计死于兵祸者 4 万余人，毁房屋 13758 栋，劫粮食 154 万担，屠耕牛 2689 头，加上其他损失，合法币 2977. 91 亿元。益阳遭此劫难，元气大伤，即使光复后好长一段时间也未能恢复。[②]

战火弥漫之际，益阳城市现代化事业均不免遭到灭顶之灾，先前发展起来的商业、现代工矿及交通、文教、医卫各业或歇业停建，或被迫迁出，一派萧条。原先较为繁荣的商业遭受严重摧残，几乎全部丧失生存能力。沦陷后的益阳通货膨胀严重，物价陡涨，“担谷斤盐”，各大商号和城区居民大都疏散，市井车少人稀，商业顿趋冷落、萧条。战后，市场逐渐复苏，但商户于战乱中辗转迁移，资金亏损，元气大伤，虽欲重整旗鼓，却已缺乏财力。如油盐业在战前有资金 136 万元，战后仅余 48. 7 万元；绸布业则坐吃山空者占 30%；染

① 政协湖南省益阳市赫山区委员会文史资料研究委员会编：《益阳市赫山区文史资料》第 1 辑，政协湖南省益阳市赫山区委员会文史资料研究委员会 1995 年版，第 21—23 页。

② 益阳县地方志编纂委员会编：《益阳县志》，湖南人民出版社 1999 年版，第 4 页。

织业也由原来的34户减至10来户；南货业中的佼佼者天赐福，战前有资本折稻谷约429吨，战后仅剩约210吨。[①] 工业厂矿也多被炸毁，或往返迁徙遭受损失。其中，机械修理业初待兴隆，便被迫停业；纺织厂房往返迁徙于城乡之间，亦损失甚巨；电厂尽遭破坏，其中鼎益公司的发电设备全被日机炸毁；矿产资源遭到日军掠夺性开采。其他行业，也未能逃脱上述产业的命运。此外，抗战时期，国民政府实行"交通破坏战"，刚建成不久的现代公路也为阻滞日军侵略，先后多次被破坏；渡口亦多被撤销，人员、设备或被调拨它渡或被破坏；民轮有的被炸毁，有的自沉江底。银行等金融机构也相继关门停业；邮政、电信业完全被毁；各类学校或停办，或辗转迁徙，毫无教学质量可言；县政府各机关、司法机关等也纷纷迁出县城，勉强办公。原本现代化基础并不牢固的益阳，经日本帝国主义的破坏，现代化成果破坏殆尽，致使战后数年无力恢复，逐渐沉沦。

六、战后益阳城市现代化的徘徊与衰败

抗战结束后，益阳曾出现一个相对短暂的和平环境，经济一度开始复苏。但不久内战爆发，财源枯竭，通货膨胀，物价暴涨，外国商品也乘势而入，益阳工商业处境维艰，益阳经济渐趋衰败之态。

商业首先重整旗鼓，显露生机。战后，英、美等国的公司、洋行乘势进入益阳恢复代理商，经销商品主要有石油及其制品，肥皂、布匹、香烟、化妆品等近千个品种；益阳出产的苎麻、茶叶、猪鬃、茶叶等商品也加大出口量，进出口贸易逐渐恢复。同时，原先因日军入侵而迁出的各工商企业也纷纷回城复业，商业开始繁荣。益阳城区、沙头、兰溪、泉交河、八字哨、新桥河、谢林港、新市渡、岩子潭、沧水铺、岳家桥等集镇墟场，为斯时私营商业主要集聚地。随后，内战爆发，通货膨胀严重，物价飞涨，商业市场逐渐走向衰败。据《益阳民报》1947年7月16日报道：糙米每石6.5万元，至8月21日为9.9万元。一月之间上涨52.3%。[②] 1948年，爆发了5次特大洪水，滨湖各县溃垸，城区常浸泡水中，而过境国民党溃军不绝，民既乏食，兵又索粮，市场动荡不安，商贾惨淡经营，歇业倒闭者日益增多。工矿业部分复苏，但好景不长，旋即也陷入崩溃之境。仅以曾经极为发达的纺织工业为例，因战乱影响，

① 益阳市志编纂委员会编：《益阳市志》，中国文史出版社1990年版，第298页。

② 益阳市志编纂委员会编：《益阳市志》，中国文史出版社1990年版，第393页。

大部分厂、坊搬迁或倒闭，到1948年仅存9家纺织厂（坊），从业人员缩减到368人。[①] 1949年，各工商企业更是每况愈下，商业户中仅油烟、南货、盐纱、百货、绸布、纸伞等行业稍好，还算拥有一定资金，但与1948年比较，户数也减少了11.48%，资金减少84.2%，营业额减少61.76%。[②] 到益阳解放前夕，城区维持下来的工商业仅剩58个行业5909户，而且主要是小摊贩和手工业，分别为1441户和1407户，真正的商业户只有1407户；[③] 工业仅存60家，从业人员752人，全部工业产值也只有160万元。[④]

金融业在战后也经历了迅速发展到衰败的过程。抗战胜利后，益阳钱庄业迅速发展，但因政府规定私人均不准挂钱庄招牌，所以原钱庄均改为盐纱号复业。当时资金比较雄厚的有“复隆”“古昌”“达通”“汇丰长”“同协”等30余家盐纱号。后因政局动荡，至1949年上半年钱庄业逐渐收束。与此同时，银行建设速度加快，1946年中国农民银行益阳分理处在城区开业；1947年1月，益阳自办金融事业，成立益阳县银行，经营存款和放款。抗日战争胜利后，益阳还成立了合作联合社，设有供销部、信用部、储值部。次年，益阳各种合作社发展到300多个，社员1500多人，股金240多万元，公积金172万多元，公益金15万多元，储金5万多元，储谷180多石。[⑤] 随后，政局动荡，金融机构相继锐减。至民国末年，益阳内共有金融机构172家，其中钱庄20家、银行3家、信用合作社149家。[⑥]

政治领域也曾出现一时的新景象。青年党、民主社会党相继在益阳成立。1947年3月，湖南临时青年党部秘书徐达人来益阳，与县商会协商后，在益阳筹建青年党，并成立云龙、泉交河、舞凤、九岗、碧螺5个临时区党部。1947年冬，益阳民主社会党筹委会在益阳成立，发展党员75人，下辖新市渡小组。但后因推选党内人士竞选“国大代表”失败，而自行解散。民盟也到益阳发展盟员，并开展反内战等秘密活动。1946年，益阳还正式成立了以“上宣政令”“下达民情”为使命的参议会。参议会成立后，听取县长施政报

① 益阳市志编纂委员会编：《益阳市志》，中国文史出版社1990年版，第220页。

② 益阳市志编纂委员会编：《益阳市志》，中国文史出版社1990年版，第299页。

③ 益阳市政协文史资料委员会：《益阳市文史资料》第12辑，益阳市政协文史资料委员会1990年版，第45页。

④ 益阳市志编纂委员会编：《益阳市志》，中国文史出版社1990年版，第221页。

⑤ 益阳县地方志编纂委员会编：《益阳县志》，湖南人民出版社1999年版，第267页。

⑥ 益阳县地方志编纂委员会编：《益阳县志》，湖南人民出版社1999年版，第339页。

告，决议议员提案，并成立了以参议长为首的“选举事务所”，选举国大代表。“选举事务所”的成立名义上益阳人民政治参与有所扩大，候选人实际当选与否全为国民党中央所操纵。1948 年，参议会日趋反动，组织起了反共、反人民的“戡乱救国”动员委员会。抗战结束后，益阳的司法、检察事业也有一些变化。1947 年，益阳成立地方法院，内部分设刑事审判庭、民事审判庭、律师事务所、看守所、公证处、会计室、统计室等部门，并附设检察处，实行审检合署办公。虽设有民事审判庭，但因审判人员少，民事案件审判不多，机构形同虚设。

抗战胜利后，经过教育界的努力，益阳教育事业获得很大程度的恢复。但由于国民党推行专制和内战政策，益阳政局动荡不安，社会分崩离析，加上教育经费大为缩减，本来亟待借势发展的文教事业也不可避免地陷入危机之中。初等教育方面，国民政府颁布国民教育第二期计划，规定 5 年内所有学龄儿童和成年失学民众都应受到相当的义务教育和补习教育。后因内战爆发，灾害频仍，经济凋敝，国民教育事业发展计划落空。到民国末年，全县有公、私小学 1124 所，在校学生 62968 人。[①] 普通中学教育方面，在原有学校基础上，于 1946 年再建私立豫章中学。至此，益阳先后创办普通中学 15 所，除县立初级中学为公办外，余概为私立学校。此外，为整顿社会秩序，益阳县政府还在考棚街筹设贫民习艺所，收集游民乞丐，授之以文化知识和一些专门技术。

为给“国大代表”宣传造势，城区报纸刊物日渐增多。1947 年，随着“国民代表大会”选举“国大代表”，益阳发行的报纸除了原有 4 家外[②]，又应运而生了《商报》《翘楚报》《民风报》《远东新闻报》《震旦报》《金刚钻报》《正义报》等多家报纸，益阳迎来解放前办报的高潮时期。但为时不久，“国大代表”竞选结束，上述报纸也都昙花一现，随即停刊。仅有《益阳民报》《青年报》《资江晚报》《工余报》《商报》等 5 家报纸照常发行。

益阳光复后，公共服务领域的各项现代化建设也有所恢复，但不久即重陷困境。益阳的公路在抗战期间经过先后两次严重的破坏，全线路基、桥梁、渡口均遭彻底破坏，交通中断达 6 年之久。1946 年，当局基于政治和军事的需

① 益阳县地方志编纂委员会编：《益阳县志》，湖南人民出版社 1999 年版，第 496 页。

② 抗日战争爆发前，益阳只有《益阳民报》《青年日报》发行（后合办《湘五日报》），但因战争而停刊。益阳光复后，《益阳民报》《青年日报》先后复刊，发行量较战前略有增加。1946 年，私营《资江晚报》在城区发行，因披露内幕新闻，备受群众欢迎。同年，县总工会主办《工余报》，专门反映工人生活。

要，成立“军路修筑委员会”，急速修复通车。至民国末年，益阳有干线公路两条，全程244公里，益阳境内27.18公里。[①] 公路抢修畅通后，又继续改建益阳汽车北站、抢修汽车渡口等交通设施，汽车运输方才逐渐恢复。这一时期的公路虽在数量上有所进展，但就质量而言，或为求通车，不择手段应付抢修；或在兴建时，预算尚正审批，工料却已上涨，致使标准降低，草率建成。水运方面，抗战胜利后也开始打捞、修复沉轮，并以“新江源”恢复益阳—长沙的隔日客运，以“联志”恢复益阳—桃江、益阳—南县的隔两日客运。但随着国民党政权日益走向崩溃，物价狂腾，民心鼎沸，也使民轮事业重陷困境，民权公司从1946年至1949年为止，仅得维持现状，毫无发展可言。

为医治战争创伤，医疗卫生事业获得显著发展。战后，益阳加快了新建医院、诊所的步伐，各医院纷纷加紧招聘医务人员，引进医疗技术和设备，扩大医疗业务。益阳信义医院的快速发展即为一例。抗日战争结束后，美国善后救济总署曾将一些战时剩余物资作为“援助”赠给国民政府，其中就包括一些医疗器械和药品。信义医院以其特殊地位，获得了大量的物资和设备。其时，挪威又有医生、护士、技士5人接踵而来。信义医院借机扩大规模，并开办护士训练班，以充实信义医院和地方卫生院之护士。经过几年的发展，到民国末年，信义医院已有工作人员48人，其中医师5人、护士15人，药剂、化验、放射等方面的技士5人，其他管理人员、卫生员及勤杂人员也成倍增加；各科的一般器械也基本具备，有显微镜3台和大型X光机1台及发电装置，还有了高压消毒器蒸馏器；医疗技术也更加精湛，可以解决急诊中的外伤、截肢、骨折、难产、刮宫、剖宫产、盲肠炎等疑难杂症，其他如尿道结石、膀胱结石、疝气等也可以收治了。[②] 可见，民国后期信义医院的医疗条件已经具备先进水平，这极大地改善了益阳的卫生医疗状况，促进了医卫事业的现代化。至民国末年，益阳城区有医院10个，其中公立医院3个，私立医院7个；私立中医诊所5个、私人中药店（房）36个；私人西药房20多个、西医诊所27个。医院数量的增加，也带动了医疗从业人员及药店等相关部门的增加和扩大。其时，整个益阳县中医药人员达533人，小药店有409家，西药店有25家，西

---

① 益阳市志编纂委员会编：《益阳市志》，中国文史出版社1990年版，第257页。

② 益阳市政协文史资料委员会：《益阳市文史资料》第6辑，益阳市政协文史资料委员会1984年版，第75页。

医人数达 128 人。①

解放战争时期，正是国民党政权日益走向崩溃的时期，也是益阳城市现代化事业日趋没落的时期。但这并不意味着现代化事业就此跌入低谷或者停滞，相反，伴随着解放战争的节节胜利，全面建设现代化事业的曙光已现，益阳的现代化建设即将进入全新时期。

国民政府时期，益阳城市现代化经历了曲折发展的历程。30 年代末至抗战时期，境内大规模的战争已经结束，政局相对稳定，国民政府也开始进行局部的建设，益阳社会经济的现代化发展取得了明显的成效。尤其是电力、印刷、造纸、机械、化工、采矿、冶炼、纺织、食品加工等工业初步形成，经济产业化程度进一步提高，传统商强工弱的经济结构得到优化，并在向着现代化建设昂首阔步。这种良好的发展势头，起初并未因抗日战争的爆发而止步，相反，在全国硝烟弥漫之时，益阳却因战时经济的繁荣为今后的现代化建设打下了坚实的基础。可惜好景不长，日本侵略军攻陷益阳，益阳的现代化事业毁于一旦，呈现兵燹后的沉沦状态。抗日战争胜利，益阳赢得了光复，但战争的创伤不可能被迅速抹平。当战后益阳城市现代化再次显露复苏苗头的时候，南京国民政府全然不顾人民的反对，发动内战，以致经济萧条，生产凋零，物价暴涨。同时，外国势力乘虚而入，益阳幼稚的民族经济受到洋货充斥的摧残和打击而走向衰败。这一曲折发展历程充分显示了中国城市现代化的复杂性，即一方面中国社会结构变革所产生的推动力推动着城市现代化向前发展，同时也因这种变革造成政局的动荡、社会的不安阻碍了现代化的进程；另一方面，外力的影响即外国资本主义的入侵给中国城市现代化注入了现代因素的同时，却也使得民族资本主义由于受到外国资本主义的挤压只能在夹缝中艰难地挣扎，步履维艰，更不用说外国军事的侵略给城市现代化所带来的灭顶之灾。

① 益阳市政协文史资料委员会：《益阳市文史资料》第 8 辑，益阳市政协文史资料委员会 1991 年版，第 105 页。

第八章　娄底城市现代化的进程

娄底市位于湖南省中部。在长株潭城市群中它是较晚成为地级市的。1940年，分属湖南省第五、第六行政督察区，行政区域旧有“三里”“十区”之分，上里即涟水上游，含三区，有杨市和娄底两个集镇；中里即涟水中游，含三区，有永丰镇；下里，即涟水下游，含四区，有县城湘涟镇。上里和中里地域广，人户众，约占原湘乡的三分之二以上，即现今涟源杨家滩地区、娄星区和双峰县全境。新中国成立初期，娄底境域隶属益阳专区和邵阳专区，1977年9月经国务院批准从邵阳地区划出，史称涟源地区，后更名为娄底地区，1999年1月经国务院批准，娄底撤地设市，所辖娄星区、涟源市、冷水江市、双峰县、新化县。面积8067平方公里，有21个民族，共450万人左右。

第一节　娄底现代化进程的历史分期

一、娄底现代化的缓慢发展时期（1840—1936）

1840年鸦片战争爆发，西方列强用武力打开了中国的大门，开始了对中国长期的剥削与掠夺，中国从此沦为半殖民地半封建社会。但同时它也打破了中国与外界隔绝的闭关自守状态，瓦解了自然经济，为现代化的发展提供了条件。外国资本主义的入侵，客观上刺激了中国资本主义的发展，“迫使一切民族——如果它们不想灭亡的话——采取资产阶级的生活方式；迫使它们在自己那里推行所谓文明制度”，这使得中国城市也出现了与明清时期不同的特点，娄底也呈现出对外开放的趋势和特点。在国民政府统治时期，从外国人手中夺回了“关税主权”，设立了国家银行，统一货币发行权，发行“法币”，开展国民经济建设运动，推动了工业、商业及整个经济领域近代化的进程。

1．农业的缓慢发展

娄底地区处于江南丘陵向西南山区过渡地带，是一个地表起伏不平的山丘区。资水、涟水分别贯穿西、东，地形地貌复合构造，为全面发展农、林、牧、副、渔提供了有利条件。至清、民国时期，逐渐演变为人口稠密的农业区。道光二十二年（1842 年），茶叶出口量发展较快。长期形成的传统农业，以粮食生产为本，粮食以水稻为主，麦、薯、豆等旱粮占有重要地位。经济作物以茶叶称著，棉、麻、花生、油菜、烟叶、蔬菜、柑橘等为大宗。畜牧以猪为首，牛、羊次之，鸡、鸭饲养普遍。林业资源蕴藏颇丰，衫、松、南竹尤出名。

2．近代工业初现端倪

近代娄底兴起的工业，既有传统手工业，也有近代的机器工业。娄底的传统手工业以纺织业为最盛。娄底的棉纺织业，曾遍布于广大城乡，产品丰富，所产布匹，昔日远销四川、贵州、云南，以至江、浙、闽、粤等省，可谓发达。[①] 但随着洋布、洋纱的大量涌入，冲击了当地传统的土布、土纱业，人们乐于购买质地更佳、品种更多的洋布，城乡各地织土布的棉纱织户也转而采用洋纱。20 世纪初，据一个来华的外国人调查，"岳、常、澧等处，织布之户，近来全系用洋纱，所出之布，轻细有余，而厚暖则不足。目下欲求一匹真土纱布，如披沙拣金。"随之出现了"无论是通商大邑，还是僻壤避区，衣土布者不过十几之二三，衣洋布者却有十之八九"的现象。这种情况的出现，正说明传统手工业开始面临解体。同时形成鲜明对比的是，因受出口贸易的刺激，花边、草帽辫、发网等新型手工业却日益发展和兴盛起来。

近代的机器工业在娄底也有所发展，娄底拥有比较丰富的矿产资源，娄底地区位于湘中腹地，境内矿产资源丰富，拥有 47 个矿种，储量居世界第一位的有锑，占全省第一位的有煤、白云石、石灰石、大理石，占全省第二位的有石墨，占全省第三位的有石膏、黄铁矿，工业发展条件优越，工矿业发展一直比较快，加之第一次世界大战期间国际上对矿产的需求量很大，因此娄底矿业的发展较快。但是随着洋货的传入，娄底传统的煤、铁业也一度受到严重冲击，一大批仁人志士发觉中国传统手工业之落后，惟欲与西方竞争，须向西方

① 孟学思：《湖南之棉花及棉纱》，湖南经济调查所 1934 年版，第 99—101 页。

学习，走工业化道路，提高生产能力。[①] 到戊戌变法时期，在救亡图强思想的推动下，娄底争利权，提倡商战，试图有所作为，新式工业获得初步的发展。1912 年，锡矿山立案开采锑矿公司 76 家。第一次世界大战期间，锑价猛涨，采矿公司达 130 余家，炼厂 30 余个，最高日产锑品 70 余吨，矿工近 10 万人。到民国前期娄底的工业总体上是有较大进步和发展的，并且有的行业在省内处领先地位。

3. 城市建设与文化教育的发展

衡量一个城市近代化的标志之一就是城市建设。娄底开埠之前，城市规模很小，卫生条件欠佳，城区上下水管道铺设不足，服务设施业也很差，甚至连交易市场都没有形成，城市现代化设施落后。城里多瓦房，乡间多草房，城里工人大都无房居住，住在有产者搭盖的矮小破旧的窝棚里。近代以来，大城市除了旧式的砖木石结构的小楼外，还出现了少数水泥钢筋结构的楼房，它们普遍采用外廊式，这很明显是受外国建筑如教堂的影响。民国初期，政府进行了一定程度的市政建设，逐步兴建了上下水管道、商品市场、新式楼宅等建筑，初步改善了娄底的市容市貌。

清末，娄底尚无正式的学校，只有私塾。光绪二十七年（1901 年），清廷兴办学堂，新式学校迅猛增加，派遣留学生、出国留学蔚成为风气。光绪三十一年（1905 年），境内先后有禹之谟、颜息庵、陈树人、苏鹏、陈天华等 10 余人去日本留学。永丰镇和娄底镇相继开办女子职业学校，部分劳动妇女和劳动者的子女获得上学机会，教育事业出现生机。

二、娄底现代化的曲折发展时期（1937—1945）

1. 农业的日渐衰退

全民族抗战时期，战争彻底打破了娄底现代化的进程，原有的农业在日军的大举侵略下遭到严酷摧残。1937 年 8 月至 1945 年 10 月，日军对湖南 78 个县市中的 59 个县市轰炸 2080 次以上，日军在多次武装进攻中制造了一系列杀人放火、奸淫掳抢、掠夺劳力资源等血腥罪行。日军在历次大会战中，一路杀烧抢奸，无恶不为，企图实现其“烧杀以助军威，奸淫以助军乐，抢劫以助

---

① 湖南省地方志编纂委员会编：《湖南省志》第 9 卷《工业矿业志》，湖南人民出版社 1989 年版，第 230 页。

军食”的卑鄙目的；1940 年秋，日军指挥机关下令：“凡是敌人区域的人，不问男女老幼，应全部杀死；所有房屋，应一律烧毁；所有粮食，其不能运输的亦一律烧毁；锅碗要一律打碎；井要一律埋死或投入毒药。”广州、武汉等口岸相继失守后，海运受阻，娄底锑产量急剧下降，以致全部停产；红茶外销无几，仅内销 1000 箱，产量由 1939 年的 18775 石降至 29 年的 7867 石；土纸年产量降至 5.5 万吨。田赋增加，地主将负担转嫁于农民，水利失修，地方官员向农民勒索壮丁费，农业生产下降，1940 年，粮食产量降至 398.53 万石。由于战乱，娄底土地抛荒，饿殍遍地。1940 年娄底种植面积较 1936 年减少 15%，至 1945 年数万亩耕地荒废，娄底百姓挣扎在死亡线上。① 娄底沦陷期间被日军杀死 4 万余人，伤 1 万余人，毁房 8 万多栋，损失粮食 9 万多石。②

2. 工业的短暂性繁荣

全民族抗战前期，娄底处于大后方，为支援前线，煤、铁、面粉、纺织等工业发展迅速。1939 年，煤矿发展到 100 多家，年产量 50 万吨，占全省 42%。新化县金竹山、毛易铺（今属冷水江市）两处，土炉炼铁兴盛，土高炉达 2000 多座，年产生铁、土钢 5000 吨。蓝田面粉厂发展到 4 家，年产面粉 6 万多包（每包 22 公斤）。1942 年，落水洞合成铁厂（今涟源市境内）建成全省第一座 10 立方米炼铁高炉，日产 3 吨灰口铸造铁。同年，梅塘吴鉴光创办合成铁厂，建成境内第一座 10 立方米简易高炉，为湖南省铸造生铁生产之始。煤矿发展到 100 家，年煤产量 50 多万吨，占全省煤产量 42%。因战时大西南急需棉织品，娄底传统棉纺织业得以发展，从事纺织的农户占总农户的 32.5%。永丰年产土布 6 万匹，杨家滩织布厂 80 余家，新化有织染厂 28 家、袜厂 3 家。蓝田织染厂 220 家，其中资本在 40 万—100 万元的 25 家，工人 4500 余人，德记实业社有布机 72 部，年产布 2.86 万匹。“一入市内，机杼之声，终日不绝于耳”。在此期间形成了煤炭、冶金、铸造、织染、造纸、印刷、陶瓷、食品加工、化工、电力等 10 多个工业行业。

三、娄底现代化的恢复动荡时期（1946—1949）

1945 年娄底光复，娄底迅速组织恢复政府，投入到战后重建中去，彻底清除日伪遗毒，重新建立行政机构，着手修理市内、市郊公路及桥梁工程，疏

① 萧栋梁：《抗战时期湖南经济损失研究》，《文史博览》2010 年第 5 期。
② 刘淮：《二十世纪初叶湖南现代化之研究》，湖南师范大学 2005 年博士学位论文。

通及修砌下水道，拆除日伪建筑物及其他障碍物，并对市内绿化环境进行相应的整理，如修剪草木、增植树木等，并会同市参议会、教育局、社会科，组织路名委员会议定原则，修改路名。组织农民恢复耕地，发给农民农具、种子、化学肥料、耕牛、贷款，补助治虫，力求农村及时复耕。同时，兴修大量的水利工程及塘坝工程，加强农业基础设施的建设。善后救济总署湖南分署是开展战后湖南善后救济工作的主要力量，处于主导地位，负责办理全省的善后救济事宜，此外，全省社会各界广泛参与，各政府机关、救济机构间相互合作，共谋灾后湖南的善后救济，娄底出现了一个短暂的和平环境，经济一度复苏，进入了缓慢恢复时期。

但是，令人感到遗憾的是，在娄底刚刚呈现复苏迹象，经济形势刚刚有所好转之际，国民党撕毁和平建国的协定，内战随即爆发，动荡的政局给善后救济工作的继续开展带来困难，很多资源都被用于军事，使战后的恢复工作完全陷入被动，严重阻碍了娄底经济的发展，使得刚刚发展起来的成果遭到破坏，出现了左手造灾、右手救灾的矛盾局面。

第二节　娄底现代化的发展

娄底素称保守，排外情绪甚为激越，故在 19 世纪中叶中外贸易蓬勃发展之时，娄底对外贸易尚无可观，处于极低微的状态，“以自给自足的自然经济占主要地位。农民不但生产自己需要的农产品，而且生产自己需要的大部分手工业品”。虽有交换的发展，但在整个经济中不起决定作用。1904 年长沙开埠，娄底传统的经济结构开始瓦解并出现了一些新的变化，开始向近代化城市迈进。娄底贸易开始摆脱单一的传统国内市场，接触并卷入世界资本主义市场体系，娄底经济围绕着对外商业贸易快速发展起来。而富饶的物产资源是娄底对外贸易的坚实基础，再加上世界政治经济形势的风云变幻，国际市场上对于锑、铅锌以及桐油等军事工业原料的需求量巨大。新的交通方式、医疗卫生、建筑模式纷纷建立，人民的生产生活和娱乐生活也逐渐丰富起来，为娄底对外贸易提供了一个发展的契机。

一、经济现代化的发展

1. 农业现代化进程

娄底地处湘中丘陵地带，土质肥沃，资源丰蓄，发展农业生产具有较好的基础。清代以来娄底约有85%以上的耕地用来种植水稻。① 近代以来，娄底的乡民利用水稻作为温饱食物的同时，把一些谷米、杂粮、茶、桐油等作为经济作物进行生产。其中，谷米贸易历史悠久、地位显要，是娄底经济的命脉，与娄底民生息息相关。根据《清实录》记载，湘米输出的省区达14个之多：江苏、浙江、安徽、福建、广东、广西、贵州、江西、四川、河南、陕西、山西、甘肃及京城。国民政府建立后，各级政府比较重视荒地开垦。1933年《湖南年鉴》载：1932年湖南各县农户数量之调查，娄底地区产麦5200担，水稻种植面积28.8548万亩，年产稻谷45956.1吨。1933年，小麦种植面积为2.46万亩，总产2463.3吨。玉米种植面积为5.64万亩，总产量4233.5吨，产量居全省第四位。② 娄底大豆生产有较大发展，据国民政府立法院统计局1931年调查统计：娄底地区常年种植大豆28.90亩，常年总产量为2597.5万公斤。1929年，涟源耕地面积达80000亩，粮食13总产量约为1800万斤，人均生产140斤；1934年时粮食总产量增长至5300万斤左右，人均生产增长至390斤，增长速度非常明显。

高额的销售量使娄底茶叶、蔬菜、蔗糖、柑橘等经济作物的生产供不应求，因此，种植面积急剧扩大，市场化趋势明显加强。以茶叶为例，1854年，粤商携资来娄底境内倡制红茶，陕西等茶商亦接踵而至，茶叶市场活跃。四古、毛坪、桥头河及铎山一带以蓝天为收制中心，新化县年上市毛茶1500吨，在资水沿岸杨木洲等阜地加工成箱转运武汉出口；甘棠、娄底、杨家滩、永丰五里牌等地均设有茶叶购销市场。同治年间，新化县除城乡外，已有39个农村集市，规模较大的有白溪、洋溪等，全县性的市场销售网络初具规模。1867年，湘乡中里朱紫桂始以千余银两经营红茶，后至巨富。1891年，新化巨商曾光明在县城开设永和庆庄号，拥有30艘毛板船资本，约折合银圆1.5万元。直至1943年，娄底境内主要产茶区有几十处之多，特别是娄底北部许多县都

① 张人价：《湖南之米谷》，湖南经济调查所1936年版，第402页。

② 湖南省地方志编纂委员会编：《湖南省志》第13卷《贸易志》，湖南人民出版社1989年版，第601页。

出现了无乡不产茶的情况。由于国际市场以及国内西北市场的需要，湖南茶叶生产和销售经历了一个甚为发达的勃兴时期。

但由于娄底偏处一隅，战乱不断，农业发展受到很大的影响。抗战时期，由于水利失修，灾患频繁，全境农业经济衰微，1949 年只生产粮食 31 万吨，稻谷亩产只有 235 斤，农民过着“糠菜半年粮，野草度饥荒”的日子，有的还千里迢迢讨米逃荒。[①]

2. 工业现代化进程

近代工业在娄底的真正兴起迟至戊戌维新时期，比沿海省份晚约 20 年。不过，在此之前，西方的工业商品已经渗透到娄底境内各地。由于长期隔绝，娄底的手工业发展相当缓慢，机械化程度很低。鸦片战争后特别是 19 世纪末 20 世纪初以来，随着帝国主义势力的渗入，娄底手工业开始采用机械作业。民国以后，这种趋势进一步加强。到抗战前夕，娄底传统手工业生产出现明显的半机械化趋势，而且开始出现新兴工业。这一时期，“娄底工业，颇为幼稚，大规模的新式工厂，殊不多见，类皆规模甚小的作坊工业。”[②] 在各种工业之中，以工矿业为较盛，19 世纪 90 年代，尤其是维新期间，在陈宝箴、谭嗣同等一批开明官绅的积极倡导和大力推动之下，湖南掀起了一股创办近代工矿业的热潮。而娄底境内矿产资源非常丰富，且矿种齐全。因此，娄底采矿业的发展非常迅速。1913 年，德商在锡矿山开办合利、多福洋行，开西法冶炼纯锑先例，次年产锑 1.4 万吨。第一次世界大战期间，全山开采公司多达 130 余家、冶炼厂 30 多家，从事锑业者近 10 万人。1917 年产锑 21994 吨，为历史最高年产量。娄底的矿业得到很大的发展，在很多领域逐步迈进了近代化的门槛。

娄底的传统手工业生产也出现了半机械化趋势。在洋货倾销、资本主义生产方式进入娄底的同时，娄底传统手工业受到很大影响，男耕女织的自然经济进一步瓦解，一部分人开始经营手工作坊和工厂，越来越多的农民成为专门的工人。这时，娄底出现官办、商办、民办、官商合办等多种形式的半机械化工厂。30 年代左右，娄底地区各种“民生工厂”“赈灾贫民工厂”相继涌现，

---

① 田炯权：《清末民国时期湖南的米谷市场和商品流通》，《清史研究》2006 年第 1 期。

② 张人价：《湖南之矿业》，湖南经济调查所 1934 年版，第 322 页。

有染织、缝纫、织袜、皮件、石印等行业。[①] 这些工厂还购置部分简单的机械设备，由手工业生产转为半机械化生产。

娄底的工业生产不仅出现了半机械化趋势，而且出现了一些新兴工业，产品的商品化程度也有提高。从经济社会发展的趋势看，抗日战争时期工厂迁建在一定程度上改变了中国近代工业的地域布局，娄底由于沪、汉等地工厂的大量迁入，开始发展自己的工业。但限于娄底的自然经济仍然占主要地位，在传统手工行业中，手工生产占据绝对统治地位，新兴工业只是零星出现。

抗战胜利后，国民党又发动内战，通货恶性膨胀，加上官匪勾结为害，社会混乱，美货充斥市场，民族工业受挤，一批工厂倒闭。1949 年，工业企业仅存 54 家；工农业总产值 22506 万元，其中工业总产值 1697 万元；产煤 19 万吨，铁 1000 吨，纯锑 881 吨，发电量 4 万千瓦时，铁锅 400 吨；农业总产值 20809 万元，粮食总产 31.2 万吨，耕地 236.9 万亩，塘坝 13.45 万处，有效灌溉面积 80.4 万亩。

3. 商业贸易与金融的缓慢发展

娄底地处内陆，商业贸易虽有一定发展，但其发展“显然不够充分，甚至可以说很不充分”。城市人口稀少是商业不够发达的重要标志，也使商业发展受到极大的限制。1931 年，娄底各县城城市总人口为 140600 人，占全地区人口总数的 5.34%，仅占全省城市人口 1514460 的 9%。[②]“根据中国人口论者的看法，传统时代的都市人口为 6% 至 7%。此说法如若正确，则娄底人口的分布属于传统的形态，甚至比一般传统城市人口偏低。”故 19 世纪中叶中外贸易蓬勃发展之时，娄底商业贸易尚无可观，处于极低微的状态。

岳长开埠为娄底对外贸易的发展提供了客观条件，外国商品通过岳州和长沙两个商埠向娄底大量涌进，娄底的土货商品通过口岸流出，商品交换十分便捷。

1921—1929 年，新华县城新办织布厂家 8 家、织袜厂 3 家。“九一八”事变后，永丰、娄底、桥头河等处相继成立提倡国货委员会、国货维持会、反日救国会等组织，在各商户清理、登记、查封、拍卖“仇货”，并在水陆交通路

① 湖南省地方志编纂委员会编：《湖南省志》第 17 卷《教育志》，湖南教育出版社 1989 年版，第 221 页。

② 湖南省地方志编纂委员会编：《湖南省志》第 11 卷《邮电志》，湖南出版社 1995 年版，第 402—404 页。

口检查，一经发现予以严惩。洋货受制，国货日盛，民族工业振兴，商业得以发展。至 1934 年，新化县商户 3012 户，从业者 9834 人，占全县人口的 1.19%，同期永丰、娄底、青树坪有店铺 1000 余家。

抗日战争时期，上海、广州、汉口、长沙的一些商户携资转移至蓝田、永丰、新化等地避难，开展经营，湘乡县政府搬迁至娄底镇，境内商业呈短暂战时繁荣。蓝田商铺发展到 762 家，成为湘中影响最大的商业集散中心，时称“小南京”。年主要应市产品为土布 300 多万米、面粉 1320 吨等，并大量销往广西、广东、贵州、四川等省及香港、澳门和本省长沙、湘潭、邵阳、益阳、常德等地，其中湖南面粉业大部分掌握在娄底工商业者手中。

娄底近代金融业兴起于二十世纪初，此后由于湖南政局不稳，社会动荡，金融业发展缓慢。民国初年，湖南的金融机构主要是两大块：一是钱庄，二是新式银行。表现出的特点：一方面，新式金融机构——银行产生、发展并日益壮大；另一方面，传统的钱业在衰落的同时，亦实现了部分蜕变，银号的产生为其最突出的“表征”。1935 年底，国民政府通过实行法币政策，形成对全国金融的控制，娄底的金融市场渐趋于稳定。为了增强抗战的经济力量，国民政府着手加强大后方金融网建设。国有银行在大后方设立分支机构，大批商业银行也纷纷在内地设立分支机构，大后方一跃而成为金融网密布的区域。1939 年 3 月，国民政府颁布了《财政部第二期战时行政计划实施具体方案》，提出要健全金融机构，完成西南、西北金融网的建设，但由于种种历史原因，娄底的金融网络并未建立起来，尤其是 1942 年起，由于日本侵略者对大后方的封锁，加上国民政府经济政策的失误，大后方出现了严重的通货膨胀。由于物价暴涨，金融业经营正常的存、放款业务难以获利，开始以贷款、投资参股或设立公司与商号的形式参与经营。1944 年，日军发动豫湘桂战役后，娄底沦陷，金融机构除少数迁往湘西和西南其他地区外，其余的全部歇业，信用社全部解体。①

二、城市建设的不断推进

1. 社会结构的变迁

1840 年的鸦片战争揭开了中国近代历史新的一页，中国的社会结构发展

① 邓永飞：《米谷贸易、水稻生产与清代湖南社会经济》，《中国社会经济史研究》2006 年版第 2 期。

也进入了一个新的历史时期，娄底的人口发展也是如此。人口标志着城市的发展速度和规模。娄底作为一座内陆农业型城市，历史上并没有做过县、府、州的政府机关所在地，加之娄底在这一时期有关城市人口的资料阙如，故有关近代娄底的人口统计并不是很完善。娄底“旷土漫衍，人星寥落”，不得不招民垦种，吸收临近移民，渐渐繁衍，生齿渐增。时至近代，娄底人口已较往昔有大的发展。

近代娄底的人口发展过程，大致可分为两个阶段：第一阶段从1840到1911年，即清朝晚期，为人口的减少和恢复时期。这一时期，随着城市化的推进，农村自然经济的破产，迫使农村人口逐步向城市转移，在城市中组建的家庭规模是较小的。第二阶段从1912到1949年，为人口的较快发展时期。这一时期迁往娄底地区的人口和迁往大西南途经娄底的人口“较之战前，差不多已增长一倍”。战时人口大量内迁，极大地推动了娄底的市场化与工业化进程。人既是生产者，也是消费者。作为生产者，内迁人口在娄底经营商业或进行商业性的手工业生产，提高了娄底的市场化程度。同时，内迁人口投资或从事一些现代导向的工业或手工业生产，又提高了娄底经济的工业化速度。作为消费者，急剧膨胀的人口使娄底各种物资消费量暴涨，商品化程度进一步提高，又促进了娄底经济的市场化。消费量的暴涨还促进了相关物资生产技术水平的提高，推动娄底经济工业化进程加速。

2. 邮政、电信业的创建

湖南近代邮政管理大权多被洋人掌握，1927年湖南收回了中华邮政管理权，由中国政府自主任命第一位中国籍邮务长施宗岳管理湖南邮政。此后，省内邮政发展较快，娄底邮电事业现代化趋势随之加强，现代邮政和电信设施在娄底许多地方出现，并初步开展了一些业务活动。

娄底邮电事业的发展可以概括为邮译—代办所—邮政局的发展历程。清末，主要方式为邮译：1854年6月，太平军攻克常德、辰溪一带，文报改由溆浦、新化送往湘乡。境内新化、花桥关、关王桥、娄底设腰站，每站健夫3名，7月，腰站裁撤。同年永丰各铺均撤，1856年恢复。1885年，新化县城设总铺铺司4名，下辖冷水、石笋、南烟、潮水、木山、石槽、中源、潮源、龙溪、牛山10铺，上抵邵阳县界，每处铺司3人，人年银六两一钱。1903年7月，永丰设邮政代办所。1907年1月，新化设邮政代办分局。1910年10月，青树坪设邮政代办所。翌年娄底、蓝田、杨家滩相继设立代办所，办理信函、包裹、汇兑等业务。民国初期，上述代办所先后升为邮局。1912年7月，新化代办分局为三等邮局，下设锡矿山、涧溪、太平铺、白溪等信柜。信柜由三等以上邮局管辖，发有执照，悬挂招牌，由店铺经营，代售邮票。投揽所在范围信函包裹。翌年4月，永丰邮政代办所升为三等甲级局，辖青树坪、黑田铺等邮政代办所。1916年，锡矿山设代办所。1919年，永丰邮局辖青石铺、梓门桥、五里牌、杨柳井、单家井等信柜。1921年，杨家滩、锡矿山、青树坪、娄底等邮政代办所先后升为三等邮局。1923年8月，蓝田代办所升为三等邮局。

娄底的电信业发展始于1933年永丰首次使用湘潭至宝庆电报线收发间隙开办长途电话。翌年新化至宝庆电报线开办长途电话。1934年9月，长沙经永丰、青树坪至宝庆长途电话专线架通，配12号铜线一对，长225公里；在永丰设长话营业处，配10门总机，电报、长话合用；在青树坪设长话代办所，配美式木壳墙机一部，均为省办。1940年，蓝田利用湘黔铁路架通的湘乡经蓝田至新化铜线一对，开办长途电话。至此永丰设10门交换机1部，单机1部，配7人；青树坪设单机6部，配1人；新化设10门交换机1部，单机1部，配5人；蓝田设10门交换机1部，单机2部。以上均配试线机1部，交换机为磁石式。①

1944年，日军侵占娄底，娄底邮电通信网络遭到破坏。随着抗日战争的胜利，受战争破坏的邮电设施开始恢复，但很缓慢，1949年，国民党意图全面破坏邮电设施，娄底邮电员工在中共地下党组织的领导下开展“护局保产、迎解放”的斗争。随着湖南的全面和平解放，娄底的邮电通信事业正式开始恢复。

3. 医疗卫生事业的进步

娄底的卫生事业在清末民初一直以传统中医为主，在稳步中发展。1915，娄底爆发的疫病使娄底的医疗卫生事业得到质的飞跃，据记载，当时“夏秋之际湘水盛涨，气候奇热，大作，死亡人数奇多”②，娄底配合防疫委员会检查疫病，注射防疫针，临时急救，使疫情得到很好的控制，这也是娄底近代医疗卫生事业上的一个创举。

1914年，挪威人殷德白等在新化县城开办信义看病所，西医始传入境内。1929年后，境内先后有私人创办的桥头河锡安医院、蓝田惠民诊所、杨家滩

① 刘兴豪：《1912—1937年湖南经济现代化研究》，浙江大学2005年博士学位论文。

② 李朝霞：《近代湖南人口的变迁（1840—1949）》，湖南师范大学2004年硕士学位论文。

健民诊所等。1938 年，中国国民革命军军政部军医署第十二后方医院由长沙迁入娄底境内，抗战胜利后，第十二后方医院迁返长沙，离娄时留下一些医药人员，为当时境内西医药技术力量的重要部分。1949 年，境内有教会、工矿医院各一所、病床 51 张、私人诊所 17 所、医药人员共 200 多人。西医、西药的传入大大提高了国人的生活质量，有助于延长寿命，长期以来因医疗落后国人所不能解决的疾病得到了很好的救治，生活卫生方面也有了很大的提高。1934 年 1 月，省政府委员会通过举办全省公共卫生计划大纲及统计全省卫生经费案，决定于民政厅设立湖南卫生试验处，1934 年 7 月成立，设于长沙西牌楼二十五号，下辖有各县卫生医院、乡村卫生所、湖南产院、湖南传染病院、湖南卫生试验所、各公立医院及疗养院、卫生科、卫生院以及卫生助理员。至 1940 年，全省大部分县市建立了医院或卫生所，一些大的医院主要集中在长沙、湘潭、岳阳等较大的城市。而在偏远的娄底，医院成立较晚，条件简陋。尽管这些医院与医务人员数量有限，且分布不均，但对于预防流行病、保障娄底人民的健康、降低人口死亡率等方面起到了积极作用。

三、文化教育现代化的兴起

1. 文化生活的变革

娄底有深厚的历史文化底蕴。远古时代，娄底是梅山桐蛮栖居之地。汉高祖在湘中置连道县，是娄底崛起的里程碑，从此，娄底成为历代汉族王朝在湘中的开发区，至今有 2000 多年的文明史。宋代章惇开发梅山，建制新化和安化两县，招抚江西汉族移民入境，为娄底注入了新鲜血液，汉族逐渐成为境域的主体民族，汉族文化的种子在湘中大地开花结果。但是到了近代，由于长久封建思想的禁锢和清政府闭关锁国政策的影响，湖南成了“以守旧闭化名天下”的省份，民众思想观念极端保守排外。以修建株萍铁路为例，初建之时，“湘赣民风未开，不通外情，迷信风水，于筑路大碍。为求铁路早日建成，凡庐墓不肯迁让者均设法绕行，使该路少直多弯。”①

作为湖南相对不发达的娄底，保守风气更浓，娄底地处内地，与外部世界接触甚少，民众几乎过的是日出而作、日落而息的农耕生活，节奏循环往复。传统农村社会以丰衣足食为满足，以奉行三纲五常为止境。受儒家思想的熏

① 林增平、范忠程主编：《湖南近现代史（1840—1949）》，湖南师范大学出版社 1991 年版，第 119 页。

染，士大夫以儒士自居，普通百姓以知礼义为荣。①

鸦片战争的爆发使中国社会处于外患内乱的危机之中，清王朝统治由盛转衰，在湖湘经世新风的影响下，娄底境内也相继出现了一大批思想先进人士，清代中兴名臣曾国藩、晚清外交家曾纪泽都是其中的佼佼者。光绪年间，李希圣、颜息庵、谭戒甫、李进隆等人均有传世之作。李希圣（1863—1905）著《雁影斋集》《经史文新编》等，誉为“湘乡才子”。清末，邹价人、谢石邻扬名词林。据《新化县志》记载，该县在清代有著作传世者167人。清代重臣曾国藩（1811—1872）为著名学问家，尤爱古文，对史学造诣亦深，著有《曾文正公全集》128卷，其诗文、联语为后世所传诵。以罗泽南为代表，包括刘蓉、李续宾、李续宜、刘腾鸿、刘腾鹤、曾国华、曾国葆在内的数十名儒生士绅，以研究经世之道为主题、探索匡世济民之策为宗旨，结成经世群体。辛亥革命先驱陈天华、中共早期领导人蔡和森、国际共产主义战士罗盛教等大批志士仁人，在娄底历史长河中谱写了光辉的篇章，他们孕育了娄底近代文化的初步构思。

随着岳州、长沙相继开为商埠，洋人、洋商进入湖南，带来了宗教和商业，西洋文明渗入娄底社会。首先吸引娄底人眼光的就是西洋商品，由注意而喜欢，由喜欢而购买使用。最普遍的例子，是以洋火代替了火镰，以洋纱代替了土纱，这种转变，直观地显示了娄底人民心态的变化。就连缓进的保守派亦迫于大势，在其保守中呈现出进取的一面，旧派绅士代表王先谦、叶德辉等人亦知非变不足以图存，主张发展工商、开采矿产。

五四运动以后，各种新思想、新文化、新思潮开始冲击传统文化，一批在外地求学、工作的革命青年纷纷回到娄底，传播马列主义，开展农民运动，他们在从事革命活动的同时，写出大量具有反帝反封建内容的诗文，为境内现代文化事业的发展奠定了基础，闭塞千年的娄底山区开始出现新文化的曙光。资产阶级民主革命先驱陈天华（1875—1905，新化人）著有《猛回头》《警世钟》《狮子吼》《中国革命史略》《绝命辞》等极富感召力的著作，并有诗集《海上吟》传世，被时人誉为“革命党之大文豪”。无产阶级革命先驱蔡和森（1895—1931，双峰籍人）于中共第二次全国代表大会后，任中共中央机关报《向导》主编，写了七八十万字的论文（后收入《蔡和森文集》），茅盾曾赋诗赞颂他为“建党初期理论家，蔡公健笔万人夸”。现代著名作家、文艺理论

① 方勇：《清末民初湖南社会习俗演变动因探析》，《广西社会科学》2007年第2期。

家、翻译家、人民教育家成仿吾（1897—1984，新化籍人）早年和郭沫若等发起创办“创造社”，著有短篇小说集《流浪》，以及《使命》《文学革命到革命文学》《战火中的大学》《长征回忆录》等，并与徐冰合作翻译《共产党宣言》。娄底的现代化在新旧势力、新旧观念之间的磨合中不断前进。

2. 娱乐生活渐趋丰富

湖南传统的娱乐活动大致有以下几类：歌舞；游戏，多为带有赌赛输赢的性质，如“六博”、骨牌、掷骰子、弹钱宝、时子戏以及斗鸡、斗蟋蟀、斗鹌鹑等；拔河、赛龙舟、摔跤等竞技游戏；杂艺；戏剧，主要是地方戏曲，如“大戏”湘剧、“小戏”花鼓戏等。随着西方事物的传入、贸易的发展，也带来新的商业文化，娄底人民的娱乐生活渐趋丰富。

京剧和话剧于20世纪初传入湖南，随之在娄底也得以发展。20年代末30年代初，娄底各县先后成立民众图书馆，城镇民众开始接触报刊新书，当时各县图书馆所藏图书有《万有文库》、工具书、史书典籍、文学作品、医药书籍等，各县图书馆均派专人管理，对外开放借阅，并制订规章制度，借阅图书实行押金或铺保制。[①] 图书服务对象也逐渐由官绅员工发展到平民百姓。1905年，长沙青石桥宜新浴室首次放映无声黑白电影短片，1931年前后，有声影片传入湖南，湖南电影事业得到较大发展。至抗日战争爆发前，娄底创办了自己的电影院。戏院、电影院等文化设施作为传播知识的一种途径，在当时具有时代性文化特征。它们的出现对开发民智、开阔人们视野、引导人们追求新知起到了很大的作用。

3. 教育改革与科技进步

娄底受传统文化的影响，历来重视以儒书为经典的传统教育和封建科举考试教育，为封建王朝培育了许多人才。民国时期，南京临时政府对教育进行了改革，废除了封建教育，颁布了“国民教育、实业教育、公民道德、世界观、美育”教育方针，学堂一律改称学校，明确规定了各学校的学制，娄底境内各个学校处于改制阶段，新旧学制交替，新旧教育思想交战激烈；[②] 加上城乡百姓很不习惯新学，将其称之为“洋学堂”，多不愿将子弟送往新学堂就读。因此，各县城乡私塾林立。直到19世纪末，私塾和儒学书院在娄底仍占据统

① 傅角今：《湖南地理志》，湖南教育出版社2008年版，第301—303页。

② ［美］费正清：《剑桥中国晚清史1800—1911》（上），中国社会科学出版社1993年版，第232—234页。

治地位。

19 世纪末，西方国家的新式文化教育进入娄底，形成了娄底最初的文化启蒙运动。西方教育完全打破了中国传统的八股教育模式，这些学校开设的物理、化学、外语、地理、生物、天文等课程，极大开阔了中国学生的眼界，开始改变中国人的思维方式。虽然其办学目的是为帝国主义的侵略培养代理人，然而其办学内容和办学经验无不为娄底教育近代化起到了开风气之作用，娄底的初等教育得到了较快发展。民国年间，受国民教育思潮影响，加上国民党局的积极推动，私立初等教育得以较快发展，涌现了一批全省知名的新式私立学校，私立学校无论是从师资力量、办学设施还是办学特色方面，都代表了近代湖南学校教育发展的主流方向。1925 年，境内第一所私立中学——春元中学创办。锡矿山平民教育促进会在肖家湾沫矿村小学建立一所附设平民学校——工人学校。是时，境内新办小学 300 多所、简易女子职业学校 10 余所、中小学共 1500 多所，还有一批成人识字班、阅报处、读书室和平民夜校等。

抗日战争时期，娄底一度成为湖南的后方，经济、文化繁荣，教育事业获得前所未有的发展。省内外 20 多所大中学校迁入蓝田、新化、永丰等地，国立师范学院在蓝田创办，中学由抗战前 3 所增加到 17 所。1938 年，锡矿山创办"商工子弟学校"，为企业单独办学之始。1939 年，私立春元中学增办高中班，为境内私立中学创办高中之始。1941 年，境内中小学校增加 300 多所，不少学校办学有其独自的特色。陶龛学校贯彻民主教育思想和"给人生一最好的开始"的教育宗旨，以"血性"为校训，成为国内外闻名的小学；邬干于创办的行素中学，坚持"五年一贯制"试验，取得好成效；春元中学以"求实"为校训，办学有方，被誉为"海内罕见"。

但娄底的教育发展远远落后于湖南其他地区。以教育经费论，百分之七十是用在城市里，而用在乡村里的不过百分之三十。尽管如此，娄底的教育事业也有了初步发展，1949 年，娄底全境有小学 808 所，在校学生 9 万余人，普通中学 20 余所，在校学生 4000 余人，其中高中学生 400 余人。[①]

长期以来，娄底的科技发展受到很大的限制。民国以来，虽然有所进步，但总体来看，现代化程度还很低，与其他地区相比，差距还很明显，但也有部分现代科技的应用。光绪年间，新化人邹代钧在武汉创建舆地学会，主编出版《中外舆地全图》，开民间编制出版小比例尺地图和教学地图集先河。洋溪引

---

① 伍春辉：《湖南教育近代化研究（1894—1929）》，湖南师范大学 2007 年博士学位论文。

进玉兰片制作技术，改白炭火生烤为煤炭火熟烤，所制玉兰片色黄、味香，年产数千担（1 担 60 公斤）。清末，新化籍数学家黄宗宪著《容园七术》《求一术通解》和采矿专家的《黄金说》《肥料学》《水利说》，对数学和采矿等理论研究做出贡献。

娄底的科技应用发展于民国期间，主要集中在机械制造业。第一次世界大战期间，西方军事工业对中国矿砂需求量大，轮船运输繁兴，使得娄底这个矿业发达的地区在矿山机械和轮船机件修配方面得到了一定发展。1913 年，德国商人在锡矿山开设多福洋行，用“西法氧炉”炼锑，获利甚巨。1920 年，新华矿上刘铁逊创“土法氧炉”炼锑，优于“西法氧炉”。1927 年，采用现代建筑技术建成潭宝公路的永丰大桥，是当时省内最大的钢筋混凝土拱弧形公路桥。1939 年，蓝田镇始用现代机械生产面粉，色、香、味俱佳，筋力大，远销省内外和港澳地区。1940 年，安化梅塘（今属涟源市）人吴鉴光改进炼铁技术，创建省内第一座 10 立方米高炉，日炼生铁 2 吨，比同类土炉提高产量 4 倍。不过，娄底机械制造业基础薄弱，发展有限，总体来看，仍处于初级阶段。

第三节 娄底现代化进程的特征及原因

一、娄底现代化进程的特征

1. 现代化水平低，区域发展不均衡

工业化是现代化的首要目标，也是衡量一个城市现代化进度与程度的主要指标。随着商业贸易的发展和城市近代工业的诞生，娄底城市的现代化有了长足的进步，但在 1840—1949 年间，娄底的城市化是在一种低度、缓慢的发展状态中进行的，并且表现出区域发展部不均衡的明显特征。

从现代工业的结构看，娄底的近代工业过分集中于矿业，缺乏坚实全面的发展基础。而且在娄底城市化的发展过程中，城市化速度较快仅存在于城市中心，至于下属城市，几乎无机器工业可言，城市化进展缓慢，整个城区面貌变化甚小，产业之间的发展极不平衡，行业布局不合理，存在着巨大的缺陷。

近代以来娄底城市人口数量受到经济周期、政治因素、国际形势、市场波动，尤其是战争等不确定因素的强烈影响，人口城市化进展缓慢。到 20 世纪

40 年代，娄底有城市人口 3 万左右，相比十几年前的人口增幅度不大，这其中还包括战时的人口内迁，可见，娄底的人口城市化水平偏低。这种低度发展的工业和人口近代化，必然导致城市化处于基础不稳的发展状态，而呈现出一种低度、缓慢发展的态势。

2. 新旧并存的城市现代化

娄底的现代化进程中，传统事物虽然在不断衰落，但没有寿终正寝，传统与现代之间始终存在着复杂的关系，传统与现代之间既有相互对立，也有互相依存，二者一起构成了现代化进程中的新旧并存现象。在金融业中，既有来自西方的现代金融机构银行，又存有大量的传统钱庄、银号；在城市工业中，机器工业在娄底从无到有、从小到大地发展起来，与此同时，娄底的城市手工业并未出现明显的衰退，甚至大部分手工业仍继续发展并呈上升态势；在文化教育领域方面，既有以教授西方近代自然科学和社会科学知识为主要内容的新式学堂，也有大量旧式教学方式存在的私塾并存，并且很多书坊里采用传统教学内容融合新式学堂课程的方式，表现出娄底传统教育与现代新型教育相结合的特点。人们的娱乐活动既延续了许多传统节目，也新增了报纸、电影这样的现代化娱乐方式，文化教育事业不断融合西方先进教育方法，向近代化缓慢过渡。

总之，娄底的现代因素以其强大的冲击力及对现代社会的适应力对传统社会施加压力，从而实现对传统因素的改造；传统因素中的某些成分以其自身对现代化的潜在适应性参与了现代化的进程，与现代因素共生共存。

3. 城市规模扩展有限

城市居住人口和城区面积是衡量城市规模的两大重要指标。近代以来，娄底城市由于多种历史因素的综合作用导致城市人口增长缓慢，城区面积也增加有限。清朝末年，因受太平天国战争的打击，娄底人口自“三藩之乱”后首次出现负增长，随着战乱的结束、流民的回归及移民的介入，人口逐渐回升。民国时期，由于现代医疗卫生、救济体系的相继建立和推广，降低了瘟疫、灾荒对人民生命的威胁，使娄底人口得以缓慢增长。但是这种缓慢的人口增长并未使得娄底出现城市扩张的可能。而且，娄底的城市基础设施也略显滞后。古代的交通工具主要依靠自然力、人力、畜力，陆路系统主要由官方掌握的驿道、民间治理的大道与小道构成，道路设施比较窄狭、简陋，水运主要是木帆船。但是随着娄底现代化的不断发展，娄底的交通条件依然相对滞后，市内道路不敷应用，公路、铁路建设发展停滞不前。

4. 城市经济增长缓慢

工业化不仅是现代化的重要内容，而且是现代化发展最主要的动力。近代娄底工业不仅起步晚，而且发展慢，因此不能为城市现代化发展带来足够的动力。娄底地处偏远，长期以来被中央政府视为“化外之地”，中央政府在这一地区采取以夷治夷政策，利用当地豪族管理地方，因此，娄底与外界的交流很少，社会发展相当缓慢。清代改土归流后，这种状况稍有改观，但由于历史的积淀和传统思想的影响，娄底地区与外界的联系还处于一个较低的水平。民国时期，娄底人民融入全国辛亥革命浪潮，继而护国运动、护法运动、国民革命都波及娄底。这些重大历史事件的发生，给长期封闭的娄底以重大冲击，在一定程度上改变了娄底的面貌，启动了娄底社会的现代化。娄底经济虽然也有所发展，但其规模相当有限，发展速度也明显滞后于湖南的其他城市。

民国初期，娄底工业发展仍然非常滞后。“各种工业……多属家庭式。即间有一二厂家，采用机械，亦属少数极普遍之动力机，工作机……故在民国二十年以前，本省实无大工业……（轻工业）规模之狭小，设备之简陋，实远未达新式工厂标准。”[①] 从规模、设备、数量不难看出民初娄底工业的落后状况。随着现代化的不断发展，娄底在抗战爆发之前的经济发展有了一定的起色，但却因为抗战爆发而没能持久，缺乏安定的社会环境，因此，近代落后的工业根本无法承担起推动娄底城市近代化发展的重任。工业的落后使娄底近代城市近代化的发展缺乏最根本的动力。近代工业的落后，从根本上制约了娄底城市的近代化发展进程。

二、历史原因分析

1. 地理位置制约了娄底经济的进一步发展

不论是传统社会还是近代社会，经济发展对自然条件均具有较强的依赖性，即环境与资源的优劣直接影响着经济的发展。传统社会自然经济的发展无疑是建立在充裕的自然资源基础上，而近代社会商品经济的发展同样也离不开自然环境。地理环境对娄底现代化进程的影响，随着社会和时

① 娄底地区地方志编撰委员会编：《娄底地区志》，湖南人民出版社 1997 年版，第 1198—1210 页。

代的发展变迁，必然成为一把双刃剑。在传统社会里，娄底充裕的资源也曾造就了娄底在前清的相对繁盛；到了近代社会，娄底的自然环境很大程度上成为娄底城市近代转型的制约因素，主要表现在对近代交通、产业结构、思维方式等的制约。

娄底自然环境最突出的特点是封闭性和内陆性。首先，封闭的自然环境阻碍了近代交通的发展和建设。娄底地处山区，境域以雪峰山为主脉，有大小名山百余座，周围高山重峦叠嶂，中部丘陵平地相间分布，这种地形对于发展近代交通是个较大的难题，因而近代娄底铁路、公路的修建进程较缓慢，这也直接阻止了娄底的现代化发展。

封闭的自然环境阻碍了娄底对外经济文化交流，区位的内陆性使娄底不能在较短的时间受到通过海洋进入中国的先进西方科技、文化的影响。近代以来，东南沿海城市一直是中国对外交往口岸较为集中的地区，这些地区无疑集中了更多的西方先进文化和科技。内陆的娄底几乎不能第一时间获得第一手的先进信息，也不可能像闽粤等沿海省份走海洋经济的发展道路。

因此，内陆型的区位特征也就限制了娄底经济发展与转型。思想文化只有在不断的交流中才能得到发展。而近代以来，周边的高山把娄底囿于一角，阻断了娄底与周边地区的文化交流，成为近代文明触角的盲区，娄底人接触现代文明落后于沿海沿江的广大地区。

2. 经济环境的整体影响

辛亥革命结束以后，国家局势相对稳定，南京临时政府《临时约法》和一系列工商业法令法规的出台，掀起了振兴实业、实业救国的热潮。加之外来资本主义势力的竞争下，“有志之士，悉赴全力于工商事业，竞争激烈，颇极一时之盛”，此时的娄底城市近代化也得到了一定的发展，但是因社会秩序不安定等因素，娄底的经济发展十分缓慢。

第一次世界大战的爆发，使得欧美帝国主义国家忙于战争，暂时放松了对中国的侵略，为娄底工业的发展创造了很好的发展机会。矿业的发展对娄底城市近代化的发展产生了很大的推动作用。第一次世界大战后，娄底贸易随着湖南的整体经济环境转好而一度续有发展，且势头颇速，可惜为时不长，日军侵入使得娄底经济复呈跌落之势。战争对娄底社会生产、发展的影响，既体现在产生了直接阻碍、打断城市发展的因素，如引起城市人口减少、破坏了城市赖以发展的基础设施建设，如道路交通、通信设施等，又表现在产生间接影响城市发展的因素，如战争引起社会动荡、造成市民心灵创伤等。娄底在国内整体大环境不佳的情况下，现代化发展缓慢也是一种必然。

3. 地方文化思想对商品经济发展的阻滞

曾任中国驻英法公使薛福成曾指出：“中国公司之所以无一举者，众志漓、章程舛、禁约弛、筹划疏也。……由于风气之不开……是故风气不变，则公司不举，公司不举，则工商之业无一能振。工商之业不振，则中国终不可以富，不可以强。”市民的思想、文化素质对于城市近代化发展起重大作用，而近代娄底城市近代化则非常缺乏这一因素。

近代娄底，思想中占据重要的地位是正统地位的传统文化。遍观娄底各地地方志，多有“尚礼义”“士力学”“好尚儒风”等记载，可见传统儒家思想在娄底的影响之远久，科举考试成为娄底人摆脱贫穷的重要途径。“娄底的手工业与农业的结合还比较紧密，商业的发展还比较薄弱，传统重农轻末观念还比较浓重。娄底人民俗重农轻商，普通相谓，于多田者曰财主人家，于商业者曰生意人家，于仕宦者曰官宦人家，于世代业儒者曰读书人家。”民间又有一种流传歌语，如“生意买卖一枝花，锄头落地养全家”、“锄头落地是黄金”、“穿不过棉，吃不过田”之类，表明娄底社会的普遍封闭。

科举的废除本应是推进人民思想进步的好事，但是对于思想保守的娄底人，面对几千年来的考试制度的废除却日渐颓废、消极，盲目抵制外来文化，使具备近代知识和文化的进步知识分子在娄底多遭排挤。正是因为传统文化在娄底的根深蒂固，新式文化、教育在娄底发展甚为缓慢，娄底近代教育直到20世纪初才开始起步，新式教育更是受到传统思想的抵制和阻挠。近代教育的缓慢发展很大程度上制约了近代新思想在娄底的传播和形成，进而导致近代娄底市民思想文化素质的水平低，并最终制约娄底城市的现代化发展。

纵观娄底的整个现代化历史过程，现代化呈现出缓慢的发展态势。商业性农业的增长大大提高了娄底的商品经济发展水平，使市场结构得到发育发展。个体农民开始有意识地为市场生产粮食，这种草根的商品意带动农村商品市场进一步发展，为资本主义生产关系的成长提供坚实基础。娄底的经济逐渐摆脱了传统的贸易形态，实现近代化的转型，娄底工业特别是矿业贸易是娄底新式工业的基础和起点。娄底也有其他一些新式企业，如机器制造、纺织业企业等，这些新式企业与湖南区域贸易有着较强的互动关系。在社会文化层面，湖南地处内地，素为保守，近代中国社会巨变，湘军的兴起、维新变法，均是改变娄底的重大历史事件，对娄底民风的影响至为深远。百姓的消费方式、民众心理，在与外部世界的交往中趋新趋变。

娄底的现代化与中国其他城市的现代化命运相近，在动荡的近代社会中缓慢前行。虽然举步维艰，发展缓慢，但还是走上了现代化的发展道路。

参考文献

一、清代、民国地方志

［1］苏佳嗣修，谭绍琬等纂．长沙府志［M］．康熙二十四年（1685 年）刻本．

［2］唐懋淳修，谭绍琬纂．鼎修湘阴县志［M］．抄本．

［3］郑有成修，郭金台纂，姜修仁续修，唐世起等续纂．湘潭县志［M］．康熙二十四年（1685 年）增刻本．

［4］赵国宣修，彭康纂．茶陵州志［M］．康熙三十四年（1695 年）刻本．

［5］陈洪范、罗人琮纂修．桃源县志［M］．康熙四年（1665 年）刻本．

［6］杨纯修，徐玑纂．衡阳县志［M］．雍正十二年（1734 年）刻本．

［7］杨文植、姜顺修，杨河、储早纂．宜章县志［M］．乾隆二十一年（1756 年）刻本．

［8］陈宏谋、杨延璋创修，范咸、欧阳正焕纂．湖南通志［M］．乾隆二十二年（1757 年）刻本．

［9］李大本修，周宣武等纂．长沙县续志［M］．乾隆十四年（1749 年）刻本．

［10］萧聚昆修，邝永锴纂．邵阳县志［M］．乾隆二十九年（1764 年）刻本．

［11］赵勷、万在衡纂修．攸县志［M］．嘉庆二十三年（1818 年）刻本．

［12］刘统修，曹流湛等纂．永兴县志［M］．嘉庆二十三年（1818 年）刻本．

［13］巴哈布、翁元圻等修，王煦、罗廷彦纂．湖南通志［M］．嘉庆二

十五年（1820 年）刻本．

［14］朱澍、陈心炳修，夏昌言、罗琳之纂．会同县志［M］．嘉庆二十四年（1819 年）刻本．

［15］侯钤等修，萧凤翥等纂．衡山县志［M］．道光三年（1823 年）刻本．

［16］王闿运等纂．桂阳直隶州志［M］．同治七年（1868 年）刻本．

［17］张延珂等纂．长沙县志［M］．同治十年（1870 年）刻本．

［18］吴嗣仲等纂．沅州府志［M］．同治十年（1870 年）刻本．

［19］江普光等纂．醴陵县志［M］．同治十年（1870 年）刻本．

［20］邹焌杰等纂．浏阳县志［M］．同治十二年（1872 年）刻本．

［21］彭玉麟等纂．衡阳县志［M］．同治十三年（1873 年）刻本．

［22］李元度等纂．平江县志［M］．同治十三年（1873 年）刻本．

［23］黄盛楷等纂．湘乡县志［M］．同治十三年（1873 年）刻本．

［24］易燮尧等纂．黔阳县志［M］．同治十三年（1873 年）刻本．

［25］文岳英等纂．衡山县志［M］．光绪元年（1875 年）刻本．

［26］刘沛等纂．零陵县志［M］．光绪二年（1876 年）刻本．

［27］张先抡等纂．善化县志［M］．光绪三年（1877 年）刻本．

［28］许清源等纂．道州志［M］．光绪四年（1878 年）刻本．

［29］郭嵩焘等纂．湘阴县图志［M］．光绪六年（1880 年）刻本．

［30］王闿运等纂．湘潭县志［M］．光绪十四年（1888 年）刻本．

［31］杜贵墀等纂．巴陵县志［M］．光绪十七年（1891 年）刻本．

［32］王元凯等纂．攸县志［M］．光绪十八年（1892 年）刻本．

［33］林国赓等纂．新宁县志［M］．光绪二十一年（1895 年）刻本．

［34］程起凤修，张汉渠纂．城步县乡土志［M］．光绪三十二年（1906 年）抄本．

［35］觉逻清泰编．辰州府乡土志［M］．光绪三十三年（1907 年）蓝格抄本．

［36］董鸿勋等纂．永绥厅志［M］．宣统元年（1909 年）刻本．

［37］长沙县文献委员会编．长沙县志稿［M］．民国三十七年（1948 年）稿本．

［38］成希蕃纂修．湘乡乡土地理志［M］．民国九年（1920 年）抄本．

［39］湖南省文献委员会编．城步县志稿．民国三十六年（1947 年）

稿本.

［40］许显铼、修承浩纂修．元陵县志［M］．民国二十年（1931 年）稿本．

［41］申悦芦编．石门县乡土志［M］．民国二十七年（1938 年）油印本．

［42］李裕掌、张翰仪纂修．益阳县志［M］．抄本．

［43］陈书农、易声昭修，段毓云纂．南县志备忘录［M］．抄本．

二、当代地方志、文史资料

［1］湖南省志编纂委员会编．湖南省志［M］．长沙：湖南人民出版社，1979—1997.

［2］湘潭县地方志编纂委员会编．湘潭县志［M］．长沙：湖南人民出版社，1995.

［3］湘潭市地方志编纂委员会编．湘潭市志［M］．北京：中国文史出版社，1997.

［4］株洲市地方志编纂委员会编．株洲市志［M］．长沙：湖南出版社，1996.

［5］湖南省株洲县志编纂委员会编．株洲县志［M］．长沙：湖南出版社，1995.

［6］湖南省茶陵县地方志编纂委员会编．茶陵县志［M］．北京：中国文史出版社，1993.

［7］湖南省醴陵市志编纂委员会编．醴陵市志［M］．长沙：湖南出版社出版，1995.

［8］湘乡县志编纂委员会编．湘乡县志［M］．长沙：湖南出版社，1993.

［9］韶山市地方志编纂委员会编．韶山志［M］．北京：中国大百科全书出版社，1993.

［10］岳阳市地方志编纂委员会．岳阳市志（十三卷）［M］．北京：中央文献出版社，2002.

［11］岳阳县地方志编纂委员会．岳阳县志［M］．长沙：湖南人民出版社，1997.

［12］岳阳市南区志编纂委员会．岳阳市南区志［M］．北京：中国文史

出版社，1993.

［13］岳阳市城乡建设志编纂委员会．岳阳市城乡建设志［M］．北京：中国城市出版社，1991.

［14］岳阳市交通委员会．岳阳市交通志［M］．北京：人民交通出版社，1992.

［15］张绪群、傅强、王希曾．岳阳市金融志［M］．合肥：黄山书社，1994.

［16］陈富保．岳阳市邮电志［M］．合肥：黄山书社，1996.

［17］周峥峻．岳阳市日用工业品贸易志［M］．合肥：黄山书社，1993.

［18］岳阳市商业局编．岳阳市食品饮食服务业志［M］．合肥：黄山书社．1994.

［19］衡山县县志编纂委员会主编．衡山县志［M］．长沙：岳麓书社．1994.

［20］常德市地方志编纂委员会．常德市志［M］．长沙：湖南人民出版社，2002.

［21］常德市志编纂委员会．常德市志［M］．北京：中国科学技术出版社，1993.

［22］中共鼎城区委党史办．鼎城区志（1988—2003）［M］．长沙：湖南人民出版社，2005.

［23］津市志编纂委员会．津市志［M］．北京：教育科学出版社，1993.

［24］安乡县志编纂委员会．安乡县志［M］．北京：新华出版社，1994.

［25］瞿新辉．常德地区志·邮电志［M］．北京：中国物价出版社，1993.

［26］常德地区志政务志编纂领导小组．常德地区志·政务志［M］．北京：中国社会科学出版社，1991.

［27］常德地区志国营农场志编写组．常德地区志·国营农场志［M］．北京：中国物价出版社，1993.

三、资料汇编

［1］杨大金主编．现代中国实业志（上下册）［M］．北京：商务印书馆，1940.

［2］汪敬虞编．中国近代工业史资料（上下册）［G］．北京：中国科学

出版社，1957.

［3］陈真编．中国近代工业史资料（全四辑）［G］．上海：三联书店，1961.

［4］宓汝成编．中国近代铁路史资料（1863—1911［G］．北京：中华书局，1963.

［5］舒心城编．中国近代教育史资料（三册）［G］．北京：人民教育出版社，1981.

［6］陈元晖主编．中国近代教育史资料汇编（全十册）［G］．上海：上海教育出版社，1990—1995.

［7］王铁崖编．中外旧约章汇编［G］．北京：生活·读书·新知三联书店，1957.

［8］彭泽益编．中国近代手工业史资料（1840—1949）（四卷本）［M］．北京：三联书店，1957.

［9］湖南省哲学社会科学研究所现代史研究室编．五四时期湖南人民革命斗争史料选编［G］．长沙：湖南人民出版社，1979.

［10］荣孟源主编．中国国民党历次代表大会及中央全会资料［G］．北京：光明日报出版社，1985.

［11］丁伟志主编．百县市社会经济调查·湘潭卷［M］．北京：中国大百科全书出版社，1993.

［12］中国人民政治协商会议湖南省湘潭市委员会文史资料研究委员会编．湘潭文史资料（十二辑）［J］．湘潭市委会文史资料研究会内部印刷，1983—1995.

四、著作

［1］尹铁凡．湘潭经济史略［M］．长沙：湖南人民出版社，2003.

［2］康咏秋．湘潭文化史话［M］．长沙：湖南人民出版社，2003.

［3］周磊．湘潭历史考述［M］．长沙：湖南人民出版社，2003.

［4］何歌劲．湘潭风物揽胜［M］．长沙：湖南人民出版社，2003.

［5］杨世骥．辛亥革命前后湖南史事［M］．长沙：湖南人民出版社，1958.

［6］李玉．长沙的近代化启动［M］．长沙：湖南教育出版社，2000.

［7］王继平．晚清湖南史［M］．长沙：湖南人民出版社，2004.

［8］刘泱泱．近代湖南社会变迁［M］．长沙：湖南人民出版社，1998.

［9］张朋园．湖南现代化的早期进展［M］．长沙：岳麓书社，2002.

［10］刘泱泱主编．湖南通史·近代卷［M］．长沙：湖南出版社，1994.

［11］宋斐夫主编．湖南通史·现代卷［M］．长沙：湖南出版社，1994.

［12］李会刚．湖南工业经济发展历史及展望［M］．长沙：湖南人民出版社，1987.

［13］周宏凯主编．湖南公路运输史·近代公路交通［M］．北京：人民交通出版社，1988.

［14］湖南省公路运输史领导小组编．湖南公路运输史·现代公路交通［M］．长沙：湖南出版社，1995.

［15］湖南省交通厅编．湖南公路史［M］．北京：人民交通出版社，1988.

［16］何一民．中国城市史纲［M］．成都：四川大学出版社，1994.

［17］皮明庥主编．近代武汉城市史［M］．北京：中国社会科学出版社，1993.

［18］任银睦．青岛早期城市现代化研究［M］．北京：三联书店，2007.

［19］朱铁臻．城市现代化研究［M］．北京：红旗出版社，2002.

［20］徐风晨．中国近代史［M］．沈阳：辽宁人民出版社，1983.

［21］陈旭麓．近代中国社会的新陈代谢［M］．上海：上海人民出版社，1992.

［22］祝慈寿．中国近代工业史［M］．重庆：重庆出版社，1989.

［23］陈歆文编著．中国近代化学工业史（1860—1949）［M］．北京：化学工业出版社，2006.

［24］王培．晚清企业纪事［M］．北京：中国文史出版社，1997.

［25］朱有瓛．中国近代学制史料［M］．上海：华东师范大学出版社，1987.

［26］曾鲲化．中国铁路史（1876—1949）（全三册）［M］．台北：文海出版社，1978.

［27］容闳．西学东渐记［M］．长沙：湖南人民出版社，1981.

［28］周锡瑞（J. W. Esherick）著，杨慎之译．改良与革命·辛亥革命在两湖［M］．北京：中华书局，1982.

［29］塞缪尔·亨廷顿著．李盛平、杨玉生等译．变革社会中的政治秩序

[M]．北京：华夏出版社，1988.

[30] 施坚雅（Skinner）主编，叶光庭等译．中华帝国晚期的城市[M]．北京：中华书局，2000.

[31] 尹铁凡．湘潭经济史略［M］．长沙：湖南人民出版社，2003.

[32] 唐凌等．自开商埠与中国近代经济变迁［M］．南宁：广西人民出版社，2002.

[33] 冯象钦、刘欣森总编．湖南教育史（全三卷）［M］．长沙：岳麓书社，2002.

[34]《湖南工人运动史》编写组．湖南工人运动史［M］．北京：中国工人出版社，1994.

[35] 隗瀛涛主编．近代重庆城市史［M］．成都：四川大学出版社，1991.

[36] 徐矛．中华民国政治制度史［M］．上海：上海人民出版社，1992.

[37] 彦奇、张同新主编．中国国民党史纲［M］．哈尔滨：黑龙江人民出版社，1991.

[38] 刘健清、王家典、徐梁伯主编．中国国民党史［M］．南京：江苏古籍出版社，1992.

[39] 马小泉．国家与社会：清末地方自治与宪政改革［M］．开封：河南大学出版社，2001.

[40] 邮电史编辑室编．中国近代邮电史［M］．北京：人民邮电出版社，1984.

[41] 中国保险学会《中国保险史》编审委员会．中国保险史［M］．北京：中国金融出版社，1998.

[42] 洪葭管．中国金融史［M］．成都：西南财经大学出版社，2001.

[43] 姜宏业．中国地方银行史［M］．长沙：湖南出版社，1991.

[44] 钟思远、刘基荣．民国私营银行史（1911 年—1949 年）［M］．成都：四川大学出版社，1999.

[45] 洪葭管主编．上海金融志［M］．上海：上海社会科学出版社，2003.

[46] 刘志琴主编．近代中国社会文化变迁录（1840—1921 年）（三卷本）［M］．杭州：浙江人民出版社，1998.

[47] 郦苏元、胡菊彬．中国无声电影史［M］．北京：中国电影出版

社，1996.

［48］李惠村、莫日达．中国统计史［M］．北京：中国统计出版社，1993.

［49］谭嗣同．谭嗣同全集［M］．北京：中华书局，1981.

［50］梁启超．戊戌政变记［M］．北京：中华书局，1954.

［51］张之洞．张之洞全集［M］．石家庄：河北人民出版社，1998.

［52］梁启超．中国历史研究法［M］．北京：东方出版社，1996.

［53］谢彬．中国邮电航空史［M］．北京：中华书局，1928.

［54］杨天宏．口岸开放与社会变迁——近代中国自开商埠研究［M］．北京：中华书局，2002.

［55］何一民．近代中国城市发展与社会变迁（1840—1949 年）［M］．北京：科学出版社，2004.

［56］孙玉琴．中国对外贸易史［M］．北京：对外经济贸易大学出版社，2004.

［57］曾鲲化．中国铁路史（1876—1949）（全三册）［M］．台北：文海出版社，1978.

［58］姜宏业．中国地方银行史［M］．长沙：湖南出版社，1991.

［59］李玉．长沙的近代化启动［M］．长沙：湖南教育出版社，2000.

［60］杨世骥．辛亥革命前后湖南史事［M］．长沙：湖南人民出版社，1958.

［61］周石山．岳州长沙自主开埠与湖南近代经济［M］．长沙：湖南人民出版社，2001.

［62］丁平一．湖湘文化传统与湖南维新运动［M］．长沙：湖南人民出版社，1998.

［63］刘国武．抗战时期湖南的现代化［M］．兰州：甘肃人民出版社，2006.

［64］李剑农著．中国近百年政治史（1840—1926 年）．上海：复旦大学出版社，2002.

［65］中共常德武陵区委地方史编委会．中共常德市武陵区地方史［M］．北京：中共党史出版社，2004.

［66］陈国华．中共常德地方史·第 1 卷（1921—1949）［M］．北京：中共党史出版社，2004.

五、论文

[1] 曾桂林. 铁路与近代株洲城市的兴起（1898—1951）[J]. 株洲师专学报. 2007（6）.

[2] 廖建夏. 南宁城市近代化的动力及特点[J]. 广西社会科学，2002（5）.

[3] 吴越. 试论岳阳城陵矶港口的近代变迁（1899—1949）[D]. 湖南师范大学，2008.

[4] 陈宏. 岳阳城市历史文化的形成及近代变迁[D]. 湖南师范大学，2006.

[5] 魏琳娜. 自开商埠与丹东城市近代化研究（1903—1931）[D]. 东北师范大学，2007.

[6] 李东芝. 近代重庆近代化研究（1876—1949）[D]. 西南大学，2007.

[7] 熊月之、沈祖炜. 长江沿岸城市与中国近代化[J]. 史林，2000（4）.

[8] 黄新华. 湖州城市近代化及其发展滞缓的原因探析（1840—1937）.[D]. 南京师范大学，2002.

[9] 陈文彬. 近代化进程中的上海城市公共交通研究（1908—1937）.[D]. 复旦大学，2004.

[10] 李丽娜. 铁路与太原城市近代化进程（1907—1937）[J]. 晋阳学刊，2008（5）.

[11] 李艳. 清末民初甘肃的城市近代化[J]. 兰州学刊，2004（6）.

[12] 罗玲. 试论南京城市近代化的特征[J]. 东南文化，1998（2）.

[13] 于丽萍. 城市近代化：近代北京书业发展的动因[J]. 北京社会科学，2004（2）.

[14] 茅家琦. 西学东渐与城市近代化[J]. 江苏社会科学，1991（3）.

[15] 郑忠. 长江下游非条约口岸城市近代化动力分析[J]. 南京师大学报，2001（1）.

[16] 郭胜斌. 岳阳商代考古述略[J]. 江汉考古，2005（3）.

[17] 张军. 论近代常德城市文化变迁及特点[D]. 湖南师范大

学，2008.

［18］史志刚．近代梧州城市现代化的历史考察［D］．广西师范大学，2003.

［19］聂家华．开埠与济南早期城市现代化（1904—1937）［D］．浙江大学，2004.

［20］刘兴豪．1912—1937 年湖南经济现代化研究［D］．浙江大学，2004.

［21］刘慧．济南与烟台城市早期现代化比较研究［D］．山东师范大学，2008.

［22］李万荣．胶澳开埠与青岛城市的早期现代化（1898—1914）［D］．东北师范大学，2002.

［23］赵春晨．晚清民国时期广州城市近代化论［J］．广东社会科学．2004（2）．

［24］张爱珠．中国城市现代化动力分析［J］．城市发展研究，1997（6）．

后 记

我最初思考区域现代化进程这一问题，还是在20世纪80年代中期读研究生时，那时我读了台湾学者张朋园先生的一本著作《中国现代化的区域研究：湖南省（1860—1916）》，而真正想研究这一课题还是10多年前了。2002年，我申报了湖南省社科联课题“湖南城市近（现）代化进程研究”，2004年，又申报了湖南省教育厅项目“晚清、民国时期湖南城镇变迁研究”。从2004年开始，我即指导我的硕士研究生进行研究。参加这一研究的有2004级、2005级、2006级、2007级和2008级5个年级的8名研究生，他们是石浩、李占虎、焦徽、管宏平、于丹、马世香、雷晶、王睿。经过努力，在2010年完成了研究的80%。虽然本课题的设计、布局、谋篇都是我完成的，写作过程中也给予承担者以基本的框架，但由于研究生是以学位论文的形式作为中期成果完成的，各位研究生阅读的资料、撰写的风格、研究的深浅不一，故而各章的水平和行文参差不齐，给我最后的统稿带来一定难度，而研究生毕业后均在全国各地工作岗位上，也没有机会召集来研讨，所以后期工作拖延了一段时间。当然，比较繁忙的行政工作几乎占用了我全部的工作日甚至双休日，使得统稿工作时断时续。其实，作为一名专业人士，我真希望有更多的时间进行专业研究工作，而行政工作的责任感又使我不得不常常把专业工作中断，内心常常感到淡淡的惆怅。2015年我辞去行政工作以后，得以陆续完成各种学术“欠账”，包括本书的修改。

现在终于完成了，感谢我的研究生们的工作。

本书在撰写过程中，借鉴了学术界已有的成果，文中尽力注明，并于书末附有参考文献，但难免挂一漏万，在此表示歉意并由衷感谢。

王继平

2019年7月16日

图书在版编目（CIP）数据

近代湖南城市现代化进程研究 ：1840—1949 / 黄琴，王继平主编．-- 湘潭 ：湘潭大学出版社，2021.6
ISBN 978-7-5687-0533-2

Ⅰ．①近… Ⅱ．①黄… ②王… Ⅲ．①城市现代化－研究－湖南－近代 Ⅳ．①F299.276.4

中国版本图书馆 CIP 数据核字（2020）第 271733 号

近代湖南城市现代化进程研究：1840—1949

JINDAI HUNAN CHENGSHI XIANDAIHUA JINCHENG YANJIU：1840-1949

黄琴 王继平 主编

责任编辑：王正杰
封面设计：李 平
出版发行：湘潭大学出版社
社 址：湖南省湘潭大学工程训练大楼
电 话：0731-58298960 0731-58298966（传真）
邮 编：411105
网 址：http://press.xtu.edu.cn/
印 刷：广东虎彩云印刷有限公司
经 销：湖南省新华书店
开 本：710 mm×1000 mm 1/16
印 张：28
字 数：590 千字
版 次：2021 年 6 月第 1 版
印 次：2021 年 6 月第 1 次印刷
书 号：ISBN 978-7-5687-0533-2
定 价：79.80 元